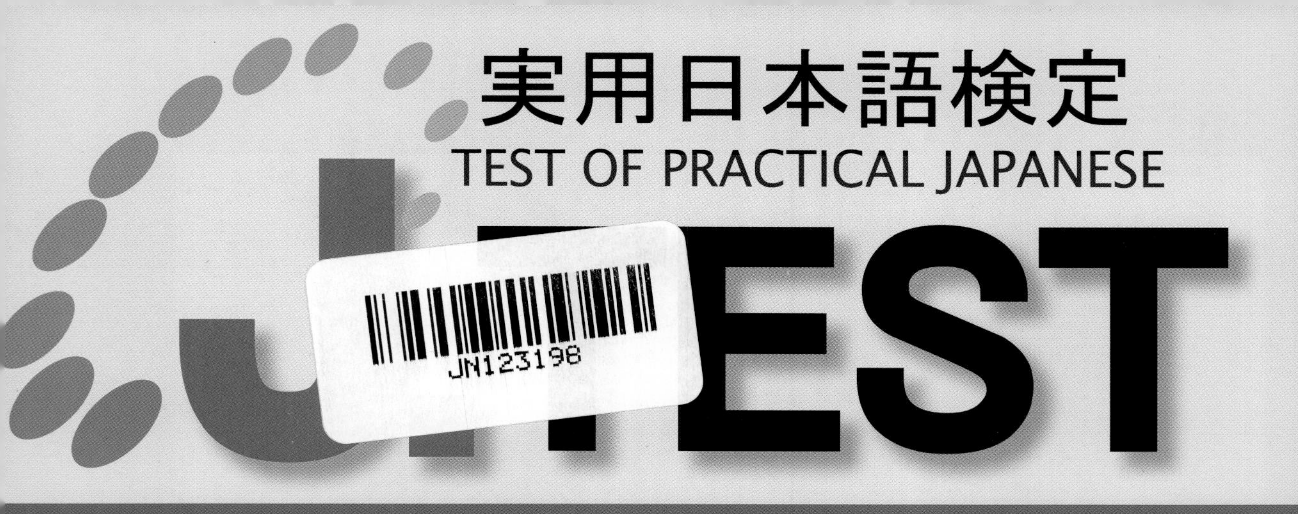

大学・大学院・専門学校・企業で利用

入学条件、随時試験、卒業目標、社員教育等に利用

大学院

- (国)筑波大学 東京キャンパス社会人大学院
- (国)広島大学大学院 国際協力研究科、博士課程教育リーディングプログラム
- (国)三重大学大学院 医学系研究科看護学専攻 博士課程前期
- (国)茨城大学大学院 人文社会学研究科
- (国)琉球大学大学院 観光科学研究科
- (国)静岡大学大学院 総合科学技術研究科工学専攻
- (公)北九州市立大学大学院 マネジメント研究科
- 法政大学大学院 政治学研究科、経済学研究科
- 武蔵野大学大学院 言語文化研究科
- 千葉商科大学大学院 政策情報学研究科
- 東京電機大学大学院 未来科学研究科 等
- 西九州大学大学院 生活支援科学研究科
- 東京福祉大学大学院 心理学研究科 等
- 日本大学大学院 理工学研究科(地理学専攻以外)
- 京都情報大学院大学
- 武蔵大学大学院 経済学研究科 等
- 大阪産業大学大学院 経営学研究科
- 大阪経済大学 大学院経済学研究科 等
- 朝日大学大学院 法学研究科
- 桜美林大学大学院 国際学研究科 等
- 九州国際大学大学院 企業政策研究科
- 東洋大学大学院 社会福祉学研究科

大学院研究生

- (国)京都大学大学院 人間・環境学研究科
- (国)北海道大学大学院 教育学院
- (国)東北大学文学部(大学院) 中国語学・文学研究室
- (国)茨城大学人文学部・人文社会学部
- (国)筑波大学大学院

大学

- (国)香川大学(奨学金)
- (国)上越教育大学(研究生)
- (国)筑波大学 Japan-Expert(学士)プログラム
- (国)和歌山大学(日本語・日本文化研修)
- (国)豊橋技術科学大学(単位認定)
- 苫小牧駒澤大学
- 朝日大学 経営学部、法学部 等
- 東京福祉大学 教育学部 等
- 神戸国際大学 経済学部(海外入試)
- 聖泉大学 人間学部
- 東海大学(留学試験未実施国対象)
- 和光大学
- 姫路獨協大学
- 聖学院大学
- 神戸親和女子大学(留学生学習奨励奨学生)
- 中部学院大学 人間福祉学部 等
- NBU日本文理大学(550点以上 授業料免除あり)
- フェリス女学院大学(受験料補助)
- 大東文化大学(北京入試 500点以上)
- 鈴鹿大学(講義、及び学習支援)
- 大阪産業大学(編入学)
- 立正大学(受験料補助)
- 愛知産業大学(入学時留学生奨学金)
- 駿河台大学
- 東京都市大学(就職説明会等で利用)
- 西九州大学(500点以上学費免除あり)
- 武蔵野学院大学 国際コミュニケーション学部、海外募集
- 同志社大学 グローバル・コミュニケーション学部(到達目標 準A級)
- 神戸学院大学 グローバルコミュニケーション学部(卒業目標 準A級)
- 長崎大学(日本語・日本文化プログラム:JLCP)
- 大手前大学(700点以上で授業料免除)
- 大阪電気通信大学
- 京都産業大学 外国語学部
- 東洋大学 国際学部
- 千葉商科大学
- 日本経済大学
- 江戸川大学
- IPU環太平洋大学
- ものつくり大学
- 星槎道都大学
- 金城大学
- サイバー大学
- 長崎ウエスレヤン大学
- 神田外語大学 単位認定
- 倉敷芸術科学大学(国内、国外)
- 関西大学(交換留学受け入れ)
- 山梨学院大学 法学部、経営学部
- 筑波学院大学
- 武蔵野大学
- 帝京大学
- 日本文理大学
- デジタルハリウッド大学
- 十文字学園女子大学
- 大阪国際大学
- 桜美林大学(到達目標準A級)

利用企業

- トヨタ自動車研究開発センター
- IHI(石川島播磨重工業)
- 富士通エンジニアリングテクノロジーズ
- ニプロファーマ・ベトナム
- パナソニックデバイス
- セイコーインスツルメント[SII]
- SHI DESIGNING & MANUFACTURING (住友重機械工業フィリピン)
- 新日鉄住金ソリューションズ
- 東洋ビジネスエンジニアリング[B-EN-G]
- トリオシステムプランズ
- プライムアースEVエナジー
- デンソーテクノ・フィリピン
- キヤノンオプト・マレーシア
- ルネサス・エレクトロニクス
- 青島松下電子部品
- 上海ハイロンソフトウェア(中国企業)
- 三菱電機大連
- 蘇州光栄電子
- 富士通エフサス
- JAL(日本航空)
- ブラザー工業
- デサント
- NTTデータ
- アルプス電気
- アステラス製薬
- トヨタ紡織
- シライ電子工業
- 京王電鉄
- オリックス
- 三菱セメント
- 京セラ(中国)
- オムロン
- クラシエ製薬
- 伊藤忠丸紅鉄鋼
- DMG森機械
- 大連ローム
- タイ・グリコ
- アルパイン
- レカム
- 太陽誘電
- 常石造船
- 東京エレクトロン
- シバタ精機
- グローリー
- EMシステムズ
- 総研化学
- Bcon
- AEON
- 大西電子
- JTEKT
- Asty
- トランスコスモス
- シティコム
- SMK
- Boe(中国企業)
- LINE Fukuoka
- カスミ
- 大光ノースイ etc.

※J.TESTを社員教育・評価・選考等に利用している企業で、主に中国などアジアの現地法人です。

短期大学

- 中日本自動車短期大学
- 滋賀短期大学
- 徳島工業短期大学
- 富山福祉短期大学
- 中部学院大学短期大学部
- 拓殖大学北海道短期大学
- 金城大学短期大学部
- 奈良佐保短期大学
- 群馬医療福祉大学 短期大学部
- 環太平洋大学短期大学部

専門学校

- 専門学校東京国際ビジネスカレッジ
- 日本文化芸術専門学校
- IGL医療福祉専門学校
- 岡山科学技術専門学校
- 大阪YMCA国際専門学校
- 大阪電子専門学校
- 保育・介護・ビジネス名古屋専門学校
- ECC国際外語専門学校
- ECCコンピュータ専門学校
- ECCアーティスト美容専門学校
- 国際ことば学院外国語専門学校
- 創形美術学校
- 専門学校沖縄ビジネス外語学院
- 専門学校東京ビジネス外語カレッジ
- 丸の内ビジネス専門学校
- 駿台観光＆外語ビジネス専門学校
- 専門学校尚学院国際ビジネスアカデミー
- 国際外語・観光・エアライン専門学校
- 東京福祉保育専門学校
- 千葉モードビジネス専門学校
- プロスペラ学院ビジネス専門学校
- 東北外語観光専門学校
- 足利コミュニティーカレッジ
- 関西外語専門学校
- 専門学校ITカレッジ沖縄
- 東北電子専門学校
- CAD製図専門学校
- 日本航空学園
- 高知情報ビジネス＆フード専門学校
- 国際デザイン・ビューティカレッジ
- 龍馬看護ふくし専門学校
- 国際情報ビジネス専門学校
- 大阪観光ビジネス学院
- 日産京都自動車大学校
- 国際ビジネス公務員大学校
- 国際アート＆デザイン大学校
- 国際情報工科自動車大学校
- 国際医療看護福祉大学校
- 国際ビューティファッション・製菓大学校
- 国際マルチビジネス専門学校
- 富山国際ビジネス専門学校

日本語検定協会 / J. TEST事務局 http://j-test.jp/
東京都江東区亀戸1-42-18 日高ビル8F TEL:03-5875-1231 FAX:03-5875-1232

日本語能力の「見える化」J.TEST

900（A 級）

800（B 級）

N1＝700（準 B 級）

650（あともう一歩！）

N2＝600（C 級）

J.TEST は、外国人社員の評価試験として、各企業で利用されています。
また、東京労働局外国人雇用サービスセンター（ハローワーク）の資料でも JLPT,BJT とともに紹介されています。

はじめに

本書は、日本国内の日本語教育機関のうち、外国人に対してビザが発行される機関を収録したものです。

全国の大学、短期大学の留学生日本語別科と、官報で法務大臣より告示された日本語教育機関及び専門学校の専ら日本語教育を行う課程、大学入学のための準備教育課程として文部科学省の指定を受けた機関にアンケートを実施し、その回答をもとに編集しました。ご協力いただいた機関の皆様がたに、厚く御礼申し上げます。

本書は、B5版で1校あたり1ページという情報量の多さもさることながら、SNSや日本語以外の基礎科目や英語の授業についても情報を記載するなど、類書に例を見ない内容となっております。

なお、今回、詳細なデータが得られなかった学校は末尾に一覧にして学校名と住所のみを掲載しました。

調査が不十分で掲載しきれなかった学校につきましては、インターネット上で随時追加いたします。また、インターネット上では、掲載した学校の情報も新たなデータが寄せられるたびに更新してまいります。

今後ともご指導、ご愛読ご閲覧いただけますよう、よろしくお願い申し上げます。

＊ 最新の学校情報につきましては、弊社運営の下記URLにてご確認ください。

http://j-test.jp/souran/

2019年12月

編集者を代表して

本書について

◇学校の名称

原則として正式名称を記載しています。大学・短期大学は別科名、専門学校は告示の対象となっている学科名をできるだけ記載するようにしました。

各ページの見出しの校名、目次、索引の校名は略さずに記載しておりますが、校名により配列する場合に、校名の頭にある以下の語句は取り外したうえでの五十音順にしています。

専門学校、専修学校、各種学校、株式会社、有限会社、日本語学校、（母体となる機関名）、（法人名）、学校法人（＋法人名）、一般財団法人（＋法人名）、公益財団法人（＋法人名）、

◇配列

1）全国の日本語教育機関を、大学・短期大学別科とその他の日本語教育機関に分け、それぞれ所在地の都道府県によって北海道から沖縄まで、北から南の順に配列して掲載しています。

2）同じ都道府県の中では、都道府県庁所在都市（東京都は23区）、市部、郡部の順に並んでいます。

3）東京都23区内は区名の五十音順、道府県の市部内は市名、郡部内は郡名の五十音順に並んでいます。

4）同じ市区町村内では、校名の五十音順に並んでいます。

◇データの時期

1）各校の在籍者数・内訳のデータは、2019年7月からの学期のものです。

2）各校の日本語能力試験、日本留学試験の受験状況は、2018年度中のものを、進学・就職状況のデータは、2019年3月までの1年間のものを記載しております。

◇学費について

各コースの学費については、そのコースの期間全体で必要になる学費の総額を記載しています。原則として2019年10月消費税率引き上げ後の税込み価格を記載しておりますが、詳しくは各校へお問い合わせのうえご確認ください。

目　　次

大学・短期大学日本語別科

告示校（準備教育課程設置校を含む）

学校種別五十音順索引

大学・短期大学 日本語別科

告示校　（準備教育課程設置校を含む）

【ふ】

【へ】

【ほ】

【ま】

【み】

【む】

大学・短期大学の日本語別科

山形県　山形市　　別科

とうほくぶんきょうだいがくたんきだいがくぶりゅうがくせいべっか

東北文教大学短期大学部 留学生別科

TOHOKU BUNKYO JUNIOR COLLEGE,
The Japanese Language Section for Foreign Students

[TEL] 023-688-2298　[FAX] 023-688-6438
[eMAIL] nihongo@t-bunkyo.ac.jp
[URL] http://www.t-bunkyo.ac.jp/
[SNS] 公式LINEアカウント：@t-bunkyo

[住所] 〒990-2316　山形県山形市片谷地515
[教育開始時期] 1989年04月
[行き方] JR「蔵王駅」より徒歩7分

[設置者] 富澤学園　（種別：学校法人）
[校長/別科長名] 学長 須賀一好/別科長 阿部いそみ
[収容定員] 25人 一 部制　[教員数] 14人（うち専任 8人）　[宿舎] 無 [料金] ―

[入学資格] 学校教育における12年の課程を修了（修了見込みも含む）した者、出入国管理及び難民認定法において在留資格に支障のない者、日本語能力試験N5以上の者またはこれに準ずる者

[入学選抜方法] 書類選考

[認定コース在籍者数] 5
[その他コース在籍者数] 0
内訳(人)：
韓国(2)、中国(2)、ベトナム(1)

[教材]

初級	『文化初級日本語』『ニューアプローチ 基礎編』他	初中級	―
中級	『ニューアプローチ 基礎編・完成編』他	上級	―

[基礎科目及び英語の授業] なし

[認定コース]

	目的	期間	時数	週数	入学月	選考料	入学金	授業料	その他	合計(円)
留学生別科	進学	1年	900	32	4	30,000	60,000	500,000	80,000	670,000

[認定以外のコース] なし

[日本語能力試験] 2018年度受験状況

	N1	N2	N3	N4	N5	合計
受験者数	4	8	1	0	0	13
認定者数	3	5	0	0	0	8

[日本留学試験] 2018年度受験状況

●第1回

日本語受験者	日本語219点以上	文系受験者	文系100点以上	理系受験者	理系100点以上
0	0	0	0	0	0

●第2回

日本語受験者	日本語219点以上	文系受験者	文系100点以上	理系受験者	理系100点以上
4	3	2	2	0	0

[進学実績] 2019年3月までの進学状況　卒業者数 12

大学院	大学	短期大学	高専	専門学校	その他の学校	就職
0	3	3	0	0	0	2

[主な進学先]
東北芸術工科大学、東北文教大学短期大学部

[主な就職先]
―

●特色1　少人数のきめ細かいカリキュラム。

●特色2　大学本科と合同での行事参加など、日本人学生とも交流できる。

●特色3　日本語能力試験対応の特別学習を行う。

製作：J.TEST事務局 / 語文研究社

こくさいいりょうふくしだいがくりゅうがくせいべっか

国際医療福祉大学 留学生別科

INTERNATIONAL UNIVERSITY OF HEALTH AND WELFARE,
Japanese Language Program

[TEL] 0287-24-3040　[FAX] 0287-24-3140
[eMAIL] i.student@iuhw.ac.jp
[URL] http://www.iuhw.ac.jp/bekka/
[SNS] Facebook：「IUHW Japanese Language Program 留学生別科」

[住所] 〒324-8501　栃木県大田原市北金丸2600-1

[教育開始時期] 2015年10月

[行き方] JR東北線「那須塩原駅」より大田原市営バスを利用。スクールバスも有。

[設置者] 国際医療福祉大学　(種別：学校法人)

[校長/別科長名] 福井譲 (留学生別科長)

[収容定員] 30人　一 部制　[教員数] 5人 (うち専任 1 人)

[宿舎] 有　[料金] (月額) 13,000円 ～ 31,000円

[入学資格] ①外国において通常の課程による12年の学校教育を修了し自国における大学入学資格を有する者②本学において個別の入学審査により日本の高等学校を卒業した者と同等以上の学力があると認めた者で、18才に達した者③日本語能力試験N5合格以上もしくは150時間の日本語学習歴があること。

[入学選抜方法] ①書類選考②面接試験 (海外在住者はスカイプ面接を実施)

[認定コース在籍者数] 3

[その他コース在籍者数] 0

内訳(人)：
台湾(2)、ベトナム(1)

[教材]

初級	『みんなの日本語 初級』	初中級	『中級へ行こう』
中級	『中級を学ぼう 前期中期』『出会い』	上級	『上級で学ぶ』『学ぼう！にほんご 中上級上級』

[基礎科目及び英語の授業] なし

[認定コース]

	目的	期間	時数	週数	入学月	選考料	入学金	授業料	その他	合計(円)
留学生別科	進学	1年	900	30	4,10	15,000	150,000	500,000	30,000	695,000

[認定以外のコース] なし

[日本語能力試験] 2018年度受験状況

	N1	N2	N3	N4	N5	合計
受験者数	3	2	1	0	0	6
認定者数	1	2	1	0	0	4

[日本留学試験] 2018年度受験状況

●第1回

日本語受験者	日本語219点以上	文系受験者	文系100点以上	理系受験者	理系100点以上
3	3	0	0	0	0

●第2回

日本語受験者	日本語219点以上	文系受験者	文系100点以上	理系受験者	理系100点以上
1	1	0	0	0	0

[進学実績] 2019年3月までの進学状況　卒業者数 5

大学院	大学	短期大学	高専	専門学校	その他の学校	就職
1	3	0	0	0	0	1

[主な進学先]

国際医療福祉大学、茨城大学

[主な就職先]

－

●特色1　本学への進学、他の大学・大学院への進学、就職など幅広いニーズに沿った指導。

●特色2　医療福祉系大学ならではの医療・福祉、医療通訳などのVOD講義も受講可能。

●特色3　本学の日本人学生や海外からの研修生と日本語で交流する機会が多数。

製作：J.TEST事務局 / 語文研究社

埼玉県　越谷市　　別科

ぶんきょうだいがくがいこくじんりゅうがくせいべっか

文教大学 外国人留学生別科

Foreign Student Department Bunkyo University

[TEL] 048-974-8811　[FAX] 048-974-8132
[eMAIL] bekka@stf.bunkyo.ac.jp
[URL] https://www.bunkyo.ac.jp/faculty/bekkahp/
[SNS] ―

[住所] 〒343-8511　埼玉県越谷市南荻島3337
[教育開始時期] 1993年04月
[行き方] 東武スカイツリーライン「北越谷駅」徒歩12分

[設置者] 学校法人文教大学学園　（種別：学校法人）　[校長/別科長名] 阿川修三
[収容定員] 40人　一 部制　[教員数] 18人（うち専任　4人）　[宿舎] 無　[料金]

[入学資格] ①外国籍を有していること。②自国において12年の学校教育を修了している者。③出願時において、日本留学試験の「日本語」の点数が100点以上、日本語能力試験N5以上の合格者、J.TestのF級以上の認定者、日本語NAT-TEST5級以上の合格者。④原則としてアドバイザーがいること。

[入学選抜方法] 国外募集→書類審査を実施し、通過者のみアドバイザー面接試験。（場合によっては受験者と電話面接を行う場合もある。）
国内募集→書類審査後、アドバイザー、受験生両名の面接試験。

[認定コース在籍者数] 28
[その他コース在籍者数] 0
内訳(人)：中国(17)、台湾(5)、インドネシア(2)、韓国(1)、ベトナム(1)
その他(2)[イラン、スリランカ]

[教材]

初級	『日本語総まとめN3』『毎日の聞きとり50日 初級編』他	初中級	『中級を学ぼう』『日本語の文型と表現58』『会話に挑戦 中級前期からのロールプレイ』
中級	『新・中級から上級への日本語』『日本語パワードリル』他	上級	『国境を越えて』『アカデミックジャパニーズ』他

[基礎科目及び英語の授業] 総合科目、英語

[認定コース]

	目的	期間	時数	週数	入学月	選考料	入学金	授業料	その他	合計(円)
外国人留学生別科	進学	1年	960	32	4,9	10,000	100,000	450,000	20,000	580,000

[認定以外のコース] なし

[日本語能力試験] 2018年度受験状況

	N1	N2	N3	N4	N5	合計
受験者数	16	14	1	0	0	31
認定者数	5	9	0	0	0	14

[日本留学試験] 2018年度受験状況

●第1回

日本語受験者	日本語219点以上	文系受験者	文系100点以上	理系受験者	理系100点以上
5	3	5	1	0	0

●第2回

日本語受験者	日本語219点以上	文系受験者	文系100点以上	理系受験者	理系100点以上
6	4	6	0	0	0

[進学実績] 2019年3月までの進学状況　卒業者数 26

大学院	大学	短期大学	高専	専門学校	その他の学校	就職
1	7	0	0	2	0	2

[主な進学先]
岡山大学大学院、天理大学、文教大学、JTBトラベル&ホテルカレッジ、東放学園東京アナウンス学院

[主な就職先]
株式会社OSCAR J.J、必達貿易株式会社

●特色1　少人数(1クラス10名前後)での授業が中心です。きめ細かく丁寧な指導をしています。

●特色2　文教大学内の最新の施設を活用した授業や活動を行っています。

●特色3　大学の授業やサークルに参加するなど、多様な交流学習の場を提供しています。

製作：J.TEST事務局 / 語文研究社

別科

埼玉県　新座市

じゅうもんじがくえんじょしだいがくりゅうがくせいべっか

十文字学園女子大学 留学生別科

JUMONJI UNIVERSITY

[TEL] 048-477-0603 [FAX] 048-477-9123
[eMAIL] fsc@jumonji-u.ac.jp
[URL] http://www.jumonji-u.ac.jp
[SNS] –

[住所] 〒352-8510　埼玉県新座市菅沢2-1-28
[教育開始時期] 2000年04月
[行き方] 武蔵野線「新座駅」から徒歩8分

[設置者] 十文字学園　（種別：学校法人）
[校長/別科長名] 松永修一（別科長）
[収容定員] 80人　一 部制
[教員数] 14人 (うち専任　1人)
[宿舎] 無　[料金] –

[入学資格] 12年以上の学校教育を受けている者、18歳以上の女性、日本語能力試験N4、JTESTD-E350点、NAT4以上
[入学選抜方法] 筆記、面接

[認定コース在籍者数] 82
[その他コース在籍者数] 0
内訳(人)：
中国(69)、ベトナム(10)、ネパール(2)、ミャンマー(1)

[教材]

初級	『みんなの日本語 初級Ⅰ』	初中級	『みんなの日本語 初級Ⅱ』『みんなの日本語　中級Ⅰ』
中級	『中級を学ぼう中級中期』『文化中級Ⅱ』	上級	『こんなときどう使う日本語表現文型500』他

[基礎科目及び英語の授業] なし

[認定コース]

	目的	期間	時数	週数	入学月	選考料	入学金	授業料	その他	合計(円)
1年コース	進学	1年	675	30	4,9	20,000	100,000	450,000	30,000	600,000

[認定以外のコース] なし

[日本語能力試験] 2018年度受験状況

	N1	N2	N3	N4	N5	合計
受験者数						
認定者数						

[日本留学試験] 2018年度受験状況

●第1回

日本語受験者	日本語219点以上	文系受験者	文系100点以上	理系受験者	理系100点以上

●第2回

日本語受験者	日本語219点以上	文系受験者	文系100点以上	理系受験者	理系100点以上

[進学実績] 2019年3月までの進学状況　卒業者数　54

大学院	大学	短期大学	高専	専門学校	その他の学校	就職
1	21	0	0	2	0	1

[主な進学先]
十文字学園女子大学

[主な就職先]

●特色1　女子大学に付設した留学生別科。女子教育の長い伝統と優れた環境で安心して学習できます。

●特色2　内部推薦制度により本学大学1年次または3年次編入が可能です。

●特色3　豊富なカリキュラム、外部講師を招いた特別講座や日本文化体験で日本文化を学べます。

製作：J.TEST事務局 / 語文研究社

千葉県　浦安市

別科

めいかいだいがくべっかにほんごけんしゅうかてい

明海大学 別科日本語研修課程

MEIKAI UNIVERSITY SPECIAL JAPANESE LANGUAGE COURSE

[TEL] 047-355-6918　[FAX] 047-355-5183
[eMAIL] bekka@meikai.ac.jp
[URL] http://www.meikai.ac.jp/bekka/index.html
[SNS] –

[住所] 〒279-8550　千葉県浦安市明海1丁目　　[教育開始時期] 1991年04月

[行き方] JR京葉線・武蔵野線「新浦安駅」から徒歩8分

[設置者] 学校法人明海大学　（種別：学校法人）　　[校長/別科長名] 中川仁（別科長）

[収容定員] 65人　一 部制　　[教員数] 15人（うち専任　3人）　　[宿舎] 無　[料金] –

[入学資格] 通常の課程における12年の学校教育を修了した者、またはそれに準ずる者。

[入学選抜方法] 出願書類をもとに選考を行う。

[認定コース在籍者数] 61
[その他コース在籍者数] 0

内訳(人)：ベトナム(38)、中国(9)、モンゴル(5)、台湾(4)、韓国(1)
その他(4)[インド、パキスタン、ネパール、スリランカ]

[教材]

初級	『みんなの日本語初級』『Write Now! Kanji for beginners』	初中級	『日本語総まとめ』『N3文法・語彙』『1日15分の漢字練習初級～初中級（下）』
中級	『中級を学ぼう』『1日15分の漢字練習　中上級』	上級	『上級で学ぶ日本語』『日本語能力試験対策N1文法総まとめ』

[基礎科目及び英語の授業]　総合科目、数学コース1、数学コース2、英語

[認定コース]

	目的	期間	時数	週数	入学月	選考料	入学金	授業料	その他	合計(円)
別科日本語研修課程	進学	1年	930	36	4,9	20,000	100,000	500,000	650	620,650

[認定以外のコース] なし

[日本語能力試験]　2018年度受験状況

	N1	N2	N3	N4	N5	合計
受験者数	13	26	42	0	0	81
認定者数	7	10	13	0	0	30

[日本留学試験]　2018年度受験状況

●第1回

日本語受験者	日本語219点以上	文系受験者	文系100点以上	理系受験者	理系100点以上
0	0	0	0	0	0

●第2回

日本語受験者	日本語219点以上	文系受験者	文系100点以上	理系受験者	理系100点以上
66	12	4	0	1	0

[進学実績]　2019年3月までの進学状況　卒業者数　34

大学院	大学	短期大学	高専	専門学校	その他の学校	就職
1	19	0	0	7	0	5

[主な進学先]

神戸大学大学院、武蔵野大学、東洋大学、明海大学、明生情報ビジネス専門学校、ICSカレッジオブアーツ

[主な就職先]

–

●特色1　大学教育を受けるに必要な日本語を教育し、あわせて必要な教科（英語、社会、数学）の教育を行う。

●特色2　本学への推薦入学がある。本学への進学は入学金23万円全額免除。また、N1を有する者は入学年度授業料 698,000円 全額免除。

●特色3　能力別少人数のクラス編成であるため、効率的でキメの細かな授業が受けられる。

製作：J.TEST事務局 / 語文研究社

ちばかがくだいがくりゅうがくせいべっか

千葉科学大学 留学生別科

Chiba Institute of Science Intensive Japanese Language Program

[TEL] 0479-30-4582 [FAX] 0479-30-4582
[eMAIL] Bekka@ml.cis.ac.jp
[URL] http://www.cis.ac.jp
[SNS] —

[住所] 〒288-0025 千葉県銚子市潮見町3番地
[教育開始時期] 2010年04月
[行き方] JR「銚子駅」より千葉交通路線バス千葉科学大学行「千葉科学大学本部キャンパス」下車

[設置者] 加計学園 (種別：学校法人)
[校長/別科長名] 船倉武夫
[収容定員] 40人 一部制 [教員数] 9人 (うち専任 1人)
[宿舎] 有 [料金] (月額) 25,000円 ～

[入学資格] 学校教育における12年の課程修了者
日本語能力試験N5以上
[入学選抜方法] 筆記試験、面接

[認定コース在籍者数] 11
[その他コース在籍者数] 1
内訳(人): ベトナム(10)、中国(1)

[教材]

初級	『できる日本語初級』	初中級	『できる日本語初中級』
中級	『できる日本語中級』	上級	—

[基礎科目及び英語の授業] なし

[認定コース]

	目的	期間	時数	週数	入学月	選考料	入学金	授業料	その他	合計(円)
留学生別科	進学	1年	900	40	4,9	6,000	50,000	650,000	60,000	766,000

[認定以外のコース] なし

[日本語能力試験] 2018年度受験状況

	N1	N2	N3	N4	N5	合計
受験者数	0	4	11	17	5	37
認定者数	0	2	7	5	5	19

[日本留学試験] 2018年度受験状況

●第1回

日本語受験者	日本語219点以上	文系受験者	文系100点以上	理系受験者	理系100点以上
0	0	0	0	0	0

●第2回

日本語受験者	日本語219点以上	文系受験者	文系100点以上	理系受験者	理系100点以上
0	0	0	0	0	0

[進学実績] 2019年3月までの進学状況 卒業者数 8

大学院	大学	短期大学	高専	専門学校	その他の学校	就職
0	6	0	0	2	0	0

[主な進学先]
千葉科学大学、岡山理科大学

[主な就職先]
—

●特色1 伝える力、語り合う日本語教育を行っている。

●特色2 外部講師による指導(坐禅・茶道・書道)。

●特色3 日本語と日本文化理解で地位交流が盛んである。

製作：J.TEST事務局 / 語文研究社

東京都	新宿区

別科

わせだだいがくにほんごきょういくけんきゅうせんたー

早稲田大学 日本語教育研究センター

WASEDA UNIVERSITY, Center for Japanese Language

[TEL] 03-5273-3142 [FAX] 03-3203-7672
[eMAIL] cjl@list.waseda.jp
[URL] https://www.waseda.jp/inst/cjl/
[SNS] https://ja-jp.facebook.com/cjl.waseda/

[住所] 〒169-8050 東京都新宿区西早稲田1-7-14

[教育開始時期] 1988年04月

[行き方] 東京メトロ東西線「早稲田駅」より徒歩10分

[設置者] 早稲田大学 (種別：学校法人)

[校長/別科長名] 田中愛治

[収容定員] 510人 一 部制

[教員数] 203人(うち専任 15 人)

[宿舎] 無 [料金] ー

[入学資格] 高校卒業 (12年の初中等教育修了者)

[入学選抜方法] 書類選考

[認定コース在籍者数] 476

[その他コース在籍者数] 0

内訳(人)：中国(187)、台湾(78)、アメリカ(41)、イギリス(26)、韓国(24)
その他(120)[ヨーロッパ、東南アジア、オセアニア 他]

[教材]

初級	『みんなの日本語 初級 I 』	初中級	『みんなの日本語 初級 II 』
中級	『中級へ行こう』『中級を学ぼう』	上級	『留学生のための時代を読み解く上級日本語』

[基礎科目及び英語の授業] なし

[認定コース]

	目的	期間	時数	週数	入学月	選考料	入学金	授業料	その他	合計(円)
日本語教育プログラム	一般	6か月	390	15	4,9	25,000	0	505,200	0	530,200
日本語教育プログラム	一般	1年	780	30	4,9	25,000	0	978,400	0	1,003,400

[認定以外のコース] 短期日本語集中プログラム

[日本語能力試験] 2018年度受験状況

	N1	N2	N3	N4	N5	合計
受験者数						
認定者数						

[日本留学試験] 2018年度受験状況

●第1回

日本語受験者	日本語219点以上	文系受験者	文系100点以上	理系受験者	理系100点以上

●第2回

日本語受験者	日本語219点以上	文系受験者	文系100点以上	理系受験者	理系100点以上

[進学実績] 2019年3月までの進学状況 卒業者数

大学院	大学	短期大学	高専	専門学校	その他の学校	就職

[主な進学先]

[主な就職先]

●特色1 幅広い日本語学習ニーズに対応(週500クラス)。

●特色2 自律的日本語学習の促進(わせだ日本語サポートの設置)。

●特色3 実践的日本語学習(早稲田大学日本人学生ボランティアの活用)。

製作：J.TEST事務局 / 語文研究社

別科　東京都　豊島区

とうきょうふくしだいがくりゅうがくせいにほんごべっか(いけぶくろきゃんぱす)

東京福祉大学 留学生日本語別科(池袋キャンパス)

Tokyo University of Social Welfare, Ikebukuro Campus

[TEL] 03-5960-7426　[FAX] 03-3981-2533
[eMAIL] ryu-hojin@ad.tokyo-fukushi.ac.jp
[URL] http://www.tokyo-fukushi.ac.jp
[SNS] —

[住所] 〒170-8426　東京都豊島区東池袋4-23-1

[教育開始時期] 2004年04月

[行き方] 東京メトロ有楽町線「東池袋駅」6・7番ライズシティ池袋方面出口正面右手、サンシャインシティ隣

[設置者] 学校法人茶屋四郎次郎記念学園　(種別：学校法人)

[校長/別科長名] 藤田伍一

[収容定員] 2400人　一 部制　**[教員数]** 97人(うち専任 13 人)

[宿舎] 無　**[料金]** —

[入学資格] ①外国において通常の課程による12年の学校教育を修了した者　②日本語能力試験：N5以上、J-cert：初級以上、J. TEST：F級以上

[入学選抜方法] 書類選考、面接

[認定コース在籍者数] 1258

[その他コース在籍者数] 0

内訳(人)：ネパール(508)、ベトナム(423)、中国(188)、ミャンマー(83)
その他(56)[スリランカ、バングラデシュ、カンボジア、ウズベキスタン他]　※名古屋キャンパス共通

[教材]

初級	『かなマスター』『みんなの日本語 初級』『新日本語の基礎 漢字練習帳』『Basic Kanji』『大地』	初中級	『日本語総まとめN3』『スピードマスターシリーズ』『読むトレーニング』
中級	『みんなの日本語 中級』『日本語総まとめN2』	上級	『日本語総まとめN1』

[基礎科目及び英語の授業] なし

[認定コース]

	目的	期間	時数	週数	入学月	選考料	入学金	授業料	その他	合計(円)
日本語別科	進学 他	2年	1170	60	4,10	10,000	100,000	960,000	300,000	1,370,000

[認定以外のコース] 短期日本語集中講座

[日本語能力試験] 2018年度受験状況

	N1	N2	N3	N4	N5	合計
受験者数	20	218	699	31	2	970
認定者数	6	38	65	3	2	114

[日本留学試験] 2018年度受験状況

●第1回

日本語受験者	日本語219点以上	文系受験者	文系100点以上	理系受験者	理系100点以上
21	12	8	8	4	2

●第2回

日本語受験者	日本語219点以上	文系受験者	文系100点以上	理系受験者	理系100点以上
24	7	8	4	4	2

[進学実績] 2019年3月までの進学状況　**卒業者数** 1032

大学院	大学	短期大学	高専	専門学校	その他の学校	就職
11	241	7	0	718	25	15

[主な進学先]

東京福祉大学、中央情報大学校、京都大学。埼玉大学、東海大学、法政大学、東京福祉保育専門学校、保育・介護・ビジネス名古屋専門学校、NIPPONおもてなし専門学校
※名古屋キャンパス共通

[主な就職先]

日本春秋旅行
※名古屋キャンパス共通

●**特色1**　セメスター制を導入し、春・秋の年2回入学。「留学」以外の在留資格で国内在住の方は、国内での受験が可能。東京福祉大学の学部および大学院への進学については入学金の免除制度あり。

●**特色2**　学生自身の日本語能力に合わせ、教育経験豊かな留学生日本語別科の教員により、双方向・対話型授業を実施。

●**特色3**　国内の日本語学校に1年未満在籍の方で、本学留学生日本語別科での学習を希望の方も入学し、前籍校との合計で2年になるまで在籍が可能。

製作：J.TEST事務局 / 語文研究社

たくしょくだいがくべっかにほんごきょういくかてい

拓殖大学 別科日本語教育課程

Takushoku University, Intensive Japanese Language Program

[TEL] 03-3947-8079　[FAX] 03-3947-8017
[eMAIL] bekka@ofc.takushoku-u.ac.jp
[URL] http://www.takushoku-u.ac.jp/international/bekka/
[SNS] —

[住所] 〒112-0012　東京都文京区大塚1-7-1　**[教育開始時期]** 1972年04月

[行き方] 東京メトロ丸の内線「茗荷谷駅」下車

[設置者] 学校法人拓殖大学　（種別：学校法人）　**[校長/別科長名]** 近藤真宣（別科長）

[収容定員] 130人　一 部制　**[教員数]** 45人（うち専任　4人）　**[宿舎]** 有　**[料金]**（月額）28,000～30,000円

[入学資格] 日本国外において学校教育における12年の課程を修了した者、入学時18歳に達している者　他詳細あり　**[入学選抜方法]** 書類審査、保証人面接

[認定コース在籍者数] 84
[その他コース在籍者数] 0
内訳(人)：中国(28)、ベトナム(22)、台湾(11)、インドネシア(9)、韓国(7)
その他(7)[ネパール、タイ、ニュージーランド、モンゴル]

[教材]

初級	『大地』他	初中級	『大地』他
中級	『中級を学ぼう中級前期』他	上級	『上級日本語』他

[基礎科目及び英語の授業] 数学コース1、数学コース2、物理、化学、生物、英語

[認定コース]

	目的	期間	時数	週数	入学月	選考料	入学金	授業料	その他	合計(円)
春入学(4月)	進学	1年	816	34	4	10,000	125,000	505,000	0	640,000
秋入学(9月)	進学	1年	816	34	9	10,000	125,000	505,000	0	640,000

[認定以外のコース] 「春入学」「秋入学」は1年間が基本コースですが、進路などにより更に日本語能力向上を目標に、段階的に6ヵ月、更にステップアップするコース(1.5年コース、2年コースへ編入)があります。

[日本語能力試験] 2018年度受験状況

	N1	N2	N3	N4	N5	合計
受験者数	4	14	0	0	0	18
認定者数	4	14	0	0	0	18

[日本留学試験] 2018年度受験状況

●第1回

日本語受験者	日本語219点以上	文系受験者	文系100点以上	理系受験者	理系100点以上
0	0	0	0	0	0

●第2回

日本語受験者	日本語219点以上	文系受験者	文系100点以上	理系受験者	理系100点以上
0	0	0	0	0	0

[進学実績] 2019年3月までの進学状況　**卒業者数**　56

大学院	大学	短期大学	高専	専門学校	その他の学校	就職
7	19	2	0	12	0	8

[主な進学先]

拓殖大学大学院、東京芸術大学大学院、慶應義塾大学大学院、東京理科大学大学院、京都情報大学院大学、拓殖大学、東京理科大学、駿河台大学、上海大学(東京校)、室蘭工業大学、拓殖大学北海道短期大学、各種専門学校他

[主な就職先]

IT,翻訳会社等

●**特色1**　「春入学」、「秋入学」から1年間の基本コース、進路などにより更に学習期間を延長(6ヵ月毎)するコースがあります。授業料は年2回(前期・後期)の分割納付です。

●**特色2**　日本語能力別のクラス編成、習熟度に合わせた学習、国公私立大学や大学院等への進路指導をします。文系・理系ともに大学受験に対応した授業科目を設置しています。

●**特色3**　拓殖大学への編入学、拓殖大学、拓殖大学北海道短期大学への推薦入学試験制度があります。

製作：J.TEST事務局 / 語文研究社

けいおうぎじゅくだいがくべっかにほんごけんしゅうかてい

慶應義塾大学 別科・日本語研修課程

Japanese Language Program of the Center for Japanese Studies, Keio University

[TEL] 03-5427-1614　[FAX] 03-5427-1559
[eMAIL] jlpinquiry@info.keio.ac.jp
[URL] http://www.cjs.keio.ac.jp/
[SNS] ―

[住所] 〒108-8345　東京都港区三田2-15-45

[教育開始時期] 1990年04月

[行き方] JR「田町駅」から徒歩8分、地下鉄浅草線「三田駅」から徒歩7分

[設置者] 慶應義塾　（種別：学校法人）

[校長/別科長名] 長谷山彰（学長）・小尾晋之介（所長）

[収容定員] 180人　一 部制

[教員数] 58人（うち専任 10 人）

[宿舎] 有　[料金]（月額）55,000円 ～ 78,400円

[入学資格] 高等学校卒業生、ならびにこれと同等以上の資格があると認められる者

[入学選抜方法] 書類審査

[認定コース在籍者数] 193

[その他コース在籍者数] 0

内訳(人):
非公開

[教材]

初級	非公開	初中級	非公開
中級	非公開	上級	非公開

[基礎科目及び英語の授業] なし

[認定コース]

	目的	期間	時数	週数	入学月	選考料	入学金	授業料	その他	合計(円)
別科・日本語研修課程	一般	1年	―	30	4,9	10,000	100,000	580,000	5,000	695,000

[認定以外のコース] なし

[日本語能力試験]　2018年度受験状況

	N1	N2	N3	N4	N5	合計
受験者数	―	―	―	―	―	―
認定者数	―	―	―	―	―	―

[日本留学試験]　2018年度受験状況

●第1回

日本語受験者	日本語219点以上	文系受験者	文系100点以上	理系受験者	理系100点以上
―	―	―	―	―	―

●第2回

日本語受験者	日本語219点以上	文系受験者	文系100点以上	理系受験者	理系100点以上
―	―	―	―	―	―

[進学実績]　2019年3月までの進学状況　卒業者数 非公開

大学院	大学	短期大学	高専	専門学校	その他の学校	就職
―	―	―	―	―	―	―

[主な進学先]
非公開

[主な就職先]
非公開

●特色1　初期の段階から、将来専門分野において研究を行う際の有用な日本語の運用能力を養成することを重視している。また、受講者の留学目的に合わせて、多様な学習段階・科目が用意されている。

●特色2　「話す・聞く・読む・書く」という四技能をそれぞれに高めるための日本語科目と日本の社会や文化に関する知識を深めるための日本文化科目が設けられ、学習者が各自の必要や興味に応じて選択し、時間割を組むことができる。

●特色3　対象とする学習者は、基本的に大学（学士課程）の在籍生や卒業生であり、大学の学部進学準備を目的とした課程ではない。定員枠内で交換協定に基づく交換留学生および国費留学生を受け入れている。

製作：J.TEST事務局 / 語文研究社

ていきょうすたでぃあぶろーどせんたーにほんごよびきょういくかてい

帝京Study Abroad Center 日本語予備教育課程

Teikyo University ,The Japanese Language Course

[TEL] 042-678-3237　[FAX] 042-678-3544
[eMAIL] t-sac@mail.teikyo-u.ac.jp
[URL] http://www.teikyo-u.ac.jp
[SNS] https://www.facebook.com/teikyoglobal

[住所] 〒192-0395　東京都八王子市大塚359番地

[教育開始時期] 1990年04月

[行き方] 京王線「聖蹟桜ヶ丘駅」「高幡不動駅」「多摩センター駅」よりバス乗車約15分
都市モノレール「大塚帝京駅」下車徒歩約15分

[設置者] 学校法人帝京大学　（種別:学校法人）　[校長/別科長名] 西岡淳

[収容定員] 150人　一 部制　[教員数] 9人 (うち専任　2 人)　[宿舎] 有　[料金] (月額) 48,000円～

[入学資格] 入学時点で年齢が満18歳に達している者。外国において通常の課程による12年の学校教育を修了した者 他

[入学選抜方法] 書類審査、筆記試験（作文:日本語）、面接

[認定コース在籍者数] 3
[その他コース在籍者数] 0
内訳(人):
中国、アラブ首長国連邦

[教材]

初級	『みんなの日本語 初級』『大地』『げんき』	初中級	『中級へ行こう』『学ぼう！日本語 初中級』
中級	『学ぼう！日本語 中級』『学ぼう！日本語 中上級』他	上級	『学ぼう！日本語 上級』他

[基礎科目及び英語の授業] なし

[認定コース]

	目的	期間	時数	週数	入学月	選考料	入学金	授業料	その他	合計(円)
帝京Study Abroad Center 日本語予備教育課程	進学	1年	720	30	4	35,000	150,000	400,000	81,340	666,340

[認定以外のコース] なし

[日本語能力試験] 2018年度受験状況

	N1	N2	N3	N4	N5	合計
受験者数	1	7	1	0	0	9
認定者数	0	1	1	0	0	2

[日本留学試験] 2018年度受験状況

●第1回

日本語受験者	日本語219点以上	文系受験者	文系100点以上	理系受験者	理系100点以上
1	0	1	1	0	0

●第2回

日本語受験者	日本語219点以上	文系受験者	文系100点以上	理系受験者	理系100点以上
1	0	1	1	0	0

[進学実績] 2019年3月までの進学状況　卒業者数　4

大学院	大学	短期大学	高専	専門学校	その他の学校	就職
1	1	1	0	1	0	0

[主な進学先]
－

[主な就職先]
－

●特色1　「読む、書く、話す、聞く」の4技能が、レベル別で無理なく伸ばすことができる。また、大学や大学院進学など、学生の進路や目的に合わせた授業を行っている。

●特色2　授業は少人数制で行われている。学生と教師との距離も近く、学生はていねいな指導が受けられる。

●特色3　帝京大学の学部や大学院の日本人学生とディスカッションを通して交流も深めることができる。このような環境の中で、日本語能力を高めるだけでなく、多様な人々の考えを知り、新たな視点を得ることができる。

製作:J.TEST事務局 / 語文研究社

別科　東京都　武蔵野市

あじあだいがくりゅうがくせいべっか

亜細亜大学 留学生別科

ASIA UNIVERSITY

[TEL] 0422-36-3255 [FAX] 0422-36-4869
[eMAIL] bekka@asia-u.ac.jp
[URL] http://www.asia-u.ac.jp/
[SNS] —

[住所] 〒180-8629 東京都武蔵野市境5-8　[教育開始時期] 1954年03月
[行き方] JR中央線「武蔵境駅」北口より徒歩12分、すきっぷ通り商店街を抜け信号左折

[設置者] 学校法人亜細亜学園 (種別：学校法人)　[校長/別科長名] 大島正克
[収容定員] 70人 一 部制　[教員数] 16人 (うち専任 4人)　[宿舎] 無 [料金] —

[入学資格] 日本以外の国籍を有し、12年の学校教育課程を修了し、日本語能力試験N4程度の日本語能力が見込まれる者
[入学選抜方法] 書類審査 (1期・2期はweb面接)

[認定コース在籍者数] 29
[その他コース在籍者数] 6
内訳(人): 中国(10)、ベトナム(7)、タイ(5)、インドネシア(4)、モンゴル(2)
その他(8)[台湾、香港、韓国、フィリピン、フランス、アメリカ]

[教材]

初級	『みんなの日本語初級』『聴解タスク25』『やさしい作文』『漢字練習帳』他	初中級	—
中級	『みんなの日本語 初級Ⅱ』『標準問題集』『ニューアプローチ中級基礎編本冊』	上級	『ニューアプローチ中級基礎本冊』『練習帳』『大学・大学院留学生の日本語②作文編』

[基礎科目及び英語の授業] 英語

[認定コース]

	目的	期間	時数	週数	入学月	選考料	入学金	授業料	その他	合計(円)
留学生別科	進学	1年	1020	34	4	20,000	130,000	460,000	54,000	664,000

[認定以外のコース] なし

[日本語能力試験] 2018年度受験状況

	N1	N2	N3	N4	N5	合計
受験者数						
認定者数						

[日本留学試験] 2018年度受験状況

●第1回

日本語受験者	日本語219点以上	文系受験者	文系100点以上	理系受験者	理系100点以上

●第2回

日本語受験者	日本語219点以上	文系受験者	文系100点以上	理系受験者	理系100点以上

[進学実績] 2019年3月までの進学状況　卒業者数 22

大学院	大学	短期大学	高専	専門学校	その他の学校	就職
2	19	0	0	0	1	0

[主な進学先]
亜細亜大学大学院、亜細亜大学、埼玉学園大学

[主な就職先]
—

●特色1 留学生別科は日本語のレベルによって3クラスに分かれ、それぞれのレベルに合わせて学習できます。少人数制ですので丁寧に教えてくれます。

●特色2 学内の日本語学習だけでなく、日本事情の授業として近隣の小学校や高校訪問があります。また、留学生別科で1泊2日の研修旅行や都内見学を行います。

●特色3 大学のキャンパスで学べますので、図書館の利用や学食も利用できます。大学の日本人学生や多国籍の留学生と交流て、国際交流パーティーで各国の料理を作って食べたり、日本人学生とキャンプでバーベキューなどいろいろなイベントに参加できます。

製作：J.TEST事務局 / 語文研究社

おうびりんだいがくにほんげんごぶんかがくいん

桜美林大学 日本言語文化学院

J.F.Oberlin University Institute for Japanese Language and Culture (Japanese Extension)

[TEL] 042-704-7041 [FAX] 042-704-7033
[eMAIL] rywx@obirin.ac.jp
[URL] http://www.obirin.ac.jp/japanese_extension/
[SNS] ─

[住所] 〒252-0206 神奈川県相模原市中央区淵野辺4-16-1
桜美林大学プラネット淵野辺キャンパス(PFC)

[教育開始時期] 2005年09月

[行き方] JR横浜線「淵野辺駅」北口と直結

[設置者] 桜美林学園　(種別：学校法人)
[校長/別科長名] 張平 日本語言語文化学院(留学生科)長

[収容定員] 120人 一 部制　[教員数] 23人(うち専任 2人)　[宿舎] 有　[料金] (月額) 55,000円 ～

[入学資格] コースによって入学資格が異なるため、ホームページにて募集要項をご確認ください。

[入学選抜方法] 提出された出願書類は選考の材料となる。必要な場合、本人の面接試験、ウェブカメラ面接、電話面接を行う。

[認定コース在籍者数]

[その他コース在籍者数]

内訳(人):

[教材]

初級	『みんなの日本語 初級』	初中級	『みんなの日本語 初級Ⅱ』『中級へ行こう』
中級	『みんなの日本語 中級』	上級	『改訂版大学・大学院 留学生の日本語③論文読解編』

[基礎科目及び英語の授業] なし

[認定コース]

	目的	期間	時数	週数	入学月	選考料	入学金	授業料	その他	合計(円)
大学院進学コース	進学	1年	382	17	4,9	15,000	100,000	500,000		615,000
大学編入コース	進学	1年	382	17	4,9	15,000	100,000	500,000		615,000
大学進学コース	進学	1年	382	17	4,9	15,000	100,000	500,000		615,000
日本語学習特別コース	私費留学	1年	382	17	4,9	15,000	100,000	500,000		615,000

[認定以外のコース] なし

[日本語能力試験] 2018年度受験状況

	N1	N2	N3	N4	N5	合計
受験者数	17	38	4	0	0	55
認定者数	9	13	3	0	0	25

[日本留学試験] 2018年度受験状況

●第1回

日本語受験者	日本語219点以上	文系受験者	文系100点以上	理系受験者	理系100点以上
28	6	27	14	0	0

●第2回

日本語受験者	日本語219点以上	文系受験者	文系100点以上	理系受験者	理系100点以上
17	8	4	3	0	0

[進学実績] 2019年3月までの進学状況 卒業者数 71

大学院	大学	短期大学	高専	専門学校	その他の学校	就職
1	20	0	0	23	1	2

[主な進学先]

桜美林大学大学院、桜美林大学、日本大学、京都産業大学、大阪観光大学、文化服装学院、代々木アニメーション、トヨタ自動車大学校、神奈川経済専門学校、医療ビジネス観光情報専門学校、等

[主な就職先]

─

●特色1 大学・大学院進学後を視野に入れた実践的な日本語力の養成。

●特色2 徹底した個別進学相談と指導。

●特色3 桜美林大学の科目が履修でき、成績証明書も発行される。修得した単位は、本学の大学に進学した場合、規定により認定される。

とうかいだいがくべっかにほんごけんしゅうかてい

東海大学 別科日本語研修課程

Tokai University,
Japanese Language Course for International Students

[TEL] 0463-58-1211 [FAX] 0463-50-2479
[eMAIL] oasis@tsc.u-tokai.ac.jp
[URL] https://www.u-tokai.ac.jp
[SNS] https://www.facebook.com/tokai.hiat.en

[住所] 〒259-1292　神奈川県平塚市北金目4-1-1　**[教育開始時期]** 1964年04月
[行き方] 小田急線「東海大学前」駅下車 徒歩約15分、JR東海道線「平塚」駅よりバス乗車（約30分）

[設置者] 東海大学　（種別：学校法人）　**[校長/別科長名]** 学長：山田清志
[収容定員] 200人 一 部制　**[教員数]** 32人（うち専任 11 人）　**[宿舎]** 有　**[料金]**（月額）15,000円 〜

[入学資格] 外国において通常の課程による12年の学校教育を修了した者（または修了見込みの者）
※その他の条件等は、入試要項または東海大学のWebサイトにてご確認ください。
[入学選抜方法] 書類選考

[認定コース在籍者数] 68
[その他コース在籍者数] 0
内訳(人): タイ(15)、中国(7)、台湾(5)、ベトナム(4)、モンゴル(4)
その他(33)[韓国、アメリカ、サウジアラビア、UAE、カタール 他]

[教材]

初級	『毎日の聞きとり50日 上・下』	初中級	『中級へ行こう』『毎日の聞きとり50日 上・下』
中級	『日本語中級表現』『ニューアプローチ 中級』	上級	『みんなの日本語 中級Ⅱ』

[基礎科目及び英語の授業] 数学コース1、数学コース2、物理

[認定コース]

	目的	期間	時数	週数	入学月	選考料	入学金	授業料	その他	合計(円)
別科日本語研修課程	進学	1年	675	30	4,10	10,000	70,000	600,000	111,000	791,000

[認定以外のコース] 日本語教育特別講座

[日本語能力試験] 2018年度受験状況

	N1	N2	N3	N4	N5	合計
受験者数	0	0	0	0	0	0
認定者数	0	0	0	0	0	0

[日本留学試験] 2018年度受験状況

●第1回

日本語受験者	日本語219点以上	文系受験者	文系100点以上	理系受験者	理系100点以上
0	0	0	0	0	0

●第2回

日本語受験者	日本語219点以上	文系受験者	文系100点以上	理系受験者	理系100点以上
0	0	0	0	0	0

[進学実績] 2019年3月までの進学状況　**卒業者数** 41

大学院	大学	短期大学	高専	専門学校	その他の学校	就職
1	20	0	0	1	0	1

[主な進学先]
東海大学大学院、東海大学

[主な就職先]
―

●**特色1**　本学の学部、大学院に進学する留学生の予備教育課程である。

●**特色2**　短期間で修得するための教材カリキュラムを開発・運用している。

●**特色3**　日本語だけでなく、理系学部進学希望者は数学や物理、文系学部進学希望者は日本の社会や政治を学習することができる。

製作：J.TEST事務局 / 語文研究社

ほくりくだいがくりゅうがくせいべっか

北陸大学 留学生別科

Hokuriku University Japanese Language Course

[TEL] 076-229-2626　[FAX] 076-229-0021
[eMAIL] iec@hokuriku-u.ac.jp
[URL] http://www.hokuriku-u.ac.jp/department/jlc/index.html
[SNS] https://www.facebook.com/huiec

[住所] 〒920-1180　石川県金沢市太陽が丘1-1　[教育開始時期] 1994年04月

[行き方] JR「金沢駅」兼六園口から12番または95番バスに乗車、「北陸大学太陽が丘」下車

[設置者] 学校法人北陸大学　(種別：学校法人)　[校長/別科長名] 別科長　笠原祥士郎

[収容定員] 70人　一部制　[教員数] 11人(うち専任 3人)　[宿舎] 有　[料金] (半年) 360,000円〜

[入学資格] ①外国籍を有すること ②外国において12年間以上の正規学校教育を修了したこと ③入学時満18才以上

[入学選抜方法] 志願者が5名以上の国や地域：日本語筆記、母語作文、面接/志願者が4名以下の国や地域：書類審査、Skype面接

[認定コース在籍者数] 45　[その他コース在籍者数] 16

内訳(人)：中国(51)、ベトナム(5)、韓国(3)、ロシア(1)、フランス(1)

[教材]

初級	『みんなの日本語初級』他	初中級	『耳から覚える文法トレーニング N3、N2』他
中級	『読む力 中級』『留学生の日本語 ①読解編』他	上級	『読む力 中上級』『時代を読み解く上級日本語』他

[基礎科目及び英語の授業] 英語

[認定コース]

	目的	期間	時数	週数	入学月	選考料	入学金	授業料	その他	合計(円)
別科1年コース	進学・短期	1年	—	30	4,9	10,000	50,000	700,000		760,000
別科1年半コース	進学	1年6か月	—	45	4,9	10,000	50,000	1,050,000		1,110,000
別科2年コース	進学	2年	—	60	4,9	10,000	50,000	1,400,000		1,460,000

[認定以外のコース] ①学部編入生に対する日本語予備教育(半年コース)：350,000円/半年②姉妹校在学生の短期留学コース(半年コース)：350,000円/半年③科目等履修生(定住者などが対象)：授業料は登録授業数により計算する

[日本語能力試験] 2018年度受験状況

	N1	N2	N3	N4	N5	合計
受験者数	0	0	0	0	0	0
認定者数	0	0	0	0	0	0

[日本留学試験] 2018年度受験状況

●第1回

日本語受験者	日本語219点以上	文系受験者	文系100点以上	理系受験者	理系100点以上
1	0	0	0	0	0

●第2回

日本語受験者	日本語219点以上	文系受験者	文系100点以上	理系受験者	理系100点以上
4	1	0	0	0	0

[進学実績] 2019年3月までの進学状況　卒業者数 44

大学院	大学	短期大学	高専	専門学校	その他の学校	就職
6	3	0	0	2	0	3

[主な進学先]

東京外国語大学大学院、富山大学大学院、北陸先端科学技術大学院大学、早稲田大学大学院、立命館大学大学院、成城大学大学院、北陸大学、八戸学院大学、東放学園専門学校放送芸術科、大原情報デザインアート専門学校

[主な就職先]

菜香楼(中華料理)、株式会社東研サーモテック

●特色1　日本語能力別クラスによる、きめ細かい日本語指導。

●特色2　アドバイザー教員制度による、学習・生活・進路サポート。

●特色3　研究計画書作成指導など大学院進学希望者にも対応。

別科

石川県　白山市

きんじょうだいがくたんきだいがくぶりゅうがくせいべっか

金城大学 短期大学部留学生別科

KINJO COLLEGE
Preparation program for Foreign students

[TEL] 076-276-4411 [FAX] 076-275-4183
[eMAIL] kinjo@kinjo.ac.jp
[URL] http://www.kinjo.ac.jp/kjc/
[SNS] —

[教育開始時期] 2004年04月

[住所] 〒924-8511　石川県白山市笠間町1200

[行き方] JR北陸本線「加賀笠間駅」から徒歩10分

[設置者] 学校法人金城学園　（種別：学校法人）

[校長/別科長名] 加藤真一

[収容定員] 20人　一 部制

[教員数] 9人（うち専任　2 人）

[宿舎] 無　[料金] -

[入学資格] 外国において当該国の学校教育制度に基づく中学校および高等学校の課程を修了した者および見込みの者でかつ当該国の大学入学資格を有する（見込み）者であって、学校教育年数の合計が12年以上（見込み）の者またはこれに準ずる者

[入学選抜方法] 筆記試験、面接

[認定コース在籍者数] 13

内訳(人):

[その他コース在籍者数]

[教材]

初級	『みんなの日本語 初級』	初中級	—
中級	『みんなの日本語 中級 I 』	上級	—

[基礎科目及び英語の授業] なし

[認定コース]

	目的	期間	時数	週数	入学月	選考料	入学金	授業料	その他	合計(円)
留学生別科	進学	1年	810	30	4	30,000	100,000	500,000	0	630,000

[認定以外のコース] なし

[日本語能力試験] 2018年度受験状況

	N1	N2	N3	N4	N5	合計
受験者数		3	1			4
認定者数		3	1			4

[日本留学試験] 2018年度受験状況

●第1回

日本語受験者	日本語219点以上	文系受験者	文系100点以上	理系受験者	理系100点以上
0					

●第2回

日本語受験者	日本語219点以上	文系受験者	文系100点以上	理系受験者	理系100点以上
0					

[進学実績] 2019年3月までの進学状況　卒業者数　83

大学院	大学	短期大学	高専	専門学校	その他の学校	就職
	27	36			4	

[主な進学先]

金城大学、金城大学短期大学部

[主な就職先]

●特色1　少人数制の日本語教育。

●特色2　—

●特色3　—

製作：J.TEST事務局 / 語文研究社

岐阜県　瑞穂市　　別科

あさひだいがくりゅうがくせいべっかにほんごけんしゅうかてい

朝日大学 留学生別科日本語研修課程

Asahi University Japanese Language and Culture Course

[TEL] 058-329-1046 [FAX] 058-329-1049
[eMAIL] w-admin@alice.asahi-u.ac.jp
[URL] http://www.asahi-u.ac.jp/ryugaku
[SNS] https://www.facebook.com/asahibekka/

[住所] 〒501-0296　岐阜県瑞穂市穂積1851
[教育開始時期] 2001年04月
[行き方] JR東海道本線「穂積駅」下車、朝日大学スクールバス(無料)で約5分、「朝日大学」下車

[設置者] 朝日大学　(種別：学校法人)
[校長/別科長名] 留学生別科長　横山博信
[収容定員] 60人　一部制
[教員数] 11人 (うち専任　4人)
[宿舎] 有　[料金] (月額) 20,000円 ～30,000円

[入学資格] 18歳以上の者で外国において12年の課程を修了した者、在留資格「留学」が取得できる者、日本語能力試験N5(4級)相当以上
[入学選抜方法] 書類選考

[認定コース在籍者数] 55
[その他コース在籍者数] 0
内訳(人): ベトナム(36)、ネパール(8)、パキスタン(5)、中国(2)、イタリア(1)
その他(3)[モンゴル、タイ、ミャンマー]

[教材]

初級	『できる日本語 初級本冊 文法ノート』他	初中級	『できる日本語 初中級本冊 文法ノート』他
中級	『上級へのとびら コンテンツとマルチメディアで学ぶ日本語』他	上級	『新中級から上級への日本語』他

[基礎科目及び英語の授業] 数学コース1、英語、世界史

[認定コース]

	目的	期間	時数	週数	入学月	選考料	入学金	授業料	その他	合計(円)
日本語研修課程	進学	1年	900	30	4,9	20,000	100,000	450,000	3,500	573,500
日本語研修課程	進学	1年6か月	1350	45	4,9	20,000	100,000	675,000	5,250	800,250

[認定以外のコース] なし

[日本語能力試験] 2018年度受験状況

	N1	N2	N3	N4	N5	合計
受験者数	0	4	39	1	0	44
認定者数	0	0	12	1	0	13

[日本留学試験] 2018年度受験状況

●第1回

日本語受験者	日本語219点以上	文系受験者	文系100点以上	理系受験者	理系100点以上
20	1	0	0	0	0

●第2回

日本語受験者	日本語219点以上	文系受験者	文系100点以上	理系受験者	理系100点以上
22	3	0	0	1	0

[進学実績] 2019年3月までの進学状況　卒業者数　52

大学院	大学	短期大学	高専	専門学校	その他の学校	就職
1	25	1	0	19	1	1

[主な進学先]
朝日大学、飯原服飾専門学校 他

[主な就職先]
—

●特色1　実践的カリキュラム:日本の大学、大学院へ進学することを目標とした実践カリキュラムが組まれています。

●特色2　推薦入学制度:成績優秀で出席率が高く人物的に優れた別科生には、朝日大学への推薦入学の道が開かれています(入学金免除)。

●特色3　奨学生制度:学習意欲旺盛で、成績優秀、かつ出席率の高い別科生に対し、選考の上、支給されます。

製作:J.TEST事務局 / 語文研究社

あいちしゅくとくだいがくりゅうがくせいべっか

愛知淑徳大学 留学生別科

Center for Japanese Language and Culture, Aichi Shukutoku University

[TEL] 052-783-1590 [FAX] 052-783-1578
[eMAIL] cjlc@asu.aasa.ac.jp
[URL] https://www.aasa.ac.jp/institution/international/
[SNS] –

[住所] 〒464-8671　愛知県名古屋市千種区桜が丘23

[教育開始時期] 1992年04月

[行き方] 名古屋市営地下鉄東山線「星ヶ丘」駅より徒歩3分

[設置者] 愛知淑徳大学　(種別：学校法人)
[校長/別科長名] 島田修三(/阿部美枝子)

[収容定員] 30人　一 部制　[教員数] 9人(うち専任 2人)
[宿舎] 有　[料金] (月額) 25,000円 ～

[入学資格] (1) 最低12年の正規の学校教育を修了し、大学入学資格をすべて満たしていること。またこれに準ずる資格を有すること。
(2) 最終学歴校での成績が100点満点中平均75点以上であること。またはGPA4.00中の2.75以上を取得していること。

[入学選抜方法] 書類選考 ※ただし必要と認められる場合は本人の面接を行うこともある(国内志願者の場合のみ)

[認定コース在籍者数] 25
[その他コース在籍者数] 0
内訳(人)：中国(11)、台湾(2)、ドイツ(2)、イギリス(2)、香港(2)
その他(6)[韓国、カナダ、チェコ、フィンランド、アメリカ、オーストリア]

[教材]

初級	『つなぐにほんご初級』	初中級	教師作成の教材または生教材
中級	教師作成の教材または生教材	上級	教師作成の教材または生教材

[基礎科目及び英語の授業] なし

[認定コース]

	目的	期間	時数	週数	入学月	選考料	入学金	授業料	その他	合計(円)
留学生別科	一般	1年	600	30	9	10,000	20,000	710,000	70,000	810,000

[認定以外のコース] 聴講制度あり

[日本語能力試験] 2018年度受験状況

	N1	N2	N3	N4	N5	合計
受験者数						
認定者数						

[日本留学試験] 2018年度受験状況

●第1回

日本語受験者	日本語219点以上	文系受験者	文系100点以上	理系受験者	理系100点以上

●第2回

日本語受験者	日本語219点以上	文系受験者	文系100点以上	理系受験者	理系100点以上

[進学実績] 2019年3月までの進学状況　卒業者数 27

大学院	大学	短期大学	高専	専門学校	その他の学校	就職
0	1	0	0	0	26	0

[主な進学先]
愛知淑徳大学

[主な就職先]
–

●特色1　日本語Ⅰ(初級レベル)から日本語Ⅵ(最上級レベル)までのレベル別の授業を実施している。

●特色2　各クラス10人以下の少人数制のほか、チュートリアルと呼ばれる個別指導によるきめ細やかな指導を行っている。

●特色3　日本文化に関する科目も開講しており、書道や華道を学べる授業も実施している。

製作：J.TEST事務局 / 語文研究社

愛知県	名古屋市

別科

なごやがくいんだいがくりゅうがくせいべっか

名古屋学院大学 留学生別科

Nagoya Gakuin University

[TEL] 052-678-4093 [FAX] 052-682-6824
[eMAIL] Kouryuu-center@ngu.ac.jp
[URL] http://www.ngu.jp/
[SNS] https://www.facebook.com/ngu.ijs/

[住所] 〒456-8612 愛知県名古屋市熱田区熱田西町1-25

[教育開始時期] 1989年04月

[行き方] 地下鉄名港線「日比野駅」から国際会議場手前を右折、徒歩7分

[設置者] 学校法人名古屋学院大学 (種別:学校法人)

[校長/別科長名] 伊沢俊泰

[収容定員] 30人 一 部制 [教員数] 9人 (うち専任 2人)

[宿舎] 有 [料金] (月額) 27,000円 ～ 38,000円

[入学資格] ①外国において通学の過程による12年の教育修了後、高等教育レベルで1年以上勉学していること
②母国語が英語以外の場合日本語能力試験N4合格以上、など。

[入学選抜方法] 書類選考

[認定コース在籍者数] 35

[その他コース在籍者数] 0

内訳(人): 韓国(8)、アメリカ(7)、中国(6)、カナダ(5)、台湾(5)
その他(4)[インドネシア、タイ、フィリピン]

[教材]

初級	『できる日本語 初級』	初中級	『できる日本語 初中級』
中級	『留学生のためのアカデミック・ジャパニーズ聴解』『日本語学習のためのよく使う順漢字2200』オリジナル教材 他複数	上級	オリジナル教材、新聞、小説 他

[基礎科目及び英語の授業] 一

[認定コース]

	目的	期間	時数	週数	入学月	選考料	入学金	授業料	その他	合計(円)
留学生別科	進学研究	1年	840	32	4,9	10,000	160,000	480,000	0	650,000

[認定以外のコース] なし

[日本語能力試験] 2018年度受験状況

	N1	N2	N3	N4	N5	合計
受験者数						
認定者数						

[日本留学試験] 2018年度受験状況

●第1回

日本語受験者	日本語219点以上	文系受験者	文系100点以上	理系受験者	理系100点以上

●第2回

日本語受験者	日本語219点以上	文系受験者	文系100点以上	理系受験者	理系100点以上

[進学実績] 2019年3月までの進学状況 卒業者数

大学院	大学	短期大学	高専	専門学校	その他の学校	就職

[主な進学先]

[主な就職先]

●特色1 少人数クラスできめ細やかな対応が可能な授業を実施しています。

●特色2 日本語だけでなく、日本文化や日本事情を学ぶことのできるコースとなっています。

●特色3 寮生活や学校生活、イベントやインターンシップなどを通じ、様々な人々と密接な交流が行われています。

製作:J.TEST事務局 / 語文研究社

かんさいだいがくりゅうがくせいべっか

関西大学 留学生別科

Kansai University Japanese Language and Culture Program Preparatory Course (Bekka)

[TEL] 06-6831-9180 [FAX] 06-6831-9194
[eMAIL] ku-jpn@ml.kandai.jp
[URL] http://www.kansai-u.ac.jp/ku-jpn/
[SNS] https://www.facebook.com/kujpn

[住所] 〒565-0855 大阪府吹田市佐竹台1-2-20

[教育開始時期] 2012年04月

[行き方] 阪急電鉄千里線「南千里駅」から徒歩約5分

[設置者] 学校法人関西大学 (種別：学校法人)　[校長/別科長名] 山本英一（国際教育センター長）

[収容定員] 100人 一 部制　[教員数] 19人 (うち専任 7人)　[宿舎] 有 [料金] (月額) 48,000円 ～

[入学資格] 外国籍を有し、次の①および②の条件を満たす者。①外国において12年の学校教育を修了した者もしくは修了見込みの者（またはこれと同等の者）②1年以上（300時間以上）の日本語学習歴または日本語能力試験N4レベル以上の日本語能力を有する者

[入学選抜方法] 書類選考、面接

[認定コース在籍者数] 117
[その他コース在籍者数] 0

内訳(人)：中国(47)、台湾(28)、ベトナム(23)、韓国(8)、アメリカ(4)
その他(7)[タイ、インドネシア、フランス、ミャンマー]

[教材]

初級	『日本語総まとめ』、オリジナル教材 他複数	初中級	『日本語総まとめ』、オリジナル教材 他複数
中級	『日本語総まとめ』、オリジナル教材 他複数	上級	『学ぼう! にほんご上級』、オリジナル教材 他複数

[基礎科目及び英語の授業] 総合科目、数学コース1、数学コース2、物理、化学、生物、英語

[認定コース]

	目的	期間	時数	週数	入学月	選考料	入学金	授業料	その他	合計(円)
進学コース	進学	1年	765	34	4,9	20,000	100,000	690,000	0	810,000

[認定以外のコース] 短期語学研修コース(夏期・冬期)

[日本語能力試験] 2018年度受験状況

	N1	N2	N3	N4	N5	合計
受験者数	62	23	2	0	0	87
認定者数	38	20	2	0	0	60

[日本留学試験] 2018年度受験状況

●第1回

日本語受験者	日本語219点以上	文系受験者	文系100点以上	理系受験者	理系100点以上
44	37	35	17	4	2

●第2回

日本語受験者	日本語219点以上	文系受験者	文系100点以上	理系受験者	理系100点以上
26	23	22	15	0	0

[進学実績] 2019年3月までの進学状況　卒業者数 110

大学院	大学	短期大学	高専	専門学校	その他の学校	就職
18	32	0	0	9	0	14

[主な進学先]
関西大学大学院、神戸大学大学院、奈良先端科学技術大学院大学、立命館大学大学院、関西大学、関西学院大学、同志社大学、立教大学、立命館大学

[主な就職先]
LINE株式会社、株式会社エディオン、株式会社三洋航空サービス

●特色1　来日前の多彩な入学教育や、ICTを活用した最先端の独自カリキュラム。

●特色2　関西大学に進学する学生への様々な支援制度(留学生別科特別入試の実施、入学金の半減等)。

●特色3　希望者全員が入寮できる学生寮(全室個室)を備えた最新設備を有するキャンパス。

製作：J.TEST事務局 / 語文研究社

大阪府　守口市

別科

おおさかこくさいだいがくりゅうがくせいべっか

大阪国際大学 留学生別科

Osaka International University
School of Japanese Studies for foreign Students

[TEL] 06-6907-4306 [FAX] 06-6907-4324
[eMAIL] adkokusai@oiu.jp
[URL] http://www.oiu.ac.jp
[SNS] —

[住所] 〒570-8555 大阪府守口市藤田町6丁目21番57号

[教育開始時期] 1988年04月

[行き方] 京阪本線 「大和田」駅より 徒歩8分

[設置者] 学校法人大阪国際学園 (種別：学校法人)

[校長/別科長名] 植松康祐

[収容定員] 120人 一 部制

[教員数] 0人 (うち専任 0 人)

[宿舎] 無 [料金] —

[入学資格] 日本語能力試験N4レベル合格等(大学、大学院進学を考えている場合はN3合格以上が望ましい)

[入学選抜方法] 書類選考、必要に応じて面接を行う。

[認定コース在籍者数] 43

[その他コース在籍者数] 0

内訳(人): 中国(21)、ベトナム(9)、台湾(6)、韓国(4)、インドネシア(1)
その他(2)[カンボジア、トルコ]

[教材]

初級	—	初中級	—
中級	—	上級	—

[基礎科目及び英語の授業] —

[認定コース]

	目的	期間	時数	週数	入学月	選考料	入学金	授業料	その他	合計(円)
—	進学 他	1年	960	30	4,9	15,000	100,000	570,000		685,000

[認定以外のコース] なし

[日本語能力試験] 2018年度受験状況

	N1	N2	N3	N4	N5	合計
受験者数	30	18	0	0	0	48
認定者数	18	12	0	0	0	30

[日本留学試験] 2018年度受験状況

●第1回

日本語受験者	日本語219点以上	文系受験者	文系100点以上	理系受験者	理系100点以上
0	0	0	0	0	0

●第2回

日本語受験者	日本語219点以上	文系受験者	文系100点以上	理系受験者	理系100点以上
1	1	0	0	0	0

[進学実績] 2019年3月までの進学状況 卒業者数 54

大学院	大学	短期大学	高専	専門学校	その他の学校	就職
1	10	0	0	0	0	0

[主な進学先]

立命館大学大学院、大阪国際大学

[主な就職先]

—

●特色1 日本での進学準備はもちろん、日本文化や社会についても学べます。

●特色2 留学生別科対象の内部選考を受験することで、大阪国際大学の学部へ進学できる制度を設けています。

●特色3 一定の日本語レベルがあると認められた場合、学部科目の聴講が可能です。

製作:J.TEST事務局 / 語文研究社

おかやまりかだいがくりゅうがくせいべっか

岡山理科大学 留学生別科

Okayama University of Science

[TEL] 086-256-9781 [FAX] 086-256-9780
[eMAIL] e-nishihara@office.ous.ac.jp
[URL] https://www.ous.ac.jp/incoming/
[SNS] https://www.facebook.com/kake.okayama https://www.instagram.com/kake.okayama/?hl=ja

[住所] 〒700-0005 岡山県岡山市北区理大町1-1

[教育開始時期] 2010年4月

[行き方] JR「法界院駅」から徒歩20分

[設置者] 加計学園 （種別：学校法人）

[校長/別科長名] 留学生別科長 清水一郎

[収容定員] 60人 一 部制 [教員数] 10人（うち専任 1人）

[宿舎] 有 [料金]（月額）30,000円～

[入学資格]
・学校教育における12年の課程を修了した者
・N5以上の日本語レベルを有する者

[入学選抜方法] 書類審査、日本語試問、面接

[認定コース在籍者数] 30
[その他コース在籍者数]
内訳(人)：中国(16)、スリランカ(6)、パキスタン(6)、ベトナム(2)

[教材]

初級	『みんなの日本語Ⅰ』	初中級	『みんなの日本語Ⅱ』
中級	『スピードマスターN3』	上級	

[基礎科目及び英語の授業] 数学コース1

[認定コース]

	目的	期間	時数	週数	入学月	選考料	入学金	授業料	その他	合計(円)
留学生別科	進学	1年	480	30	4	6,000	5,000	700,000	30,000	741,000

[認定以外のコース] なし

[日本語能力試験] 2018年度受験状況

	N1	N2	N3	N4	N5	合計
受験者数	0	5	13	21	7	46
認定者数	0	1	10	14	5	30

[日本留学試験] 2018年度受験状況

●第1回

日本語受験者	日本語219点以上	文系受験者	文系100点以上	理系受験者	理系100点以上
0					

●第2回

日本語受験者	日本語219点以上	文系受験者	文系100点以上	理系受験者	理系100点以上
0					

[進学実績] 2019年3月までの進学状況 卒業者数 23

大学院	大学	短期大学	高専	専門学校	その他の学校	就職
1	10	1	0	9	0	0

[主な進学先]
岡山理科大学、千葉科学大学、岡山理科大学専門学校

[主な就職先]

●特色1 個々の能力に応じたクラス分けを行い、既習の基本文法から復習することで日本語力の向上をはかる

●特色2 日本語の他、数学の授業も行い、関連大学への合格を目指す

●特色3 日本人学生とのランチ交流を通して、コミュニケーション能力を養う

製作：J.TEST事務局 / 語文研究社

おりおあいしんたんきだいがくにほんごべっか

折尾愛真短期大学 日本語別科

ORIO AISHIN JUNIOR COLLEGE

[TEL] 093-602-2105　[FAX] 093-603-4741
[eMAIL] tandai@orioaishin.ac.jp
[URL] http://www.orioaishin.ac.jp/tandai
[SNS] ―

[住所] 〒807-0861　福岡県北九州市八幡西区堀川町11-1

[教育開始時期] 2011年04月

[行き方] JR鹿児島本線「折尾駅」西口より南へ徒歩5分

[設置者] 学校法人折尾愛真学園　(種別：学校法人)

[校長/別科長名] 増田賜

[収容定員] 90人　一部制

[教員数] 10人 (うち専任　1人)

[宿舎] 有　[料金] ―

[入学資格] 1.外国籍を有していて、次のいずれかの条件を満たすこと。(日本の学校教育の小学校6年、中学生3年、高等学校3年)に相当する教育を修了した(また修了見込みの)者。

[入学選抜方法] 現地にて行う。
1.筆記試験
2.面接

[認定コース在籍者数] 0

[その他コース在籍者数] 44

内訳(人):
ベトナム(40)、中国(3)、ネパール(1)

[教材]

初級	『みんなの日本語 初級』	初中級	『TRY! 日本語能力試験N3 文法から伸ばす日本語』
中級	『中級を学ぼう 中級前期』	上級	―

[基礎科目及び英語の授業] なし

[認定コース]

	目的	期間	時数	週数	入学月	選考料	入学金	授業料	その他	合計(円)
春季	準備教育	2年	1500	60	4	10,000	100,000	508,000	716,000	1,334,000
秋季	準備教育	1年6か月	1250	45	10	10,000	100,000	381,000	535,000	1,026,000

[認定以外のコース] なし

[日本語能力試験]　2018年度受験状況

	N1	N2	N3	N4	N5	合計
受験者数	0	5	60	0	0	65
認定者数	0	0	11	0	0	11

[日本留学試験]　2018年度受験状況

●第1回

日本語受験者	日本語219点以上	文系受験者	文系100点以上	理系受験者	理系100点以上
0	0	0	0	0	0

●第2回

日本語受験者	日本語219点以上	文系受験者	文系100点以上	理系受験者	理系100点以上
0	0	0	0	0	0

[進学実績]　2019年3月までの進学状況　卒業者数　20

大学院	大学	短期大学	高専	専門学校	その他の学校	就職
0	0	16	0	4	0	0

[主な進学先]
折尾愛真短期大学、大原自動車工科大学校、九州ビジネス専門学校

[主な就職先]
―

●特色1　日本語別科修了後に本短期大学へ入学を希望する者に対し日本語を教授します。

●特色2　春期入学生は2年、秋期入学生は1年半コースを設けています。

●特色3　少人数制でひとりひとりにきめ細かな指導をします。

製作：J.TEST事務局 / 語文研究社

くるめだいがくりゅうがくせいべっか

久留米大学 留学生別科

Kurume University Intensive Japanese Course

[TEL] 0942-43-4411 [FAX] 0942-43-4600
[eMAIL] kokusai@kurume-u.ac.jp
[URL] https://www.kurume-u.ac.jp/sitekokusai/intensive-japanese-course.html//
[SNS] —

[住所] 〒839-8502 福岡県久留米市御井町1635

[教育開始時期] 1999年04月

[行き方] JR「久留米大学前駅」から徒歩3分、JR「久留米駅」からバス20分

[設置者] 久留米大学 (種別：学校法人)

[校長/別科長名] 譚康融(別科長)

[収容定員] 55人 一 部制

[教員数] 15人(うち専任 4人)

[宿舎] 有 [料金] (月額) 20,000円 ～ 21,000円

[入学資格] 1) 次のいずれかの条件を満たしていること ①外国において学校教育における12年の課程を修了した者および入学の前月までに修了見込みの者 ②前項の課程を修了した者と同等以上の学力があると本学が認めたもので満18歳に達した者 2) 日本語能力試験(JLPT)N5レベル以上

[入学選抜方法] 海外：書類選考
国内：筆記試験、面接

[認定コース在籍者数] 29

[その他コース在籍者数] 6

内訳(人)：中国(22)、台湾(6)、ネパール(2)、イギリス(2)、ベトナム(1)
その他(2)[インドネシア、韓国]

[教材]

初級	オリジナル教材	初中級	『中級へ行こう』
中級	『中級を学ぼう 中級前期』 『新・中級から上級への日本語』	上級	『「大学生」になるための日本語』

[基礎科目及び英語の授業] 総合科目、英語

[認定コース]

	目的	期間	時数	週数	入学月	選考料	入学金	授業料	その他	合計(円)
1年コース	進学	1年	544	32	4、秋季	10,000	110,000	450,000	47,000	617,000
1年半コース	進学	1年6か月	816	48	4、秋季	10,000	110,000	675,000	50,000	845,000

[認定以外のコース] 短期日本語研修(7月下旬)

[日本語能力試験] 2018年度受験状況

	N1	N2	N3	N4	N5	合計
受験者数	8	10	0	0	0	18
認定者数	7	10	0	0	0	17

[日本留学試験] 2018年度受験状況

●第1回

日本語受験者	日本語219点以上	文系受験者	文系100点以上	理系受験者	理系100点以上
21	8	20	0	0	0

●第2回

日本語受験者	日本語219点以上	文系受験者	文系100点以上	理系受験者	理系100点以上
25	9	2	0	3	0

[進学実績] 2019年3月までの進学状況 卒業者数 42

大学院	大学	短期大学	高専	専門学校	その他の学校	就職
9	15	0	0	7	1	2

[主な進学先]

久留米大学大学院、青山学院大学大学院、久留米大学、麻生専門学校

[主な就職先]

—

●特色1 大学生活に必要な4技能をバランスよく伸ばします。特に運用力をつけることができます。

●特色2 人物や成績が優秀な方は学部(文、法、経済、商)への推薦入学制度があります。
また、別科生のときに、学部の授業を受けることができます。

●特色3 アカデミックかつ社会的な視野を広げます。学外研修旅行(長崎など)があります。
学内の大学生や地域の方々との交流の機会が数多くあります。

製作：J.TEST事務局 / 語文研究社

佐賀県　佐賀市　　別科

さがじょしたんきだいがくにほんごべっか

佐賀女子短期大学 日本語別科

Saga women's Junior College

[TEL] 0952-23-5145 [FAX] 0952-23-2724
[eMAIL] kokusai@asahigakuen.ac.jp
[URL] http://www.asahigakuen.ac.jp/sajotan/
[SNS] —

[住所] 〒840-8550 佐賀県佐賀市本庄町本庄1313

[教育開始時期] 2002年04月

[行き方] JR「佐賀駅」よりバスで約20分（佐賀女子短大・高校行き）

[設置者] 旭学園（種別：学校法人）

[校長/別科長名] 長澤雅春

[収容定員] 20人 一 部制　[教員数] 11人（うち専任 0人）

[宿舎] 有 [料金]（月額）35,000円～40,000円

[入学資格] ・学校教育における12年の課程を修了した者及び修了見込みの者
・入学後の学修に支障がない程度の日本語能力を有する者（日本語能力試験4級以上等）

[入学選抜方法] 書類審査および面接

[認定コース在籍者数] 7

[その他コース在籍者数] 0

内訳(人):
ミャンマー(6)、台湾(1)

[教材]

初級	—	初中級	—
中級	—	上級	—

[基礎科目及び英語の授業] なし

[認定コース]

	目的	期間	時数	週数	入学月	選考料	入学金	授業料	その他	合計(円)
日本語別科	準備教育	1年	450	30	4	28,000	200,000	500,000	76,000	804,000

[認定以外のコース] なし

[日本語能力試験] 2018年度受験状況

	N1	N2	N3	N4	N5	合計
受験者数	0	0	0	0	0	0
認定者数	0	0	0	0	0	0

[日本留学試験] 2018年度受験状況

●第1回

日本語受験者	日本語219点以上	文系受験者	文系100点以上	理系受験者	理系100点以上
0	0	0	0	0	0

●第2回

日本語受験者	日本語219点以上	文系受験者	文系100点以上	理系受験者	理系100点以上
0	0	0	0	0	0

[進学実績] 2019年3月までの進学状況　卒業者数 0

大学院	大学	短期大学	高専	専門学校	その他の学校	就職
0	0	0	0	0	0	0

[主な進学先]
—

[主な就職先]
—

●特色1 少人数による親身な指導を行っています。

●特色2 静かな環境で、温かみのある家庭的な雰囲気の中で勉強ができます。

●特色3

製作：J.TEST事務局 / 語文研究社

ながさきそうごうかがくだいがくべっかにほんごけんしゅうかてい

長崎総合科学大学 別科日本語研修課程

Nagasaki Institute of Applied Science, Japanese Language Course

[TEL] 095-839-3111 [FAX] 095-838-3465
[eMAIL] bekka@nias.ac.jp
[URL] http://www.nias.ac.jp/ (大学)
https://nias.ac.jp/33_JLC (別科)
[SNS] Facebook:NiAS Japanese Language Course 長崎総合科学大学別科日本語研修課程

[住所] 〒851-0193　長崎県長崎市網場町536

[教育開始時期] 1978年04月

[行き方] JR「長崎駅」より「長総大(ちょうそうだい)前バス停」まで25分

[設置者] 学校法人長崎総合科学大学　(種別：学校法人)

[校長/別科長名] 池上国広(学長)/平子廉(別科代表)

[収容定員] 30人 一 部制　[教員数] 11人 (うち専任 3人)

[宿舎] 有 [料金] (月額) 20,000円 ～ 30,000円

[入学資格] 学校教育12年の課程を修了した者、または、同等以上の学歴があると認められた者

[入学選抜方法] 書類審査、電話インタビューまたはSkype等による面接

[認定コース在籍者数] 22
[その他コース在籍者数] 6

内訳(人): インド(10)、中国(6)、韓国(5)、ベトナム(4)
その他(3)[ケニア、メキシコ、ボリビア]

[教材]

初級	『大地』	初中級	『中級へ行こう』
中級	『中級を学ぼう』	上級	『EJU,能力試験対策』他

[基礎科目及び英語の授業] 総合科目、数学コース1、数学コース2、物理、化学

[認定コース]

	目的	期間	時数	週数	入学月	選考料	入学金	授業料	その他	合計(円)
別科日本語研修課程	進学予備	1年	960	30	4	20,000	100,000	500,000	30,000	650,000

[認定以外のコース] 聴講制度あり

※寮は大学紹介の民間宿舎

[日本語能力試験] 2018年度受験状況

	N1	N2	N3	N4	N5	合計
受験者数	0	1	10	0	0	11
認定者数	0	0	6	0	0	6

[日本留学試験] 2018年度受験状況

●第1回

日本語受験者	日本語219点以上	文系受験者	文系100点以上	理系受験者	理系100点以上
0	0	0	0	0	0

●第2回

日本語受験者	日本語219点以上	文系受験者	文系100点以上	理系受験者	理系100点以上
2	0	1	0	0	0

[進学実績] 2019年3月までの進学状況　卒業者数 27

大学院	大学	短期大学	高専	専門学校	その他の学校	就職
1	15	0	0	6	0	0

[主な進学先]

長崎総合科学大学工学部および総合情報学部

[主な就職先]

—

●特色1　少人数クラス。

●特色2　大学進学後の学習支援のため数学・物理の授業有り (学部への推薦入学・学費減免制度有)

●特色3　授業だけでなく、課外活動を通して学べる場が多数有り。

製作:J.TEST事務局 / 語文研究社

大分県　大分市	別科

にっぽんぶんりだいがくべっかにほんごかてい

日本文理大学 別科日本語課程

Nippon Bunri University, Japanese Language Institute

[TEL] 097-524-2718　[FAX] 097-592-3482
[eMAIL] kokusai@nbu.ac.jp
[URL] http://www.nbu.ac.jp
[SNS] ―

[住所] 〒870-0397　大分県大分市大字一木1727

[教育開始時期] 1992年04月

[行き方] JR九州「大在駅」から徒歩20分

[設置者] 学校法人文理学園　(種別：学校法人)
[校長/別科長名] 梅本光一
[収容定員] 120人　一 部制
[教員数] 9人 (うち専任　3人)
[宿舎] 無　[料金] -

[入学資格] 12年課程修了以上、同等以上
[入学選抜方法] 書類審査、現地面接(中国)

[認定コース在籍者数] 24
[その他コース在籍者数] 1
内訳(人):
中国(17)、メキシコ(4)、スリランカ(2)、韓国(1)、モンゴル(1)

[教材]

初級	『みんなの日本語 初級』	初中級	『中級へ行こう』
中級	『中級を学ぼう』	上級	―

[基礎科目及び英語の授業] 英語

[認定コース]

	目的	期間	時数	週数	入学月	選考料	入学金	授業料	その他	合計(円)
別科1年課程	進学	1年	900	30	4,10	30,000	0	650,000	82,900	762,900

[認定以外のコース] 短期日本語研修(4週間プログラム・3週間プログラム)

[日本語能力試験] 2018年度受験状況

	N1	N2	N3	N4	N5	合計
受験者数	2	8	5	5	1	21
認定者数	1	5	5	3	1	15

[日本留学試験] 2018年度受験状況

●第1回

日本語受験者	日本語219点以上	文系受験者	文系100点以上	理系受験者	理系100点以上
0	0	0	0	0	0

●第2回

日本語受験者	日本語219点以上	文系受験者	文系100点以上	理系受験者	理系100点以上
0	0	0	0	0	0

[進学実績] 2019年3月までの進学状況　卒業者数　11

大学院	大学	短期大学	高専	専門学校	その他の学校	就職
0	7	0	0	1	1	0

[主な進学先]
日本文理大学

[主な就職先]
―

●特色1　日本語学習の基礎基本から実践的な日本語力まで徹底した個別指導。

●特色2　体験型特別活動や国際交流活動・社会貢献活動などの課外活動も単位認定。

●特色3　JLPT合格を目指した細やかな指導。

製作:J.TEST事務局 / 語文研究社

別科 大分県 別府市

べっぷだいがくべっかにほんごかてい

別府大学 別科日本語課程

Beppu University Special Course Japanese Program

[TEL] 0977-27-7070 [FAX] 0977-27-7080
[eMAIL] bekka@nm.beppu-u.ac.jp
[URL] https://www.beppu-u.ac.jp/course/japanese/
[SNS] –

[住所] 〒874-0915 大分県別府市桜ケ丘6組 別府大学31号館 [教育開始時期] 1989年04月

[行き方] 日豊本線「別府大学駅」から大学通りを山側に徒歩で約25分

[設置者] 別府大学 (種別:学校法人) [校長/別科長名] 友永 植

[収容定員] 80人 一 部制 [教員数] 13人 (うち専任 2 人) [宿舎] 有 [料金] (月額) 28,500円～

[入学資格] 学校教育における12年以上の課程修了者または同等の教育を受けたもので、本国において大学に入学可能な資格のある者かつ日本語力が日本語能力試験N5相当の者。

[入学選抜方法] 書類選考後、 原則、本国にて筆記試験と面接試験

[認定コース在籍者数] 61
[その他コース在籍者数] 1
内訳(人): 中国(48)、スリランカ(9)、韓国(3)、台湾(1)、ケニア(1)

[教材]

初級	『みんなの日本語 初級』	初中級	『中級までに学ぶ日本語』
中級	『中級から学ぶ日本語』	上級	『上級で学ぶ日本語』

[基礎科目及び英語の授業] なし

[認定コース]

	目的	期間	時数	週数	入学月	選考料	入学金	授業料	その他	合計(円)
別科日本語課程	進学	1年	816	30	4,9	10,000	150,000	500,000	5,000	665,000

[認定以外のコース] なし

[日本語能力試験] 2018年度受験状況

	N1	N2	N3	N4	N5	合計
受験者数	16	22	35	0	0	73
認定者数	5	11	14	0	0	30

[日本留学試験] 2018年度受験状況

●第1回

日本語受験者	日本語219点以上	文系受験者	文系100点以上	理系受験者	理系100点以上
1	1	1	1	1	1

●第2回

日本語受験者	日本語219点以上	文系受験者	文系100点以上	理系受験者	理系100点以上
0					

[進学実績] 2019年3月までの進学状況 卒業者数 46

大学院	大学	短期大学	高専	専門学校	その他の学校	就職
1	29	1	0	8	1	0

[主な進学先]

別府大学・別府溝部学園短期大学・東京情報専門学校・明日香国際ブライダル&ホテル観光専門学校

[主な就職先]

無

●特色1 少人数(12名程度)クラス。授業によっては電子黒板使用。日本語力に応じ、4段階から5段階に分けたレベル別クラス。

●特色2 4技能(読む・書く・話す・聴く)のバランスを考えた教育と毎週火曜テスト実施。

●特色3 本学の部活やサークルへの参加も可能。本学の学部への推薦入学制度あり。修業期間は1年だが、半年ごとに最長2年まで延長可能。

製作:J.TEST事務局 / 語文研究社

未収録の大学・短期大学日本語別科

今回、本書に詳細なデータを収録できませんでしたが、他にも以下の日本語別科があります。

秋田県	
ノースアジア大学 留学生別科	秋田市下北手桜守沢46-1
福島県	
東日本国際大学 留学生別科	いわき市平鎌田字寿金沢37
茨城県	
筑波学院大学 国際別科	茨城県つくば市吾妻3-1
埼玉県	
城西大学 別科日本語専修課程・日本文化専修課程	坂戸市けやき台1-1
日本工業大学 留学生別科	南埼玉郡宮代町学園台4-1
千葉県	
神田外語大学 留学生別科	千葉市美浜区若葉1-4-1
国際武道大学 別科武道専修課程	勝浦市新官841
城西国際大学 留学生別科	東金市求名1
麗澤大学 別科日本語研修課程	柏市光ヶ丘2-1-1
東京都	
工学院大学 留学生別科	八王子市中野町2665-1
創価大学 日本語・日本文化教育センター別科	八王子市丹木町1-236
目白大学 留学生別科日本語専修課程	新宿区中落合4-31-1
山野美容芸術短期大学 日本語別科	八王子市鑓水530
岐阜県	
岐阜経済大学 留学生別科	
中部学院大学 留学生別科	関市桐ヶ丘2-1
中日本自動車短期大学 留学生別科	加茂郡坂祝町深萱1301
愛知県	
名古屋外国語大学 日本語教育センター	日進市岩崎町竹ノ山57
南山大学 外国人留学生別科	名古屋市昭和区山里町18
京都府	
京都外国語大学 留学生別科日本語研修課程	京都市右京区西院笠目町6
京都西山短期大学 留学生別科	長岡京市粟生西条26
龍谷大学 留学生別科	京都市伏見区深草塚本町67
大阪府	
大阪大学 日本語日本文化教育センター	箕面市粟生間谷東8-1-1
関西外国語大学 留学生別科	枚方市中宮東之町16-1
兵庫県	
神戸国際大学 国際別科	神戸市東灘区向洋町中9-1-6
岡山県	
吉備国際大学 留学生別科	岡山市北区岩田町2-51
福岡県	
西日本短期大学 別科日本語研修課程	福岡市中央区福浜1-3-1
福岡大学 留学生別科	福岡市城南区七隈8-19-1

法務省告示校

（文科省指定準備教育課程設置校を含む）

北海道　札幌市　告示校

いんたーなしょなるあかでみー

インターナショナルアカデミー

International Academy

[TEL] 011-281-5188　[FAX] 011-222-4560
[eMAIL] info@myiay.com
[URL] http://www.myiay.com/j/jp
[SNS] –

[住所] 〒060-0061　北海道札幌市中央区南1条西4丁目13　日之出ビル6階

[教育開始時期] 1990年10月

[行き方] 地下鉄南北線・東西線・東豊線「大通駅」、地下歩行空間と直結。10番出口からエレベーターで。

[設置者] インターナショナルアカデミー　（種別：株式会社）
[校長/別科長名] 対木正文
[収容定員] 144人　二 部制
[教員数] 15人 (うち専任　3 人)
[宿舎] 有　[料金] (月額) 30,000円 ～ 60,000円

[入学資格] 12年課程修了以上。日本語学習150時間以上。
[入学選抜方法] 書類審査、本人面接、保証人面接、能力適性試験

[認定コース在籍者数] 68
[その他コース在籍者数] 0
内訳(人):
中国、台湾、韓国、ネパール、ベトナム

[教材]

初級	『みんなの日本語 初級』	初中級	–
中級	『中級から学ぶ日本語』『学ぼう日本語中上級』	上級	『学ぼう日本語上級』

[基礎科目及び英語の授業]　なし

[認定コース]

	目的	期間	時数	週数	入学月	選考料	入学金	授業料	その他	合計(円)
進学2年コース	進学 他	2年	1520	76	4	22,000	77,000	1,248,000	160,000	1,507,000
進学1年9カ月コース	進学 他	1年9か月	1330	66.5	7	22,000	77,000	1,092,000	150,000	1,341,000
進学1年6カ月コース	進学 他	1年6か月	1140	57	10	22,000	77,000	936,000	140,000	1,175,000
進学1年3カ月コース	進学 他	1年3か月	950	47.5	1	22,000	77,000	780,000	130,000	1,009,000

[認定以外のコース] なし

[日本語能力試験]　2018年度受験状況

	N1	N2	N3	N4	N5	合計
受験者数	14	26	17	4	0	61
認定者数	8	17	11	0	0	36

[日本留学試験]　2018年度受験状況

●第1回

日本語受験者	日本語219点以上	文系受験者	文系100点以上	理系受験者	理系100点以上
8	5	5	3	3	2

●第2回

日本語受験者	日本語219点以上	文系受験者	文系100点以上	理系受験者	理系100点以上
13	13	8	7	5	5

[進学実績]　2019年3月までの進学状況　卒業者数　35

大学院	大学	短期大学	高専	専門学校	その他の学校	就職
3	14	0	0	13	0	5

[主な進学先]
北海道大学、大学院、北海道教育大学、帯広畜産大学、札幌大学、札幌学院大学、札幌国際大学 他

[主な就職先]
–

●特色1　経験豊富な講師陣による質の高い授業、きめ細やかな生活指導、進路指導を受けることができます。

●特色2　学習目的、学習期間に合わせた多種多様なコースを設定しています。

●特色3　併設の語学学校、日本語教師養成講座受講生との交流機会があり、日本の社会や文化により早くとけこむ事ができます。

製作:J.TEST事務局 / 語文研究社

告示校

北海道　札幌市

さっぽろらんげーじせんたー

札幌ランゲージセンター

SAPPORO LANGUAGE CENTER

[TEL] 011-563-1777 [FAX] 011-563-1763
[eMAIL] info@sprlc.jp
[URL] http://www.sprlc.jp/
[SNS] https://www.facebook.com/sapporolanguage/

[住所] 〒064-0811　札幌市中央区南11条西1丁目3-17

[教育開始時期] 2016年12月

[行き方] 地下鉄南北線「中島公園」駅下車徒歩5分

[設置者] 株式会社札幌ランゲージセンター（種別：株式会社）

[校長/別科長名] 佐治たみ子

[収容定員] 300人　二 部制　[教員数] 14人（うち専任　5人）

[宿舎] 無　[料金] -

[入学資格] 12年課程修了以上

[入学選抜方法] 書類審査、面接

[認定コース在籍者数] 145

[その他コース在籍者数] 7

内訳(人)：ベトナム(80)、中国(26)、韓国(21)、フィリピン(7)、台湾(5)
その他(13)[マレーシア、インドネシア、アメリカ、香港、イギリス、フランス、ベラルーシ、モンゴル、日本]

[教材]

初級	『文化初級日本語』	初中級	『中級へ行こう』
中級	『中級を学ぼう 前期・中期』	上級	『テーマ別 上級で学ぶ日本語』

[基礎科目及び英語の授業] なし

[認定コース]

	目的	期間	時数	週数	入学月	選考料	入学金	授業料	その他	合計(円)
進学科2年コース	進学	2年	1600	80	4	30,600	66,000	1,254,000	44,000	1,394,600
進学科1年9か月コース	進学	1年9か月	1400	70	7	30,600	66,000	1,097,300	38,500	1,232,400
進学科1年6か月コース	進学	1年6か月	1200	60	10	30,600	66,000	940,500	33,000	1,070,100
進学科1年3か月コース	進学	1年3か月	1000	50	1	30,600	66,000	783,800	27,500	907,900

[認定以外のコース] 短期コース

[日本語能力試験]　2018年度受験状況

	N1	N2	N3	N4	N5	合計
受験者数						
認定者数						

[日本留学試験]　2018年度受験状況

●第1回

日本語受験者	日本語219点以上	文系受験者	文系100点以上	理系受験者	理系100点以上

●第2回

日本語受験者	日本語219点以上	文系受験者	文系100点以上	理系受験者	理系100点以上

[進学実績]　2019年3月までの進学状況　卒業者数

大学院	大学	短期大学	高専	専門学校	その他の学校	就職

[主な進学先]

[主な就職先]

●特色1　テストや宿題を有効活用し日本語力を着実に伸ばす。

●特色2　希望進路に合わせた試験対策をしっかり行う。

●特色3　自発的な発話を積極的に促し「話せる日本語」の習得を図る。

製作：J.TEST事務局 / 語文研究社

北海道　札幌市　　告示校

そうけんがくえんかんよびにほんごか

創研学園 看予備日本語科

Soken Gakuen Kanyobi Japanese Language Course

[TEL] 011-757-5522　[FAX] 011-758-5967
[eMAIL] liuliu888@kanyobi.ac.jp
[URL] http://www.kanyobi-nihongo.jp
[SNS] —

[住所] 〒001-0020　北海道札幌市北区北20条西4丁目1番地30
[教育開始時期] 2007年04月
[行き方] 地下鉄南北線「北18条駅」から徒歩5分

[設置者] 学校法人創研学園看予備　（種別：学校法人）
[校長/別科長名] 石川博剛
[収容定員] 80人　二 部制　[教員数] 6人 (うち専任　3 人)　[宿舎] 無　[料金] -

[入学資格] 12年教育以上（12年含み）を受けた者
[入学選抜方法] 面接、日本語能力（N5級以上レベル）書類選考

[認定コース在籍者数] 17
[その他コース在籍者数] 0
内訳(人):
中国(17)

[教材]

初級	『みんなの日本語 初級Ⅰ』	初中級	『みんなの日本語 初級Ⅱ』
中級	『学ぼう! にほんご中級』『ニューアプローチ基礎編』	上級	『ニューアプローチ完成編』

[基礎科目及び英語の授業] なし

[認定コース]

	目的	期間	時数	週数	入学月	選考料	入学金	授業料	その他	合計(円)
1年進学	進学	1年	780	39	4	20,000	60,000	480,000	66,000	626,000
1年6か月進学	進学	1年6か月	1180	59	10	20,000	60,000	720,000	96,000	896,000
2年進学	進学	2年	1560	78	4	20,000	60,000	960,000	122,000	1,162,000

[認定以外のコース] なし

[日本語能力試験] 2018年度受験状況

	N1	N2	N3	N4	N5	合計
受験者数	1	15	1	0	0	17
認定者数	1	10	1	0	0	12

[日本留学試験] 2018年度受験状況

●第1回

日本語受験者	日本語219点以上	文系受験者	文系100点以上	理系受験者	理系100点以上
12	11	12	11	0	0

●第2回

日本語受験者	日本語219点以上	文系受験者	文系100点以上	理系受験者	理系100点以上
15	15	15	15	0	0

[進学実績] 2019年3月までの進学状況　卒業者数　12

大学院	大学	短期大学	高専	専門学校	その他の学校	就職
4	3	0	0	4	0	1

[主な進学先]
北海道大学院、札幌国際情報大学院、札幌大学、吉田学園

[主な就職先]
旅行会社

●特色1　日本語の「読み」・「書く」・「話す」という三位一体教育の徹底指導を図る。

●特色2　大学院や大学、専門学校への進学情報の提供と親身な進学指導を図る。

●特色3　本校独自の授業料減免制度と学割があり、日常生活のバックアップを図る。

製作：J.TEST事務局 / 語文研究社

告示校　　北海道　札幌市

ほっかいどうにほんごがくいんさっぽろほんこう

北海道日本語学院 札幌本校

Hokkaido Japanese Language Academy Sapporo Main Campus

[TEL] 011-633-1616 [FAX] 011-633-1818
[eMAIL] info@h-nihongo.org
[URL] http://www.h-nihongo.org/
[SNS] https://www.facebook.com/hjlanihongo/

[住所] 〒060-0006 北海道札幌市中央区北6条西25丁目1-5　[教育開始時期] 2013年11月

[行き方] 市営地下鉄東西線「西28丁目駅」1番出口より徒歩5分

[設置者] 一般財団法人滝井記念財団 (種別：一般財団法人)　[校長/別科長名] 本田真里

[収容定員] 171人 二 部制　[教員数] 14人 (うち専任 4人)　[宿舎] 有　[料金] (月額) 25,000円

[入学資格] 18歳以上、母国で12年の学習課程修了以上及びこれと同等レベルの者　[入学選抜方法] 書類選考、面接

[認定コース在籍者数] 84
[その他コース在籍者数] 21
内訳(人)：ネパール(21)、台湾(19)、スリランカ(11)、ベトナム(11)、イタリア(6)
その他(37)[韓国、フランス、アメリカ、ドイツ、インドネシア、マレーシア、中国 他]

[教材]

初級	『みんなの日本語 初級』 『留学生のための漢字の教科書初級300』他	初中級	『みんなの日本語 中級Ⅰ』 『日本語総まとめN3漢字』他
中級	『みんなの日本語 中級Ⅱ』 『日本語総まとめN2漢字』他	上級	『学ぼう! にほんご中上級』 『日本語総まとめN2漢字』他

[基礎科目及び英語の授業] なし

[認定コース]

	目的	期間	時数	週数	入学月	選考料	入学金	授業料	その他	合計(円)
進学Aコース	進学	2年	1600	80	4	22,000	66,000	1,200,000	154,000	1,442,000
進学Bコース	進学	1年9か月	1400	70	7	22,000	66,000	1,050,000	134,750	1,272,750
進学Cコース	進学	1年6か月	1200	60	10	22,000	66,000	900,000	115,500	1,103,500

[認定以外のコース] 短期コース、プライベートレッスン、サマー・ウィンターコース、ホテル実習コース

[日本語能力試験] 2018年度受験状況

	N1	N2	N3	N4	N5	合計
受験者数	4	23	72	8	2	109
認定者数	3	14	34	1	2	54

[日本留学試験] 2018年度受験状況

●第1回

日本語受験者	日本語219点以上	文系受験者	文系100点以上	理系受験者	理系100点以上
0	0	0	0	0	0

●第2回

日本語受験者	日本語219点以上	文系受験者	文系100点以上	理系受験者	理系100点以上
0	0	0	0	0	0

[進学実績] 2019年3月までの進学状況 卒業者数 56

大学院	大学	短期大学	高専	専門学校	その他の学校	就職
0	2	0	0	18	0	16

[主な進学先]

札幌国際大学、吉田学園情報ビジネス専門学校、保育・介護・ビジネス名古屋専門学校

[主な就職先]

美唄市役所、ホテルオークラ、株式会社りんゆう観光

●特色1 経験豊かなプロの日本語教師による質の高い授業 —日常会話からビジネスで使われる日本語までプロの日本語教師によるきめ細やかな指導が受けられます。

●特色2 目的にあった様々なコース設定 —短期・長期留学コースはもちろん、日本語学習と北海道観光を織り交ぜた企業研修や旅行に適したコースもご用意しています。

●特色3 安心のサポート体制 —生活から進学、就職に至るまで幅広いサポート体制を完備しています。安心して日本での留学・研修生活を送ることができます。

製作:J.TEST事務局 / 語文研究社

北海道　札幌市　　告示校

ゆうらんげーじあかでみーさっぽろこう

友ランゲージアカデミー 札幌校

Yu Language Academy Sapporo

[TEL] 011-212-1987 [FAX] 011-212-1988
[eMAIL] info@yula.jp
[URL] http://yula.jp/
[SNS] https://www.facebook.com/yulasapporo/

[住所] 〒060-0032 札幌市中央区北2条東15丁目26-30
[教育開始時期] 2018年4月
[行き方] JR「苗穂駅」から徒歩9分

[設置者] 株式会社ライセンスアカデミー
[校長/別科長名] 井上貴由
[収容定員] 100人 二 部制
[教員数] 8人(うち専任 3人)
[宿舎] 有 [料金] (月額)25,000～37,000円

[入学資格] 自国において通常の課程による12年の学校教育、または高等教育機関への進学資格となる課程を修了し、本校職員と面談した者

[入学選抜方法] 応募時に基礎学力、レベル確認のための簡単なテスト及び面接を実施

[認定コース在籍者数] 31
[その他コース在籍者数] 6
内訳(人): ベトナム(9)、韓国(9)、ネパール(6)、台湾(5)、中国(3)
その他(5)[マレーシア、インドネシア、ロシア、ウクライナ]

[教材]

初級	『できる日本語 初級』	初中級	『できる日本語 初中級』
中級	『できる日本語 中級』	上級	『読解厳選テーマ10中上級』

[基礎科目及び英語の授業] 無

[認定コース]

	目的	期間	時数	週数	入学月	選考料	入学金	授業料	その他	合計(円)
進学2年コース	進学	2年	1520	76	4	30,000	50,000	1,232,000	130,000	1,442,000
進学1年6か月コース	進学	1年6か月	1140	57	10	30,000	50,000	924,000	97,500	1,101,500
進学1年コース	進学	1年	760	38	4	30,000	50,000	616,000	65,000	761,000

[認定以外のコース] 短期コース

[日本語能力試験] 2018年度受験状況

	N1	N2	N3	N4	N5	合計
受験者数	0	1	1	6	0	8
認定者数	0	1	1	4	0	6

[日本留学試験] 2018年度受験状況

●第1回

日本語受験者	日本語219点以上	文系受験者	文系100点以上	理系受験者	理系100点以上
0					

●第2回

日本語受験者	日本語219点以上	文系受験者	文系100点以上	理系受験者	理系100点以上
0					

[進学実績] 2019年3月までの進学状況 卒業者数 17

大学院	大学	短期大学	高専	専門学校	その他の学校	就職
0	0	0	0	14	0	3

[主な進学先]
北海道教育福祉専門学校、辻調理師専門学校、北海道美容専門学校

[主な就職先]
株式会社JTB、札幌市等

●特色1 ICTを活用した教育活動

●特色2 レベル別漢字クラスでの最適レベルの学習

●特色3 PDCAサイクルを取り入れた評価システム

告示校

北海道　旭川市

あさひかわにほんごがっこう

旭川日本語学校

Asahikawa Japanese Language School

[TEL] 0166-25-4055 [FAX] 0166-24-7133
[eMAIL] heisei@sky.plala.or.jp
[URL] http://www.asashikawa-jls.com
[SNS]

[住所] 〒070-0032　北海道旭川市二条通8-267-2

[教育開始時期] 2018年4月

[行き方] JR「旭川駅」徒歩3分（Feeal旭川裏）

[設置者] 株式会社　平成ハイヤー旭川日本語学校　（種別：株式会社）

[校長/別科長名] 柄澤清司

[収容定員] 80人　一 部制

[教員数] 7人（うち専任　6人）

[宿舎] 有　[料金]（月額）20,000～40,000円

[入学資格] ①母国で12年以上の学歴があり、最終学歴から5年以内であること
②日本語能力試験N5程度の日本語能力があり、母国での日本語学習時間が150時間以上であること
③学習意欲が高く、十分な経費支弁能力を持つ支弁者がいること

[入学選抜方法] 書類選考、面接

[認定コース在籍者数] 38

[その他コース在籍者数] 0

内訳(人)：
ベトナム(20)、ネパール(17)、ウズベキスタン(1)

[教材]

初級	『みんなの日本語　初級Ⅰ』『書いて覚える文型練習帳』等	初中級	『みんなの日本語　初級Ⅱ』『中級から学ぶ日本語』等
中級	『中級から学ぶ日本語』『日本語総まとめN3シリーズ』等	上級	『上級で学ぶ日本語』『日本語総まとめN2シリーズ』等

[基礎科目及び英語の授業] 無

[認定コース]

	目的	期間	時数	週数	入学月	選考料	入学金	授業料	その他	合計(円)
進学2年コース	進学	2年	1600	80	4	27,000	65,000	1,094,000	211,000	1,397,000
進学1年6か月コース	進学	1年6か月	1200	60	10	27,000	65,000	820,500	161,000	1,073,500

[認定以外のコース] なし

[日本語能力試験] 2018年度受験状況

	N1	N2	N3	N4	N5	合計
受験者数		2	2			4
認定者数		1	0			1

[日本留学試験] 2018年度受験状況

●第1回

日本語受験者	日本語219点以上	文系受験者	文系100点以上	理系受験者	理系100点以上

●第2回

日本語受験者	日本語219点以上	文系受験者	文系100点以上	理系受験者	理系100点以上

[進学実績] 2019年3月までの進学状況　卒業者数　2

大学院	大学	短期大学	高専	専門学校	その他の学校	就職
	1			1		

[主な進学先]

北京語言大学、東京国際ビジネスカレッジ

[主な就職先]

●特色1　対話型の授業、教師とのコミュニケーションを通じて「読む」「書く」「話す」「聞く」の4技能を身に付け、日本語を向上させる

●特色2　充実の課外授業、恵まれた自然環境の下、四季折々の雄大な自然を堪能し多くの人と日本語で触れ合う。

●特色3　JLPTの試験対策、試験前の集中授業や模試試験、試験後の丁寧なフィードバックで合格を目指す。

製作：J.TEST事務局 / 語文研究社

北海道　函館市

告示校

にほんこくさいごがくあかでみーはこだてこう

日本国際語学アカデミー 函館校

JAPAN INTERNATIONAL LANGUAGE ACADEMY

[TEL] 0138-88-1192　[FAX] 0138-88-1193
[eMAIL] jila-hakodate@jsb-g.co.jp
[URL] http://j-ila.com
[SNS] https://www.facebook.com/JapanILA/

[住所] 〒042-0932　北海道函館市湯川町1丁目12-24

[教育開始時期] 2013年10月

[行き方] 市電「函館アリーナ前」より徒歩8分

[設置者] 株式会社ジェイ・エス・ビー　(種別：株式会社)

[校長/別科長名] 橋本和也

[収容定員] 60人　二 部制

[教員数] 7人 (うち専任　3 人)

[宿舎] 有　[料金] (月額) 25,000円

[入学資格] ①自国において通常の過程による12年の学校教育を修了している者。②自国において大学等の高等教育機関への進学資格となる過程を修了している者。

[入学選抜方法] 面接

[認定コース在籍者数] 48

[その他コース在籍者数] 0

内訳(人)：ネパール(24)、中国(12)、ベトナム(6)、台湾(3)、モンゴル(2)
その他(1)[モロッコ]

[教材]

初級	『できる日本語初級』	初中級	『できる日本語初中級』
中級	『できる日本語中級』	上級	『日本への招待』

[基礎科目及び英語の授業] なし

[認定コース]

	目的	期間	時数	週数	入学月	選考料	入学金	授業料	その他	合計(円)
1年コース	進学	1年	760	45	4	20,000	50,000	600,000	45,000	715,000
1年半コース	進学	1年6か月	1140	68	10	20,000	50,000	900,000	65,000	1,035,000
1年9ヶ月コース	進学	1年9か月	1330	79	7	20,000	50,000	1,050,000	78,750	1,198,750
2年コース	進学	2年	1520	90	4	20,000	50,000	1,200,000	90,000	1,360,000

[認定以外のコース] 短期コース

[日本語能力試験]　2018年度受験状況

	N1	N2	N3	N4	N5	合計
受験者数	17	2	12	0	0	31
認定者数	7	1	5	0	0	13

[日本留学試験]　2018年度受験状況

●第1回

日本語受験者	日本語219点以上	文系受験者	文系100点以上	理系受験者	理系100点以上
14	0	0	0	0	0

●第2回

日本語受験者	日本語219点以上	文系受験者	文系100点以上	理系受験者	理系100点以上
0	0	0	0	0	0

[進学実績]　2019年3月までの進学状況　卒業者数　12

大学院	大学	短期大学	高専	専門学校	その他の学校	就職
0	0	0	0	12	0	0

[主な進学先]

日産愛知自動車大学校、群馬自動車大学校、横浜システム工学院専門学校、オリオンIT専門学校、アーツカレッジヨコハマ、横浜ファッションデザイン専門学校 他

[主な就職先]

－

●特色1　－

●特色2　－

●特色3　－

製作：J.TEST事務局 / 語文研究社

告示校

北海道　上川郡

あさひかわふくしせんもんがっこう

旭川福祉専門学校

ASAHIKAWA WELFARE SPECIAL SCHOOL

[TEL] 0166-82-4520　[FAX] 0166-82-4521
[eMAIL] kyokufuku2@hokko.ac.jp
[URL] http://www.hokko.ac.jp/kyokufuku/jp/
[SNS] —

[住所] 〒071-1496　北海道上川郡東川町進化台785-3

[教育開始時期] 2013年10月

[行き方] 旭川空港から車で20分、JR「旭川駅」から車で40分、または東川町行き路線バスで40分、「西2号(終点)」で下車し、徒歩30分

[設置者] 学校法人北工学園　(種別：準学校法人)

[校長/別科長名] 三宅良昌

[収容定員] 200人　一 部制　[教員数] 14人 (うち専任　9人)

[宿舎] 有　[料金] (月額) 69,000円 ～ 85,000円

[入学資格] 12年課程修了以上及びこれと同等レベルの者

[入学選抜方法] 出願書類審査、面接試験(現地)、筆記試験

[認定コース在籍者数] 131

[その他コース在籍者数] 0

内訳(人)：ベトナム(64)、タイ(28)、台湾(19)、モンゴル(9)、中国(8)
その他(3)[韓国、香港]

[教材]

初級	『みんなの日本語 初級』『ストーリーで覚える漢字300』他	初中級	—
中級	『中級へ行こう』『中級を学ぼう　前期・中級中期』他	上級	『留学生のためのここが大切文章表現のルール』 『中上級学習者のためのブラッシュアップ日本語会話』他

[基礎科目及び英語の授業]　なし

[認定コース]

	目的	期間	時数	週数	入学月	選考料	入学金	授業料	その他	合計(円)
2年課程	一般	2年	1604	87	4	0	100,000	1,100,000	240,000	1,440,000
1年6ヵ月課程	一般	1年6か月	1208	68	4,10	0	100,000	900,000	240,000	1,240,000

[認定以外のコース] なし

[日本語能力試験]　2018年度受験状況

	N1	N2	N3	N4	N5	合計
受験者数	61	110	68	1	0	240
認定者数	15	056	37	1	0	109

[日本留学試験]　2018年度受験状況

●第1回

日本語受験者	日本語219点以上	文系受験者	文系100点以上	理系受験者	理系100点以上
0	0	0	0	0	0

●第2回

日本語受験者	日本語219点以上	文系受験者	文系100点以上	理系受験者	理系100点以上
0	0	0	0	0	0

[進学実績]　2019年3月までの進学状況　卒業者数　102

大学院	大学	短期大学	高専	専門学校	その他の学校	就職
0	5	0	0	14	0	36

[主な進学先]

札幌国際大学、日本経済大学、新潟産業大学、旭川福祉専門学校、鴻池生活科専門学校

[主な就職先]

野口観光、六花亭、ノーステクノロジー、クローバー電子工業、定山渓グランドホテル、株式会社松村精型、K&Aジャパン、東京パワーテクノロジー、公務員予備校EYE

●特色1　全寮制(国際交流会館及び学生会館)で、系列学科(こども・介護・医薬)の学生と同じ宿舎での生活により、日常会話からの日本語習得の促進。無料スクールバス運行。

●特色2　多彩な課外活動(陶芸・舞踊・茶道・料理他)による日本文化体験及び日本語習得の促進。

●特色3　学費・寮費を低額設定(ホームページ・募集要項参照)。

製作：J.TEST事務局 / 語文研究社

岩手県　盛岡市　　告示校

もりおかじょうほうびじねすせんもんがっこうにほんごがっか

盛岡情報ビジネス専門学校 日本語学科

Morioka Japanese Language School

[TEL] 019-651-5530　[FAX] 019-651-5553
[eMAIL] nihongo@mjls.jp
[URL] http://www.mjls.jp/english
[SNS] [facebook] https://www.facebook.com/MJLS.jp
[twitter] @morijobiNihongo

[住所] 〒020-0025　岩手県盛岡市大沢川原3丁目4-1
[教育開始時期] 2004年04月

[行き方] JR「盛岡駅」東口から徒歩5分（不来方橋を渡って右折）

[設置者] 学校法人龍澤学館　（種別：学校法人）
[校長/別科長名] 工藤昌雄

[収容定員] 120人　二 部制　[教員数] 13人 (うち専任　5 人)
[宿舎] 有　[料金] (月額) 22,000円 ～

[入学資格] 母国で12年以上の学校教育を修了した者
[入学選抜方法] 書類審査、筆記試験、面接試験

[認定コース在籍者数] 48
[その他コース在籍者数] 1
内訳(人)：ベトナム(31)、ネパール(8)、フィリピン(5)、中国(2)、ミャンマー(1)
その他(2)[アメリカ、インドネシア]

[教材]

初級	『みんなの日本語 初級』	初中級	『中級へ行こう』
中級	『中級を学ぼう』『ニューアプローチ　中上級』	上級	『学ぼう! にほんご 中上級』他

[基礎科目及び英語の授業]　総合科目、数学コース1、数学コース2、物理、化学、生物

[認定コース]

	目的	期間	時数	週数	入学月	選考料	入学金	授業料	その他	合計(円)
進学Aコース	進学	2年	1600	80	4	20,000	80,000	880,000	340,000	1,320,000
進学Bコース	進学	1年6か月	1200	60	10	20,000	80,000	660,000	255,000	1,015,000

[認定以外のコース] 短期コース

[日本語能力試験]　2018年度受験状況

	N1	N2	N3	N4	N5	合計
受験者数	4	45	20	0	0	69
認定者数	0	29	8	0	0	37

[日本留学試験]　2018年度受験状況

●第1回

日本語受験者	日本語219点以上	文系受験者	文系100点以上	理系受験者	理系100点以上
38	15	9	6	29	20

●第2回

日本語受験者	日本語219点以上	文系受験者	文系100点以上	理系受験者	理系100点以上
52	24	9	7	43	31

[進学実績]　2019年3月までの進学状況　卒業者数　40

大学院	大学	短期大学	高専	専門学校	その他の学校	就職
0	21	0	0	19	0	0

[主な進学先]

岩手大学、秋田大学、福島大学、兵庫県立大学、新潟食料農業大学、淑徳大学、福井工業大学、西日本工業大学、上武大学、富士大学、盛岡情報ビジネス専門学校、盛岡情報カレッジオブビジネス、東北電子専門学校

[主な就職先]

－

●特色1　大学進学希望者には、法人内の予備校講師による数学等基礎科目の授業がある。

●特色2　出願願書の書き方から面接指導まで徹底した進学指導。

●特色3　生活指導も親身になって行うので、日本での生活に早く適応できる。

製作：J.TEST事務局 / 語文研究社

告示校

宮城県　仙台市

こくさいあかでみーらんげーじすくーる

国際アカデミーランゲージスクール

INTERNATIONAL ACADEMY LANGUAGE SCHOOL

[TEL] 022-298-7031　[FAX] 022-298-7030
[eMAIL] info@ials.jp
[URL] http://www.ials.jp
[SNS] https://www.facebook.com/ials.jp

[住所] 〒983-0852　宮城県仙台市宮城野区榴岡1-5-3

[教育開始時期] 2007年10月

[行き方] JR「仙台駅」東口より徒歩3分

[設置者] 株式会社国際情報　（種別：株式会社）

[校長/別科長名] 坂口博

[収容定員] 225人　二 部制　[教員数] 12人（うち専任　5人）

[宿舎] 有　[料金]（月額）20,000円 ～

[入学資格] 12年課程修了以上及び同等レベルの者

[入学選抜方法] 書類審査、本人面接、能力適性試験

[認定コース在籍者数] 101

[その他コース在籍者数] 0

内訳(人)：ベトナム(76)、ネパール(10)、ブータン(5)、バングラデシュ(4)、スリランカ(3)
その他(3)[中国、フィリピン]

[教材]

初級	『みんなの日本語 初級』	初中級	『TRY!日本語能力試験 N3』
中級	『TRY!日本語能力試験 N2』	上級	『TRY!日本語能力試験 N1』

[基礎科目及び英語の授業] なし

[認定コース]

	目的	期間	時数	週数	入学月	選考料	入学金	授業料	その他	合計(円)
進学1年3か月	進学	1年3か月	1000	50	1	20,000	50,000	795,000	90,000	955,000
進学1年6か月	進学	1年6か月	1200	60	10	20,000	50,000	954,000	108,000	1,132,000
進学1年9か月	進学	1年9か月	1400	70	7	20,000	50,000	1,113,000	126,000	1,309,000
進学2年	進学	2年	1600	80	4	20,000	50,000	1,272,000	144,000	1,486,000

[認定以外のコース] なし

[日本語能力試験]　2018年度受験状況

	N1	N2	N3	N4	N5	合計
受験者数	0	22	159	0	0	181
認定者数	0	3	54	0	0	57

[日本留学試験]　2018年度受験状況

●第1回

日本語受験者	日本語219点以上	文系受験者	文系100点以上	理系受験者	理系100点以上
1	0	1	0	0	0

●第2回

日本語受験者	日本語219点以上	文系受験者	文系100点以上	理系受験者	理系100点以上
0	0	0	0	0	0

[進学実績]　2019年3月までの進学状況　卒業者数　96

大学院	大学	短期大学	高専	専門学校	その他の学校	就職
0	3	1	0	72	0	0

[主な進学先]

茨城学院大学、上武大学、日本経済大学、仙台青葉学院短期大学、専門学校デジタルアーツ仙台、東北電子専門学校、東北外語観光専門学校、専門学校花壇自動車大学校、仙台YMCA国際ホテル製菓専門学校、北上福祉専門学校、華頂社会福祉専門学校、赤門自動車専門学校 等

[主な就職先]

－

●特色1　クラス担任制によるきめ細やかな指導をします。

●特色2　学生一人一人が充実した留学生活が送れるよう、住居・アルバイト・病気等の相談にいつでも対応します。

●特色3　経験豊富な教師が丁寧に指導をします。

製作：J.TEST事務局 / 語文研究社

宮城県　仙台市　　告示校

せんだいらんげーじすくーるにほんごか

仙台ランゲージスクール 日本語科

SENDAI LANGUAGE SCHOOL JAPANESE COURSE

[TEL] 022-266-8181　[FAX] 022-266-8182
[eMAIL] sendai.ls@pep.ne.jp
[URL] http://www.sendai-lang.com
[SNS] https://www.facebook.com/sendails/

[住所] 〒980-0811　宮城県仙台市青葉区一番町1-14-32　フライハイトビル 8F

[教育開始時期] 1993年04月

[行き方] 地下鉄東西線「青葉通一番町駅」から徒歩5分、JR「仙台駅」西口から徒歩15分

[設置者] 株式会社SLS　(種別：株式会社)

[校長/別科長名] 伊藤倫子

[収容定員] 480人　二 部制　[教員数] 34人 (うち専任 11 人)　[宿舎] 有　[料金] (月額)35,000円 ～

[入学資格] 母国にて12年以上の教育を修了していること、日本語能力試験N5以上

[入学選抜方法] 書類審査、本人面接、保証人面接 他

[認定コース在籍者数] 307
[その他コース在籍者数] 5

内訳(人):
ベトナム(210)、ネパール(67)、中国(18)、ロシア(2)、インドネシア(2)

[教材]

初級	『みんなの日本語 初級』	初中級	『TRY!』
中級	『中級から学ぶ日本語』	上級	『上級で学ぶ日本語』、生教材 他

[基礎科目及び英語の授業] なし

[認定コース]

	目的	期間	時数	週数	入学月	選考料	入学金	授業料	その他	合計(円)
1年6ヵ月	進学	1年6ヵ月	1200	72	10	20,000	60,000	810,000	173,800	1,063,800
1年9ヶ月	進学	1年9ヵ月	1400	84	7	20,000	60,000	945,000	202,240	1,227,240
2年	進学	2年	1600	96	4	20,000	60,000	1,080,000	229,600	1,389,600
2年	進学	2年	1600	96	1	20,000	60,000	1,080,000	229,600	1,389,600

[認定以外のコース] 短期日本語コース、プライベートコース

[日本語能力試験] 2018年度受験状況

	N1	N2	N3	N4	N5	合計
受験者数	12	91	143	7	0	253
認定者数	0	27	37	2	0	66

[日本留学試験] 2018年度受験状況

●第1回

日本語受験者	日本語219点以上	文系受験者	文系100点以上	理系受験者	理系100点以上
23	4	16	4	7	1

●第2回

日本語受験者	日本語219点以上	文系受験者	文系100点以上	理系受験者	理系100点以上
15	0	13	0	2	0

[進学実績] 2019年3月までの進学状況　卒業者数 146

大学院	大学	短期大学	高専	専門学校	その他の学校	就職
2	14	7	0	113	0	5

[主な進学先]

山形大学大学院、青山学院大学大学院、宮城大学、東北学院大学、流通経済大学、青森大学等

[主な就職先]

㈱ティエフケー

●特色1　教育を通じて人材の育成を図る。

●特色2　教育を通じて国際社会に貢献する。

●特色3　お互いの生活文化、意識の違いを理解することにより真の国際人の育成を図る。

製作：J.TEST事務局 / 語文研究社

告示校

宮城県　仙台市

とうほくがいごかんこうせんもんがっこう

東北外語観光専門学校

Tohoku Foreign Language & Tourism College

[TEL] 022-212-1635 [FAX] 022-227-6811
[eMAIL] nihongo@tohokugaigo.ac.jp
[URL] http://japanese.tohokugaigo.ac.jp/
[SNS] Facebook(Tohoku Foreign Language & Tourism Collage) QQ:987744622

[住所] 〒980-0022 宮城県仙台市青葉区五橋2丁目1-13

[教育開始時期] 1989年05月

[行き方] 仙台市地下鉄「五橋駅」から徒歩1分

[設置者] 学校法人東北外語学園 (種別：学校法人)

[校長/別科長名] 橋本二郎

[収容定員] 160人 二 部制

[教員数] 15人 (うち専任 4人)

[宿舎] 有 [料金] (月額) 16,000円 ～ 21,000円

[入学資格] 12年課程修了以上およびこれと同等レベルの者

[入学選抜方法] 書類選考、本人面接練習

[認定コース在籍者数] 109

[その他コース在籍者数] 0

内訳(人)：ネパール(49)、ベトナム(42)、中国(13)、パキスタン(3)
その他(2)[モンゴル、大韓民国]

[教材]

初級	『みんなの日本語 初級』	初中級	『中級から学ぶ日本語』『TRY! 日本語能力試験N3』他
中級	『中級から学ぶ日本語』『TRY! 日本語能力試験N2』他	上級	『新中級から上級への日本語』『TRY! 日本語能力試験N1』他

[基礎科目及び英語の授業] なし

[認定コース]

	目的	期間	時数	週数	入学月	選考料	入学金	授業料	その他	合計(円)
進学2年コース	進学	2年	1616	80	4	20,000	70,000	1,160,000	222,000	1,472,000
進学1.5年コース	進学	1年6か月	1212	60	10	20,000	70,000	870,000	172,500	1,132,500

[認定以外のコース] なし

[日本語能力試験] 2018年度受験状況

	N1	N2	N3	N4	N5	合計
受験者数	4	19	49	0	0	72
認定者数	0	9	18	0	0	17

[日本留学試験] 2018年度受験状況

●第1回

日本語受験者	日本語219点以上	文系受験者	文系100点以上	理系受験者	理系100点以上
1	1	0	0	0	0

●第2回

日本語受験者	日本語219点以上	文系受験者	文系100点以上	理系受験者	理系100点以上
0	0	0	0	0	0

[進学実績] 2019年3月までの進学状況 卒業者数 52

大学院	大学	短期大学	高専	専門学校	その他の学校	就職
1	2	0	0	45	0	0

[主な進学先]

北九州市立大学 大学院、東北福祉大学、東北工業大学、東北外語観光専門学校(国際総合ビジネス科・英語科)、明生情報ビジネス専門学校、中野スクールオブビジネス、東北電子専門学校、仙台医療福祉専門学校、赤門自動車整備大学校、花壇自動車整備大学校 他

[主な就職先]

－

●特色1 日本語と日本文化の総合的な教育を行い、言語能力を高め理解を深める。

●特色2 日本の大学・短大・専門学校への進学希望者のために受験対策指導を行う。

●特色3 長年の語学教育の実績に基づき、10～20名編成の学習指導を行い、また個別的に生活指導を行う。

製作：J.TEST事務局 / 語文研究社

福島県　福島市　　告示校

ふくしまにほんごがくいん

福島日本語学院

FUKUSHIMA JAPANESE SCHOOL

[TEL] 024-523-1818　[FAX] 024-523-1821
[eMAIL] info-fjs@hkr.co.jp
[URL] http://hkr.co.jp/fjs
[SNS] —

[住所] 〒960-8105　福島県福島市仲間町9番28号　[教育開始時期] 1989年01月
[行き方] JR東北本線「福島駅」から徒歩20分

[設置者] 株式会社光　（種別：株式会社）　[校長/別科長名] 古関洋
[収容定員] 220人　二 部制　[教員数] 14人（うち専任　6人）　[宿舎] 有　[料金]（月額）11,000円 ～ 23,000円

[入学資格] 12年課程修了以上及びこれと同等レベルの者　[入学選抜方法] 書類審査、面接

[認定コース在籍者数] 80
[その他コース在籍者数] 4
内訳(人)：ネパール(32)、ブータン(27)、ウズベキスタン(7)、中国(7)、ベトナム(4)
その他(7)[ミャンマー、タイ、インド]

[教材]

初級	『みんなの日本語 初級』	初中級	『中級へ行こう』
中級	『中級を学ぼう 中級前期』	上級	クラスごとに設定

[基礎科目及び英語の授業] なし

[認定コース]

	目的	期間	時数	週数	入学月	選考料	入学金	授業料	その他	合計(円)
進学1年6ヶ月コース	進学	1年6か月	1150	58	10	22,000	55,000	792,000	103,000	972,000
進学2年コース	進学	2年	1600	80	4	22,000	55,000	1,056,000	108,000	1,241,000

[認定以外のコース] 短期コース

[日本語能力試験]　2018年度受験状況

	N1	N2	N3	N4	N5	合計
受験者数	1	8	119	0	0	0
認定者数	1	1	49	0	0	0

[日本留学試験]　2018年度受験状況

●第1回

日本語受験者	日本語219点以上	文系受験者	文系100点以上	理系受験者	理系100点以上
7	1	0	0	2	2

●第2回

日本語受験者	日本語219点以上	文系受験者	文系100点以上	理系受験者	理系100点以上
2	2	0	0	2	2

[進学実績]　2019年3月までの進学状況　卒業者数　49

大学院	大学	短期大学	高専	専門学校	その他の学校	就職
0	4	0	0	36	0	0

[主な進学先]

横浜システム工学院専門学校、富士国際ビジネス専門学校、東京福祉保育専門学校、東北電子専門学校、専門学校デジタルアーツ仙台

[主な就職先]

—

●特色1　静かな田園都市で福島大学、美術館、図書館があり学習環境が整ったところ。

●特色2　個人の能力に合ったカリキュラムを用意。旅行、バーベキュー、スピーチコンテスト、支援者との交流パーティー有り。

●特色3　国内外での日本語教育の経験を有する先生が指導。

製作：J.TEST事務局 / 語文研究社

告示校

福島県　郡山市

こおりやまけんこうかがくせんもんがっこう

郡山健康科学専門学校

Koriyama Institute of Health Sciences

[TEL] 024-936-7777　[FAX] 024-936-7778
[eMAIL] info@k-tohto.ac.jp
[URL] http://www.k-tohto.ac.jp
[SNS] twitte:@koriyama_tohto1

[住所] 〒963-8834　福島県郡山市図景2-9-3

[教育開始時期] 2019年10月

[行き方] JR東北新幹線「郡山駅」から車で約10分

[設置者] 学校法人　こおりやま東都学園　（種別：学校法人）

[校長/別科長名] 渡辺信英

[収容定員] 80人　二 部制　[教員数] 6人 (うち専任　6 人)

[宿舎] 有　[料金] (月額)19,500～39,000円

[入学資格] 12年課程（日本の高等学校卒業程度以上）を修了した者

[入学選抜方法] 書類選考、面接

[認定コース在籍者数] 0　内訳(人):

[その他コース在籍者数] 0

[教材]

初級	『みんなの日本語　初級Ⅰ』等	初中級	『みんなの日本語　初級Ⅱ』等
中級	『中級へ行こう』等	上級	『留学生のための現代日本語読解』

[基礎科目及び英語の授業] なし

[認定コース]

	目的	期間	時数	週数	入学月	選考料	入学金	授業料	その他	合計(円)
進学1年6か月コース	進学	1年6か月	1200	60	10	20,000	75,000	900,000	70,627	1,065,627
進学2年コース	進学	2年	1600	80	4	20,000	100,000	1,200,000	73,445	1,393,445

[認定以外のコース] なし

[日本語能力試験] 2018年度受験状況

	N1	N2	N3	N4	N5	合計
受験者数						0
認定者数						0

[日本留学試験] 2018年度受験状況

●第1回

日本語受験者	日本語219点以上	文系受験者	文系100点以上	理系受験者	理系100点以上
0					

●第2回

日本語受験者	日本語219点以上	文系受験者	文系100点以上	理系受験者	理系100点以上
0					

[進学実績] 2019年3月までの進学状況　卒業者数　0

大学院	大学	短期大学	高専	専門学校	その他の学校	就職

[主な進学先]

[主な就職先]

●特色1　地域行事等に積極的に参加することで、多くの日本人と触れ合い、日本の生活習慣や文化の理解も図る。

●特色2　留学生が抱える様々な悩みに関し、専門家による丁寧なカウンセリングを実施する。

●特色3　職業人としても必要な知識や能力も身につけ、協働力や豊かな人間性も育む。

製作：J.TEST事務局 / 語文研究社

こくさいあーとあんどでざいんだいがっこうにほんごか

国際アート＆デザイン大学校 日本語科

International Art & Design College Japanese Course

[TEL] 029-941-1110 [FAX] 024-956-0023
[eMAIL] international@fsg.gr.jp
[URL] http://fsg-cl.jp
[SNS] Facebook : FGS Internatioal Center

[住所] 〒963-8811 福島県郡山市方八町2-4-1 3階

[教育開始時期] 2016年04月

[行き方] JR「郡山駅」東口から徒歩3分

[設置者] 学校法人国際総合学園（種別：準学校法人）

[校長/別科長名] 中野寿郎

[収容定員] 100人 二 部制　[教員数] 8人（うち専任 4人）

[宿舎] 有　[料金]（月額）15,000円～

[入学資格] 外国において12年以上の正規の教育課程を修了している者。

[入学選抜方法] 書類審査、筆記試験、本人面接、経費支弁者面接

[認定コース在籍者数] 60

[その他コース在籍者数] 0

内訳(人)：ベトナム(24)、ウズベキスタン(9)、ミャンマー(8)、バングラデシュ(8)、スリランカ(4)
その他(7)[中国、ネパール、ブータン、マリ]

[教材]

初級	『みんなの日本語 初級』	初中級	『中級へ行こう』
中級	『中級から学ぶ日本語』、生教材	上級	『上級で学ぶ日本語』、生教材

[基礎科目及び英語の授業] 総合科目

[認定コース]

	目的	期間	時数	週数	入学月	選考料	入学金	授業料	その他	合計(円)
進学2年コース	進学	2年	1600	80	4	20,000	60,000	1,160,000	125,000	1,365,000
進学1.5年コース	進学	1年6か月	1200	60	10	20,000	60,000	870,000	105,000	1,055,000

[認定以外のコース] 短期コース

[日本語能力試験] 2018年度受験状況

	N1	N2	N3	N4	N5	合計
受験者数	0	11	69	24	0	104
認定者数	0	3	23	3	0	29

[日本留学試験] 2018年度受験状況

●第1回

日本語受験者	日本語219点以上	文系受験者	文系100点以上	理系受験者	理系100点以上
0	0	0	0	0	0

●第2回

日本語受験者	日本語219点以上	文系受験者	文系100点以上	理系受験者	理系100点以上
0	0	0	0	0	0

[進学実績] 2019年3月までの進学状況 卒業者数

大学院	大学	短期大学	高専	専門学校	その他の学校	就職
0	1	0	0	32	0	5

[主な進学先]

国際ビジネス公務員大学校、国際情報工科自動車大学校、ニホン国際ITカレッジ、東京マルチメディア専門学校、CAD製図専門学校、東京福祉保育専門学校、TBC学院

[主な就職先]

矢田工業㈱、㈱トライアンフ

●特色1 クラス担任制によるきめ細かな指導。多種多様な体験授業。日本人学生や地域との活発な交流。

●特色2 安心して生活しながら学習目的を達成するための進学・就職指導と、万全の生活サポート体制。

●特色3 グループ内の専門学校(5校57学科)への進学が可能。学費面での優遇措置も有。

製作：J.TEST事務局 / 語文研究社

告示校

福島県　西白河郡

しんしらかわこくさいきょういくがくいん

新白河国際教育学院

Shinshirakawa International Education Academy

[TEL] 0248-21-8825 [FAX] 0248-21-8826
[eMAIL] info@skokusai.com
[URL] http://www.skokusai.com
[SNS] —

[住所] 〒961-8055 福島県西白河郡西郷村字道南西14-1

[教育開始時期] 2007年04月

[行き方] JR「新白河駅」西口(高原口)より徒歩4分

[設置者] 佐藤厚潮 (種別：個人)

[校長/別科長名] 佐藤厚潮

[収容定員] 60人 二 部制

[教員数] 10人 (うち専任 3 人)

[宿舎] 有 [料金] (月額) 10,000円 ～

[入学資格] 母国で12年以上の学校教育を修了していること。日本語能力試験N5又は同等レベルの日本語能力があること。

[入学選抜方法] 書類選考、面接

[認定コース在籍者数] 43

[その他コース在籍者数] 3

内訳(人):
ネパール(30)、ベトナム(10)、ウズベキスタン(1)、フィリピン(1)、パキスタン(1)

[教材]

初級	『みんなの日本語 初級』	初中級	『中級へ行こう』
中級	『学ぼう！日本語 初中級』	上級	『学ぼう！日本語 中級』

[基礎科目及び英語の授業] なし

[認定コース]

	目的	期間	時数	週数	入学月	選考料	入学金	授業料	その他	合計(円)
進学2年コース	進学	2年	1600	84	4	22,000	55,000	968,000	120,000	1,165,000
進学1.5年コース	進学	1年6か月	1200	63	10	22,000	55,000	726,000	98,500	901,500

[認定以外のコース] 聴講生コース、プライベートコース

[日本語能力試験] 2018年度受験状況

	N1	N2	N3	N4	N5	合計
受験者数	1	7	28	0	0	36
認定者数	1	2	5	0	0	8

[日本留学試験] 2018年度受験状況

●第1回

日本語受験者	日本語219点以上	文系受験者	文系100点以上	理系受験者	理系100点以上
0	0	0	0	0	0

●第2回

日本語受験者	日本語219点以上	文系受験者	文系100点以上	理系受験者	理系100点以上
0	0	0	0	0	0

[進学実績] 2019年3月までの進学状況 卒業者数 19

大学院	大学	短期大学	高専	専門学校	その他の学校	就職
0	0	0	0	18	0	1

[主な進学先]

プロスペラ学院ビジネス専門学校、日本医療ビジネス大学校、東京工科自動車大学校、CAD製図専門学校、柏木実業専門学校、四日市情報外語専門学校、東京福祉専門学校

[主な就職先]

株式会社C&J

●特色1 少人数のきめ細やかな指導。

●特色2 落ち着いた環境での学校生活。

●特色3 多彩な学校行事とアットホームな雰囲気。

製作：J.TEST事務局 / 語文研究社

茨城県　水戸市　　告示校

いばらきこくさいがくいん

茨城国際学院

IBARAKI INTERNATIONAL LANGUAGE INSTITUTE

[TEL] 029-233-7588　[FAX] 029-233-7566
[eMAIL] nihongo@jsdi.or.jp
[URL] https://www.jsdi.or.jp/~nihongo/
[SNS] —

[住所] 〒310-0015　茨城県水戸市宮町2-3-37藤岡ビル4F
[教育開始時期] 1992年01月
[行き方] JR「水戸駅」北口から銀杏坂徒歩5分

[設置者] 有限会社顕祥　（種別：有限会社）
[校長/別科長名] 小齋慎一郎
[収容定員] 110人　二 部制　[教員数] 8人（うち専任 3人）
[宿舎] 有　[料金]（月額）17,000円 ～ 20,000円

[入学資格] 本国で12年課程修了以上およびこれと同等レベルの者、日本語能力試験N5以上合格者およびこれと同等レベルの者
[入学選抜方法] 書類選考、本人面接、経費支弁者面接

[認定コース在籍者数] 25
[その他コース在籍者数] 4
内訳(人)：ネパール(7)、中国(5)、韓国(3)、ベトナム(2)、ウズベキスタン(2)
その他(10)[タイ、インド、ロシア、ポーランド、モンゴル、パキスタン、イギリス]

[教材]

初級	『みんなの日本語 初級』	初中級	『中級へ行こう』
中級	『中級から学ぶ日本語』	上級	『上級で学ぶ日本語』

[基礎科目及び英語の授業] なし

[認定コース]

	目的	期間	時数	週数	入学月	選考料	入学金	授業料	その他	合計(円)
進学2年コース	進学	2年	1520	76	4	20,000	70,000	1,080,000	80,000	1,250,000
進学1年9か月コース	進学	1年9か月	1360	68	7	20,000	70,000	945,000	70,000	1,105,000
進学1年6か月コース	進学	1年6か月	1200	60	10	20,000	70,000	810,000	60,000	960,000

[認定以外のコース]（在籍者あり）

[日本語能力試験] 2018年度受験状況

	N1	N2	N3	N4	N5	合計
受験者数	4	13	52	34	0	103
認定者数	2	3	20	17	0	42

[日本留学試験] 2018年度受験状況

●第1回

日本語受験者	日本語219点以上	文系受験者	文系100点以上	理系受験者	理系100点以上
0	0	0	0	0	0

●第2回

日本語受験者	日本語219点以上	文系受験者	文系100点以上	理系受験者	理系100点以上
2	1	0	0	1	1

[進学実績] 2019年3月までの進学状況　卒業者数 47

大学院	大学	短期大学	高専	専門学校	その他の学校	就職
0	0	1	0	45	0	1

[主な進学先]
横浜システム工学院専門学校、千葉モードビジネス専門学校、国際デュアルビジネス専門学校

[主な就職先]
—

●特色1　学生数があまり多くなく、家庭的な雰囲気の中で留学生活を送れます。

●特色2　熱心な日本語教師スタッフによるわかりやすい授業を受けられます。

●特色3　卒業生のほとんどが進学しています。学校が責任をもって進学指導をします。

製作：J.TEST事務局 / 語文研究社

告示校

茨城県　水戸市

ひたちがくいん

常陸学院

HITACHI LANGUAGE SCHOOL

[TEL] 029-304-1077 [FAX] 029-304-1078
[eMAIL] hitachigakuin@live.jp
[URL] http://www.hitachi-l-s.com/jp/
[SNS] ─

[住所] 〒310-0836　茨城県水戸市元吉田町1818-4

[教育開始時期] 2006年10月

[行き方] JR常磐線「水戸駅」南口より吉沢車庫行きバスに乗車し、バス停「吉沢北」で下車すぐ

[設置者] アロープラン株式会社　（種別：株式会社）

[校長/別科長名] 我妻和子

[収容定員] 100人　二 部制

[教員数] 6人（うち専任　5人）

[宿舎] 有　[料金]（月額）15,000円 ～

[入学資格] 12年以上又は同等の学歴を有し、成績優秀で学習意欲がある者

[入学選抜方法] 書類審査、本人面接、保証人面接、本人筆記試験

[認定コース在籍者数] 72

[その他コース在籍者数] 0

内訳(人)：
ベトナム(43)、ネパール(21)、スリランカ(8)

[教材]

初級	『みんなの日本語 初級』	初中級	『学ぼう! 日本語 初中級』
中級	『学ぼう! 日本語 中級』 『中級を学ぼう 中級中期-』	上級	『学ぼう! 日本語 上級』

[基礎科目及び英語の授業] なし

[認定コース]

	目的	期間	時数	週数	入学月	選考料	入学金	授業料	その他	合計(円)
進学2年	進学	2年	1520	76	4	20,000	40,000	1,140,000	144,000	1,344,000
進学1年9か月	進学	1年9か月	1330	66.5	7	20,000	40,000	997,500	126,000	1,183,500
進学1年6か月	進学	1年6か月	1140	57	10	20,000	40,000	855,000	112,000	1,027,000
進学1年3か月	進学	1年3か月	950	47.5	1	20,000	40,000	712,000	90,000	862,000

[認定以外のコース] なし

[日本語能力試験]　2018年度受験状況

	N1	N2	N3	N4	N5	合計
受験者数	0	2	46	5	0	53
認定者数	0	1	7	0	0	8

[日本留学試験]　2018年度受験状況

●第1回

日本語受験者	日本語219点以上	文系受験者	文系100点以上	理系受験者	理系100点以上
0	0	0	0	0	0

●第2回

日本語受験者	日本語219点以上	文系受験者	文系100点以上	理系受験者	理系100点以上
0	0	0	0	0	0

[進学実績]　2019年3月までの進学状況　卒業者数　40

大学院	大学	短期大学	高専	専門学校	その他の学校	就職
0	1	0	0	28	3	5

[主な進学先]

名古屋経済大学、長野ビジネス外語専門学校、おもてなし専門学校、四日市情報外語専門学校、ウェルネススポーツ大学日本語別科

[主な就職先]

─

●特色1　1クラス20名以内の少人数授業による四技能を徹底的に把握させ、国立大学合格を目指す。

●特色2　市内を中心に課外活動を行い、地域文化の理解を促す。

●特色3　学習指導から生活指導に至るまでの充実した学習環境。

製作：J.TEST事務局 / 語文研究社

茨城県　下妻市　　告示校

じょあにほんごがくいん

JOA日本語学院

JOA Japanese Language School

[TEL] 0296-45-6611　[FAX] 0296-45-6688
[eMAIL] info@joa-academy.jp
[URL] http://joa-academy.jp/
[SNS] 準備中

[住所] 〒304-0068　茨城県下妻市下妻丙210-1　　[教育開始時期] 2017年10月

[行き方] 関東鉄道常総線「下妻駅」より徒歩10分

[設置者] 株式会社JOAアカデミー　(種別:株式会社)　　[校長/別科長名] 角谷一夫

[収容定員] 100人　二 部制　　[教員数] 5人(うち専任　4人)　　[宿舎] 有　[料金] (月額)11,000～13,500円

[入学資格] 高等学校・高等教育の修了者　　[入学選抜方法] 書類審査、面接

[認定コース在籍者数] 32

[その他コース在籍者数]

内訳(人): ベトナム(15)、ネパール(14)、ウズベキスタン(3)
その他(4)[カンボジア、中国]

[教材]

初級	『みんなの日本語 初級』	初中級	『中級へ行こう』『できる日本語』
中級	『中級を学ぼう』	上級	『N1対策』

[基礎科目及び英語の授業] なし

[認定コース]

	目的	期間	時数	週数	入学月	選考料	入学金	授業料	その他	合計(円)
2年コース	進学	2年	1520	76	4	0	30,000	1,100,000	78,800	1,208,800
1年6か月コース	進学	1年6か月	1140	57	10	0	30,000	825,000	78,800	933,800
1年コース	進学	1年	760	38	4	0	30,000	550,000	78,800	658,800

[認定以外のコース] 聴講生コース　他(お問い合わせください)

[日本語能力試験]　2018年度受験状況

	N1	N2	N3	N4	N5	合計
受験者数						
認定者数		2	7	3		

[日本留学試験]　2018年度受験状況

●第1回

日本語受験者	日本語219点以上	文系受験者	文系100点以上	理系受験者	理系100点以上

●第2回

日本語受験者	日本語219点以上	文系受験者	文系100点以上	理系受験者	理系100点以上

[進学実績]　2019年3月までの進学状況　卒業者数　29

大学院	大学	短期大学	高専	専門学校	その他の学校	就職
	1			28		

[主な進学先]

専門学校

[主な就職先]

●特色1　学生に応じた丁寧な指導

●特色2　親身になった進路指導

●特色3　地域との交流を通じて学ぶ

製作:J.TEST事務局 / 語文研究社

告示校

茨城県　つくば市

にほんつくばこくさいごがくいん

日本つくば国際語学院

Japan Tsukuba International Language Collage

[TEL] 029-846-7811 [FAX] 029-846-7812
[eMAIL] info@tlc.ac.jp
[URL] http://www.tlc.ac.jp
[SNS] https://www.facebook.com/学校法人つくば文化学園-日本つくば国際語学院

[住所] 〒305-0881　茨城県つくば市松代2-4

[教育開始時期] 2018年4月

[行き方] つくばエクスプレス「つくば駅」より徒歩10分

[設置者] 学校法人　つくば文化学園

[校長/別科長名] 東郷　治久

[収容定員] 100人　二 部制　[教員数] 9人(うち専任　3人)

[宿舎] 有　[料金] (月額)18,000～23,000円

[入学資格] 1. 原則18歳以上
2. 本国で12年以上の学校教育を受けた者

[入学選抜方法] 書類選考、面接

[認定コース在籍者数] 35

[その他コース在籍者数] 0

内訳(人): ウズベキスタン(12)、ベトナム(6)、スリランカ(4)、中国(3)、モンゴル(3)
その他(7)[ギニア、タジキスタン、アメリカ、ネパール、バングラデシュ]

[教材]

初級	『みんなの日本語Ⅰ』	初中級	『みんなの日本語Ⅱ』『中級へ行こう』
中級	『TRYN3』『合格できる日本語能力試験N3』	上級	『TRYN2』『TRYN1』

[基礎科目及び英語の授業] 無

[認定コース]

	目的	期間	時数	週数	入学月	選考料	入学金	授業料	その他	合計(円)
進学2年コース	進学	2年	1600	80	4	20,000	50,000	1,200,000	90,000	1,360,000
進学1年6か月コース	進学	1年6か月	1200	60	10	20,000	50,000	900,000	67,500	1,037,500

[認定以外のコース] なし

[日本語能力試験] 2018年度受験状況

	N1	N2	N3	N4	N5	合計
受験者数	1	0	6	19	0	26
認定者数	1	0	1	4	0	6

[日本留学試験] 2018年度受験状況

●第1回

日本語受験者	日本語219点以上	文系受験者	文系100点以上	理系受験者	理系100点以上
0					

●第2回

日本語受験者	日本語219点以上	文系受験者	文系100点以上	理系受験者	理系100点以上
0					

[進学実績] 2019年3月までの進学状況　卒業者数　0

大学院	大学	短期大学	高専	専門学校	その他の学校	就職

[主な進学先]

[主な就職先]

●特色1　学生の進度に応じて補習を行うなど、きめ細かい学習指導を行っている。

●特色2　専門学校・大学・大学院進学をめざすための個別指導の実施。

●特色3　学校からの徒歩圏内に学生寮があることにより、行き届いた生活指導を行っている。

製作：J.TEST事務局 / 語文研究社

がっこうほうじんつくばがくえんあーるいりょうふくしせんもんがっこう

学校法人筑波学園
アール医療福祉専門学校

AHRU Medical care and Welfare PROFESSIONAL TRAINING COLLEGE
Japanese Language Department

[TEL] 029-824-7611　[FAX] 029-823-8082
[eMAIL] gakkou@tib-r.ac.jp
[URL] http://www.a-ru.ac.jp
[SNS] http://www.facebook.com/AHRU-Japanese-Langage-Department

[住所] 〒300-0032　茨城県土浦市湖北2-10-35

[教育開始時期] 2018年4月

[行き方] 常磐線「土浦駅」東口から徒歩12分

[設置者] 学校法人　筑波学園

[校長/別科長名] 戸谷聡子

[収容定員] 60人　一 部制　[教員数] 3人(うち専任　3人)

[宿舎] 有　[料金] (月額)25,000円～

[入学資格] 外国において、学校教育における12年の課程を修了した者、日本語能力試験N4以上の合格者、または300時間以上の日本語学習歴を有する者、就学目的および卒業後の進路が明確であること。

[入学選抜方法] 書類選考、面接

[認定コース在籍者数] 1

[その他コース在籍者数] 0

内訳(人):
タイ(1)

[教材]

初級	『できる日本語』『漢字たまご』『楽しい読みもの』他	初中級	『できる日本語』『漢字たまご』『楽しい読みもの』他
中級	『できる日本語』他	上級	

[基礎科目及び英語の授業] 無

[認定コース]

	目的	期間	時数	週数	入学月	選考料	入学金	授業料	その他	合計(円)
1年コース	進学	1年	900		4月	20,000	100,000	500,000	240,000	860,000
1年6か月コース	進学	1年6か月	1350		10月	20,000	100,000	750,000	410,000	1,280,000

[認定以外のコース] なし

[日本語能力試験] 2018年度受験状況

	N1	N2	N3	N4	N5	合計
受験者数		1	2	21		24
認定者数			2	8		10

[日本留学試験] 2018年度受験状況

●第1回

日本語受験者	日本語219点以上	文系受験者	文系100点以上	理系受験者	理系100点以上
0		0		0	

●第2回

日本語受験者	日本語219点以上	文系受験者	文系100点以上	理系受験者	理系100点以上
0		0		0	

[進学実績] 2018年3月までの進学状況　卒業者数　12

大学院	大学	短期大学	高専	専門学校	その他の学校	就職
				12		

[主な進学先]
アール医療福祉専門学校、アール情報ビジネス専門学校、保育・介護ビジネス名古屋専門学校

[主な就職先]

●特色1　実践を通じた日本語の授業や試験対策のみならず、ビジネスマナーやパソコン演習など、進学や就職に役立つ授業がたくさんあります。

●特色2　リハビリや介護、ITビジネスなど多くの学科を有する専門学校のため、内部進学も可能です。(学費免除制度あり)

●特色3　学内に他学科の学生がたくさんいるので、在学中にイベント等を通じて日本人学生との会話や交流の機会が数多くあります。

製作:J.TEST事務局 / 語文研究社

告示校

茨城県　土浦市

あさひこくさいがくいんつちうらにほんごがっこう

朝日国際学院土浦日本語学校

ASAHI INTERNATIONAL SCHOOL TSUCHIURA

[TEL] 029-875-8982 [FAX] 029-875-8983
[eMAIL] asahigakuin.tsuchiurainfo@gmail.com
[URL] http://asahigakuin-7.icoc.cc
[SNS]

[住所] 〒300-0871 茨城県土浦市荒川沖東2-8-2

[教育開始時期] 2020年4月

[行き方] JR常磐線「荒川沖駅」東口バスロータリーそば徒歩1分

[設置者] 株式会社　朝日学院　(種別：株式会社)

[校長/別科長名] 大森　武

[収容定員] 100人　二 部制　[教員数] 5人 (うち専任　3 人)

[宿舎] 無　[料金]

[入学資格] ①申請時に日本国籍を有しない者　②国の内外を問わず、学校教育における12年以上の課程を修了し、その国において大学入学資格を有する者、またはこれに準ずる者。　③国の国内外を問わず、日本語を150時間以上学び、各種日本語試験に合格、または追加書類締切までに合格見込みの者。

[入学選抜方法] 書類選考、面接

[認定コース在籍者数] 0

[その他コース在籍者数] 0

内訳(人):

[教材]

初級	みんなの日本語	初中級	学ぼう！にほんご　初中級
中級	学ぼう！にほんご　中級	上級	学ぼう！にほんご　中上級

[基礎科目及び英語の授業] 無

[認定コース]

	目的	期間	時数	週数	入学月	選考料	入学金	授業料	その他	合計(円)
進学コース	進学	2年0か月	1600	80	4月	22,000	55,000	1,197,600	120,400	1,395,000
進学コース	進学	1年6か月	1200	60	10月	22,000	55,000	898,200	120,400	1,095,600

[認定以外のコース] なし

[日本語能力試験]　2018年度受験状況

	N1	N2	N3	N4	N5	合計
受験者数						
認定者数						

[日本留学試験]　2018年度受験状況

●第1回

日本語受験者	日本語219点以上	文系受験者	文系100点以上	理系受験者	理系100点以上

●第2回

日本語受験者	日本語219点以上	文系受験者	文系100点以上	理系受験者	理系100点以上

[進学実績]　2019年3月までの進学状況　卒業者数　0

大学院	大学	短期大学	高専	専門学校	その他の学校	就職

[主な進学先]

[主な就職先]

●特色1　日本語能力試験に向けた通期開校の対策授業

●特色2　日本の生活に必要な知識・情報オリエンテーションの充実

●特色3　学生に合ったきめのこまかい進路指導

製作：J.TEST事務局 / 語文研究社

おおあらいこくさいこうりゅうあかでみー

大洗国際交流アカデミー

Oarai International Exchange Academy

[TEL] 029-219-5393　[FAX] 029-219-8423
[eMAIL] info@oarai-academy.com
[URL] http://www.oarai-academy.com
[SNS] —

[住所] 〒311-1301　茨城県東茨城郡大洗町磯浜町7986-52

[教育開始時期] 2014年10月

[行き方] 鹿島臨海鉄道大洗鹿島線「鹿児島駅」

[設置者] 株式会社プロミネンス（種別:株式会社）

[校長/別科長名] 和田淳也（理事長）

[収容定員] 100人　二 部制　[教員数] 9人 (うち専任　3 人)

[宿舎] 有　[料金]（月額）10,000円～15,000円

[入学資格] 外国において12年間以上の学校教育（中等教育以上）を修了していること。
※日本語能力は問わない

[入学選抜方法] 書類選考、オンライン面接等

[認定コース在籍者数] 38

[その他コース在籍者数] 0

内訳(人):
フィリピン(24)、ベトナム(14)

[教材]

初級	『みんなの日本語 初級 I 』	初中級	『みんなの日本語 初級 II 』 『初級日本語文法総まとめポイント20』
中級	『みんなの日本語 中級』	上級	『日本語総まとめN2』

[基礎科目及び英語の授業]　なし

[認定コース]

	目的	期間	時数	週数	入学月	選考料	入学金	授業料	その他	合計(円)
1年6か月コース	進学	1年6か月	1200	60	10	20,000	40,000	810,000	70,000	940,000
2年コース	進学	2年	1600	80	4	20,000	40,000	1,080,000	90,000	1,230,000

[認定以外のコース] なし

[日本語能力試験]　2018年度受験状況

	N1	N2	N3	N4	N5	合計
受験者数	2	7	36	19	0	65
認定者数	1	2	8	11	0	20

[日本留学試験]　2018年度受験状況

●第1回

日本語受験者	日本語219点以上	文系受験者	文系100点以上	理系受験者	理系100点以上
0	0	0	0	0	0

●第2回

日本語受験者	日本語219点以上	文系受験者	文系100点以上	理系受験者	理系100点以上
0	0	0	0	0	0

[進学実績]　2019年3月までの進学状況　卒業者数　26

大学院	大学	短期大学	高専	専門学校	その他の学校	就職
1	1	0	0	9	0	14

[主な進学先]

東京大学、つくば学院大学、東日本国際大学、東亜経理専門学校、東京国際ビジネスカレッジ

[主な就職先]

●特色1　豊かな自然に囲まれ、伸び伸びと学習できる教育環境。

●特色2　志望校合格を目指した、きめ細かな進路指導。

●特色3　学生寮を完備。また、希望する学生にアルバイトを紹介し、生活をサポート。

製作:J.TEST事務局 / 語文研究社

告示校

栃木県　宇都宮市

うつのみやにっけんこうかせんもんがっこう

宇都宮日建工科専門学校

Utsunomiya Nikken Institute of Technology

[TEL] 028-639-0510 [FAX] 028-639-0511
[eMAIL] Utsunomiya.nk@nikken.ac.jp
[URL] http://www.utsunomiyanikken.com/
[SNS] Facebook:Utunomiya Nikken Kouka［日本語学科］

[住所] 〒321-0934 栃木県宇都宮市簗瀬4-3-13

[教育開始時期] 2014年10月

[行き方] JR「宇都宮駅」から徒歩8分

[設置者] 学校法人日建学園 （種別：学校法人）

[校長/別科長名] 田島常夫

[収容定員] 60人 二 部制 [教員数] 5人 (うち専任 3 人) [宿舎] 有 [料金] 無料

[入学資格] 18歳以上で、母国において12年以上の学校教育を受けた者。以上のN5合格若しくは150時間以上の日本語教育。

[入学選抜方法] 日本語筆記試験及び面接

[認定コース在籍者数] 61

[その他コース在籍者数] 0

内訳(人)：ベトナム(42)、香港(10)、台湾(6)、スリランカ(1)、ネパール(1)
その他(1)[モンゴル]

[教材]

初級	『みんなの日本語 初級』他	初中級	―
中級	『中級へ行こう』『中級を学ぼう』他	上級	『中級から上級への日本語』他

[基礎科目及び英語の授業] なし

[認定コース]

	目的	期間	時数	週数	入学月	選考料	入学金	授業料	その他	合計(円)
進学1年6か月コース	進学	1年6か月	1220	61	10	20,000	100,000	850,000	150,000	1,120,000
進学1年コース	進学	1年	800	40	4	20,000	100,000	550,000	100,000	770,000

[認定以外のコース] なし

[日本語能力試験] 2018年度受験状況

	N1	N2	N3	N4	N5	合計
受験者数	12	22	34	0	0	68
認定者数	6	15	17	0	0	38

[日本留学試験] 2018年度受験状況

●第1回

日本語受験者	日本語219点以上	文系受験者	文系100点以上	理系受験者	理系100点以上
1	1	0	0	0	0

●第2回

日本語受験者	日本語219点以上	文系受験者	文系100点以上	理系受験者	理系100点以上
0	0	0	0	0	0

[進学実績] 2019年3月までの進学状況 卒業者数 61

大学院	大学	短期大学	高専	専門学校	その他の学校	就職
0	1	0	0	17	0	5

[主な進学先]

武蔵野大学、JTBトラベル＆カレッジ、文化外国語専門学校、東放映画専門学校、国際テクニカルデザイン自動車専門学校

[主な就職先]

(株)アイ電子工業

●特色1 日本語学科在学中全員に、寮費無料の経済支援。

●特色2 日本人学生と同じ校舎内で学習するため、常に交流ができる。

●特色3 能力別クラス編成を行い、徹底した指導を行うとともに、独自開発したソフトにて自主学習もできる。

製作：J.TEST事務局 / 語文研究社

栃木県	宇都宮市

告示校

うつのみやにほんごがくいん

宇都宮日本語学院

Utsunomiya Japanese Language School

[TEL] 028-610-5821 [FAX] 028-610-5864
[eMAIL] ujls@sea.ucatv.ne.jp
[URL] http://www.nihongo-ujls.jp/
[SNS] Facebook：宇都宮日本語学院

[住所] 〒321-0954 栃木県宇都宮市元今泉3-8-5 [教育開始時期] 2004年04月
[行き方] JR「宇都宮駅」東口から出て北に徒歩10分、ヤマダ電機すぐそば

[設置者] 本澤拓眞（種別：個人） [校長/別科長名] 本澤統世
[収容定員] 200人 二 部制 [教員数] 11人（うち専任 5人） [宿舎] 無 [料金] ー

[入学資格] 本国で12年以上教育を受けている事 [入学選抜方法] 本人面接、書類審査

[認定コース在籍者数] 112
[その他コース在籍者数] 10
内訳(人)：中国(37)、スリランカ(31)、モンゴル(19)、ベトナム(16)、台湾(5)
その他(14)[ネパール、タイ、バングラデシュ、韓国、フィリピン]

[教材]

初級	『みんなの日本語 初級』	初中級	『中級を学ぼう』
中級	『みんなの日本語 中級』	上級	『テーマ別上級で学ぶ日本語』『スピードマスター N1・N2』

[基礎科目及び英語の授業] なし

[認定コース]

	目的	期間	時数	週数	入学月	選考料	入学金	授業料	その他	合計(円)
1.5年進学コース	進学	1年6か月	1200	60	10	21,600	108,000	780,000	50,400	960,000
2年進学コース	進学	2年	1600	80	4	21,600	108,000	1,040,000	50,400	1,220,000

[認定以外のコース] プライベートレッスン

[日本語能力試験] 2018年度受験状況

	N1	N2	N3	N4	N5	合計
受験者数	10	23	26	6	0	65
認定者数	0	5	7	0	0	12

[日本留学試験] 2018年度受験状況

●第1回

日本語受験者	日本語219点以上	文系受験者	文系100点以上	理系受験者	理系100点以上
2	0	1	0	0	0

●第2回

日本語受験者	日本語219点以上	文系受験者	文系100点以上	理系受験者	理系100点以上
3	0	0	0	0	0

[進学実績] 2019年3月までの進学状況 卒業者数 86

大学院	大学	短期大学	高専	専門学校	その他の学校	就職
1	20	0	0	53	0	4

[主な進学先]
作新学院大学、宇都宮共和大学、TBC国際情報ビジネス専門学校、ヤマトファッションビジネス専門学校、日産栃木大学校

[主な就職先]
ー

●特色1 直説法による丁寧な日本語指導。

●特色2 日本語能力試験、日本留学生試験に対応した授業。

●特色3 ー

製作：J.TEST事務局 / 語文研究社

告示校

栃木県　宇都宮市

こくさいじょうほうびじねすせんもんがっこう

国際情報ビジネス専門学校

International Business Information College

[TEL] 028-622-8110 [FAX] 028-625-7330
[eMAIL] info@tbc-u.ac.jp
[URL] http://www.tbc-u.ac.jp/
[SNS] http://www.tbc-u.ac.jp/cms/jb/

[住所] 〒320-0811　栃木県宇都宮市大通り1-2-5

[教育開始時期] 1998年10月

[行き方] JR「宇都宮駅」より徒歩8分、東武線「東武宇都宮駅」より徒歩15分

[設置者] 学校法人ティビィシィ学院　(種別：学校法人)

[校長/別科長名] 校長　大森義紀

[収容定員] 80人　二 部制　[教員数] 8人 (うち専任　5 人)

[宿舎] 無　[料金] ―

[入学資格] ①18歳以上で母国にて12年以上の学校教育を修了している者②日本語能力試験N5に相当する日本語力を有している者③日本での留学生活が行える経済的支援を受けられる者

[入学選抜方法] 書類審査、面接試験

[認定コース在籍者数] 41

[その他コース在籍者数] 0

内訳(人)：ベトナム(14)、中国(10)、スリランカ(7)、フィリピン(3)、韓国(2)
その他(5)[タイ、ネパール、ルーマニア、イラン]

[教材]

初級	『まるごと　日本のことばと文化　入門A1』『まるごと　日本のことばと文化　初級1A2/2A2』	初中級	『まるごと　日本のことばと文化　初中級　A2/B1』
中級	『まるごと　日本のことばと文化　中級1B1/2B1』	上級	―

[基礎科目及び英語の授業] なし

[認定コース]

	目的	期間	時数	週数	入学月	選考料	入学金	授業料	その他	合計(円)
進学コース(2年)	進学	2年	1680	84	4	15,000	50,000	880,000	370,000	1,315,000
進学コース(1.5年)	進学	1年6か月	1240	62	10	15,000	50,000	660,000	290,000	1,015,000

[認定以外のコース] なし

[日本語能力試験]　2018年度受験状況

	N1	N2	N3	N4	N5	合計
受験者数	4	18	38	51	4	115
認定者数	1	11	19	17	3	51

[日本留学試験]　2018年度受験状況

●第1回

日本語受験者	日本語219点以上	文系受験者	文系100点以上	理系受験者	理系100点以上
1	1	0	0	0	0

●第2回

日本語受験者	日本語219点以上	文系受験者	文系100点以上	理系受験者	理系100点以上
3	2	0	0	1	0

[進学実績]　2019年3月までの進学状況　卒業者数　40

大学院	大学	短期大学	高専	専門学校	その他の学校	就職
0	6	0	0	28	0	2

[主な進学先]

拓殖大学、作新学院大学、国際情報ビジネス専門学校

[主な就職先]

株式会社アンピール、カプリチョーザ

●特色1　日本語学科卒業後、優先的に本校の他の専門課程に入学可能。

●特色2　専門課程に入学の際は、入学金免除、また授業料も30万円免除。

●特色3　3つのコンピュータールームなど充実の施設。

製作：J.TEST事務局 / 語文研究社

栃木県　宇都宮市

告示校

せんとめりーにほんごがくいん

セントメリー日本語学院

St.Mary Japanese Language School

[TEL] 028-627-9211　[FAX] 028-627-9219
[eMAIL] stmary@iac.or.jp
[URL] http://stmary-u.jp/
[SNS] https://www.facebook.com/セントメリー日本語学院-ST-Mary-Japanese-School-1599219293718992

[住所] 〒320-0811　栃木県宇都宮市大通り4-2-10

[教育開始時期] 1993年04月

[行き方] JR宇都宮線、東北新幹線「宇都宮駅」西口から徒歩2分

[設置者] 黒岩美沙(種別：個人)

[校長/別科長名] 江面一雄

[収容定員] 350人　二 部制　[教員数] 21人(うち専任12人)　[宿舎] 有　[料金] (月額) 25,000円

[入学資格] 12年課程修了以上及び同等レベルの者(準備教育課程コースは12年未満入学可)

[入学選抜方法] 書類審査、本人面接、保証人面接

[認定コース在籍者数] 151
[その他コース在籍者数] 3

内訳(人):
ベトナム(89)、ネパール(29)、中国(29)、スリランカ(3)、台湾(1)

[教材]

初級	『みんなの日本語 初級』	初中級	『中級へ行こう』
中級	『中級から学ぶ日本語』	上級	『上級で学ぶ日本語』

[基礎科目及び英語の授業] 総合科目、数学コース1、数学コース2、物理、化学、生物、英語

[認定コース]

	目的	期間	時数	週数	入学月	選考料	入学金	授業料	その他	合計(円)
準備教育課程Bコース	準備教育	1年6か月	1450	57	10	22,000	60,000	1,002,500	78,000	1,162,500
準備教育課程Aコース	準備教育	2年	1830	76	4	22,000	60,000	1,302,500	78,000	1,462,500
進学Aコース	進学	1年3か月	960	48	1	22,000	60,000	750,000	78,000	910,000
進学Bコース	進学	2年	1520	76	4	22,000	60,000	1,200,000	78,000	1,360,000
進学Cコース	進学	1年9か月	1340	67	7	22,000	60,000	1,050,000	78,000	1,210,000
進学Dコース	進学	1年6か月	1140	57	10	22,000	60,000	900,000	78,000	1,060,000
一般コース	一般	2年	1520	76	10	22,000	60,000	1,200,000	78,000	1,360,000

[認定以外のコース] プライベートクラス、聴講生クラス

[日本語能力試験] 2018年度受験状況

	N1	N2	N3	N4	N5	合計
受験者数	9	101	292	101	1	504
認定者数	4	20	44	21	0	89

[日本留学試験] 2018年度受験状況

●第1回

日本語受験者	日本語219点以上	文系受験者	文系100点以上	理系受験者	理系100点以上
4	1	3	0	1	1

●第2回

日本語受験者	日本語219点以上	文系受験者	文系100点以上	理系受験者	理系100点以上
4	1	3	0	1	1

[進学実績] 2019年3月までの進学状況　卒業者数 134

大学院	大学	短期大学	高専	専門学校	その他の学校	就職
0	12	1	0	97	0	4

[主な進学先]

作新大学、日本経済大学、富山大学、東大阪大学短期大学、セントメリー外語専門学校、日産栃木自動車大学校

[主な就職先]

–

●特色1　授業料が安く、経験豊富な講師陣による細かい指導と、精度の高い授業を提供。

●特色2　進学科は「文部科学大臣指定準備教育課程」の指定を受け留学ビザが取得可能、充実した基礎科目教育も受けられる。

●特色3　東京に近い地方都市で住環境、学習環境もよい中での学習。

製作:J.TEST事務局 / 語文研究社

告示校

栃木県　宇都宮市

とちぎこくさいきょういくがくいん

栃木国際教育学院

TOCHIGI INTERNATIONAL EDUCATION INSTITUTE

[TEL] 028-678-4736　[FAX] 028-678-4743
[eMAIL] info@gent.co.jp
[URL] https://tiei.jp/
[SNS] https://www.facebook.com/TochigiInternational/

[住所] 〒320-0861　栃木県宇都宮市西1-2-3 SKビル2F

[教育開始時期] 2014年10月

[行き方] 東武線「東武宇都宮駅」より徒歩5分（オリオン通り沿い）

[設置者] 株式会社ジェント　（種別：株式会社）

[校長/別科長名] 田中やよい

[収容定員] 80人　二 部制

[教員数] 6人 (うち専任　3 人)

[宿舎] 有　[料金] (月額)27,000～30,000円

[入学資格] 本国において12年以上の教育課程を修了した者

[入学選抜方法] 書類選考、本人面接

[認定コース在籍者数] 30

[その他コース在籍者数] 0

内訳(人)：
ベトナム(18)、フィリピン(10)、インドネシア(1)、トルコ(1)

[教材]

初級	『できる日本語　初級』	初中級	『できる日本語　初中級』
中級	『Try N3』『敬語トレーニング』	上級	『Try N2』『敬語トレーニング』

[基礎科目及び英語の授業] 無

[認定コース]

	目的	期間	時数	週数	入学月	選考料	入学金	授業料	その他	合計(円)
就職コース	一般	1年	800	40	4,10	0	44,000	704,000	44,000	792,000

[認定以外のコース] ホテルフロントシステムクラス、特定技能試験対策クラス

[日本語能力試験] 2018年度受験状況

	N1	N2	N3	N4	N5	合計
受験者数	2	12	43	2		59
認定者数	0	7	20	0		27

[日本留学試験] 2018年度受験状況

●第1回

日本語受験者	日本語219点以上	文系受験者	文系100点以上	理系受験者	理系100点以上

●第2回

日本語受験者	日本語219点以上	文系受験者	文系100点以上	理系受験者	理系100点以上

[進学実績] 2019年3月までの進学状況　卒業者数 45

大学院	大学	短期大学	高専	専門学校	その他の学校	就職
						45

[主な進学先]

[主な就職先]
ホテル、旅館、飲食店

●特色1　進路を就職に特化したカリキュラム編成

●特色2　会話、聴解の練習を重点的に行い、コミュニケーション力を高める

●特色3　実際に使用されているホテルフロントシステムを使った授業

製作：J.TEST事務局 / 語文研究社

群馬県	前橋市

告示校

あおやまにほんごがくいん

青山日本語学院

Aoyama Japanese Language Academy

[TEL] 027-288-0613 [FAX] 027-288-0614
[eMAIL] aoyama-jls@tbz.t-com.ne.jp
[URL] https://tetsusou88.wixsite.com/aoyama
[SNS] https://www.facebook.com/nippongogakuinn.aoyama.7

[住所] 〒371-0805 群馬県前橋市南町3-24-1

[教育開始時期] 2019年10月

[行き方] JR「前橋駅」南口より徒歩2分

[設置者] 有限会社 三成 (種別：有限会社)

[校長/別科長名] 射場 光晴

[収容定員] 100人 二 部制 [教員数] 7人 (うち専任 2人)

[宿舎] 有 [料金] (月額) 16,000～42,000円

[入学資格] (1) 12年以上の学校教育を修了している者 (2) 信頼のおける経費保証兼身元保証人を有する者 (3) 日本語を150時間以上学習した者 (4) 最終学歴の学校を卒業後5年以内の者

[入学選抜方法] ①書類審査、②筆記試験、③面接（本人および経費支弁者）

[認定コース在籍者数] 0 内訳(人):

[その他コース在籍者数] 0

[教材]

初級	『みんなの日本語初級』『チャレンジかんじN5・N4』『徹底！活用ドリル』『シャドーイングで日本語発音レッスン』	初中級	『中級へ行こう』『日本語おしゃべりのたね』『(中級)新毎日の聞き取り50日(上)』『日本語生中継(初中級編Ⅰ)』
中級	『みんなの日本語中級』『(中級)新毎日の聞き取り50日(下)』『日本語生中継(初中級編1・2)』	上級	『大学・大学院留学生の日本語・論文読解編』『中級から上級へのロールプレイ』『ニュースの日本語聴解50』

[基礎科目及び英語の授業] 総合科目、数学コース1、数学コース2、物理、化学、生物、英語

[認定コース]

	目的	期間	時数	週数	入学月	選考料	入学金	授業料	その他	合計(円)
進学2年コース	進学	2年	1600	80	4	22,000	33,000	1,188,000	143,000	1,386,000
進学1年6か月コース	進学	1年6か月	1200	60	10	22,000	33,000	891,000	110,000	1,056,000

[認定以外のコース] 短期コース

[日本語能力試験] 2018年度受験状況

	N1	N2	N3	N4	N5	合計
受験者数						
認定者数						

[日本留学試験] 2018年度受験状況

●第1回

日本語受験者	日本語219点以上	文系受験者	文系100点以上	理系受験者	理系100点以上

●第2回

日本語受験者	日本語219点以上	文系受験者	文系100点以上	理系受験者	理系100点以上

[進学実績] 2019年3月までの進学状況 卒業者数 0

大学院	大学	短期大学	高専	専門学校	その他の学校	就職

[主な進学先]

[主な就職先]

●特色1 JR前橋駅前に位置し交通の便が良く、大型ショッピングモールも徒歩5分、市役所・県庁まで自転車で15分と生活環境が整っている。

●特色2 希望者は、大学進学のための数学、理科、総合科目、英語などの基礎科目の授業を受けられる。

●特色3 自社物件の寮を複数所有し、安価な家賃で入居できる。

製作：J.TEST事務局 / 語文研究社

告示校

群馬県　前橋市

にっぽんごがくいん

NIPPON語学院

NIPPON language Academy

[TEL] 027-210-6888 [FAX] 027-243-2031
[eMAIL] info@nila.jp
[URL] http://www.nila.jp
[SNS] Facebook : Nippon Academy

[住所] 〒371-0026　群馬県前橋市大手町2-5-10

[教育開始時期] 1991年04月

[行き方] JR「前橋駅」、「新前橋駅」

[設置者] 学校法人NIPPON ACADEMY (種別:学校法人)

[校長/別科長名] 柏崎妙美

[収容定員] 679人　二 部制

[教員数] 45人 (うち専任 20 人)

[宿舎] 有　[料金] (月額) 24,000円 ～ 39,000円

[入学資格] 高校卒業見込みの者、または高等学校に相当する学歴を持つ者

[入学選抜方法] 面接、書類審査

[認定コース在籍者数] 455

[その他コース在籍者数] 0

内訳(人):ベトナム(107)、モンゴル(106)、中国(101)、インドネシア(70)、ネパール(17)
その他(54)[台湾、ミャンマー、インド、ウズベキスタン、スリランカ、タイ、パキスタン、フィリピン、ブラジル]

[教材]

初級	『みんなの日本語　初級』	初中級	『中級へ行こう』『日本語の文型と表現55第2版』
中級	『中級を学ぼう』『日本語の文型と表現56』	上級	『学ぼう！にほんご上級』

[基礎科目及び英語の授業] なし

[認定コース]

	目的	期間	時数	週数	入学月	選考料	入学金	授業料	その他	合計(円)
2年	進学	2年	1604	85	4	21,000	52,500	1,131,000	46,000	1,250,500
1年9ヵ月	進学	1年9か月	1356	72	7	21,000	52,500	989,625	41,500	1,104,625
1年6ヵ月	進学	1年6か月	1188	63	10	21,000	52,500	848,250	37,000	958,750
1年3ヵ月	進学	1年3か月	976	52	1	21,000	52,500	706,875	32,500	812,875

[認定以外のコース] なし

[日本語能力試験]　2018年度受験状況

	N1	N2	N3	N4	N5	合計
受験者数	22	119	258	7	0	406
認定者数	5	29	45	0	0	79

[日本留学試験]　2018年度受験状況

●第1回

日本語受験者	日本語219点以上	文系受験者	文系100点以上	理系受験者	理系100点以上

●第2回

日本語受験者	日本語219点以上	文系受験者	文系100点以上	理系受験者	理系100点以上
17	3	6	1	5	1

[進学実績]　2019年3月までの進学状況　卒業者数　218

大学院	大学	短期大学	高専	専門学校	その他の学校	就職
4	37	1	0	148	0	4

[主な進学先]

上武大学、群馬自動車大学校、NIPPONおもてなし専門学校

[主な就職先]

介護施設、教育関係

●特色1　経験豊かな教師陣を持ち、高い進学率を維持しています。

●特色2　既存の教科書を使い、独自で開発する教材を活用し、学生に面白い授業を提供します。

●特色3　地域密着型の日本語学校として、国際交流活動を促進します。

製作:J.TEST事務局 / 語文研究社

群馬県　前橋市

告示校

ふじらんげーじすくーる

Fuji Language School

Fuji Language School

[TEL] 027-289-8600　[FAX] 027-289-8601
[eMAIL] info@fujils.com
[URL] http://fujils.com/
[SNS] https://www.facebook.com/fls2011

[住所] 〒371-0853　群馬県前橋市総社町4-2-1
[教育開始時期] 2011年04月
[行き方] JR上越線「群馬総社駅」から徒歩15分

[設置者] 株式会社　FLS　(種別：株式会社)
[校長/別科長名] 本間昌治郎
[収容定員] 260人　二 部制　[教員数] 18人 (うち専任 11 人)
[宿舎] 有　[料金] (月額) 35,000円 ～ 50,000円

[入学資格] 母国で高校卒業以上
[入学選抜方法] 面接、書類審査、筆記試験

[認定コース在籍者数] 120
[その他コース在籍者数] 18
内訳(人)：ベトナム(75)、インドネシア(26)、ネパール(12)、フィリピン(9)、バングラデシュ(6)
その他(10)[台湾、タイ、インド、イラン、スリランカ、アメリカ、ブラジル、ロシア、韓国]

[教材]

初級	『みんなの日本語 初級』	初中級	『中級へ行こう』
中級	『みんなの日本語 中級』	上級	『大学で学ぶためのアカデミックジャパニーズ』

[基礎科目及び英語の授業] なし

[認定コース]

	目的	期間	時数	週数	入学月	選考料	入学金	授業料	その他	合計(円)
進学1.3年コース	進学	1年3か月	980	50	1	22,000	66,000	765,000	38,250	891,250
進学1.6年コース	進学	1年6か月	1176	60	10	22,000	66,000	918,000	45,900	1,051,900
進学1.9年コース	進学	1年9か月	1372	70	7	22,000	66,000	1,071,000	53,550	1,212,550
進学2年コース	進学	2年	1568	80	4	22,000	66,000	1,224,000	61,200	1,373,200
一般1.6年コース	一般	1年6か月	1176	60	10	22,000	66,000	918,000	45,900	1,051,900
一般2年コース	一般	2年	1568	80	4	22,000	66,000	1,224,000	61,200	1,373,200

[認定以外のコース] なし

[日本語能力試験]　2018年度受験状況

	N1	N2	N3	N4	N5	合計
受験者数	2	18	95	28	1	143
認定者数	1	6	30	14	1	52

[日本留学試験]　2018年度受験状況

●第1回

日本語受験者	日本語219点以上	文系受験者	文系100点以上	理系受験者	理系100点以上
2	0	1	1	1	0

●第2回

日本語受験者	日本語219点以上	文系受験者	文系100点以上	理系受験者	理系100点以上
2	0	1	1	1	1

[進学実績]　2019年3月までの進学状況　卒業者数　66

大学院	大学	短期大学	高専	専門学校	その他の学校	就職
0	2	0	0	44	0	6

[主な進学先]

立命館大学、上武大学、群馬自動車大学校、渋谷外国語専門学校、中央情報大学校、中央情報経理専門学校、前橋医療福祉専門学校、NIPPONおもてなし専門学校

[主な就職先]

日の丸ディスプレイ、富士たちばなクリニック、株式会社One's House、菅沼縫製所、野坂屋旅館、株式会社 FLS

●特色1　学生の希望・条件を見極め、進学・就職の両面から専任の職員がきめ細かな対応を行う。

●特色2　非漢字圏の学生のために、漢字を丁寧に指導する。

●特色3　校舎に寮が併設されているため、通学に便利で交通費もかからない。

製作：J.TEST事務局 / 語文研究社

告示校

群馬県　高崎市

たかさきどりーむにほんごがっこう

高崎ドリーム日本語学校

Takasaki Dream Japanese Language School

[TEL] 027-388-0580　[FAX] 027-388-0583
[eMAIL] info@takasakidream.jp
[URL] https://www.takasakidream.jp/
[SNS] https://www.facebook.com/takasakidream/

[住所] 〒370-0073　群馬県高崎市緑町1丁目8-4

[教育開始時期] 2019年4月

[行き方] JR上越線「高崎問屋町駅」西口より徒歩20分、JR信越線「北高崎駅」より徒歩20分

[設置者] 株式会社コーワパートナーズ　（種別：株式会社）

[校長/別科長名] 長谷川龍一郎

[収容定員] 80人　二 部制　[教員数] 7人（うち専任　2人）

[宿舎] 有　[料金]（月額）20,000円～

[入学資格] ①高校卒業又は高校卒業と同等の資格を有する者。
②12年以上の学校教育を修了した者。または、同等の学歴を有する者。
③誠実かつ勤勉で日本語の学習意欲のある者。

[入学選抜方法] 書類選考、個人面接

[認定コース在籍者数] 1

[その他コース在籍者数] 0

内訳(人)：
中国(1)

[教材]

初級	『みんなの日本語　初級』	初中級	『テーマ別中級まで学ぶ日本語』
中級	『テーマ別中級から学ぶ日本語』	上級	『テーマ別上級で学ぶ日本語』

[基礎科目及び英語の授業] 総合科目、数学コース1、数学コース2、英語

[認定コース]

	目的	期間	時数	週数	入学月	選考料	入学金	授業料	その他	合計(円)
進学2年コース	進学	2年	1600	80	4	22,000	55,000	1,320,000	224,400	1,621,400
進学1年6か月コース	進学	1年6か月	1200	60	10	22,000	55,000	990,000	168,300	1,235,300

[認定以外のコース] なし

[日本語能力試験] 2018年度受験状況

	N1	N2	N3	N4	N5	合計
受験者数						0
認定者数						0

[日本留学試験] 2018年度受験状況

●第1回

日本語受験者	日本語219点以上	文系受験者	文系100点以上	理系受験者	理系100点以上
0					

●第2回

日本語受験者	日本語219点以上	文系受験者	文系100点以上	理系受験者	理系100点以上
0					

[進学実績] 2019年3月までの進学状況　卒業者数　0

大学院	大学	短期大学	高専	専門学校	その他の学校	就職

[主な進学先]

※2019年4月開校の為、日本語能力試験・日本留学試験の2018年実施受験状況及び進学先・就職先状況のデータはありません。

[主な就職先]

●特色1　経験豊かな教師による楽しくわかりやすい授業。

●特色2　学生の進路に合わせた効果的なカリキュラム。

●特色3　コミュニケーション力を重視し、「通じる日本語」を学ぶ。

製作：J.TEST事務局 / 語文研究社

埼玉県　さいたま市

告示校

うらわこくさいがくいんうらわこう

浦和国際学院 浦和校

Urawa International School Urawa Campus

[TEL] 048-883-8833　[FAX] 048-883-8832
[eMAIL] info@urawa-school.com
[URL] http://urawa-school.com
[SNS] –

[住所] 〒330-0052　埼玉県さいたま市浦和区本太3-31-10

[教育開始時期] 2015年10月

[行き方] JR「浦和駅」、JR「北浦和駅」より

[設置者] 株式会社嘉駿　(種別：株式会社)

[校長/別科長名] 鈴木真人

[収容定員] 138人　二 部制

[教員数] 11人 (うち専任　3 人)

[宿舎] 有　[料金] (月額) 30,000円 ～

[入学資格] 18歳以上、学歴12年以上、日本語学歴150時間以上

[入学選抜方法] 面接、書類審査

[認定コース在籍者数] 59

[その他コース在籍者数] 0

内訳(人):
ベトナム(39)、ネパール(13)、インド(4)、スリランカ(3)

[教材]

初級	『みんなの日本語 初級』	初中級	『中級までに学ぶ日本語』『たのしい読み物55』『中級へ行こう』
中級	『中級から学ぶ日本語』『みんなの日本語 中級Ⅰ』	上級	『上級で学ぶ日本語』

[基礎科目及び英語の授業]　なし

[認定コース]

	目的	期間	時数	週数	入学月	選考料	入学金	授業料	その他	合計(円)
進学2年	進学	2年	1520	76	4	20,000	50,000	1,200,000	130,000	1,400,000
進学1年9か月	進学	1年9か月	1340	67	7	20,000	50,000	1,050,000	130,000	1,250,000
進学1年6か月	進学	1年6か月	1140	57	10	20,000	50,000	900,000	130,000	1,100,000
進学1年3か月	進学	1年3か月	960	48	1	20,000	50,000	750,000	130,000	950,000

[認定以外のコース] なし

[日本語能力試験]　2018年度受験状況

	N1	N2	N3	N4	N5	合計
受験者数	0	29	79	5	0	113
認定者数	0	15	48	4	0	67

[日本留学試験]　2018年度受験状況

●第1回

日本語受験者	日本語219点以上	文系受験者	文系100点以上	理系受験者	理系100点以上
2	0	2	2	0	0

●第2回

日本語受験者	日本語219点以上	文系受験者	文系100点以上	理系受験者	理系100点以上
0	0	0	0	0	0

[進学実績]　2019年3月までの進学状況　卒業者数　64

大学院	大学	短期大学	高専	専門学校	その他の学校	就職
0	0	0	0	57	4	5

[主な進学先]

CAD製図専門学校、中央福祉医療専門学校、つくば自動車大学校、関東工業自動車大学校、国際観光専門学校、中央情報経理専門学校 他

[主な就職先]

–

●特色1　学生同士の交流・親睦を深めるために課外活動・社会見学・修学旅行・日本文化体験(茶道・着物の着付けなど)を実施している。

●特色2　少人数制をとり、進学希望者には徹底した指導を行っている。

●特色3　成績優秀者や出席率の高い学生には奨学金を授与。

製作：J.TEST事務局 / 語文研究社

かんとうこくさいがくいん

関東国際学院

KANTOU INTERNATIONAL SCHOOL

[TEL] 048-844-5331　[FAX] 048-844-5332
[eMAIL] kis@kantou-school.com
[URL] http://www.kantou-school.com
[SNS] https://www.facebook.com/KANTOKOU/

[住所] 〒336-0026　埼玉県さいたま市南区辻7-5-9　[教育開始時期] 2017年10月

[行き方] JR埼京線「北戸田駅」より徒歩10分

[設置者] 日興株式会社　（種別：株式会社）　[校長/別科長名] 井上好恵

[収容定員] 100人　二 部制　[教員数] 6人（うち専任　2人）　[宿舎] 有　[料金]（月額）30,000円

[入学資格] 母国での学歴12年以上。日本語教育施設における日本語学習歴150時間以上。　[入学選抜方法] 面接、書類審査

[認定コース在籍者数] 74　[その他コース在籍者数] 0

内訳(人)：ベトナム(49)、バングラディシュ(17)、ネパール(6)、スリランカ(2)

[教材]

初級	『みんなの日本語　初級』	初中級	『中級へ行こう』
中級	『中級を学ぼう』『ニューアプローチ』	上級	『上級で学ぶ日本語』

[基礎科目及び英語の授業] なし

[認定コース]

	目的	期間	時数	週数	入学月	選考料	入学金	授業料	その他	合計(円)
進学2年	進学	2年	1520	76	4	20,000	50,000	1,200,000	140,000	1,410,000
進学1年6か月	進学	1年6か月	1140	57	10	20,000	50,000	900,000	140,000	1,110,000

[認定以外のコース] なし

[日本語能力試験] 2018年度受験状況

	N1	N2	N3	N4	N5	合計
受験者数	0	6	62	0	0	68
認定者数	0	3	21	0	0	24

[日本留学試験] 2018年度受験状況

●第1回

日本語受験者	日本語219点以上	文系受験者	文系100点以上	理系受験者	理系100点以上
0	0	0	0	0	0

●第2回

日本語受験者	日本語219点以上	文系受験者	文系100点以上	理系受験者	理系100点以上
0	0	0	0	0	0

[進学実績] 2019年3月までの進学状況　卒業者数 69

大学院	大学	短期大学	高専	専門学校	その他の学校	就職
0	1	1	0	64	0	3

[主な進学先]

東日本国際大学、新潟工業短期大学、関東工業自動車大学校、早稲田文理専門学校、明生情報ビジネス専門学校、グレッグ外語専門学校、大原学園難波校、関東福祉専門学校、東京福祉保育専門学校、アーツカレッジヨコハマ、日本ウェルネススポーツ専門学校、NIPPONおもてなし専門学校、横浜ファッションビジネス専門学校、CAD製図専門学校、日本産業専門学校、長野ビジネス外語カレッジ

[主な就職先]

－

●特色1　学生同士の交流・親睦を深めるために課外活動・社会見学・日本文化体験(茶道・着物の着付けなど)を実施している。

●特色2　少人数制をとり、進学希望者には徹底した指導を行っている。

●特色3　成績優秀者や出席率の高い学生には奨学金を授与。

製作：J.TEST事務局 / 語文研究社

埼玉県　　さいたま市	告示校

さいこくさいきょういくがくいん

SAI国際教育学院

SAI International Education Academy

[TEL] 048-764-9271　[FAX] 048-764-9271
[eMAIL] info@sai-jp.school
[URL] http://www.sai-jp.school
[SNS] —

[住所] 〒336-0923　埼玉県さいたま市緑区大字大間木706-9　　[教育開始時期] 2017年10月

[行き方] JR武蔵野線「東浦和駅」より徒歩約15分

[設置者] 株式会社SAI　(種別:株式会社)　　[校長/別科長名] 中村維男

[収容定員] 100人 二 部制　[教員数] 7人 (うち専任 3 人)　[宿舎] 有　[料金] (月額) 30,000円 ～

[入学資格] 18歳以上の方、12年課程を修了した方。　　[入学選抜方法] 書類審査、学力テスト、本人面接

[認定コース在籍者数] 21　内訳(人):
[その他コース在籍者数] 0
モンゴル(7)、ベトナム(5)、フィリピン(3)、ネパール(3)、スリランカ(3)

[教材]

初級	『みんなの日本語』	初中級	『中級へ行こう』
中級	『ニューアプローチ中級日本語』	上級	『日本語上級読解－30の素材から見えてくる日本人の「いま」』

[基礎科目及び英語の授業] 英語

[認定コース]

	目的	期間	時数	週数	入学月	選考料	入学金	授業料	その他	合計(円)
進学2年	進学	2年	1640	82	4	20,000	50,000	1,200,000	190,000	1,460,000
進学1年6か月	進学	1年6か月	1240	62	10	20,000	50,000	900,000	148,500	1,118,500

[認定以外のコース] なし

[日本語能力試験] 2018年度受験状況

	N1	N2	N3	N4	N5	合計
受験者数						
認定者数						

[日本留学試験] 2018年度受験状況

●第1回

日本語受験者	日本語219点以上	文系受験者	文系100点以上	理系受験者	理系100点以上

●第2回

日本語受験者	日本語219点以上	文系受験者	文系100点以上	理系受験者	理系100点以上

[進学実績] 2019年3月までの進学状況　卒業者数 52

大学院	大学	短期大学	高専	専門学校	その他の学校	就職
0	0	1	0	30	0	0

[主な進学先]

至誠館大学、東海学院、東北電子専門学校・花壇自動車大学校、関東工業自動車大学校、東京経営短期大学、明生情報専門学校、中央情報専門学校、中央情報専門学校

[主な就職先]

—

●特色1　日本語の習得・学習により異文化を理解し、豊かな国際感覚を持つ人材を育成します。

●特色2　進学を目標とし、各クラス・レベルでの分かりやすい授業。

●特色3　日本語・日本文化を学ぶのに適した環境です。

製作:J.TEST事務局 / 語文研究社

告示校

埼玉県　さいたま市

とうきょうにちごがくいん

東京日語学院

Tokyo Nichigo Gakuin

[TEL] 048-857-9801 [FAX] 048-857-9888
[eMAIL] nichigo@crest.ocn.ne.jp
[URL] http://www.tokyonichigo.co.jp/
[SNS] https:www.facebook.com/Tokyo-Nichigo-Gakuin-408880652476542/

[住所] 〒338-0002　埼玉県さいたま市中央区下落合5-14-11

[教育開始時期] 1988年03月

[行き方] JR「与野本町駅」から徒歩7分

[設置者] 有限会社国際文化交流センター　(種別:有限会社)

[校長/別科長名] 荒木幹光

[収容定員] 224人　二 部制　[教員数] 25人 (うち専任　6人)　[宿舎] 有　[料金] (月額) 35,000円 ～

[入学資格] 自国において、12年の学校教育を修了した者

[入学選抜方法] 書類審査、筆記試験、作文、面接

[認定コース在籍者数] 130
[その他コース在籍者数] 0

内訳(人): 中国(57)、ベトナム(54)、バングラデシュ(8)、ロシア(7)、台湾(2)
その他(2)[カザフスタン、モンゴル]

[教材]

初級	『学ぼう! にほんご 初級』	初中級	『学ぼう! にほんご 初中級』
中級	『学ぼう! にほんご 中級』『中級から学ぶ日本語』	上級	『学ぼう! にほんご 中上級・上級』

[基礎科目及び英語の授業] あり

[認定コース]

	目的	期間	時数	週数	入学月	選考料	入学金	授業料	その他	合計(円)
進学Ⅰコース	進学	2年	1600	80	4	20,000	70,000	1,360,000	46,000	1,496,000
進学Ⅱコース	進学	1年9か月	1400	70	7	20,000	70,000	1,190,000	43,500	1,323,500
進学Ⅲコース	進学	1年6か月	1200	60	10	20,000	70,000	1,020,000	41,000	1,151,000
一般2年コース	日本語	2年	1600	80	1	20,000	70,000	1,360,000	46,000	1,496,000

[認定以外のコース] なし

[日本語能力試験] 2018年度受験状況

	N1	N2	N3	N4	N5	合計
受験者数	13	67	96	1	0	177
認定者数	6	33	41	0	0	80

[日本留学試験] 2018年度受験状況

●第1回

日本語受験者	日本語219点以上	文系受験者	文系100点以上	理系受験者	理系100点以上
42	12	7	2	6	2

●第2回

日本語受験者	日本語219点以上	文系受験者	文系100点以上	理系受験者	理系100点以上
27	13	5	2	3	1

[進学実績] 2019年3月までの進学状況　卒業者数 97

大学院	大学	短期大学	高専	専門学校	その他の学校	就職
4	28	1	0	51	1	8

[主な進学先]

芝浦工業大学、聖学院大学、西武文理大学、拓殖大学、東海大学、ものつくり大学、JTBトラベル＆ホテルカレッジ、読売自動車大学校、日本産業専門学校

[主な就職先]

R&G、株式会社タウ

●特色1　上級学校への進学に対応できるカリキュラム編成と的確な進路指導。

●特色2　各クラスのレベルに適合した授業展開による能力アップ。

●特色3　日本語へのより深い理解と知日家育成を目的として日本文化や日本事情への見聞を広めさせる校外指導の重視。

製作：J.TEST事務局 / 語文研究社

埼玉県　さいたま市　　告示校

がっこうほうじんみついがくえんむさしうらわにほんごがくいん

学校法人三井学園
武蔵浦和日本語学院

Academic Institution MITSUI GAKUEN MUSASHI-URAWA Japanese Language Institure

[TEL] 048-845-7021　[FAX] 048-845-7140
[eMAIL] info@musashi-nihongo.jp
[URL] http://www.musashi-nihongo.jp/
[SNS] —

[住所] 〒336-0031　埼玉県さいたま市南区鹿手袋4-14-7

[教育開始時期] 2003年04月

[行き方] 埼京線「武蔵浦和駅」西口から徒歩7分

[設置者] 学校法人三井学園　(種別:学校法人)

[校長/別科長名] 玉田英子

[収容定員] 460人　二 部制　[教員数] 45人 (うち専任 10 人)

[宿舎] 有　[料金] (月額)25,000円～40,000円

[入学資格] 日本語学習意欲のある者、進学準備課程については本国で高等学校を卒業した者で日本の大学、大学院などに進学を希望する者

[入学選抜方法] 書類審査、筆記試験、面接 他

[認定コース在籍者数] 379

[その他コース在籍者数] 0

内訳(人):

[教材]

初級	『みんなの日本語 初級』	初中級	『学ぼう！にほんご初中級』
中級	『学ぼう! にほんご 中級・中上級』『中級へ行こう』『できる日本語 中級』	上級	『学ぼう! にほんご上級』、生教材　他

[基礎科目及び英語の授業] 総合科目、数学コース1、数学コース2、物理、化学、生物、英語

[認定コース]

	目的	期間	時数	週数	入学月	選考料	入学金	授業料	その他	合計(円)
進学準備課程1年6か月コース	準備教育	1年6か月	1500	60	10	20,000	60,000	1,080,000	140,000	1,300,000
進学準備課程2年コース	準備教育	2年	2000	80	4	20,000	60,000	1,440,000	160,000	1,680,000
日本語進学課程1年6か月コース	進学	1年6か月	1200	60	10	20,000	60,000	990,000	140,000	1,210,000
日本語進学課程1年9か月コース	進学	1年9か月	1400	70	7	20,000	60,000	1,155,000	160,000	1,395,000
日本語進学課程2年コース	進学	2年	1600	80	4	20,000	60,000	1,320,000	160,000	1,560,000

[認定以外のコース] なし

[日本語能力試験] 2018年度受験状況

	N1	N2	N3	N4	N5	合計
受験者数	133	201	90	0	0	424
認定者数	41	83	18	0	0	142

[日本留学試験] 2018年度受験状況

●第1回

日本語受験者	日本語219点以上	文系受験者	文系100点以上	理系受験者	理系100点以上
108	65	31	24	14	9

●第2回

日本語受験者	日本語219点以上	文系受験者	文系100点以上	理系受験者	理系100点以上
121	64	26	15	16	10

[進学実績] 2019年3月までの進学状況　卒業者数 214

大学院	大学	短期大学	高専	専門学校	その他の学校	就職
62	45			39		17

[主な進学先]

一橋大学、九州大学、北海道大学、筑波大学、埼玉大学、早稲田大学、立教大学、法政大学、明治大学、上智大学、武蔵野美術大学、多摩美術大学

[主な就職先]

●特色1　しっかり、楽しく、安心して学べる。

●特色2　国立、有名私立大学を目指すきめ細やかな指導。

●特色3　チューター、個別学習、院生パートナー制度など充実したサポート体制。

よのがくいんにほんごがっこう

与野学院日本語学校

YONO-GAKUIN JAPANESE LANGUAGE SCHOOL

[TEL] 048-647-2500　[FAX] 048-647-2500
[eMAIL] info@yono-gakuin.co.jp
[URL] https://www.yono-gakuin.co.jp
[SNS] Facebook:@yonogakuin /QQ:2636114185

[住所] 〒330-0843　埼玉県さいたま市大宮区吉敷町4-78　[教育開始時期] 1988年07月
[行き方] JR京浜東北線「さいたま新都心駅」東口から徒歩6分

[設置者] 有限会社与野学院　（種別：有限会社）　[校長/別科長名] 谷一郎
[収容定員] 340人　二 部制　[教員数] 28人（うち専任　6 人）　[宿舎] 有　[料金]（月額）20,000円～37,000円

[入学資格] 12年課程修了以上　[入学選抜方法] 書類審査、本人面接、保証人面接、能力適性試験

[認定コース在籍者数] 200
[その他コース在籍者数] 0
内訳(人)：ベトナム(128)、中国(25)、インドネシア(18)、タイ(12)、フィリピン(6)
その他(11)[台湾、アメリカ、エジプト、コロンビア、ロシア、香港]

[教材]

初級	『みんなの日本語 初級』	初中級	『ニューアプローチ基礎編』『日本語会話基本文型88』
中級	『ニューアプローチ完成編』 日本語能力試験・日本留学試験対策本 他	上級	『読む力中上級・上級』、生教材 他

[基礎科目及び英語の授業] なし

[認定コース]

	目的	期間	時数	週数	入学月	選考料	入学金	授業料	その他	合計(円)
日本語総合コース	進学	1年6か月	1200	60	10	20,000	70,000	912,600	98,800	1,101,400
日本語総合コース	進学	1年9か月	1400	70	7	20,000	70,000	1,064,700	116,000	1,270,700
日本語総合コース	進学	2年	1600	80	4	20,000	70,000	1,216,800	129,000	1,435,800

[認定以外のコース] なし

[日本語能力試験] 2018年度受験状況

	N1	N2	N3	N4	N5	合計
受験者数	21	106	127	9	1	264
認定者数	10	50	80	4	1	145

[日本留学試験] 2018年度受験状況

●第1回

日本語受験者	日本語219点以上	文系受験者	文系100点以上	理系受験者	理系100点以上
15	6			3	1

●第2回

日本語受験者	日本語219点以上	文系受験者	文系100点以上	理系受験者	理系100点以上
5	1			1	1

[進学実績] 2019年3月までの進学状況　卒業者数 139

大学院	大学	短期大学	高専	専門学校	その他の学校	就職
6	13	1		87		17

[主な進学先]

横浜市立大学大学院、東洋大学大学院、星薬科大学大学院、東京理科大学、順天堂大学、東洋大学、尚美学園大学、聖学院大学、秀明大学、共栄大学、明海大学、西武文理大学、関東自動車大学校、東京IT会計法律専門学校大宮校、大原簿記ビジネス専門学校大宮校、服部栄養専門学校、埼玉福祉保育専門学校、日本電子専門学校他

[主な就職先]

(株)トラスト・テック、HAVIサプライチェーン・ソリューションズ・ジャパン、(有)ヤマゴ畜産他

●特色1　担任制による進学・生活指導及び学習サポートなどきめ細かい指導と学生寮完備によって、学習に専念できる環境を実現。

●特色2　日本文化体験・旅行・パーティー・地域など多様なイベントを実施し、学生同士の親睦、コミュニケーション力を強める。

●特色3　シャドーイング、多読など言語教育において効果が立証されている手法を積極的に導入。非漢字圏学生の漢字学習時間を増やしており、真に4技能のバランスのよいカリキュラム。

製作：J.TEST事務局 / 語文研究社

埼玉県　川越市　　告示校

とうきょうこくさいがくえんがいごせんもんがっこう

東京国際学園外語専門学校

TOKYO INTERNATIONAL LANGUAGE COLLEGE

[TEL] 049-245-2882　[FAX] 049-245-2882
[eMAIL] tilcollege@yahoo.co.jp
[URL] http://www.tilcollege.com/
[SNS] https://www.facebook.com/tilcollege

[住所] 〒350-1133　埼玉県川越市砂1071-5

[教育開始時期] 1966年04月

[行き方] 東武東上線「新河岸駅」から徒歩約5分（池袋駅から電車で約30分）

[設置者] 田口秀樹　（種別：個人）
[校長/別科長名] 田口秀樹

[収容定員] 1308人　二 部制　[教員数] 48人（うち専任 18 人）　[宿舎] 無　[料金] -

[入学資格] 12年課程修了以上及びこれと同等レベルの者
[入学選抜方法] 書類審査、本人面接、能力適性試験

[認定コース在籍者数] 87
[その他コース在籍者数] 284

内訳(人)：ベトナム(295)、ネパール(50)、中国(16)、スリランカ(5)、バングラデシュ(2)
その他(3)[インド、ウズベキスタン、カンボジア]

[教材]

初級	『みんなの日本語 初級』他	初中級	『中級へ行こう』他
中級	『中級を学ぼう』他	上級	『上級で学ぶ日本語』『日本文化を読む』他

[基礎科目及び英語の授業] 英語

[認定コース]

	目的	期間	時数	週数	入学月	選考料	入学金	授業料	その他	合計(円)
日本語科	一般	2年	1700	85	4,10	25,000	50,000	1,200,000	200,000	1,475,000
日本語本科	一般	2年	1700	85	4,10	25,000	50,000	1,200,000	200,000	1,475,000

[認定以外のコース] 日本語教員養成科、日本語ビジネスIT科、応用日本語科、個人レッスン

[日本語能力試験] 2018年度受験状況

	N1	N2	N3	N4	N5	合計
受験者数	3	116	110	0	0	229
認定者数	0	17	22	0	0	39

[日本留学試験] 2018年度受験状況

●第1回

日本語受験者	日本語219点以上	文系受験者	文系100点以上	理系受験者	理系100点以上
2	1	0	0	0	0

●第2回

日本語受験者	日本語219点以上	文系受験者	文系100点以上	理系受験者	理系100点以上
1	1	0	0	0	0

[進学実績] 2019年3月までの進学状況　卒業者数 186

大学院	大学	短期大学	高専	専門学校	その他の学校	就職
0	3	0	0	119	0	37

[主な進学先]
東京国際学園外語専門学校

[主な就職先]
－

●特色1　学生の目標に合わせた授業で、自分の進路への合格を目指す。

●特色2　ベテラン教師による分かりやすい授業と能力別のクラス編成。

●特色3　東京国際学園外語専門学校をふじみ野市から移転し、その跡地に東京国際学園日本語学校を開校。

製作：J.TEST事務局 / 語文研究社

告示校　　埼玉県　行田市

さきたまこくさいがくいん

さきたま国際学院

Sakitama International Academy

[TEL] 048-577-4370　[FAX] 048-577-4371
[eMAIL] info@sakitama-ia.com
[URL] https://www.sakitama-ia.com/
[SNS] https://www.facebook.com/sakitama.ia/

[住所] 〒361-0072　埼玉県行田市宮本2-35　　[教育開始時期] 2017年04月

[行き方] 秩父鉄道「行田市駅」より徒歩3分、JR「吹上駅」からバス15分

[設置者] Redhouse株式会社　(種別：株式会社)　　[校長/別科長名] 青木友晴

[収容定員] 100人　二 部制　　[教員数] 13人 (うち専任　5 人)　　[宿舎] 有　[料金] (月額) 30,000円

[入学資格] 日本語能力試験N5相当の日本語能力　　[入学選抜方法] 現地での募集活動及びSkype面接

[認定コース在籍者数] 75

[その他コース在籍者数] 12

内訳(人):
ベトナム(75)、ロシア(10)、トルコ(1)、ウズベキスタン(1)

[教材]

初級	『みんなの日本語　初級』	初中級	『中級へ行こう』
中級	『中級を学ぼう　中級前期・中級中期』	上級	『上級で学ぶ日本語』

[基礎科目及び英語の授業]　なし

[認定コース]

	目的	期間	時数	週数	入学月	選考料	入学金	授業料	その他	合計(円)
進学2年コース	進学	2年	1600	80	4	0	50,000	1,120,000	140,000	1,310,000
進学1年6か月コース	進学	1年6か月	1200	60	10	0	50,000	840,000	110,000	1,000,000

[認定以外のコース] 短期コース

[日本語能力試験]　2018年度受験状況

	N1	N2	N3	N4	N5	合計
受験者数	0	2	50	2	0	54
認定者数	0	0	6	0	0	6

[日本留学試験]　2018年度受験状況

●第1回

日本語受験者	日本語219点以上	文系受験者	文系100点以上	理系受験者	理系100点以上
.0	0	0	0	0	0

●第2回

日本語受験者	日本語219点以上	文系受験者	文系100点以上	理系受験者	理系100点以上
0	0	0	0	0	0

[進学実績]　2019年3月までの進学状況　卒業者数　27

大学院	大学	短期大学	高専	専門学校	その他の学校	就職
0	6	0	0	19	0	2

[主な進学先]

－

[主な就職先]

－

●特色1　ICTを導入した先進的な日本語教育。

●特色2　個別面談を含む行き届いた進学指導。

●特色3　学生個々人のニーズに合わせた授業形式。

製作：J.TEST事務局 / 語文研究社

埼玉県　鴻巣市　　告示校

こうのすこくさいがくいん

鴻巣国際学院

Kounosu International College

[TEL] 048-598-8596　[FAX] 048-598-8597
[eMAIL] info.kounosuic@gmail.com
[URL] https://www.kounosuic.com/
[SNS]

[住所] 〒365-0064　埼玉県鴻巣市赤見台　1-7-1

[教育開始時期] 2019年10月

[行き方] JR高崎線　北鴻巣駅東口　徒歩1分

[設置者] 一般社団法人全日本グローバル人材育成フォーラム（種別：一般社団法人）

[校長/別科長名] 苗村　冬美

[収容定員] 100人　二 部制　[教員数] 5人 (うち専任　2 人)　[宿舎] 有　[料金] (月額) 27,500円～

[入学資格]
・日本語教育150時間以上受講済みで、日本語学習意欲のある者
・正当な手続きによって日本国に入国を許可され、又は許可される見込みのある者
・信頼のおける保証人・経費支弁者を有する者
・本学の行う選考試験で優秀な成績を収めた者

[入学選抜方法] 書類審査、面接

[認定コース在籍者数] 0　内訳(人):

[その他コース在籍者数] 0

[教材]

初級	『みんなの日本語　初級 I II』他	初中級	『テーマ別　中級から学ぶ日本語』他
中級	『テーマ別　上級から学ぶ日本語』他	上級	『国境を越えて』他

[基礎科目及び英語の授業] 無

[認定コース]

	目的	期間	時数	週数	入学月	選考料	入学金	授業料	その他	合計(円)
進学2年コース	進学	2年	1600	80	4	22,000	55,000	1,320,000	231,000	1,628,000
進学1年6か月コース	進学	1年6か月	1200	60	10	22,000	55,000	990,000	181,500	1,248,500

[認定以外のコース] なし

[日本語能力試験] 2018年度受験状況

	N1	N2	N3	N4	N5	合計
受験者数	0	0	0	0	0	0
認定者数	0	0	0	0	0	0

[日本留学試験] 2018年度受験状況

●第1回

日本語受験者	日本語219点以上	文系受験者	文系100点以上	理系受験者	理系100点以上
0		0		0	

●第2回

日本語受験者	日本語219点以上	文系受験者	文系100点以上	理系受験者	理系100点以上
0		0		0	

[進学実績] 2019年3月までの進学状況　卒業者数　0

大学院	大学	短期大学	高専	専門学校	その他の学校	就職

[主な進学先]

[主な就職先]

●特色1　「しっかり学ぶ」「安心して学ぶ」「楽しく学ぶ」学校であることを目指して、その実現のため、学校関係者すべてが誠実に行動し、学生の理想の実現を支えてゆくことが目標です。効果的で質の高い日本語教育を行う。

●特色2　学生の生活面へのアドバイス、心のケアなど精神的な支えとなりうる学校運営を進める。

●特色3　開かれた学校作りに励み、地域社会や諸団体と多くの文化的交流を行う。

製作：J.TEST事務局 / 語文研究社

告示校

埼玉県　越谷市

とうきょうあじあがくゆうかい

東京アジア学友会

Association of Tokyo Asia Education

[TEL] 048-961-6281 [FAX] 048-961-6282
[eMAIL] tokyoasiaedu@gmail.com
[URL] http://www.tokyoasia.com
[SNS] —

[住所] 〒343-0836　埼玉県越谷市蒲生寿町3-33

[教育開始時期] 2006年10月

[行き方] 東武スカイツリー線「蒲生駅」から徒歩5分

[設置者] 亜細亜エンタープライズ株式会社　（種別：株式会社）

[校長/別科長名] 小木曽玉美

[収容定員] 337 人　二 部制　[教員数] 21 人 (うち専任　8 人)　[宿舎] 有　[料金] (月額) 23,000円 ～

[入学資格]
・12年課程修了以上
・日本語学習150時間以上
・日能試N5～

[入学選抜方法] 書類審査、本人面接、経費支弁者面接

[認定コース在籍者数] 178

[その他コース在籍者数] 0

内訳(人)：
中国(106)、ベトナム(45)、台湾(7)、フィリピン(7)、スリランカ(4)
その他(9)[インドネシア、バングラデシュ、モンゴル]

[教材]

初級	『みんなの日本語』他	初中級	『学ぼう！にほんご』他
中級	『中級から学ぶ日本語』他	上級	『上級で学ぶ日本語』他

[基礎科目及び英語の授業] なし

[認定コース]

	目的	期間	時数	週数	入学月	選考料	入学金	授業料	その他	合計(円)
進学2年	進学	2年	1600	80	4	30,000	50,000	1,260,000	100,000	1,440,000
進学1.9年	進学	1年9か月	1400	70	7	30,000	50,000	1,102,500	87,500	1,270,000
進学1.6年	進学	1年6か月	1200	60	10	30,000	50,000	945,000	75,000	1,100,000
進学1.3年	進学	1年3か月	1000	50	1	30,000	50,000	787,500	62,500	930,000

[認定以外のコース] なし

[日本語能力試験] 2018年度受験状況

	N1	N2	N3	N4	N5	合計
受験者数	66	130	152	7	0	355
認定者数	26	44	37	2	0	109

[日本留学試験] 2018年度受験状況

●第1回

日本語受験者	日本語219点以上	文系受験者	文系100点以上	理系受験者	理系100点以上
47	8	19	15	8	1

●第2回

日本語受験者	日本語219点以上	文系受験者	文系100点以上	理系受験者	理系100点以上
42	13	17	10	5	4

[進学実績] 2019年3月までの進学状況　卒業者数 146

大学院	大学	短期大学	高専	専門学校	その他の学校	就職
3	22	3	0	71	2	45

[主な進学先]

北海道大学、横浜国立大学、国際医療福祉大学、明治大学、日本大学、帝京大学、国士舘大学、山梨学院大学、開智国際大学、埼玉工業大学、筑波学院大学、東京テクニカルカレッジ、日本工学院専門学校、早稲田国際ビジネスカレッジ、東京商科法科学院専門学校、大原医療福祉専門学校

[主な就職先]

㈱タワージャパン、くらコーポレーション、戸田フーズ、株式会社佐野屋 他

●特色1　経験豊富な教師陣によるレベル別日本語指導と丁寧な進路進学指導。

●特色2　日常生活の細やかで丁寧な指導。

●特色3　学生寮の提供等、食・住及び勉学に専念できる施設環境の提供。

製作：J.TEST事務局 / 語文研究社

埼玉県　坂戸市　　告示校

とうあこくさいがいごがくいん

東亜国際外語学院

TOUA International Language School

[TEL] 049-298-5822 [FAX] 049-298-5828
[eMAIL] info@toua-edu.com
[URL] http://www.toua-edu.com
[SNS] Facebook：TOUA International Language School

[住所] 〒350-0273　埼玉県坂戸市芦山町2-5

[教育開始時期] 2009年04月

[行き方] 東武鉄道「北坂戸駅」東口から徒歩2分

[設置者] 一般社団法人東亜人材育成協会　（種別：一般社団法人）

[校長/別科長名] 山崎金造

[収容定員] 500人　二 部制　[教員数] 37人（うち専任 15 人）

[宿舎] 有　[料金]（月額）25,000円 ～

[入学資格]
・12年課程修了以上及びこれと同等レベルの者。
・日本語能力試験N5又は同等レベルの日本語能力があること。

[入学選抜方法] 書類審査、本人面接及び経費支弁者面接、日本語試験

[認定コース在籍者数] 399

[その他コース在籍者数] 18

内訳(人)：ベトナム(182)、中国(157)、ネパール(23)、バングラデシュ(15)、ミャンマー(6)
その他(34)[台湾、韓国、アメリカ、ロシア、スリランカ、ウズベキスタン、タイ、フィリピン、モンゴル、ペル]

[教材]

初級	『みんなの日本語 初級』	初中級	『中級へ行こう』
中級	『中級を学ぼう』『学ぼう! にほんご中級』	上級	クラスごとに設定

[基礎科目及び英語の授業] なし

[認定コース]

	目的	期間	時数	週数	入学月	選考料	入学金	授業料	その他	合計(円)
進学2年コース	進学	2年	1600	80	4	20,000	70,000	1,008,000	160,000	1,258,000
進学1.9年コース	進学	1年9か月	1400	70	7	20,000	70,000	882,000	140,000	1,112,000
進学1.5年コース	進学	1年6か月	1200	60	10	20,000	70,000	756,000	130,000	976,000
進学1.3年コース	進学	1年3か月	1000	50	1	20,000	70,000	630,000	120,000	840,000
一般コース	就職	2年	1600	80	4	20,000	70,000	1,008,000	160,000	1,258,000

[認定以外のコース] 短期コース

[日本語能力試験] 2018年度受験状況

	N1	N2	N3	N4	N5	合計
受験者数	21	104	255	10	0	390
認定者数	14	36	97	9	0	156

[日本留学試験] 2018年度受験状況

●第1回

日本語受験者	日本語219点以上	文系受験者	文系100点以上	理系受験者	理系100点以上
129	87	14	8	12	6

●第2回

日本語受験者	日本語219点以上	文系受験者	文系100点以上	理系受験者	理系100点以上
16	16	6	5	1	1

[進学実績] 2019年3月までの進学状況　卒業者数 144

大学院	大学	短期大学	高専	専門学校	その他の学校	就職
8	31	0	0	93	0	12

[主な進学先]

日本大学大学院、広島大学大学院、宇都宮大学大学院、中央大学大学院、東京電機大学大学院、早稲田大学、拓殖大学、城西大学、大東文化大学、CAD製図専門学校、中央情報専門学校、埼玉自動車大学校、関東工業自動車大学校 他

[主な就職先]

－

●特色1　ベテラン教職員による生活フルサポート。

●特色2　学生のニーズにこたえるマンツーマン進路指導及び試験対策授業。

●特色3　入学時期から全学年を通し、豊富な奨学金制度。

製作：J.TEST事務局 / 語文研究社

告示校

埼玉県　狭山市

さいたまぶりえにほんごがっこう

埼玉ブリエ日本語学校

Saitama Briller Japanese Language School

[TEL] 04-2941-6951 [FAX] 04-2941-6981
[eMAIL] -
[URL] http://www.saitama-briller-jls.jp/
[SNS] -

[住所] 〒350-1306 埼玉県狭山市富士見1-14-15

[教育開始時期] 2018年10月

[行き方] 西武新宿線「狭山市駅」徒歩12分

[設置者] 株式会社アップルホーム (種別：株式会社)

[校長/別科長名] 熊川

[収容定員] 80人 二 部制　[教員数] 5人 (うち専任 3人)　[宿舎] 有　[料金] (月額) 20,000円

[入学資格] 日本語学習と文化体験を希望している者

[入学選抜方法] 書類、面接

[認定コース在籍者数] 10

[その他コース在籍者数] 20

内訳(人): 台湾、ネパール、フィリピン、バングラディッシュ、中国
その他[韓国、モンゴル、インドネシア、タイ、ミャンマー、ウズベキスタン]

[教材]

初級	-	初中級	-
中級	-	上級	-

[基礎科目及び英語の授業]

[認定コース]

	目的	期間	時数	週数	入学月	選考料	入学金	授業料	その他	合計(円)
2年コース	進学就職	2年	1600	80	4	22,000	55,000	1,372,800	99,000	1,548,800
1年6か月コース	進学就職	1年6か月	1200	60	10	22,000	55,000	1,029,600	74,250	1,180,850

[認定以外のコース] 日本語会話コース、進学就職コース、日本文化体験コース、試験対策コース、等

[日本語能力試験] 2018年度受験状況

	N1	N2	N3	N4	N5	合計
受験者数	0	2	0	0	0	2
認定者数	0	2	0	0	0	2

[日本留学試験] 2018年度受験状況

●第1回

日本語受験者	日本語219点以上	文系受験者	文系100点以上	理系受験者	理系100点以上
0	0	0	0	0	0

●第2回

日本語受験者	日本語219点以上	文系受験者	文系100点以上	理系受験者	理系100点以上
0	0	0	0	0	0

[進学実績] 2019年3月までの進学状況 卒業者数 -

大学院	大学	短期大学	高専	専門学校	その他の学校	就職
-	-	-	-	-	-	-

[主な進学先]

※新規校につきデータなし

[主な就職先]

※新規校につきデータなし

●特色1　進学や就職のサポート。

●特色2　日本語を楽しく勉強するカリキュラム。

●特色3　日本文化を体験できる。

製作：J.TEST事務局 / 語文研究社

埼玉県　所沢市　　告示校

とうきょうきょういくぶんかがくいんところざわこう

東京教育文化学院 所沢校

Tokyo Education Culture Institute

[TEL] 04-2920-2828　[FAX] 04-2920-2829
[eMAIL] info@tokyoeci.jo
[URL] http://www.tokyoeci.jp
[SNS]

[住所] 〒359-1144　埼玉県所沢市西所沢1-19-16　　[教育開始時期] 2012年8月

[行き方] 西武池袋線「西所沢駅」から徒歩3分

[設置者] 株式会社東京教育文化センター　(種別：株式会社)　　[校長/別科長名] 朝妻一生

[収容定員] 100人　二 部制　　[教員数] 7人 (うち専任 3 人)　　[宿舎] 有　[料金] (月額)25,000～30,000円

[入学資格] 当該国において学校教育における12年の課程修了者　　[入学選抜方法] 書類審査、面接、試験

[認定コース在籍者数] 53　内訳(人)：ベトナム(29)、ネパール(10)、スリランカ(5)、ウズベキスタン(5)、インドネシア(3)
その他(1)[フィリピン]

[その他コース在籍者数] 0

[教材]

初級	『みんなの日本語初級』	初中級	『中級から学ぶ日本語』
中級	『トピックによる日本語綜合演習中級前期』	上級	『新中級から上級への日本語』

[基礎科目及び英語の授業] 無

[認定コース]

	目的	期間	時数	週数	入学月	選考料	入学金	授業料	その他	合計(円)
進学2年コース	進学	2年	1600	80	4	30,000	30,000	1,300,000	40,000	1,400,000
進学1年6か月コース	進学	1年6か月	1200	60	10	30,000	30,000	975,000	30,000	1,065,000

[認定以外のコース] なし

[日本語能力試験] 2018年度受験状況

	N1	N2	N3	N4	N5	合計
受験者数	0	4	21	9	0	34
認定者数						

[日本留学試験] 2018年度受験状況

●第1回

日本語受験者	日本語219点以上	文系受験者	文系100点以上	理系受験者	理系100点以上
1					

●第2回

日本語受験者	日本語219点以上	文系受験者	文系100点以上	理系受験者	理系100点以上
0					

[進学実績] 2019年3月までの進学状況　卒業者数 30

大学院	大学	短期大学	高専	専門学校	その他の学校	就職
	6			16		

[主な進学先]

早稲田文理専門学校、プロスペラ学院ビジネス専門学校、グレッグ外語専門学校、東京商科・法科学院専門学校

[主な就職先]

●特色1　大学・専門学校等進学のために日本語教育進路指導受験対策の実施

●特色2　留学生の出身文化圏、学習目的別に対応したきめ細かい教育

●特色3　コミュニケーション能力の向上、日本留学試験対策、日本語能力試験対策のニーズに応える

製作：J.TEST事務局 / 語文研究社

告示校

埼玉県　東松山市

えいこうにほんごがくえん

永興日本語学園

EIKOU JAPANESE LANGUAGE SCHOOL

[TEL] 0493-81-7763 [FAX] 0493-81-7793
[eMAIL] info@eikouschool.com
[URL] http://jp.eikou-school.com/
[SNS] https://www.facebook.com/EIKOUSCHOOL

[住所] 〒335-0016　埼玉県東松山市材木町22-19

[教育開始時期] 2016年10月

[行き方] 東武東上線「東松山駅」東口から徒歩6分

[設置者] 株式会社永興教育学園　(種別:株式会社)

[校長/別科長名] 本橋三千雄

[収容定員] 150人　二 部制

[教員数] 8人 (うち専任　4 人)

[宿舎] 有　[料金] (月額) 25,000円 ～ 30,000円

[入学資格] 12年課程修了以上及びこれと同等レベル

[入学選抜方法] 面接、書類選考

[認定コース在籍者数] 65

[その他コース在籍者数] 0

内訳(人):
中国(38)、ネパール(25)、ベトナム(15)

[教材]

初級	『みんなの日本語』『聴解タスク25』 『初級で読めるトピック』	初中級	―
中級	『中級へ行こう』『テーマ別 中級から学ぶ日本語』	上級	『上級で学ぶ日本語』『新完全マスター文法1級・2級』

[基礎科目及び英語の授業] なし

[認定コース]

	目的	期間	時数	週数	入学月	選考料	入学金	授業料	その他	合計(円)
進学2年コース	進学	2年	1640	82	4	20,000	50,000	1,200,000	172,800	1,442,800
進学1年9ヵ月コース	進学	1年9ヵ月	1440	72	7	20,000	50,000	1,050,000	151,200	1,271,200
進学1年6ヵ月コース	進学	1年6ヵ月	1240	62	10	20,000	50,000	900,000	129,600	1,099,600
進学1年3ヵ月コース	進学	1年3ヵ月	1020	51	1	20,000	50,000	750,000	108,000	928,000

[認定以外のコース] なし

[日本語能力試験]　2018年度受験状況

	N1	N2	N3	N4	N5	合計
受験者数	5	31	33	0	0	69
認定者数	0	7	10	0	0	17

[日本留学試験]　2018年度受験状況

●第1回

日本語受験者	日本語219点以上	文系受験者	文系100点以上	理系受験者	理系100点以上
10	4	3	2	2	2

●第2回

日本語受験者	日本語219点以上	文系受験者	文系100点以上	理系受験者	理系100点以上
0	0	0	0	0	0

[進学実績]　2019年3月までの進学状況　卒業者数　72

大学院	大学	短期大学	高専	専門学校	その他の学校	就職
1	16	11	0	25	3	7

[主な進学先]

埼玉大学大学院、山梨学院大学、桜美林大学、日本福祉大学、日本電子専門学校、中日本自動車短期大学、東京ビジュアルアーツ専門学校

[主な就職先]

株式会社ユミィリゾート、株式会社一風騎士、株式会社K・LINE

●特色1　日本語能力試験、日本留学試験対策はもちろん、日本語でのコミュニケーション力を高める教育。

●特色2　クラス担任制ときめ細かなカウンセリングで、様々なニーズに対応した進路指導(進学／就職)を行う。

●特色3　地域活動やボランティア活動を通じ地域住民との交流を深め、日本の文化や慣習を積極的に学ぶ。

製作:J.TEST事務局 / 語文研究社

埼玉県　ふじみ野市

告示校

とうきょうこくさいがくえんにほんごがっこう

東京国際学園日本語学校

TOKYO INTERNATIONAL SCHOOL OF JAPANESE

[TEL] 049-261-3275　[FAX] 049-261-3277
[eMAIL] tilcollege@yahoo.co.jp
[URL] http://tilcollege.com/
[SNS] —

[住所] 〒356-0007　埼玉県ふじみ野市北野1-5-4
[教育開始時期] 2015年10月
[行き方] 東武東上線「上福岡駅」から徒歩5分（池袋駅から電車で28分）

[設置者] 田口秀樹　（種別：個人）
[校長/別科長名] 田口秀樹
[収容定員] 150人　二 部制
[教員数] 28人（うち専任　4人）
[宿舎] 無　[料金] -

[入学資格] 12年課程修了以上及びこれと同等レベルの者
[入学選抜方法] 書類審査、本人面接、能力適性試験

[認定コース在籍者数] 102
[その他コース在籍者数] 0
内訳(人):
ベトナム(77)、ネパール(25)

[教材]

初級	『みんなの日本語 初級』他	初中級	『中級へ行こう』他
中級	『中級を学ぼう』他	上級	『上級で学ぶ日本語』『日本文化を読む』

[基礎科目及び英語の授業] なし

[認定コース]

	目的	期間	時数	週数	入学月	選考料	入学金	授業料	その他	合計(円)
日本語科	一般	2年	1520	85	4,10	25,000	20,000	1,180,000	250,000	1,475,000

[認定以外のコース] 個人レッスン

[日本語能力試験] 2018年度受験状況

	N1	N2	N3	N4	N5	合計
受験者数	0	0	45	10	0	55
認定者数	0	0	4	2	0	6

[日本留学試験] 2018年度受験状況

●第1回

日本語受験者	日本語219点以上	文系受験者	文系100点以上	理系受験者	理系100点以上
0	0	0	0	0	0

●第2回

日本語受験者	日本語219点以上	文系受験者	文系100点以上	理系受験者	理系100点以上
0	0	0	0	0	0

[進学実績] 2019年3月までの進学状況　卒業者数　15

大学院	大学	短期大学	高専	専門学校	その他の学校	就職
0	1	0	0	14	0	0

[主な進学先]
東京国際学園外語専門学校

[主な就職先]
—

●特色1　学生の目標に合わせた授業で、自分の進路への合格を目指す。

●特色2　ベテラン教師による分かりやすい授業と能力別のクラス編成。

●特色3　—

製作：J.TEST事務局 / 語文研究社

告示校

埼玉県 蕨市

おうじこくさいごがくいん

王子国際語学院

Oji International Language Institute

[TEL] 048-229-0618 [FAX] 048-229-0619
[eMAIL] mail@oji-gaigo.com
[URL] http://www.oji-gaigo.com
[SNS] —

[住所] 〒335-0002 埼玉県蕨市塚越1-18-7

[教育開始時期] 2009年04月

[行き方] JR京浜東北線「蕨駅」東口から徒歩7分

[設置者] 株式会社王子国際語学院 (種別：株式会社)

[校長/別科長名] 劉士新

[収容定員] 600人 二 部制

[教員数] 51人 (うち専任 15 人)

[宿舎] 有 [料金] (月額) 35,000円 ～ 50,000円

[入学資格] 高等学校卒業以上

[入学選抜方法] 書類選考、面接

[認定コース在籍者数] 406

[その他コース在籍者数] 0

内訳(人)：
中国(186)、ベトナム(153)、ネパール(27)、モンゴル(21)
その他(19)

[教材]

初級	『みんなの日本語 初級』	初中級	『中級へ行こう』
中級	『学ぼう！にほんご中級』	上級	『学ぼう！にほんご上級』

[基礎科目及び英語の授業] 総合科目、数学コース1、数学コース2、物理、化学

[認定コース]

	目的	期間	時数	週数	入学月	選考料	入学金	授業料	その他	合計(円)
進学2年コース	進学	2年	1600	80	4	20,000	50,000	1,160,000	160,000	1,390,000
進学1.9年コース	進学	1年9か月	1400	70	7	20,000	50,000	1,020,000	140,000	1,230,000
進学1.6年コース	進学	1年6か月	1200	60	10	20,000	50,000	870,000	125,000	1,065,000
進学1.3年コース	進学	1年3か月	1000	50	1	20,000	50,000	730,000	110,000	910,000

[認定以外のコース] 中国人対象の校内進学塾コース

[日本語能力試験] 2018年度受験状況

	N1	N2	N3	N4	N5	合計
受験者数	37	56	63	0	0	156
認定者数	18	34	27	0	0	79

[日本留学試験] 2018年度受験状況

●第1回

日本語受験者	日本語219点以上	文系受験者	文系100点以上	理系受験者	理系100点以上
24	17	16	11	2	1

●第2回

日本語受験者	日本語219点以上	文系受験者	文系100点以上	理系受験者	理系100点以上
12	8	10	6	2	2

[進学実績] 2019年3月までの進学状況 卒業者数 125

大学院	大学	短期大学	高専	専門学校	その他の学校	就職
5	27	0	0	87	0	6

[主な進学先]

東洋大学大学院、拓殖大学大学院、聖学院大学、日本大学、中央情報専門学校、関東自動車大学校 他

[主な就職先]

—

●特色1 四技能バランスを考えたコミュニケーション能力を重視した授業。

●特色2 大学・大学院への進学や、企業への就職を全力でサポートする。

●特色3 日本語教育とともに日本の文化、伝統、社会事情を理解させる。

製作：J.TEST事務局 / 語文研究社

千葉県　千葉市　　告示校

うぃずどむこくさいがくいん

ウィズドム国際学院

Wisdom International Academy

[TEL] 043-290-9058　[FAX] 043-290-9057
[eMAIL] info@wisdom-academy.jp
[URL] http://www.wisdom-academy.jp
[SNS] ―

[住所] 〒260-0824　千葉県千葉市中央区浜野町724-3 KTN&Gビル　　[教育開始時期] 2016年10月

[行き方] JR内房線「浜野駅」から徒歩3分

[設置者] 株式会社KTN&G　(種別：株式会社)　　[校長/別科長名] 平野秀治

[収容定員] 150人　二 部制　　[教員数] 10人 (うち専任 3 人)　　[宿舎] 有　[料金] (月額) 25,000円 ～

[入学資格] 日本語学習意欲のある者。高等学校教育又はそれに準ずる課程を修了している者。　　[入学選抜方法] 書類選考及び面接

[認定コース在籍者数] 74
[その他コース在籍者数] 0
内訳(人)：ベトナム(45)、中国(22)、ネパール(3)、バングラデシュ(3)、スリランカ(1)

[教材]

初級	『みんなの日本語 初級』	初中級	『中級へ行こう』
中級	『中級を学ぼう』前期・中期 『みんなの日本語中級』	上級	『国境を越えて』

[基礎科目及び英語の授業] なし

[認定コース]

	目的	期間	時数	週数	入学月	選考料	入学金	授業料	その他	合計(円)
進学2年コース	進学	2年	1600	80	4	20,000	50,000	1,320,000	110,000	1,500,000
進学1年9か月コース	進学	1年9か月	1400	70	7	20,000	50,000	1,155,000	100,000	1,325,000
進学1年6か月コース	進学	1年6か月	1200	60	10	20,000	50,000	990,000	90,000	1,150,000

[認定以外のコース] なし

[日本語能力試験] 2018年度受験状況

	N1	N2	N3	N4	N5	合計
受験者数	4	16	45	0	0	65
認定者数	0	5	9	0	0	14

[日本留学試験] 2018年度受験状況

●第1回

日本語受験者	日本語219点以上	文系受験者	文系100点以上	理系受験者	理系100点以上
4	0	0	0	0	0

●第2回

日本語受験者	日本語219点以上	文系受験者	文系100点以上	理系受験者	理系100点以上
2	0	0	0	0	0

[進学実績] 2019年3月までの進学状況　卒業者数 33

大学院	大学	短期大学	高専	専門学校	その他の学校	就職
0	3	0	0	27	0	2

[主な進学先]

秀明大学、日本経済大学、読売自動車大学校、東京国際ビジネスカレッジ、千葉情報経理専門学校、千葉モードビジネス専門学校、東和IT専門学校 他

[主な就職先]

―

●特色1　学生一人一人に対するきめ細やかな生活指導と精神的サポート。

●特色2　大学・大学院での教育に十分対応できる日本語能力の育成。

●特色3　地域社会と連携した開かれた学校づくり。

告示校

千葉県　千葉市

うえのほうかびじねすせんもんがっこうにほんごがっか

上野法科ビジネス専門学校 日本語学科

UENO LAW BUSINESS COLLEGE

[TEL] 043-305-3305 [FAX] 043-305-3306
[eMAIL] office@uenohouka.ac.jp
[URL] http://jp.uenohouka.ac.jp
[SNS] ―

[住所] 〒260-0834 千葉県千葉市中央区今井1-25-15

[教育開始時期] 2007年10月

[行き方] JR「蘇我駅」西口より徒歩2分

[設置者] 学校法人上野学律学園 (種別：準学校法人)

[校長/別科長名] 德丸和生

[収容定員] 140人 二 部制

[教員数] 15人 (うち専任 5人)

[宿舎] 有 [料金] (月額) 25,000円 ～ 38,000円

[入学資格] 12年課程修了以上及び同等レベルの者

[入学選抜方法] 書類審査、本人面接、保証人面接、筆記試験

[認定コース在籍者数] 84

[その他コース在籍者数] 0

内訳(人):
中国(84)

[教材]

初級	『みんなの日本語 初級』本冊、聴解タスク 他	初中級	『初級文法総まとめポイント20』『日本語総まとめN3』文法 他
中級	『中級を学ぼう中期』『新完全マスターN2』漢字 他	上級	『読解厳選テーマ10』『新完全マスターN1』文法 他

[基礎科目及び英語の授業] 総合科目、数学コース1、英語

[認定コース]

	目的	期間	時数	週数	入学月	選考料	入学金	授業料	その他	合計(円)
進学2年	進学	2年	1600	80	4	20,000	50,000	1,080,000	240,000	1,390,000
進学1.5年	進学	1年6か月	1200	60	10	20,000	50,000	810,000	180,000	1,060,000

[認定以外のコース] なし

[日本語能力試験] 2018年度受験状況

	N1	N2	N3	N4	N5	合計
受験者数						
認定者数						

[日本留学試験] 2018年度受験状況

●第1回

日本語受験者	日本語219点以上	文系受験者	文系100点以上	理系受験者	理系100点以上

●第2回

日本語受験者	日本語219点以上	文系受験者	文系100点以上	理系受験者	理系100点以上

[進学実績] 2019年3月までの進学状況 卒業者数

大学院	大学	短期大学	高専	専門学校	その他の学校	就職

[主な進学先]

[主な就職先]

●特色1 専門学校設置の日本語学科では、ビザの期間は最長2年3ヶ月。

●特色2 通学定期などの各種学生割引が受けられます。

●特色3 留学生傷害保険に学校負担で加入しますので、医療費はかかりません。

製作：J.TEST事務局 / 語文研究社

千葉県　千葉市　　告示校

こくさいとらべるほてるぶらいだるせんもんがっこうにほんごか

国際トラベル・ホテル・ブライダル専門学校 日本語科

International Travel Hotel Bridal College Japanese Course

[TEL] 043-204-5050 [FAX] 043-242-3280
[eMAIL] yamadak@nakamura.ac.jp
[URL] http://www.ithb.ac.jp/foreign_2014
[SNS] —

[住所] 〒260-0021　千葉県千葉市中央区新宿2-11-12

[教育開始時期] 2011年04月

[行き方] JR「千葉駅」から徒歩10分、京成「千葉中央駅」から徒歩3分

[設置者] 学校法人中村学園　(種別：学校法人)

[校長/別科長名] 矢口博士

[収容定員] 80人 二 部制

[教員数] 6人 (うち専任 3人)

[宿舎] 無 [料金] —

[入学資格] 本国で12年以上の学校教育を修めたもの、日本語能力N5以上

[入学選抜方法] 書類審査、現地にて筆記試験・面接

[認定コース在籍者数] 28

[その他コース在籍者数] 0

内訳(人):
ベトナム(16)、フィリピン(6)、スリランカ(5)、バングラデシュ(1)

[教材]

初級	『みんなの日本語』	初中級	『中級へ行こう』
中級	『中級から学ぶ日本語』	上級	『上級で学ぶ日本語』 生教材

[基礎科目及び英語の授業] なし

[認定コース]

	目的	期間	時数	週数	入学月	選考料	入学金	授業料	その他	合計(円)
1.5年制	進学	1年6か月	1170	59	10	20,000	60,000	855,000	50,000	985,000
2年制	進学	2年	1560	78	4	20,000	60,000	1,140,000	50,000	1,270,000

[認定以外のコース] なし

[日本語能力試験]　2018年度受験状況

	N1	N2	N3	N4	N5	合計
受験者数	0	2	28	4	0	34
認定者数	0	0	5	1	0	6

[日本留学試験]　2018年度受験状況

●第1回

日本語受験者	日本語219点以上	文系受験者	文系100点以上	理系受験者	理系100点以上
0	0	0	0	0	0

●第2回

日本語受験者	日本語219点以上	文系受験者	文系100点以上	理系受験者	理系100点以上
0	0	0	0	0	0

[進学実績]　2019年3月までの進学状況　卒業者数　16

大学院	大学	短期大学	高専	専門学校	その他の学校	就職
0	0	0	0	15	0	0

[主な進学先]

国際トラベル・ホテル・ブライダル専門学校、千葉日建、NATS、千葉薬事専門学校

[主な就職先]

—

●特色1　少数クラス編成によるきめ細かな授業／進学・生活指導。

●特色2　充実した校外学習。

●特色3　専門学校との連携(授業・行事・施設使用など)。

製作：J.TEST事務局 / 語文研究社

告示校

千葉県　千葉市

すりーえいちにほんごがっこう

スリー・エイチ日本語学校

3H JAPANESE LANGUAGE SCHOOL

[TEL] 043-247-9638　[FAX] 043-247-2008
[eMAIL] info@go3h.com
[URL] www.go3h.com
[SNS] Facebook: 3H Japanese Language School / Instagram: 3hjls

[住所] 〒260-0031　千葉県千葉市中央区新千葉2-12-16

[教育開始時期] 1994年4月

[行き方] JR「千葉駅」(西口)から徒歩3分

[設置者] 有限会社スリー・エイチ　(種別：有限会社)

[校長/別科長名] 金　秀晧

[収容定員] 272人　二 部制

[教員数] 21人 (うち専任　9人)

[宿舎] 有　[料金] (月額) 20,000～30,000円

[入学資格] 1. 12年以上の学校教育修了(見込み)者で最終学校卒業後5年以内の者 (30歳以下) ※最終学歴が職業高校等の場合は、当該職業高校により発行された卒業証書が同国の国家教育委員会に認められたもの

[入学選抜方法] 書類選考, 面接

[認定コース在籍者数] 177

[その他コース在籍者数]

内訳(人): ベトナム(126)、モンゴル(16)、ネパール(10)、バングラデシュ(9)、フィリピン(7)
その他(21) [韓国、中国、台湾、ブラジル、スリランカ、ミャンマー、インドネシア、アフガニスタン]

[教材]

初級	『3Hオリジナル教科書』会話・漢字・文法・文字/語彙, スピードマスターN3読解	初中級	『3Hオリジナル教科書』会話・漢字・文法・文字/語彙, スピードマスターN2読解
中級	『3Hオリジナル教科書』会話・漢字・文法・文字/語彙, スピードマスターN1読解	上級	『3Hオリジナル教科書』会話・漢字・文法・文字/語彙, 新聞記事等

[基礎科目及び英語の授業] 無

[認定コース]

	目的	期間	時数	週数	入学月	選考料	入学金	授業料	その他	合計(円)
進学2年コース	進学	2年	1600	80	4	25,000	50,000	1,200,000	103,500	1,378,500
進学1年9か月コース	進学	1年9か月	1404	70	7	25,000	50,000	1,050,000	96,000	1,221,000
進学1年6か月コース	進学	1年6か月	1200	60	10	25,000	50,000	900,000	83,000	1,058,000
進学1年3か月コース	進学	1年3か月	984	50	1	25,000	50,000	750,000	75,500	900,500

[認定以外のコース] 語学研修コース

[日本語能力試験] 2018年度受験状況

	N1	N2	N3	N4	N5	合計
受験者数	13	93	266			
認定者数	5	36	105			

[日本留学試験] 2018年度受験状況

●第1回

日本語受験者	日本語219点以上	文系受験者	文系100点以上	理系受験者	理系100点以上
121	6	6	3	2	1

●第2回

日本語受験者	日本語219点以上	文系受験者	文系100点以上	理系受験者	理系100点以上
6	2	0	0	0	0

[進学実績] 2019年3月までの進学状況　卒業者数 123

大学院	大学	短期大学	高専	専門学校	その他の学校	就職
1	18			92		12

[主な進学先]

千葉大学大学院, 東北大学, 敬愛大学, 千葉商科大学, 秀明大学, 北京語言大学, 国際理工情報デザイン専門学校, JTBトラベル&ホテルカレッジ, 明生情報ビジネス専門学校, 大原薄記公務員専門学校, 東京IT会計専門学校, 専門学校国際ビジネスカレッジ, 国際トラベル・ホテル・ブライダル専門学校, 読売自動車大学校, 秀林外語専門学校, 東京デザインテクノロジーセンター専門学校 他

[主な就職先]

●特色1　スリー・エイチ(3H)日本語学校は、健康な体を持ち(Health)、社会に役立つ知識を備え(Head)、愛する心を持った(Heart)、バランスのとれた人材育成を目指しています。

●特色2　スリー・エイチ(3H)日本語学校が独自に開発したオリジナル教材と教授法で学生の日本語力を更に上達させることができます。

●特色3　きめ細かい個人別の進路指導が受けられます。

製作:J.TEST事務局 / 語文研究社

千葉県　千葉市　告示校

がっこうほうじんたきざわがくえんちばもーどびじねすせんもんがっこうにほんごか

学校法人瀧澤学園
千葉モードビジネス専門学校 日本語科

Chiba Mode Business College

[TEL] 043-284-3323　[FAX] 043-216-3262
[eMAIL] info@takizawa.ac.jp
[URL] http://www.takizawa-hs.jp
[SNS] https://www.facebook.com/profile.php?id=100009196658410

[住所] 〒264-0026　千葉県千葉市若葉区西都賀1-11-11

[教育開始時期] 2014年10月

[行き方] JR・千葉都市モノレール「都賀駅前駅」から徒歩3分程

[設置者] 学校法人瀧澤学園　(種別：学校法人)

[校長/別科長名] 後藤康夫

[収容定員] 80人　二 部制　[教員数] 8人 (うち専任　5 人)

[宿舎] 有　[料金] (月額) 30,000円 ～

[入学資格] 12年以上の学校教育課程修了者
日本語能力試験N5以上

[入学選抜方法] 筆記、面接

[認定コース在籍者数] 55　内訳(人):

[その他コース在籍者数] 0

[教材]

初級	『みんなの日本語 初級』	初中級	『中級へ行こう』
中級	『中級を学ぼう 中級前期』	上級	『中級を学ぼう 中級後期』

[基礎科目及び英語の授業] なし

[認定コース]

	目的	期間	時数	週数	入学月	選考料	入学金	授業料	その他	合計(円)
進学1年6か月コース	進学	1年6か月	1200	60	10	20,000	50,000	810,000	120,000	1,000,000
進学2年コース	進学	2年	1600	80	4	20,000	50,000	1,080,000	170,000	1,320,000

[認定以外のコース] なし

[日本語能力試験] 2018年度受験状況

	N1	N2	N3	N4	N5	合計
受験者数	0	9	26	7	0	42
認定者数	0	3	9	4	0	16

[日本留学試験] 2018年度受験状況

●第1回

日本語受験者	日本語219点以上	文系受験者	文系100点以上	理系受験者	理系100点以上
0	0	0	0	0	0

●第2回

日本語受験者	日本語219点以上	文系受験者	文系100点以上	理系受験者	理系100点以上
0	0	0	0	0	0

[進学実績] 2019年3月までの進学状況　卒業者数　27

大学院	大学	短期大学	高専	専門学校	その他の学校	就職
0	2	0	0	17	0	3

[主な進学先]

秀明大学、早稲田文理、千葉モードビジネス専門学校

[主な就職先]

株式会社ワイズ、フジッコ株式会社

●特色1　当校は各種ビザを持って滞在している在住生及び日本語を勉強するため来日している留学生を対象とします。

●特色2　当校は専門学校、高校を運営しているので、同じ校舎で同年代の日本人と交流を深められます。

●特色3　進学指導に力を入れています。

製作：J.TEST事務局 / 語文研究社

告示校

千葉県　千葉市

ちゅうおうこくさいぶんかがくいん

中央国際文化学院

The Central International Culture Academy

[TEL] 043-225-1766 [FAX] 043-225-1769
[eMAIL] info@cicacademy.com
[URL] http://www.cicacademy.net/
[SNS] https://www.facebook.com/kokusaibunkagakuinn.chuo

[住所] 〒260-0018 千葉県千葉市中央区院内2-14-12

[教育開始時期] 2010年10月

[行き方] JR「千葉駅」東口より徒歩11分

[設置者] 京葉ビル管理 （種別：株式会社）

[校長/別科長名] 松山典夫

[収容定員] 120人 二 部制　[教員数] 8人 (うち専任 4人)　[宿舎] 有 [料金] (月額) 35,000円 ～

[入学資格] 1) 12年以上の学校教育及びそれに準ずる課程を修了した者 2) 正当な手続きによって日本国への入国を許可され、又は許可される見込みのある者 3) 信頼のおける経費支弁者を有する者

[入学選抜方法] 1. 現地面接 2. 自宅訪問 3. 日本語テスト 4. 最終卒業校の成績表 5. 経費支弁能力の確認

[認定コース在籍者数] 82

[その他コース在籍者数] 0

内訳(人):
ベトナム(70)、モンゴル(6)、ネパール(4)、スリランカ(2)

[教材]

初級	『みんなの日本語 初級Ⅰ』	初中級	『みんなの日本語 初級Ⅱ』
中級	『中級から学ぶ日本語』	上級	『上級で学ぶ日本語』

[基礎科目及び英語の授業] なし

[認定コース]

	目的	期間	時数	週数	入学月	選考料	入学金	授業料	その他	合計(円)
進学1年6か月コース	進学	1年6か月	1200	60	10	25,000	50,000	952,500	75,000	1,102,500
進学2年コース	進学	2年	1600	80	4	25,000	50,000	1,270,000	100,000	1,445,000

[認定以外のコース] なし

[日本語能力試験] 2018年度受験状況

	N1	N2	N3	N4	N5	合計
受験者数	0	10	38	72	0	120
認定者数	0	3	22	48	0	73

[日本留学試験] 2018年度受験状況

●第1回

日本語受験者	日本語219点以上	文系受験者	文系100点以上	理系受験者	理系100点以上
45	6	0	0	3	3

●第2回

日本語受験者	日本語219点以上	文系受験者	文系100点以上	理系受験者	理系100点以上
0	0	0	0	0	0

[進学実績] 2019年3月までの進学状況 卒業者数 48

大学院	大学	短期大学	高専	専門学校	その他の学校	就職
0	5	0	0	41	0	2

[主な進学先]

秀明大学、東京国際ビジネスカレッジ、名古屋デジタル工科専門学校、千葉日建工科専門学校、上野法科ビジネス専門学校、明生情報専門学校、日本健康医療専門学校、日本産業専門学校 等

[主な就職先]

ニッポー株式会社

●特色1 異文化の中にいながら、お互いを信頼する心を育成。

●特色2 自分の目標を達成するために、真剣に学ぼうとする姿勢で努力する能力を育成。

●特色3 自ら学び、困難を乗り越えていく力を身につける教育。

千葉県　千葉市

告示校

とうきょうわんにほんごがっこうちばほんこう

Tokyo One 日本語学校 千葉本校

Tokyo One Japanese Language School Chiba

[TEL] 043-330-3300　[FAX] 043-330-3301
[eMAIL] tokyo1.school@gmail.com
[URL] http://tokyo1-school.com/
[SNS] https://www.facebook.com/TokyOneJapanaese/

[住所] 〒260-0013　千葉県千葉市中央区中央1-2-8　[教育開始時期] 2016年10月

[行き方] JR「千葉駅」東口から徒歩10分

[設置者] 株式会社TokyoOne　(種別:株式会社)　[校長/別科長名] 小林裕幸

[収容定員] 150人　二部制　[教員数] 12人(うち専任 3人)　[宿舎] 有　[料金] (月額) 30,000円

[入学資格] 12年課程修了以上及びこれと同等レベルの者　[入学選抜方法] 書類審査、面接

[認定コース在籍者数] 89　内訳(人): ベトナム(30)、モンゴル(21)、フィリピン(10)、スリランカ(5)、インドネシア(5)
[その他コース在籍者数] 0　その他(18)[ネパール、ミャンマー、中国、韓国、ウズベキスタン、フランス]

[教材]

初級	『みんなの日本語 初級』	初中級	『みんなの日本語中級』『TRY N3』『学ぼう日本語初中級』
中級	『TRY N2』	上級	『TRY N1』

[基礎科目及び英語の授業] なし

[認定コース]

	目的	期間	時数	週数	入学月	選考料	入学金	授業料	その他	合計(円)
大学進学2年	進学	2年	1600	80	4	25,000	50,000	1,250,000	78,000	1,403,000
大学進学1年6か月	進学	1年6か月	1200	60	10	25,000	50,000	937,500	58,500	1,071,000
一般コース2年	一般	2年	1600	80	4,10	25,000	50,000	1,250,000	78,000	1,403,000

[認定以外のコース] なし

[日本語能力試験] 2018年度受験状況

	N1	N2	N3	N4	N5	合計
受験者数	2	35	65	5	0	0
認定者数	1	13	16	1	0	0

[日本留学試験] 2018年度受験状況

●第1回

日本語受験者	日本語219点以上	文系受験者	文系100点以上	理系受験者	理系100点以上
8	1	3	0	7	2

●第2回

日本語受験者	日本語219点以上	文系受験者	文系100点以上	理系受験者	理系100点以上
9	1	5	0	8	0

[進学実績] 2019年3月までの進学状況　卒業者数 41

大学院	大学	短期大学	高専	専門学校	その他の学校	就職
1	6	0	0	26	0	2

[主な進学先]

嘉悦大学、愛国学院大学、秀明大学、東京IT会計、東京福祉保育専門学校、新国際福祉カレッジ、成田国際福祉専門学校、日本自動車大学校、千葉情報経理専門学校、千葉モードビジネス専門学校、プロスペラ学院、スクールオブビジネス21、ニホン国際ITカレッジ、上野法科専門学校、TES 他

[主な就職先]

–

●特色1　学習者のレベルによるクラス編成。

●特色2　アットホームな雰囲気で、先生と生徒の距離が近い。

●特色3　丁寧な個別進学指導。

製作:J.TEST事務局 / 語文研究社

告示校

千葉県　千葉市

ふたばがいごがっこう

双葉外語学校

Futaba College of Foreign Languages

[TEL] 043-244-9081　[FAX] 043-244-9332
[eMAIL] info@futabacollege.com
[URL] http://www.futabacollege.com
[SNS] https://www.facebook.com/futabacollege

[住所] 〒260-0021　千葉県千葉市中央区新宿2-6-8

[教育開始時期] 1988年04月

[行き方] JR「千葉駅」東口から徒歩10分、京成千葉線「千葉中央駅」西口から徒歩1分

[設置者] 株式会社異文化交流企画　(種別：株式会社)

[校長/別科長名] 林隆保

[収容定員] 446人　二 部制

[教員数] 45人 (うち専任 10 人)

[宿舎] 有　[料金] (月額) 37,000円～60,000円

[入学資格] 12年課程修了以上及びこれと同等レベルの者

[入学選抜方法] 書類審査、本人面接、保証人面接、能力適性試験

[認定コース在籍者数] 317

[その他コース在籍者数] 90

内訳(人)：
中国(135)、ベトナム(83)、韓国(82)、台湾(31)、フィリピン(13)
その他(65)[モンゴル、ロシア、ネパール、スリランカ、タイ、フランス、アメリカ、他12カ国]

[教材]

初級	『できる日本語 初級』他	初中級	『できる日本語 初中級』他
中級	『文化中級日本語』他	上級	『上級で学ぶ日本語』他

[基礎科目及び英語の授業] 総合科目、数学コース1、数学コース2、物理、化学、生物、英語

[認定コース]

	目的	期間	時数	週数	入学月	選考料	入学金	授業料	その他	合計(円)
専攻一般1年コース	一般	1年	760	38	4,7	25,000	60,000	624,000	0	709,000
専攻一般2年コース	一般	2年	1520	76	4,10	25,000	60,000	1,248,000	0	1,333,000
進学1年コース	進学	1年	760	38	4	25,000	60,000	624,000	0	709,000
進学1年3か月コース	進学	1年3か月	960	48	1	25,000	60,000	780,000	0	865,000
進学1年半コース	進学	1年6か月	1160	58	10	25,000	60,000	936,000	0	1,021,000
進学1年9か月コース	進学	1年9か月	1340	67	7	25,000	60,000	1,092,000	0	1,177,000
進学2年コース	進学	2年	1520	76	4	25,000	60,000	1,248,000	0	1,333,000

[認定以外のコース] 短期コース、プライベートコース

[日本語能力試験]　2018年度受験状況

	N1	N2	N3	N4	N5	合計
受験者数	63	174	113	24	0	374
認定者数	28	87	60	7	0	182

[日本留学試験]　2018年度受験状況

●第1回

日本語受験者	日本語219点以上	文系受験者	文系100点以上	理系受験者	理系100点以上
82	42	36	19	23	10

●第2回

日本語受験者	日本語219点以上	文系受験者	文系100点以上	理系受験者	理系100点以上
62	38	24	9	17	10

[進学実績]　2019年3月までの進学状況　卒業者数　250

大学院	大学	短期大学	高専	専門学校	その他の学校	就職
16	39	2	0	71	0	23

[主な進学先]

東京大学大学院、千葉大学大学院、早稲田大学大学院、お茶の水女子大学大学院、東京外語大学、早稲田大学、駒澤大学、関西学院大学、東洋大学、日本電子専門学校、日本工学院、日本自動車大学校

[主な就職先]

株式会社横河システム建築、株式会社ジャロック、株式会社ケイプラスモールドジャパン

●特色1　学生の進路に合わせて経験豊富な教師が進路指導を行います。

●特色2　学生の生活や個人的な悩み、問題についてカウンセリングを行います。

●特色3　日本の伝統・文化施設の見学、日本人との交流の場も多くあります。

製作：J.TEST事務局 / 語文研究社

千葉県　我孫子市　　告示校

あきらこくさいがくえん

アキラ国際学園

Akira International Academy

[TEL] 047-192-6604　[FAX] 047-192-6605
[eMAIL] akiragakuen@gmail.com
[URL] akiragakuen.com
[SNS]

[住所] 〒270-1167　千葉県我孫子市台田4-11-3
[教育開始時期] 2019年10月
[行き方] JR常磐線「北柏駅」から徒歩8分

[設置者] 株式会社AJS　(種別：株式会社)
[校長/別科長名] 安藤静枝
[収容定員] 100人　二 部制　[教員数] 6人 (うち専任　3人)
[宿舎] 有　[料金] (月額)20,000円～

[入学資格] ・12年以上の学校教育を受けた者
[入学選抜方法] 面接、書類選考、試験

[認定コース在籍者数] 0　内訳(人):
[その他コース在籍者数] 0

[教材]

初級	『みんなの日本語』	初中級	『みんなの日本語』
中級	『みんなの日本語』	上級	『みんなの日本語』

[基礎科目及び英語の授業] 無

[認定コース]

	目的	期間	時数	週数	入学月	選考料	入学金	授業料	その他	合計(円)
進学1年6か月コース	進学	1年6か月	1260	63	10	20,000	50,000	900,000	150,000	1,120,000
進学2年コース	進学	2年	1680	84	4	20,000	50,000	1,200,000	180,000	1,450,000

[認定以外のコース] なし

[日本語能力試験]　2018年度受験状況

	N1	N2	N3	N4	N5	合計
受験者数						
認定者数						

[日本留学試験]　2018年度受験状況

●第1回

日本語受験者	日本語219点以上	文系受験者	文系100点以上	理系受験者	理系100点以上

●第2回

日本語受験者	日本語219点以上	文系受験者	文系100点以上	理系受験者	理系100点以上

[進学実績]　2019年3月までの進学状況　卒業者数　0

大学院	大学	短期大学	高専	専門学校	その他の学校	就職

[主な進学先]

[主な就職先]

●特色1　「わかる」日本語から「使える」日本語へ指導します。

●特色2　試験対策を通して、読む、書く、聞く、話すの4つの技能を段階的に伸ばします。

●特色3　日本語、日本人そして日本社会に興味を持ち、自発的に学習至誠かを得るよう指導します。

製作：J.TEST事務局 / 語文研究社

告示校

千葉県　我孫子市

のうたつにほんごがくいん

能達日本語学院

NOTATSU JAPANESE LANGUAGE ACADEMY

[TEL] 0471-36-2707 [FAX] 0471-36-2710
[eMAIL] info@notatsujapan.com
[URL] http://notatsujapan.com
[SNS] https://www.facebook.com/NotatsuJapan/

[住所] 〒270-1101　千葉県我孫子市布佐1-13-13

[教育開始時期] 2017年10月

[行き方] JR成田線「布佐駅」東口から徒歩6分

[設置者] 株式会社能達　(種別:株式会社)

[校長/別科長名] 松島隆史

[収容定員] 100人　二 部制　[教員数]　6人 (うち専任　3 人)　[宿舎] 有　[料金] (月額) 20,000円～

[入学資格] 進学コースの場合、本国で大学進学の資格を持つ者

[入学選抜方法] 書類選考 (7か国出身者の場合は面接有り)

[認定コース在籍者数] 73

[その他コース在籍者数] 0

内訳(人):
ベトナム(60)、スリランカ(7)、ネパール(4)、インドネシア(1)、中国(1)

[教材]

初級	『みんなの日本語』	初中級	『みんなの日本語中級』
中級	『テーマ別・中級から学ぶ日本語』	上級	『日本語総まとめ問題集文法・文字語彙・漢字』

[基礎科目及び英語の授業] なし

[認定コース]

	目的	期間	時数	週数	入学月	選考料	入学金	授業料	その他	合計(円)
進学2年	進学	2年	1600	80	4	20,000	50,000	1,240,000	80,000	1,390,000
進学1年6か月	進学	1年6か月	1200	60	10	20,000	50,000	930,000	60,000	1,060,000
一般2年	一般	2年	1600	80	4,10	20,000	50,000	1,240,000	80,000	1,390,000

[認定以外のコース] 技能実習生(1か月)

[日本語能力試験]　2018年度受験状況

	N1	N2	N3	N4	N5	合計
受験者数	0	2	58	1	0	61
認定者数	0	1	6	1	0	8

[日本留学試験]　2018年度受験状況

●第1回

日本語受験者	日本語219点以上	文系受験者	文系100点以上	理系受験者	理系100点以上
0	0	0	0	0	0

●第2回

日本語受験者	日本語219点以上	文系受験者	文系100点以上	理系受験者	理系100点以上
0	0	0	0	0	0

[進学実績]　2019年3月までの進学状況　卒業者数　10

大学院	大学	短期大学	高専	専門学校	その他の学校	就職
0	0	0	0	10	0	0

[主な進学先]

ニホン国際ITカレッジ、朝日国際医療福祉専門学校、グレッグ外語専門学校新宿校、成田国際福祉専門学校、CAD製図専門学校

[主な就職先]

―

●特色1　ベトナム、ネパール、スリランカなど、非漢字圏の学生に対応した初級教育。

●特色2　成田空港に近く、勉学に適した静かな環境。

●特色3　学生寮が全て徒歩圏内にあり、安価。

製作:J.TEST事務局 / 語文研究社

千葉県　市川市　　告示校

いちかわにほんごがくいん

市川日本語学院

ICHIKAWA JAPANESE LANGUAGE INSTITUTE

[TEL] 047-329-2121　[FAX] 047-329-2122
[eMAIL] japan@aiueo.ws
[URL] http://aiueo.ws/
[SNS] —

[住所] 〒272-0023　千葉県市川市南八幡5-10-5　　[教育開始時期] 1989年10月

[行き方] JR総武線・都営新宿線「本八幡駅」から徒歩3分、京成線「京成八幡駅」から徒歩5分

[設置者] 株式会社アイエヌジー　(種別：株式会社)　　[校長/別科長名] 加藤登美恵

[収容定員] 346人 二 部制　[教員数] 30人 (うち専任 6人)　[宿舎] 有　[料金] (月額) 23,000円～29,700円

[入学資格] 学歴12年以上、又はそれと同等と認められる者　　[入学選抜方法] 日本語テスト、面接、書類選考

[認定コース在籍者数] 290
[その他コース在籍者数] 0
内訳(人)：中国(117)、ベトナム(112)、インドネシア(12)、タイ(11)、ミャンマー(9)、インド(6)、台湾(4)、韓国(3)、ドイツ(1)
その他(25)

[教材]

初級	『みんなの日本語 初級』	初中級	『テーマ別中級までに学ぶ』『学ぼう日本語 初中級』
中級	『ニューアプローチ基礎編・完成編』 『学ぼう！にほんご 中級』	上級	『学ぼう! にほんご 上級』

[基礎科目及び英語の授業] 総合科目、数学コース1、数学コース2、物理、化学

[認定コース]

	目的	期間	時数	週数	入学月	選考料	入学金	授業料	その他	合計(円)
総合日本語コース	一般 他	2年	1600	80	4	20,000	50,000	1,248,000	64,000	1,382,000
総合日本語コース	一般 他	1年9か月	1400	70	7	20,000	50,000	1,092,000	56,000	1,218,000
総合日本語コース	一般 他	1年6か月	1200	60	10	20,000	50,000	936,000	48,000	1,054,000
総合日本語コース	一般 他	1年3か月	1000	50	1	20,000	50,000	780,000	40,000	890,000

[認定以外のコース] なし

[日本語能力試験]　2018年度受験状況

	N1	N2	N3	N4	N5	合計
受験者数	27	123	219	12	0	381
認定者数	3	56	103	10	0	172

[日本留学試験]　2018年度受験状況

●第1回

日本語受験者	日本語219点以上	文系受験者	文系100点以上	理系受験者	理系100点以上
23	13	9	8	7	4

●第2回

日本語受験者	日本語219点以上	文系受験者	文系100点以上	理系受験者	理系100点以上
21	12	8	8	7	4

[進学実績]　2019年3月までの進学状況　卒業者数　173

大学院	大学	短期大学	高専	専門学校	その他の学校	就職
3	19	2	0	110	0	19

[主な進学先]

広島大学院、城西国際大学院、神田外語大学、東京情報大学、拓殖大学、国立音楽大学、明海大学、国際トラベル＆ホテル専門学校、東京国際ビジネスカレッジ、日本工学院、明生情報専門学校 他

[主な就職先]

コスミック株式会社、ガンデオホテル 他

●特色1　本人の日本語学習後の目的を達成させるために最大限の支援を行う。

●特色2　進学及び能力試験合格を目指すカリキュラム編成と熱心な指導。

●特色3　多くの人と接し、相互理解を深めるための国際交流事業への参加。

製作：J.TEST事務局 / 語文研究社

告示校

千葉県　市川市

みずのがいごがくいん

水野外語学院

MIZUNOGAIGOGAKUIN

[TEL] 047-397-9645　[FAX] 047-397-3078
[eMAIL] mizuno@mizunogaigogakuin.com
[URL] http://www.mizunogaigogakuin.com
[SNS] http://www.facebook.com/Mizunogaigogakuin

[住所] 〒272-0133　千葉県市川市行徳駅前4-19-14　[教育開始時期] 2003年04月

[行き方] 東京メトロ東西線「行徳駅」から徒歩7分

[設置者] 合資会社シュイイエ（種別：合資会社）　[校長/別科長名] 清田純子

[収容定員] 80人　二 部制　[教員数] 8人 (うち専任　4 人)　[宿舎] 有　[料金] (月額) 30,000円～

[入学資格] 12年課程修了以上及びこれと同等レベルの者　[入学選抜方法] 書類審査、面接

[認定コース在籍者数] 33
[その他コース在籍者数] 0

内訳(人): ベトナム(15)、ネパール(9)、スリランカ(3)、中国(2)、バングラデシュ(2)
その他(2)[フィリピン、ミャンマー]

[教材]

初級	『みんなの日本語 初級』他	初中級	『新完全マスター N3 文法』『新完全マスター N3 読解』他
中級	『中級から学ぶ日本語』『新完全マスター N2 文法』他	上級	『上級で学ぶ日本語』『新完全マスター N1 文法』他

[基礎科目及び英語の授業] なし

[認定コース]

	目的	期間	時数	週数	入学月	選考料	入学金	授業料	その他	合計(円)
進学2年コース	進学	2年	1600	80	4	22,000	110,000	1,144,000	0	1,276,000
進学1年9ヵ月コース	進学	1年9か月	1400	70	7	22,000	110,000	1,001,000	0	1,133,000
進学1年6ヵ月コース	進学	1年6か月	1200	60	10	22,000	110,000	858,000	0	990,000
進学1年3ヵ月コース	進学	1年3か月	1000	50	1	22,000	110,000	715,000	0	847,000

[認定以外のコース] なし

[日本語能力試験]　2018年度受験状況

	N1	N2	N3	N4	N5	合計
受験者数	0	20	76	6	0	102
認定者数	0	6	25	4	0	35

[日本留学試験]　2018年度受験状況

●第1回

日本語受験者	日本語219点以上	文系受験者	文系100点以上	理系受験者	理系100点以上
11	0	0	0	0	0

●第2回

日本語受験者	日本語219点以上	文系受験者	文系100点以上	理系受験者	理系100点以上
0	0	0	0	0	0

[進学実績]　2019年3月までの進学状況　卒業者数　38

大学院	大学	短期大学	高専	専門学校	その他の学校	就職
1	6	0	0	30	0	2

[主な進学先]
江戸川大学、秀明大学

[主な就職先]
－

●特色1　質の高い日本語授業を提供し、短期間で効率的に日本語を身につけさせる。

●特色2　学生の自由と権利を尊重し、カウンセリング機能、コンサルティング能力をもった生活指導、進路指導を推進する。

●特色3　地域の国際交流、異文化理解の促進に貢献できるよう、地域に開かれた教育の場を提供する。

製作：J.TEST事務局 / 語文研究社

千葉県　浦安市　　告示校

わようにほんごがくいんうらやすこう

和陽日本語学院 浦安校

WAYO JAPANESE LANGUAGE URAYASU SHCOOL

[TEL] 047-369-6607　[FAX] 047-352-8771
[eMAIL] info-wy@wayo-nihongo.com
[URL] —
[SNS] —

[住所] 〒279-0012　千葉県浦安市入船4-7-24　[教育開始時期] 2016年10月
[行き方] JR京葉線「新浦安駅」南口から徒歩6分

[設置者] 坂井稔　(種別：株式会社)　[校長/別科長名] 松本美華
[収容定員] 90人　二 部制　[教員数] 8人 (うち専任　5 人)　[宿舎] 有　[料金] (月額) 40,000円

[入学資格] 12年以上の学歴有、日本語N5相当レベル　[入学選抜方法] 面接、書類審査

[認定コース在籍者数] 52
[その他コース在籍者数] 0
内訳(人)：中国(38)、ベトナム(8)、ネパール(5)、フィリピン(1)

[教材]

初級	『みんなの日本語初級』『書いて覚える文系練習帳』『漢字練習帳』『標準問題集』	初中級	『学ぼう！日本語初中級』『学ぼう！日本語初中級漢字練習帳』『学ぼう！日本語初中級練習問題集』
中級	『学ぼう！日本語中級』『学ぼう！日本語中級漢字練習帳』『学ぼう！日本語中級練習問題集』	上級	『学ぼう！日本語中上級・上級』『学ぼう！日本語中上級漢字練習帳』『学ぼう！日本語中上級練習問題集』

[基礎科目及び英語の授業]　総合科目

[認定コース]

	目的	期間	時数	週数	入学月	選考料	入学金	授業料	その他	合計(円)
2年コース	進学	2年	1560	78	4月	22,000	55,000	594,000	77,000	748,000
1.6年コース	進学	1年6か月	1160	58	10月	22,000	55,000	594,000	77,000	748,000

[認定以外のコース] なし

[日本語能力試験]　2018年度受験状況

	N1	N2	N3	N4	N5	合計
受験者数	6	32	8	3	0	49
認定者数	2	16	0	2	0	20

[日本留学試験]　2018年度受験状況

●第1回

日本語受験者	日本語219点以上	文系受験者	文系100点以上	理系受験者	理系100点以上
16	4	0	0	0	0

●第2回

日本語受験者	日本語219点以上	文系受験者	文系100点以上	理系受験者	理系100点以上
20	4	0	0	2	1

[進学実績]　2019年3月までの進学状況　卒業者数　38

大学院	大学	短期大学	高専	専門学校	その他の学校	就職
2	9	0	0	21	0	4

[主な進学先]
千葉大学大学院、和歌山大学、東京農工大学、宮城大学、神奈川大学、拓殖大学

[主な就職先]
ホテル・旅館系

●特色1　基礎作りに力を入れる。平仮名片仮名の導入から初級語彙・文法・聴解・読解をバランスよく取り入れている。

●特色2　会話力を重視する。初期段階から教師の話を少なくし、学生の発話を増す工夫をしている。

●特色3　JLPT・EJU対策に力を入れる。中級段階から授業の間にJLPT・EJU対策を取り入れ、受験日一週間前は集中的に問題集をやる。

製作：J.TEST事務局 / 語文研究社

告示校

千葉県　柏市

あさひこくさいがくいん

朝日国際学院

Asahi International School

[TEL] 04-7146-1145　[FAX] 04-7144-4065
[eMAIL] asahigakuin.info@gmail.com
[URL] http://www.asahikokusaigakuin.com/
[SNS] facebook:@asahigakuin

[住所] 〒277-0843　千葉県柏市明原2-2-23

[教育開始時期] 1981年04月

[行き方] JR常磐線・東武アーバンパークライン「柏駅」西口から徒歩5分

[設置者] 株式会社朝日学院　(種別：株式会社)

[校長/別科長名] 大森武

[収容定員] 270人　二 部制　[教員数] 33人 (うち専任　6 人)　[宿舎] 有　[料金] (月額) 20,000円 ～ 25,000円

[入学資格] 学制12年以上、且つ日本語学習歴150時間以上

[入学選抜方法] 書類選考、筆記試験、面接

[認定コース在籍者数] 174
[その他コース在籍者数] 0
内訳(人)：ベトナム(126)、中国(32)、フィリピン(4)、ミャンマー(3)、インドネシア(2)
その他(3)[アルゼンチン、ナイジェリア、バングラデシュ]

[教材]

初級	『みんなの日本語』	初中級	『学ぼう! にほんご』
中級	『学ぼう! にほんご』	上級	『学ぼう! にほんご』

[基礎科目及び英語の授業] なし

[認定コース]

	目的	期間	時数	週数	入学月	選考料	入学金	授業料	その他	合計(円)
2年コース	進学	2年	1600	80	4	22,000	55,000	1,197,600	120,400	1,395,000
1年9か月コース	進学	1年9か月	1400	70	7	22,000	55,000	1,047,900	120,400	1,245,300
1年6か月コース	進学	1年6か月	1200	60	10	22,000	55,000	898,200	120,400	1,095,600
1年3か月コース	進学	1年3か月	1000	50	1	22,000	55,000	748,500	90,300	915,800

[認定以外のコース] なし

[日本語能力試験]　2018年度受験状況

	N1	N2	N3	N4	N5	合計
受験者数	8	81	100	0	1	189
認定者数	3	31	22	0	1	57

[日本留学試験]　2018年度受験状況

●第1回

日本語受験者	日本語219点以上	文系受験者	文系100点以上	理系受験者	理系100点以上
5	2	4	2	1	1

●第2回

日本語受験者	日本語219点以上	文系受験者	文系100点以上	理系受験者	理系100点以上
2	1	0	0	0	0

[進学実績]　2019年3月までの進学状況　卒業者数　109

大学院	大学	短期大学	高専	専門学校	その他の学校	就職
2	17	0	0	71	0	0

[主な進学先]

千葉商科大学大学院、駒澤大学、麗澤大学、開智国際大学、流通経済大学、秀明大学、日本ウェルネススポーツ大学、東京自動車大学校、東京観光専門学校、江戸川学園おおたかの森専門学校、ニホン国際ITカレッジ、国際トラベル・ホテル・ブライダル専門学校 他

[主な就職先]

－

●特色1　少人数クラス編成による実践教育。

●特色2　能力別クラス編成による授業(プレ初級、初級、初中級、中級、上級、研究科)。

●特色3　教師・事務局による進学指導・生活指導の充実。

製作：J.TEST事務局 / 語文研究社

千葉県　柏市　　告示校

がっこうほうじんむらかみわーるどがくえんにほんごこくさいがくいん

学校法人村上ワールド学園 日本語国際学院

Japanese International Academy

[TEL] 04-7145-8700 [FAX] 04-7145-8800
[eMAIL] info@japanese-iac.com
[URL] http://www.japanese-iac.com
[SNS] facebook

[住所] 〒277-0842　千葉県柏市末広町11-12　[教育開始時期] 2015年10月

[行き方] JR常磐線　東武アーバンパークライン　柏駅　徒歩3分

[設置者] 学校法人村上ワールド学園　(種別：学校法人)　[校長/別科長名] 村上豪人

[収容定員] 220人　二 部制　[教員数] 17人 (うち専任　5 人)　[宿舎] 有　[料金] (月額) 13,000円 ～

[入学資格] 母国で通常の課程による12年以上の学校教育を修了した方。
または、これに準ずると認められた方。

[入学選抜方法] 面接(日本語能力のチェックを含む)

[認定コース在籍者数] 125　[その他コース在籍者数] 0

内訳(人)：ベトナム(103)、スリランカ(15)、バングラデシュ(5)、ネパール(2)

[教材]

初級	『みんなの日本語』『1日15分の漢字練習(初級～初中級)』	初中級	『中級へ行こう』『1日15分の漢字練習(初級～初中級)』
中級	『中級を学ぼう』『1日15分の漢字練習(中級)』	上級	—

[基礎科目及び英語の授業] なし

[認定コース]

	目的	期間	時数	週数	入学月	選考料	入学金	授業料	その他	合計(円)
進学2年コース	進学	2年	1600	80	4	20,000	50,000	1,160,000	100,000	1,330,000
進学1年6か月コース	進学	1年6か月	1200	60	10	20,000	50,000	870,000	75,000	1,015,000

[認定以外のコース] なし

[日本語能力試験]　2018年度受験状況

	N1	N2	N3	N4	N5	合計
受験者数	0	3	99	0	0	102
認定者数	0	1	16	0	0	17

[日本留学試験]　2018年度受験状況

●第1回

日本語受験者	日本語219点以上	文系受験者	文系100点以上	理系受験者	理系100点以上
0					

●第2回

日本語受験者	日本語219点以上	文系受験者	文系100点以上	理系受験者	理系100点以上
0					

[進学実績]　2019年3月までの進学状況　卒業者数　44

大学院	大学	短期大学	高専	専門学校	その他の学校	就職
0	8	0	0	27	4	1

[主な進学先]
開智国際大学、至誠館大学、明生情報ビジネス専門学校、千葉モードビジネス専門学校、CAD製図専門学校、東日本情報専門学校

[主な就職先]

●特色1　外国人に対する日本語指導と共に日本社会と日本文化の理解を図り、日本の将来の発展に寄与することができる人間の育成を目標とする。

●特色2　—

●特色3　—

製作：J.TEST事務局 / 語文研究社

告示校

千葉県　柏市

めいゆうにほんごがくいん

明友日本語学院

MEIYUU JAPANESE LANGUAGE SCHOOL

[TEL] 04-7190-5931 [FAX] 04-7190-5932
[eMAIL] Meiyuu@hop.ocn.ne.jp
[URL] http://www.meiyuu-js.com
[SNS] —

[住所] 〒277-0022　千葉県柏市泉町17-1

[教育開始時期] 2010年10月

[行き方] JR「柏駅」、東武アーバンパークライン(野田線)「柏駅」南口より徒歩10～15分

[設置者] 日中情報交流支援株式会社　(種別：株式会社)

[校長/別科長名] 潘斌

[収容定員] 220人　二 部制

[教員数] 21人(うち専任 7人)

[宿舎] 有 [料金] (月額) 22,000円～

[入学資格] 18歳以上で、12年間以上の学校教育を修了し、信頼できる保証人がいること

[入学選抜方法] 書類審査、本人面接

[認定コース在籍者数] 180

[その他コース在籍者数] 0

内訳(人)：ベトナム(96)、中国(25)、スリランカ(22)、ネパール(15)、モンゴル(7)
その他(15)[タイ、バングラデシュ、ウズベキスタン、台湾]

[教材]

初級	『できる日本語 初級』	初中級	『できる日本語 初中級』
中級	『TRY! N2』	上級	—

[基礎科目及び英語の授業] なし

[認定コース]

	目的	期間	時数	週数	入学月	選考料	入学金	授業料	その他	合計(円)
進学2年	進学	2年	1520	76	4	21,600	43,200	1,317,600	21,600	1,404,000
進学1.9年	進学	1年9か月	1330	66.5	7	21,600	43,200	1,152,900	21,600	1,239,300
進学1年6か月	進学	1年6か月	1140	57	10	21,600	43,200	988,200	21,600	1,074,600
進学1.3年	進学	1年3か月	950	47.5	1	21,600	43,200	823,500	21,600	909,900

[認定以外のコース] なし

[日本語能力試験] 2018年度受験状況

	N1	N2	N3	N4	N5	合計
受験者数	1	38	177	10	4	230
認定者数	0	10	35	1	2	48

[日本留学試験] 2018年度受験状況

●第1回

日本語受験者	日本語219点以上	文系受験者	文系100点以上	理系受験者	理系100点以上
12	0	0	0	0	0

●第2回

日本語受験者	日本語219点以上	文系受験者	文系100点以上	理系受験者	理系100点以上
3	1	0	0	0	0

[進学実績] 2019年3月までの進学状況　卒業者数 95

大学院	大学	短期大学	高専	専門学校	その他の学校	就職
0	12	0	0	72	0	5

[主な進学先]

秀明大学、開智国際大学、東京福祉大学、東日本情報専門学校、明生情報ビジネス専門学校、千葉モードビジネス専門学校

[主な就職先]

—

●特色1　お互いの文化を尊重し、理解しあえる環境作りに努める。

●特色2　日本語学習を通して、国際社会で活躍できる人材を育成する。

●特色3　学生それぞれの目標が達成できるようサポートする。

千葉県　佐倉市

告示校

とうきょうさくらがくいん

東京さくら学院

TOKYO SAKURA ACADEMY

[TEL] 043-312-1097 [FAX] 043-312-1098
[eMAIL] tsa-kyomu@outlook.com
[URL] http://www.sakura-tsa.com
[SNS] —

[住所] 〒285-0817 千葉県佐倉市大崎台3-1-15

[教育開始時期] 2016年10月

[行き方] JR「佐倉駅」南口から徒歩5分

[設置者] 株式会社京櫻 (種別:株式会社)

[校長/別科長名] 髙山實枝子

[収容定員] 120人 二 部制 [教員数] 9人 (うち専任 5 人)

[宿舎] 有 [料金] (月額) 20,000円 ～

[入学資格] ①12年課程修了者、最終学校卒業後5年以内
②日本語学習時間150時間以上

[入学選抜方法] 書類審査、面接及び筆記試験

[認定コース在籍者数] 56

[その他コース在籍者数] 0

内訳(人):
ベトナム(38)、中国(12)、スリランカ(3)、台湾(2)、フィリピン(1)、その他(0)

[教材]

初級	『みんなの日本語 初級』	初中級	『読解厳選テーマ25初中級』『TRY N3』
中級	『読解厳選テーマ10中級』『TRY N2』	上級	『読解厳選テーマ10中上級』『TRY N1』

[基礎科目及び英語の授業] 総合科目、数学コース1、数学コース2、物理、化学、生物

[認定コース]

	目的	期間	時数	週数	入学月	選考料	入学金	授業料	その他	合計(円)
進学1年6か月コース	進学	1年6か月	1200	60	10	20,000	60,000	900,000	30,000	1,010,000
進学2年コース	進学	2年	1600	80	4	20,000	60,000	1,200,000	40,000	1,320,000

[認定以外のコース] なし

[日本語能力試験] 2018年度受験状況

	N1	N2	N3	N4	N5	合計
受験者数	3	8	44	0	0	55
認定者数	2	4	26	0	0	32

[日本留学試験] 2018年度受験状況

●第1回

日本語受験者	日本語219点以上	文系受験者	文系100点以上	理系受験者	理系100点以上
6	5	1	0	0	0

●第2回

日本語受験者	日本語219点以上	文系受験者	文系100点以上	理系受験者	理系100点以上
6	5	2	1	0	0

[進学実績] 2019年3月までの進学状況 卒業者数 33

大学院	大学	短期大学	高専	専門学校	その他の学校	就職
1	11	0	0	19	0	1

[主な進学先]

千葉大学大学院、神田外語大学、敬愛大学、城西国際大学、明海大学、秀明大学、愛国学園大学

[主な就職先]

日本モータースポーツ専門学校大阪校

●特色1 学生の希望に合ったきめ細かな進学指導。

●特色2 能試・留試対策特別授業の実施。

●特色3 多彩な文化活動。

製作:J.TEST事務局 / 語文研究社

告示校

千葉県　富里市

へいせいこくさいあかでみー

平成国際アカデミー

HEISEI INTERNATIONAL ACADEMY

[TEL] 0476-36-7375　[FAX] 0476-36-7375
[eMAIL] info@hia-thm.co.jp
[URL] https://hia-thm.co.jp
[SNS] —

[住所] 〒286-0212　千葉県富里市十倉2613-16　　[教育開始時期] 2018年4月
[行き方] JR「成田駅」よりバスで30分

[設置者] 本多勝　(種別：個人)　　[校長/別科長名] 本多勝
[収容定員] 80人　二 部制　[教員数] 4人 (うち専任 2人)　[宿舎] 有　[料金] (月額) 20,000円

[入学資格] N4レベル　　[入学選抜方法] 筆記試験、面接

[認定コース在籍者数] 4　内訳(人):
[その他コース在籍者数] 0
ベトナム(4)

[教材]

初級	—	初中級	『中級へ行こう』
中級	『上級へのとびら』	上級	オリジナル教材

[基礎科目及び英語の授業] 総合科目、数学コース1、数学コース2、物理、化学、生物

[認定コース]

	目的	期間	時数	週数	入学月	選考料	入学金	授業料	その他	合計(円)
特進	進学	2年	1600	80	4	30,000	50,000	1,200,000	194,000	1,474,000
進学	進学	1年6か月	1200	60	10	30,000	50,000	900,000	145,500	1,125,500

[認定以外のコース] 集中コース、数学1、数学2、総合科目、物理、化学

[日本語能力試験] 2018年度受験状況

	N1	N2	N3	N4	N5	合計
受験者数	0	2	4	0	0	6
認定者数	0	1	3	0	0	4

[日本留学試験] 2018年度受験状況

●第1回

日本語受験者	日本語219点以上	文系受験者	文系100点以上	理系受験者	理系100点以上
0	0	0	0	0	0

●第2回

日本語受験者	日本語219点以上	文系受験者	文系100点以上	理系受験者	理系100点以上
0	0	0	0	0	0

[進学実績] 2019年3月までの進学状況　卒業者数 0

大学院	大学	短期大学	高専	専門学校	その他の学校	就職
–	–	–	–	–	–	–

[主な進学先]
※新規校のためデータなし

[主な就職先]
※新規校のためデータなし

●特色1　少人数寺子屋方式。

●特色2　学校と塾が一体化。

●特色3　充実した進路指導。

製作：J.TEST事務局 / 語文研究社

千葉県　流山市

告示校

とうきょうぶりっじにほんごがっこう

東京ブリッジ日本語学校

Tokyo Bridge Japanese Language School

[TEL] 04-3330-3111　[FAX] 04-3330-3115

[eMAIL] info@tokyobridge.co.jp

[URL] http://tokyobridge.co.jp

[SNS]

[住所] 〒270-0115　千葉県 流山市 江戸川台西 2-143

[教育開始時期] 2019年4月

[行き方] 東武野田線「江戸川台駅」西口から徒歩1分

[設置者] 株式会社 東京ブリッジ日本語学校　(種別：株式会社)

[校長/別科長名] 道休 謙太郎

[収容定員] 100人 二 部制　[教員数] 5人 (うち専任 3 人)

[宿舎] 有　[料金] (月額)25,000円～

[入学資格] ・母国あるいは外国において、12年以上の学校教育課程を修了している方 ・日本語を150時間以上履修、あるいは日本語能力試験N5程度以上の日本語能力がある方 ・日本留学に必要な学費生活費を負担する方がおり、その方の資金形成過程を通帳などの資料で証明できる方 ・心身ともに健康な方

[入学選抜方法] 入学資格該当者を現地にて面接 その後面接合格者の書類選考を行う

[認定コース在籍者数] 15

[その他コース在籍者数] 0

内訳(人)：
ベトナム(15)

[教材]

初級	『みんなの日本語』	初中級	『中級へいこう』
中級	『中級を学ぼう』	上級	『上級で学ぶ』

[基礎科目及び英語の授業] 無

[認定コース]

	目的	期間	時数	週数	入学月	選考料	入学金	授業料	その他	合計(円)
進学1年6か月コース	進学	1年6か月	4	20	10	25,000	50,000	1,072,500		1,147,500
進学2年コース	進学	2年	4	20	4	25,000	50,000	1,405,000		1,480,000

[認定以外のコース] なし

[日本語能力試験] 2018年度受験状況

	N1	N2	N3	N4	N5	合計
受験者数						0
認定者数						0

[日本留学試験] 2018年度受験状況

●第1回

日本語受験者	日本語219点以上	文系受験者	文系100点以上	理系受験者	理系100点以上
0					

●第2回

日本語受験者	日本語219点以上	文系受験者	文系100点以上	理系受験者	理系100点以上
0					

[進学実績] 2019年3月までの進学状況　卒業者数 0

大学院	大学	短期大学	高専	専門学校	その他の学校	就職

[主な進学先]

[主な就職先]

●特色1　学習レベルを細かく刻み、習熟度別学習のためのクラス編成を心掛けている

●特色2　日本留学試験、面接、小論文など、大学入試対策授業の実施

●特色3　日本語以外の受験科目に対するサポート・指導の実施

製作：J.TEST事務局 / 語文研究社

告示校

千葉県　成田市

えーあいてぃーにほんごがっこう

AIT日本語学校

AIT Japanese Language School

[TEL] 0476-20-2033　[FAX] 0476-37-3345
[eMAIL] info@ait-school.co.jp
[URL] http://www.ait-school.co.jp/
[SNS] http://www.facebook.com/nihongolanguageschool

[住所] 〒286-0025　千葉県成田市東町607-1 成田東町ビル2F

[教育開始時期] 2017年04月

[行き方] JR「成田駅」または京成「成田駅」から徒歩13分

[設置者] 株式会社AIT　(種別:株式会社)

[校長/別科長名] 伊藤茂博

[収容定員] 150人　二部制　[教員数] 11人 (うち専任 3人)　[宿舎] 有　[料金] (月額) 20,000円 ～

[入学資格] 自国にて12年課程を修了している者

[入学選抜方法] 書類選考、面接、日本語テスト

[認定コース在籍者数] 36

[その他コース在籍者数] 0

内訳(人):
ベトナム(23)、ネパール(10)、スリランカ(1)、台湾(1)、モンゴル(1)

[教材]

初級	『みんなの日本語』『文系練習帳』『聴解タスク』『標準問題集』『読解トピック』他	初中級	『中級へ行こう』『日本語総まとめN3漢字・語彙』『新毎日の聞き取り 上』『JLPTN3読解』『読解厳選テーマ25』 新聞他
中級	『中級を学ぼう』『日本語総まとめN2漢字・語彙』『新毎日の聞き取り 下』『合格できる日本語能力試験N3N2』 他	上級	『ニューアプローチ中上級編』『日本語総まとめN2N1漢字』『毎日の聞き取りプラス40下』『合格できる日本語能力試験N2N1』 他

[基礎科目及び英語の授業] なし

[認定コース]

	目的	期間	時数	週数	入学月	選考料	入学金	授業料	その他	合計(円)
進学2年コース	進学	2年	1600	80	4	22,000	55,000	1,188,000	187,000	1,452,000
進学1年9か月コース	進学	1年9か月	1400	70	7	22,000	55,000	1,039,500	165,220	1,281,720
進学1年6か月コース	進学	1年6か月	1200	60	10	22,000	55,000	891,000	143,000	1,111,000
一般1年コース	一般	1年	800	40	4,10	22,000	55,000	660,000	93,500	830,500

[認定以外のコース] なし

[日本語能力試験]　2018年度受験状況

	N1	N2	N3	N4	N5	合計
受験者数	1	19	88	0	0	108
認定者数	0	5	25	0	0	30

[日本留学試験]　2018年度受験状況

●第1回

日本語受験者	日本語219点以上	文系受験者	文系100点以上	理系受験者	理系100点以上
10	0	0	0	0	0

●第2回

日本語受験者	日本語219点以上	文系受験者	文系100点以上	理系受験者	理系100点以上
0	0	0	0	0	0

[進学実績]　2019年3月までの進学状況　卒業者数　52

大学院	大学	短期大学	高専	専門学校	その他の学校	就職
1	8	0	0	38	0	4

[主な進学先]

国士舘大学大学院、秀明大学、日本自動車大学校、東京工科自動車大学校、成田国際福祉専門学校、千葉モードビジネス専門学校、国際トラベル・ホテル・ブライダル専門学校、早稲田文理専門学校、東京デザインテクノロジーセンター専門学校

[主な就職先]

株式会社アイム、ワールドエンタプライズ株式会社、株式会社AIT、飯田グループホールディングス、株式会社アーネストワン

●特色1　学生一人一人に向き合って、進学と就職両方を意識したきめ細やかな指導をいたします。

●特色2　希望する学生は学生寮に入寮でき、日本の生活に早く適応できるような支援を親身になって行います。。

●特色3　学校の課外授業だけではなく、町内会の行事等積極的に参加して地域の方々との交流を大切にしています。また、地域の方々にも快く受けいれていただいております。

製作:J.TEST事務局 / 語文研究社

千葉県　船橋市

告示校

おんりーわんにほんごがっこう

オンリーワン日本語学校

ONLY ONE JAPANESE LANGUAGE SCHOOL

[TEL] 047-495-3311　[FAX] 047-495-3312
[eMAIL] info@e-ojls.com
[URL] http://www.e-ojls.com
[SNS] —

[住所] 〒273-0011　千葉県船橋市湊町2-1-6

[教育開始時期] 2009年04月

[行き方] JR・京成・東武「船橋駅」から徒歩10分

[設置者] 株式会社戦略経営総研　(種別:株式会社)

[校長/別科長名] 鈴木佐江子

[収容定員] 337人　二 部制

[教員数] 20人 (うち専任　6人)

[宿舎] 有　[料金] (月額) 25,000円～30,000円

[入学資格] 本国で大学進学資格がある者

[入学選抜方法] 書類選考、面接

[認定コース在籍者数] 161

[その他コース在籍者数] 1

内訳(人):
ベトナム(108)、ネパール(39)、ウズベキスタン(9)、ブータン(6)、韓国(1)

[教材]

初級	『みんなの日本語』	初中級	『中級へ行こう』
中級	『中級を学ぼう』	上級	『日本語上級読解』

[基礎科目及び英語の授業] なし

[認定コース]

	目的	期間	時数	週数	入学月	選考料	入学金	授業料	その他	合計(円)
進学2年	進学	2年	1600	80	4	20,000	56,000	1,240,000	80,000	1,396,000
進学1年9か月	進学	1年9か月	1400	70	7	20,000	56,000	1,085,000	70,000	1,231,000
進学1年6か月	進学	1年6か月	1200	60	10	20,000	56,000	930,000	60,000	1,066,000
進学1年3か月	進学	1年3か月	1000	50	1	20,000	56,000	775,000	50,000	901,000

[認定以外のコース] (在籍者あり)

[日本語能力試験] 2018年度受験状況

	N1	N2	N3	N4	N5	合計
受験者数	2	28	166	25	11	232
認定者数	0	6	26	3	7	42

[日本留学試験] 2018年度受験状況

●第1回

日本語受験者	日本語219点以上	文系受験者	文系100点以上	理系受験者	理系100点以上
14	0	1	0	5	0

●第2回

日本語受験者	日本語219点以上	文系受験者	文系100点以上	理系受験者	理系100点以上
3	1	0	0	2	0

[進学実績] 2019年3月までの進学状況　卒業者数　68

大学院	大学	短期大学	高専	専門学校	その他の学校	就職
0	8	0	0	43	0	8

[主な進学先]

秀明大学、足利大学、第一工業大学、愛国学園大学、CAD製図専門学校、千葉モードビジネス専門学校、上野法科ビジネス専門学校、明生情報ビジネス専門学校、千葉情報経理専門学校、千葉日建工科専門学校、関東工業自動車大学校

[主な就職先]

(株)トラバース、信和産業(株)、ダイワロイヤルホテルズ、HOTELユーラシア舞浜ANNEX

●特色1　経験豊かな先生が、学生の立場になって適切な進路指導、生活アドバイスを行う。

●特色2　出席率、成績を考慮した特別奨学金制度を設けている。

●特色3　校舎、施設、寮、充実した環境など、学生生活に適している。

製作:J.TEST事務局 / 語文研究社

告示校

千葉県　松戸市

まなびやこくさいごがくいん

まなびや国際語学院

Manabiya International Language School

[TEL] 047-712-2967　[FAX] 047-712-2978
[eMAIL] info@manabiya.school
[URL] http://manabiya.school
[SNS] https://www.facebook.com/manabiya.manabiya.92

[住所] 〒271-0046　千葉県松戸市西馬橋蔵元町6番地

[教育開始時期] 2018年10月

[行き方] 常磐線「馬橋駅」、流山線「馬橋駅」から徒歩1分

[設置者] 株式会社貴船・アセット　(種別：株式会社)

[校長/別科長名] 松岡穂香

[収容定員] 100人　二 部制　[教員数] 5人 (うち専任 3 人)

[宿舎] 有　[料金] (月額)20,000～30,000円

[入学資格] ・高等学校を卒業し、修学年数満12年以上または同等の資格を有する者
・真面目に授業に出席し、日本語を学ぶ意欲の高い者

[入学選抜方法] 書類選考、面接

[認定コース在籍者数] 12

[その他コース在籍者数] 3

内訳(人):
ベトナム(11)、中国(4)

[教材]

初級	『みんなの日本語』	初中級	『中級へ行こう』
中級	『中級を学ぼう』	上級	

[基礎科目及び英語の授業] 無

[認定コース]

	目的	期間	時数	週数	入学月	選考料	入学金	授業料	その他	合計(円)
進学1年6か月コース	進学	1年6か月	1200	60	10	22,000	55,000	990,000	16,500	1,083,500
進学2年コース	進学	2年	1600	80	4	22,000	55,000	1,320,000	22,000	1,419,000

[認定以外のコース] 短期コース

[日本語能力試験] 2018年度受験状況

	N1	N2	N3	N4	N5	合計
受験者数						
認定者数						

[日本留学試験] 2018年度受験状況

●第1回

日本語受験者	日本語219点以上	文系受験者	文系100点以上	理系受験者	理系100点以上

●第2回

日本語受験者	日本語219点以上	文系受験者	文系100点以上	理系受験者	理系100点以上

[進学実績] 2019年3月までの進学状況　卒業者数 0

大学院	大学	短期大学	高専	専門学校	その他の学校	就職

[主な進学先]

[主な就職先]

●特色1　少人数制で親身に学習者と向き合って指導します

●特色2　視聴覚教材を多用し、自ら考えて話せるような授業を行います

●特色3　1人1人を丁寧にサポートして進学に繋げます

製作:J.TEST事務局 / 語文研究社

千葉県　松戸市　　告示校

がっこうほうじんまつやまがくえんみやびこくさいがくいん

学校法人松山学園 みやび国際学院

School Corporation Matsuyama Gakuen Miyabi International Academy

[TEL] 047-392-2211　[FAX] 047-392-2213
[eMAIL] info@mcw.ac.jp
[URL] www.japaneselanguage-ac.jp/
[SNS] —

[住所] 〒270-2223　千葉県松戸市秋山71
[教育開始時期] 2012年04月

[行き方] 北総鉄道「秋山駅」から徒歩7分

[設置者] 松山学園　(種別：学校法人)
[校長/別科長名] 天羽喜一

[収容定員] 316人　二 部制　[教員数] 18人 (うち専任　6 人)　[宿舎] 有　[料金] (月額) 20,000円～25,000円

[入学資格] 12年以上の学校教育を受けていること。日本語能力試験N5相当の日本語能力（試験による証明、または150時間以上の日本語学習歴）

[入学選抜方法] 書類選考、面接

[認定コース在籍者数] 187
[その他コース在籍者数] 0
内訳(人)：
ベトナム(138)、ネパール(41)、フィリピン(5)、ウズベキスタン(2)、スリランカ(1)

[教材]

初級	『みんなの日本語 初級』	初中級	『中級へ行こう』『学ぼう! にほんご初中級』
中級	『ニューアプローチ基礎編』『テーマ別 中級から学ぶ日本語』	上級	『ニューアプローチ完成編』

[基礎科目及び英語の授業] なし

[認定コース]

	目的	期間	時数	週数	入学月	選考料	入学金	授業料	その他	合計(円)
進学2年コース	進学	2年	1656	90	4	20,000	50,000	1,160,000	150,000	1,380,000
進学1.5年コース	進学	1年6か月	1242	68	10	20,000	50,000	870,000	150,000	1,090,000

[認定以外のコース] なし

[日本語能力試験] 2018年度受験状況

	N1	N2	N3	N4	N5	合計
受験者数	0	26	136	15	0	177
認定者数	0	8	36	6	0	50

[日本留学試験] 2018年度受験状況

●第1回

日本語受験者	日本語219点以上	文系受験者	文系100点以上	理系受験者	理系100点以上
2	0	0	0	0	0

●第2回

日本語受験者	日本語219点以上	文系受験者	文系100点以上	理系受験者	理系100点以上
0	0	0	0	0	0

[進学実績] 2019年3月までの進学状況　卒業者数　82

大学院	大学	短期大学	高専	専門学校	その他の学校	就職
0	6	0	0	58	0	5

[主な進学先]
秀明大学、松山学園松山福祉専門学校、千葉モードビジネス専門学校、明生情報ビジネス専門学校、国際トラベル・ホテル・ブライダル専門学校、CAD製図専門学校

[主な就職先]
株式会社藤電、株式会社マルイ、サンコー・エンタープライズ株式会社

●特色1　レベル別クラス編成による効果的な授業。

●特色2　日本留学試験や日本語能力試験対策授業の充実。

●特色3　年4回実施する試験にもとづいた進学指導。

製作：J.TEST事務局 / 語文研究社

告示校

東京都　荒川区

あいいーしーしーにほんごがっこう

IECC日本語学校

IECC JAPANESE LANGUAGE SCHOOL

[TEL] 03-3802-2193 [FAX] 03-3802-2286
[eMAIL] ieccnippori@eco.ocn.ne.jp
[URL] http://www.ieccschool.com
[SNS] —

[住所] 〒116-0013　東京都荒川区西日暮里5-16-2

[教育開始時期] 1984年05月

[行き方] JR山手線「西日暮里駅」から徒歩2分、東京メトロ千代田線「西日暮里駅」から徒歩1分

[設置者] 株式会社IECC日本語学校　(種別：株式会社)

[校長/別科長名] 清原大助

[収容定員] 204人　二 部制　[教員数] 12人 (うち専任　4人)　[宿舍] 無　[料金] -

[入学資格] 12年課程修了以上及び同等レベルの者

[入学選抜方法] 書類審査、本人面接、保証人面接、能力適性試験

[認定コース在籍者数] 142

[その他コース在籍者数] 5

内訳(人): ベトナム(92)、中国(14)、ネパール(14)、ミャンマー(14)、ウズベキスタン(9)
その他(4)[フィリピン、バングラデッシュ、モロッコ]

[教材]

初級	『みんなの日本語 初級』他	初中級	『中級へ行こう』他
中級	『中級から学ぶ日本語』他	上級	『上級で学ぶ日本語』他

[基礎科目及び英語の授業] なし

[認定コース]

	目的	期間	時数	週数	入学月	選考料	入学金	授業料	その他	合計(円)
進学2年コース	進学	2年	1600	80	4	22,000	55,000	1,188,000	80,000	1,345,000
進学1年9ヶ月コース	進学	1年9か月	1400	70	7	22,000	55,000	1,039,500	70,000	1,186,500
進学1年6ヶ月コース	進学	1年6か月	1200	60	10	22,000	55,000	891,000	60,000	1,028,000
進学1年3ヶ月コース	進学	1年3か月	1000	50	1	22,000	55,000	742,500	50,000	869,500

[認定以外のコース] 短期コース

[日本語能力試験]　2018年度受験状況

	N1	N2	N3	N4	N5	合計
受験者数	4	20	121	2	0	147
認定者数	2	5	30	0	0	37

[日本留学試験]　2018年度受験状況

●第1回

日本語受験者	日本語219点以上	文系受験者	文系100点以上	理系受験者	理系100点以上
2	1	1	1	1	0

●第2回

日本語受験者	日本語219点以上	文系受験者	文系100点以上	理系受験者	理系100点以上
1	1	1	0	1	1

[進学実績]　2019年3月までの進学状況　卒業者数　83

大学院	大学	短期大学	高専	専門学校	その他の学校	就職
1	9	0	0	68	0	5

[主な進学先]

立教大学大学院、帝京大学、東京福祉大学、日本ウェルネススポーツ大学、駿台専門学校グループ、TES東京英語専門学校　他

[主な就職先]

—

●特色1　DIRECT TEACHING METHODを基本とした日本語教育指導。

●特色2　少人数編成による効果的な授業。

●特色3　個人のレベルに応じたきめ細やかなクラス編成。

製作：J.TEST事務局 / 語文研究社

東京都　荒川区

告示校

えむでぃあいとうきょうにほんごがっこう

MDI東京日本語学校

MDI TOKYO JAPANESE LANGUAGE SCHOOL

[TEL] 03-6806-6462　[FAX] 03-6806-6463
[eMAIL] info@mdi-tokyo.jp
[URL] www.mdi-tokyo.jp
[SNS]

[住所] 〒116-0002　東京都荒川区荒川4-2-4

[教育開始時期] 2019年10月

[行き方] JR常磐線「三河島駅」から徒歩6分

[設置者] エムデイアイ株式会社　(種別：株式会社)

[校長/別科長名] 高橋清一

[収容定員] 100人　二 部制　[教員数] 7人 (うち専任 2人)　[宿舎] 有　[料金] (月額)35,000～45,000円

[入学資格] 母国或いは外国において、通常の課程による12年の中等教育を終了
日本語を150時間以上履修、日本語能力N5程度以上の日本語能力がある者

[入学選抜方法] 面接、書類選考

[認定コース在籍者数] 0　内訳(人):

[その他コース在籍者数] 0

[教材]

初級	『みんなの日本語 』	初中級	『みんなの日本語 』
中級	『みんなの日本語 』	上級	『みんなの日本語 』

[基礎科目及び英語の授業] 無

[認定コース]

	目的	期間	時数	週数	入学月	選考料	入学金	授業料	その他	合計(円)
進学2年コース	進学	2年	1400	80	4	20,000	60,000	600,000	50,000	730,000
進学1年6か月コース	進学	1年6か月	1200	60	10	20,000	60,000	600,000	50,000	730,000

[認定以外のコース] なし

[日本語能力試験] 2018年度受験状況

	N1	N2	N3	N4	N5	合計
受験者数						
認定者数						

[日本留学試験] 2018年度受験状況

●第1回

日本語受験者	日本語219点以上	文系受験者	文系100点以上	理系受験者	理系100点以上
0					

●第2回

日本語受験者	日本語219点以上	文系受験者	文系100点以上	理系受験者	理系100点以上
0					

[進学実績] 2019年3月までの進学状況　卒業者数 0

大学院	大学	短期大学	高専	専門学校	その他の学校	就職

[主な進学先]

[主な就職先]

●特色1　日本語会話サロンの開催、作文大会の開催

●特色2　学校開放、さまざまな国の人と交流し、文化の違いを知る

●特色3　皆で料理を作り、紹介、味わう。

告示校

東京都 荒川区

だいなみっくびじねすかれっじ

ダイナミックビジネスカレッジ

Dynamic Business College

[TEL] 03-3802-8810 [FAX] 03-3802-8817
[eMAIL] dbc-k@d-b-c.co.jp
[URL] https://www.dbcjpn.jp/
[SNS] —

[住所] 〒116-0013 東京都荒川区西日暮里2-51-8 [教育開始時期] 1991年04月

[行き方] JR「日暮里駅」から徒歩3分

[設置者] 株式会社ダイナミックビジネスカレッジ (種別:株式会社) [校長/別科長名] 長谷川悟司

[収容定員] 660人 二 部制 [教員数] 61人 (うち専任 16 人) [宿舎] 有 [料金] (月額) 35,000円～

[入学資格] 日本語能力試験N4レベル以上 [入学選抜方法] 各国現地での面接等

[認定コース在籍者数] 593

[その他コース在籍者数] 0

内訳(人): 中国(312)、ベトナム(271)、フィリピン(4)、ウズベキスタン(3)、韓国(1)
その他(2)[ネパール、バングラディッシュ]

[教材]

初級	『オリジナルテキスト』他	初中級	『中級へ行こう』他
中級	『中級を学ぼう』他	上級	『生きた素材に学ぶ新中級から上級への日本語』他

[基礎科目及び英語の授業] 総合科目

[認定コース]

	目的	期間	時数	週数	入学月	選考料	入学金	授業料	その他	合計(円)
進学2年コース	進学	2年	1760	88	4	20,000	50,000	1,240,000	143,000	1,453,000
進学1.9年コース	進学	1年9か月	1540	77	7	20,000	50,000	1,085,000	125,125	1,280,125
進学1.6年コース	進学	1年6か月	1320	66	10	20,000	50,000	930,000	107,250	1,107,250
進学1.3年コース	進学	1年3か月	1100	55	1	20,000	50,000	775,000	89,375	934,375

[認定以外のコース] なし

[日本語能力試験] 2018年度受験状況

	N1	N2	N3	N4	N5	合計
受験者数	41	254	153	0	0	448
認定者数	26	132	78	0	0	236

[日本留学試験] 2018年度受験状況

●第1回

日本語受験者	日本語219点以上	文系受験者	文系100点以上	理系受験者	理系100点以上
117	54	95	35	13	8

●第2回

日本語受験者	日本語219点以上	文系受験者	文系100点以上	理系受験者	理系100点以上
105	61	17	9	15	10

[進学実績] 2019年3月までの進学状況 卒業者数 278

大学院	大学	短期大学	高専	専門学校	その他の学校	就職
31	69	0	0	152	0	26

[主な進学先]

東京大学大学院、東京工業大学大学院、筑波大学大学院、首都大学東京大学院、横浜国立大学大学院、早稲田大学大学院、立命館大学大学院、多摩美術大学大学院、立教大学大学院、中央大学、青山学院大学、関西学院大学、明治学院大学、東京電機大学、多摩美術大学、京都精華大学、東洋大学、駒澤大学、日本大学、帝京大学、桜美林大学 他

[主な就職先]

株式会社国際テクノロジーセンター、千代田ビル管財株式会社、株式会社タイヨウ、都内日本語学校、ツバメ工業株式会社 他

●特色1 学生のニーズや目的に合わせたカリキュラムを用意し、コース別のクラス編成。

●特色2 「わかる」だけに留まらず、「使える」を意識した授業展開。

●特色3 学生一人一人に対する丁寧且つきめ細かな指導。徹底した試験対策と進学指導。

製作:J.TEST事務局 / 語文研究社

告示校

ふじこくさいごがくいんわせだこう

フジ国際語学院 早稲田校

FUJI INTERNATIONAL LANGUAGE INSTITUTE, WASEDA

[TEL] 03-5981-9600　[FAX] 03-5981-9633
[eMAIL] zhaosheng@fuji-edu.jp
[URL] http://www.fuji-edu.jp
[SNS] —

[住所] 〒116-0014　東京都荒川区東日暮里4-36-17　[教育開始時期] 2001年04月

[行き方] JR山手線「鶯谷駅」から徒歩5分、日比谷線「入谷駅」から徒歩10分

[設置者] 株式会社フジ国際交流センター　(種別：株式会社)　[校長/別科長名] 益尾夏子

[収容定員] 960人　二 部制　[教員数] 67人 (うち専任 22 人)　[宿舎] 有　[料金] (月額) 36,000円 ～ 40,000円

[入学資格] 12年課程修了以上　[入学選抜方法] 書類審査、本人面接、その他

[認定コース在籍者数] 889　内訳(人):

[その他コース在籍者数] 0　中国(889)

[教材]

初級	『みんなの日本語 初級』他	初中級	『新完全マスター N2 語彙』他
中級	『文化中級日本語』『50日完成50日文字・語彙』他	上級	『日本語読解ワークブック』他

[基礎科目及び英語の授業] 総合科目、数学コース1、数学コース2、物理、化学、生物、英語

[認定コース]

	目的	期間	時数	週数	入学月	選考料	入学金	授業料	その他	合計(円)
進学コースI	進学	2年	1600	80	4	30,000	100,000	1,280,000	120,000	1,530,000
進学コースII	進学	1年6か月	1200	60	10	30,000	100,000	960,000	90,000	1,180,000
進学コースIII	進学	1年9か月	1400	70	7	30,000	100,000	1,120,000	105,000	1,355,000
進学コースIV	進学	1年3か月	1000	50	1	30,000	100,000	800,000	75,000	1,005,000
一般コースI	一般	2年	1600	80	10	30,000	100,000	1,280,000	120,000	1,530,000

[認定以外のコース] なし

[日本語能力試験] 2018年度受験状況

	N1	N2	N3	N4	N5	合計
受験者数	146	118	0	0	0	264
認定者数	143	116	0	0	0	259

[日本留学試験] 2018年度受験状況

●第1回

日本語受験者	日本語219点以上	文系受験者	文系100点以上	理系受験者	理系100点以上
0	0	0	0	0	0

●第2回

日本語受験者	日本語219点以上	文系受験者	文系100点以上	理系受験者	理系100点以上
31	29	3	3	2	2

[進学実績] 2019年3月までの進学状況　卒業者数 392

大学院	大学	短期大学	高専	専門学校	その他の学校	就職
299				39		44

[主な進学先]

東京大学大学院、京都大学大学院、一橋大学大学院、東京工業大学大学院、北海道大学大学院、東北大学大学院、名古屋大学大学院、大阪大学大学院、九州大学大学院、筑波大学大学院、横浜国立大学大学院、首都大学東京大学院、神戸大学大学院、千葉大学大学院、早稲田大学大学院、慶應義塾大学大学院、上智大学大学院、東京理科大学大学院、明治大学大学院、青山学院大学大学院、法政大学大学院、学習院大学大学院、立教大学大学院、中央大学大学院、同志社大学大学院、立命館大学大学院、関西学院大学大学院、関西大学大学院、東京藝術大学大学院　他

[主な就職先]

●特色1　大学(院)進学を目標とするカリキュラムの編成。

●特色2　ベテランの教職員の配置。

●特色3　生活指導など相談態勢の充実。

製作：J.TEST事務局 / 語文研究社

告示校　　東京都　板橋区

こくしょにほんごがっこう

国書日本語学校

KOKUSHO JAPANESE LANGUAGE SCHOOL

[TEL] 03-5970-7802　[FAX] 03-5970-7804
[eMAIL] school@kokusho.co.jp
[URL] http://www.kokusho-edu.jp/
[SNS] ─

[住所] 〒174-0056　東京都板橋区志村2-10-5　　[教育開始時期] 1987年04月

[行き方] 都営三田線「志村坂上駅」下車 A4出口より徒歩4分

[設置者] 株式会社国書刊行会　（種別：株式会社）　[校長/別科長名] 小林妙子

[収容定員] 1000人　二 部制　[教員数] 64人 (うち専任 22 人)　[宿舎] 無　[料金] ─

[入学資格] 12年課程修了以上及びこれと同等レベルのもの
信頼のおける保証人を有するもの

[入学選抜方法] 書類審査、本人面接、能力適性試験

[認定コース在籍者数] 572
[その他コース在籍者数] 0
内訳(人)：中国(514)、バングラデシュ(24)、インド(13)、モンゴル(6)、スリランカ(5)
その他(10)[韓国、台湾、タイ、ミャンマー、ベトナム、シリア]

[教材]

初級	『みんなの日本語 初級』	初中級	『中級へ行こう』
中級	『テーマ別中級から学ぶ日本語』『文化中級日本語』『まるごと』	上級	『テーマ別上級で学ぶ日本語』

[基礎科目及び英語の授業] 総合科目、数学コース1、数学コース2、英語

[認定コース]

	目的	期間	時数	週数	入学月	選考料	入学金	授業料	その他	合計(円)
進学1年コース	進学	1年	800	45	4	20,000	50,000	660,000	90,000	820,000
進学1.3年コース	進学	1年3か月	1000	56	1	20,000	50,000	825,000	113,300	1,008,300
進学1.6年コース	進学	1年6か月	1200	67	10	20,000	50,000	990,000	135,800	1,195,800
進学1.9年コース	進学	1年9か月	1400	79	7	20,000	50,000	1,155,000	157,900	1,382,900
進学2年コース	進学	2年	1600	90	4	20,000	50,000	1,320,000	180,000	1,570,000
一般1年コース	一般	1年	800	45	1,4,7,10	20,000	50,000	660,000	90,000	820,000
一般2年コース	一般	2年	1600	90	1,4,7,10	20,000	50,000	1,320,000	180,000	1,570,000

[認定以外のコース] 短期コース

[日本語能力試験]　2018年度受験状況

	N1	N2	N3	N4	N5	合計
受験者数	274	309	141	34	2	760
認定者数	98	136	33	8	1	276

[日本留学試験]　2018年度受験状況

●第1回

日本語受験者	日本語219点以上	文系受験者	文系100点以上	理系受験者	理系100点以上
173	126	65	56	39	26

●第2回

日本語受験者	日本語219点以上	文系受験者	文系100点以上	理系受験者	理系100点以上
143	92	71	54	33	10

[進学実績]　2019年3月までの進学状況　卒業者数　427

大学院	大学	短期大学	高専	専門学校	その他の学校	就職
65	82	2	0	152	2	48

[主な進学先]

東京大学大学院、筑波大学大学院、早稲田大学大学院、東京藝術大学大学院、首都大学東京大学院、東京農工大学、名古屋大学、京都造形芸術大学、京都精華大学、日本大学、東洋大学 他

[主な就職先]

病院(看護師として就職)、IT関係、旅行関係 他

●特色1　1月、4月、7月、10月入学あり。

●特色2　個々の学生のニーズに応えられる、きめ細かな指導。

●特色3　手作り教材を豊富に使用することによる日本事情等の効果的指導。

製作：J.TEST事務局 / 語文研究社

東京都　板橋区　　告示校

しゅくとくにほんごがっこう

淑徳日本語学校

Shukutoku Japanese Language School

[TEL] 03-5392-8850　[FAX] 03-5392-8853
[eMAIL] shukutoku.office@gmail.com
[URL] http://www.shukutoku-school.com/
[SNS] FACEBOOK, WECHAT

[住所] 〒174-8637　東京都板橋区前野町5-24-8　　[教育開始時期] 1994年04月

[行き方] 都営三田線「志村三丁目駅」から徒歩7分、東武東上線「ときわ台駅」から徒歩20分

[設置者] 大乗淑徳学園　（種別：学校法人）　　[校長/別科長名] 銭高莉英

[収容定員] 120人　一 部制　　[教員数] 20人（うち専任　4人）　　[宿舎] 有　[料金]（月額）34,000円 ～ 68,000円

[入学資格] 高等学校卒業者、10年以上学校教育を修了した者　　[入学選抜方法] (1)書類選考(2)面接(3)筆記試験

[認定コース在籍者数] 100
[その他コース在籍者数] 0
内訳(人)：
中国(84)、マレーシア(13)、台湾(2)、韓国(1)

[教材]

初級	『日本語初級　大地』	初中級	『中級へ行こう』
中級	『テーマ別中級から学ぶ日本語』	上級	『テーマ別上級で学ぶ日本語』

[基礎科目及び英語の授業] 総合科目、数学コース1、数学コース2、物理、化学、生物、英語

[認定コース]

	目的	期間	時数	週数	入学月	選考料	入学金	授業料	その他	合計(円)
大学進学課程A	準備教育	1年	1200	40	4	20,000	100,000	550,000	205,000	875,000
大学進学課程B	準備教育	1年6か月	1760	60	10	20,000	100,000	825,000	285,000	1,230,000

[認定以外のコース] 大学院経営学受験コース、短期研修コース

[日本語能力試験] 2018年度受験状況

	N1	N2	N3	N4	N5	合計
受験者数	47	73	6	0	1	127
認定者数	26	31	3	0	1	61

[日本留学試験] 2018年度受験状況

●第1回

日本語受験者	日本語219点以上	文系受験者	文系100点以上	理系受験者	理系100点以上
61	36	26	16	20	14

●第2回

日本語受験者	日本語219点以上	文系受験者	文系100点以上	理系受験者	理系100点以上
70	45	35	23	24	15

[進学実績] 2019年3月までの進学状況　卒業者数　126

大学院	大学	短期大学	高専	専門学校	その他の学校	就職
40	60	2	0	22	0	0

[主な進学先]

東京大学、東京工業大学、横浜市立大学、北陸先端科学技術大学院、新潟大学、神戸大学、東京医科歯科大学、広島大学、山口大学、埼玉大学、室蘭工業大学、京都工芸繊維大学、早稲田大学、東京理科大学、学習院大学、明治大学、立教大学、青山学院大学、同志社大学、関西学院大学、立命館大学、多摩美術大学、専修大学(推薦)、東洋大学、日本大学、芝浦工業大学、駒澤大学、名桜大学、奈良女子大学、福岡女子大学

[主な就職先]

－

●特色1　日本政府指定の「大学進学準備教育課程」で、全日制の学校です。進学率100%、国公立、早慶等一流大学の進学率が抜群に高いです。

●特色2　大学院コース、大学文系コース、大学理系コースがあり、文(理)英基礎科目指導を全面に行う。日本能力試験N1、日本留学試験高得点を獲得しうる学力の修得、さらに日本文化の修得機会も多いです。

●特色3　学校から徒歩4分の所に学生会館があり、設備完備、各部屋にキッチン、シャワー室、トイレがあり、生活環境が快適です。

製作：J.TEST事務局 / 語文研究社

告示校

東京都　板橋区

とうきょういたばしにほんごがくいん

東京板橋日本語学院

Tokyo Itabashi Japanese School

[TEL] 03-6281-0406 [FAX] 03-6281-0407
[eMAIL] info@ting2017.net
[URL] http://www.ting2017.net/
[SNS] Facebook: Tokyo Itabashi Japanese School
Skype: tokyoitabashijapaneseschool

[住所] 〒174-0076 東京都板橋区上板橋3-19-11

[教育開始時期] 2017年04月

[行き方] 東武東上線「上板橋駅」より徒歩8分

[設置者] 三富株式会社 (種別:株式会社)

[校長/別科長名] 柳田憲昭

[収容定員] 150人 二 部制　[教員数] 11人 (うち専任 4人)

[宿舎] 有 [料金] (月額) 35,000円～55,000円

[入学資格] 12年以上の学校教育、または同等の課程修了者、18歳以上の者、学業・生活の十分な資金があるもの、信頼のおける保証人を有する者。

[入学選抜方法] 書類審査、必要があれば本人面接

[認定コース在籍者数] 46

[その他コース在籍者数] 0

内訳(人): ベトナム(14)、中国(12)、フィリピン(7)、韓国(6)、ネパール(2)
その他(5)[モンゴル、台湾、インド、シンガポール]

[教材]

初級	『みんなの日本語 初級』	初中級	『日本語総まとめN3』
中級	『日本語総まとめN2』	上級	『学ぼう！日本語 中上級・上級』

[基礎科目及び英語の授業] なし

[認定コース]

	目的	期間	時数	週数	入学月	選考料	入学金	授業料	その他	合計(円)
2年コース	進学	2年	1600	80	4	20,000	30,000	1,200,000	200,000	1,450,000
1年6ヵ月コース	一般	1年6か月	1200	60	10	20,000	30,000	900,000	150,000	1,100,000

[認定以外のコース] 短期コース、プライベートレッスン

[日本語能力試験] 2018年度受験状況

	N1	N2	N3	N4	N5	合計
受験者数	2	17	58	12	0	89
認定者数	1	2	7	2	0	12

[日本留学試験] 2018年度受験状況

●第1回

日本語受験者	日本語219点以上	文系受験者	文系100点以上	理系受験者	理系100点以上
3	1	0	0	0	0

●第2回

日本語受験者	日本語219点以上	文系受験者	文系100点以上	理系受験者	理系100点以上
1	0	0	0	0	0

[進学実績] 2019年3月までの進学状況 卒業者数 65

大学院	大学	短期大学	高専	専門学校	その他の学校	就職
0	2	0	0	46	6	3

[主な進学先]

日本経済大学、東日本国際大学、グレッグ外語専門学校、専門学校日本医科学大学校、東京福祉保育専門学校、千葉日建工科専門学校、東京マルチメディア専門学校、東京豊島IT医療福祉専門学校 他

[主な就職先]

ゼンスタッフサービス株式会社

●特色1　特定の国に偏らない様々な国の学生が在籍。

●特色2　少人数のクラス編成。

●特色3　閑静な住宅街で落ち着いた環境。

東京都　江戸川区　　告示校

あらじんにほんごがくいん

アラジン日本語学院

Aladdin Japanese Language Institute

[TEL] 03-6806-9118　[FAX] 03-6806-9119
[eMAIL] aj-jli@sunheart-care.jp
[URL] https://www.aladdin-jli.com/
[SNS] ―

[住所] 〒133-0057　東京都江戸川区西小岩3-31-15　[教育開始時期] 2019年04月

[行き方] JR総武線「小岩駅」より徒歩5分

[設置者] 株式会社サンハート　(種別：株式会社)　[校長/別科長名] 北川元

[収容定員] 100人　二 部制　[教員数] 6人 (うち専任　2人)　[宿舎] 有　[料金] (月額) 30,000

[入学資格] 12年間の中等教育、それに準ずる課程を修了した者。150時間以上の日本語講習を受講（日本語能力N5相当を習得）している者。信頼のおける保証人を有する者。

[入学選抜方法] 書類選考および面接

[認定コース在籍者数] 12
[その他コース在籍者数] 0
内訳(人): フィリピン(11)、ベトナム(1)

[教材]

初級	『みんなの日本語Ⅰ』	初中級	『みんなの日本語Ⅱ』
中級	『中級へ行こう』『スピードマスター聴解』	上級	―

[基礎科目及び英語の授業] なし

[認定コース]

	目的	期間	時数	週数	入学月	選考料	入学金	授業料	その他	合計(円)
進学2年コース	進学	2年	800	400	4	20,000	50,000	1,200,000	130,000	1,400,000
進学1年6か月コース	進学	1年6か月	600	300	10	20,000	50,000	900,000	100,000	1,070,000

[認定以外のコース] 短期コース

[日本語能力試験] 2018年度受験状況

	N1	N2	N3	N4	N5	合計
受験者数	0	0	0	0	0	0
認定者数	0	0	0	0	0	0

[日本留学試験] 2018年度受験状況

●第1回

日本語受験者	日本語219点以上	文系受験者	文系100点以上	理系受験者	理系100点以上
0	0	0	0	0	0

●第2回

日本語受験者	日本語219点以上	文系受験者	文系100点以上	理系受験者	理系100点以上
0	0	0	0	0	0

[進学実績] 2019年3月までの進学状況　卒業者数　0

大学院	大学	短期大学	高専	専門学校	その他の学校	就職
0	0	0	0	0	0	0

[主な進学先]
―

[主な就職先]
―

●特色1　大学、短期大学、専門学校など高等教育機関への進学に必要な日本語能力を習得する。

●特色2　日本社会に適応できるコミュニケーション能力を養う。

●特色3　母国と日本の架け橋を担う人物にふさわしい人格の形成に努める。

告示校　　東京都　江戸川区

がっこうほうじんおおはらがくえんおおはらにほんごがくいん

学校法人大原学園
大原日本語学院

OHARA Japanese Language School of O-HARA Gakuen

[TEL] 03-3237-7120　[FAX] 03-5577-6356
[eMAIL] Info.ojls@mail.o-hara.ac.jp
[URL] http://japanese.o-hara.ac.jp/tokyo/jp
[SNS] https://www.facebook.com/OHARAjlsfan/

[住所] 〒134-0091　東京都江戸川区船堀1-4-14

[教育開始時期] 2002年10月

[行き方] 都営新宿線「船堀駅」から徒歩3分

[設置者] 学校法人大原学園（種別：学校法人）

[校長/別科長名] 吉岡久博（校長）

[収容定員] 480人　二 部制　[教員数] 60人（うち専任14人）

[宿舎] 無　[料金] -

[入学資格] 後期中等教育（高校）修了以上の学歴、経費支弁者の支弁能力

[入学選抜方法] 書類選考、面接試験、客観的な日本語能力証明の有無 等

[認定コース在籍者数] 344

[その他コース在籍者数] 30

内訳(人)：中国(122)、ベトナム(89)、モンゴル(37)、台湾(28)、ミャンマー(18)
その他(80)[フィリピン、ロシア、インド、タイ、ウズベキスタン 他]

[教材]

初級	『みんなの日本語』	初中級	『TRY! N3』
中級	『中級を学ぼう』『文化中級Ⅱ』『TRY! N2』	上級	『テーマ別上級』

[基礎科目及び英語の授業] 総合科目、数学コース1、数学コース2、物理、化学、英語

[認定コース]

	目的	期間	時数	週数	入学月	選考料	入学金	授業料	その他	合計(円)
進学2年コース	進学	2年	1600	80	4	30,000	80,000	1,160,000	120,000	1,390,000
進学1年9カ月コース	進学	1年9か月	1400	70	7	30,000	80,000	1,015,000	105,000	1,230,000
進学1年半コース	進学	1年6か月	1200	60	10	30,000	80,000	870,000	90,000	1,070,000
進学1年3カ月コース	進学	1年3か月	1000	50	1	30,000	80,000	725,000	75,000	910,000
進学1年コース	進学	1年	800	40	4	30,000	80,000	580,000	60,000	750,000
準備教育課程1年コース	進学	1年6か月	1360	60	10	20,000	50,000	93,000	60,000	223,000
準備教育課程2年コース	進学	1年	960	40	4	20,000	50,000	660,000	90,000	820,000

[認定以外のコース] 短期集中コース

[日本語能力試験] 2018年度受験状況

	N1	N2	N3	N4	N5	合計
受験者数	67	89	147	20	1	322
認定者数	39	48	68	6	1	162

[日本留学試験] 2018年度受験状況

●第1回

日本語受験者	日本語219点以上	文系受験者	文系100点以上	理系受験者	理系100点以上
73	44	23	9	44	2

●第2回

日本語受験者	日本語219点以上	文系受験者	文系100点以上	理系受験者	理系100点以上
24	17	8	0	4	2

[進学実績] 2019年3月までの進学状況　卒業者数 197

大学院	大学	短期大学	高専	専門学校	その他の学校	就職
26	35	1	0	73	0	21

[主な進学先]

【大学院】東京大学大学院、一橋大学大学院、東京外国語大学大学院、東京芸術大学大学院、早稲田大学大学院、他【大学】早稲田大学、上智大学、国際基督教大学、明治大学、東洋大学、他【専門学校】日本工学院専門学校、日本電子専門学校、大原簿記学校、駿台トラベル&ホテル専門学校、東京工科自動車学校、他

[主な就職先]

株式会社インジェスター、SEIHA English Academy、三友テクノロジー株式会社、株式会社エイコウ、地球人.JP株式会社、株式会社For You、株式会社AOKI、株式会社ホテルマネージメントジャパン、ルスツリゾート株式会社、マーキュリー株式会社、サンエス株式会社、アクサス株式会社、国立倉庫株式会社

●特色1　大学法人大原学園が設置する東京都認可の各種学校、文科省の準備教育課程設置指定機関(学割定期券購入可、免税)。

●特色2　全国100カ所に設置された大原学園関連校への内部推薦入学制度、進学以外に就職対策クラスの設置。

●特色3　日本語、社会科、数学、英語、物理、化学、各分野の専門講師を配置(教職員合計90名)。

製作：J.TEST事務局 / 語文研究社

東京都　江戸川区　｜　告示校

とうきょうがいごきょういくがくいん

東京外語教育学院

Tokyo Foreign Language Education Academy

[TEL] 03-6231-3396 [FAX] 03-6231-3356
[eMAIL] fleatokyo@gmail.com
[URL] www.tokyo-gaigo.jp.net
[SNS] 東京外語教育学院 Tokyo Foreign Language Education Academy (Facebook)

[住所] 〒133-0051 東京都江戸川区北小岩2-1-8

[教育開始時期] 2016年4月

[行き方] JR総武線「小岩駅」から徒歩8分、京成本線「小岩駅」から徒歩8分

[設置者] 国際文化産業株式会社 (種別：株式会社)

[校長/別科長名] 千葉江里子

[収容定員] 140人 二 部制　[教員数] 人 (うち専任 人)　[宿舎] 有　[料金] (月額) 30,000～50,000円

[入学資格] ①外国において、12年以上の格好教育課程を修了した方。若しくはそれ以上の学力を有する。②日本語教育施設等で150時間以上の日本語習歴があり、日本語能力試験N5以上、J－TEST F級以上或いは相当のレベルであること。③母国で犯罪歴がないこと。

[入学選抜方法] ①面接 ②学校の書類審査

[認定コース在籍者数] 56

[その他コース在籍者数] 3

内訳(人)：ベトナム(26)、中国(20)、スリランカ(13)

[教材]

初級	『みんなの日本語』	初中級	『中級へ行こう』『TRYN3』『中級から学ぶ日本語』
中級	『新完全マスター文法N2』『総まとめ聴解N2』『語彙N2』	上級	『新完全マスター文法N1』『総まとめ聴解N1』『語彙N1』

[基礎科目及び英語の授業] 総合科目、数学コース1、数学コース2、化学、生物、英語

[認定コース]

	目的	期間	時数	週数	入学月	選考料	入学金	授業料	その他	合計(円)
進学2年コース	進学	2年	1760	20	4	20,000	60,000	582,000	78,000	740,000
進学1年9か月コース	進学	1年9か月	1588	20	7	20,000	60,000	582,000	78,000	740,000
進学1年6か月コース	進学	1年6か月	476	20	10	20,000	60,000	582,000	78,000	740,000
進学1年3か月コース	進学	1年3か月	464	20	1	20,000	60,000	582,000	78,000	740,000

[認定以外のコース] 短期留学コース

[日本語能力試験] 2018年度受験状況

	N1	N2	N3	N4	N5	合計
受験者数	8	20	17			45
認定者数						

[日本留学試験] 2018年度受験状況

●第1回

日本語受験者	日本語219点以上	文系受験者	文系100点以上	理系受験者	理系100点以上
8	5	2	2	3	3

●第2回

日本語受験者	日本語219点以上	文系受験者	文系100点以上	理系受験者	理系100点以上
8	5	2	2	3	3

[進学実績] 2019年3月までの進学状況 卒業者数 41

大学院	大学	短期大学	高専	専門学校	その他の学校	就職
	8			30		3

[主な進学先]

東京工科大学、愛国学園大学、富士国際ビジネス専門学校、早稲田文理専門学校、専門学校インターナショナル・スクールオブビジネス、ハリウッド美容専門学校等

[主な就職先]

㈱エルピースタッフ、ホテル等

●特色1 予約制個別指導(1名外国籍教員＋1名日本籍教員)(無料予約制)

●特色2 集中的に日本語を勉強しながら日本の大学院、大学や専門学校に進学を希望する学生が学ぶコースです。少人数クラス編成で、コミュニケーションを重視し授業を通じて「読む」「書く」「聞く」「話す」の4つの技能をバランスよく勉強します。

●特色3 世界各国の学生が在籍しており、日本だけでなく、世界の国際社会へのネットワークが広がります。万全なサポートでみなさんの留学生活を応援しています。

製作：J.TEST事務局 / 語文研究社

告示校

東京都　江戸川区

とうきょうげんごきょういくがくいん

東京言語教育学院

TOKYO LANGUAGE EDUCATION ACADEMY

[TEL] 03-5631-5601 [FAX] 03-5631-5602
[eMAIL] tokyolea@tokyolea.jp
[URL] http://www.tokyolea.jp
[SNS] 新浪微博:東京言語教育学院

[住所] 〒132-0035 東京都江戸川区平井5-23-7 東言ビル本館

[教育開始時期] 2000年10月

[行き方] JR総武線「平井駅」北口から徒歩1分

[設置者] 株式会社東言グループ (種別：株式会社)

[校長/別科長名] 伊東惠子

[収容定員] 480人 二部制

[教員数] 34人 (うち専任 15 人)

[宿舎] 有 [料金] (月額) 38,000円 ～

[入学資格] 満12年以上の学歴で学習目的がしっかりしている者

[入学選抜方法] 書類審査、面接

[認定コース在籍者数] 389

[その他コース在籍者数] 0

内訳(人):

[教材]

初級	『みんなの日本語 初級』	初中級	『中級までに学ぶ日本語』『新完全マスター』文法・語彙
中級	『中級から学ぶ日本語』『新完全マスター』文法・語彙	上級	『上級で学ぶ日本語』『新完全マスター』文法・語彙

[基礎科目及び英語の授業] なし

[認定コース]

	目的	期間	時数	週数	入学月	選考料	入学金	授業料	その他	合計(円)
進学課程2年コース	進学	2年	1600	80	4	22,000	33,000	1,320,000	132,000	1,507,000
進学課程1年9か月コース	進学	1年9か月	1400	70	7	22,000	33,000	1,155,000	132,000	1,342,000
進学課程1年6か月コース	進学	1年6か月	1200	60	10	22,000	33,000	990,000	132,000	1,177,000

[認定以外のコース] なし

[日本語能力試験] 2018年度受験状況

	N1	N2	N3	N4	N5	合計
受験者数	242	168	0	0	0	410
認定者数	128	83	0	0	0	211

[日本留学試験] 2018年度受験状況

●第1回

日本語受験者	日本語219点以上	文系受験者	文系100点以上	理系受験者	理系100点以上
106	81	46	45	20	14

●第2回

日本語受験者	日本語219点以上	文系受験者	文系100点以上	理系受験者	理系100点以上
137	104	50	46	38	34

[進学実績] 2019年3月までの進学状況 卒業者数 219

大学院	大学	短期大学	高専	専門学校	その他の学校	就職
112	52	0	0	32	0	8

[主な進学先]

－

[主な就職先]

－

●特色1 指導経験が豊富な教師陣による日本語教育及び大学や大学院の進学指導。

●特色2 JLPT試験の合格を目指しながら、進学に必要な論文作成能力及び発表能力を重視した授業内容。

●特色3 大学や大学院に進学してから確実に授業を理解できるように実用性のある生きた日本語及び日本の文化、伝統、風習の理解も重視した授業。

製作:J.TEST事務局 / 語文研究社

東京都　江戸川区　　告示校

がっこうほうじんじけいがくえんとうようげんごがくいん

学校法人滋慶学園
東洋言語学院
Toyo Language School

[TEL] 03-5605-6211　[FAX] 03-5605-7744
[eMAIL] info@tls-japan.com
[URL] http://www.tls-japan.com
[SNS] http://www.facebook.com/tls.japan/ https://www.instagram.com/toyo_language_school

[住所] 〒134-0088　東京都江戸川区西葛西7-6-3
[教育開始時期] 1988年04月
[行き方] 東京メトロ東西線「西葛西駅」南口より徒歩8分

[設置者] 学校法人滋慶学園　(種別：学校法人)
[校長/別科長名] 徳山隆
[収容定員] 720人　二 部制
[教員数] 35人 (うち専任 12 人)
[宿舎] 有　[料金] (月額) 39,000円 ～ 63,000円

[入学資格] 12年課程修了及びこれと同等レベルの者
[入学選抜方法] 書類審査、面接

[認定コース在籍者数] 500
[その他コース在籍者数] 200
内訳(人): 中国(260)、韓国(71)、台湾(34)、香港(23)、ロシア(20)
その他(92)[アメリカ、イギリス、イタリア、インド、インドネシア、スウェーデン、タイ、フランス 他]

[教材]

初級	『オリジナル教科書 CHANGE Ⅰ』	初中級	『大学で学ぶための日本語ライティング』
中級	『留学生のための読解トレーニング』	上級	『中・上級者のための速読の日本語』

[基礎科目及び英語の授業] 総合科目、数学コース1、数学コース2、物理、化学

[認定コース]

	目的	期間	時数	週数	入学月	選考料	入学金	授業料	その他	合計(円)
進学課程2年コース	進学	2年	1600	80	4	20,000	100,000	1,080,000	168,000	1,368,000
進学課程1年9か月コース	進学	1年9か月	1400	70	7	20,000	100,000	945,000	147,000	1,212,000
進学課程1年6か月コース	進学	1年6か月	1200	60	10	20,000	100,000	810,000	126,000	1,056,000
進学課程1年3か月コース	進学	1年3か月	1000	50	1	20,000	100,000	675,000	105,000	900,000
進学課程1年コース	進学	1年	800	40	4	20,000	100,000	540,000	84,000	744,000

[認定以外のコース] 短期課程(4月、7月、10月、1月)

[日本語能力試験] 2018年度受験状況

	N1	N2	N3	N4	N5	合計
受験者数	32	163	29	5	1	230
認定者数	25	127	20	3	1	176

[日本留学試験] 2018年度受験状況

●第1回

日本語受験者	日本語219点以上	文系受験者	文系100点以上	理系受験者	理系100点以上
21	20	8	7	4	4

●第2回

日本語受験者	日本語219点以上	文系受験者	文系100点以上	理系受験者	理系100点以上
22	18	6	6	4	3

[進学実績] 2019年3月までの進学状況　卒業者数 425

大学院	大学	短期大学	高専	専門学校	その他の学校	就職
44	55	0	0	165	2	25

[主な進学先]
早稲田大学、上智大学、国際基督教大学、明治大学、法政大学、東京芸術大学、多摩美術大学、武蔵野美術大学、京都精華大学、京都造形大学、東京造形大学、東京コミュニケーションアート専門学校、東京デザインテクノロジーセンター専門学校、東京スクールオブミュージック&ダンス専門学校、東京ベルエポック製菓調理専門学校、東京ベルエポック美容専門学校、赤堀製菓専門学校 他

[主な就職先]
株式会社ぐるなび、The Art&Travel、株式会社ロッテ 他

●特色1　JCT教育システムによる目標設定。

●特色2　5つの進路(大学・専門学校・大学院・美術大学・就職)プラン。

●特色3　年間1000人を超える日本人ビジターが参加する日本語授業。

製作:J.TEST事務局 / 語文研究社

告示校

東京都　大田区

めいしんにほんごがっこう

明新日本語学校

Meishin Japanese Language School

[TEL] 03-3726-0555　[FAX] 03-5754-3889
[eMAIL] xushaohong@meishin-edu.jp
[URL] http://www.meishin-edu.jp
[SNS] —

[住所] 〒145-0064　東京都大田区上池台1-14-21

[教育開始時期] 2015年10月

[行き方] 東急池上線「長原駅」より徒歩3分

[設置者] サンフラワー株式会社　(種別：株式会社)

[校長/別科長名] 岩垣文明

[収容定員] 331人　二 部制

[教員数] 18人 (うち専任　6 人)

[宿舎] 有　[料金] (月額) 28,000円 ～ 36,000円

[入学資格] 12年課程修了以上及びこれと同等レベルの者

[入学選抜方法] 書類審査、本人面接
(参考とする日本語試験：日本語能力試験、J-TEST、NAT-TEST、TOP-J)

[認定コース在籍者数] 175

[その他コース在籍者数] 0

内訳(人)：
中国(120)、ベトナム(53)、フィリピン(2)

[教材]

級	教材	級	教材
初級	『大地Ⅰ』『留学生のための漢字の教科書初級』	初中級	『大地Ⅱ』『留学生のための漢字の教科書初級』
中級	『ニューアプローチ基礎編』『耳から覚える文法トレーニングN3』『留学生のための漢字の教科書中級』	上級	『ニューアプローチ完成編』『耳から覚える文法トレーニングN2・N1』『留学生のための漢字の教科書上級』

[基礎科目及び英語の授業] 総合科目

[認定コース]

	目的	期間	時数	週数	入学月	選考料	入学金	授業料	その他	合計(円)
2年コース	進学	2年	1600	80	4	20,000	60,000	1,200,000	186,000	1,466,000
1.9年コース	進学	1年9か月	1400	70	7	20,000	60,000	1,050,000	164,000	1,294,000
1.6年コース	進学	1年6ヵ月	1200	60	10	20,000	60,000	900,000	141,000	1,121,000
1.3年コース	進学	1年3ヵ月	1000	50	1	20,000	60,000	750,000	118,500	948,500

[認定以外のコース] (在籍者あり)

[日本語能力試験] 2018年度受験状況

	N1	N2	N3	N4	N5	合計
受験者数	7	38	46	0	0	91
認定者数	4	18	33	0	0	55

[日本留学試験] 2018年度受験状況

●第1回

日本語受験者	日本語219点以上	文系受験者	文系100点以上	理系受験者	理系100点以上
11	6	3	3	0	0

●第2回

日本語受験者	日本語219点以上	文系受験者	文系100点以上	理系受験者	理系100点以上
12	10	8	7	0	0

[進学実績] 2019年3月までの進学状況　卒業者数 100

大学院	大学	短期大学	高専	専門学校	その他の学校	就職
4	4	1	0	62	18	5

[主な進学先]

蔵野美術大学大学院、洗足学園音楽大学大学院、筑波大学、国士舘大学、山梨学院大学、関東学院大学、横浜商科大学、ハリウッド美容専門学校、HAL東京、文化服装学院、専門学校読売自動車大学校など

[主な就職先]

ラオックス株式会社、株式会社ハイアーネット

●特色1　学生一人一人に対するきめ細やかな生活指導と精神的サポート。

●特色2　大学・大学院での教育に十分対応できる日本語能力の育成。

●特色3　地域社会と連携した開かれた学校作り。

製作：J.TEST事務局 / 語文研究社

東京都　葛飾区　　告示校

さんえーこくさいがくいんおおえどこう

Sun-A国際学院 大江戸校

SUN-A INTERNATIONAL ACADEMY

[TEL] 03-3651-0801 [FAX] 03-3651-0892
[eMAIL] info@sun-a-tokyo.jp
[URL] http://www.sun-a-tokyo.jp
[SNS] —

[住所] 〒124-0024 東京都葛飾区新小岩1-33-9　[教育開始時期] 2002年03月

[行き方] JR総武本線「新小岩駅」南口よりまっすぐ商店街を進み、マツモトキヨシを右折。徒歩3分。

[設置者] 三栄産業有限会社 (種別：有限会社)　[校長/別科長名] 関忍子

[収容定員] 308人 二部制　[教員数] 21人 (うち専任 8人)　[宿舎] 有 [料金] (月額) 28,000円 ～ 30,000円

[入学資格] 12年課程修了以上及び同等レベルの者　[入学選抜方法] 書類審査、学力審査、本人と保証人の面接

[認定コース在籍者数] 250
[その他コース在籍者数] 4

内訳(人):
中国(111)、ベトナム(96)、ミャンマー(19)、バングラデシュ(12)、スリランカ(8)
その他(8)[マレーシア、フィリピン、ウズベキスタン]

[教材]

初級	『みんなの日本語 初級』	初中級	『ニューアプローチ基礎編』『中級へ行こう』他
中級	『中級から学ぶ日本語』『学ぼう! 日本語中上級』他	上級	『学ぼう! 日本語上級』他

[基礎科目及び英語の授業] 総合科目、数学コース1、数学コース2、物理、化学、生物、英語

[認定コース]

	目的	期間	時数	週数	入学月	選考料	入学金	授業料	その他	合計(円)
大学進学2年コース	進学	2年	1600	80	4	20,000	50,000	1,008,000	168,000	1,246,000
大学進学1年9か月コース	進学	1年9か月	1400	70	7	20,000	50,000	882,000	147,000	1,099,000
大学進学1年6か月コース	進学	1年6か月	1200	60	10	20,000	50,000	756,000	126,000	952,000

[認定以外のコース] 日本語短期コース

[日本語能力試験] 2018年度受験状況

	N1	N2	N3	N4	N5	合計
受験者数	18	79	128	6	0	231
認定者数	8	20	37	3	0	68

[日本留学試験] 2018年度受験状況

●第1回

日本語受験者	日本語219点以上	文系受験者	文系100点以上	理系受験者	理系100点以上
39	19	14	2	8	3

●第2回

日本語受験者	日本語219点以上	文系受験者	文系100点以上	理系受験者	理系100点以上
36	17	5	3	6	2

[進学実績] 2019年3月までの進学状況 卒業者数 128

大学院	大学	短期大学	高専	専門学校	その他の学校	就職
4	19	1	0	84	5	4

[主な進学先]

駒澤大学、帝京大学、法政大学、東海大学、芝浦工業大学、同志社大学大学院、大原学院大原簿記学校、読売自動車大学校、東京デザイン専門学校、東京観光専門学校

[主な就職先]

株式会社サイバーRC、株式会社NAP、JYCO株式会社、江角商事

●特色1 多国籍クラスにおいて能力別指導。

●特色2 地域と密着した日本文化の体験授業。

●特色3 学習者、個々にあわせた丁寧な生活と進学指導。

告示校

東京都　葛飾区

じょうとうにほんごがっこう

城東日本語学校

JOTO JAPANESE LANGUAGE SCHOOL

[TEL] 03-3604-1150　[FAX] 03-3604-1170
[eMAIL] joto@crocus.ocn.ne.jp
[URL] http://www.joto.ac.jp
[SNS] —

[住所] 〒124-0003　東京都葛飾区お花茶屋3-4-7

[教育開始時期] 2003年04月

[行き方] JR常磐線「亀有駅」、京成線「お花茶屋駅」から徒歩15分

[設置者] 有限会社城東興業　（種別：有限会社）

[校長/別科長名] 金井敬鶴

[収容定員] 880人　二 部制　[教員数] 55人（うち専任 18 人）

[宿舎] 有　[料金]（月額）30,000円 ～ 45,000円

[入学資格] 12年課程修了以上及びこれと同等レベルの者

[入学選抜方法] 書類審査、本人面接、能力適性試験、経費支弁者面接

[認定コース在籍者数] 520

[その他コース在籍者数] 0

内訳(人)：ベトナム(184)、中国(160)、モンゴル(87)、バングラデシュ(28)、ウズベキスタン(20)
その他(41)[ネパール、スリランカ、ミャンマー、香港、アメリカ、タイ]

[教材]

初級	『みんなの日本語 初級』	初中級	『ニューアプローチ基礎編』他
中級	『ニューアプローチ完成編』他	上級	『学ぼう! にほんご中上級』他

[基礎科目及び英語の授業]　総合科目、数学コース1、数学コース2、英語

[認定コース]

	目的	期間	時数	週数	入学月	選考料	入学金	授業料	その他	合計(円)
進学2年コース	進学	2年	1600	80	4	25,000	55,000	1,320,000	72,000	1,472,000
進学1年6か月コース	進学	1年6か月	1200	60	10	25,000	55,000	990,000	54,000	1,124,000
進学1年9か月コース	進学	1年9か月	1400	70	7	25,000	55,000	1,155,000	63,000	1,298,000
進学1年3か月コース	進学	1年3か月	1000	50	1	25,000	55,000	825,000	45,000	950,000

[認定以外のコース] なし

[日本語能力試験]　2018年度受験状況

	N1	N2	N3	N4	N5	合計
受験者数	42	95	239	0	0	376
認定者数	5	25	55	0	0	85

[日本留学試験]　2018年度受験状況

●第1回

日本語受験者	日本語219点以上	文系受験者	文系100点以上	理系受験者	理系100点以上
81	23	39	24	8	4

●第2回

日本語受験者	日本語219点以上	文系受験者	文系100点以上	理系受験者	理系100点以上
16	9	6	2	2	1

[進学実績]　2019年3月までの進学状況　卒業者数　229

大学院	大学	短期大学	高専	専門学校	その他の学校	就職
0	34	0	0	155	3	12

[主な進学先]

関西学院大学、国士舘大学、東洋大学、流通経済大学、早稲田国際ビジネスカレッジ、東京国際ビジネスカレッジ、明生情報ビジネス専門学校、東京自動車大学校

[主な就職先]

●特色1　レベルに応じたきめ細かいクラス編成。

●特色2　学生1人1人に合った進路指導と面接練習。

●特色3　留学試験対策、大学受験対策として英語、数学、総合科目の授業を実施。

製作：J.TEST事務局 / 語文研究社

東京都　葛飾区　　告示校

てぃーあいじぇーとうきょうにほんごけんしゅうじょ

TIJ東京日本語研修所

TIJ Tokyo Institute Of Japanese

[TEL] 03-5607-4100　[FAX] 03-5607-4102
[eMAIL] tij@tij.ne.jp
[URL] http://www.tij.ne.jp/
[SNS] https://www.facebook.com/tij.japanese.school/

[住所] 〒124-0024　東京都葛飾区新小岩1-17-10　　[教育開始時期] 1992年10月

[行き方] JR総武線「新小岩駅」より徒歩3分

[設置者] 株式会社TIJ東京日本語研修所　(種別：株式会社)　　[校長/別科長名] 市川さゆり

[収容定員] 218人　二 部制　　[教員数] 23人 (うち専任 8人)　　[宿舎] 有　[料金] (月額) 30,000円 ～37,000円

[入学資格] 12年課程修了以上、日本語能力N5レベル相当以上　　[入学選抜方法] 書類審査、面接、学力テスト

[認定コース在籍者数] 125
[その他コース在籍者数] 38

内訳(人): ベトナム(59)、中国(43)、ウズベキスタン(11)、フィリピン(6)、インド(5)
その他(39)[韓国、台湾、インドネシア]

[教材]

初級	『はじめよう日本語初級』	初中級	『中級へ行こう』
中級	『中級を学ぼう』『中級から学ぶ日本語』	上級	『学ぼう! 日本語中上級・上級』『上級で学ぶ日本語』

[基礎科目及び英語の授業] 総合科目

[認定コース]

	目的	期間	時数	週数	入学月	選考料	入学金	授業料	その他	合計(円)
進学2年コース	進学	2年	1600	80	4	22,000	80,000	1,200,000	120,000	1,422,000
進学1年9か月コース	進学	1年9か月	1400	70	7	22,000	80,000	1,050,000	105,000	1,257,000
進学1年6か月コース	進学	1年6か月	1200	60	10	22,000	80,000	900,000	90,000	1,092,000
進学1年3か月コース	進学	1年3か月	1000	50	1	22,000	80,000	750,000	75,000	927,000

[認定以外のコース] 生活日本語コース、企業日本語研修、短期留学コース、日本語教育実習コース

[日本語能力試験] 2018年度受験状況

	N1	N2	N3	N4	N5	合計
受験者数	20	90	165	6	0	281
認定者数	3	32	56	2	0	91

[日本留学試験] 2018年度受験状況

●第1回

日本語受験者	日本語219点以上	文系受験者	文系100点以上	理系受験者	理系100点以上
76	0	0	0	0	0

●第2回

日本語受験者	日本語219点以上	文系受験者	文系100点以上	理系受験者	理系100点以上
9	3	3	2	0	0

[進学実績] 2019年3月までの進学状況　卒業者数 98

大学院	大学	短期大学	高専	専門学校	その他の学校	就職
1	16	0	0	51	0	18

[主な進学先]

東京造形大学大学院、多摩美術大学、東京工芸大学、桜美林大学、明海大学、東京国際ビジネスカレッジ、大原簿記学校、日本電子専門学校

[主な就職先]

株式会社エンジニアパートナー、西洋フードサービス、株式会社サテライトオフィス

●特色1　学習者が「使える日本語」能力を身につけて、日本語でのコミュニケーションが円滑に出来るよう、質の高い教育を提供する。

●特色2　学習者が日本語を学ぶことを通して、自分と異なる文化・価値観を理解する場を提供する。

●特色3　学習者一人ひとりが自分の目的を実現できるよう、総合的な支援を提供する。

製作：J.TEST事務局 / 語文研究社

告示校

東京都　葛飾区

とうきょうがくしゃ

東京学社

TOKYO SOCIETY

[TEL] 03-3604-8088　[FAX] 03-3604-8080
[eMAIL]
[URL] www.tokyogs.net
[SNS]

[住所] 〒124-0006　東京都葛飾区堀切4-57-12　[教育開始時期] 2017年4月

[行き方] 京成本線「堀切菖蒲園駅」から徒歩1分

[設置者] 個人　（種別：株式会社）　[校長/別科長名] 浦田美鈴

[収容定員] 100人　二 部制　[教員数] 7人（うち専任　5人）　[宿舎] 無　[料金]

[入学資格] 12年課程修了　[入学選抜方法] 書類審査、本人面接、筆記テスト

[認定コース在籍者数] 26　[その他コース在籍者数] 0

内訳(人)：
フィリピン(9)、中国(8)、ブータン(7)、インドネシア(1)、ベトナム(1)

[教材]

初級	『みんなの日本語』	初中級	『TRY』
中級	『TRY』	上級	『テーマ別上級で学ぶ日本語』

[基礎科目及び英語の授業] 無

[認定コース]

	目的	期間	時数	週数	入学月	選考料	入学金	授業料	その他	合計(円)
進学1年6か月コース	進学	1年6か月	1140	57	10	22,000	88,000	990,000	66,000	1,166,000
進学2年コース	進学	2年	1520	76	4	22,000	88,000	1,320,000	88,000	1,518,000

[認定以外のコース] 短期コース(1か月)

[日本語能力試験] 2018年度受験状況

	N1	N2	N3	N4	N5	合計
受験者数	4	15	31	0	0	50
認定者数	1	2	9	0	0	12

[日本留学試験] 2018年度受験状況

●第1回

日本語受験者	日本語219点以上	文系受験者	文系100点以上	理系受験者	理系100点以上
0					

●第2回

日本語受験者	日本語219点以上	文系受験者	文系100点以上	理系受験者	理系100点以上
0					

[進学実績] 2019年3月までの進学状況　卒業者数　57

大学院	大学	短期大学	高専	専門学校	その他の学校	就職
3	0	0	0	47	0	5

[主な進学先]

早稲田大学大学院、女子美術大学大学院、日本大学大学院

[主な就職先]

有人家㈱、㈱百姓百品村

●特色1　一人一人のレベルを重視し、丁寧に指導。

●特色2　生活指導は厳しく、授業は楽しく。

●特色3　日本語能力試験に合格出来る日本語力。

東京都　葛飾区　　告示校

はなこくさいあかでみー

華国際アカデミー

HANA INTERNATIONAL ACADEMY

[TEL] 03-3603-2400　[FAX] 03-3603-2404
[eMAIL] academy@hanaacademy.com
[URL] http://www.hanaacademy.com
[SNS] —

[住所] 〒124-0003　東京都葛飾区お花茶屋1-6-12　　[教育開始時期] 2003年04月

[行き方] 京成本線「お花茶屋駅」から徒歩3分

[設置者] サムライズ株式会社　（種別：株式会社）　[校長/別科長名] 神田万久

[収容定員] 200人　二 部制　[教員数] 17人（うち専任　4人）　[宿舎] 有　[料金]（月額）30,000円 ～ 40,000円

[入学資格] 12年課程修了以上及びこれと同等レベルの者　[入学選抜方法] 書類審査、本人面接、保証人面接
能力適性試験

[認定コース在籍者数] 161　内訳(人)：
中国(38)、ベトナム(92)、韓国(11)、フィリピン(1)、モンゴル(3)
その他(16)[バングラデシュ、スリランカ]

[その他コース在籍者数] 0

[教材]

初級	『みんなの日本語 初級Ⅰ』	初中級	『みんなの日本語 初級Ⅱ』
中級	『中級から学ぶ日本語』	上級	『新中級から上級への日本語』

[基礎科目及び英語の授業] なし

[認定コース]

	目的	期間	時数	週数	入学月	選考料	入学金	授業料	その他	合計(円)
進学2年コース	進学	2年	1600	80	4	20,000	70,000	1,140,000	160,000	1,390,000
進学1年9か月コース	進学	1年9か月	1400	70	7	20,000	70,000	997,500	140,000	1,227,500
進学1年6か月コース	進学	1年6か月	1200	60	10	20,000	70,000	855,000	120,000	1,065,000
進学1年3か月コース	進学	1年3か月	1000	50	1	20,000	70,000	712,500	100,000	902,500

[認定以外のコース] 体験入学

[日本語能力試験] 2018年度受験状況

	N1	N2	N3	N4	N5	合計
受験者数	7	30	73	16	0	126
認定者数	2	7	14	5	0	28

[日本留学試験] 2018年度受験状況

●第1回

日本語受験者	日本語219点以上	文系受験者	文系100点以上	理系受験者	理系100点以上
16	6	3	2	5	2

●第2回

日本語受験者	日本語219点以上	文系受験者	文系100点以上	理系受験者	理系100点以上
7	4	2	0	3	2

[進学実績] 2019年3月までの進学状況　卒業者数　67

大学院	大学	短期大学	高専	専門学校	その他の学校	就職
0	9	0	0	47	0	6

[主な進学先]

拓殖大学、東京成徳大学、東京都市大学、第一工業大学、王子経理専門学校、東京観光専門学校、柏木実業専門学校、関東工業自動車大学校、日本医学整鍼灸専門学校

[主な就職先]

小売業、不動産・賃貸業、飲食サービス業、建設業

●特色1　「食べていける日本語」教育の実践、実力のある教師が揃っています。

●特色2　生徒一人一人を大切にし、教師との距離が近く、面倒見の良い学校です。

●特色3　勉強だけではなく、旅行や遠足など楽しいイベントがあります。

あじあともものかいがいごがくいん

亜細亜友之会外語学院

ASIA FELLOWSHIP SOCIETY FOREIGN LANGUAGE SCHOOL

[TEL] 03-5390-3267 [FAX] 03-5390-3278
[eMAIL] asiatomo2012@gmail.com
[URL] http://www.asiatomo.com.cn
[SNS] —

[住所] 〒114-0002 東京都北区王子2-23-1 王子亜細亜ビル [教育開始時期] 1990年04月

[行き方] 京浜東北線「王子駅」から徒歩4分、東京メトロ南北線「王子駅」から徒歩3分

[設置者] 株式会社亜細亜友之会外語学院 (種別：株式会社) [校長/別科長名] 野左近勇蔵

[収容定員] 420人 二 部制 [教員数] 27人 (うち専任 9 人) [宿舎] 有 [料金] (月額) 38,000円 ～ 43,000円

[入学資格] 12年課程修了以上あるいは修了見込の者 [入学選抜方法] 書類審査、面接、試験

[認定コース在籍者数] 282
[その他コース在籍者数] 0
内訳(人):
中国(282)

[教材]

初級	『みんなの日本語 初級Ⅰ』	初中級	『みんなの日本語 初級Ⅱ』
中級	『学ぼう! 日本語中級』	上級	『学ぼう! 日本語上級』

[基礎科目及び英語の授業] 総合科目、数学コース1、数学コース2、物理、化学、生物

[認定コース]

	目的	期間	時数	週数	入学月	選考料	入学金	授業料	その他	合計(円)
進学2年コース	進学	2年	1520	76	4	30,000	60,000	1,272,000	117,000	1,479,000
進学1年9か月コース	進学	1年9か月	1360	68	7	30,000	60,000	1,113,000	103,000	1,306,000
進学1年6か月コース	進学	1年6か月	1200	60	10	30,000	60,000	954,000	88,000	1,132,000
進学1年3か月コース	進学	1年3か月	1040	52	1	30,000	60,000	795,000	74,000	959,000
一般1年コース	一般	1年	800	40	4,7,10	30,000	60,000	636,000	60,000	786,000

[認定以外のコース] 日本語短期習得コース(3ヶ月、入学随時)

[日本語能力試験] 2018年度受験状況

	N1	N2	N3	N4	N5	合計
受験者数	134	155	0	0	0	289
認定者数	69	84	0	0	0	153

[日本留学試験] 2018年度受験状況

●第1回

日本語受験者	日本語219点以上	文系受験者	文系100点以上	理系受験者	理系100点以上
98	60	47	31	10	8

●第2回

日本語受験者	日本語219点以上	文系受験者	文系100点以上	理系受験者	理系100点以上
76	50	33	20	9	6

[進学実績] 2019年3月までの進学状況 卒業者数 116

大学院	大学	短期大学	高専	専門学校	その他の学校	就職
32	49	2	0	28	0	3

[主な進学先]

京都大学大学院、お茶の水大学大学院、横浜国立大学大学院、千葉大学大学院、茨城大学大学院、首都大学東京大学院、北陸先端科学技術大学院大学、早稲田大学大学院、立教大学大学院、上智大学大学院、拓殖大学大学院、日本大学大学院、武蔵野大学大学院、事業創造大学院大学、デジタルハリウッド大学大学院、立正大学大学院、流通科学大学大学院、宇都宮大学、室蘭工業大学、明治大学、青山学院大学、学習院大学、東洋大学、専修大学、芝浦工業大学、国士舘大学、亜細亜大学、獨協大学、二松学舎大学、明海大学、桜美林大学、帝京大学、四日市大学、駿河台大学、聖学院大学、文星

[主な就職先]

—

●特色1 直接法を用い、日本語的感覚の早急な習得を図る。

●特色2 大学院進学のための特別指導クラスの設置。

●特色3 大学受験のための基礎科目の指導も行う。

製作：J.TEST事務局 / 語文研究社

東京都　北区　　告示校

じぇいしーえるあいにほんごがっこう

JCLI日本語学校

JCLI JAPANESE LANGUAGE SCHOOL

[TEL] 03-5902-5151　[FAX] 03-5902-5152
[eMAIL] jcli@jclischool.com
[URL] http://www.jclischool.com/
[SNS] –

[住所] 〒114-0003　東京都北区豊島8-4-1　[教育開始時期] 1980年11月

[行き方] 東京メトロ南北線「王子神谷駅」から徒歩6分

[設置者] 国際人材開発株式会社　（種別：株式会社）　[校長/別科長名] 岡部久雄

[収容定員] 1380人　二 部制　[教員数] 104人（うち専任 26 人）　[宿舎] 有　[料金]（月額）33,000円 ～ 55,000円

[入学資格] 12年以上の学校教育又はこれに準ずる課程を修了している者、正当な手続きにより日本国への入国を許可された者又は許可される見込みのある者、信頼のおける保証人を有する者

[入学選抜方法] 書類審査、面接

[認定コース在籍者数]

[その他コース在籍者数]

内訳(人):

[教材]

初級	『みんなの日本語 初級』	初中級	『中級へ行こう』『中級を学ぼう』『TRY! 日本語能力試験N3 文法から伸ばす日本語』
中級	『中級から学ぶ日本語』『TRY! 日本語能力試験N2 文法から伸ばす日本語』	上級	『上級で学ぶ日本語』『TRY! 日本語能力試験N1 文法から伸ばす日本語』

[基礎科目及び英語の授業]　総合科目、数学コース1、数学コース2、英語

[認定コース]

	目的	期間	時数	週数	入学月	選考料	入学金	授業料	その他	合計(円)
日本語科一般課程コース	一般	2年	1600	80	1,4,7,10	22,000	55,000	660,000	101,100	838,100

[認定以外のコース] 短期コース

[日本語能力試験]　2018年度受験状況

	N1	N2	N3	N4	N5	合計
受験者数						
認定者数						

[日本留学試験]　2018年度受験状況

●第1回

日本語受験者	日本語219点以上	文系受験者	文系100点以上	理系受験者	理系100点以上

●第2回

日本語受験者	日本語219点以上	文系受験者	文系100点以上	理系受験者	理系100点以上

[進学実績]　2019年3月までの進学状況　卒業者数

大学院	大学	短期大学	高専	専門学校	その他の学校	就職

[主な進学先]

[主な就職先]

●特色1　多種多様な学生のニーズに合わせた選択授業制。

●特色2　個別指導方式による徹底した進学指導。

●特色3　課外授業、文化体験授業、特別講座など幅広い教育。

製作:J.TEST事務局 / 語文研究社

告示校

東京都 北区

しゅうとくきょういくがくいん

秀徳教育学院

SYUTOKU JAPANESE EDUCATION ACADEMY

[TEL] 03-3810-2010 [FAX] 03-3810-2026
[eMAIL] syutoku@syutoku-edu.jp
[URL] www.syutoku-edu.jp
[SNS] SYUTOKU-JAPANESE-EDUCATION-ACADEMY

[住所] 〒114-0012 東京都北区田端新町1-27-16

[教育開始時期] 2010年8月

[行き方] JR山手線・京浜東北線、東京メトロ千代田線、日暮里舎人ライナー「西日暮里駅」から徒歩10分、京成本線「新三河島駅」から徒歩5分

[設置者] 株式会社秀徳教育学院 (種別:株式会社)

[校長/別科長名] 梅原健

[収容定員] 300人 二 部制

[教員数] 15人(うち専任 5人)

[宿舎] 有 [料金] (月額)35,000～50,000円

[入学資格]
・自国において学校教育における12年課程修了およびこれと同等レベル以上の方
・最終学歴卒業見込、または最終学歴修了から5年未満の方
・母国での日本語学習証明を提出できる方

[入学選抜方法] 書類選考、面接

[認定コース在籍者数] 177

[その他コース在籍者数] 2

内訳(人): 中国(109)、ネパール(23)、ウズベキスタン(17)、ベトナム(15)、ミャンマー(6)
その他(5)[スリランカ、バングラデシュ]

[教材]

初級	『みんなの日本語 初級』	初中級	『中級へ行こう』『初級日本語文法総まとめポイント20』『新完全マスターN3』
中級	『新完全マスターN2』	上級	『新完全マスターN1』

[基礎科目及び英語の授業] 無

[認定コース]

	目的	期間	時数	週数	入学月	選考料	入学金	授業料	その他	合計(円)
進学2年コース	進学	2年	1552	82	4	25,000	50,000	1,260,000	180,000	1,515,000
進学1年9か月コース	進学	1年9か月	1336	71	7	25,000	50,000	1,102,500	160,000	1,337,500
進学1年6か月コース	進学	1年6か月	1168	62	10	25,000	50,000	945,000	135,000	1,155,000
進学1年3か月コース	進学	1年3か月	964	51	1	25,000	50,000	787,500	115,000	977,500

[認定以外のコース] 短期コース

[日本語能力試験] 2018年度受験状況

	N1	N2	N3	N4	N5	合計
受験者数	7	44	124	2	0	177
認定者数	1	12	21	2	0	36

[日本留学試験] 2018年度受験状況

●第1回

日本語受験者	日本語219点以上	文系受験者	文系100点以上	理系受験者	理系100点以上
14	5	9	2	1	0

●第2回

日本語受験者	日本語219点以上	文系受験者	文系100点以上	理系受験者	理系100点以上
11	4	7	3	1	0

[進学実績] 2019年3月までの進学状況 卒業者数 99

大学院	大学	短期大学	高専	専門学校	その他の学校	就職
7	29	3	0	55	0	0

[主な進学先]

早稲田大学大学院、お茶の水女子大学大学院、東京医科歯科大学大学院、青山学院大学大学院、法政大学大学院

[主な就職先]

●特色1 プロの日本語教師陣。

●特色2 世界中の学生が集う教室。

●特色3 一生の友達との出会い。

製作:J.TEST事務局 / 語文研究社

東京都　北区	告示校

じんとうきょうにほんごがっこう

JIN東京日本語学校

JIN TOKYO JAPANESE LANGUAGE SCHOOL

[TEL] 03-5692-1900 [FAX] 03-5692-1901
[eMAIL] atisong78@gmail.com
[URL] http://www.jin-japanese.com/
[SNS] —

[住所] 〒114-0012 東京都北区田端新町1-27-12CTビル1F～4F（本校）

[教育開始時期] 1991年05月

[行き方] JR「田端駅」または「西日暮里駅」より徒歩15分程度

[設置者] 有限会社ジン （種別：有限会社）

[校長/別科長名] 全成鎬

[収容定員] 220人 二 部制

[教員数] 52人（うち専任 14 人）

[宿舎] 無 [料金] —

[入学資格] 12年課程修了以上およびこれと同等レベルの者

[入学選抜方法] 書類審査、本人面接、能力適性試験

[認定コース在籍者数] 456

[その他コース在籍者数] 0

内訳(人)：ベトナム(364)、ネパール(32)、中国(28)、モンゴル(23)、韓国(4)
その他(5)

[教材]

初級	『みんなの日本語』	初中級	『中級へ行こう』
中級	『中級から学ぶ日本語』	上級	『上級で学ぶ日本語』

[基礎科目及び英語の授業] なし

[認定コース]

	目的	期間	時数	週数	入学月	選考料	入学金	授業料	その他	合計(円)
進学2年コース	進学	2年	1600	80	4	22,000	77,000	1,306,800	22,000	1,427,800
進学1年9か月コース	進学	1年9か月	1400	70	7	22,000	77,000	1,143,450	22,000	1,264,450
進学1年6か月コース	進学	1年6か月	1200	60	10	22,000	77,000	980,100	22,000	1,101,100
進学1年3か月コース	進学	1年3か月	1000	50	1	22,000	77,000	816,750	22,000	937,750
進学1年コース	進学	1年		40	4	22,000	77,000	653,400	22,000	774,400

[認定以外のコース] 短期学習コース

[日本語能力試験] 2018年度受験状況

	N1	N2	N3	N4	N5	合計
受験者数	13	92	372	0	0	477
認定者数	7	25	61	0	0	93

[日本留学試験] 2018年度受験状況

●第1回

日本語受験者	日本語219点以上	文系受験者	文系100点以上	理系受験者	理系100点以上
35	10	12	2	2	0

●第2回

日本語受験者	日本語219点以上	文系受験者	文系100点以上	理系受験者	理系100点以上
24	9	7	0	0	0

[進学実績] 2019年3月までの進学状況 卒業者数 244

大学院	大学	短期大学	高専	専門学校	その他の学校	就職
0	9	0	0	226	0	0

[主な進学先]

明海大学・日本経済大学・奈良教育大学・CAD製図専門学校・渋谷外国語専門学校・早稲田文理専門学校・日本外国語専門学校・東京商科法科学院専門学校

[主な就職先]

—

●特色1 入学時からのガイダンス・説明会参加など進路指導の充実。

●特色2 生活・学習面におけるカウンセリング。

●特色3 メディア等を利用した選択科目での日本文化・日本事情・会話・マナー等の習得。

告示校

東京都　北区

ちゅうおうこうがっこうふぞくにほんごがっこう

中央工学校附属日本語学校

Japanese Language School affiliated with Chuo College of Technology

[TEL] 03-3895-1909　[FAX] 03-3895-1910
[eMAIL] info@chuo-j.ac.jp
[URL] www.chuo-j.ac.jp/
[SNS] Facebook : ChuoJapanese

[住所] 〒114-0013　東京都北区東田端1丁目4-8

[教育開始時期] 2010年04月

[行き方] JR京浜東北線・山手線「田端」駅北口から徒歩5分

[設置者] 学校法人中央工学校 理事長 堀口一秀（種別：準学校法人）　[校長/別科長名] 丸山健一

[収容定員] 224人　二 部制　[教員数] 18人（うち専任 7人）　[宿舎] 有　[料金]（月額）20,000円 ～ 64,000円

[入学資格] 外国人において通常の課程による12年以上の学校教育を修了している者　[入学選抜方法] 面接、試験等

[認定コース在籍者数] 129
[その他コース在籍者数] 0

内訳(人)：ベトナム(48)、中国(31)、モンゴル(30)、インドネシア(13)、ミャンマー(4)
その他(3)[台湾、韓国、タイ]

[教材]

初級	『日本語初級大地』『留学生のための漢字300』	初中級	『中級へ行こう』『総まとめN3文法』『留学生のための漢字700』
中級	『中級日本語（上）』『総まとめN2文法』『留学生のための漢字700』	上級	『文化中級日本語Ⅱ』『総まとめN1文法』『留学生のための漢字1000』

[基礎科目及び英語の授業] 総合科目、数学コース1、数学コース2、物理、化学、生物、英語

[認定コース]

	目的	期間	時数	週数	入学月	選考料	入学金	授業料	その他	合計(円)
進学2年コース	進学	2年	1600	80	4	20,000	50,000	1,200,000	135,000	1,405,000
進学1年9か月コース	進学	1年9か月	1400	70	7	20,000	50,000	1,050,000	125,000	1,245,000
進学1年6か月コース	進学	1年6か月	1200	60	10	20,000	50,000	900,000	105,000	1,075,000
進学1年3か月コース	進学	1年3か月	1000	50	1	20,000	50,000	750,000	95,000	915,000

[認定以外のコース] なし

[日本語能力試験]　2018年度受験状況

	N1	N2	N3	N4	N5	合計
受験者数	15	68	116	12	0	211
認定者数	4	37	47	3	0	91

[日本留学試験]　2018年度受験状況

●第1回

日本語受験者	日本語219点以上	文系受験者	文系100点以上	理系受験者	理系100点以上
24	9	5	3	5	5

●第2回

日本語受験者	日本語219点以上	文系受験者	文系100点以上	理系受験者	理系100点以上
11	5	2	1	2	2

[進学実績]　2019年3月までの進学状況　卒業者数　90

大学院	大学	短期大学	高専	専門学校	その他の学校	就職
1	5	3	0	49	0	18

[主な進学先]

関東学園大学、愛国学園大学、東京富士大学、愛知産業大学、日本経済大学、東京経営短期大学、城西短期大学、中央工学校、新東京歯科衛生士学校、日本電子専門学校、日本工学院専門学校、東京IT会計専門学校、日本菓子専門学校、東京デザイン専門学校、目白ファッション＆アートカレッジ、駿台トラベル＆ホテル専門学校、駿台観光＆外語ビジネス専門学校、他

[主な就職先]

藤田観光、他

●特色1　漢字圏・非漢字圏を分離せず、クラス内異文化交流、多様性を重視する。

●特色2　上記で生ずる非漢字圏学生の漢字学習に配慮した教材準備。

●特色3　ー

製作：J.TEST事務局 / 語文研究社

東京都 江東区 | 告示校

かなんこくさいきょういくがくいん

カナン国際教育学院

CANAAN International Education Academy

[TEL] 03-5609-3512 [FAX] 03-5609-1639
[eMAIL] info@knstschool.com
[URL] http://www.knstschool.com
[SNS] https://www.facebook.com/knstcampus

[住所] 〒136-0072 東京都江東区大島3-23-8 木下ビル

[教育開始時期] 2003年10月

[行き方] JR総武線「亀戸駅」東口から徒歩6分、地下鉄都営新宿線「西大島駅」A3から徒歩7分

[設置者] 学校法人 木下学園 (種別：学校法人)

[校長/別科長名] 木下裕

[収容定員] 400人 二 部制 [教員数] 41人 (うち専任 11 人)

[宿舎] 有 [料金] (月額) 30,000円 ～70,000円

[入学資格] 12年課程修了以上及びこれと同等レベルのもの

[入学選抜方法] 書類審査、本人・保証人との面接、能力適正試験

[認定コース在籍者数] 331

[その他コース在籍者数] 0

内訳(人):
中国(191)、ベトナム(120)、ミャンマー(9)、スリランカ(3)、モンゴル(2)
その他(6)[ネパール、バングラデシュ]

[教材]

初級	『みんなの日本語 初級』	初中級	『中級を学ぼう 日本語中前期』 『日本語能力試験文法トレーニング N3』
中級	『中級を学ぼう 日本語中後期』 『日本語能力試験文法トレーニング N2』	上級	『上級で学ぶ日本語』 『日本語能力試験文法トレーニング N1』

[基礎科目及び英語の授業] 総合科目、数学コース1、数学コース2、英語

[認定コース]

	目的	期間	時数	週数	入学月	選考料	入学金	授業料	その他	合計(円)
進学1年コース	進学	1年	800	40	4	20,000	50,000	600,000	85,000	755,000
進学1年3か月コース	進学	1年3か月	1000	50	1	20,000	50,000	750,000	115,000	935,000
進学1年6か月コース	進学	1年6か月	1200	60	10	20,000	50,000	900,000	130,000	1,100,000
進学1年9か月コース	進学	1年9か月	1400	70	7	20,000	50,000	1,050,000	145,000	1,265,000
進学2年コース	進学	2年	1600	80	4	20,000	50,000	1,200,000	160,000	1,430,000

[認定以外のコース] なし

[日本語能力試験] 2018年度受験状況

	N1	N2	N3	N4	N5	合計
受験者数	43	103	98	0	0	244
認定者数	17	39	24	0	0	80

[日本留学試験] 2018年度受験状況

●第1回

日本語受験者	日本語219点以上	文系受験者	文系100点以上	理系受験者	理系100点以上
86	21	74	45	45	15

●第2回

日本語受験者	日本語219点以上	文系受験者	文系100点以上	理系受験者	理系100点以上
32	21	12	7	9	5

[進学実績] 2019年3月までの進学状況 卒業者数 121

大学院	大学	短期大学	高専	専門学校	その他の学校	就職
14	43	5	0	52	0	6

[主な進学先]

東京大学大学院、京都大学大学院、一橋大学大学院、横浜国立大学大学院、早稲田大学、慶應義塾大学、日本大学、明治大学、山形大学、関西大学、多摩美術大学、帝京大学、桜美林大学、秀明大学、明海大学、流通経済大学 他

[主な就職先]

－

●特色1 留学生の学習生活において直面する事柄に親身な対応。

●特色2 国際人たる人物の育成。

●特色3 学生の希望に応じた進路指導対策。

製作：J.TEST事務局 / 語文研究社

告示校

東京都　江東区

しゅうりんがいごせんもんがっこう

秀林外語専門学校

Shurin College of Foreign Languages

[TEL] 03-3638-7511　[FAX] 03-3638-7515
[eMAIL] info@shurin.ac.jp
[URL] http://shurin.ac.jp/
[SNS] Facebook/Twitter/Kakao Talk/QQ
:学校法人金井学園

[住所] 〒136-0072　東京都江東区大島3-4-7

[教育開始時期] 1988年04月

[行き方] JR総武線「亀戸駅」北口から徒歩7分、地下鉄都営新宿線「西大島駅」から徒歩5分

[設置者] 学校法人金井学園（種別：準学校法人）

[校長/別科長名] 申景浩

[収容定員] 80人　二 部制　[教員数] 6人（うち専任 2人）

[宿舎] 有　[料金]（月額）37,000円 ～ 60000円

[入学資格] 12年課程修了以上及びこれと同等レベルの者

[入学選抜方法] 書類審査、面接試験

[認定コース在籍者数] 79

[その他コース在籍者数] 0

内訳(人)：
ベトナム(59)、中国(16)、ミャンマー(2)、韓国(2)

[教材]

初級	『みんなの日本語』	初中級	『新完全マスター』文法N3漢字N3『総まとめN3語彙』『学ぼう日本語初中級』
中級	『新完全マスター』文法N2漢字N2『総まとめN2語彙』『学ぼう日本語中級』	上級	『新完全マスター』文法N1漢字N1『総まとめN1語彙』『学ぼう日本語上級』

[基礎科目及び英語の授業] なし

[認定コース]

	目的	期間	時数	週数	入学月	選考料	入学金	授業料	その他	合計(円)
日本語学科	進学	1年	800	40	4	25,000	50,000	620,000	60,000	755,000

[認定以外のコース] なし

[日本語能力試験] 2018年度受験状況

	N1	N2	N3	N4	N5	合計
受験者数	7	29	24	0	0	60
認定者数	2	16	8	0	0	26

[日本留学試験] 2018年度受験状況

●第1回

日本語受験者	日本語219点以上	文系受験者	文系100点以上	理系受験者	理系100点以上
2	2	0	0	0	1

●第2回

日本語受験者	日本語219点以上	文系受験者	文系100点以上	理系受験者	理系100点以上
2	1	0	0	0	0

[進学実績] 2019年3月までの進学状況　卒業者数 52

大学院	大学	短期大学	高専	専門学校	その他の学校	就職
2	7	0	0	39	0	4

[主な進学先]

早稲田大学大学院、青山学院大学大学院、法政大学、明治大学、横浜市立大学、武蔵野大学、日本体育大学、日本経済大学、国際貢献専門大学校、早稲田文理専門学校、秀林外語専門学校

[主な就職先]

企業名非公表

●特色1　少人数制によるレベル別クラス編成。

●特色2　経験豊富な教師が徹底指導。

●特色3　大学・専門学校への高い進学率を誇る。

製作：J.TEST事務局 / 語文研究社

東京都	江東区

告示校

とうきょうとうようにほんごがくいん

東京東陽日本語学院

Tokyo Toyo Japanese Language School

[TEL] 03-6659-7375 [FAX] 03-6659-7376
[eMAIL] toyohonnjo@gmail.com
[URL]
[SNS]

[住所] 〒135-0016 東京都江東区東陽5-27-8 角一ビル
[教育開始時期] 2017年10月
[行き方] メトロ東西線「東陽町駅」から徒歩6分、都立深見高校西門側前

[設置者] 杉山政人 (種別：株式会社)
[校長/別科長名] 本庄尚穂
[収容定員] 100人 二 部制 [教員数] 9人 (うち専任 2 人)
[宿舎] 有 [料金] (月額)20,000～40,000円

[入学資格] 12年以上、それに準ずる課程の修了者、留学生活における資金がある者、保証人を有する者
[入学選抜方法] 面接、試験、作文、書類審査

[認定コース在籍者数] 30
[その他コース在籍者数]
内訳(人)：
中国(22)、ウズベキスタン(5)、インド(2)、ベトナム(1)

[教材]

初級	『みんなの日本語』	初中級	『わたしの文法ノート』『中級へ行こう』『学ぼう！にほんご』
中級	『完マスN2』『耳からおぼえるシリーズ』 『日本語パワードリル』	上級	

[基礎科目及び英語の授業] 無

[認定コース]

	目的	期間	時数	週数	入学月	選考料	入学金	授業料	その他	合計(円)
進学2年コース	進学	2年	1600	80	4	20,000	30,000	1,300,000	100,000	1,450,000
進学1年6か月コース	進学	1年6か月	1200	60	10	20,000	30,000	1,200,000	100,000	1,350,000

[認定以外のコース] なし

[日本語能力試験] 2018年度受験状況

	N1	N2	N3	N4	N5	合計
受験者数	2		29			31
認定者数	0		4			4

[日本留学試験] 2018年度受験状況

●第1回

日本語受験者	日本語219点以上	文系受験者	文系100点以上	理系受験者	理系100点以上
4	1	4	0		

●第2回

日本語受験者	日本語219点以上	文系受験者	文系100点以上	理系受験者	理系100点以上
0					

[進学実績] 2019年3月までの進学状況 卒業者数 37

大学院	大学	短期大学	高専	専門学校	その他の学校	就職
	7			30		

[主な進学先]

至誠館大学、日本経済大学、明海大学、横浜経理専門学校

[主な就職先]

●特色1 四技能バランスの取れた修得を目指す。

●特色2 日本文化を知る、体験する課外活動。

●特色3 漢字指導は厳しめに。

製作:J.TEST事務局 / 語文研究社

告示校

東京都　江東区

とうきょうにちえいがくいん

東京日英学院

TOKYO JE LANGUAGE SCHOOL

[TEL] 03-5602-9771 [FAX] 03-5602-9772
[eMAIL] info@tokyoje.com
[URL] http://tokyoje.com
[SNS] Facebook:東京日英学院 QQ:114172188

[住所] 〒135-0042 東京都江東区木場5-11-13-2F

[教育開始時期] 1984年04月

[行き方] 東京メトロ東西線「木場駅」1番出口から徒歩1分

[設置者] 株式会社東京日英 （種別：株式会社）

[校長/別科長名] 牧野和枝

[収容定員] 240人 二 部制　[教員数] 16人 (うち専任 4人)　[宿舎] 有 [料金] 月35,000円～40,000円

[入学資格] 12年課程修了以上及び同等レベルの者

[入学選抜方法] 書類審査、面接及びテスト

[認定コース在籍者数] 169

[その他コース在籍者数] 0

内訳(人)：
ベトナム(109)、中国(49)、ミャンマー(7)、ロシア(1)、フィリピン(1)
その他(2)[モンゴル、ウズベキスタン]

[教材]

初級	『みんなの日本語 初級』	初中級	『中級へ行こう』『TRY! N3』
中級	『中級から学ぶ日本語』『TRY! N2』	上級	『上級で学ぶ日本語』『日本文化を読む』『TRY! N1』

[基礎科目及び英語の授業] なし

[認定コース]

	目的	期間	時数	週数	入学月	選考料	入学金	授業料	その他	合計(円)
進学2年コース	進学	2年	1600	80	4	25,000	50,000	1,140,000	120,000	1,335,000
進学1年9か月コース	進学	1年9か月	1400	70	7	25,000	50,000	997,500	105,000	1,177,500
進学1年6か月コース	進学	1年6か月	1200	60	10	25,000	50,000	855,000	90,000	1,020,000
進学1年3か月コース	進学	1年3か月	1000	50	1	25,000	50,000	712,500	75,000	862,500

[認定以外のコース] 短期コース、一般コース

[日本語能力試験] 2018年度受験状況

	N1	N2	N3	N4	N5	合計
受験者数	8	76	39	8	0	131
認定者数	4	16	14	3	0	37

[日本留学試験] 2018年度受験状況

●第1回

日本語受験者	日本語219点以上	文系受験者	文系100点以上	理系受験者	理系100点以上
14	2	5	0	1	1

●第2回

日本語受験者	日本語219点以上	文系受験者	文系100点以上	理系受験者	理系100点以上
1	1	1	1	0	0

[進学実績] 2019年3月までの進学状況 卒業者数 101

大学院	大学	短期大学	高専	専門学校	その他の学校	就職
1	9			75		7

[主な進学先]

獨協大学大学院、日本経済大学、東京国際ビジネスカレッジ等

[主な就職先]

●特色1 実力に対応した能力別カリキュラム編成。

●特色2 経験豊富で優秀な講師陣による教育内容の充実。

●特色3 きめ細かな進学指導と生活指導及びサポート。

東京都　江東区　｜　告示校

とうきょうぶんきょうがくいん

東京文教学院

BUNKYO ACADEMY OF TOKYO

[TEL] 03-3638-8866　[FAX] 03-3638-8899
[eMAIL] info@tokyobk.com
[URL] www.tokyobk.com
[SNS] https://www.facebook.com/TBKacademy/

[住所] 〒136-0071　東京都江東区亀戸6丁目32-7　[教育開始時期] 2016年04月

[行き方] JR総武線「亀戸駅」東口から徒歩4分、都営新宿線「西大島駅」A2出口から徒歩10分

[設置者] 株式会社東方スパーク　(種別：株式会社)　[校長/別科長名] 勅使河原洋子

[収容定員] 150人　二 部制　[教員数] 11人 (うち専任　3 人)　[宿舎] 有　[料金] (月額) 25,000円 ～ 39,000円

[入学資格] 高校卒業(見込)以上、審査あり　[入学選抜方法] 書類審査、筆記試験、面接

[認定コース在籍者数] 122　内訳(人):
[その他コース在籍者数] 0

中国(70)、ベトナム(47)、スリランカ(4)、アメリカ(1)

[教材]

初級	『みんなの日本語 初級』	初中級	『中級へ行こう』他
中級	『テーマ別 中級から学ぶ日本語』他	上級	『テーマ別 上級で学ぶ日本語』他

[基礎科目及び英語の授業]　なし

[認定コース]

	目的	期間	時数	週数	入学月	選考料	入学金	授業料	その他	合計(円)
進学2年コース	進学	2年	1600	80	4	21,000	30,000	1,320,000	48,000	1,419,000
進学1年9か月コース	進学	1年9か月	1400	70	7	21,000	30,000	1,155,000	42,000	1,248,000
進学1年6か月コース	進学	1年6か月	1200	60	10	21,000	30,000	990,000	36,000	1,077,000

[認定以外のコース] スタディツアーコース、在日短期語学プラン、プライベートレッスンプラン

[日本語能力試験]　2018年度受験状況

	N1	N2	N3	N4	N5	合計
受験者数						
認定者数						

[日本留学試験]　2018年度受験状況

●第1回

日本語受験者	日本語219点以上	文系受験者	文系100点以上	理系受験者	理系100点以上

●第2回

日本語受験者	日本語219点以上	文系受験者	文系100点以上	理系受験者	理系100点以上

[進学実績]　2019年3月までの進学状況　卒業者数

大学院	大学	短期大学	高専	専門学校	その他の学校	就職

[主な進学先]

[主な就職先]

●特色1　各種行事・文化体験を通じて、日本の文化・習慣を学ぶ。

●特色2　日本で働きたいという学生の意欲を刺激し、自分の将来をイメージできる課外授業。

●特色3　学生一人一人のニーズに合わせた進路指導と徹底的な生活相談・指導。

告示校

東京都　江東区

とうきょうわいえむしーえーにほんごがくいん

東京YMCAにほんご学院

Tokyo YMCA Japanese Language Institute

[TEL] 03-3615-5548 [FAX] 03-3615-5602
[eMAIL] nihongo@tokyoymca.org
[URL] http://tokyo.ymca.or.jp/japanese/
[SNS] Facebook:@tokyoymca.nihongo

[住所] 〒135-0016　東京都江東区東陽2-2-15

[教育開始時期] 2011年10月

[行き方] 東京メトロ東西線「東陽町駅」から徒歩5分

[設置者] 東京YMCA　（種別：公益財団法人）

[校長/別科長名] 小野実

[収容定員] 156人　二 部制　[教員数] 16人 (うち専任 10 人)　[宿舎] 有　[料金] (月額)30,000円～

[入学資格] 高校卒業以上、150時間以上の日本語学習修了

[入学選抜方法] 書類、面接

[認定コース在籍者数] 100

[その他コース在籍者数] 7

内訳(人)：ベトナム(65)、中国(22)、台湾(5)、スリランカ(4)、ミャンマー(4)
その他(7)[韓国、モンゴル、日本、ネパール]

[教材]

初級	『できる日本語　初級』	初中級	『できる日本語　中級』『漢字総まとめ』
中級	『できる日本語　中級』『漢字総まとめ』	上級	『テーマ別上級できる日本語』『TRYN1』『ニュース聴解40』

[基礎科目及び英語の授業] 無

[認定コース]

	目的	期間	時数	週数	入学月	選考料	入学金	授業料	その他	合計(円)

[認定以外のコース] なし

[日本語能力試験]　2018年度受験状況

	N1	N2	N3	N4	N5	合計
受験者数						
認定者数						

[日本留学試験]　2018年度受験状況

●第1回

日本語受験者	日本語219点以上	文系受験者	文系100点以上	理系受験者	理系100点以上

●第2回

日本語受験者	日本語219点以上	文系受験者	文系100点以上	理系受験者	理系100点以上

[進学実績]　2019年3月までの進学状況　卒業者数

大学院	大学	短期大学	高専	専門学校	その他の学校	就職

[主な進学先]

[主な就職先]

●特色1

●特色2

●特色3

製作：J.TEST事務局 / 語文研究社

東京都　渋谷区　　告示校

しぶやがいごがくいん

渋谷外語学院

SHIBUYA LANGUAGE SCHOOL

[TEL] 03-3461-8854　[FAX] 03-3463-4901
[eMAIL] office@shibuyajp.net
[URL] https://shibuyajp.net/
[SNS] Facebook: @Shibuya.Gaigo.Gakuin; Instagram: @shibuyagaigo; Twitter: @Shibuya_Gaigo

[住所] 〒150-0031　東京都渋谷区桜丘町15-17 NKG東京ビル　[教育開始時期] 1971年04月

[行き方] JR「渋谷駅」南改札西口出口より徒歩4分

[設置者] 株式会社　シブガイ　(種別:株式会社)　[校長/別科長名] 松本太郎

[収容定員] 142人　二 部制　[教員数] 21人 (うち専任　4人)　[宿舎] 無　[料金] -

[入学資格] 12年課程修了以上及びこれと同等レベルの者　[入学選抜方法] 書類審査、インタビュー、日本語レベルチェックテスト

[認定コース在籍者数] 102
[その他コース在籍者数] 16

内訳(人): アメリカ(27)、イタリア(19)、フランス(12)、オーストラリア(8)、ドイツ(4)
その他(48)[カナダ、コロンビア、スペイン、ペルー、英国、イラン、オランダ、オーストリア、シンガポール、スイス、ポーランド、韓国、アイルランド、アルゼンチン、インドネシア、ウクライナ、クロアチア、コスタリカ、サウジアラビア、スウェーデン、タイ、チェコ、チリ、ノルウェー、フィリピン、フィンランド、マレーシア、ルーマニア、台湾、日本]

[教材]

初級	『みんなの日本語 初級Ⅰ』	初中級	『みんなの日本語 初級Ⅱ』
中級	『みんなの日本語 中級Ⅰ』	上級	『学ぼう！にほんご 中級』

[基礎科目及び英語の授業]　なし

[認定コース]

	目的	期間	時数	週数	入学月	選考料	入学金	授業料	その他	合計(円)
総合2年	一般	2年	1600	80	4,10	20,000	50,000	1,360,000	0	1,430,000
総合1年	一般	1年	800	40	1,4,7,10	20,000	50,000	680,000	0	750,000

[認定以外のコース] 10週間コース、1か月コース、サマーコース、プライベートレッスン

[日本語能力試験]　2018年度受験状況

	N1	N2	N3	N4	N5	合計
受験者数						
認定者数						

[日本留学試験]　2018年度受験状況

●第1回

日本語受験者	日本語219点以上	文系受験者	文系100点以上	理系受験者	理系100点以上

●第2回

日本語受験者	日本語219点以上	文系受験者	文系100点以上	理系受験者	理系100点以上

[進学実績]　2019年3月までの進学状況　卒業者数

大学院	大学	短期大学	高専	専門学校	その他の学校	就職

[主な進学先]

[主な就職先]

●特色1　実用会話能力養成に重点を置いたコミュニカティブアプローチとオーディオリンガルを融合させた日本語直説法。

●特色2　欧米人が多い、多国籍の学習者。

●特色3　国際交流の課外活動を取り入れ、異文化相互理解のために実践的レッスン。

告示校

東京都　渋谷区

しぶやらるにほんごがくいん

渋谷ラル日本語学院

Shibuya LALL Japanese Language School

[TEL] 03-5465-1116　[FAX] 03-5465-1133

[eMAIL] shibuya-lall@lallgroup.com

[URL] http://www.lallgroup.com/shibuya-lall/

[SNS] Facebook:https://www.facebook.com/shibuya.lall/

[住所] 〒151-0072　東京都渋谷区幡ヶ谷1-29-9

[教育開始時期] 2017年10月

[行き方] 京王新線「幡ヶ谷」駅より徒歩5分

[設置者] 株式会社LALLヒューマンホールディングス（種別:株式会社）

[校長/別科長名] 理事長:原川久司/校長:加藤薫

[収容定員] 100人　二 部制　[教員数] 10人（うち専任　3 人）　[宿舎] 有　[料金]（月額）35,000円 ～

[入学資格] 12年課程修了以上又はそれに準ずる課程を修了した者

[入学選抜方法] 書類審査、面接

[認定コース在籍者数] 66

[その他コース在籍者数] 0

内訳(人):
ベトナム(44)、フィリピン(8)、モンゴル(5)、中国(5)、ネパール(3)
その他(1)[スリランカ]

[教材]

初級	『みんなの日本語』	初中級	『中級へ行こう』
中級	『中級を学ぼう 前期・中期』	上級	『時代を読み解く上級日本語』

[基礎科目及び英語の授業] なし

[認定コース]

	目的	期間	時数	週数	入学月	選考料	入学金	授業料	その他	合計(円)
進学2年コース	進学	2年	1600	80	4	20,000	50,000	1,120,000	200,000	1,390,000
進学1年6か月コース	進学	1年6か月	1200	60	10	20,000	50,000	840,000	150,000	1,060,000

[認定以外のコース] なし

[日本語能力試験]　2018年度受験状況

	N1	N2	N3	N4	N5	合計
受験者数	4	19	68	0	0	91
認定者数	0	11	19	0	0	30

[日本留学試験]　2018年度受験状況

●第1回

日本語受験者	日本語219点以上	文系受験者	文系100点以上	理系受験者	理系100点以上
0	0	0	0	0	0

●第2回

日本語受験者	日本語219点以上	文系受験者	文系100点以上	理系受験者	理系100点以上
0	0	0	0	0	0

[進学実績]　2019年3月までの進学状況　卒業者数　33

大学院	大学	短期大学	高専	専門学校	その他の学校	就職
0	1	0	0	7	0	22

[主な進学先]

第一工業大学、中野オブビジネススクール、長野ビジネス外語カレッジ

[主な就職先]

(株)トラバース、(株)NHホテルマネジメント、(株)日神ホテルズ、(株)喜久多、(株)Trust Growth、喜多方ラーメン、(株)LALLヒューマンホールディングス等

●特色1　4技能(読む、書く、話す、聞く)をバランスよく学び、実践的な日本語を身に付ける。

●特色2　自律的な日本語学習能力を身に付ける。

●特色3　自己のアイデンティティを大切にしながら異文化を受け入れられる価値観や包容力を養う。

東京都　渋谷区

告示校

とうきょういくえいにほんごがくいん

東京育英日本語学院

TOKYO IKUEI JAPANESE SCHOOL

[TEL] 03-6427-3831　[FAX] 03-6427-3832
[eMAIL] info@japanese-school.net
[URL] http://japanese-school.net
[SNS] Facebook:Tokyo Ikuei Japanese School

[住所] 〒150-0002　東京都渋谷区渋谷2-9-13 AiiA ANNEX BLDG

[教育開始時期] 2010年04月

[行き方] JR線「渋谷駅」から青山学院大学へ向かって徒歩10分

[設置者] アイア株式会社　(種別：株式会社)

[校長/別科長名] 藤原望

[収容定員] 350人　二 部制　[教員数] 26人 (うち専任　7 人)

[宿舎] 有　[料金] (月額) 45,000円 ～ 49,000円

[入学資格] 18歳以上、学歴12年以上（高等学校以上）、経費支弁能力

[入学選抜方法] 書類審査、面接

[認定コース在籍者数] 190

[その他コース在籍者数] 11

内訳(人)：ベトナム(76)、中国(53)、ミャンマー(17)、バングラデシュ(11)、スリランカ(10)
その他(34)[ロシア、ネパール、ウズベキスタン、ウクライナ、エストニア、フィリピン、インド、香港、タイ]

[教材]

初級	『みんなの日本語 初級』	初中級	『中級までに学ぶ日本語』
中級	『中級から学ぶ日本語』	上級	『上級で学ぶ日本語』

[基礎科目及び英語の授業]　なし

[認定コース]

	目的	期間	時数	週数	入学月	選考料	入学金	授業料	その他	合計(円)
進学コース4月	進学	2年	1600	80	4	30,000	75,000	1,152,000	206,000	1,463,000
進学コース7月	進学	1年9か月	1400	70	7	30,000	75,000	1,008,000	196,000	1,309,000
進学コース10月	進学	1年6か月	1200	60	10	30,000	75,000	864,000	191,000	1,160,000
進学コース1月	進学	1年3か月	1000	50	1	30,000	75,000	720,000	133,000	958,000

[認定以外のコース] なし

[日本語能力試験]　2018年度受験状況

	N1	N2	N3	N4	N5	合計
受験者数	15	51	147	8	0	221
認定者数	4	12	39	2	0	57

[日本留学試験]　2018年度受験状況

●第1回

日本語受験者	日本語219点以上	文系受験者	文系100点以上	理系受験者	理系100点以上
6	1	0	0	0	0

●第2回

日本語受験者	日本語219点以上	文系受験者	文系100点以上	理系受験者	理系100点以上
14	8	5	3	5	1

[進学実績]　2019年3月までの進学状況　卒業者数　100

大学院	大学	短期大学	高専	専門学校	その他の学校	就職
2	17	0	0	57	5	9

[主な進学先]

東洋大学大学院、東京外国語大学大学院、早稲田大学、日本経済大学、東京農業大学、青森大学

[主な就職先]

株式会社ロピア、株式会社メディカルプラネット、プラネットワークス株式会社

●特色1　非漢字圏・漢字圏の双方に対応した多国籍クラス。

●特色2　課外活動や交流活動を通じた日本文化教育。

●特色3　東京の中心地に立地した恵まれた学習環境。

製作：J.TEST事務局 / 語文研究社

告示校

東京都　渋谷区

がっこうほうじんながぬますくーるとうきょうにほんごがっこう

学校法人長沼スクール 東京日本語学校

THE NAGANUMA SCHOOL TOKYO SCHOOL OF JAPANESE LANGUAGE

[TEL] 03-3463-7261 [FAX] 03-3463-7599
[eMAIL] info@naganuma-school.ac.jp
[URL] http://www.naganuma-school.ac.jp
[SNS] https://www.facebook.com/TheNaganumaSchool/

[住所] 〒150-0036　東京都渋谷区南平台町16-26

[教育開始時期] 1948年04月

[行き方] JR「渋谷駅」西口から徒歩12分、井の頭線「神泉駅」から徒歩5分、東急バス「道玄坂上前」すぐ

[設置者] 学校法人長沼スクール　(種別：学校法人)

[校長/別科長名] 小山千恵

[収容定員] 600人　二 部制

[教員数] 52人 (うち専任 28 人)

[宿舎] 有　[料金] (月額) 42,000円 ～

[入学資格] 12年課程修了以上(進学科は12年未満入学可)

[入学選抜方法] 書類審査、本人面接、保証人面接、能力適性試験

[認定コース在籍者数] 405

[その他コース在籍者数] 62

内訳(人)：台湾(148)、中国(89)、韓国(61)、ベトナム(41)、モンゴル(31)
その他(97)[アメリカ、イギリス、イタリア、イラン、インド、ウクライナ、ウズベキスタン、エジプト、オーストラリア、カザフスタン、カナダ、キルギス、ケニア、コロンビア、シンガポール、スイス、スウエーデン、スペイン、タイ、ドイツ、ニュージーランド、ネパール、フィリピン、ブラジル、フランス、マレーシア、ミャンマー、メキシコ、ルーマニア、ロシア、英国(香港)、中国(香港)、日本]

[教材]

初級	『いつでもどこでも話せる日本語』	初中級	―
中級	『ニューアプローチ 中級日本語 基礎編』 『ニューアプローチ 中級日本語 完成編』	上級	『長沼新現代日本語IV』 超上級生教材(新聞・報道番組・ドラマ・小説・評論 他)

[基礎科目及び英語の授業] 総合科目、数学コース1、数学コース2、物理、化学、英語

[認定コース]

	目的	期間	時数	週数	入学月	選考料	入学金	授業料	その他	合計(円)
本科1年コース	一般	1年	880	44	1,4,7,9	30,000	50,000	778,800	20,000	878,800
本科1年半コース	一般	1年6か月	1320	66	9	30,000	50,000	1,168,200	30,000	1,278,200
本科2年コース	一般	2年	1760	88	4	30,000	50,000	1,557,600	40,000	1,677,600
進学科1年コース	準備教育	1年	1000	44	4	30,000	50,000	807,800	20,000	907,800
進学科1年半コース	準備教育	1年6か月	1440	66	9	30,000	50,000	1,197,200	30,000	1,307,200
進学科2年コース	準備教育	2年	1880	88	4	30,000	50,000	1,586,600	40,000	1,706,600

[認定以外のコース] 短期研修コース

[日本語能力試験]　2018年度受験状況

	N1	N2	N3	N4	N5	合計
受験者数	127	269	78	11	0	485
認定者数	41	145	47	4	0	237

[日本留学試験]　2018年度受験状況

●第1回

日本語受験者	日本語219点以上	文系受験者	文系100点以上	理系受験者	理系100点以上
74	45	40	18	12	0

●第2回

日本語受験者	日本語219点以上	文系受験者	文系100点以上	理系受験者	理系100点以上
78	59	39	27	14	6

[進学実績]　2019年3月までの進学状況　卒業者数　204

大学院	大学	短期大学	高専	専門学校	その他の学校	就職
7	35	2	0	43	0	29

[主な進学先]

一橋大学大学院、立教大学大学院、青山学院大学大学院、宇都宮大学、群馬大学、弘前大学、豊橋技術大学、慶應義塾大学、立教大学、上智0大学、法政大学、東洋大学、駒沢大学、東海大学 他

[主な就職先]

一般財団法人共立国際交流奨学財団、マンダリンオリエンタル東京、アデコ株式会社、株式会社アジアンネット、ホテルニューオータニ、株式会社East Bridge、ジャパンプロパティーズ、株式会社ISAO 他

●特色1　コミュニケーション能力向上を重視して開発されたナガヌマ・メソッドで一貫した指導をしている。

●特色2　ナガヌマ・メソッドに基づき、より効果的に指導できるように作成されたオリジナル教材(教科書や視聴覚教材等)を使用している。

●特色3　進学科は「文部科学大臣指定準備課程」の指定を受け留学ビザが取得可能。基礎科目教育にも力を入れている。

製作：J.TEST事務局 / 語文研究社

東京都　　　渋谷区	告示校

ぶんかがいこくごせんもんがっこう

文化外国語専門学校

BUNKA INSTITUTE OF LANGUAGE

[TEL] 03-3299-2011　[FAX] 03-3379-9063
[eMAIL] bil@bunka.ac.jp
[URL] http://www.bunka-bi.ac.jp/
[SNS] https://www.facebook.com/bunka.bil/

[住所] 〒151-8521　東京都渋谷区代々木3-22-1

[教育開始時期] 1980年04月

[行き方] JR「新宿駅」南口より甲州街道に沿って初台方面へ徒歩10分

[設置者] 学校法人文化学園　(種別：学校法人)

[校長/別科長名] 古屋和雄

[収容定員] 300人　一 部制　[教員数] 28人 (うち専任 18 人)

[宿舎] 有　[料金] (月額) 35,000円 ～ 67,000円

[入学資格] 外国において通常の課程による12年以上の学校教育を修了し、なおかつその国の大学への入学資格を持つ者

[入学選抜方法] 書類審査、面接 他

[認定コース在籍者数] 183

[その他コース在籍者数] 0

内訳(人)：中国(42)、台湾(42)、韓国(35)、インドネシア(17)、タイ(14)
その他(33)[香港、ミャンマー、ブラジル、モンゴル、ラオス、ベトナム、オーストラリア、シンガポール、スウェーデン、マレーシア、インド、カナダ、キルギス、フィリピン、ミクロネシア連邦、カンボジア、コスタリカ、ペルー、マダガスカル]

[教材]

初級	『文化初級日本語』本冊・練習問題集、『楽しく聞こう』	初中級	『文化中級日本語Ｉ』本冊・練習問題集
中級	『文化中級日本語Ⅱ』本冊・練習問題集	上級	『テーマ別上級で学ぶ日本語三訂版』本冊・ワークブック

[基礎科目及び英語の授業] なし

[認定コース]

	目的	期間	時数	週数	入学月	選考料	入学金	授業料	その他	合計(円)
日本語科進学コース4月期	進学	1年	900	36	4	20,000	120,000	720,000	187,400	1,047,400
日本語科進学コース10月期	進学	1年6か月	1350	54	10	20,000	120,000	1,080,000	281,100	1,501,100

[認定以外のコース] なし

[日本語能力試験] 2018年度受験状況

	N1	N2	N3	N4	N5	合計
受験者数	44	97	9	1	3	154
認定者数	21	49	5	0	3	78

[日本留学試験] 2018年度受験状況

●第1回

日本語受験者	日本語219点以上	文系受験者	文系100点以上	理系受験者	理系100点以上
0	0	0	0	0	0

●第2回

日本語受験者	日本語219点以上	文系受験者	文系100点以上	理系受験者	理系100点以上
0	0	0	0	0	0

[進学実績] 2019年3月までの進学状況　卒業者数　160

大学院	大学	短期大学	高専	専門学校	その他の学校	就職
13	7	0	0	115	0	3

[主な進学先]

文化服装学院、服部栄養専門学校、日本工学院専門学校、専門学校中央工学校、専門学校東京スクールオブビジネス、専門学校東京ビジュアルアーツ、東洋美術学校

[主な就職先]

－

●特色1　専任教員を中心としたチームティーチングによるダイレクトメソッド。

●特色2　教育実践を通じて本校が独自に開発したカリキュラム、テキスト、視聴覚教材を活用した指導法。

●特色3　クラス担任制によるきめ細かい学習指導と進路指導。

告示校

東京都　渋谷区

がっこうほうじんやまのがくえんやまのにほんごがっこう

学校法人山野学苑
山野日本語学校
YAMANO JAPANESE LANGUAGE SCHOOL

[TEL]　03-5772-5112　[FAX]　03-5772-5121
[eMAIL]　info@yamano-js.jp
[URL]　http://www.yamano-js.jp
[SNS]　—

[住所] 〒151-0051　東京都渋谷区千駄ヶ谷3-10-6
[教育開始時期] 1998年04月
[行き方] JR山手線「代々木駅」、副都心線「北参道駅」

[設置者] 学校法人山野学苑　(種別：学校法人)
[校長/別科長名] 山野一美ティナ
[収容定員] 310人　二 部制
[教員数] 31人 (うち専任 10 人)
[宿舎] 無　[料金] —

[入学資格] 高等学校以上を卒業した者(修業年数が積算で12年未満も可)
[入学選抜方法] 書類選考、面接 等

[認定コース在籍者数] 249
[その他コース在籍者数] 0
内訳(人)：
中国(205)、ベトナム(21)、ミャンマー(12)、モンゴル(3)、フィリピン(3)
その他(5)[韓国、アメリカ、ネパール、英国、マレーシア]

[教材]

初級	『みんなの日本語 初級Ⅰ』	初中級	『みんなの日本語 初級Ⅱ』『中級から学ぶ日本語』
中級	『ニューアプローチ基礎編・完成編』	上級	『上級で学ぶ日本語』

[基礎科目及び英語の授業]　数学コース1、生物、英語

[認定コース]

	目的	期間	時数	週数	入学月	選考料	入学金	授業料	その他	合計(円)
大学進学1年コース	進学	1年	800	40	4	30,000	20,000	700,000	0	750,000
大学進学準備教育1年コース	進学	1年	920	40	4	30,000	20,000	700,000	0	750,000
大学進学準備教育1年半コース	進学	1年6か月	1320	60	10	30,000	20,000	1,050,000	0	1,100,000

[認定以外のコース] なし

[日本語能力試験]　2018年度受験状況

	N1	N2	N3	N4	N5	合計
受験者数	65	154	0	0	0	219
認定者数	26	59	0	0	0	85

[日本留学試験]　2018年度受験状況

●第1回

日本語受験者	日本語219点以上	文系受験者	文系100点以上	理系受験者	理系100点以上
43	25	16	9	6	4

●第2回

日本語受験者	日本語219点以上	文系受験者	文系100点以上	理系受験者	理系100点以上
40	27	22	10	5	3

[進学実績]　2019年3月までの進学状況　卒業者数　179

大学院	大学	短期大学	高専	専門学校	その他の学校	就職
22	29	4	0	78	26	12

[主な進学先]

大学院：東京大学、京都大学、一橋大学、大阪大学、九州大学、金沢大学、宇都宮大学、奈良先進科学技術大学院大学、名古屋工業大学、早稲田大学、慶応大学、法政大学、近畿大学、東京理科大学、立正大学、城西大学、目白大学
大学：早稲田大学、慶應大学、立教大学、日本大学、専修大学、駒澤大学、東洋大学、武蔵野大学、流通経済大学、大東文化大学、西武文理大学、尚美学園大学、東京富士大学、高崎経済大学、日本経済大学、中央学院大学 等

[主な就職先]

—

●特色1　個人レベルにあった10段階のクラス編成。

●特色2　クラス担任制によるきめ細かな指導。

●特色3　高等教育機関進学を中心にした日本語教育と進路指導。

製作：J.TEST事務局 / 語文研究社

東京都　新宿区　告示校

あいえすあいらんげーじすくーる

ISIランゲージスクール

ISI LANGUAGE SCHOOL

[TEL] 03-5155-6886 [FAX] 03-5155-6887
[eMAIL] ils@isi-global.com
[URL] http://www.isi-education.com
[SNS] —

[住所] 〒169-0075　東京都新宿区高田馬場2-14-19

[教育開始時期] 1984年04月

[行き方] JR「高田馬場駅」早稲田口より徒歩3分

[設置者] 株式会社アイ・エス・アイ　(種別：株式会社)

[校長/別科長名] 阿保京子

[収容定員] 1346人　二 部制　[教員数] 131人 (うち専任 34 人)

[宿舎] 有　[料金] (月額) 45,000円～81,000円

[入学資格] ①12年課程修了
②日本語学習時間150時間以上及びこれと同等レベルの者

[入学選抜方法] 書類審査、本人面接、能力適性試験、経費支弁者面接

[認定コース在籍者数] 1249

[その他コース在籍者数] 0

内訳(人): 中国(804)、韓国(153)、台湾(65)、フランス(25)、アメリカ(25)
その他(177)[ベトナム、スペイン、タイ、イタリア、オーストラリア、イギリス、イスラエル、イラン、インド、インドネシア、ウクライナ、アクアドル、オランダ、カナダ、ギリシャ、キルギス共和国、サウジアラビア、シンガポール、スイス、スウェーデン、スペイン、スリランカ、チリ、ドイツ、ニュージーランド、ノルウェー、バナマ、フィリビン、フィンランド、ブラジル、ベルー、ベルギー、ポーランド、ポルトガル、マレーシア、メキシコ 他]

[教材]

初級	『みんなの日本語 初級』	初中級	『中級へ行こう』
中級	『中級から学ぶ日本語』	上級	『上級で学ぶ日本語』

[基礎科目及び英語の授業] 総合科目、数学コース1、英語

[認定コース]

	目的	期間	時数	週数	入学月	選考料	入学金	授業料	その他	合計(円)
大学進学コース	進学	1年3か月	1000	50	1	22,000	55,000	850,000	82,500	1,009,500
大学進学コース	進学	2年	1600	80	4	22,000	55,000	1,360,000	132,000	1,569,000
大学進学コース	進学	1年9か月	1400	70	7	22,000	55,000	1,190,000	115,500	1,382,500
大学進学コース	進学	1年6か月	1200	60	10	22,000	55,000	1,020,000	99,000	1,196,000

[認定以外のコース] なし

[日本語能力試験] 2018年度受験状況

	N1	N2	N3	N4	N5	合計
受験者数	60	266	111	17	2	456
認定者数	21	110	38	7	1	177

[日本留学試験] 2018年度受験状況

●第1回

日本語受験者	日本語219点以上	文系受験者	文系100点以上	理系受験者	理系100点以上
120	66	50	23	30	14

●第2回

日本語受験者	日本語219点以上	文系受験者	文系100点以上	理系受験者	理系100点以上
91	62	45	24	34	14

[進学実績] 2019年3月までの進学状況　卒業者数 607

大学院	大学	短期大学	高専	専門学校	その他の学校	就職
77	141	0	0	224	0	53

[主な進学先]

東京大学大学院、京都大学大学院、筑波大学大学院、早稲田大学大学院、慶応義塾大学大学院、京都大学、九州大学、東京外国語大学、東北大学、早稲田大学、上智大学、慶応義塾大学、日本工学院専門学校、日本電子専門学校、東京製菓学校、東京ビジネス外語カレッジ

[主な就職先]

APAホテル、サンワ化学株式会社、株式会社 RCSコーポレーション、日本アジア未来研究所株式会社、株式会社トラスト・テック、日本アジア未来研究所株式会社、株式会社ハートコーポレイション首都圏、株式会社スローウェアジャパン、ほっと保証株式会社 他

●特色1　初心者から最上級者まで20以上のレベルから能力にあったクラスに入れます。

●特色2　日本留学試験、日本語能力試験、大学院進学に対応した授業があります。

●特色3　世界71ヶ国から学生が集う多国籍な学校です。

製作:J.TEST事務局 / 語文研究社

あかでみーおぶらんげーじあーつ

アカデミー・オブ・ランゲージ・アーツ

Academy of Language Arts

[TEL] 03-3235-0071 [FAX] 03-3235-0004
[eMAIL] info@ala-japan.com
[URL] http://www.ala-japan.com/
[SNS] https://www.facebook.com/ALAJAPAN

[住所] 〒162-0824 東京都新宿区揚場町2-16第二東文堂ビル

[教育開始時期] 1984年04月

[行き方] JR「飯田橋駅」東口より徒歩5分、大江戸線「飯田橋駅」C1出口より徒歩1分
東西線・有楽町線・南北線「飯田橋駅」B1出口より徒歩3分

[設置者] 株式会社アカデミー・オブ・ランゲージ・アーツ(種別：株式会社)　[校長/別科長名] 大日向和知夫

[収容定員] 322人 二 部制　[教員数] 32人 (うち専任 8人)　[宿舎] 無　[料金] ー

[入学資格] 12年課程修了以上またはこれと同等の資格を持っている者　[入学選抜方法] 書類審査及び面接、能力適性試験

[認定コース在籍者数] 216
[その他コース在籍者数] 15
内訳(人)：ベトナム(70)、イタリア(18)、中国(13)、アメリカ(11)、モンゴル(11)
その他(108)[ミャンマー、メキシコ、ブラジル、台湾、フランス、韓国、スペイン、フィリピン、カナダ、ロシア、イギリス、オーストラリア、バングラデシュ、ポーランド、インドネシア、スウェーデン、ドイツ、オランダ、マレーシア、コロンビア、日本、ギリシャ、アルゼンチン、シンガポール、トルコ、パキスタン、筋アラビア、ベルギー、インド、スイス、ウズベキスタン、タイ]

[教材]

初級	『語学留学生のための日本語』	初中級	『中級へ行こう』
中級	『Intermediate Japanese』『日本を話そう』	上級	『日本を話そう』

[基礎科目及び英語の授業] なし

[認定コース]

	目的	期間	時数	週数	入学月	選考料	入学金	授業料	その他	合計(円)
総合(進学)コース	進学	1年3か月	1040	52	1	22,000	55,000	789,800	31,300	898,100
総合(進学)コース	進学	1年6か月	1248	63	10	22,000	55,000	940,500	36,300	1,053,800
総合(進学)コース	進学	1年9か月	1456	73	7	22,000	55,000	1,103,300	40,900	1,221,200
総合(進学)コース	進学	2年	1664	84	4	22,000	55,000	1,254,000	45,500	1,376,500
一般会話コース	一般	1年	832	42	4,10	22,000	55,000	627,000	25,500	729,500
一般会話コース	一般	2年	1664	84	1,4,7,10	22,000	55,000	1,254,000	45,500	1,376,500

[認定以外のコース] なし

[日本語能力試験] 2018年度受験状況

	N1	N2	N3	N4	N5	合計
受験者数	0	21	56	2	0	79
認定者数	0	11	29	2	0	42

[日本留学試験] 2018年度受験状況

●第1回

日本語受験者	日本語219点以上	文系受験者	文系100点以上	理系受験者	理系100点以上
4	0	2	0	2	0

●第2回

日本語受験者	日本語219点以上	文系受験者	文系100点以上	理系受験者	理系100点以上
1	0	1	0	0	0

[進学実績] 2019年3月までの進学状況 卒業者数 67

大学院	大学	短期大学	高専	専門学校	その他の学校	就職
4	5	0	0	28	0	24

[主な進学先]
嘉悦大学、明海大学、日本経済大学、東京福祉大学、文化服装学院、大原学園、東京国際ビジネスカレッジ、東京観光専門学校、日本電子専門学校、東京福祉保育専門学校、TES東京英語専門学校、グレッグ外語専門学校、JTBトラベル＆ホテルカレッジ、早稲田文理専門学校、日本デザイナー学院、米山ファッションビジネス専門学校、王子経理専門学校、プロスペラ学院専門学校、NIPPONおもてなし専門学校、沖縄ブライダル＆ホテル観光専門学校

[主な就職先]

●特色1　一般会話コースは、すぐに実践で使うことができる「生きた日本語」の習得を目指す会話中心のコース。

●特色2　個人レッスンや企業の社員に向けた研修も併設。

●特色3　常に40か国ほどから集まる学生の多様性。親身なサポートでどんなことでも全力で対応するスタッフ。

東京都 新宿区 | 告示校

いくしゅうこくさいごがくいん

育秀国際語学院

IKUSHU International Language Academy

[TEL] 03-5937-6837 [FAX] 03-5937-6838
[eMAIL] info@hellojtc.jp
[URL] http://www.hellojtc.jp/
[SNS] —

[住所] 〒169-0073 東京都新宿区百人町1-20-24
[教育開始時期] 1988年11月
[行き方] JR総武線「大久保駅」北口から徒歩1分

[設置者] 株式会社育秀国際 (種別：株式会社)
[校長/別科長名] 笠井信幸
[収容定員] 330人 二 部制 [教員数] 23人 (うち専任 8人)
[宿舎] 無 [料金] -

[入学資格] ①大学・大学院・専門学校等に進学を希望する者 ②上手な日本語をマスターしたい者③12年以上の教育を修了している者④留学目的が明確で、日本の高等教育施設で勉学できる基礎学力を有している者⑤安心して勉学に打ち込めるだけの経済的がある者

[入学選抜方法] 書類選考、日本語能力試験、J-TEST、NAT-TEST、面接

[認定コース在籍者数] 190
[その他コース在籍者数] 0
内訳(人)：中国(158)、ベトナム(13)、モンゴル(8)、ウズベキスタン(3)、韓国(2)
その他(6)[フィリピン、ミャンマー、バングラデッシュ、ネパール]

[教材]

初級	『みんなの日本語 初級』『できる日本語』	初中級	『中級へ行こう』『中級までに学ぶ日本語』
中級	『中級から学ぶ日本語』『中級を学ぼう』『ニューアプローチ』	上級	『上級で学ぶ日本語』

[基礎科目及び英語の授業] なし

[認定コース]

	目的	期間	時数	週数	入学月	選考料	入学金	授業料	その他	合計(円)
進学2年コース	進学	2年	1600	80	4	21,600	54,000	1,231,200	172,800	1,479,600
進学1年9か月コース	進学	1年9か月	1400	70	7	21,600	54,000	1,077,300	151,200	1,304,100
進学1年6か月コース	進学	1年6か月	1200	60	10	21,600	54,000	923,400	129,600	1,128,600
進学1年3か月コース	進学	1年3か月	1000	50	1	21,600	54,000	769,500	108,000	953,100

[認定以外のコース] 短期コース

[日本語能力試験] 2018年度受験状況

	N1	N2	N3	N4	N5	合計
受験者数	65	109	49	0	0	0
認定者数	20	36	13	0	0	0

[日本留学試験] 2018年度受験状況

●第1回

日本語受験者	日本語219点以上	文系受験者	文系100点以上	理系受験者	理系100点以上
42	23	17	6	9	5

●第2回

日本語受験者	日本語219点以上	文系受験者	文系100点以上	理系受験者	理系100点以上
31	20	15	6	8	6

[進学実績] 2019年3月までの進学状況 卒業者数 104

大学院	大学	短期大学	高専	専門学校	その他の学校	就職
18	26	0	0	42	0	7

[主な進学先]
上智大学大学院、電気通信大学大学院、東京造形大学大学院、日本大学大学院、東京理科大学大学院、首都大学東京大学院、立教大学大学院、東京大学大学院東京工業大学大学院、東洋大学、明海大学、山梨学院大学、東京経済大学、宝塚大学、明治学院大学、東京音楽大学、日本大学、桑沢デザイン研究所、専門学校HAL東京、東京観光専門学校、中央工学校、ハリウッド美容専門学校、日本健康医療専門学校、駿河台電子情報ビジネス専門学校、新宿情報ビジネス専門学校、大阪モード学園 他

[主な就職先]
—

●特色1 生きた日本語の運用力育成。

●特色2 少人数のクラス編成。

●特色3 充実した校外授業。

製作：J.TEST事務局 / 語文研究社

告示校

東京都　新宿区

えりーとにほんごがっこう

エリート日本語学校

ELITE JAPANESE LANGUAGE SCHOOL

[TEL] 03-3232-0550 [FAX] 03-3204-7546
[eMAIL] info@eliteschooljapan.com
[URL] http://www.eliteschooljapan.com/
[SNS] https://www.facebook.com/EliteJapaneseLanguageSchool

[住所] 〒169-0073　東京都新宿区百人町1-8-10

[教育開始時期] 1993年10月

[行き方] JR山手線「新大久保駅」から徒歩3分、JR総武線「大久保駅」から徒歩5分
西武新宿線「西武新宿駅」から徒歩3分、地下鉄大江戸線「東新宿駅」から徒歩9分

[設置者] GBY株式会社　(種別：株式会社)

[校長/別科長名] 西慎二郎

[収容定員] 1000人　二 部制

[教員数] 87人 (うち専任 17 人)

[宿舎] 有　[料金] (月額) 43,000円 ～ 90,000円

[入学資格] 12年課程修了以上及びこれと同等レベルの者、日本語学習時間150時間以上

[入学選抜方法] 書類審査、本人面接、保証人面接、能力適性試験

[認定コース在籍者数] 715

[その他コース在籍者数] 11

内訳(人)：
中国(553)、モンゴル(104)、ベトナム(29)、ネパール(22)、バングラデシュ(8)
その他(11)[韓国、タイ、スリランカ、インドネシア]

[教材]

初級	『できる日本語 初級』『できる日本語 中級』『漢字たまご 初級』	初中級	『中級へ行こう』『中級を学ぼう』『日本語パワードリルN3』
中級	『日本語中級J301』『話す・書くにつながる日本語読解中級』『新完全マスターN2』	上級	『学ぼう日本語中上級』『時代を読み解く上級日本語』『新完全マスターN1』

[基礎科目及び英語の授業] 総合科目、数学コース1、英語

[認定コース]

	目的	期間	時数	週数	入学月	選考料	入学金	授業料	その他	合計(円)
一般2年コース	一般	2年	1600	80	1,4,7,10	22,000	55,000	1,320,000	110,000	1,507,000

[認定以外のコース] 短期コース

[日本語能力試験] 2018年度受験状況

	N1	N2	N3	N4	N5	合計
受験者数	124	268	107	11	17	527
認定者数	83	175	51	10	17	336

[日本留学試験] 2018年度受験状況

●第1回

日本語受験者	日本語219点以上	文系受験者	文系100点以上	理系受験者	理系100点以上
269	166	112	54	11	3

●第2回

日本語受験者	日本語219点以上	文系受験者	文系100点以上	理系受験者	理系100点以上
119	73	45	20	10	5

[進学実績] 2019年3月までの進学状況　卒業者数 318

大学院	大学	短期大学	高専	専門学校	その他の学校	就職
54	106	2	0	124	5	27

[主な進学先]

横浜国立大学大学院、一橋大学大学院、北陸先端科学技術大学大学院、茨城大学大学院、広島大学大学院、埼玉大学大学院、筑波大学大学院、東京芸術大学大学院、東京工業大学大学院、東北大学大学院、名古屋大学大学院、首都大学東京大学院、慶應義塾大学大学院、学習院大学大学院、早稲田大学大学院、上智大学大学院、青山学院大学大学院、九州大学、新潟大学、慶応義塾大学、早稲田大学、上智大学、立教大学、武蔵野美術大学、HAL東京、ハリウッド美容専門学校、日本外国語専門学校、東京コミュニケーションアート専門学校、東京商科法科専門学校

[主な就職先]

ビックカメラ、株式会社サイクルワークス、株式会社KTS、富士電設工業株式会社、株式会社ディープソリューション、ワールドリンク株式会社

●特色1　大学院・大学・専門学校への徹底進学指導。

●特色2　充実した奨学金制度、その他の報賞制度。

●特色3　日帰り旅行他、多様な行事及び交流会。

製作：J.TEST事務局 / 語文研究社

東京都　新宿区　　告示校

かいにほんごすくーる

カイ日本語スクール

KAI Japanese Language School

[TEL] 03-3205-1356 [FAX] 03-3207-4651
[eMAIL] admission@kaij.co.jp
[URL] http://www.kaij.jp
[SNS] https://www.facebook.com/kaijls

[住所] 〒169-0072 東京都新宿区大久保1-15-18 みゆきビル3F　[教育開始時期] 1987年02月

[行き方] JR山手線「新大久保駅」より大久保通り沿い、明治通り方向へ徒歩5分

[設置者] 株式会社ケー・エー・アイ (種別:株式会社)　[校長/別科長名] 山本弘子

[収容定員] 280人 二 部制　[教員数] 35人 (うち専任 6人)　[宿舎] 無 [料金] ー

[入学資格] 12年課程修了以上及びこれと同等レベルの者　[入学選抜方法] 書類審査、必要に応じてインタビュー

[認定コース在籍者数] 172
[その他コース在籍者数] 72
内訳(人): アメリカ(37)、台湾(31)、スペイン(22)、スウェーデン(22)、イタリア(21)
その他(111)[ブラジル、イギリス、メキシコ、スイス、タイなど]

[教材]

初級	『KANJI LOOK AND LEARN』 オリジナル教材(日本語Ⅰ・Ⅱ、前田ハウスⅠ・Ⅱ)	初中級	『KANJI LOOK AND LEARN』 オリジナル教材(日本語Ⅲ、前田ハウスⅢ)
中級	『J-Bridge』『日本語総まとめN2 漢字』『日本語敬語トレーニング』 オリジナル教材	上級	『中級から上級への日本語』 『留学生のためのここが大切 文章表現のルール』

[基礎科目及び英語の授業] なし

[認定コース]

	目的	期間	時数	週数	入学月	選考料	入学金	授業料	その他	合計(円)
日本語総合コース午前クラス	一般	2年	1600	80	4,7,10,1	20,000	30,000	1,760,000	84,000	1,894,000
日本語総合コース午後クラス	一般	2年	1600	80	4,7,10,1	20,000	30,000	1,760,000	84,000	1,894,000

[認定以外のコース] 実用会話コース、サマー・コース、サマー・ティーン・プログラム、50+コース、個人授業

[日本語能力試験] 2018年度受験状況

	N1	N2	N3	N4	N5	合計
受験者数	18	41	12	0	0	71
認定者数	8	32	10	0	0	50

[日本留学試験] 2018年度受験状況

●第1回

日本語受験者	日本語219点以上	文系受験者	文系100点以上	理系受験者	理系100点以上
0	0	0	0	0	0

●第2回

日本語受験者	日本語219点以上	文系受験者	文系100点以上	理系受験者	理系100点以上
0	0	0	0	0	0

[進学実績] 2019年3月までの進学状況 卒業者数 237

大学院	大学	短期大学	高専	専門学校	その他の学校	就職
0	6	0	0	6	0	35

[主な進学先]

帝京大学、文化学園大学、HAL東京、ヒコ・みづのジュエリーカレッジ、ESPエンタテイメント東京、東京綜合写真専門学校

[主な就職先]

株式会社アパホテル、SAPRISE株式会社、三菱航空機株式会社、楽天ゲームス株式会社、株式会社エス・エス・エス、香港上海銀行

●特色1　日本語コミュニケーションスキルを養成し、日本語教育環境の中で機能する人材を育成する。

●特色2　多国籍の環境を作り、自律性を高める教育を提供する。

●特色3　KAI DLS (Digital Learning System)を導入。iPadを総合コースの全学生に貸与し、学校だけでなく自宅での予習復習などでも活用する。

製作:J.TEST事務局 / 語文研究社

告示校

東京都　新宿区

きょうしんらんげーじあかでみーしんじゅくこう

京進ランゲージアカデミー 新宿校

Kyoshin Language Academy Shinjuku

[TEL] 03-6205-6651 [FAX] 03-6205-6652
[eMAIL] contact-kla@kla.ac
[URL] http://www.kla.ac
[SNS] https://www.facebook.com/manabisnjk/

[住所] 〒169-0051　東京都新宿区西早稲田2-18-18 TCKビル

[教育開始時期] 1990年04月

[行き方] JR「高田馬場駅」より徒歩10分、東京メトロ副都心線「西早稲田駅」より徒歩3分

[設置者] 株式会社京進ランゲージアカデミー　(種別：株式会社)　[校長/別科長名] 滝澤厳

[収容定員] 960人　二 部制　[教員数] 82人 (うち専任 22 人)　[宿舎] 有　[料金] (月額) 30,000円 ～ 40,000円

[入学資格] 12年課程修了以上及びこれと同等レベルの者　[入学選抜方法] 書類審査、本人面接

[認定コース在籍者数] 734

[その他コース在籍者数] 8

内訳(人): 中国(685)、ベトナム(31)、ネパール(15)、インド(5)、ミャンマー(2)
その他(4)[香港、スリランカ、バングラデシュ]

[教材]

初級	『みんなの日本語 初級』『読解トピック25』『聴解タスク25』『漢字たまご初級』	初中級	『TRY! N3』『みんなの日本語 初級Ⅱ』『漢字たまご初中級』『読解トピック25』『聴解タスク25』『新毎日の聞き取り 上』
中級	『中級へ行こう』『TRY! N2』『中級から学ぶ日本語』	上級	『学ぼう！にほんご 中上級』『学ぼう！にほんご 上級』

[基礎科目及び英語の授業]　総合科目、数学コース1、数学コース2、物理、化学、生物、英語

[認定コース]

	目的	期間	時数	週数	入学月	選考料	入学金	授業料	その他	合計(円)
進学2年	進学	2年	1560	78	4	22,000	55,000	1,452,000	132,000	1,661,000
進学1年9か月	進学	1年9か月	1365	68.25	7	22,000	55,000	1,270,500	115,500	1,463,000
進学1年6か月	進学	1年6か月	1170	58.5	10	22,000	55,000	1,089,000	99,000	1,265,000
進学1年3か月	進学	1年3か月	975	48.75	1	22,000	55,000	907,500	82,500	1,067,000

[認定以外のコース] なし

[日本語能力試験]　2018年度受験状況

	N1	N2	N3	N4	N5	合計
受験者数	205	292	58	3	0	558
認定者数	65	138	21	0	0	224

[日本留学試験]　2018年度受験状況

●第1回

日本語受験者	日本語219点以上	文系受験者	文系100点以上	理系受験者	理系100点以上
185	122	92	44	44	23

●第2回

日本語受験者	日本語219点以上	文系受験者	文系100点以上	理系受験者	理系100点以上
222	139	102	48	53	33

[進学実績]　2019年3月までの進学状況　卒業者数　357

大学院	大学	短期大学	高専	専門学校	その他の学校	就職
51	143	0	0	132	0	9

[主な進学先]

東京工業大学大学院、東京大学大学院、大阪大学大学院、北海道大学大学院、横浜国立大学大学院、早稲田大学大学院、明治大学大学院、九州大学大学院、青山学院大学大学院、学習院大学大学院、東京芸術大学大学院、駒沢大学大学院、立教大学大学院、同志社大学大学院、国士舘大学大学院、日本大学、東京理科大学、早稲田大学、東海大学、明治大学、中央大学、学習院大学、東洋大学、専修大学、法政大学、立教大学、関西学院大学、近畿大学、大阪大学、山梨学院大学、武蔵野美術大学　他

[主な就職先]

(株)ネクスト、(株)JDT、SKY(株)他

●特色1　読む・書く・話す・聞くの4技能をバランスよく学習。

●特色2　担任制で学生一人一人を大切にした指導。

●特色3　自律学習の促し(リーチングというKLA独自のメソッドによる学習指導)。

製作：J.TEST事務局 / 語文研究社

東京都　新宿区　　告示校

けーしーぴーちきゅうしみんにほんごがっこう

KCP地球市民日本語学校

KCP International Japanese Language School

[TEL] 03-3356-2359　[FAX] 03-3356-0257
[eMAIL] info@kcp.ac.jp
[URL] http://www.kcp.ac.jp
[SNS] https://www.facebook.com/kcpchikyushimin

[住所]〒160-0022　東京都新宿区新宿1-29-12

[教育開始時期] 1983年04月

[行き方] 東京メトロ丸ノ内線「新宿御苑前駅（M10）」、大木戸門口（2番出口）徒歩5分

[設置者] 学校法人KCP学園　（種別：準学校法人）

[校長/別科長名] 校長　金原宏

[収容定員] 880人　二 部制　[教員数] 58人（うち専任 16 人）　[宿舎] 有　[料金]（月額）76,000円～

[入学資格] 12年課程修了及びこれと同等レベルの者

[入学選抜方法] 書類審査、本人及び保証人面接

[認定コース在籍者数] 597
[その他コース在籍者数] 99

内訳(人)：
中国(397)、韓国(156)、米国(90)、マレーシア(19)、台湾(12)
その他(22)[ベトナム、カナダ、英国、豪州、ノルウェー、フィンランド、タイ、日本]

[教材]

初級	『みんなの日本語 初級』『1日15分の漢字練習 初級』	初中級	オリジナル文法教科書、『読解をはじめるあなたへ』『1日15分の漢字練習 中級 上』
中級	独自教材（文法・読解）、『読解をはじめるあなたへ』『1日15分の漢字練習』	上級	独自教材

[基礎科目及び英語の授業] 総合科目、数学コース1、数学コース2、物理、化学、生物、英語

[認定コース]

	目的	期間	時数	週数	入学月	選考料	入学金	授業料	その他	合計(円)
特別進学課程2年コース	準備教育	2年	2000	80	4	20,000	50,000	1,416,000	30,000	1,516,000
特別進学課程1年半コース	準備教育	1年6か月	1500	60	10	20,000	50,000	1,062,000	30,000	1,162,000
一般進学課程2年コース	進学	2年	2000	80	4	20,000	50,000	1,416,000	30,000	1,516,000
一般進学課程1年半コース	進学	1年6か月	1500	60	10	20,000	50,000	1,062,000	30,000	1,162,000
総合日本語課程2年コース	一般	2年	1600	80	1,4	20,000	50,000	1,200,000	30,000	1,300,000
総合日本語課程1年9か月コース	一般	1年9か月	1400	70	7	20,000	50,000	1,050,000	30,000	1,150,000
総合日本語課程1年半コース	一般	1年6か月	1200	60	10	20,000	50,000	900,000	30,000	1,000,000

[認定以外のコース] U.S.University-Accredited Program、日本語短期コース、日本語教師養成講座、企業研修生特別コース、個人・少人数グループ授業 他

[日本語能力試験] 2018年度受験状況

	N1	N2	N3	N4	N5	合計
受験者数	147	262	13	3	3	428
認定者数	56	142	11	3	3	215

[日本留学試験] 2018年度受験状況

●第1回

日本語受験者	日本語219点以上	文系受験者	文系100点以上	理系受験者	理系100点以上
128	101	54	43	29	27

●第2回

日本語受験者	日本語219点以上	文系受験者	文系100点以上	理系受験者	理系100点以上
115	92	39	28	32	24

[進学実績] 2019年3月までの進学状況　卒業者数　186

大学院	大学	短期大学	高専	専門学校	その他の学校	就職
70	93	2	0	110	0	10

[主な進学先]

東京大学大学院、埼玉大学大学院、小樽商科大学大学院、広島大学大学院、東京藝術大学大学院、神戸大学大学院、早稲田大学大学院、慶応義塾大学大学院、上智大学大学院、千葉大学、富山大学、早稲田大学、青山学院大学、関西学院大学、同志社大学、明治大学、中央大学、法政大学、立教大学、東京理科大学、武蔵野美術大学、女子美術大学、多摩美術大学

[主な就職先]

株式会社ディンプル、株式会社アウトソーシングテクノロジー、FSR株式会社、GreatNavigation株式会社、夢テクノロジー株式会社、株式会社サン、株式会社スカイテック、株式会社ドリームレジデンス

●特色1　一人一人の学生が留学目的を達成できるよう個人カウンセリングに力を入れています。

●特色2　日本語(必須科目)以外に英・数等受験科目を選択科目として設置しています。

●特色3　日本をよりよく知ってもらうため、文化やスポーツ等の課外授業を積極的に取り入れています。

製作：J.TEST事務局 / 語文研究社

告示校

東京都　新宿区

こうちがくえんにほんごがっこう

行知学園日本語学校

COACH ACADEMY JAPANESE SCHOOL

[TEL] 03-6908-9042 [FAX] 03-6908-9043
[eMAIL] coach-info@koyo-mail.com
[URL] http://jp.coach-japanese.com/
[SNS] —

[住所] 〒160-0023 東京都新宿区西新宿7-7-24 GSプラザ新宿3F

[教育開始時期] 2015年10月

[行き方] JR「大久保駅」より徒歩3分

[設置者] 行知学園株式会社 (種別：株式会社)

[校長/別科長名] 荻野慶子

[収容定員] 225人 二 部制

[教員数] 19人 (うち専任 8人)

[宿舎] 有 [料金] (月額) 40,000円 ～ 50,000円

[入学資格] 12年過程修了以上(又はこれと同等以上)

[入学選抜方法] 書類審査

[認定コース在籍者数] 189

[その他コース在籍者数] 0

内訳(人):
中国(188)、韓国(1)

[教材]

初級	『みんなの日本語 初級』『初級で読めるトピック25』『やさしい作文』『漢字練習帳』	初中級	『みんなの日本語 中級』『新毎日の聞きとり50』『やさしい作文』『漢字練習帳』
中級	『中級を学ぼう』『ここが大切文章表現ルール』『会話に挑戦！』『新毎日の聞きとり50』	上級	『大学生になるための日本語』『発展30日完成 現代文』『学ぼう日本語 上級漢字』

[基礎科目及び英語の授業] なし

[認定コース]

	目的	期間	時数	週数	入学月	選考料	入学金	授業料	その他	合計(円)
進学2年コース	進学	2年	1600	80	4	22,000	110,000	1,320,000	88,000	1,540,000
進学1.5年コース	進学	1年6か月	1200	60	10	22,000	110,000	990,000	66,000	1,188,000
進学1年コース	進学	1年	800	40	4	22,000	110,000	660,000	44,000	836,000

[認定以外のコース] なし

[日本語能力試験] 2018年度受験状況

	N1	N2	N3	N4	N5	合計
受験者数	63	65	0	0	0	128
認定者数	39	37	0	0	0	76

[日本留学試験] 2018年度受験状況

●第1回

日本語受験者	日本語219点以上	文系受験者	文系100点以上	理系受験者	理系100点以上
104	84	56	45	36	29

●第2回

日本語受験者	日本語219点以上	文系受験者	文系100点以上	理系受験者	理系100点以上
117	90	62	46	44	35

[進学実績] 2019年3月までの進学状況 卒業者数 97

大学院	大学	短期大学	高専	専門学校	その他の学校	就職
14	73	0	0	6	4	0

[主な進学先]

早稲田大学、一橋大学、慶応義塾大学、東北大学、千葉大学、東京工業大学、横浜国立大学、順天堂大学、関西学院大学、同志社大学、上智大学、埼玉大学、立命館大学、九州大学、金沢大学 他

[主な就職先]

—

●特色1 大学・大学院進学を目的とするカリキュラム。

●特色2 EJU、JLPT等の試験への対策授業の実施。

●特色3 進学塾により進学指導の充実。

東京都　新宿区　　告示校

さくらとうきょうにほんごがっこう

さくら東京日本語学校

SAKURA TOKYO JAPANESE SCHOOL

[TEL] 03-3366-5618　[FAX] 03-6908-9566
[eMAIL] info@nihongo.tokyo.jp
[URL] http://www.nihongo.tokyo.jp/
[SNS] https://www.facebook.com/sakuratokyonihongo/

[住所] 〒161-0033　東京都新宿区下落合1-1-1 トキワパレス1F　[教育開始時期] 2016年04月

[行き方] JR「高田馬場駅」早稲田口を出てさかえ通りに入り、神田川を渡ったすぐ右手

[設置者] 読売芸術アカデミー　(種別：株式会社)　[校長/別科長名] 安藤雅之

[収容定員] 150人　二 部制　[教員数] 9人 (うち専任　4人)　[宿舎] 有　[料金] (月額) 35,000円 ～ 40,000円

[入学資格] ・高校卒業または高校卒業と同等の資格を有する。
・12年以上の学校教育を修了した方。または、同等の学歴を有する方。
・誠実かつ勤勉で日本語の学習意欲のある方。

[入学選抜方法] 面接及び日本語筆記試験

[認定コース在籍者数] 50
[その他コース在籍者数] 2
内訳(人)：
ベトナム(34)、中国(16)、モンゴル(2)

[教材]

初級	『みんなの日本語』	初中級	『中級へ行こう』
中級	『テーマ別中級から学ぶ日本語』	上級	『テーマ別上級で学ぶ日本語』

[基礎科目及び英語の授業] なし

[認定コース]

	目的	期間	時数	週数	入学月	選考料	入学金	授業料	その他	合計(円)
一般2年	一般	2年	1600	80	4、10	20,000	50,000	1,200,000	212,000	1,482,000

[認定以外のコース] なし

[日本語能力試験] 2018年度受験状況

	N1	N2	N3	N4	N5	合計
受験者数	17	10	68	0	0	95
認定者数	15	4	27	0	0	46

[日本留学試験] 2018年度受験状況

●第1回

日本語受験者	日本語219点以上	文系受験者	文系100点以上	理系受験者	理系100点以上
0	0	0	0	0	0

●第2回

日本語受験者	日本語219点以上	文系受験者	文系100点以上	理系受験者	理系100点以上
0	0	0	0	0	0

[進学実績] 2019年3月までの進学状況　卒業者数　82

大学院	大学	短期大学	高専	専門学校	その他の学校	就職
2	0	0	0	69	0	11

[主な進学先]
介護系専門学校

[主な就職先]
病院関係、看護師

●特色1　日本での就職に向け、仕事で使える日本語を重点的に教育する。

●特色2　専門講師陣による看護師及び介護福祉士等の国家試験対策授業を実施。

●特色3　校外学習などの多くのアクティビティを通じ、日本社会の理解を促進する。

製作：J.TEST事務局 / 語文研究社

告示校　　東京都　新宿区

さむきょういくがくいん

サム教育学院

SAMU Language School

[TEL] 03-3205-2020 [FAX] 03-3205-2022
[eMAIL] info@samu-language.com
[URL] http://www.samu-language.com
[SNS] https://www.facebook.com/samulanguag

[住所] 〒169-0073　東京都新宿区百人町2-1-6　**[教育開始時期]** 1990年07月

[行き方] JR線「新大久保駅」から徒歩3分

[設置者] 有限会社日本語教育交流推進研究所　(種別：有限会社)　**[校長/別科長名]** 鈴木修一

[収容定員] 540人　二 部制　**[教員数]** 35人(うち専任13人)　**[宿舎]** 無　**[料金]** -

[入学資格] 12年課程修了以上及びこれと同等レベルの者　**[入学選抜方法]** 書類審査、本人面接、試験

[認定コース在籍者数] 343

[その他コース在籍者数] 23

内訳(人)：ベトナム(116)、中国(113)、韓国(28)、ネパール(17)、バングラデッシュ(17)
その他(75)[ミャンマー、スリランカ、ウズベキスタン、台湾、アメリカ、ロシア、フィリピン、ドイツ、モンゴル、オーストラリア、ポーランド、スウェーデン]

[教材]

初級	『みんなの日本語初級』	初中級	『中級へ行こう』
中級	『中級を学ぼう中級前期中期』	上級	『新中級から上級への日本語』

[基礎科目及び英語の授業] なし

[認定コース]

	目的	期間	時数	週数	入学月	選考料	入学金	授業料	その他	合計(円)
進学2年コース	進学	2年	1536	76.8	4	21,600	54,000	1,166,400	160,400	1,402,400
進学1年9か月コース	進学	1年9か月	1344	67.2	7	21,600	54,000	1,020,600	140,350	1,236,550
進学1年6か月コース	進学	1年6か月	1152	57.6	10	21,600	54,000	874,800	120,300	1,070,700
進学1年3か月コース	進学	1年3か月	960	48	1	21,600	54,000	729,000	100,250	904,850

[認定以外のコース] 短期b語学研修

[日本語能力試験] 2018年度受験状況

	N1	N2	N3	N4	N5	合計
受験者数	37	141	118	3	2	301
認定者数	17	43	37	1	2	100

[日本留学試験] 2018年度受験状況

●第1回

日本語受験者	日本語219点以上	文系受験者	文系100点以上	理系受験者	理系100点以上
23	17	9	6	6	4

●第2回

日本語受験者	日本語219点以上	文系受験者	文系100点以上	理系受験者	理系100点以上
52	29	14	11	10	7

[進学実績] 2019年3月までの進学状況　**卒業者数** 203

大学院	大学	短期大学	高専	専門学校	その他の学校	就職
12	35	1	0	93	22	14

[主な進学先]

東京工業大学大学院、東京農工大学大学院、一橋大学大学院、横浜国立大学大学院、早稲田大学大学院、早稲田大学、立命館大学、関西学院大学、日本大学、専修大学、東洋大学、駿台ホテル&トラベル専門学校、駿台電子情報&ビジネス専門学校、駿台電子情報&ビジネス専門学校、HAL東京、東京製菓専門学校、日本ホテルスクール、文化服装学院、東京モード学院

[主な就職先]

(株)ゴッドフェニックス、(株)ARA HOLDINGS、(株)アクトリアリティ、ホテル三日月グループ、新日本技術(株)、(株)Ling、(株)ジェイ・エス・プラス、(株)共立エコー、(株)AIM、(株)Heart Corporation、ホテルマイステイズ、HOTEL EMIT SHIBUYA 他

●**特色1** 一人一人の夢を尊重し、その実現のための日本語教育と学習支援を行います。

●**特色2** 人・異文化との出会いを大切にし、相互理解・交流を深めることで真の国際人となる教育を提供します。

●**特色3** 個々人が成長し、達成感を得るための努力を継続する姿勢を支援します。

東京都 新宿区

告示校

しんじゅくへいわにほんごがっこう

新宿平和日本語学校

SHINJUKU HEIWA JAPANESE LANGUAGE SCHOOL

[TEL] 03-6304-0088 [FAX] 03-6304-0159
[eMAIL] info@shinjuku-heiwa.com
[URL] http://www.shinjuku-heiwa.com/
[SNS] https://www.facebook.com/shinjuku.heiwa/

[住所] 〒169-0073 東京都新宿区百人町1-13-14

[教育開始時期] 2010年04月

[行き方] JR山手線「新大久保駅」から徒歩2分、JR総武線「大久保駅」から徒歩1分

[設置者] 有限会社平和エステート (種別:株式会社)

[校長/別科長名] 本田善太郎

[収容定員] 140人 二 部制 [教員数] 13人 (うち専任 6 人)

[宿舎] 有 [料金] (月額) 60,000円～62,000円

[入学資格] ①12年以上の学校教育又はそれに準ずる課程を修了している者②年齢が18歳以上の者③信頼のおける保証人を有する者④正当な手続きによって日本国への入国を許可され、又は許可される見込みのある者

[入学選抜方法] 書類選考、面接、筆記試験

[認定コース在籍者数] 93

[その他コース在籍者数] 3

内訳(人): ミャンマー(32)、ベトナム(22)、インドネシア(20)、タイ(5)、中国(2)
その他(15)[イギリス、フランス、香港、フィリピン、韓国]

[教材]

初級	『みんなの日本語 初級』	初中級	『中級へ行こう』
中級	『中級を学ぼう前期・後期』『中級から学ぶ日本語』	上級	『上級で学ぶ日本語』『ニューアプローチ中上級日本語』

[基礎科目及び英語の授業] なし

[認定コース]

	目的	期間	時数	週数	入学月	選考料	入学金	授業料	その他	合計(円)
進学2年コース	進学	2年	1600	80	4	20,000	60,000	1,320,000	40,000	1,440,000
進学1.9年コース	進学	1年9か月	1400	70	7	20,000	60,000	1,155,000	35,000	1,270,000
進学1.6年コース	進学	1年6か月	1200	60	10	20,000	60,000	990,000	30,000	1,100,000
進学1.3年コース	進学	1年3か月	1000	50	1	20,000	60,000	825,000	25,000	930,000

[認定以外のコース] レギュラーコース3か月

[日本語能力試験] 2018年度受験状況

	N1	N2	N3	N4	N5	合計
受験者数	18	52	33	0	0	103
認定者数	10	45	25	0	0	80

[日本留学試験] 2018年度受験状況

●第1回

日本語受験者	日本語219点以上	文系受験者	文系100点以上	理系受験者	理系100点以上
8	2	8	2	0	0

●第2回

日本語受験者	日本語219点以上	文系受験者	文系100点以上	理系受験者	理系100点以上
12	5	11	3	1	1

[進学実績] 2019年3月までの進学状況 卒業者数 73

大学院	大学	短期大学	高専	専門学校	その他の学校	就職
0	5	0	0	53	0	15

[主な進学先]

東京理科大学、芝浦工業大学、東京工芸大学、ハリウッドビューティ専門学校、東京工科自動車大学校、日本外国語専門学校

[主な就職先]

株式会社アウトソーシングテクノロジー、株式会社ディア、株式会社SIB、株式会社ワールドリゾートオペレーション

●特色1 より多角的な視野を持ち、自分の意見を日本語で表現できるよう、授業でスピーチやディベート等を実施。

●特色2 生活面、進路面でそれぞれ個人面談を年に数回実施し、親身で細かい指導。

●特色3 イベントを毎期実施し、より充実した留学生活のサポート。(高校生との交流会、卒業生による進学・就職アドバイス、高尾山登山、クリスマスパーティー、スポーツ大会 など)。

告示校

東京都　新宿区

しんわがいごあかでみー

進和外語アカデミー

SHINWA FOREIGN LANGUAGE ACADEMY

[TEL] 03-6233-8175　[FAX] 03-6233-8176
[eMAIL] —
[URL] http://www.shinwajpn.com/
[SNS] —

[住所] 〒169-0075　東京都新宿区高田馬場2-14-30

[教育開始時期] 1990年04月

[行き方] JR山手線、西武新宿線、東京メトロ東西線「高田馬場駅」から徒歩5分
東京メトロ副都心線「西早稲田駅」から 徒歩7分

[設置者] 株式会社 シンワ（種別：株式会社）

[校長/別科長名] 玉野貴士

[収容定員] 880人　二 部制

[教員数] 72人 (うち専任 17 人)

[宿舎] 有　[料金] -

[入学資格]・自国にて12年以上（国により異なる）の学校教育を修了した方か、それと同等の学力のある方で、成績優秀者。　・心身ともに健康で、日本国の法令を遵守する方。

[入学選抜方法] 書類審査及び面接

[認定コース在籍者数] 653

[その他コース在籍者数] 0

内訳(人)：ベトナム(394)、中国(232)、韓国(9)、フィリピン(6)、カンボジア(3)
その他(9)[台湾、フランス、スウェーデン、ウズベキスタン、イギリス]

[教材]

初級	『みんなの日本語 初級』他	初中級	『中級へ行こう』『N3対策本』他
中級	『中級を学ぼう』『N2対策本』『日本留学試験対策本』他	上級	『N2対策本』『日本留学試験対策本』他

[基礎科目及び英語の授業] なし

[認定コース]

	目的	期間	時数	週数	入学月	選考料	入学金	授業料	その他	合計(円)
進学1.3年コース	進学	1年3か月	950	48	1	20,000	50,000	750,000	81,250	901,250
進学1.6年コース	進学	1年6か月	1140	57	10	20,000	50,000	900,000	97,500	1,067,500
進学1.9年コース	進学	1年9か月	1340	67	7	20,000	50,000	1,050,000	113,750	1,233,750
進学2年コース	進学	2年	1520	76	4	20,000	50,000	1,200,000	130,000	1,400,000
一般2年コース	一般	2年	1520	76	4	20,000	50,000	1,200,000	130,000	1,400,000

[認定以外のコース] なし

[日本語能力試験] 2018年度受験状況

	N1	N2	N3	N4	N5	合計
受験者数	-	-	-	-	-	-
認定者数	19	50	92	1	0	162

[日本留学試験] 2018年度受験状況

●第1回

日本語受験者	日本語219点以上	文系受験者	文系100点以上	理系受験者	理系100点以上
33	33	0	0	0	0

●第2回

日本語受験者	日本語219点以上	文系受験者	文系100点以上	理系受験者	理系100点以上
21	21	0	0	0	0

[進学実績] 2019年3月までの進学状況　卒業者数 252

大学院	大学	短期大学	高専	専門学校	その他の学校	就職
17	41	3	0	134	0	29

[主な進学先]

早稲田大学、横浜国立大学、山形大学、群馬大学、上智大学、日本大学、拓殖大学 他

[主な就職先]

—

●特色1　コミュニケーション能力の育成を重視し、『使える』日本語の習得を目的としたカリキュラム。

●特色2　大学院、大学、専門学校に対応したきめ細やかな進学指導。

●特色3　充実した試験対策（日本留学試験や日本語能力試験）。

製作：J.TEST事務局 / 語文研究社

東京都　新宿区　告示校

とうきょうがいごせんもんがっこう

学校法人東京国際学園
東京外語専門学校
Tokyo Foreign Language College

[TEL] 03-3367-1181 [FAX] 03-3367-1106
[eMAIL] info@tflc.ac.jp
[URL] http://www.tflc.ac.jp
[SNS]

[住所] 〒160-0023　東京都新宿区西新宿7-3-8
[教育開始時期] 1986年4月
[行き方] 各線「新宿駅」西口から徒歩7分

[設置者] 学校法人東京国際学園　（種別：学校法人）
[校長/別科長名] 武田哲一
[収容定員] 240人　一 部制
[教員数] 27人（うち専任　8人）
[宿舎] 有　[料金]（月額）60,000～75,000円

[入学資格] 12年以上の学校教育課程の修了者、又は日本の高等学校卒業と同等以上の学習能力を有する者
[入学選抜方法] 書類による選考

[認定コース在籍者数] 122
[その他コース在籍者数] 0
内訳(人)：台湾(81)、韓国(37)、中国(4)、アメリカ(2)、カナダ(1)

[教材]

初級	『みんなの日本語　初級』	初中級	『語学留学生のための日本語Ⅰ・Ⅱ』
中級	『中級へ行こう』『中級から学ぶ日本語』『日本語中級J301/J501』	上級	『日本語中級J501』『上級で学ぶ日本語』

[基礎科目及び英語の授業]　総合科目、数学コース1、英語

[認定コース]

	目的	期間	時数	週数	入学月	選考料	入学金	授業料	その他	合計(円)
進学1年コース	進学	1年	920	30	4	20,000	100,000	600,000	230,000	950,000
進学1年6か月コース	進学	1年6か月	1380	45	10	20,000	100,000	900,000	345,000	1,365,000

[認定以外のコース] なし

[日本語能力試験]　2018年度受験状況

	N1	N2	N3	N4	N5	合計
受験者数	56	87	48	8	2	201
認定者数	19	64	37	6	2	128

[日本留学試験]　2018年度受験状況

●第1回

日本語受験者	日本語219点以上	文系受験者	文系100点以上	理系受験者	理系100点以上
14	9	10	4	3	0

●第2回

日本語受験者	日本語219点以上	文系受験者	文系100点以上	理系受験者	理系100点以上
15	12	12	3	3	0

[進学実績]　2019年3月までの進学状況　卒業者数　105

大学院	大学	短期大学	高専	専門学校	その他の学校	就職
1	14	1	0	33	15	5

[主な進学先]
東京電機大学、千葉工業大学、弘前大学、拓殖大学、東洋大学、千葉大学大学院、東京外語専門学校、山手調理製菓専門学校、日本電子専門学校

[主な就職先]
IT企業、食材輸入業、語学学校

●特色1　独自のカリキュラムによる日本語能力試験、日本留学試験対策

●特色2　日本語を使った自己表現力の養成

●特色3　学生の日本留学目的にかなったコース別選択授業（大学院、大学、専門学校）

製作：J.TEST事務局 / 語文研究社

告示校

東京都　新宿区

とうきょうがいごにほんごがっこう

東京外語日本語学校

Japanese Language Institute of TFLC

[TEL] 03-5361-8260 [FAX] 03-5361-8261
[eMAIL] mail@jli-tflc.jp
[URL] http://jli-tflc.jp
[SNS] https://facebook.com/jli.tflc

[住所] 〒160-0022　東京都新宿区新宿1-11-11

[教育開始時期] 2017年04月

[行き方] 東京メトロ丸ノ内線「新宿御苑前駅」2番出口より徒歩3分

[設置者] 学校法人東京国際学園　（種別：学校法人）

[校長/別科長名] 木村雅之

[収容定員] 100人　二 部制　[教員数] 7人（うち専任　4人）　[宿舎] 有　[料金]（月額）60,000円 ～ 80,000円

[入学資格] 原則として12年以上の学校教育課程の修了者、または日本の高等学校卒業と同等以上の学習能力を有する者

[入学選抜方法] 書類、筆記試験（日本語）、面接（日本語）による選考

[認定コース在籍者数] 22

[その他コース在籍者数] 0

内訳(人)：
ベトナム(12)、ネパール(8)、モンゴル(1)、インド(1)

[教材]

初級	『みんなの日本語 初級』他	初中級	『中級へ行こう』『日本語の文型と表現55 第2版』
中級	『中級を学ぼう』『日本語の文型と表現56　中級前期 第2版』	上級	未定

[基礎科目及び英語の授業]　なし

[認定コース]

	目的	期間	時数	週数	入学月	選考料	入学金	授業料	その他	合計(円)
2年コース	進学就職	2年	1680	84	4	20,000	50,000	1,200,000	130,000	1,400,000
1年6か月コース	進学就職	1年6か月	1284	63	10	20,000	50,000	900,000	97,500	1,067,500

[認定以外のコース] なし

[日本語能力試験]　2018年度受験状況

	N1	N2	N3	N4	N5	合計
受験者数	1	17	67	0	0	85
認定者数	0	4	14	0	0	18

[日本留学試験]　2018年度受験状況

●第1回

日本語受験者	日本語219点以上	文系受験者	文系100点以上	理系受験者	理系100点以上
3	1	1	1	0	0

●第2回

日本語受験者	日本語219点以上	文系受験者	文系100点以上	理系受験者	理系100点以上
3	2	1	1	0	0

[進学実績]　2019年3月までの進学状況　卒業者数　－

大学院	大学	短期大学	高専	専門学校	その他の学校	就職
－	－	－	－	－	－	－

[主な進学先]

※2017年4月開校のためデータなし

[主な就職先]

※2017年4月開校のためデータなし

●特色1　日本語学習の入口から日本社会への適応（進学・就職）までの一貫したキャリアプランを示す。

●特色2　併設校・姉妹校、地域社会とのネットワークを生かし、教室外での経験による学びを大切にする。

●特色3　クラス担任制で、学生指導が丹念に行われる。

製作：J.TEST事務局 / 語文研究社

東京都　新宿区　　告示校

とうきょうこくさいだいがくふぞくにほんごがっこう

東京国際大学付属日本語学校

Japanese Language School affiliated with Tokyo International University

[TEL] 03-3371-6121　[FAX] 03-3371-6125
[eMAIL] jpschool@tiu.ac.jp
[URL] https://www.jpschool.ac.jp
[SNS] Facebook(tiujapanese)

[住所] 〒169-0075　東京都新宿区高田馬場4-23-23

[教育開始時期] 1987年04月

[行き方] JR山手線・東京メトロ東西線・西武新宿線「高田馬場駅」戸山口から徒歩4分

[設置者] 学校法人東京国際大学　(種別：学校法人)

[校長/別科長名] 倉田信靖

[収容定員] 460人　二 部制

[教員数] 42人 (うち専任 10 人)

[宿舎] 有　[料金] (月額) 50,000円 ～ 100,000円

[入学資格] 通常の課程による12年の学校教育を修了し、日本の大学入学資格を有する者。またはそれに準ずる資格を有する者。※香港、マレーシア、シンガポール、フィリピン、インドネシア、モンゴル等の10年または11年の教育を修了をした者については、本学の準備教育課程(全日制)への入学を勧めます。

[入学選抜方法] 書類選考、面接など

[認定コース在籍者数] 327

[その他コース在籍者数] 0

内訳(人)：台湾(121)、韓国(91)、ベトナム(73)、香港(21)、フィリピン(6)
その他(15)[インドネシア共和国、英国、カナダ、ロシア連邦、キルギス共和国、マレーシア、アメリカ合衆国、シンガポール共和国]

[教材]

初級	『できる日本語 初級』	初中級	『できる日本語 初中級』
中級	『できる日本語 中級』	上級	『ニューアプローチ 完成編』『日本への招待』他

[基礎科目及び英語の授業] 総合科目、数学コース1、数学コース2、物理、化学、英語

[認定コース]

	目的	期間	時数	週数	入学月	選考料	入学金	授業料	その他	合計(円)
日本語教育課程A 4月コース	一般	1年	988	38	4	20,000	100,000	760,000	55,000	935,000
日本語教育課程A 10月コース	一般	1年6か月	1508	58	10	20,000	100,000	1,140,000	78,000	1,338,000
日本語教育課程A 7月コース	一般	1年9か月	1716	66	7	20,000	100,000	1,330,000	90,000	1,540,000
日本語教育課程B 4月コース(1年)	一般	1年	800	40	4	20,000	100,000	640,000	55,000	815,000
日本語教育課程B 4月コース(2年)	一般	2年	1600	80	4	20,000	100,000	1,280,000	100,000	1,500,000
日本語教育課程B 10月コース	一般	1年6か月	1200	60	10	20,000	100,000	960,000	78,000	1,158,000
準備教育課程 4月コース	準備教育	1年	1180	38	4	20,000	100,000	810,000	60,000	990,000
準備教育課程 10月コース	準備教育	1年6か月	1700	58	10	20,000	100,000	1,190,000	83,000	1,393,000

[認定以外のコース] なし

[日本語能力試験]　2018年度受験状況

	N1	N2	N3	N4	N5	合計
受験者数	104	201	206	6	0	517
認定者数	56	112	110	2	0	280

[日本留学試験]　2018年度受験状況

●第1回

日本語受験者	日本語219点以上	文系受験者	文系100点以上	理系受験者	理系100点以上
98	48	48	15	16	2

●第2回

日本語受験者	日本語219点以上	文系受験者	文系100点以上	理系受験者	理系100点以上
80	56	42	13	19	7

[進学実績]　2019年3月までの進学状況　卒業者数　242

大学院	大学	短期大学	高専	専門学校	その他の学校	就職
2	52	1	0	86	10	16

[主な進学先]

拓殖大学大学院、早稲田大学、上智大学、中央大学、埼玉大学、青山学院大学、明治大学、関西大学、法政大学、東洋大学、東京国際大学 他

[主な就職先]

—

●特色1　「学校法人」により設立された「大学付属」の日本語学校です。学生を第一に考える本来の教育を行います。

●特色2　「全日制(A)」と「半日制(B)」の2種類の課程があり、希望に応じて選ぶことができます。

●特色3　「親身の進路指導」を行います。学生の志望に合わせて幅広い分野に卒業生を送り出しています。

製作：J.TEST事務局 / 語文研究社

告示校

東京都　新宿区

とうきょうこすもがくえん

東京コスモ学園

TOKYO COSMO ACADEMY

[TEL] 03-3371-2195 [FAX] 03-3368-1479
[eMAIL] info@tokyo-cosmo.com
[URL] http://www.tokyo-cosmo.com
[SNS] Wechat: huhang18

[住所] 〒169-0075 東京都新宿区高田馬場4-9-2　[教育開始時期] 1986年04月

[行き方] JR山手線、東京メトロ東西線、西武新宿線「高田馬場駅」より徒歩1分

[設置者] 株式会社コスモワールド教育振興会 (種別：株式会社)　[校長/別科長名] 松角哲也

[収容定員] 300人 二部制　[教員数] 40人 (うち専任 5人)　[宿舎] 有 [料金] (月額) 42,000円 ～ 65,000円

[入学資格] 12年の学校教育を修了した者、または修了見込みの者　[入学選抜方法] 書類選考と面接

[認定コース在籍者数] 264　内訳(人)：中国(246)、ベトナム(6)、韓国(5)、タイ(1)、その他(6)

[その他コース在籍者数] 0

[教材]

初級	『みんなの日本語 初級』	初中級	『中級へ行こう』
中級	『中級を学ぼう 中級前期・後期』	上級	学生の目標に合わせて適宜

[基礎科目及び英語の授業] なし

[認定コース]

	目的	期間	時数	週数	入学月	選考料	入学金	授業料	その他	合計(円)
進学2年コース	進学	2年	1680	84	4	20,000	50,000	1,200,000	100,000	1,370,000
進学1年9か月コース	進学	1年9か月	1400	70	7	20,000	50,000	1,050,000	87,500	1,207,500
進学1年6か月コース	進学	1年6か月	1220	61	10	20,000	50,000	900,000	75,000	1,045,000
進学1年3か月コース	進学	1年3か月	1020	51	1	20,000	50,000	750,000	62,500	882,500

[認定以外のコース] なし

[日本語能力試験] 2018年度受験状況

	N1	N2	N3	N4	N5	合計
受験者数	51	65	45	0	0	161
認定者数	41	58	35	0	0	134

[日本留学試験] 2018年度受験状況

●第1回

日本語受験者	日本語219点以上	文系受験者	文系100点以上	理系受験者	理系100点以上
60	55	58	57	59	59

●第2回

日本語受験者	日本語219点以上	文系受験者	文系100点以上	理系受験者	理系100点以上
75	70	65	60	61	58

[進学実績] 2019年3月までの進学状況 卒業者数 134

大学院	大学	短期大学	高専	専門学校	その他の学校	就職
21	48	0	0	60	0	5

[主な進学先]

東京藝術大学、一橋大学、東京農工大学、東京工芸大学、鹿児島大学、横浜国立大学、岡山大学、北海道大学、高崎経済大学、愛媛大学、早稲田大学、青山学院大学、法政大学、専修大学、日本大学、明治大学、芝浦工業大学、東京理科大学、聖心女子大学、津田塾大学、武蔵野美術大学、女子美術大学、東京音楽大学、名古屋音楽大学、名古屋造形大学、武蔵野大学、聖学院大学、東海大学、東京女子大学、神奈川大学、明治学院大学 他

[主な就職先]

－

●特色1　少人数制クラスで、経験豊富な教師陣が学習者に合わせた綿密な授業計画に沿って、志望校への進学を指導します、

●特色2　様々な国の学習者と交流を深め、教師とも親しく語り合いながら、日々充実した気持ちで学習に取り組むことができます。

●特色3　学生が安心して日本での生活を送れるよう、学習面以外でも幅広くサポートします。

製作：J.TEST事務局 / 語文研究社

東京都	新宿区

告示校

とうきょうちゅうおうにほんごがくいん

東京中央日本語学院

TOKYO CENTRAL JAPANESE LANGUAGE SCHOOL

[TEL] 03-3354-5001 [FAX] 03-3354-5002
[eMAIL] info@tcj-nihongo.com
[URL] http://www.tcj-nihongo.com
[SNS] https://www.facebook.com/tcj.nihongo/

[住所] 〒160-0016 東京都新宿区信濃町34 トーシン信濃町駅前ビル4F

[教育開始時期] 1988年03月

[行き方] JR「信濃町駅」から徒歩1分(改札口を出て右に曲がり、駅舎の前のビル)

[設置者] 株式会社東京中央日本語学院 (種別：株式会社)

[校長/別科長名] 三輪豊明

[収容定員] 1080人 二 部制 [教員数] 78人 (うち専任 20 人)

[宿舎] 有 [料金] (月額) 38,000円 ～ 76,000円

[入学資格] 12年課程修了以上及びこれと同等レベルの者

[入学選抜方法] 本人面接、保証人面接、能力適性試験、書類審査

[認定コース在籍者数] 714

[その他コース在籍者数] 15

内訳(人): 中国(548)、ベトナム(75)、ミャンマー(32)、スリランカ(26)、バングラデシュ(11)
その他(37)[台湾、香港、韓国、モンゴル、ネパール、アメリカ、アルゼンチン、イギリス、ウズベキスタン 他]

[教材]

初級	『みんなの日本語 初級』	初中級	『中級へ行こう』
中級	『中級から学ぶ日本語』	上級	『上級で学ぶ日本語』

[基礎科目及び英語の授業] なし

[認定コース]

	目的	期間	時数	週数	入学月	選考料	入学金	授業料	その他	合計(円)
進学1年3ヶ月コース	進学	1年3か月	1000	50	1	21,600	43,200	850,000	67,200	982,000
進学1年6ヶ月コース	進学	1年6か月	1200	60	10	21,600	43,200	1,020,600	80,300	1,165,700
進学1年9ヶ月コース	進学	1年9か月	1400	70	7	21,600	43,200	1,190,700	93,400	1,348,900
進学2年コース	進学	2年	1600	80	4	21,600	43,200	1,360,800	106,400	1,532,000
一般2年コース	一般	2年	1600	80	1,4,7,10	21,600	43,200	1,360,800	106,400	1,532,000
一般1年コース	一般	1年	800	40	1,4,7,10	21,600	43,200	680,400	53,200	798,400

[認定以外のコース] 週2、3回コース、ビジネス日本語コース、短期集中コース、出張授業コース、日本語教師養成講座

[日本語能力試験] 2018年度受験状況

	N1	N2	N3	N4	N5	合計
受験者数	156	282	296	46	0	780
認定者数	74	131	128	16	0	349

[日本留学試験] 2018年度受験状況

●第1回

日本語受験者	日本語219点以上	文系受験者	文系100点以上	理系受験者	理系100点以上
207	140	86	38	37	18

●第2回

日本語受験者	日本語219点以上	文系受験者	文系100点以上	理系受験者	理系100点以上
247	150	104	42	39	20

[進学実績] 2019年3月までの進学状況 卒業者数 501

大学院	大学	短期大学	高専	専門学校	その他の学校	就職
42	118	5	0	176	0	63

[主な進学先]

(大学院)北海道大学、一橋大学、早稲田大学、慶應義塾大学、上智大学、多摩美術大学 他
(大学)筑波大学、慶應義塾大学、上智大学、明治大学、法政大学、多摩美術大学 他
(専門学校)HAL東京、日本電子専門学校、東京製菓学校、文化服装学院

[主な就職先]

共同エンジニアリング、株式会社MGC、CMC Japan株式会社 他

●特色1 手厚い進学指導と進学実績。

●特色2 大学、専門学校との幅広い提携関係。

●特色3 30ヵ国以上からの留学生が在籍している多国籍な学校。

製作:J.TEST事務局 / 語文研究社

告示校

東京都　新宿区

にほんがくせいしえんきこうとうきょうにほんごきょういくせんたー

日本学生支援機構
東京日本語教育センター

Tokyo Japanese Language Education Center Japan Student Services Organization

[TEL] 03-3371-7266　[FAX] 03-5337-6693
[eMAIL] koumu@jasso.go.jp
[URL] http://www.jasso.go.jp/ryugaku/study_j/jlec/tjlec/index.html
[SNS] —

[住所] 〒169-0074　東京都新宿区北新宿3丁目22番7号

[教育開始時期] 1936年02月

[行き方] JR総武線「大久保駅」北口から徒歩10分

[設置者] 独立行政法人日本学生支援機構　(種別：独立行政法人)

[校長/別科長名] 小山国男

[収容定員] 380人　一 部制　**[教員数]** 71人 (うち専任 22 人)

[宿舎] 有　**[料金]** (月額) 28,000円

[入学資格] 後期中等教育修了者、日本の大学・大学院への進学希望者、日本国籍を持たない者

[入学選抜方法] 書類審査、出願者、在日連絡人又は経済支弁者に対するインタビュー

[認定コース在籍者数] 183

[その他コース在籍者数] 17

内訳(人): 中国(31)、アラブ首長国連邦(26)、台湾(25)、モンゴル(25)、インドネシア(13)
その他(73)[マレーシア、ベトナム、カンボジア、タイ、シンガポール、ラオス、インド、フィリピン、ミャンマー、サウジアラビア、イエメン、香港、ブルネイ、キルギス、シエラレオネ、スーダン、チュニジア、マダガスカル、モロッコ、ルワンダ、ブルガリア、ブラジル、ペルー]

[教材]

初級	『進学する人のための日本語 初級』	初中級	—
中級	『改訂版 進学する人のための日本語 中級』	上級	—

[基礎科目及び英語の授業] 総合科目、数学コース1、数学コース2、物理、化学、生物、英語

[認定コース]

	目的	期間	時数	週数	入学月	選考料	入学金	授業料	その他	合計(円)
進学課程1年コース	準備教育	1年	1140	38	4	20,000	80,000	625,000	95,867	820,867
進学課程1年半コース	準備教育	1年6か月	1680	56	10	20,000	100,000	930,000	129,337	1,179,337
大学院等進学課程1年コース	準備教育	1年	1140	38	4	20,000	80,000	625,000	95,867	820,867
大学院等進学課程1年半コース	準備教育	1年6か月	1680	56	10	20,000	100,000	930,000	129,337	1,179,337

[認定以外のコース] 国費(ASCOJA)留学生のための特別コース、日本台湾交流協会奨学金留学生のための特別コース

[日本語能力試験] 2018年度受験状況

	N1	N2	N3	N4	N5	合計
受験者数	45	91	30	1	0	167
認定者数	28	53	16	1	0	98

[日本留学試験] 2018年度受験状況

●第1回

日本語受験者	日本語219点以上	文系受験者	文系100点以上	理系受験者	理系100点以上
49	25	13	11	22	9

●第2回

日本語受験者	日本語219点以上	文系受験者	文系100点以上	理系受験者	理系100点以上
74	47	29	18	34	20

[進学実績] 2019年3月までの進学状況　**卒業者数** 182

大学院	大学	短期大学	高専	専門学校	その他の学校	就職
35	60	0	53	17	2	4

[主な進学先]

北海道大学大学院、筑波大学大学院、東京大学大学院、京都大学大学院、青山学院大学大学部、慶應義塾大学大学院、早稲田大学大学院、北海道大学、筑波大学、一橋大学、東京大学、東京外国語大学、東京海洋大学、東京工業大学、京都大学、大阪大学、神戸大学、横浜国立大学、首都大学東京、慶應義塾大学、国際基督教大学、芝浦工業大学、上智大学、法政大学、明治大学、立教大学、早稲田大学、立命館大学、同志社大学

[主な就職先]

—

●**特色1**　学歴12年未満の学生に対する大学入学準備教育機関として文科省より指定を受け日本語教育を実施。

●**特色2**　クラス担任制によるきめ細かな生活進学指導。

●**特色3**　理系、文系、大学院等、進学目的に合わせた授業。

製作:J.TEST事務局 / 語文研究社

東京都　新宿区　　告示校

とうきょうにほんごけんきゅうじょ

東京日本語研究所

TOKYO INSTITUTE FOR JAPANESE LANGUAGE

[TEL] 03-6457-3200　[FAX] 03-6457-3201
[eMAIL] info@tokyonk.com
[URL] http://www.tokyonk.com
[SNS] https://www.facebook.com/tokyonk

[住所] 〒169-0074　東京都新宿区北新宿1-29-11（2020年1月6日より）　[教育開始時期] 1987年07月

[行き方] 副都心線「西早稲田駅」出口3から徒歩3分、大江戸線「東新宿駅」出口A1から徒歩7分、JR総武線「大久保駅」北口から徒歩6分、JR山手線「新大久保駅」から徒歩9分

[設置者] 株式会社東京日本語研究所　（種別：株式会社）　[校長/別科長名] 大沢豊

[収容定員] 480人　二 部制　[教員数] 26人（うち専任 11 人）　[宿舎] 有　[料金]（月額）33,000円 ～ 39,000円

[入学資格] 12年課程修了見込み・修了以上、またはこれと同等レベルの者　[入学選抜方法] 書類審査、本人面接 他

[認定コース在籍者数] 391
[その他コース在籍者数] 8
内訳(人)：ベトナム(256)、中国(91)、ネパール(43)、韓国(8)、モロッコ(1)

[教材]

初級	『みんなの日本語 初級』本冊・漢字練習帳・翻訳・文法解説 他	初中級	『学ぼう! にほんご 初中級』本冊・漢字練習帳『N3合格!日本語能力試験問題集スピードマスター文法』他
中級	『学ぼう! にほんご 中級』、本冊『N2合格!日本語能力試験問題集スピードマスター文法』他	上級	『学ぼう! にほんご中上級』、本冊『N1合格!日本語能力試験問題集スピードマスター文法』他

[基礎科目及び英語の授業] 総合科目

[認定コース]

	目的	期間	時数	週数	入学月	選考料	入学金	授業料	その他	合計(円)
進学2年	進学	2年	1600	80	4	20,000	50,000	1,280,000	20,000	1,370,000
進学1.9年	進学	1年9か月	1400	70	7	20,000	50,000	1,112,000	20,000	1,202,000
進学1.6年	進学	1年6か月	1200	60	10	20,000	50,000	960,000	20,000	1,050,000
進学1.3年	進学	1年3か月	1000	50	1	20,000	50,000	800,000	20,000	890,000

[認定以外のコース] 短期3か月コース

[日本語能力試験] 2018年度受験状況

	N1	N2	N3	N4	N5	合計
受験者数	16	84	262	0	0	362
認定者数	3	26	43	0	0	72

[日本留学試験] 2018年度受験状況

●第1回

日本語受験者	日本語219点以上	文系受験者	文系100点以上	理系受験者	理系100点以上
140	45	22	4	8	2

●第2回

日本語受験者	日本語219点以上	文系受験者	文系100点以上	理系受験者	理系100点以上
18	15	9	5	5	2

[進学実績] 2019年3月までの進学状況　卒業者数 216

大学院	大学	短期大学	高専	専門学校	その他の学校	就職
1	17	0	0	172	0	14

[主な進学先]

多摩美術大学大学院,国際基督教大学,駒沢大学,昭和音楽大学,帝京大学,東海大学,和光大学,名古屋音楽大学,日本映画大学,共栄大学,明海大学,武蔵野大学,日本経済大学,NIPPONおもてなし専門学校,赤堀製菓専門学校,グレッグ外語専門学校新宿校,東放学園専門学校,渋谷外国語専門学校,秀林外語専門学校,駿台トラベル＆ホテル専門学校,専門学校ICSカレッジオブアーツ,専門学校東京国際ビジネスカレッジ 他

[主な就職先]

株式会社エヌケーシー,吉田工業株式会社,館山コンクリート株式会社,佐伯真珠有限会社,株式会社円山荘,株式会社ウリィソックス,株式会社イーケーシー,Aladdin jp合同会社等

●特色1　受験から入学までの徹底的な進学指導及びきめ細かなサポート。

●特色2　ニーズに合わせた良質の教育。

●特色3　清潔できれいな学習環境。

告示校

東京都　新宿区

とうきょうわーるどにほんごがっこう

東京ワールド日本語学校

TOKYO WORLD JAPANESE LANGUAGE SCHOOL

[TEL] 03-5332-3531 [FAX] 03-5332-3530
[eMAIL] twjls@twla.jp
[URL] http://twla.jp/
[SNS] https://www.facebook.com/twjls21

[住所] 〒169-0073 東京都新宿区百人町1-13-24

[教育開始時期] 1989年04月

[行き方] JR総武線「大久保駅」より徒歩5分、JR山手線「新大久保駅」より徒歩4分

[設置者] 有限会社東京ワールド外語学院 (種別:有限会社)

[校長/別科長名] 鎌田一宣

[収容定員] 1752人 二 部制

[教員数] 120人 (うち専任 34 人)

[宿舎] 無 [料金] ―

[入学資格] 12年課程修了以上及びこれと同等レベルの者
日本語能力試験等合格者または日本語学習時間150時間以上程度

[入学選抜方法] 書類審査、本人面接、能力適性試験他

[認定コース在籍者数] 1384

[その他コース在籍者数] 0

内訳(人):
中国(664)、ベトナム(551)、韓国(67)、ネパール(36)、スリランカ(33)
その他(33)[インドネシア、オランダ、カンボジア、台湾、ミャンマー]

[教材]

初級	『みんなの日本語 初級』	初中級	『学ぼう!にほんご初中級』
中級	『学ぼう!にほんご中級』	上級	『学ぼう!にほんご中上級』『学ぼう!にほんご上級』

[基礎科目及び英語の授業] 総合科目、数学コース1

[認定コース]

	目的	期間	時数	週数	入学月	選考料	入学金	授業料	その他	合計(円)
進学2年コース	進学	2年	1600	80	4	21,000	65,000	1,296,000	84,000	1,466,000
進学1.9年コース	進学	1年9か月	1400	70	7	21,000	65,000	1,134,000	73,500	1,293,500
進学1.6年コース	進学	1年6か月	1200	60	10	21,000	65,000	967,000	63,000	1,116,000
進学1.3年コース	進学	1年3か月	1000	50	1	21,000	65,000	807,500	52,500	946,000
進学1年コース	進学	1年	800	40	4	21,000	65,000	648,000	42,000	776,000

[認定以外のコース] なし

[日本語能力試験] 2018年度受験状況

	N1	N2	N3	N4	N5	合計
受験者数	164	459	550	31	0	1204
認定者数	51	173	143	8	0	375

[日本留学試験] 2018年度受験状況

●第1回

日本語受験者	日本語219点以上	文系受験者	文系100点以上	理系受験者	理系100点以上
86	29	35	11	16	2

●第2回

日本語受験者	日本語219点以上	文系受験者	文系100点以上	理系受験者	理系100点以上
176	106	78	35	44	23

[進学実績] 2019年3月までの進学状況 卒業者数 828

大学院	大学	短期大学	高専	専門学校	その他の学校	就職
37	222	7	0	437	0	41

[主な進学先]

東京大学大学院、一橋大学大学院、大阪大学大学院、首都大学東京大学院、東京医科歯科大学大学院、慶応義塾大学大学院、早稲田大学大学院、明治大学大学院、武蔵野美術大学大学院、上智大学、筑波大学、中央大学、法政大学、立命館大学、文化服装学院、東京モード学園、HAL東京、服部栄養専門学校、辻調理師専門学校、日本電子専門学校、日本工学院専門学校他

[主な就職先]

株式会社勝浦ホテル三日月、株式会社マーキュリー、株式会社サザビーリーグ、株式会社ユナイテッドアローズ、株式会社住信建託、ウェスティンホテル東京 他

●特色1 特に進学指導に力を入れ、大学院、大学、専門学校への進学、また企業への就職など学生一人ひとりの留学目標に応じて全ての語学レベルにおける教育プログラムを提供しています。

●特色2 担任制により全ての学生が進路を決めるまで完全個人指導を行い、同時に勉学や日常生活の悩みを丁寧に聞き取って留学生活全般のフォローに努めています。

●特色3 多様な国籍(10〜15の国と地域)の学生たちが集まり、日々のコミュニケーションから日本語力を高め、世界の架け橋となる親交と友情を築いています。

東京都　新宿区　　告示校

とうきょうわせだがいこくごがっこう

東京早稲田外国語学校

Tokyo Waseda Foreign Language School

[TEL] 03-6457-3767　[FAX] 03-6457-3768
[eMAIL] info@tokyowaseda.com
[URL] http://tokyowaseda.com/main/intro.html
[SNS] http://www.facebook.com/tokyowaseda.japan

[住所] 〒160-0021　東京都新宿区歌舞伎町2-31-11　第二モナミビル3, 5-9階
[教育開始時期] 1990年04月
[行き方] 西武鉄道「西武新宿駅」より徒歩3分、JR「新大久保駅」より徒歩8分

[設置者] 株式会社東京早稲田外国語学校　(種別：株式会社)
[校長/別科長名] 渡辺英子
[収容定員] 1800人　二 部制
[教員数] 90人 (うち専任 34 人)
[宿舎] 有　[料金] (月額) 30,000円 ～ 45,000円

[入学資格] 12年課程修了以上及びこれと同等レベルの者。
[入学選抜方法] 書類審査、本人面接、保証人面接

[認定コース在籍者数] 1488
[その他コース在籍者数] 0
内訳(人): 中国(950)、ベトナム(319)、ミャンマー(92)、ネパール(45)、韓国(35)
その他(47)[スリランカ、ウズベキスタン、香港、台湾、マカオ、マレーシア、アメリカ]

[教材]

初級	『みんなの日本語』	初中級	『学ぼう！にほんご初中級』
中級	『中級日本語上・下』	上級	『学ぼう！にほんご上級』

[基礎科目及び英語の授業] なし

[認定コース]

	目的	期間	時数	週数	入学月	選考料	入学金	授業料	その他	合計(円)
進学2年コース	進学	2年	1600	80	4	25,000	70,000	1,300,000	70,000	1,465,000
進学1年9か月コース	進学	1年9か月	1400	70	7	25,000	70,000	1,137,500	61,250	1,293,750
進学1年6か月コース	進学	1年6か月	1200	60	10	25,000	70,000	975,000	52,500	1,122,500
進学1年3か月コース	進学	1年3か月	1000	50	1	25,000	70,000	812,500	43,750	951,250
進学1年コース	進学	1年	800	40	4	25,000	70,000	650,000	35,000	780,000

[認定以外のコース] (在籍者あり)

[日本語能力試験] 2018年度受験状況

	N1	N2	N3	N4	N5	合計
受験者数	56	391	419	5	0	871
認定者数	30	204	158	2	0	394

[日本留学試験] 2018年度受験状況

●第1回

日本語受験者	日本語219点以上	文系受験者	文系100点以上	理系受験者	理系100点以上
83	35	31	31	22	22

●第2回

日本語受験者	日本語219点以上	文系受験者	文系100点以上	理系受験者	理系100点以上
26	12	9	9	4	4

[進学実績] 2019年3月までの進学状況　卒業者数 590

大学院	大学	短期大学	高専	専門学校	その他の学校	就職
24	186	0	0	303	0	20

[主な進学先]

一橋大学大学院、首都大学大学院東京、横花市立大学大学院、筑波大学大学院、慶應義塾大学大学院、早稲田大学大学院、明治大学大学院、上智大学大学院、立命館大学大学院、東京理科大学大学院、多摩美術大学大学院、茨城大学、早稲田大学、慶應義塾大学、明治大学、中央大学、法政大学、駒澤大学、東京理科大学、立命館大学、東洋大学、多摩美術大学、武蔵野美術大学、東京国際ビジネスカレッジ

[主な就職先]

－

●特色1　学生のニーズにこたえる進路指導及び試験対策授業。

●特色2　実践的コミュニケーションを学ぶ文化体験・課外授業。

●特色3　ICT機器を導入した特色ある授業スタイル。

製作：J.TEST事務局 / 語文研究社

告示校

東京都　新宿区

とうきょうわせだがいこくごがっこうしんおおくぼこう

東京早稲田外国語学校 新大久保校

Tokyo Waseda Foreign Language School, Shin-Okubo Campus

[TEL] 03-3365-6171　[FAX] 03-5989-1986
[eMAIL] info@tokyowaseda.com
[URL] http://tokyowaseda.com/main/intro.html
[SNS] http://www.facebook.com/tokyowaseda.japan/

[住所] 〒169-0073　東京都新宿区百人町2-9-13　[教育開始時期] 2009年08月

[行き方] JR山手線「新大久保駅」より徒歩1分、JR「大久保駅」より徒歩4分

[設置者] 株式会社東京早稲田外国語学校　（種別：株式会社）　[校長/別科長名] 筒井桃子

[収容定員] 337人　二 部制　[教員数] 27人（うち専任 8人）　[宿舎] 有　[料金]（月額）30,000円 ～ 45,000円

[入学資格] 12年課程修了以上及びこれと同等レベルの者。　[入学選抜方法] 書類審査、本人面接、保証人面接

[認定コース在籍者数] 259
[その他コース在籍者数] 0

内訳(人)：
中国(210)、ベトナム(73)、ミャンマー(29)、ネパール(8)、台湾(2)
その他(17)[スリランカ、ウズベキスタン]

[教材]

初級	『みんなの日本語』	初中級	『学ぼう！にほんご 初中級』
中級	『中級日本語 上下』	上級	『学ぼう！にほんご 上級』

[基礎科目及び英語の授業] なし

[認定コース]

	目的	期間	時数	週数	入学月	選考料	入学金	授業料	その他	合計(円)
進学2年コース	進学	2年	1600	80	4	25,000	70,000	1,300,000	70,000	1,465,000
進学1年9か月コース	進学	1年9か月	1400	70	7	25,000	70,000	1,137,000	61,250	1,293,250
進学1年6か月コース	進学	1年6か月	1200	60	10	25,000	70,000	975,000	52,500	1,122,500
進学1年3か月コース	進学	1年3か月	1000	50	1	25,000	70,000	812,500	43,750	951,250
進学1年コース	進学	1年	800	40	4	25,000	70,000	650,000	35,000	780,000

[認定以外のコース] なし

[日本語能力試験]　2018年度受験状況

	N1	N2	N3	N4	N5	合計
受験者数	5	56	40	1	0	102
認定者数	2	8	10	0	0	20

[日本留学試験]　2018年度受験状況

●第1回

日本語受験者	日本語219点以上	文系受験者	文系100点以上	理系受験者	理系100点以上
9	0	3	1	1	0

●第2回

日本語受験者	日本語219点以上	文系受験者	文系100点以上	理系受験者	理系100点以上
7	0	0	0	2	1

[進学実績]　2019年3月までの進学状況　卒業者数　80

大学院	大学	短期大学	高専	専門学校	その他の学校	就職
1	7	0	0	41	0	5

[主な進学先]

桜美林大学大学院、御茶ノ水女子大学、慶應義塾大学、奈良女子大学、東京家政学院大学、西武文理大学、尚美学園大学、東京国際ビジネスカレッジ、東京渡島IT医療福祉専門学校、中野スクールオブビジネス、国際デュアルビジネス専門学校、東京観光専門学校、秀林外語専門学校、読売自動車大学校、大原簿記専門学校 他

[主な就職先]

－

●特色1　学生のニーズにこたえる進路指導及び試験対策授業。

●特色2　実践的コミュニケーションを学ぶ文化体験・課外授業。

●特色3　ITC機器を導入した特色ある授業スタイル。

製作：J.TEST事務局 / 語文研究社

東京都　新宿区　　告示校

とうしんらんげーじすくーる

東進ランゲージスクール

Toshin Language School

[TEL] 03-5337-2590　[FAX] 03-5337-2591
[eMAIL] japan@tsschool.co.jp
[URL] http://www.tsschool.co.jp
[SNS] https://www.facebook.com/tsschool

[住所] 〒169-0075　東京都新宿区高田馬場3-28-1 第六康洋ビル
[教育開始時期] 1988年12月
[行き方] JR「高田馬場駅」から徒歩10分、西武新宿線「下落合駅」から徒歩3分

[設置者] 株式会社D&F　（種別：株式会社）
[校長/別科長名] 渡邉百合香
[収容定員] 900人　二 部制　[教員数] 49人 (うち専任 10 人)　[宿舎] 無　[料金] -

[入学資格] 12年課程修了以上
[入学選抜方法] 書類審査、本人・保護者面接、学力テスト

[認定コース在籍者数] 799
[その他コース在籍者数] 0
内訳(人): 中国(442)、ベトナム(258)、フランス(33)、ネパール(25)、スリランカ(17)
その他(24)[ミャンマー、韓国、ベルギー、スイス、台湾、香港]

[教材]

初級	—	初中級	—
中級	—	上級	—

[基礎科目及び英語の授業] 総合科目

[認定コース]

	目的	期間	時数	週数	入学月	選考料	入学金	授業料	その他	合計(円)
進学コース	進学	1年3か月	1000	50	1	30,000	50,000	810,000	0	890,000
進学コース	進学	1年6か月	1200	60	10	30,000	50,000	972,000	0	1,052,000
進学コース	進学	1年9か月	1400	70	7	30,000	50,000	1,134,000	0	1,214,000
進学コース	進学	2年	1600	80	4	30,000	50,000	1,296,000	0	1,376,000

[認定以外のコース] なし

[日本語能力試験]　2018年度受験状況

	N1	N2	N3	N4	N5	合計
受験者数	59	251	230	18	2	560
認定者数	13	73	48	4	2	140

[日本留学試験]　2018年度受験状況

●第1回

日本語受験者	日本語219点以上	文系受験者	文系100点以上	理系受験者	理系100点以上
73	35	41	9	15	4

●第2回

日本語受験者	日本語219点以上	文系受験者	文系100点以上	理系受験者	理系100点以上
63	35	25	14	15	4

[進学実績]　2019年3月までの進学状況　卒業者数　242

大学院	大学	短期大学	高専	専門学校	その他の学校	就職
9	41	0	0	172	0	11

[主な進学先]

京都府立大学、同志社大学、明治大学日本大学、倉敷芸術科学大学、東京工芸大学、東京都市大学、東洋大学、広島大学、HAL東京、専門学校ESPエンタテイメント東京、東京国際ビジネスカレッジ、東京モード学園、早稲田国際ビジネスカレッジ、CAD製図専門学校等

[主な就職先]

—

●特色1　グローバルな視野を持った国際交流の主軸となる人材の育成。

●特色2　大学・短大、専門学校に合格を目指す教育。

●特色3　外国人日本語能力試験一級合格を目指す教育。

告示校

東京都　新宿区

にちべいかいわがくいんにほんごけんしゅうじょ

日米会話学院 日本語研修所

Nichibei Kaiwa Gakuin, Japanese Language Institute

[TEL] 03-3359-9600 [FAX] 03-3359-3931
[eMAIL] jli-info@nichibei.ac.jp
[URL] http://www.nichibei.ac.jp/njli/
[SNS] https://www.facebook.com/420281908064325/

[住所] 〒160-0004 東京都新宿区四谷1-50

[教育開始時期] 1967年09月

[行き方] JR中央線・総武線・東京メトロ丸ノ内線・南北線「四ツ谷駅」より徒歩5分

[設置者] 一般財団法人国際教育振興会 (種別:一般財団法人)

[校長/別科長名] 金野洋

[収容定員] 140人 一 部制

[教員数] 12人 (うち専任 5人)

[宿舎] 無 [料金] -

[入学資格] 学士号以上を取得していること

[入学選抜方法] 書類選考

[認定コース在籍者数] 10

[その他コース在籍者数] 49

内訳(人): 韓国(61)、アメリカ(44)、ベトナム(14)、インド(9)、タイ(8)
その他(22)[台湾, フィリピン、イギリス、メキシコ他]

[教材]

初級	『NIHONGO EXPRESS Basic 1&2』	初中級	該当レベルなし
中級	『人を動かす！実戦ビジネス日本語会話 中級1&2』	上級	『人を動かす！実戦ビジネス日本語会話 上級』

[基礎科目及び英語の授業] なし

[認定コース]

	目的	期間	時数	週数	入学月	選考料	入学金	授業料	その他	合計(円)
一般2年コース	一般	2年	1600	80	4,7,10,1	30,000	40,000	1,592,000	20,000	1,682,000

[認定以外のコース] 短期コース

※全てのコースで別途教材費(4,000-10,000円/学期)が必要

[日本語能力試験] 2018年度受験状況

	N1	N2	N3	N4	N5	合計
受験者数						
認定者数						

[日本留学試験] 2018年度受験状況

●第1回

日本語受験者	日本語219点以上	文系受験者	文系100点以上	理系受験者	理系100点以上

●第2回

日本語受験者	日本語219点以上	文系受験者	文系100点以上	理系受験者	理系100点以上

[進学実績] 2019年3月までの進学状況 卒業者数 3

大学院	大学	短期大学	高専	専門学校	その他の学校	就職
0	0	0	0	0	0	1

[主な進学先]

—

[主な就職先]

アコーホテルズ

●特色1 ビジネスの場面で使用できる日本語を学習する。

●特色2 少数の国籍に偏ることなく、幅広い国籍の受講生を受け入れている。

●特色3 —

製作:J.TEST事務局 / 語文研究社

東京都　新宿区　　告示校

にほんとうきょうこくさいがくいん

日本東京国際学院

Japan Tokyo International School

[TEL] 03-3363-2171 [FAX] 03-3363-2175
[eMAIL] info@jtis.tokyo
[URL] http://jtis.tokyo
[SNS] Facebook:Japan Tokyo International School

[住所] 〒160-0023　東京都新宿区西新宿8-11-10 星野ビル1F
[教育開始時期] 1990年05月
[行き方] メトロ丸の内線「西新宿駅」から徒歩2分

[設置者] 中央出版株式会社　（種別：株式会社）
[校長/別科長名] 泉均
[収容定員] 657人　二部制　[教員数] 54人（うち専任15人）
[宿舎] 有　[料金]（月額）37,000円

[入学資格] 原則、自国で12年間の学歴がある者
[入学選抜方法] 書類選考、面接、筆記試験等

[認定コース在籍者数] 251
[その他コース在籍者数] 53
内訳(人)：中国(71)、フィリピン(60)、ネパール(59)、ベトナム(30)、タイ(8)
その他(76)[イタリア、フランス、ドイツ、マレーシア、ロシア、ミャンマー、インドネシア]

[教材]

初級	オリジナルテキスト	初中級	『語学留学生のための日本語Ⅱ』
中級	『中級を学ぼう』	上級	『上級で学ぶ日本語』

[基礎科目及び英語の授業] なし

[認定コース]

	目的	期間	時数	週数	入学月	選考料	入学金	授業料	その他	合計(円)
一般コース(2年)	一般	2年	1600	80	4	25,500	55,000	1,188,000	141,200	1,409,700
一般コース(1年9か月)	一般	1年9か月	1400	70	7	25,500	55,000	1,039,500	128,050	1,248,050
一般コース(1年6か月)	一般	1年6か月	1200	60	10	25,500	55,000	891,000	114,900	1,086,400
一般コース(1年3か月)	一般	1年3か月	1000	50	1	25,500	55,000	742,500	101,350	924,350

[認定以外のコース] ビジネス日本語夜間(グループ、プライベート)

[日本語能力試験] 2018年度受験状況

	N1	N2	N3	N4	N5	合計
受験者数	8	114	91	12	0	225
認定者数	0	10	19	4	0	33

[日本留学試験] 2018年度受験状況

●第1回

日本語受験者	日本語219点以上	文系受験者	文系100点以上	理系受験者	理系100点以上
12	4	2	1	3	0

●第2回

日本語受験者	日本語219点以上	文系受験者	文系100点以上	理系受験者	理系100点以上
5	2	0	0	2	2

[進学実績] 2019年3月までの進学状況　卒業者数 259

大学院	大学	短期大学	高専	専門学校	その他の学校	就職
4	13	0	0	193	0	10

[主な進学先]
東洋大学大学院、早稲田大学大学院、駒澤大学、帝京大学、桜美林大学、東京国際大学、日本スクールオブビジネス、東京国際ビジネスカレッジ、日本健康医療専門学校

[主な就職先]
全日本国際協同組合、株式会社アクアプラス、株式会社ソシアリンク

●特色1　2016年5月新校舎開校。

●特色2　毎日30分の発音練習の授業。

●特色3　聴解、漢字、会話のレベル別授業選択。

製作:J.TEST事務局 / 語文研究社

告示校

東京都　新宿区

ふじこくさいごがくいん

フジ国際語学院

FUJI INTERNATIONAL LANGUAGE INSTITUTE

[TEL] 03-3368-0531 [FAX] 03-3368-0909
[eMAIL] zhaosheng@fuji-edu.jp
[URL] http://www.fuji-edu.jp/jp
[SNS] —

[住所] 〒169-0074　東京都新宿区北新宿1-7-20　[教育開始時期] 1989年06月
[行き方] JR総武線「大久保駅」北口より徒歩3分

[設置者] 株式会社フジ国際交流センター　(種別：株式会社)　[校長/別科長名] 川田和子
[収容定員] 2080人　二 部制　[教員数] 104人 (うち専任 35 人)　[宿舎] 有　[料金] (月額) 36,000円 ～ 40,000円

[入学資格] 12年課程修了以上　[入学選抜方法] 書類審査、本人面接、その他

[認定コース在籍者数] 1406
[その他コース在籍者数]
内訳(人)：
中国(1089)、ベトナム(125)、ネパール(97)、バングラデシュ(60)、スリランカ(20)
その他(15)[台湾、ウズベキスタン、フィリピン、モンゴル]

[教材]

初級	『みんなの日本語 初級』他	初中級	『新完全マスター N2 語彙』他
中級	『文化中級日本語』『50日完成50日文字・語彙』他	上級	『日本語読解ワークブック』他

[基礎科目及び英語の授業] 総合科目、数学コース1、数学コース2、物理、化学、生物、英語

[認定コース]

	目的	期間	時数	週数	入学月	選考料	入学金	授業料	その他	合計(円)
進学コースI	進学	2年	1600	80	4	30,000	100,000	1,280,000	120,000	1,530,000
進学コースII	進学	1年6か月	1200	60	10	30,000	100,000	960,000	90,000	1,180,000
進学コースIII	進学	1年9か月	1400	70	7	30,000	100,000	1,120,000	105,000	1,355,000
進学コースIV	進学	1年3か月	1000	50	1	30,000	100,000	800,000	75,000	1,005,000
一般コースI	一般	2年	1600	80	10	30,000	100,000	1,280,000	120,000	1,530,000

[認定以外のコース] なし

[日本語能力試験] 2018年度受験状況

	N1	N2	N3	N4	N5	合計
受験者数	461	431	0	0	0	892
認定者数	458	426	0	0	0	884

[日本留学試験] 2018年度受験状況

●第1回

日本語受験者	日本語219点以上	文系受験者	文系100点以上	理系受験者	理系100点以上
525	510	246	246	253	253

●第2回

日本語受験者	日本語219点以上	文系受験者	文系100点以上	理系受験者	理系100点以上
590	576	262	262	251	251

[進学実績] 2019年3月までの進学状況　卒業者数 1024

大学院	大学	短期大学	高専	専門学校	その他の学校	就職
477	491	1	0	55	0	0

[主な進学先]
東京大学、京都大学、一橋大学、東京工業大学、北海道大学、東北大学、名古屋大学、大阪大学、九州大学、筑波大学、横浜国立大学、首都大学東京、神戸大学、千葉大学、早稲田大学、慶應義塾大学、上智大学、東京理科大学、明治大学、青山学院大学、法政大学、学習院大学、立教大学、中央大学、同志社大学、立命館大学、関西学院大学、関西大学、東京藝術大学

[主な就職先]

●特色1　大学(院)進学を目標とするカリキュラムの編成。

●特色2　ベテランの教職員の配置。

●特色3　生活指導など相談態勢の充実。

製作：J.TEST事務局 / 語文研究社

東京都　新宿区　｜　告示校

ほつまいんたーなしょなるすくーるとうきょうこう

ホツマインターナショナルスクール 東京校

Hotsuma International School

[TEL] 03-6279-2034　[FAX] 03-6279-2035
[eMAIL] infojp@hotsuma-group.com
[URL] http://hotsuma-group.com/new/
[SNS] https://www.facebook.com/hotsumainternationaltokyoschool/

[住所] 〒169-0075　東京都新宿区高田馬場4-30-19

[教育開始時期] 2011年10月

[行き方] JR・東京メトロ・西武新宿線「高田馬場駅」から徒歩8分

[設置者] 株式会社ホツマインターナショナルスクール　(種別：株式会社)

[校長/別科長名] 杉森徹

[収容定員] 336人　二 部制　[教員数] 20人 (うち専任　6 人)

[宿舎] 有　[料金] (月額) 35,000円

[入学資格] 12年課程修了以上及びこれと同等レベルの者

[入学選抜方法] 書類審査、本人面接、経費支弁者・親族面接、能力適性試験

[認定コース在籍者数] 148

[その他コース在籍者数] 0

内訳(人)：ベトナム(46)、ミャンマー(22)、スリランカ(17)、バングラデシュ(17)、フィリピン(15)
その他(31)[キルギス、モンゴル、ウズベキスタン、ネパール、パキスタン、インドネシア]

[教材]

初級	『みんなの日本語 初級』他	初中級	『J.Bridge For Beginners2』 『J.Bridge For Intermediate Japanese』他
中級	『J.Bridge For Intermediate Japanese』 『読解スピードマスターN3』他	上級	『45日間で基礎からわかる日本語能力試験対策N2文法総まとめ』『読解スピードマスターN2』他

[基礎科目及び英語の授業] なし

[認定コース]

	目的	期間	時数	週数	入学月	選考料	入学金	授業料	その他	合計(円)
進学2年コース	進学	2年	1640	82	4	20,000	80,000	1,320,000	80,000	1,500,000
進学1年9か月コース	進学	1年9か月	1440	72	7	20,000	80,000	1,155,000	70,000	1,325,000
進学1年6か月コース	進学	1年6か月	1249	62	10	20,000	80,000	990,000	60,000	1,150,000

[認定以外のコース] なし

[日本語能力試験]　2018年度受験状況

	N1	N2	N3	N4	N5	合計
受験者数	4	69	252	41	2	368
認定者数	0	10	70	9	0	89

[日本留学試験]　2018年度受験状況

●第1回

日本語受験者	日本語219点以上	文系受験者	文系100点以上	理系受験者	理系100点以上
3	0	2	1	1	0

●第2回

日本語受験者	日本語219点以上	文系受験者	文系100点以上	理系受験者	理系100点以上
7	1	3	1	0	0

[進学実績]　2019年3月までの進学状況　卒業者数　148

大学院	大学	短期大学	高専	専門学校	その他の学校	就職
0	4	0	0	101	0	14

[主な進学先]

尚美学園大学、日本経済大学、第一工業大学、東京国際ビジネスカレッジ、駿台トラベル&ホテル専門学校、駿台電子情報&ビジネス専門学校、東京ビジネス外語カレッジ

[主な就職先]

スーパーホテル、株式会社サンザ

●特色1　高等教育機関への進学に必要な日本語力を身につけるための徹底した指導をする。

●特色2　日本社会に適応するための総合的な日本語力を育成する。

●特色3　日本語学習に有効で質の高い情報を提供する。

みつみねきゃりああかでみーにほんごこーす

ミツミネキャリアアカデミー 日本語コース

MITSUMINE CAREER ACADEMY JAPANESE LANGUAGE COURSE

[TEL] 03-5332-9332　[FAX] 03-5332-9331
[eMAIL] info@mcaschool.jp
[URL] http://www.mcaschool.jp
[SNS] Facebook:MCAミツミネキャリアアカデミー日本語コース(orMCA)で検索

[住所] 〒169-0074　東京都新宿区北新宿4丁目1番1号 第3山廣ビル

[教育開始時期] 1988年12月

[行き方] JR「大久保駅」北口から徒歩4分、JR「新大久保駅」から徒歩9分

[設置者] ミツミネキャリアアカデミー株式会社　(種別：株式会社)

[校長/別科長名] 染谷亜矢子

[収容定員] 700人　二 部制　[教員数] 37人 (うち専任 14 人)

[宿舎] 有　[料金] (月額) 38,000円 ～ 58,000円

[入学資格] 12年課程修了以上及びこれと同等レベルの者

[入学選抜方法] 書類審査、本人面接、保証人面接、能力適性試験

[認定コース在籍者数] 585
[その他コース在籍者数] 27

内訳(人)：中国(227)、韓国(141)、ベトナム(120)、台湾(102)、ミャンマー(10)
その他(12)[ロシア、マレーシア、英国(香港)]

[教材]

初級	『語学留学生のための日本語』	初中級	オリジナル教材
中級	『中級から学ぶ日本語』	上級	『上級で学ぶ日本語』

[基礎科目及び英語の授業] 総合科目、数学コース1、数学コース2

[認定コース]

	目的	期間	時数	週数	入学月	選考料	入学金	授業料	その他	合計(円)
進学2年コース	進学	2年	1600	80	4	20,000	70,000	1,136,000	184,000	1,410,000
進学1年9ヵ月コース	進学	1年9か月	1400	70	7	20,000	70,000	998,500	161,000	1,249,500
進学1年6ヵ月コース	進学	1年6か月	1200	60	10	20,000	70,000	858,000	138,000	1,086,000
進学1年3ヵ月コース	進学	1年3か月	1000	50	1	20,000	70,000	702,500	115,000	907,500
進学1年コース	進学	1年	800	40	4	20,000	70,000	568,000	92,000	750,000
一般2年コース	一般	2年	1600	80	1,4,7,10	20,000	70,000	1,136,000	184,000	1,410,000

[認定以外のコース] 短期3ヶ月コース、夏・冬期特別短期コース

[日本語能力試験] 2018年度受験状況

	N1	N2	N3	N4	N5	合計
受験者数	171	342	140	11	1	665
認定者数	56	184	72	6	0	318

[日本留学試験] 2018年度受験状況

●第1回

日本語受験者	日本語219点以上	文系受験者	文系100点以上	理系受験者	理系100点以上
44	25	19	9	6	0

●第2回

日本語受験者	日本語219点以上	文系受験者	文系100点以上	理系受験者	理系100点以上
43	30	17	9	6	5

[進学実績] 2019年3月までの進学状況　卒業者数 318

大学院	大学	短期大学	高専	専門学校	その他の学校	就職
25	26	1	0	155	0	60

[主な進学先]

一橋大学大学院、横浜国立大学大学院、電気通信大学大学院、芝浦工業大学大学院、上智大学大学院、多摩美術大学大学院、中央大学大学院、立命館大学大学院、三重大学大学院、山梨大学大学院、早稲田大学、学習院女子大学、法政大学、東洋大学、同志社大学、日本大学、東放学園専門学校、東京製菓専門学校、日本外国語専門学校、日本電子専門学校、文化服装学院、尚美ミュージックカレッジ専門学校、専門学校ヒコ・みづのジュエリーカレッジ、専門学校東京国際ビジネスカレッジ、専門学校東京工科自動車大学校、辻調理師専門学校、東京観光専門学校、専門学校東京デザイナー学院、他

[主な就職先]

㈱アルバック、ビズコネクト㈱、エスパスコミュニケーションズ㈱、羽石㈱、㈱ウェイシン・クリエイティブハウス、グローカル㈱、日研トータルソーシング㈱、㈱カリフォルニア堅果、㈱アスパーク、㈱ヨシザワ建築構造設計、㈱まんだらけ、医療法人社団栄悠会、㈱エクスサービス、LYC㈱、㈱HTE国際、他

●特色1　四技能をバランス良く身につけ、耐久力がある日本語の実力養成を目指す。

●特色2　様々なニーズに対応した選択授業及び大学進学、大学院進学クラス実施。

●特色3　豊富な課外授業、個々の学習者の進路に対応したきめ細かな生活指導。

製作：J.TEST事務局 / 語文研究社

東京都 新宿区	告示校

ゆうこくさいぶんかがくいん

友国際文化学院

Yu International Cultural Academy

[TEL] 03-5925-1620 [FAX] 03-5925-1920
[eMAIL] info@yula.jp
[URL] http://yula.jp/yica/
[SNS] https://www.facebook.com/yuinternationalculturalacademy

[住所] 〒169-0073 東京都新宿区百人町2-20-17-3F [教育開始時期] 2014年10月

[行き方] JR「大久保駅」北口改札を出て、大久保通りを新大久保方面に進み、モンゴル火鍋屋の角を左に曲がって、100mぐらい行くと、左にあります（徒歩4分）。

[設置者] 株式会社ライセンスアカデミー （種別：株式会社） [校長/別科長名] 井上貴由

[収容定員] 120人 二 部制 [教員数] 20人（うち専任 6人） [宿舎] 有 [料金]（月額）33,000円 ～ 65,000円

[入学資格] 自国で12年の学校教育を修了している、または高等教育機関への進学資格となる課程を修了している者

[入学選抜方法] 書類審査。必要に応じて、本人への面接・試験および経費支弁者への面接

[認定コース在籍者数] 97
[その他コース在籍者数] 0
内訳(人)：ベトナム(47)、中国(20)、モンゴル(17)、ネパール(8)、ミャンマー(4)

[教材]

初級	『できる日本語初級』	初中級	『できる日本語初中級』
中級	『できる日本語中級』『TRY! N3・N2』	上級	『「大学生」になるための日本語』

[基礎科目及び英語の授業] なし

[認定コース]

	目的	期間	時数	週数	入学月	選考料	入学金	授業料	その他	合計(円)
進学2年コース	進学	2年	1600	80	4	30,000	50,000	1,272,000	190,000	1,542,000
進学1年6ヶ月コース	進学	1年6か月	1200	60	10	30,000	50,000	954,000	143,400	1,177,400

[認定以外のコース] なし

[日本語能力試験] 2018年度受験状況

	N1	N2	N3	N4	N5	合計
受験者数	7	36	55	3	0	101
認定者数	2	16	22	2	0	42

[日本留学試験] 2018年度受験状況

●第1回

日本語受験者	日本語219点以上	文系受験者	文系100点以上	理系受験者	理系100点以上
12	1	4	3	5	0

●第2回

日本語受験者	日本語219点以上	文系受験者	文系100点以上	理系受験者	理系100点以上
11	3	5	2	6	1

[進学実績] 2019年3月までの進学状況 卒業者数 48

大学院	大学	短期大学	高専	専門学校	その他の学校	就職
0	9	0	0	33	0	3

[主な進学先]

東京経済大学、恵泉女学園大学、尚美学園大学、聖学院大学、北京語学大学、東京グローバルビジネス専門学校、HAL東京、日本外国語専門学校、東京調理製菓専門学校、専門学校東京工科自動車大学校、駿台トラベル&ホテル専門学校、駿台外語&ビジネス専門学校、東京ビジネス外語カレッジ 他

[主な就職先]

株式会社ライセンスアカデミー、ワシントンホテル

●特色1 ICTの活用で「個」の学習を推進。

●特色2 共同学習で「和」の心を学ぶ。

●特色3 充実した施設で留学生活をサポート。

告示校

東京都　新宿区

ゆにたすにほんごがっこうとうきょうこう

ユニタス日本語学校 東京校

UNITAS JAPANESE LANGUAGE SCHOOL TOKYO

[TEL] 03-5287-5636　[FAX] 03-5287-5639
[eMAIL] japanese-tokyo@unitas-ej.com
[URL] http://www.unitas-ej.com
[SNS] —

[住所] 〒169-0072　東京都新宿区大久保2-2-9　22山京ビル3F　[教育開始時期] 1990年04月

[行き方] JR山手線「新大久保駅」徒歩10分、東京メトロ副都心線・都営大江戸線「東新宿駅」徒歩2分
都営バス「大久保通り停留所」徒歩30秒

[設置者] 株式会社ユニタス　(種別：株式会社)　[校長/別科長名] 上田一彦

[収容定員] 600人　二部制　[教員数] 37人 (うち専任 12人)　[宿舎] 無　[料金] —

[入学資格] 12年課程修了以上及びこれと同等レベルの者　[入学選抜方法] 書類審査、本人面接

[認定コース在籍者数] 387　内訳(人)：中国(257)、ベトナム(43)、韓国(31)、タイ(9)、スリランカ(9)
[その他コース在籍者数] 0　その他(38)[ロシア、インドネシア、フィリピン、ミャンマー、バングラデシュ、インド、ネパール、台湾、フランス、スペイン、オーストラリア、カザフスタン、タジキスタン]

[教材]

初級	『みんなの日本語』	初中級	『中級へ行こう』
中級	『みんなの日本語 中級Ⅰ』『中級を学ぼう 中級中期』	上級	『新・中級から上級への日本語』

[基礎科目及び英語の授業] 総合科目

[認定コース]

	目的	期間	時数	週数	入学月	選考料	入学金	授業料	その他	合計(円)
進学1年3か月コース	進学	1年3か月	1000	50	1	20,000	50,000	760,000	115,000	945,000
進学1年6か月コース	進学	1年6か月	1200	60	10	20,000	50,000	920,000	140,000	1,130,000
進学1年9か月コース	進学	1年9か月	1400	70	7	20,000	50,000	1,080,000	160,000	1,310,000
進学2年コース	進学	2年	1600	80	4	20,000	50,000	1,240,000	180,000	1,490,000
一般コース	一般	2年	1600	80	4	20,000	50,000	1,240,000	180,000	1,490,000

[認定以外のコース] 短期語学研修、プライベートレッスン、サマーコース

[日本語能力試験] 2018年度受験状況

	N1	N2	N3	N4	N5	合計
受験者数	72	115	58	14	1	260
認定者数	31	58	30	8	1	128

[日本留学試験] 2018年度受験状況

●第1回

日本語受験者	日本語219点以上	文系受験者	文系100点以上	理系受験者	理系100点以上
42	31	11	6	6	4

●第2回

日本語受験者	日本語219点以上	文系受験者	文系100点以上	理系受験者	理系100点以上
26	21	12	9	6	5

[進学実績] 2019年3月までの進学状況　卒業者数 189

大学院	大学	短期大学	高専	専門学校	その他の学校	就職
46	32	0	0	54	0	22

[主な進学先]

東京大学大学院、大阪大学大学院、首都大学東京大学院、早稲田大学大学院、同志社大学大学院、帝京大学、東京農業大学、東京理科大学、東洋大学、立命館大学、日本大学

[主な就職先]

—

●特色1　帝京大学グループの日本語学校なので、帝京大学に無試験推薦入学できます。

●特色2　通常の授業に加え補講を実施し、能力試験や留学試験対策、授業に遅れている学生のサポートをします。

●特色3　常時18か国以上の多国籍校なので、国際色豊かな雰囲気で勉強できます。

製作：J.TEST事務局 / 語文研究社

東京都　新宿区　　告示校

らぼにほんごきょういくけんしゅうじょ

ラボ日本語教育研修所

Labo Japanese Language Institute

[TEL] 03-5908-3877 [FAX] 03-5908-3878
[eMAIL] exchange@labo-global.co.jp
[URL] http://www.labo-nihongo.com
[SNS] http://www.facebook.com/LaboJapaneseLanguageInstitute

[住所] 〒160-0023　東京都新宿区西新宿6-26-11成子坂ハイツ2階　[教育開始時期] 1987年5月

[行き方] 東京メトロ丸ノ内線「西新宿駅」より青梅街道を中野坂上方面に徒歩約5分

[設置者] 公益財団法人ラボ国際交流センター（種別：公益財団法人）　[校長/別科長名] 黒崎誠

[収容定員] 100人　二 部制　[教員数] 24人（うち専任　3 人）　[宿舎] 無　[料金] ー

[入学資格] 12年課程修了以上　[入学選抜方法] 書類審査、本人面接

[認定コース在籍者数] 45
[その他コース在籍者数] 7

内訳(人)：ベトナム(22)、韓国(14)、モンゴル(7)、タジキスタン(3)、ミャンマー(3)
その他(3)[アゼルバイジャン、ロシア]

[教材]

初級	オリジナル教材	初中級	オリジナル教材
中級	生教材	上級	生教材

[基礎科目及び英語の授業] なし

[認定コース]

	目的	期間	時数	週数	入学月	選考料	入学金	授業料	その他	合計(円)
一般2年	一般	2年	1600	80	1,4,7,10	20,000	60,000	1,184,000	24,000	1,288,000
進学1.3年	進学	1年3か月	1000	50	1	20,000	60,000	740,000	15,000	835,000
進学1.5年	進学	1年6か月	1200	60	10	20,000	60,000	888,000	18,000	986,000
進学1.9年	進学	1年9か月	1400	70	7	20,000	60,000	1,036,000	21,000	1,137,000

[認定以外のコース] なし

[日本語能力試験] 2018年度受験状況

	N1	N2	N3	N4	N5	合計
受験者数	6	57	13	0	0	76
認定者数	2	7	5	0	0	14

[日本留学試験] 2018年度受験状況

●第1回

日本語受験者	日本語219点以上	文系受験者	文系100点以上	理系受験者	理系100点以上
26	4	0	0	0	0

●第2回

日本語受験者	日本語219点以上	文系受験者	文系100点以上	理系受験者	理系100点以上
18	5	2	1	0	0

[進学実績] 2019年3月までの進学状況　卒業者数 39

大学院	大学	短期大学	高専	専門学校	その他の学校	就職
1	3	0	0	15	7	10

[主な進学先]

立教大学大学院、東洋大学、至誠館大学、国際デュアルビジネス専門学校、渋谷外国語専門学校、新宿情報ビジネス専門学校、専門学校ESPエンタテインメント東京、東京モード学園、中野スクールオブビジネス

[主な就職先]

株式会社オーパス、株式会社ステアーズ、株式会社グローバルパワー、株式会社あなたの幸せが私の幸せ

●特色1　ラボ独自のオリジナルテキストを開発、使用。教科書に合わせたカリキュラムではなく、カリキュラムに合わせた教材開発を積極的に行っている。

●特色2　少人数制。初級から上級までの8つのレベルに分かれており、それぞれのクラスは最大で15人を原則とする。

●特色3　日本の文化、社会を知る機会の提供。「ラボ教育センター」との協力によるウィークエンドホームステイや日本の青少年との交流プログラム等の実施。

製作：J.TEST事務局／語文研究社

告示校

東京都　新宿区

りんげーじ にほんごがっこう

リンゲージ日本語学校

Linguage Japanese Language School

[TEL] 03-5909-0421 [FAX] 03-6851-4740
[eMAIL] info@linguage-Japanese-school.com
[URL] https://www.linguage-japanese-school.com/
[SNS] https://www.facebook.com/linguage.japanese.school/

[住所] 〒160-0023 東京都新宿区西新宿1-3-13 ゼンケンプラザⅡ 11F

[教育開始時期] 2017年10月

[行き方] JR「新宿駅」西口 B16出口より徒歩3分

[設置者] 全研本社株式会社 (種別：株式会社)

[校長/別科長名] 倉持素子

[収容定員] 80人 二 部制　[教員数] 5人 (うち専任 4人)　[宿舎] 無　[料金] ー

[入学資格] ・原則16年間以上の学校教育を修了している方、もしくはその見込みのある方
・ある程度の日本語力がある方（日本語能力試験N4以上が望ましい）

[入学選抜方法] 書類審査、オンラインテスト、面接

[認定コース在籍者数] 24
[その他コース在籍者数] 2

内訳(人)：
ベトナム(8)、フィリピン(7)、フランス(6)、中国(1)、インドネシア(1)
その他(3)[ウクライナ、モンゴル、イラン]

[教材]

初級	『みんなの日本語』『せいかつのにほんご』『にほんごチャレンジかんじ』	初中級	『中級へ行こう』『ビジネスのための日本語』『日本語総まとめ漢字』『キクタン日本語』
中級	『中級を学ぼう』『人を動かす！実戦ビジネス日本語会話』『日本語総まとめ漢字』『シャドーイング日本語を話そう』	上級	『人を動かす！実戦ビジネス日本語会話』『生きた素材で学ぶ新中級から上級の日本語』『日本語総まとめ漢字』

[基礎科目及び英語の授業] なし

[認定コース]

	目的	期間	時数	週数	入学月	選考料	入学金	授業料	その他	合計(円)
日本語総合コース1年	就職進学	1年	824	41	4	10,000	20,000	660,000	60,000	750,000
日本語総合コース1年6か月	就職進学	1年6か月	1236	62	10	10,000	20,000	990,000	90,000	1,110,000

[認定以外のコース] なし

[日本語能力試験] 2018年度受験状況

	N1	N2	N3	N4	N5	合計
受験者数	0	11	20	5	2	38
認定者数	0	5	10	2	1	18

[日本留学試験] 2018年度受験状況

●第1回

日本語受験者	日本語219点以上	文系受験者	文系100点以上	理系受験者	理系100点以上
ー	ー	ー	ー	ー	ー

●第2回

日本語受験者	日本語219点以上	文系受験者	文系100点以上	理系受験者	理系100点以上
ー	ー	ー	ー	ー	ー

[進学実績] 2019年3月までの進学状況　卒業者数 18

大学院	大学	短期大学	高専	専門学校	その他の学校	就職
0	1	0	0	0	4	13

[主な進学先]

ー

[主な就職先]

楽器輸出企業、眼鏡製造販売企業、自動車部品メーカー、温泉旅館、電子機器販売・レンタル企業、外資系金融企業、体験型テーマパーク、IT企業、大手外食企業、通訳・翻訳企業、自動車輸出企業

●特色1　ビジネス日本語とビジネスマナーの取得に特化した日本語学校。

●特色2　就職実現へ向けたさまざまなサポート。

●特色3　一人一台iPadを使用、ICTを活用した最先端授業スタイル。

東京都	新宿区

告示校

わせだけいふくごがくいん

早稲田京福語学院

Waseda Keihuku Language Academy

[TEL] 03-6380-2018 [FAX] 03-6380-2038
[eMAIL] liuxue@kfla.co.jp
[URL] https://www.kfla.co.jp
[SNS] QQ番号:1020885147

[住所] 〒162-0044 東京都新宿区喜久井町11-1 京福ビル
[教育開始時期] 2009年10月
[行き方] 東京メトロ東西線「早稲田駅」2番出口より徒歩2分（夏目坂通り沿い）

[設置者] 株式会社京福語学院（種別：株式会社）
[校長/別科長名] 遠藤洋
[収容定員] 300人 二 部制 [教員数] 21人（うち専任 9人）
[宿舎] 有 [料金]（月額）33,000円 ～ 48,000円

[入学資格] 12年間の学校教育を修了した者、又はこれに準じる者で、(1)身体健全者(2)日本語教育機関学習時間150時間以上相当の成績合格者。※5歳または8歳での小学校入学者は証明書が必要。(3)経済支弁能力がある者
[入学選抜方法] 書類審査/面接

[認定コース在籍者数] 288
[その他コース在籍者数] 0
内訳(人)：中国(276)、ベトナム(6)、ネパール(4)、香港(2)

[教材]

初級	『みんなの日本語 初級』	初中級	『中級へ行こう』他
中級	『中級を学ぼう』中級前期、中級中期 他	上級	『改訂版トピックによる日本語総合演習』他

[基礎科目及び英語の授業] なし

[認定コース]

	目的	期間	時数	週数	入学月	選考料	入学金	授業料	その他	合計(円)
進学2年コース	進学	2年	1560	78	4	20,000	50,000	1,320,000	160,000	1,550,000
進学1.9年コース	進学	1年9か月	1360	68	7	20,000	50,000	1,155,000	140,000	1,365,000
進学1.6年コース	進学	1年6か月	1160	58	10	20,000	50,000	990,000	120,000	1,180,000
進学1.3年コース	進学	1年3か月	960	48	1	20,000	50,000	825,000	100,000	995,000

[認定以外のコース] 聴講生コース（月48000円）

[日本語能力試験] 2018年度受験状況

	N1	N2	N3	N4	N5	合計
受験者数	36	145	50	0	0	231
認定者数	11	35	11	0	0	57

[日本留学試験] 2018年度受験状況

●第1回

日本語受験者	日本語219点以上	文系受験者	文系100点以上	理系受験者	理系100点以上
33	11	27	5	4	0

●第2回

日本語受験者	日本語219点以上	文系受験者	文系100点以上	理系受験者	理系100点以上
13	2	17	4	4	2

[進学実績] 2019年3月までの進学状況 卒業者数 151

大学院	大学	短期大学	高専	専門学校	その他の学校	就職
6	55	2	0	70	0	4

[主な進学先]

東京医科歯科大学大学院・金沢美術工芸大学大学院・女子美術大学大学院・東京大学・慶応義塾大学・東京理科大学・芝浦工業大学・東海大学・大東文化大学・獨協大学・拓殖大学・帝京大学・明海大学・千葉商科大学・嘉悦大学・北京言語大学・京都精華大学・山野美容芸術短期大学・早稲田国際ビジネスカレッジ・東京商科法科学院専門学校・中野スクールオブビジネス・東京モード学園・赤堀菓子専門学校・東京観光専門学校・中央工学校・早稲田文理専門学校・東京国際ビジネスカレッジ 他

[主な就職先]

太陽商事・トラステック・三愛電設 他

●特色1 【進学のための日本語力強化】東京大学、慶應義塾大学など国公私立の一流大学進学者を輩出しています。大学院進学セミナーや大学や専門学校の方を招いての説明会も定期的に実施しています。その他、面接練習や願書作成のサポート等、教職員が学生1人1人に寄り添った指導を行っています。

●特色2 【充実したサポート体制】校内塾があり、文系・理系科目の指導も行い進学をサポートします。
また、同窓会を通じて、進学や就職に関する情報共有をできる環境があります。

●特色3 【優れた立地環境】日本の文豪である夏目漱石の出生地にあり，私学の名門である早稲田大学に隣接し、学習に最適な環境に恵まれています。東京メトロ東西線早稲田駅徒歩2分という立地のため通学が非常に便利です。また学校の徒歩圏内に学生寮もあります。

製作：J.TEST事務局 / 語文研究社

告示校

東京都 杉並区

げんだいがいごがくいん

現代外語学院

GENDAI LANGUAGE SCHOOL

[TEL] 03-3399-4366 [FAX] 03-5310-5136
[eMAIL]
[URL] www.gendai813.com
[SNS]

[住所] 〒167-0031 東京都杉並区本天沼1-25-15 [教育開始時期] 2001年4月

[行き方] JR「阿佐ヶ谷駅」下車、関東バス石神井公園行（阿50）で5分「阿佐谷営業所」下車1分

[設置者] 株式会社現代文化 （種別：株式会社） [校長/別科長名] 吉田博宣

[収容定員] 300人 二 部制 [教員数] 15人（うち専任 6人） [宿舎] 無 [料金]

[入学資格] 日本国外において通常の学校教育における12年の課程を修了した者、またはそれに準ずる者 [入学選抜方法] 書類選考・面接

[認定コース在籍者数] 128
[その他コース在籍者数] 0

内訳(人)：中国(60)、ネパール(41)、バングラデシュ(16)、ミャンマー(5)、台湾(3)
その他(3)［ベトナム、アルゼンチン］

[教材]

初級	『みんなの日本語 初級』	初中級	『中級へ行こう』
中級	『テーマ別中級から学ぶ日本語』	上級	『テーマ別上級で学ぶ日本語』

[基礎科目及び英語の授業] 無

[認定コース]

	目的	期間	時数	週数	入学月	選考料	入学金	授業料	その他	合計(円)
進学2年コース	進学	2年		20	4	20,000	50,000	1,200,000	140,000	1,410,000
進学1年9か月コース	進学	1年9か月		20	7	20,000	50,000	1,050,000	130,000	1,250,000
進学1年6か月コース	進学	1年6か月		20	10	20,000	50,000	900,000	120,000	1,090,000
進学1年3か月コース	進学	1年3か月		20	1	20,000	50,000	750,000	90,000	910,000

[認定以外のコース] なし

[日本語能力試験] 2018年度受験状況

	N1	N2	N3	N4	N5	合計
受験者数	0	35	46	7	0	88
認定者数	0	13	18	6	0	37

[日本留学試験] 2018年度受験状況

●第1回

日本語受験者	日本語219点以上	文系受験者	文系100点以上	理系受験者	理系100点以上
10	3	5	2	6	0

●第2回

日本語受験者	日本語219点以上	文系受験者	文系100点以上	理系受験者	理系100点以上
0					

[進学実績] 2019年3月までの進学状況 卒業者数 92

大学院	大学	短期大学	高専	専門学校	その他の学校	就職
0	15	1	0	63	0	1

[主な進学先]

秀明大学、第一工業大学、帝京大学、文化学園大学、日本経済大学、聖学院大学、東京福祉大学、中野スクールオブビジネス、東京国際ビジネスカレッジ、駿台電子情報&ビジネス専門学校

[主な就職先]

●特色1 日本の大学、専門学校に入学し授業を理解できる基礎日本語の教育

●特色2 日本文化・技術を習得しうる実践的日本語教育

●特色3 帰国後、日本との懸け橋となる人材の育成

東京都　杉並区　　告示校

こうちがくえんだいにふぞくにほんごがっこう

行知学園第二附属日本語学校

THE SECOND JAPANESE LANGUAGE SCHOOL OF COACH ACADEMY

[TEL] 03-5329-5775 [FAX] 03-5329-5776
[eMAIL] coach-info@koyo-mail.com
[URL] http://jp.coach-japanese.com/
[SNS] ―

[住所] 〒168-0073 東京都杉並区下高井戸2-10-3 プラザローヤル5 2階

[教育開始時期] 2017年10月

[行き方] 京王線「桜上水駅」から徒歩5分

[設置者] 行知学園株式会社 (種別：株式会社)

[校長/別科長名] 黒滝力

[収容定員] 100人 二 部制　[教員数] 7人 (うち専任 5人)　[宿舎] 有　[料金] (月額) 40,000円 ～ 50,000円

[入学資格] 12年課程修了以上及びこれと同等レベルの者

[入学選抜方法] 書類審査，本人面接

[認定コース在籍者数] 66
[その他コース在籍者数] 0

内訳(人)：
中国(64)、台湾(2)

[教材]

初級	『進学する人のための日本語 初級』 『毎日の聞き取り50日』	初中級	―
中級	『INTERMEDIATE JAPANESE』『新毎日の聞き取り50日』 『新完全マスター N2』『日本語総まとめ N2』	上級	『新完全マスター N1』『日本語総まとめ N1』 『時代を読み解く上級日本語』

[基礎科目及び英語の授業] なし

[認定コース]

	目的	期間	時数	週数	入学月	選考料	入学金	授業料	その他	合計(円)
進学1年コース	進学	1年	800	40	4	22,000	110,000	660,000	44,000	836,000
進学1年6ヵ月コース	進学	1年6ヵ月	1200	60	10	22,000	110,000	990,000	66,000	1,188,000
進学2年コース	進学	2年	1600	80	4	22,000	110,000	1,320,000	88,000	1,540,000

[認定以外のコース] なし

[日本語能力試験] 2018年度受験状況

	N1	N2	N3	N4	N5	合計
受験者数	6	1	0	0	0	7
認定者数	6	1	0	0	0	7

[日本留学試験] 2019年度受験状況

●第1回

日本語受験者	日本語219点以上	文系受験者	文系100点以上	理系受験者	理系100点以上
18	16	9	8	7	4

●第2回

日本語受験者	日本語219点以上	文系受験者	文系100点以上	理系受験者	理系100点以上
12	11	4	4	8	4

[進学実績] 2019年3月までの進学状況　卒業者数 34

大学院	大学	短期大学	高専	専門学校	その他の学校	就職
10	19	0	0	4	0	0

[主な進学先]

九州大学大学院、筑波大学大学院、長崎大学大学院、北陸先端科学技術大学院大学、明治大学大学院、京都市立芸術大学大学院、青山学院大学大学院、城西国際大学大学院、京都情報大学院大学、横浜市立大学、電気通信大学、大阪教育大学、上智大学、中央大学、法政大学、近畿大学、関西学院大学、立命館大学、中央学院大学、桜美林大学、別府大学、追手門学院大学、静岡理工科大学、千葉科学大学、芦屋大学、東放音響専門学校、TDG東京デザイナー学院、専門学校東京スクール・オブ・ビジネス、日本工学院 他

[主な就職先]

―

●特色1 大学・大学院進学を目的とするカリキュラム。

●特色2 EJU、JLPT等の試験への対策授業の実施。

●特色3 進学塾により進学指導の充実。

製作：J.TEST事務局 / 語文研究社

告示校

東京都　杉並区

とうきょうのあらんげいじすくーる

東京ノアランゲージスクール

TOKYO NOAH LANGUAGE SCHOOL

[TEL] 03-3315-8511 [FAX] 03-3315-8512
[eMAIL] info@tokyonoah.com
[URL] http://www.tokyonoah.com
[SNS] https://www.facebook.com/tokyonoah

[住所] 〒166-0013 東京都杉並区堀ノ内3-49-9
[教育開始時期] 2001年10月
[行き方] 東京メトロ丸ノ内線「東高円寺」より徒歩9分

[設置者] 株式会社ノアジャパン (種別：株式会社)
[校長/別科長名] 佐藤康樹
[収容定員] 270人 二 部制
[教員数] 21人 (うち専任 7 人)
[宿舎] 有 **[料金]** (月額) 15,000円 ～

[入学資格] 12年以上正規教育
[入学選抜方法] 書類審査、面接

[認定コース在籍者数] 245
[その他コース在籍者数] 0
内訳(人): 中国(197)、ベトナム(43)、フィリピン(4)、ネパール(1)

[教材]

初級	『みんなの日本語』	初中級	『ニューアプローチ』
中級	『中級から学ぶ日本語』『中級から上級への日本語』他	上級	『日本語中級J501』オリジナル教材

[基礎科目及び英語の授業] なし

[認定コース]

	目的	期間	時数	週数	入学月	選考料	入学金	授業料	その他	合計(円)
進学2年コース	進学	2年	1600	80	4	30,000	50,000	1,200,000	100,000	1,380,000
進学1.9年コース	進学	1年9か月	1400	70	7	30,000	50,000	1,050,000	100,000	1,230,000
進学1.6年コース	進学	1年6か月	1200	60	10	30,000	50,000	925,000	50,000	1,055,000
進学1.3年コース	進学	1年3か月	1000	50	1	30,000	50,000	775,000	50,000	905,000

[認定以外のコース] なし

[日本語能力試験] 2018年度受験状況

	N1	N2	N3	N4	N5	合計
受験者数	20	68	48	0	0	136
認定者数	13	24	22	0	0	59

[日本留学試験] 2018年度受験状況

●第1回

日本語受験者	日本語219点以上	文系受験者	文系100点以上	理系受験者	理系100点以上
35	11	5	2	1	0

●第2回

日本語受験者	日本語219点以上	文系受験者	文系100点以上	理系受験者	理系100点以上
20	9	6	3	3	1

[進学実績] 2019年3月までの進学状況 **卒業者数** 77

大学院	大学	短期大学	高専	専門学校	その他の学校	就職
11	17	0	0	48	0	5

[主な進学先]

大阪大学、神戸大学、慶應義塾大学、作新大学、上智大学、拓殖大学、大東文化大学、中央大学、文化ファッション大学院大学、立教大学、早稲田大学、東京ホテルトラベル学園、東京商科法科専門学校、東京モード学院、東京デザイナー学院、日本健康医療専門学校、東京工科自動車大学校 他

[主な就職先]

－

●特色1 留学生試験の指導。

●特色2 ニーズに合わせた進路指導。

●特色3 本国のご家族との強い連携。

製作：J.TEST事務局 / 語文研究社

東京都　杉並区　告示校

とぱにじゅういっせいきごがっこう

TOPA21世紀語学校

TOPA 21st Century Japanese Language School

[TEL] 03-5380-5011 [FAX] 03-5380-5011
[eMAIL] office@topa21.co.jp
[URL] http://www.topa21.co.jp/
[SNS] http://www.fcebook.com/TOPA21/

[住所] 〒166-0002 東京都杉並区高円寺北1-21-3

[教育開始時期] 1988年4月

[行き方] JR中央線・総武線「高円寺駅」から徒歩10分

[設置者] 株式会社サンフレッシュ　(種別：株式会社)　[校長/別科長名] 水田穣作

[収容定員] 466人 二 部制　[教員数] 人 (うち専任 人)　[宿舎] 無 [料金]

[入学資格] 12年以上の教育課程を修了した者、日本語を学習する意欲がある者、必要な経費を支払う能力がある経費支弁者

[入学選抜方法] J,TEST、TOP-J、独自の試験

[認定コース在籍者数] 250
[その他コース在籍者数] 0

内訳(人)：ベトナム(155)、モンゴル(31)、イタリア(18)、タイ(10)、ミャンマー(10)
その他(26)[インドネシア、中国、スリランカ、フィリピン、ベラルーシ、フランス、ドイツ、マレーシア、バングラデシュ]

[教材]

初級	『みんなの日本語』	初中級	『中級へ行こう』
中級	『中級を学ぼう』	上級	『上級で学ぶ日本語』

[基礎科目及び英語の授業] 無

[認定コース]

	目的	期間	時数	週数	入学月	選考料	入学金	授業料	その他	合計(円)
進学2年コース	進学	2年	1560	80	4	20,000	50,000	1,212,000	80,000	1,362,000
進学1年9か月コース	進学	1年9か月	1365	70	7	20,000	50,000	1,060,500	70,000	1,200,500
進学1年6か月コース	進学	1年6か月	1170	60	10	20,000	50,000	909,000	60,000	1,039,000
進学1年3か月コース	進学	1年3か月	975	50	1	20,000	50,000	757,500	50,000	877,500

[認定以外のコース] 夏期短期プログラム(8月のみ)

[日本語能力試験] 2018年度受験状況

	N1	N2	N3	N4	N5	合計
受験者数	6	110	247	40	0	403
認定者数	0	22	72	15	0	109

[日本留学試験] 2018年度受験状況

●第1回

日本語受験者	日本語219点以上	文系受験者	文系100点以上	理系受験者	理系100点以上
14	2	1	0	4	0

●第2回

日本語受験者	日本語219点以上	文系受験者	文系100点以上	理系受験者	理系100点以上
5	0	2	0	2	0

[進学実績] 2019年3月までの進学状況　卒業者数 196

大学院	大学	短期大学	高専	専門学校	その他の学校	就職
0	51	0	0	113	0	20

[主な進学先]

立命館アジア太平洋大学、山梨学院大学、早稲田文理専門学校、中野スクールオブビジネス

[主な就職先]

プリントネット㈱、㈱HATAGO、MJK食品㈱

●特色1 目的に合ったカリキュラム。

●特色2 きめ細かい進学指導。

●特色3 地域活動による日本人との文化交流。

製作：J.TEST事務局 / 語文研究社

告示校

東京都　墨田区

しゅうりんにほんごがっこう

秀林日本語学校

Shurin Japanese School

[TEL] 03-3632-1071　[FAX] 03-3632-5731
[eMAIL] nihongo@shurin.ac.jp
[URL] http://shurin.ac.jp/
[SNS] —

[住所] 〒130-0026　東京都墨田区両国1-2-3　[教育開始時期] 2001年04月
[行き方] JR総武線「両国駅」西口より徒歩7分

[設置者] 金井学園　(種別:準学校法人)　[校長/別科長名] 申景浩
[収容定員] 420人　二 部制　[教員数] 21人 (うち専任　7人)　[宿舎] 有　[料金] (月額) 37,000円 ～ 60,000円

[入学資格] N5程度の日本語力、母国での12年以上の教育修了　[入学選抜方法] 書類審査、面接

[認定コース在籍者数] 207
[その他コース在籍者数] 0
内訳(人):
中国(118)、ベトナム(82)、韓国(6)、ネパール(1)

[教材]

初級	『みんなの日本語』、漢字練習帳・文型練習帳	初中級	『完全マスター 漢字N2』『総まとめ N3語彙』『初級文法まとめ』『聞く N3』『読解が弱いあなたへ』
中級	『学ぼう日本語中級』『日本語能力試験対策N2文法総まとめ』『総まとめ N2語彙』『完全マスター 漢字N2』	上級	『学ぼう日本語上級』『日本語能力試験対策N1文法総まとめ』『50日完成試験に出る漢字と語彙』

[基礎科目及び英語の授業] 総合科目、数学コース2

[認定コース]

	目的	期間	時数	週数	入学月	選考料	入学金	授業料	その他	合計(円)
一般日本語A	一般	1年	800	40	4	25,000	50,000	620,000	40,000	735,000
一般日本語B	一般	1年6か月	1200	60	10	25,000	50,000	930,000	60,000	1,065,000
大学等進学A	進学	1年	800	40	4	25,000	50,000	620,000	40,000	735,000
大学等進学B	進学	1年6か月	1200	60	10	25,000	50,000	930,000	60,000	1,065,000
大学等進学C	進学	1年9か月	1400	70	7	25,000	50,000	1,085,000	70,000	1,230,000

[認定以外のコース] なし

[日本語能力試験]　2018年度受験状況

	N1	N2	N3	N4	N5	合計
受験者数	39	171	74	0	0	284
認定者数	16	49	18	0	0	83

[日本留学試験]　2018年度受験状況

●第1回

日本語受験者	日本語219点以上	文系受験者	文系100点以上	理系受験者	理系100点以上
28	18	7	3	14	8

●第2回

日本語受験者	日本語219点以上	文系受験者	文系100点以上	理系受験者	理系100点以上
37	21	19	4	12	5

[進学実績]　2019年3月までの進学状況　卒業者数　221

大学院	大学	短期大学	高専	専門学校	その他の学校	就職
10	30	0	0	112	0	27

[主な進学先]
東京大学大学院、早稲田大学大学院、明治大学大学院、青山学院大学院、慶應義塾大学、同志社大学、日本大学、秀林外語専門学校、東京国際ビジネスカレッジ、中央情報専門学校、駿台外語&ビジネス専門学校 他

[主な就職先]
非公表

●特色1　ゴールを設定し、それを目標に決められたカリキュラムに沿って行われる授業。

●特色2　経験豊富な教師とフレッシュな教師をバランスよく配置した指導陣。

●特色3　中級レベルから生教材を使って行われる実践的且つ応用力を養う授業。

製作:J.TEST事務局 / 語文研究社

東京都　墨田区　　告示校

しんぽうこくさいがくいん

申豊国際学院

SHINPO Internation Institute

[TEL] 03-5600-8772 [FAX] 03-5600-8773
[eMAIL] info@shinpoii.co.jp
[URL] http://www.shinpoii.co.jp（日本語）
http://www.sfgjxy.com/（中国語）
[SNS] shinpo12(wechat)

[住所] 〒130-0024 東京都墨田区菊川1-15-2
[教育開始時期] 2002年04月

[行き方] 都営地下鉄森下駅徒歩4分、営団地下鉄清澄白河駅徒歩7分、JR両国駅徒歩13分

[設置者] 申豊株式会社 （種別：株式会社）
[校長/別科長名] 前岡みどり （学院長）

[収容定員] 316人 二部制
[教員数] 25人（うち専任 7人）
[宿舎] 有 [料金]（月額）30,000円 ～ 45,000円

[入学資格] 日本での進学意志があること、勉学の意志があること、経費支弁能力があること
[入学選抜方法] 書類選考・面接・テスト

[認定コース在籍者数] 313
[その他コース在籍者数] 0
内訳(人)：
中国(241)、ベトナム(71)、インド(1)

[教材]

初級	『みんなの日本語 初級』	初中級	『中級へ行こう』
中級	『ニューアプローチ基礎編・完成編』	上級	『新完全マスターN1』、新聞 他

[基礎科目及び英語の授業] 総合科目、数学コース1、数学コース2、物理、化学、生物、英語

[認定コース]

	目的	期間	時数	週数	入学月	選考料	入学金	授業料	その他	合計(円)
進学2年	進学	2年	1600	80	4	20,000	20,000	1,080,000	294,000	1,414,000
進学1年9か月	進学	1年9か月	1400	70	7	20,000	20,000	945,000	257,250	1,242,250
進学1年6か月	進学	1年6か月	1200	60	10	20,000	20,000	810,000	220,500	1,070,500
進学1年3か月	進学	1年3か月	1000	50	1	20,000	20,000	675,000	183,750	898,750

[認定以外のコース]（在籍者あり）

[日本語能力試験] 2018年度受験状況

	N1	N2	N3	N4	N5	合計
受験者数	62	46	25	0	0	133
認定者数	51	35	23	0	0	109

[日本留学試験] 2018年度受験状況

●第1回

日本語受験者	日本語219点以上	文系受験者	文系100点以上	理系受験者	理系100点以上
96	78	51	40	14	12

●第2回

日本語受験者	日本語219点以上	文系受験者	文系100点以上	理系受験者	理系100点以上
58	42	31	28	11	11

[進学実績] 2019年3月までの進学状況 卒業者数 173

大学院	大学	短期大学	高専	専門学校	その他の学校	就職
18	88	0	0	40	0	12

[主な進学先]

大学院：東京大学、京都大学、東京工業大学、東北大学、九州大学、筑波大学、一橋大学、横浜国立大学、慶應義塾大学、早稲田大学、上智大学、東京理科大学、中央大学、青山学院大学、明治大学、武蔵野美術大学 他
大学：京都大学、東京工業大学、お茶の水女子大学、一橋大学、東京芸術大学、東京外国語大学、慶應義塾大学、早稲田大学、上智大学、東京理科大学、青山学院大学、中央大学、明治大学、武蔵野美術大学 他

[主な就職先]

トヨタ自動車株式会社、ジュンアシダ、日立製作所、マツモトキヨシ、資生堂、ソニージャパン、IBM日本、風月堂、不動産、貿易会社、IT、商売 他

●特色1 日本語教師が設立した学校

●特色2 きめ細やかな生活指導

●特色3 進学率100%

告示校

東京都　墨田区

とうきょうめいせいにほんごがくいん

東京明生日本語学院

Tokyo Meisei Japanese Language Academy

[TEL] 03-6659-4499 [FAX] 03-6659-3749
[eMAIL] info@tokyo-meisei.jp
[URL] http://www.tokyo-meisei.ac.jp/
[SNS] https://www.facebook.com/tkmeisei/

[住所] 〒130-0021 東京都墨田区緑1-2-10

[教育開始時期] 2016年10月

[行き方] JR総武線・都営大江戸線「両国駅」から都営大江戸線・新宿線「森下駅」方向に徒歩9分

[設置者] 学校法人朝日学園 (種別:学校法人)

[校長/別科長名] 湯澤大介

[収容定員] 150人 二 部制

[教員数] 13人 (うち専任 4 人)

[宿舎] 有 [料金] (月額) 45,000円 ～ 60,000円

[入学資格] 12年課程修了以上で、日本語学習に意欲を持つ者

[入学選抜方法] 書類審査、面接及び、筆記試験

[認定コース在籍者数] 112

[その他コース在籍者数]

内訳(人):
中国(52)、ベトナム(20)、ウズベキスタン(18)、ブータン(10)、フィリピン(8)
その他(4)[韓国、ネパール、スリランカ、バングラデシュ]

[教材]

初級	『文化初級日本語』	初中級	『J.BRIDGE to Intermediate Japanese』『TRY!N3』
中級	『「日本語能力試験」対策 日本語総まとめ』『TRY!N2』	上級	『新完全マスター』『TRY!N1』

[基礎科目及び英語の授業] なし

[認定コース]

	目的	期間	時数	週数	入学月	選考料	入学金	授業料	その他	合計(円)
1.5年コース	進学	1年6か月	1140	60	10	20,000	50,000	870,000	115,500	1,055,500
2年コース	進学	2年	1520	80	4	20,000	50,000	1,160,000	142,000	1,372,000

[認定以外のコース] 科目履修生制度

[日本語能力試験] 2018年度受験状況

	N1	N2	N3	N4	N5	合計
受験者数	3	24	17	1	0	45
認定者数	2	6	3	0	0	11

[日本留学試験] 2018年度受験状況

●第1回

日本語受験者	日本語219点以上	文系受験者	文系100点以上	理系受験者	理系100点以上
8	4	0	0	2	0

●第2回

日本語受験者	日本語219点以上	文系受験者	文系100点以上	理系受験者	理系100点以上
2	1	0	0	0	0

[進学実績] 2019年3月までの進学状況 卒業者数 21

大学院	大学	短期大学	高専	専門学校	その他の学校	就職
0	4	0	0	15	0	0

[主な進学先]

流通経済大学、至誠館大学、明生情報ビジネス専門学校、専門学校中野スクールオブビジネス、専門学校ESPエンタテイメント東京、国際トラベル・ホテル・ブライダル専門学校、駿台電子情報&ビジネス専門学校、専門学校東京ビジュアルアーツ、東京福祉専門学校

[主な就職先]

●特色1　優れた教師陣によるレベル別少人数クラスと個人指導を通じて、日本語能力を高めるとともに、きめ細かい進路指導によって全ての学生が希望する進路へ進めるようにする。

●特色2　希望に合わせた学生寮を用意。また、パソコンなどの施設を自由に利用することができる。そして、学生生活とアルバイトは、それぞれ専任の担当者が個別に支援する。

●特色3　卒業時に要件を満たしている場合は、姉妹校の専門課程へ優先して進学することができる。

製作:J.TEST事務局 / 語文研究社

東京都　墨田区　　告示校

まなびがいごがくいんとうきょうこう

MANABI外語学院 東京校

MANABI JAPANESE LANGUAGE INSTITUTE TOKYO

[TEL] 03-6659-2885　[FAX] 03-6659-2886
[eMAIL] tokyo@manabi.co.jp
[URL] http://www.manabi.co.jp
[SNS] http://www.facebook.com/manabitokyo/

[住所] 〒130-0026　東京都墨田区両国2-10-5　[教育開始時期] 1994年10月

[行き方] JR総武線「両国駅」西口から徒歩3分、都営大江戸線「両国駅」から徒歩8分

[設置者] 株式会社YCC・JAPAN　(種別：株式会社)　[校長/別科長名] 東谷信一郎

[収容定員] 720人　二 部制　[教員数] 36人 (うち専任 12 人)　[宿舎] 有　[料金] (月額) 27,000円～58,000円

[入学資格] 12年以上の学校教育、又はそれに準ずる課程を修了している方。

[入学選抜方法] 書類審査、筆記試験、本人面接、保証人面接

[認定コース在籍者数] 534
[その他コース在籍者数] 34
内訳(人)：中国(423)、ベトナム(97)、ネパール(21)、ミャンマー(4)、スウェーデン(3)
その他(20)[タイ、インドネシア、モンゴル、フィリピン、香港、韓国、台湾、日本、アメリカ、スリランカ]

[教材]

初級	『はじめよう日本語』他	初中級	『中級へ行こう』他
中級	『ニューアプローチ基礎編』他	上級	『大学生になるための日本語』他

[基礎科目及び英語の授業] 総合科目、数学コース1、数学コース2、物理、化学、英語

[認定コース]

	目的	期間	時数	週数	入学月	選考料	入学金	授業料	その他	合計(円)
進学2年コース	進学	2年	1520	76	4	22,000	55,000	1,513,600	20,000	1,610,600
進学1年9か月コース	進学	1年9か月	1330	66.5	7	22,000	55,000	1,324,400	17,900	1,419,300
進学1年6か月コース	進学	1年6か月	1140	57	10	22,000	55,000	1,135,200	15,800	1,228,000
進学1年3か月コース	進学	1年3か月	950	47.5	1	22,000	55,000	946,000	13,300	1,036,300
進学1年コース	進学	1年	760	38	4	22,000	55,000	756,800	10,000	843,800

[認定以外のコース] プライベートレッスン、グループレッスン、短期コース、講師派遣

[日本語能力試験]　2018年度受験状況

	N1	N2	N3	N4	N5	合計
受験者数	142	286	169	4	0	601
認定者数	37	113	50	2	0	202

[日本留学試験]　2018年度受験状況

●第1回

日本語受験者	日本語219点以上	文系受験者	文系100点以上	理系受験者	理系100点以上
142	67	33	19	15	5

●第2回

日本語受験者	日本語219点以上	文系受験者	文系100点以上	理系受験者	理系100点以上
98	57	48	23	20	11

[進学実績]　2019年3月までの進学状況　卒業者数　440

大学院	大学	短期大学	高専	専門学校	その他の学校	就職
41	99	0	0	160	0	19

[主な進学先]

東京大学大学院、京都大学大学院、東京藝術大学大学院、東北大学大学院、筑波大学大学院、千葉大学大学院、早稲田大学大学院、慶應義塾大学大学院、上智大学大学院、武蔵野美術大学大学院、多摩美術大学大学院、大阪大学、東京外国語大学、早稲田大学、立命館大学、上智大学、明治大学、青山学院大学、法政大学、中央大学、武蔵野美術大学、多摩美術大学

[主な就職先]

情報通信業、貿易業、不動産業 他

●特色1　ポートフォリオを利用した自己評価型学習指導。

●特色2　多様な目的に対応した目的別プログラム(大学院進学、有名大学進学、美術大学進学、日本語能力試験対策)

●特色3　iPadを活用した反転型学習カリキュラム。

製作：J.TEST事務局 / 語文研究社

告示校

東京都　世田谷区

ぐらんびじょんこくさいがくいん

グランビジョン国際学院

Granvision International School

[TEL] 03-6805-4294 [FAX] 03-6805-4295
[eMAIL] info@granvision.tokyo
[URL] https://www.granvision.tokyo/
[SNS] https://www.facebook.com/GranvisionInternationalSchool

[住所] 〒154-0001　東京都世田谷区池尻2-32-8-2F

[教育開始時期] 2018年04月

[行き方] 東急「池尻大橋駅」南口から徒歩3分

[設置者] 神興建設株式会社　(種別:株式会社)

[校長/別科長名] 赤石和則

[収容定員] 100人　二 部制　[教員数] 10人 (うち専任 3 人)　[宿舎] 有　[料金] (月額) 30,000円

[入学資格] 海外において高等学校以上を卒業した者
日本語能力N5程度以上の能力を有する者

[入学選抜方法] 面接、筆記試験、書類審査等

[認定コース在籍者数] 77
[その他コース在籍者数] 0

内訳(人):
ベトナム(77)

[教材]

初級	『みんなの日本語』	初中級	『みんなの日本語』
中級	『みんなの日本語』	上級	―

[基礎科目及び英語の授業] なし

[認定コース]

	目的	期間	時数	週数	入学月	選考料	入学金	授業料	その他	合計(円)
進学1年コース	進学	1年	768	44	4	20,000	60,000	600,000	60,000	740,000
進学2年コース	進学	2年	1536	88	4	20,000	60,000	1,200,000	120,000	1,400,000

[認定以外のコース] なし

[日本語能力試験] 2018年度受験状況

	N1	N2	N3	N4	N5	合計
受験者数	0	6	42	0	0	48
認定者数	0	0	9	0	0	9

[日本留学試験] 2018年度受験状況

●第1回

日本語受験者	日本語219点以上	文系受験者	文系100点以上	理系受験者	理系100点以上
0	0	0	0	0	0

●第2回

日本語受験者	日本語219点以上	文系受験者	文系100点以上	理系受験者	理系100点以上
0	0	0	0	0	0

[進学実績] 2019年3月までの進学状況　卒業者数 2

大学院	大学	短期大学	高専	専門学校	その他の学校	就職
0	0	0	0	0	2	0

[主な進学先]
―

[主な就職先]
―

●特色1　レベル別クラスを設置し、個別指導にも留意します。

●特色2　日本語能力試験対策を重視します。

●特色3　進路(専門学校・短大・大学進学、就職)についての個別アドバイスを徹底します。

製作:J.TEST事務局 / 語文研究社

東京都　世田谷区　　告示校

とうきょうひのきがいごがくいん

東京ひのき外語学院

TOKYO HINOKI FOREIGN LANGUAGE SCHOOL

[TEL]　03-3465-3000　[FAX]　03-5465-2122
[eMAIL]　info@hinoki-japan.com
[URL]　http://www.hinoki-japan.com
[SNS]　—

[住所]〒155-0031　東京都世田谷区北沢2-29-7

[教育開始時期] 2002年10月

[行き方] 小田急線・京王井の頭線「下北沢駅」から徒歩3分

[設置者] 株式会社ひのき会　（種別：株式会社）

[校長/別科長名] 大渡規功

[収容定員] 582人　二 部制　[教員数] 43人 (うち専任 19 人)

[宿舎] 有　[料金] (月額) 32,000円 ～ 36,000円

[入学資格] 12年課程修了以上、最終学歴3年以内

[入学選抜方法] 書類審査、面接、学力検査

[認定コース在籍者数] 558

[その他コース在籍者数] 0

内訳(人):
中国(558)

[教材]

初級	『みんなの日本語 初級』	初中級	『私の見つけた日本』
中級	『大学生になるための日本語 』 『日本への招待』	上級	『文化へのまなざし』

[基礎科目及び英語の授業]　なし

[認定コース]

	目的	期間	時数	週数	入学月	選考料	入学金	授業料	その他	合計(円)
1.3年進学	進学	1年3か月	1000	50	1	20,000	50,000	750,000	57,500	877,500
1.6年進学	進学	1年6か月	1320	66	10	20,000	50,000	900,000	65,000	1,035,000
1.9年進学	進学	1年9か月	1520	76	7	20,000	50,000	1,050,000	72,500	1,192,500
2年進学	進学	2年	1760	88	4	20,000	50,000	1,200,000	80,000	1,350,000

[認定以外のコース] なし

[日本語能力試験]　2018年度受験状況

	N1	N2	N3	N4	N5	合計
受験者数	240	318	0	0	0	558
認定者数	94	132	0	0	0	226

[日本留学試験]　2018年度受験状況

●第1回

日本語受験者	日本語219点以上	文系受験者	文系100点以上	理系受験者	理系100点以上
200	149	87	71	48	34

●第2回

日本語受験者	日本語219点以上	文系受験者	文系100点以上	理系受験者	理系100点以上
240	166	89	68	62	45

[進学実績]　2019年3月までの進学状況　卒業者数　327

大学院	大学	短期大学	高専	専門学校	その他の学校	就職
52	167	8	0	44	52	4

[主な進学先]

東京工業大学大学院、お茶の水女子大学大学院、関西大学大学院、慶應義塾大学大学院、一橋大学、横浜国立大学、東京大学、同志社大学、早稲田大学、東洋大学

[主な就職先]

—

●特色1　大学・大学院進学を目的とする学生のために、日本留学試験、日本語能力試験対策に万全を期す。

●特色2　進学目的を達成するため、英語、数学、理科、総合科目の指導を行う。

●特色3　—

告示校

東京都　台東区

いんたーかるとにほんごがっこう

インターカルト日本語学校

Intercultural Institute of Japan

[TEL] 03-5816-4861　[FAX] 03-5816-4862
[eMAIL] incul@incul.com
[URL] http://www.incul.com
[SNS] https://www.facebook.com/inculnihongo/

[住所] 〒110-0012　東京都台東区台東2-20-9　**[教育開始時期]** 1977年03月

[行き方] 都営大江戸線「新御徒町駅」A2出口徒歩5分、JR山手線「秋葉原駅」昭和通り口徒歩15分
JR「御徒町駅」北口徒歩9分、東京メトロ日比谷線「仲御徒町駅」徒歩8分

[設置者] インターカルト日本語学校　（種別：株式会社）　**[校長/別科長名]** 加藤早苗

[収容定員] 720人　二 部制　**[教員数]** 60人（うち専任 14 人）　**[宿舎]** 有　**[料金]**（月額）61,000円 ～ 71,000円

[入学資格] 短期Weeklyコース：15歳以上
長期ビザコース：高校卒業（12年課程修了以上）、もしくは同等の資格のある方

[入学選抜方法] 長期ビザコース：面接、書類選考
短期Weeklyコース：書類選考（願書）

[認定コース在籍者数] 375
[その他コース在籍者数] 505

内訳(人)：中国(180)、台湾(54)、タイ(41)、韓国(40)、ロシア(26)
その他(164)[アメリカ、アルゼンチン、イギリス、イタリア、イラク、インド、インドネシア、オーストラリア、オーストリア、オランダ、カナダ、コロンビア、シンガポール、スウェーデン、スペイン、チリ、ドイツ、ノルウェー　他]

[教材]

初級	『サバイバルジャパニーズ』『みんなの日本語 初級』『ひらがな・かたかな』『Weekly J for starters』他	初中級	『漢字700』『中級へ行こう』
中級	『中級を学ぼう』『漢字700』『Weekly J』	上級	『日本文化を読む』『上級の日本語』『漢字1000』

[基礎科目及び英語の授業] なし

[認定コース]

	目的	期間	時数	週数	入学月	選考料	入学金	授業料	その他	合計(円)
総合進学課程2年コース	進学	2年	1600	80	4	20,000	60,000	1,400,000	140,000	1,620,000
総合進学課程1年9ヶ月コース	進学	1年9か月	1400	70	7	20,000	60,000	1,225,000	131,900	1,436,900
総合進学課程1年半コース	進学	1年6か月	1200	60	10	20,000	60,000	1,050,000	98,800	1,228,800
総合進学課程1年3ヶ月コース	進学	1年3か月	1000	50	1	20,000	60,000	875,000	90,300	1,045,300
総合進学課程1年コース	進学	1年	800	40	4	20,000	60,000	700,000	70,000	850,000

[認定以外のコース] ①Weeklyコース(一週間から受講可能)②サマー、ウィンターコース等 特別コース③ビジネスコース
④プライベートコース⑤Ed-Techセンター(e-ラーニング スーパー日本語)⑥日本人のための日本語教員養成コース 他

[日本語能力試験] 2018年度受験状況

	N1	N2	N3	N4	N5	合計
受験者数	73	180	37	9	2	301
認定者数	20	90	25	2	2	139

[日本留学試験] 2018年度受験状況

●第1回

日本語受験者	日本語219点以上	文系受験者	文系100点以上	理系受験者	理系100点以上
18	11	11	8	10	3

●第2回

日本語受験者	日本語219点以上	文系受験者	文系100点以上	理系受験者	理系100点以上
25	17	10	7	20	16

[進学実績] 2019年3月までの進学状況　**卒業者数** 390

大学院	大学	短期大学	高専	専門学校	その他の学校	就職
15	19	0	0	80	0	48

[主な進学先]

静岡県立大学大学院、明治大学大学院、多摩美術大学大学院、芝浦工業大学大学院、青山学院大学大学院、東海大学大学院、上智大学、女子美術大学、多摩美術大学、大東文化大学、帝京大学、明海大学、日本経済大学、日本電子専門学校、東放学園専門学校、東放学園映画専門学校、東京外語専門学校、東京モード学園、HAL東京、日本工学院専門学校、東京デザイナー学院、東京デザイン専門学校、文化外国語専門学校 他

[主な就職先]

IT、HOTEL、教育、不動産、物流、貿易、ゲーム 他

●**特色1**　様々な学習目的や期間に合わせた多種多様コースの設定。漢字圏・非漢字圏の学生に対応した漢字クラス。 当校開発e-ラーニング教材の利用可能。

●**特色2**　テキスト・問題集の出版、デジタル教材の開発
Ed-Tech センターの設置 （デジタル教材の開発・販売）

●**特色3**　日本語教育振興協会、第三者評価認定、国際規格「ISO29991:2014」認証取得。

製作：J.TEST事務局 / 語文研究社

東京都　台東区

告示校

こくさいがいごがくいん

国際外語学院

INTERNATIONAL FOREIGN LANGUAGE SCHOOL

[TEL] 03-3866-0843 [FAX] 03-3866-0842
[eMAIL] info@ifls-t.jp
[URL] http://ifls-t.jp
[SNS] —

[住所] 〒111-0051 東京都台東区蔵前1-2-1

[教育開始時期] 1988年08月

[行き方] JR「浅草橋駅」東口より徒歩10分、都営浅草線「浅草橋駅」A6出口より徒歩7分

[設置者] 株式会社髙村ホールディングス （種別：株式会社）

[校長/別科長名] 田崎雅代

[収容定員] 200人 二 部制　[教員数] 15人（うち専任 4人）

[宿舎] 有　[料金]（月額）38,000円～

[入学資格] 12年課程修了以上及びこれと同等レベルの者

[入学選抜方法] 筆記試験、面接

[認定コース在籍者数] 109

[その他コース在籍者数] 1

内訳(人): ベトナム(77)、ミャンマー(12)、ネパール(8)、モンゴル(3)、台湾(3)
その他(7)[ウズベキスタン、フィリピン、インド、タジキスタン、バングラデシュ]

[教材]

初級	『みんなの日本語』	初中級	『みんなの日本語』
中級	『学ぼう! 日本語』	上級	『学ぼう! 日本語』

[基礎科目及び英語の授業] なし

[認定コース]

	目的	期間	時数	週数	入学月	選考料	入学金	授業料	その他	合計(円)
進学2年	進学	2年	1520	76	4	21,000	52,500	1,087,000	111,000	1,271,500
進学1.9年	進学	1年9か月	1330	66.5	7	21,000	52,500	951,200	101,300	1,126,000
進学1.6年	進学	1年6か月	1140	57	10	21,000	52,500	815,300	101,300	990,100
進学1.3年	進学	1年3か月	950	47.5	1	21,000	52,500	679,500	78,000	831,000

[認定以外のコース] 短期コース

[日本語能力試験] 2018年度受験状況

	N1	N2	N3	N4	N5	合計
受験者数	1	67	95	30	0	193
認定者数	0	14	25	10	0	49

[日本留学試験] 2018年度受験状況

●第1回

日本語受験者	日本語219点以上	文系受験者	文系100点以上	理系受験者	理系100点以上
11	1	0	0	0	0

●第2回

日本語受験者	日本語219点以上	文系受験者	文系100点以上	理系受験者	理系100点以上
3	1	0	0	0	0

[進学実績] 2019年3月までの進学状況 卒業者数 97

大学院	大学	短期大学	高専	専門学校	その他の学校	就職
0	5	0	0	89	0	3

[主な進学先]

国際福祉大学、国際デュアルビジネス専門学校、国際観光専門学校熱海校
他

[主な就職先]

株式会社菅波

●特色1　学生一人一人の能力に合わせた進路指導を徹底。

●特色2　校外学習を多く取り入れ、日本語のみならず日本の歴史、文化等を学ぶ。

●特色3　学生一人ひとりの心の悩みや健康について気を配り、指導する。

告示校

東京都　台東区

とうきょうおうじがいこくごがくいん

東京王子外国語学院

Tokyo Oji Foreign Language Institute

[TEL] 03-5808-9388 [FAX] 03-5808-9400
[eMAIL] mail@tokyo-ojigaigo.com
[URL] http://tokyo-ojigaigo.com
[SNS] https://www.facebook.com/Oji-Tokyo-2079501765707869/

[住所] 〒110-0013　東京都台東区入谷1-6-10　[教育開始時期] 2014年10月

[行き方] 地下鉄日比谷線「入谷駅」から徒歩1分、JR山手線・京浜東北線「鶯谷駅」から徒歩8分

[設置者] 東京王子外国語学院株式会社　(種別：株式会社)　[校長/別科長名] 高紅梅

[収容定員] 300人　二 部制　[教員数] 23人 (うち専任 8人)　[宿舎] 有　[料金] (月額) 35,000円 ～ 50,000円

[入学資格] 高等学校卒業以上　[入学選抜方法] 書類選考、面接

[認定コース在籍者数] 186　内訳(人)：中国(106)、ベトナム(62)、ネパール(7)、インド(4)、スリランカ(3)
その他(4)［バングラディッシュ ミャンマー］

[その他コース在籍者数] 0

[教材]

初級	『みんなの日本語 初級』	初中級	『中級へ行こう』
中級	『学ぼう！にほんご中級』	上級	『学ぼう！にほんご上級』

[基礎科目及び英語の授業] なし

[認定コース]

	目的	期間	時数	週数	入学月	選考料	入学金	授業料	その他	合計(円)
進学2年コース	進学	2年	1600	80	4	20,000	50,000	1,160,000	160,000	1,390,000
進学1.9年コース	進学	1年9か月	1400	70	7	20,000	50,000	1,020,000	140,000	1,230,000
進学1.6年コース	進学	1年6か月	1200	60	10	20,000	50,000	870,000	125,000	1,065,000
進学1.3年コース	進学	1年3か月	1000	50	1	20,000	50,000	730,000	110,000	910,000

[認定以外のコース] なし

[日本語能力試験] 2018年度受験状況

	N1	N2	N3	N4	N5	合計
受験者数	12	69	103	0	0	184
認定者数	4	14	36	0	0	54

[日本留学試験] 2018年度受験状況

●第1回

日本語受験者	日本語219点以上	文系受験者	文系100点以上	理系受験者	理系100点以上
15	6	8	7	10	5

●第2回

日本語受験者	日本語219点以上	文系受験者	文系100点以上	理系受験者	理系100点以上
16	9	6	5	11	5

[進学実績] 2019年3月までの進学状況　卒業者数 73

大学院	大学	短期大学	高専	専門学校	その他の学校	就職
3	13	1	0	49	0	1

[主な進学先]

杏梨大学大学院、北陸先端科学技術大学院大学、日本大学、獨協大学、明海大学、日本経済大学、京都精華大学、国際デュアル専門学校、関東工業自動車大学校、HAL、早稲田分離専門学校、他

[主な就職先]

－

●特色1　四技能のバランスを考えたコミュニケーション能力を重視した授業。

●特色2　大学・大学院への進学や、企業への就職を全力でサポートする。

●特色3　にほんご教育とともに日本の文化、伝統、社会事情を理解させる。

製作：J.TEST事務局 / 語文研究社

東京都 台東区	告示校

とうきょうこくさいごがくいん

東京国際語学院

TOKYO INTERNATIONAL LANGUAGE INSTITUTE

[TEL] 03-5604-9506 [FAX] 03-5604-9507
[eMAIL] info@tili-edu.com
[URL] www.tili-edu.com
[SNS]

[住所] 〒111-0022 東京都台東区清川2-39-6 TS 5th Building

[教育開始時期] 2017年10月

[行き方] 東京メトロ日比谷線、JR常磐線「南千住駅」から徒歩5分

[設置者] 拓進株式会社 (種別：株式会社)

[校長/別科長名] 渡邊 立新

[収容定員] 100人 二 部制 [教員数] 7人 (うち専任 3 人)

[宿舎] 有 [料金] (月額)36,000～40,000円

[入学資格] 1. 母国で12年課程修了以上及びこれと同等レベル者
2. 日本語学習歴150時間以上、日本語能力試験N5相当レベル者

[入学選抜方法] 書類審査、面接

[認定コース在籍者数] 48

[その他コース在籍者数]

内訳(人):
ベトナム(28)、中国(19)、ミャンマー(1)

[教材]

初級	『みんなの日本語』	初中級	『中級までに学ぶ日本語』『日能試N3対策問題集』
中級	『中級から学ぶ日本語』『日能試N2対策問題集』	上級	『日本事情』『日能試N1対策問題集』

[基礎科目及び英語の授業] 無

[認定コース]

	目的	期間	時数	週数	入学月	選考料	入学金	授業料	その他	合計(円)
進学2年コース	進学	2年	1600	80	4	30,000	60,000	1,230,000	155,000	1,475,000
進学1年9か月コース	進学	1年9か月	1400	70	7	30,000	60,000	1,076,250	136,250	1,302,500
進学1年6か月コース	進学	1年6か月	1200	60	10	30,000	60,000	922,500	117,500	1,130,000
進学1年3か月コース	進学	1年3か月	1000	50	1	30,000	60,000	768,750	98,750	957,500

[認定以外のコース] なし

[日本語能力試験] 2018年度受験状況

	N1	N2	N3	N4	N5	合計
受験者数	9	14	28	0	0	51
認定者数	5	7	7	0	0	19

[日本留学試験] 2018年度受験状況

●第1回

日本語受験者	日本語219点以上	文系受験者	文系100点以上	理系受験者	理系100点以上
5	1	1	1	0	

●第2回

日本語受験者	日本語219点以上	文系受験者	文系100点以上	理系受験者	理系100点以上
5	3	2	1	2	2

[進学実績] 2019年3月までの進学状況 卒業者数 40

大学院	大学	短期大学	高専	専門学校	その他の学校	就職
5	8	0	0	22	0	5

[主な進学先]

東北大学、大阪大学、東京大学、早稲田大学、東京工業大学、富山大学、武蔵野美術大学、北京語言大学、早稲田文理専門学校、CAD製図専門学校、中野スクール オブ ビジネス

[主な就職先]

●特色1 大学・大学院進学を目的とし、四技能(聞・話・読・書)の力を伸ばす進学指導

●特色2 多国籍の学校、国際交流が多い。

●特色3 最新のパソコンや視聴覚教材を導入し、広く整った学習環境での勉強が可能。

製作:J.TEST事務局 / 語文研究社

告示校

東京都　台東区

とうきょうこくさいぶんかきょういくがくいん

東京国際文化教育学院

Tokyo International Culture Education Institute

[TEL] 03-3861-4511 [FAX] 03-3861-4512
[eMAIL] ticei@tokyo-icei.jp
[URL] http://www.tokyo-icei.jp
[SNS] http://facebook.com/ticei2013

[住所] 〒111-0051 東京都台東区蔵前2-13-2　[教育開始時期] 2001年08月

[行き方] 都営浅草線「蔵前駅」より徒歩1分、都営大江戸線「蔵前駅」より徒歩3分

[設置者] 株式会社ジェハンシュングローバル　(種別：株式会社)　[校長/別科長名] 内海文

[収容定員] 200人　二 部制　[教員数] 14人 (うち専任 6人)　[宿舎] 有　[料金] (月額) 35,000円 ～

[入学資格] 基礎学力能力を有している方　[入学選抜方法] 書類審査、面接、試験

[認定コース在籍者数] 172　内訳(人):
中国(172)

[その他コース在籍者数] 0

[教材]

初級	『みんなの日本語 初級』	初中級	『学ぼう日本語 初中級』
中級	『学ぼう日本語 中級』	上級	『学ぼう日本語 中上級』

[基礎科目及び英語の授業] 英語

[認定コース]

	目的	期間	時数	週数	入学月	選考料	入学金	授業料	その他	合計(円)
日本語教育進学1.3年コース	進学	1年3か月	1000	50	1	20,000	50,000	825,000	75,000	970,000
日本語教育進学1.6年コース	進学	1年6か月	1200	60	10	20,000	50,000	990,000	90,000	1,150,000
日本語教育進学1.9年コース	進学	1年9か月	1400	70	7	20,000	50,000	1,155,000	105,000	1,330,000
日本語教育進学2年コース	進学	2年	1600	80	4	20,000	50,000	1,320,000	120,000	1,510,000

[認定以外のコース] なし

[日本語能力試験] 2018年度受験状況

	N1	N2	N3	N4	N5	合計
受験者数	46	96	10	0	0	152
認定者数	12	27	1	0	0	40

[日本留学試験] 2018年度受験状況

●第1回

日本語受験者	日本語219点以上	文系受験者	文系100点以上	理系受験者	理系100点以上
28	19	13	11	10	8

●第2回

日本語受験者	日本語219点以上	文系受験者	文系100点以上	理系受験者	理系100点以上
43	32	21	17	13	9

[進学実績] 2019年3月までの進学状況　卒業者数 98

大学院	大学	短期大学	高専	専門学校	その他の学校	就職
25	30	0	0	40	0	3

[主な進学先]

筑波大学、早稲田大学、青山学院大学、千葉大学、法政大学、日本大学

[主な就職先]

－

●特色1　先生と学生の距離が近いアットホームな雰囲気。

●特色2　一人一人を大切にする教育。

●特色3　リーチング手帳の活用。

製作：J.TEST事務局 / 語文研究社

東京都　台東区　　告示校

わいあいいーえーとうきょうあかでみー

YIEA東京アカデミー

YIEA TOKYO ACADEMY

[TEL] 03-5823-4596　[FAX] 03-5823-4597
[eMAIL] info@yieatokyo.com
[URL] http://www.yieatokyo.com
[SNS] https://www.facebook.com/yieatokyo/

[住所] 〒111-0053　東京都台東区浅草橋2-20-5　[教育開始時期] 1998年10月

[行き方] JR「浅草橋駅」西口、都営浅草線「浅草橋駅」A4出口

[設置者] 有限会社横浜国際教育学院　（種別：有限会社）　[校長/別科長名] 和泉雅人

[収容定員] 319人　二 部制　[教員数] 25人 (うち専任　7 人)　[宿舎] 無　[料金] ー

[入学資格] 学歴12年以上に相当する者　[入学選抜方法] 書類審査、面接、テスト

[認定コース在籍者数] 261
[その他コース在籍者数] 0
内訳(人)：中国(219)、ベトナム(26)、スリランカ(5)、ミャンマー(5)、台湾(2)
その他(3)[香港、アメリカ]

[教材]

初級	『みんなの日本語 初級』	初中級	『中級へ行こう』
中級	『中級日本語教科書 わたしのみつけた日本』『トピックによる日本語総合演習 中級後期』	上級	『新 中級から上級への日本語』『トピックによる日本語総合演習 上級』『日本への招待』

[基礎科目及び英語の授業] なし

[認定コース]

	目的	期間	時数	週数	入学月	選考料	入学金	授業料	その他	合計(円)
進学1年	進学	1年	800	40	4	20,000	70,000	620,000	0	710,000
進学1年3か月	進学	1年3か月	1000	50	1	20,000	70,000	775,000	0	865,000
進学1年6か月	進学	1年6か月	1200	60	10	20,000	70,000	930,000	0	1,020,000
進学1年9か月	進学	1年9か月	1400	70	7	20,000	70,000	1,085,000	0	1,175,000
進学2年	進学	2年	1600	80	4	20,000	70,000	1,240,000	0	1,330,000

[認定以外のコース] 短期コース

[日本語能力試験]　2018年度受験状況

	N1	N2	N3	N4	N5	合計
受験者数	29	78	29	0	0	136
認定者数	13	36	10	0	0	59

[日本留学試験]　2018年度受験状況

●第1回

日本語受験者	日本語219点以上	文系受験者	文系100点以上	理系受験者	理系100点以上
24	14	7	6	2	2

●第2回

日本語受験者	日本語219点以上	文系受験者	文系100点以上	理系受験者	理系100点以上
54	30	22	17	15	12

[進学実績]　2019年3月までの進学状況　卒業者数　138

大学院	大学	短期大学	高専	専門学校	その他の学校	就職
15	44	1	0	53	0	7

[主な進学先]

信州大学大学院、浜松医科大学大学院、山口県立大学、産業技術大学院大学、上智大学、東洋大学、神田外語大学、東京理科大学、東海大学、東京国際ビジネスカレッジ、文化服装学院

[主な就職先]

ー

●特色1　外国人学生たちが将来的に各分野で活躍し、国際人として互いに理解し共生する国際社会への貢献を目指す。

●特色2　学生にけじめのある心と自己啓発の力を育てる。

●特色3　創意工夫の力と敬愛と感謝の心を育てる。

告示校

東京都　台東区

わせだぶんかかんにほんごか

早稲田文化館 日本語科

WASEDA BUNKAKAN JAPANESE LANGUAGE COURSE

[TEL] 03-3863-4111 [FAX] 03-3863-4112
[eMAIL] info@waseda-bk.org
[URL] http://waseda-bk.org
[SNS] Facebook：早稲田文化館日本語科
Waseda Bunkakan Japanese Language Course

[住所] 〒111-0052 東京都台東区柳橋2-18-9 早稲田文化館

[教育開始時期] 1988年04月

[行き方] JR総武線「浅草橋駅」東口から徒歩5分、都営地下鉄浅草線「浅草橋駅」A6出口から徒歩3分

[設置者] 株式会社アジアチャレンジ　(種別：株式会社)

[校長/別科長名] 今井めぐみ

[収容定員] 888人　二 部制

[教員数] 62人 (うち専任 19 人)

[宿舎] 有 [料金] (月額) 29,000円 ～ 57,000円

[入学資格] ・11年以上の学校教育、又はそれに準ずる課程を修了している方。 ・正当な手続きによって日本国への入国が許可された、又は許可される見込みのある方。 ＊尚、当校の学則の内容を十分に理解し、承諾した方に限らせていただきます。

[入学選抜方法] 書類審査、本人面接、支弁者面接、選抜試験

[認定コース在籍者数] 756

[その他コース在籍者数] 0

内訳(人)：
中国(720)、ベトナム(12)、フィリピン(10)、台湾(4)、アメリカ(4)
その他(6)[インドネシア、メキシコ、韓国、ウズベキスタン]

[教材]

初級	『みんなの日本語 初級』	初中級	『中級へ行こう』
中級	『ニューアプローチ 基礎編・完成編』『完全攻略 N1文法』『完全攻略 聴解/読解』	上級	『学ぼう！にほんご 中上級・上級』『テーマ別上級で学ぶ日本語』『時代を読み解く上級日本語』

[基礎科目及び英語の授業] なし

[認定コース]

	目的	期間	時数	週数	入学月	選考料	入学金	授業料	その他	合計(円)
1年進学コース	進学	1年	760	38	4	20,000	70,000	700,000	10,000	800,000
1年3か月進学コース	進学	1年3か月	950	48	1	20,000	70,000	875,000	15,000	980,000
1年6か月進学コース	進学	1年6か月	1140	57	10	20,000	70,000	1,050,000	15,000	1,155,000
1年9か月進学コース	進学	1年9か月	1330	67	7	20,000	70,000	1,225,000	20,000	1,335,000
2年進学コース	進学	2年	1520	76	4	20,000	70,000	1,400,000	20,000	1,510,000
2年一般コース	一般	2年	1520	76	4	20,000	70,000	1,400,000	20,000	1,510,000

[認定以外のコース] 特別短期サマーコース

※2020年1月期生より別途テキスト代がかかります。

[日本語能力試験] 2018年度受験状況

	N1	N2	N3	N4	N5	合計
受験者数	266	405	62	0	0	733
認定者数	82	129	21	0	0	232

[日本留学試験] 2018年度受験状況

●第1回

日本語受験者	日本語219点以上	文系受験者	文系100点以上	理系受験者	理系100点以上
225	137	101	52	54	30

●第2回

日本語受験者	日本語219点以上	文系受験者	文系100点以上	理系受験者	理系100点以上
244	147	120	101	62	47

[進学実績] 2019年3月までの進学状況 卒業者数 401

大学院	大学	短期大学	高専	専門学校	その他の学校	就職
74	120	2	0	170	13	6

[主な進学先]

早稲田大大学院、東京工業大大学院、東京大大学院、立教大大学院、明治大大学院、早稲田大、明治大、東海大、日本大、青山学院大、立教大、東洋大、関西学院大、立命館大
HAL東京/大阪、東京スクールオブビジネス、ハリウッド美容専門、東京デザイン専門、東京国際ビジネスカレッジ、早稲田国際ビジネスカレッジ、アニメアーティストアカデミー、東京アニメ・声優、東京商科法科、代々木アニメーション、ヒコみづのジュエリーカレッジ、日本電子専門

[主な就職先]

東和ソリューションエンジニアリング株式会社、スキルハウススタッフィングソリューションズ株式会社

●特色1　細分化されたクラス編成(3か月毎にレベル試験を実施)。

●特色2　徹底した受験指導。

●特色3　豊富な科目選択(日本事情、文化体験、アニメ等)。

製作：J.TEST事務局 / 語文研究社

東京都　中央区　　告示校

きゅうしゅうがいこくごがくいんとうきょうにほんばしこう

九州外国語学院 東京日本橋校

KYUSHU FOREIGN LANGUAGE ACADEMY TOKYO NIHONBASHI SCHOOL

[TEL] 03-5846-9567　[FAX] 03-5846-9566
[eMAIL] info-tokyo@kfla.jp
[URL] kfla.jp
[SNS]

[住所] 〒103-0007　東京都中央区日本橋浜町1-5-13-4F　　[教育開始時期] 2018年4月

[行き方] 都営新宿線「浜町駅」A1出口から徒歩1分

[設置者] 株式会社新明　(種別：株式会社)　　[校長/別科長名] 照山法元

[収容定員] 100人　一 部制　　[教員数] 10人 (うち専任　3 人)　　[宿舎] 有　[料金] (月額)35,000～70,000円

[入学資格] 母国での12年以上での教育を経たもので、本校卒業後、日本の大学・大学院・専門学校等への進学を希望する者

[入学選抜方法] 書類選考、面接。

[認定コース在籍者数] 40
[その他コース在籍者数] 0
内訳(人)：
中国(31)、インドネシア(8)、ミャンマー(1)

[教材]

初級	『みんなの日本語初級』 『みんなの日本語初級　書いて覚える文型練習帳』	初中級	『新完全マスターN3文法』『日本語総まとめN3語彙』『ドリル&ドリルN3聴解/読解』『新完全マスター単語N3重要1800語』『中級へ行こう』
中級	『新完全マスターN2文法』『耳から覚える語彙トレーニングN2』『ドリル&ドリルN2聴解読解』『中級から学ぶ』	上級	Shadowing　中級～上級』『徹底トレーニングN1聴解』『徹底トレーニングN1読解』『新完全マスターN1語彙』『新完全マスターN1文法』

[基礎科目及び英語の授業] 無

[認定コース]

	目的	期間	時数	週数	入学月	選考料	入学金	授業料	その他	合計(円)
進学2年コース	進学	2年	45	20	4	33,000	77,000	1,452,000		1,562,000
進学1年6か月コース	進学	1年6か月	45	20	10	33,000	77,000	1,089,000		1,199,000
進学1年コース	進学	1年	45	20	4	33,000	77,000	726,000		836,000

[認定以外のコース] なし

[日本語能力試験]　2018年度受験状況

	N1	N2	N3	N4	N5	合計
受験者数	9	6	0	3	0	18
認定者数	5	3	0	2	0	10

[日本留学試験]　2018年度受験状況

●第1回

日本語受験者	日本語219点以上	文系受験者	文系100点以上	理系受験者	理系100点以上
0					

●第2回

日本語受験者	日本語219点以上	文系受験者	文系100点以上	理系受験者	理系100点以上
2	1	0		0	

[進学実績]　2019年3月までの進学状況　卒業者数　8

大学院	大学	短期大学	高専	専門学校	その他の学校	就職
5	0	0	0	1	0	0

[主な進学先]
首都大学東京、早稲田大学大学院、慶應義塾大学大学院、青山学院大学大学院、国士館大学大学院

[主な就職先]

●特色1　読む、書く、話す、聴くの4技能に偏りがないように授業を行います。

●特色2　一般の教科書のほか、新聞、インターネットの記事、ビデオ等、最新の教材も使用して授業を行います。

●特色3　大学に進学を希望する学生のみならず、大学院への進学を希望する学生にも十分な、そして正確な助言をします。

製作：J.TEST事務局 / 語文研究社

告示校

東京都　中央区

こくさいにほんごがくいん

国際日本語学院

THE INTERNATIONAL INSTITUTE OF JAPANESE LANGUAGE

[TEL] 03-5642-6125 [FAX] 03-5642-6126
[eMAIL] info@icea-j-school.co.jp
[URL] http://www.icea-j-school.co.jp
[SNS] Facebook : The International Institute of Japanese Language

[住所] 〒103-0007 東京都中央区日本橋浜町3-36-4

[教育開始時期] 1982年10月

[行き方] 都営新宿線「浜町駅」A2出口から徒歩6分、東京メトロ半蔵門線「水天宮前駅」5番出口から徒歩7分

[設置者] 株式会社国際文化交流協会（種別:株式会社）

[校長/別科長名] 岡端明彦

[収容定員] 180人 二部制　[教員数] 17人（うち専任 3人）

[宿舎] 無　[料金] ー

[入学資格] 日本語能力試験N5以上

[入学選抜方法] 書類審査、本人面接、経費支弁者面接、基礎的な日本語能力試験

[認定コース在籍者数] 83

[その他コース在籍者数] 6

内訳(人): ベトナム(54)、ウズベキスタン(21)、中国(5)、台湾(1)、イタリア(1)
その他(3)[スリランカ、ネパール、ミャンマー、フィリピン、アメリカ]

[教材]

初級	『みんなの日本語 初級』	初中級	『中級へ行こう』
中級	『中級を学ぼう』	上級	『日本語読解ワークブック』

[基礎科目及び英語の授業] 数学コース1、英語

[認定コース]

	目的	期間	時数	週数	入学月	選考料	入学金	授業料	その他	合計(円)
進学2年コース	進学	2年	1760	88	4	21,000	51,000	1,100,000	128,000	1,300,000
進学1年9ヵ月コース	進学	1年9か月	1440	72	7	21,000	51,000	962,500	113,000	1,147,500
進学1年6ヵ月コース	進学	1年6か月	1280	64	10	21,000	51,000	825,000	96,000	993,000
進学1年3ヵ月コース	進学	1年3か月	1040	52	1	21,000	51,000	687,500	83,000	842,500

[認定以外のコース] 短期一般コース

[日本語能力試験] 2018年度受験状況

	N1	N2	N3	N4	N5	合計
受験者数	0	8	80	0	0	88
認定者数	0	2	13	0	0	15

[日本留学試験] 2018年度受験状況

●第1回

日本語受験者	日本語219点以上	文系受験者	文系100点以上	理系受験者	理系100点以上
1	0	0	0	0	0

●第2回

日本語受験者	日本語219点以上	文系受験者	文系100点以上	理系受験者	理系100点以上
1	0	0	0	0	0

[進学実績] 2019年3月までの進学状況　卒業者数 46

大学院	大学	短期大学	高専	専門学校	その他の学校	就職
0	8	3	0	0	33	0

[主な進学先]

明海大学、日本経済大学、至誠館大学、新潟工業短期大学、東京経営短期大学、駿台外語&ビジネス専門学校、つくば自動車大学校、明生情報ビジネス専門学校、東京日建工科専門学校、秀林外語専門学校、CAD製図専門学校、グレッグ外語専門学校、専門学校スクールオブビジネス、NIPPONおもてなし専門学校、長野ビジネス専門学校

[主な就職先]

ー

●特色1　1982年10月に設立されました。

●特色2　日本の国、公、私立大学及び各種専門学校に入学を希望する外国人学生に、日本語及び大学入学に必要な基礎科目の指導、また大学等への進学を斡旋する為に設立された特殊な日本語学校です。

●特色3　ー

東京都	中央区

告示校

へせどがいこくごがっこうにほんばしこう

HESED外国語学校 日本橋校

HESED Foreign Language School Nihonbashi

[TEL] 03-6661-7657 [FAX] 03-6661-9397
[eMAIL] hesedsoumu@gmail.com
[URL] http://www.hesedjp.com
[SNS] Facebook：HESED外国語学校日本橋校

[住所] 〒103-0007 東京都中央区日本橋浜町2-37-4 2F

[教育開始時期] 2016年10月

[行き方] 都営新宿線「浜町駅」から徒歩1分、都営浅草線「人形町駅」から徒歩6分

[設置者] 崔永男 (種別：個人)

[校長/別科長名] 管 利恵

[収容定員] 150人 二 部制 [教員数] 8人（うち専任 4人）

[宿舎] 有 [料金] (月額) 35,000円～

[入学資格] ・12年間の学校教育課程を修了した者
・日本留学に十分な経済力がある者

[入学選抜方法] 書類審査、本人面接

[認定コース在籍者数] 88
[その他コース在籍者数] 0

内訳(人)：
中国(62)、ベトナム(23)、韓国(2)、ウズベキスタン(1)

[教材]

初級	『大地Ⅰ』	初中級	『大地Ⅱ』
中級	『中級日本語』	上級	『学ぼう！日本語中級』 『留学生のための現代日本語読解』

[基礎科目及び英語の授業] なし

[認定コース]

	目的	期間	時数	週数	入学月	選考料	入学金	授業料	その他	合計(円)
進学1.5年コース	進学	1年6か月	1200	60	10	20,000	50,000	930,000	127,500	1,127,500
進学2年コース	進学	2年	1600	80	4	20,000	50,000	1,240,000	170,000	1,480,000

[認定以外のコース] なし

[日本語能力試験] 2018年度受験状況

	N1	N2	N3	N4	N5	合計
受験者数	8	34	36	2	0	80
認定者数	5	12	7	2	0	26

[日本留学試験] 2018年度受験状況

●第1回

日本語受験者	日本語219点以上	文系受験者	文系100点以上	理系受験者	理系100点以上
6	3	0	0	0	0

●第2回

日本語受験者	日本語219点以上	文系受験者	文系100点以上	理系受験者	理系100点以上
0	0	0	0	0	0

[進学実績] 2019年3月までの進学状況 卒業者数 49

大学院	大学	短期大学	高専	専門学校	その他の学校	就職
2	1	0	0	24	0	0

[主な進学先]

立教大学大学院、津田塾大学大学院、東京グローバルビジネス専門学校、東京観光専門学校、国際トラベルホテルブライダル専門学校

[主な就職先]

－

●特色1 ベテラン教師陣による丁寧な進学指導。

●特色2 地域性を生かした様々な文化体験をし、日本語を楽しく学べる。

●特色3 教職員が一丸となって日本の生活のサポートにあたる。

製作：J.TEST事務局 / 語文研究社

告示校

東京都　千代田区

わいえむしーえーとうきょうにほんごがっこう

YMCA東京日本語学校

YMCA TOKYO JAPANESE LANGUAGE SCHOOL

[TEL] 03-3233-0615 [FAX] 03-3233-0715
[eMAIL] ayc@ymcajapan.org
[URL] http://www.ayc0208.org/nihongo/JP/
[SNS] Facebook : @ymcajapanese
Twitter : @ymca_nihongo

[住所] 〒101-0064　東京都千代田区神田猿楽町2-5-5

[教育開始時期] 1990年04月

[行き方] JR「水道橋駅」東口より徒歩5分、地下鉄「神保町駅」A5出口より徒歩6分
JR「御茶ノ水駅」御茶ノ水橋口より徒歩9分、地下鉄「新御茶ノ水駅」B1出口より徒歩10分

[設置者] YMCAアジア青少年センター 理事長 鄭順葉（種別：任意団体）

[校長/別科長名] 田附和久

[収容定員] 100人　一 部制　[教員数] 16人（うち専任 3人）　[宿舎] 無　[料金] ―

[入学資格] 高等教育12年以上修了者、本校の入学選抜に合格した者

[入学選抜方法] 書類選抜、面接

[認定コース在籍者数] 68
[その他コース在籍者数] 12

内訳(人)：台湾(26)、香港(22)、韓国(7)、中国(5)、ベトナム(3)
その他(5)[英国、シンガポール、スリランカ、ドイツ、ポルトガル]

[教材]

初級	『できる日本語初級』	初中級	『できる日本語初中級』『中級へ行こう』
中級	『学ぼう！にほんご中級』	上級	『学ぼう！にほんご上級』

[基礎科目及び英語の授業] なし

[認定コース]

	目的	期間	時数	週数	入学月	選考料	入学金	授業料	その他	合計(円)
本科進学課程	進学	2年	1600	80	4	20,000	50,000	1,280,000	80,000	1,430,000
本科進学課程	進学	1年9か月	1400	70	7	20,000	50,000	1,120,000	70,000	1,260,000
本科進学課程	進学	1年6か月	1200	60	10	20,000	50,000	960,000	60,000	1,090,000
本科進学課程	進学	1年3か月	1000	50	1	20,000	50,000	800,000	50,000	920,000
本科進学課程	進学	1年	800	40	4	20,000	50,000	640,000	40,000	750,000

[認定以外のコース] 日本語3か月コース、夏・冬の東京体験、プライベートレッスン

[日本語能力試験] 2018年度受験状況

	N1	N2	N3	N4	N5	合計
受験者数	31	40	20	4	0	95
認定者数	8	20	16	2	0	46

[日本留学試験] 2018年度受験状況

●第1回

日本語受験者	日本語219点以上	文系受験者	文系100点以上	理系受験者	理系100点以上
0	0	0	0	0	0

●第2回

日本語受験者	日本語219点以上	文系受験者	文系100点以上	理系受験者	理系100点以上
5	3	3	1	2	1

[進学実績] 2019年3月までの進学状況　卒業者数 45

大学院	大学	短期大学	高専	専門学校	その他の学校	就職
1	1	0	0	25	2	4

[主な進学先]
東洋大学、明海大学、駿台外語&ビジネス専門学校、東京観光専門学校、東京工科自動車大学校、HAL東京、文化服装学院、横浜YMCA学院専門学校

[主な就職先]
－

●特色1　「聞く」、「読む」、「書く」能力をバランスよく伸ばす。進学指導、JLPT試験など学生の目標達成のための指導。

●特色2　日本文化紹介など日本理解全般の手助けをする。

●特色3　課外活動、ボランティア活動などを行い、グローバル市民を育成する。

製作：J.TEST事務局 / 語文研究社

東京都　豊島区　　告示校

あいえすあいがいごかれっじ

ISI外語カレッジ

ISI LANGUAGE COLLEGE

[TEL] 03-5957-2410 [FAX] 03-5957-2420
[eMAIL] ilc@isi-global.com
[URL] http://www.isi-education.com
[SNS] https://www.facebook.com/ISIJapan/

[住所] 〒171-0022　東京都豊島区南池袋1-13-13　　[教育開始時期] 2002年10月

[行き方] JR・西武池袋線・地下鉄「池袋駅」より徒歩6分

[設置者] 学校法人ISI学園　(種別：準学校法人)　　[校長/別科長名] 金枝蓮

[収容定員] 360人　二 部制　[教員数] 44人 (うち専任 6 人)　[宿舎] 有　[料金] (月額) 52,000円～81,000円

[入学資格] 本国で12年以上の学校教育またはそれに準ずる課程を修了している者
留学期間中の経費支弁能力がある者
勉学意欲のある者

[入学選抜方法] 書類審査、本人面接、筆記試験、経費支弁者面接

[認定コース在籍者数] 340
[その他コース在籍者数] 37
内訳(人): 中国(144)、韓国(74)、台湾(41)、ベトナム(33)、イタリア(8)
その他(77)[ネパール、フランス、アメリカ、スウェーデン、ロシア、スペイン、メキシコ、フィリピン、アイスランド]

[教材]

初級	『みんなの日本語』	初中級	『みんなの日本語』
中級	『中級を学ぼう』	上級	『上級で学ぶ日本語』

[基礎科目及び英語の授業]　なし

[認定コース]

	目的	期間	時数	週数	入学月	選考料	入学金	授業料	その他	合計(円)
進学2年コース	進学	2年	1550	80	4	22,000	55,000	1,360,000	132,000	1,569,000
進学1年9か月コース	進学	1年9か月	1350	70	7	22,000	55,000	1,190,000	115,500	1,382,500
進学1年6か月コース	進学	1年6か月	1150	60	10	22,000	55,000	1,020,000	99,000	1,196,000
進学1年3か月コース	進学	1年3か月	950	50	1	22,000	55,000	850,000	82,500	1,009,500

[認定以外のコース] 短期コース(附帯教育)

[日本語能力試験]　2018年度受験状況

	N1	N2	N3	N4	N5	合計
受験者数	19	67	61	7	6	160
認定者数	8	37	40	5	4	94

[日本留学試験]　2018年度受験状況

●第1回

日本語受験者	日本語219点以上	文系受験者	文系100点以上	理系受験者	理系100点以上
14	7	9	6	6	2

●第2回

日本語受験者	日本語219点以上	文系受験者	文系100点以上	理系受験者	理系100点以上
26	11	12	8	15	4

[進学実績]　2019年3月までの進学状況　卒業者数　164

大学院	大学	短期大学	高専	専門学校	その他の学校	就職
4	29	1	0	69	1	18

[主な進学先]

京都大学大学院、一橋大学大学院、早稲田大学大学院、法政大学大学院、上智大学、中央大学、東京理工大学、明治学院大学、多摩美術大学、関西大学、東洋大学、専修大学、北京語言大学東京校、日本工学院専門学校、HAL東京、中央情報専門学校、東京観光専門学校、日本外国語専門学校、東京商科法科専門学校、東京ビジネス外語カレッジ 他

[主な就職先]

株式会社東急百貨店サービス、マーレエレクトリックドライブズジャパン株式会社、三誠株式会社、株式会社海神貿易、クルーズカンパニー株式会社、株式会社シャインソフト、株式会社GTDI、AGL環境株式会社　他

●特色1　交通に便利な立地条件と多国籍学生の在籍によって国際交流が盛んである。

●特色2　長年のキャリアをもつ熟練した教員の進学指導。

●特色3　大学・専門学校への進学・日本での就職を目的とする教育を提供。

告示校

東京都 豊島区

あいしーえいこくさいかいわがくいん

ICA国際会話学院

International Conversation Academy

[TEL] 03-3984-2476 [FAX] 03-3986-0088
[eMAIL] ica@aikgroup.co.jp
[URL] http://www.aikgroup.co.jp/ica
[SNS] https://www.facebook.com/ICAnihongo/

[住所] 〒171-0021 東京都豊島区西池袋3-31-8 池袋ウエストビル2F

[教育開始時期] 1955年04月

[行き方] JR線「池袋駅」西口から5分

[設置者] 株式会社アイ・シー・エイ (種別:株式会社)

[校長/別科長名] 武田あゆみ

[収容定員] 264人 二 部制

[教員数] 15人 (うち専任 7人)

[宿舎] 有 [料金] (月額) 38,000円

[入学資格] 学校教育12年以上、日本語能力試験N5またはNAT-TEST5級以上

[入学選抜方法] 書類審査試験、本人面接、保証人面接

[認定コース在籍者数] 123

[その他コース在籍者数] 0

内訳(人): ベトナム(58)、ウズベキスタン(25)、ネパール(13)、バングラデシュ(9)、カンボジア(8)
その他(10)[中国、ミャンマー、フィリピン]

[教材]

初級	『学ぼう! にほんご初級』	初中級	『学ぼう! にほんご初中級』
中級	『学ぼう! にほんご中級』	上級	『学ぼう! にほんご中上級・上級』

[基礎科目及び英語の授業] なし

[認定コース]

	目的	期間	時数	週数	入学月	選考料	入学金	授業料	その他	合計(円)
進学コース1	進学	2年	1600	80	4	25,000	50,000	1,202,000	120,000	1,397,000
進学コース2	進学	1年9か月	1400	70	7	25,000	50,000	1,057,000	115,000	1,247,000
進学コース3	進学	1年6か月	1200	60	10	25,000	50,000	912,000	110,000	1,097,000
進学コース4	進学	1年3か月	1000	50	1	25,000	50,000	767,000	105,000	947,000

[認定以外のコース] なし

[日本語能力試験] 2018年度受験状況

	N1	N2	N3	N4	N5	合計
受験者数	6	51	142	0	0	199
認定者数	1	12	51	0	0	64

[日本留学試験] 2018年度受験状況

●第1回

日本語受験者	日本語219点以上	文系受験者	文系100点以上	理系受験者	理系100点以上
14	2	7	3	2	0

●第2回

日本語受験者	日本語219点以上	文系受験者	文系100点以上	理系受験者	理系100点以上
11	3	2	1	1	0

[進学実績] 2019年3月までの進学状況 卒業者数 132

大学院	大学	短期大学	高専	専門学校	その他の学校	就職
1	37	0	0	75	0	3

[主な進学先]

大東文化大学大学院、中央大学、帝京大学、国士舘大学、至誠館大学、第一工業大学、日本経済大学、日本電子専門学校、駿台トラベル&ホテル専門学校、東京国際ビジネスカレッジ

[主な就職先]

—

●特色1 創立64周年、長い歴史と伝統のある学校。

●特色2 能力別クラス編成で日本留学試験、学力テストの徹底指導と大学(院)進学の個別指導。

●特色3 毎月1回のイベントを通して日本事情や文化・習慣を学ぶ。

東京都　豊島区　　告示校

あんらんげーじすくーる

アン・ランゲージ・スクール

AN LANGUAGE SCHOOL

[TEL] 03-3989-0007　[FAX] 03-3982-2014
[eMAIL] an@anschool.net
[URL] http://www.anschool.net
[SNS] –

[住所] 〒171-0022　東京都豊島区池袋4-32-8　[教育開始時期] 1989年07月

[行き方] JR各線「池袋駅」西口から徒歩15分、東武東上線「北池袋駅」から徒歩15分

[設置者] ナミキリフォームサービス株式会社 (種別:株式会社)　[校長/別科長名] 平井重臣

[収容定員] 1016人　二 部制　[教員数] 54人 (うち専任 17 人)　[宿舎] 有　[料金] (月額) 30,000円～60,000円

[入学資格] 12年以上の学校教育を修了した者、または同等以上の資格所有者　[入学選抜方法] 書類審査、本人面接

[認定コース在籍者数] 543　[その他コース在籍者数] 14

内訳(人): 中国(205)、ベトナム(174)、ミャンマー(65)、ネパール(36)、バングラデシュ(33)
その他(44)[モンゴル、ウズベキスタン、スリランカ、パキスタン]

[教材]

初級	『みんなの日本語』	初中級	『中級へ行こう』『TRY N3』
中級	『中級を学ぼう中級前期』『TRY N2』	上級	『中級を学ぼう中級中期』『TRY N1』 学生に合わせて選定

[基礎科目及び英語の授業] 総合科目、数学コース1、数学コース2、物理、化学、英語

[認定コース]

	目的	期間	時数	週数	入学月	選考料	入学金	授業料	その他	合計(円)
進学2年	進学	2年	1600	80	4	22,000	55,000	1,188,000	177,000	1,442,000
進学1年9か月	進学	1年9か月	1400	70	7	22,000	55,000	1,039,500	159,000	1,275,500
進学1年6か月	進学	1年6か月	1200	60	10	22,000	55,000	891,000	141,000	1,109,000
進学1年3か月	進学	1年3か月	1000	50	1	22,000	55,000	742,500	123,000	942,500
一般2年	一般	2年	1600	80	1,4,7,10	22,000	55,000	1,188,000	177,000	1,442,000

[認定以外のコース] なし

[日本語能力試験] 2018年度受験状況

	N1	N2	N3	N4	N5	合計
受験者数	44	250	525	18	0	837
認定者数	7	55	132	4	0	198

[日本留学試験] 2018年度受験状況

●第1回

日本語受験者	日本語219点以上	文系受験者	文系100点以上	理系受験者	理系100点以上
116	109	8	2	6	1

●第2回

日本語受験者	日本語219点以上	文系受験者	文系100点以上	理系受験者	理系100点以上
46	20	15	4	9	4

[進学実績] 2019年3月までの進学状況　卒業者数 414

大学院	大学	短期大学	高専	専門学校	その他の学校	就職
55	34	1	0	259	0	39

[主な進学先]

足利大学、日本経済大学、東洋大学、第一工業大学、明海大学、西武文理大学、名古屋音楽大学、横浜国立大学、東京富士大学、桜美林大学、上智大学大学院、HAL東京、デジタルアーツ東京

[主な就職先]

–

●特色1　コミュニケーションの道具としての日本語(使える日本語)の習得。

●特色2　大学院・大学・専門学校への進学対応。

●特色3　学生一人一人への細かい対応による進学指導、生活指導。

製作:J.TEST事務局 / 語文研究社

告示校

東京都　豊島区

おーえるじぇいらんげーじあかでみー

オーエルジェイ ランゲージアカデミー

OLJ Language Academy

[TEL] 03-6709-0584 [FAX] 03-6709-0584
[eMAIL] info@olj-academy.com
[URL] http://www.kla.ac/jp
[SNS] —

[住所] 〒170-0013　東京都豊島区東池袋2-23-2　UBG東池袋ビル2階、3階　[教育開始時期] 1985年04月

[行き方] JR山手線「大塚駅」から徒歩8分、JR山手線、東京メトロ「池袋駅」から徒歩15分

[設置者] 株式会社オー・エル・ジェイ　(種別：株式会社)　[校長/別科長名] 桐生稔

[収容定員] 640人 二 部制　[教員数] 35人(うち専任 11 人)　[宿舎] 無　[料金] —

[入学資格] 12年課程修了以上およびこれと同等レベルの者　[入学選抜方法] 本人面接、能力適性試験

[認定コース在籍者数] 304　内訳(人)：中国(206)、ベトナム(31)、ミャンマー(12)、アメリカ(11)、ネパール(7)
その他(37)[台湾、フィリピン、タイ、スリランカ、モンゴル、ウズベキスタン、インドネシア、スウェーデン、イギリス、オーストラリア]

[その他コース在籍者数]

[教材]

初級	『みんなの日本語 初級』、副教材	初中級	『中級へ行こう』副教材
中級	『中級を学ぼう』副教材、生教材	上級	『大学で学ぶためのアカデミック・ジャパニーズ』 『上級で学ぶ日本語』、生教材

[基礎科目及び英語の授業] なし

[認定コース]

	目的	期間	時数	週数	入学月	選考料	入学金	授業料	その他	合計(円)
一般2年コース	一般	2年	1560	78	1,4,7,10	22,000	55,000	1,452,000	132,000	1,661,000

[認定以外のコース] プライベートレッスン、グループレッスン、パートタイムレッスン

[日本語能力試験] 2018年度受験状況

	N1	N2	N3	N4	N5	合計
受験者数	157	133	75	5	0	370
認定者数	50	37	10	2	0	99

[日本留学試験] 2018年度受験状況

●第1回

日本語受験者	日本語219点以上	文系受験者	文系100点以上	理系受験者	理系100点以上
14	3	0		2	1

●第2回

日本語受験者	日本語219点以上	文系受験者	文系100点以上	理系受験者	理系100点以上
22	5	0		2	1

[進学実績] 2019年3月までの進学状況　卒業者数 271

大学院	大学	短期大学	高専	専門学校	その他の学校	就職
75	26			86		24

[主な進学先]

一橋大学大学院、早稲田大学大学院、昭和音楽大学大学院、上智大学大学院、日本大学大学院、青山大学大学院、九州大学大学院、筑波大学大学院、京都情報大学大学院、横浜国立大学、東京工科大学、静岡文化芸術大学、日本工学院、日本電子専門学校、東京国際ビジネスカレッジ、CAD製図専門学校、等

[主な就職先]

情報通信業、宿泊業、教育産業、飲食・小売サービス業、広告業、不動産業、等

●特色1　毎日、学校に来るのが楽しくなるような雰囲気。

●特色2　10か国以上の国の学生が在籍。

●特色3　話す、聞く、読む、書くの4技能がバランスよく身につくよう、カリキュラムを設定。

東京都　豊島区　　告示校

ちよだこくさいごがくいん

千代田国際語学院

CHIYODA INTERNATIONAL LANGUAGE ACADEMY

[TEL] 03-5957-3688　[FAX] 03-5957-3699
[eMAIL] info@cila.jp
[URL] http://www.cila.jp
[SNS] QQ : 1243937151

[住所] 〒171-0014　東京都豊島区池袋2-68-1　[教育開始時期] 2001年10月

[行き方] JR「池袋駅」西口C6出口から5分

[設置者] 株式会社福龍商事（種別:株式会社）　[校長/別科長名] 小川亜矢子

[収容定員] 572人　二 部制　[教員数] 30人（うち専任 13 人）　[宿舎] 有　[料金]（月額）30,000円～45,000円

[入学資格] 12年課程修了以上　[入学選抜方法] 書類審査、本人面接、保証人面接
能力適性試験

[認定コース在籍者数] 568
[その他コース在籍者数]

内訳(人):
中国(513)、ベトナム(26)、ネパール(10)、ウズベキスタン(10)、ミャンマー(4)
その他(5)[アメリカ、台湾、マレーシア、バングラデシュ、カザフスタン]

[教材]

初級	『みんなの日本語 初級』	初中級	『中級へ行こう』
中級	『中級から学ぶ日本語』	上級	『上級で学ぶ日本語』

[基礎科目及び英語の授業]　総合科目、数学コース1、数学コース2、物理、化学、生物、英語

[認定コース]

	目的	期間	時数	週数	入学月	選考料	入学金	授業料	その他	合計(円)
日本語進学2年コース	進学	2年	1580	79	4	22,000	55,000	1,320,000	176,000	1,573,000
日本語進学1年9か月コース	進学	1年9か月	1383	69.15	7	22,000	55,000	1,155,000	154,000	1,386,000
日本語進学1年6か月コース	進学	1年6か月	1185	59.25	10	22,000	55,000	990,000	132,000	1,199,000
日本語進学1年3か月コース	進学	1年3か月	987	49.35	1	22,000	55,000	825,000	110,000	1,012,000

[認定以外のコース] なし

[日本語能力試験]　2018年度受験状況

	N1	N2	N3	N4	N5	合計
受験者数	86	90	35	0	0	211
認定者数	35	33	14	0	0	82

[日本留学試験]　2018年度受験状況

●第1回

日本語受験者	日本語219点以上	文系受験者	文系100点以上	理系受験者	理系100点以上
111	58	32	12	12	5

●第2回

日本語受験者	日本語219点以上	文系受験者	文系100点以上	理系受験者	理系100点以上
43	31	23	11	3	2

[進学実績]　2019年3月までの進学状況　卒業者数　198

大学院	大学	短期大学	高専	専門学校	その他の学校	就職
19	64	8	0	91	0	2

[主な進学先]

早稲田大学大学院、明治大学大学院、立教大学大学院、法政大学大学院、青山学院大学大学院、早稲田大学、明治大学、立教大学、法政大学、青山学院大学、東京外国語大学、上智大学、学習院大学、東洋大学、日本大学、関西大学、立命館大学、熊本大学、山形大学、武蔵野美術大学、多摩美術大学、女子美術大学、大阪芸術大学、HAL東京、東京モード学園 他

[主な就職先]

—

●特色1　レベルに合ったクラスで、効率良く学習できます。

●特色2　担任制をとり、進学・生活などの相談に随時応じます。

●特色3　実践的な演習を通じて、総合力を養います。

告示校

東京都　豊島区

とうえいがくいん

東瀛学院

TOEI Institute of Japanese Language

[TEL] 03-3954-1146 [FAX] 03-3954-1683
[eMAIL] toei@toeigakuin.jp
[URL] http://www.toeigakuin.jp/
[SNS] https://www.facebook.com/toeigakuin?fref=ts

[住所] 〒171-0052　東京都豊島区南長崎6-18-1

[教育開始時期] 1989年12月

[行き方] 西武池袋線「東長崎駅」より徒歩5分、都営大江戸線「落合南長崎駅」より徒歩15分

[設置者] 株式会社コーチング・スタッフ　（種別：株式会社）

[校長/別科長名] 大野真人（学園長）

[収容定員] 592人　二部制

[教員数] 34人（うち専任10人）

[宿舎] 有　[料金]（月額）32,000円

[入学資格] 1.本国において通常の過程による12年以上の学校教育を終了している者　2.日本語能力試験の4級、J.TEST F級、NAT-TEST 4級以上に合格している者。またはそれと同等の日本語能力のある者

[入学選抜方法] 筆記試験、面接試験

[認定コース在籍者数] 272

[その他コース在籍者数] 1

内訳(人)：ミャンマー(82)、ベトナム(79)、モンゴル(26)、バングラデシュ(16)、中国(10)
その他(109)[ネパール、スリランカ、インド、フィリピン、キルギス、ウズベキスタン、タイ]

[教材]

級	教材	級	教材
初級	『みんなの日本語 初級』『漢字練習帳N4N5』	初中級	『日本語総まとめ文法N3』『日本語総まとめ聴解N3』『漢字練習帳N3』
中級	『中級を学ぼう』中級前期、中級中期 『日本語総まとめ文法N2』『日本語総まとめ聴解N2』	上級	『学ぼう! 日本語』『漢字マスターN1』 『国境を越えて 本文編』『チャレンジ総合科目』

[基礎科目及び英語の授業] 総合科目

[認定コース]

	目的	期間	時数	週数	入学月	選考料	入学金	授業料	その他	合計(円)
進学コース	進学	2年	1600	80	4	32,400	54,000	1,490,400	10,000	1,586,800
進学コース	進学	1年9か月	1400	70	7	32,400	54,000	1,304,100	10,000	1,400,500
進学コース	進学	1年6か月	1200	60	10	32,400	54,000	1,117,800	5,500	1,209,700
会話コース	一般	2年	1600	80	1,4,7,10	32,400	54,000	1,490,400	10,000	1,586,800

[認定以外のコース] 短期コース、聴講コース

[日本語能力試験] 2018年度受験状況

	N1	N2	N3	N4	N5	合計
受験者数	2	35	276	34	0	347
認定者数	0	5	34	6	0	45

[日本留学試験] 2018年度受験状況

●第1回

日本語受験者	日本語219点以上	文系受験者	文系100点以上	理系受験者	理系100点以上
–	–	–	–	–	–

●第2回

日本語受験者	日本語219点以上	文系受験者	文系100点以上	理系受験者	理系100点以上
–	–	–	–	–	–

[進学実績] 2019年3月までの進学状況　卒業者数 215

大学院	大学	短期大学	高専	専門学校	その他の学校	就職
0	35	0	0	127	0	3

[主な進学先]

大東文化大学、産業能率大学、西武文理大学、日本経済大学、第一工業大学、渋谷外国語専門学校、専門学校東京工科自動車大学校、早稲田文理専門学校、CAD製図専門学校 他

[主な就職先]

株式会社コーチング・スタッフ、株式会社MAYA STAFFING、株式会社ラインナップ、株式会社Z&H 他

●特色1　教室での学習を深め、体験学習を実践し学習能力を高める。

●特色2　学習内容の各領域との関連を密接にして理解と表現活動をすすめる。

●特色3　指導法を工夫して、指導技術を高める。

製作：J.TEST事務局 / 語文研究社

東京都　豊島区　　告示校

とうきょうごぶんがくいんにほんごせんたー

東京語文学院日本語センター

TOKYO INSTITUTE OF LANGUAGE, JAPANESE LANGUAGE CENTER

[TEL] 03-3986-4447　[FAX] 03-3986-9916
[eMAIL] info@j-study.net
[URL] http://www.j-study.net
[SNS]

[住所] 〒171-0014　東京都豊島区池袋3-26-16　　[教育開始時期] 1987年4月

[行き方] JR「池袋駅」西口から徒歩10分

[設置者] 東京語文学院株式会社　(種別：株式会社)　　[校長/別科長名] 洪肇洋

[収容定員] 480人　二 部制　　[教員数] 42人 (うち専任　9人)　　[宿舎] 有　[料金] (月額)25,000～40,000円

[入学資格] 12年課程修了以上　　[入学選抜方法] 書類審査、本人面接、能力適性試験、保証人面接

[認定コース在籍者数] 254　内訳(人)：ベトナム(123)、中国(68)、ネパール(35)、台湾(20)、ウズベキスタン(10)
[その他コース在籍者数] 12　その他(10)[アメリカ、スリランカ、マレーシア、トルコ、タイ、韓国]

[教材]

初級	『みんなの日本語　初級第2版』	初中級	『中級へ行こう』『学ぼう日本語　初中級』
中級	『学ぼう日本語　中級』	上級	『学ぼう日本語　中上級・上級』

[基礎科目及び英語の授業] 総合科目、数学コース1

[認定コース]

	目的	期間	時数	週数	入学月	選考料	入学金	授業料	その他	合計(円)
進学2年コース	進学	2年	1600	80	4	20,000	70,000	1,080,000	258,000	1,428,000
進学1年9か月コース	進学	1年9か月	1400	70	7	20,000	70,000	945,000	230,750	1,265,750
進学1年6か月コース	進学	1年6か月	1200	60	10	20,000	70,000	810,000	203,500	1,103,500
進学1年3か月コース	進学	1年3か月	1000	50	1	20,000	70,000	675,000	176,250	941,250

[認定以外のコース] 夏・冬短期体験留学コース、3か月短期コース(4・7・10月開設)

[日本語能力試験]　2018年度受験状況

	N1	N2	N3	N4	N5	合計
受験者数	23	57	189	0	0	269
認定者数	8	32	50	0	0	90

[日本留学試験]　2018年度受験状況

●第1回

日本語受験者	日本語219点以上	文系受験者	文系100点以上	理系受験者	理系100点以上
35	11	12	4	6	4

●第2回

日本語受験者	日本語219点以上	文系受験者	文系100点以上	理系受験者	理系100点以上
24	15	11	6	6	4

[進学実績]　2019年3月までの進学状況　卒業者数　145

大学院	大学	短期大学	高専	専門学校	その他の学校	就職
3	20	2	0	89	9	2

[主な進学先]

桜美林大学大学院、群馬大学、都留文科大学、国士舘大学、文化学園大学、桜美林大学、西武文理大学、千葉商科大学、流通経済大学、尚美学院大学、早稲田文理専門学校、東京外語専門学校、東京国際ビジネスカレッジ、国際デュアルビジネス専門学校、明生情報専門学校、駿台外語&ビジネス専門学校、他

[主な就職先]

炭平旅館、ホテル

●特色1　学習者の母国を理解した対照言語的アプローチ。

●特色2　漢字・語彙の効率的学習。

●特色3　進学を視野に入れた各種試験対策。

告示校

東京都　豊島区

とうきょうふくしほいくせんもんがっこう

東京福祉保育専門学校

Sunshine College

[TEL] 03-3987-5614　[FAX] 03-3987-5624
[eMAIL] nihongo@sunshine.ac.jp
[URL] http://www.sunshine.ac.jp
[SNS] http://fb.me/sunshinecollegetokyofukushihoiku

[住所] 〒170-8434　東京都豊島区東池袋4-23-4
[教育開始時期] 1985年04月
[行き方] 東京メトロ有楽町線「東池袋」駅徒歩2分、JR「池袋」駅より徒歩10分

[設置者] 学校法人サンシャイン学園　(種別：学校法人)
[校長/別科長名] 木所まさ子
[収容定員] 242人　二 部制
[教員数] 13人 (うち専任　6人)
[宿舎] 有　[料金] (月額) 17,000円～50,000円

[入学資格]
・12年課程修了以上もしくはこれと同等レベルの者
・日本語学習時間150時間以上

[入学選抜方法] 書類審査、本人面接

[認定コース在籍者数] 73
[その他コース在籍者数] 0
内訳(人)：ミャンマー(32)、ウズベキスタン(11)、ベトナム(8)、ネパール(8)、中国(6)
その他(8)[スリランカ、バングラデシュ、タジキスタン]

[教材]

初級	『みんなの日本語 初級Ⅰ』	初中級	『みんなの日本語 初級Ⅱ』
中級	『みんなの日本語 中級Ⅰ』『中級から学ぶ日本語』	上級	『文化中級日本語Ⅱ』

[基礎科目及び英語の授業] なし

[認定コース]

	目的	期間	時数	週数	入学月	選考料	入学金	授業料	その他	合計(円)
日本語学科Ⅰ	進学	2年	1600	80	4	20,000	80,000	1,200,000	180,000	1,480,000
日本語学科Ⅱ	進学	2年	1600	80	4	20,000	80,000	1,200,000	180,000	1,480,000
日本語学科Ⅲ	進学	1年6か月	1200	60	10	20,000	80,000	900,000	160,000	1,160,000

[認定以外のコース] なし

[日本語能力試験]　2018年度受験状況

	N1	N2	N3	N4	N5	合計
受験者数	0	14	62	6	0	82
認定者数	0	2	18	0	0	20

[日本留学試験]　2018年度受験状況

●第1回

日本語受験者	日本語219点以上	文系受験者	文系100点以上	理系受験者	理系100点以上
0	0	0	0	0	0

●第2回

日本語受験者	日本語219点以上	文系受験者	文系100点以上	理系受験者	理系100点以上
0	0	0	0	0	0

[進学実績]　2019年3月までの進学状況　卒業者数　77

大学院	大学	短期大学	高専	専門学校	その他の学校	就職
0	4	0	0	69	0	1

[主な進学先]
東京福祉大学、東京福祉保育専門学校

[主な就職先]
—

●特色1　「教育を通じての国際貢献」という視点から、日本語教育を実施していきます。

●特色2　にほんごの四技能のすべてを重視し、バランスのとれた日本語力を育成します。

●特色3　本校は国際ビジネスと日本語教育に取り組んでいる伝統校です。日本語学科で学んだ後、国際ビジネス学科や国際IT学科、介護福祉士学科、経営福祉学科に内部進学し、専門士を取得することも可能です。

製作:J.TEST事務局 / 語文研究社

東京都　豊島区　　告示校

めろすげんごがくいん

メロス言語学院

MEROS LANGUAGE SCHOOL

[TEL] 03-3980-0068　[FAX] 03-3987-5231
[eMAIL] info@meros.jp
[URL] http://www.meros.jp/
[SNS] —

[住所] 〒170-0013　東京都豊島区東池袋2-45-7
[教育開始時期] 1986年10月
[行き方] JR、私鉄各線「池袋駅」東口下車、春日通り方向徒歩10分

[設置者] 学校法人香川学園　（種別：学校法人）
[校長/別科長名] 香川順子
[収容定員] 1160人　二 部制
[教員数] 64人（うち専任 23 人）
[宿舎] 有　[料金]（月額）25,000円 ～ 50,000円

[入学資格] 12年課程修了以上及びこれと同等レベルの者
準備教育課程設置
[入学選抜方法] 書類審査、本人面接、能力適正試験

[認定コース在籍者数] 891
[その他コース在籍者数] 0
内訳(人)：
中国、ベトナム、韓国、台湾、マレーシア
その他[タイ、インドネシア、ネパール、スリランカ、インド、ロシア、カナダ、アメリカ 他]

[教材]

初級	『みんなの日本語 初級』他	初中級	『中級へ行こう』
中級	『中級から学ぶ日本語』他	上級	『学ぼう! にほんご中上級・上級』他

[基礎科目及び英語の授業]　総合科目、数学コース1、数学コース2、物理、化学、英語

[認定コース]

	目的	期間	時数	週数	入学月	選考料	入学金	授業料	その他	合計(円)
日本語準備教育2年コース	準備教育	2年	1800	90	4	20,000	50,000	1,400,000	120,000	1,590,000
日本語準備教育1年6ヵ月コース	準備教育	1年6か月	1350	67.5	10	20,000	50,000	1,050,000	90,000	1,210,000
日本語準備教育1年コース	準備教育	1年	900	45	4	20,000	50,000	700,000	60,000	830,000
日本語総合2年コース	進学	2年	1800	90	4	20,000	50,000	1,296,000	120,000	1,486,000
日本語総合1年9ヵ月コース	進学	1年9か月	1575	78.5	7	20,000	50,000	1,134,000	105,000	1,309,000
日本語総合1年6ヵ月コース	進学	1年6か月	1350	67.5	10	20,000	50,000	972,000	90,000	1,132,000
日本語総合1年3ヵ月コース	進学	1年3か月	1125	56.5	1	20,000	50,000	810,000	75,000	955,000
日本語総合1年コース	進学	1年	900	45	4	20,000	50,000	648,000	60,000	778,000

[認定以外のコース] 短期(夏・冬)、プライベート、セミプライベート等

[日本語能力試験]　2018年度受験状況

	N1	N2	N3	N4	N5	合計
受験者数	170	511	105	0	0	786
認定者数	82	261	54	0	0	397

[日本留学試験]　2018年度受験状況

●第1回

日本語受験者	日本語219点以上	文系受験者	文系100点以上	理系受験者	理系100点以上
209	119	76	44	17	9

●第2回

日本語受験者	日本語219点以上	文系受験者	文系100点以上	理系受験者	理系100点以上
165	98	51	29	16	8

[進学実績]　2019年3月までの進学状況　卒業者数　565

大学院	大学	短期大学	高専	専門学校	その他の学校	就職
97	190	0	0	175	0	65

[主な進学先]
青山学院大学、九州大学、首都大学東京、上智大学、女子美術大学、専修大学、多摩美術大学、中央大学、東京大学、東京藝術大学、東京工業大学、東京工芸大学、東京造形大学、同志社大学、東洋大学、日本大学、一橋大学、法政大学、武蔵野美術大学、明治大学、立教大学、早稲田大学

[主な就職先]
アソウアルファ、イング、FPTジャパン、エボラブルアジア、CLIS、ジーテイスト、システナ、パソナヒューマンソリューションズ、VJP、プレイネクストラボ、モラブ阪神工業 他

●特色1　1人1人に向き合ったきめ細やかな指導で、志望校合格までを完全サポート。

●特色2　選択授業制を導入し、学生の多様なニーズに対応(中級以上)。

●特色3　日本語の他、日本事情や文化体験、校外学習、進学のための基礎科目、美術大学進学対策等幅広いカリキュラム。

製作：J.TEST事務局 / 語文研究社

告示校

東京都　中野区

てぃーしーしーにほんごがっこう

TCC日本語学校

TCC Japanese Institute

[TEL] 03-3388-6728　[FAX] 03-3388-7653
[eMAIL] tcc-ji@tcc-ji.com
[URL] https:/www.tcc-ji.com
[SNS] FACEBOOK, 薇博

[住所] 〒165-0026　東京都中野区新井5-28-4　[教育開始時期] 1987年10月
[行き方] 西武新宿線「新井薬師前駅」より徒歩1分

[設置者] 有限会社TCC　（種別：有限会社）　[校長/別科長名] 柴垣和夫
[収容定員] 206人　二 部制　[教員数] 17人 (うち専任　5 人)　[宿舎] 有　[料金] (月額) 26,000円 ～ 50,000円

[入学資格] 12年課程修了予定　[入学選抜方法] 書類審査、本人面接
保証人面接、能力適性試験

[認定コース在籍者数] 190
[その他コース在籍者数] 6
内訳(人)：中国(119)、ベトナム(46)スリランカ(8)、ミャンマー(8)、台湾(7)
その他(2)[韓国、メキシコ]

[教材]

初級	『みんなの日本語』	初中級	『中級へ行こう』
中級	『中級を学ぼう 前・中』『学ぼう! 日本語 中・上』	上級	『上級で学ぶ日本語』新聞、小説等 生教材

[基礎科目及び英語の授業] なし

[認定コース]

	目的	期間	時数	週数	入学月	選考料	入学金	授業料	その他	合計(円)
進学コース2年	進学	2年	1600	80	4	20,000	60,000	1,120,000	68,000	1,268,000
進学コース1年9ヶ月	進学	1年9か月	1400	70	7	20,000	60,000	980,000	64,250	1,124,250
進学コース1年6か月	進学	1年6か月	1200	60	10	20,000	60,000	840,000	60,500	980,500
進学コース1年3ヶ月	進学	1年3か月	1000	50	1	20,000	60,000	700,000	56,750	836,750

[認定以外のコース] なし

[日本語能力試験]　2018年度受験状況

	N1	N2	N3	N4	N5	合計
受験者数	46	106	62	0	0	214
認定者数	18	28	20	0	0	66

[日本留学試験]　2018年度受験状況

●第1回

日本語受験者	日本語219点以上	文系受験者	文系100点以上	理系受験者	理系100点以上
31	15	15	8	2	2

●第2回

日本語受験者	日本語219点以上	文系受験者	文系100点以上	理系受験者	理系100点以上
21	16	14	2	8	2

[進学実績]　2019年3月までの進学状況　卒業者数　120

大学院	大学	短期大学	高専	専門学校	その他の学校	就職
17	14	0	0	52	0	20

[主な進学先]

大学院：京都大学、東京学芸大学、東京外国語大学
大学：群馬大学、日本大学、東洋大学、拓殖大学 他
専門学校：日本電子専門学校、日本福祉教育専門学校、つくば自動車大学校、東放学園 他

[主な就職先]

株)ハーバー研究所、シマダハウス(株)、日の丸自動車(株)　他

●特色1　総合的な日本語能力の向上を目指す。

●特色2　定期的な試験による学生のレベルに合わせた指導とクラス編成。

●特色3　大学院、大学、および専門学校進学に対応した、個別指導。

製作：J.TEST事務局 / 語文研究社

東京都　練馬区

告示校

えりざべすいんたーなしょなるあかでみー

エリザベス・インターナショナル・アカデミー

Elizabeth International Academy

[TEL] 03-6906-4877 [FAX] 03-6906-4878
[eMAIL] -
[URL] https://eia-academy.jp/
[SNS] —

[住所] 〒179-0082 東京都練馬区錦1-34-11

[教育開始時期] 2015年10月

[行き方] JR「池袋駅」より東武東上線「上板橋駅」下車、南口より10分

[設置者] 高山文子 (種別:個人)

[校長/別科長名] 鈴木宏昌

[収容定員] 70人 二 部制 [教員数] 8人 (うち専任 3人) [宿舎] 無 [料金] —

[入学資格] 12年間の学校教育課程を修了した者、日本留学に十分な経済力のある者、150時間以上の日本語学習歴 他

[入学選抜方法] 書類、筆記試験、面接

[認定コース在籍者数] 9

[その他コース在籍者数] 0

内訳(人):
中国(9)

[教材]

初級	『みんなの日本語』	初中級	『学ぼう日本語』
中級	『学ぼう日本語』	上級	—

[基礎科目及び英語の授業] 総合科目

[認定コース]

	目的	期間	時数	週数	入学月	選考料	入学金	授業料	その他	合計(円)
1.5年コース	進学	1年6か月	1200-	60	10	52,400	54,000	1,069,000		1,175,400
2年コース	進学	2年	1600-	80	4	32,400	54,000	1,435,600		1,522,000

[認定以外のコース] なし

[日本語能力試験] 2018年度受験状況

	N1	N2	N3	N4	N5	合計
受験者数	0	1	43	0	0	44
認定者数	0	1	6	00	0	7

[日本留学試験] 2018年度受験状況

●第1回

日本語受験者	日本語219点以上	文系受験者	文系100点以上	理系受験者	理系100点以上
0	0	0	0	0	0

●第2回

日本語受験者	日本語219点以上	文系受験者	文系100点以上	理系受験者	理系100点以上
0	0	0	0	0	0

[進学実績] 2019年3月までの進学状況 卒業者数 37

大学院	大学	短期大学	高専	専門学校	その他の学校	就職
0	0	0	0	25	4	1

[主な進学先]

JTBトラベル＆ホテルカレッジ、明生情報ビジネス専門学校、西日本アカデミー航空専門学校、中野スクールオブビジネス専門学校

[主な就職先]

株式会社トラスト・テック

●特色1 日本社会に順応するための総合的な日本語力、文化、マナー等を育成する。

●特色2 進路に対応した日本語能力の向上を目指す。

●特色3 個人、個人の希望に合わせた進路指導。

告示校

東京都　文京区

こうえきざいだんほうじんあじあがくせいぶんかきょうかい

公益財団法人
アジア学生文化協会
ABK Japanese Language Institute

[TEL] 03-3946-2171　[FAX] 03-3946-7599
[eMAIL] nihongo@abk.or.jp
[URL] www.abk.or.jp
[SNS] Instagram : abk.nihongo.official

[住所] 〒113-8642　東京都文京区本駒込2-12-13　[教育開始時期] 1983年04月
[行き方] 都営三田線「千石駅」A1出口から徒歩3分

[設置者] 公益財団法人アジア学生文化協会（種別：公益財団法人）　[校長/別科長名] 白石勝己
[収容定員] 220人　一 部制　[教員数] 19人（うち専任　4人）　[宿舎] 有　[料金]（月額）40,000円〜78,000円
[入学資格] 中等教育修了、及び修了見込み。　[入学選抜方法] 書類選考、必要に応じて（web）面接

[認定コース在籍者数] 138　[その他コース在籍者数] 0
内訳(人)：マレーシア(72)、香港(23)、中国(12)、ベトナム(10)、タイ(6)
その他(15)[インドネシア、シンガポール、ドイツ、台湾、トルコ、モンゴル、韓国、ブラジル]

[教材]

初級	『日本語初級 大地』、付属教材 他	初中級	『中級へ行こう』『漢字から学ぶ語彙』 『新毎日の聞きとり』『オリジナル読解教材』他
中級	『中級を学ぼう』『留学生の日本語・漢字・語彙』 『完全マスター2級』『オリジナル読解教材』『EJU対策』他	上級	『オリジナル読解教材』『完全マスター1級』『EJU対策』他

[基礎科目及び英語の授業]　総合科目、数学コース1、数学コース2、物理、化学、英語

[認定コース]

	目的	期間	時数	週数	入学月	選考料	入学金	授業料	その他	合計(円)
留学生日本語コース 大学進学準備1年課程	進学	1年	1086	40	4	20,000	95,000	720,000	0	835,000
留学日本語コース 大学進学準備1.5年課程	進学	1年6か月	1586	60	10	20,000	95,000	1,080,000	0	1,195,000
専修日本語課程10月コース	進学	1年6か月	1000	60	10	20,000	80,000	1,030,000	0	1,130,000
大学進学日本語課程 4月コース	進学	1年	1086	40	4	20,000	80,000	720,000	0	820,000
大学進学日本語課程 10月コース	進学	1年6か月	1586	60	10	20,000	80,000	1,080,000	0	1,180,000

[認定以外のコース] なし

[日本語能力試験]　2018年度受験状況

	N1	N2	N3	N4	N5	合計
受験者数	83	170	8	0	1	262
認定者数	55	106	8	0	1	170

[日本留学試験]　2018年度受験状況

●第1回

日本語受験者	日本語219点以上	文系受験者	文系100点以上	理系受験者	理系100点以上
110	57	57	13	46	16

●第2回

日本語受験者	日本語219点以上	文系受験者	文系100点以上	理系受験者	理系100点以上
148	106	65	21	66	35

[進学実績]　2019年3月までの進学状況．卒業者数　151

大学院	大学	短期大学	高専	専門学校	その他の学校	就職
0	102	2	0	25	9	0

[主な進学先]
【国公立大学】東京芸術大学、宇都宮大学、宮崎大学、弘前大学、山形大学、山梨大学、滋賀大学、室蘭工業大学、秋田大学、高崎経済大学、静岡県立大学、豊橋技術科学大学【私立大学】東京理科大学、明治大学、中央大学、立教大学、東京農業大学、学習院女子大学、近畿大学、東洋大学、北海道医療大学、日本大学、武蔵野大学、桜美林大学、亜細亜大学、拓殖大学、帝京大学、東海大学、デジタルハリウッド大学、京都先端科学大学、東京工科大学、福井工業大学

[主な就職先]
－

●特色1　朝から午後までしっかり勉強する年間1086時間の全日制。大学進学準備過程は文部科学省の「準備教育課程」の指定を受けています。

●特色2　1957年設立の公益財団法人が母体となった日本語学校。開校以来、高い進学実績があります。

●特色3　学生寮を運営。来日したその日から、安心安全な学生生活を提供します。

東京都　文京区　　告示校

えーあーるしーとうきょうにほんごがっこう

ARC東京日本語学校

ARC Tokyo Japanese Language School

[TEL] 03-5804-5811　[FAX] 03-5804-5814
[eMAIL] tokyo@arc.ac.jp
[URL] http://jp.arc.ac.jp/Tokyo/
[SNS] http://www.facebook.com/arcacademy.japan/

[住所] 〒112-0004　東京都文京区後楽2-23-10

[教育開始時期] 1992年4月

[行き方] JR総武線、東京メトロ南北線、有楽町線「飯田橋駅」から徒歩8分

[設置者] 学校法人ARC学園　(種別：学校法人)

[校長/別科長名] 遠藤由美子

[収容定員] 640人　二 部制　[教員数] 52人 (うち専任 17 人)

[宿舎] 無　[料金] -

[入学資格] 高校卒業 (見込) 以上、その他要問い合わせ

[入学選抜方法] 書類選考、(必要により)面接、その他要問い合わせ

[認定コース在籍者数] 538
[その他コース在籍者数] 12

内訳(人)：中国(381)、ベトナム(82)、アメリカ(13)、イタリア(11)、スペイン(8)
その他(55)[メキシコ、オーストラリア、インドネシア、台湾など]

[教材]

初級	『みんなの日本語 初級』	初中級	『J.BRIDGE』
中級	『トピックによる日本語総合演習中級後期』 『トピックによる日本語総合演習上級』	上級	『生きた素材で学ぶ中級から上級への日本語』他

[基礎科目及び英語の授業] 総合科目

[認定コース]

	目的	期間	時数	週数	入学月	選考料	入学金	授業料	その他	合計(円)
一般留学コース	一般	2年	1536	80	4	30,000	70,000	1,440,000	0	1,540,000
一般留学コース	一般	1年6か月	1152	60	10	30,000	70,000	1,080,000	0	1,180,000
準備教育課程	進学	2年	1600	80	4	30,000	70,000	1,520,000	0	1,620,000
準備教育課程	進学	1年6か月	1200	60	10	30,000	70,000	1,140,000	0	1,240,000

[認定以外のコース] 集中日本語コース

[日本語能力試験]　2018年度受験状況

	N1	N2	N3	N4	N5	合計
受験者数	152	199	59	10	1	421
認定者数	46	85	18	6	1	156

[日本留学試験]　2018年度受験状況

●第1回

日本語受験者	日本語219点以上	文系受験者	文系100点以上	理系受験者	理系100点以上
88	61	43	39	19	14

●第2回

日本語受験者	日本語219点以上	文系受験者	文系100点以上	理系受験者	理系100点以上
73	52	34	31	10	6

[進学実績]　2019年3月までの進学状況　卒業者数　397

大学院	大学	短期大学	高専	専門学校	その他の学校	就職
42	69	0	0	83	18	64

[主な進学先]

東京大学大学院、東京工業大学大学院、一橋大学大学院、慶応義塾大学大学院、早稲田大学大学院、武蔵野美術大学大学院、多摩美術大学大学院、東京大学、明治大学、法政大学、中央大学、東京理科大学、日本大学、武蔵野美術大学、京都精華大学、HAL東京、東京モード学園、文化服装学院、日本電子専門学校

[主な就職先]

野村證券㈱、㈱京阪マネジメント、大成ネット㈱、㈱GABA、㈱村上組、㈱東亜海上商事、㈱MOTHERS

●特色1　コミュニケーション能力の向上を目標とした豊富な教室活動。

●特色2　進学や就職など目的別に特化したクラスの設置。

●特色3　一人ひとりの目標実現をサポートするための万全の進路支援。

告示校

東京都　文京区

がっこうほうじんえーびーけーがっかんえーびーけーがっかんにほんごがっこう

学校法人ABK学館
ABK学館日本語学校
ABK COLLEGE

[TEL] 03-6912-0756　[FAX] 03-6912-0757
[eMAIL] info@abk.ac.jp
[URL] http://www.abk.ac.jp
[SNS] —

[住所] 〒113-0021　東京都文京区本駒込2-12-12
[教育開始時期] 2014年04月
[行き方] 都営三田線「千石駅」A1出口から徒歩3分

[設置者] 学校法人ABK学館　(種別：学校法人)
[校長/別科長名] 佃吉一
[収容定員] 300人　二 部制
[教員数] 19人 (うち専任　9 人)
[宿舎] 有　[料金] (月額) 40,000円 ～ 78,000円
[入学資格] 中等教育修了及び修了見込み
[入学選抜方法] 書類選考、必要に応じて(Web)面接

[認定コース在籍者数] 208
[その他コース在籍者数] 27
内訳(人)：タイ(45)、台湾(38)、ベトナム(36)、モンゴル(30)、中国(27)
その他(59)[マレーシア、香港、韓国、ミャンマー、バングラデシュ、ラオス、イタリア、インドネシア、フィリピン、カンボジア]

[教材]

初級	『大地』『漢字たまご初級・初中級』	初中級	『中級へ行こう』『漢字から学ぶ語彙②』『新毎日の聞きとり上・下』『TRY! N3』
中級	『中級を学ぼう前期・中期』『ニュースの日本語読解』『TRY! N2』	上級	『日本文化を読む中上級』『聴解ストラテジー』『TRY! N1』

[基礎科目及び英語の授業] なし

[認定コース]

	目的	期間	時数	週数	入学月	選考料	入学金	授業料	その他	合計(円)
日本語2年コース	進学	2年	1720	86	4	20,000	80,000	1,160,000	80,000	1,340,000
日本語1年9か月コース	進学	1年9か月	1470	73.5	7	20,000	80,000	1,015,000	70,000	1,185,000
日本語1年6か月コース	進学	1年6か月	1290	64.5	10	20,000	80,000	870,000	60,000	1,030,000
日本語1年3か月コース	進学	1年3か月	1040	52	1	20,000	80,000	725,000	50,000	875,000
日本語1年コース	進学	1年	860	43	4	20,000	80,000	580,000	40,000	720,000

[認定以外のコース] 3ヶ月短期コース(1･4･7･10月開設)、短期日本留学コース

[日本語能力試験]　2018年度受験状況

	N1	N2	N3	N4	N5	合計
受験者数	94	160	103	12	1	370
認定者数	26	84	54	7	1	172

[日本留学試験]　2018年度受験状況

●第1回

日本語受験者	日本語219点以上	文系受験者	文系100点以上	理系受験者	理系100点以上
1	1	1	1	0	0

●第2回

日本語受験者	日本語219点以上	文系受験者	文系100点以上	理系受験者	理系100点以上
21	14	6	5	6	3

[進学実績]　2019年3月までの進学状況　卒業者数　196

大学院	大学	短期大学	高専	専門学校	その他の学校	就職
12	26	0	0	45	4	51

[主な進学先]

秋田大学大学院、早稲田大学大学院、東京工科大学大学院、岩手大学、静岡大学、早稲田大学、明治学院大学、日本電子専門学校、専門学校HAL東京、専門学校東京製菓学校、専門学校東京デザイナー学院

[主な就職先]

昭和電機株式会社、SMJ株式会社、わらべや日洋株式会社、社会保険労務士法人HRビジネスマネジメント、株式会社バイリンガ、株式会社ブレスロード、株式会社マーキュリー、三矢精工株式会社

●特色1　30年間の日本語教育指導・進路指導ノウハウ…設置母体の(公財)アジア学生文化協会の経験を引きついでいます。

●特色2　日本語試験対策…ABKグループでは多数の日本語能力試験対策本を執筆しています。

●特色3　大学・大学院・専門学校進学対策や日本企業への就職活動指導もきめ細かく行っています。

製作：J.TEST事務局 / 語文研究社

東京都　文京区　　告示校

きょうりつにちごがくいん

共立日語学院

KYORITSU JAPANESE LANGUAGE ACADEMY

[TEL] 03-5805-0381 [FAX] 03-5684-6358
[eMAIL] info@kyoritsu.ac.jp
[URL] http://www.kyoritsu.ac.jp
[SNS] Facebook:共立日語学院

[住所] 〒113-0034　東京都文京区湯島2-17-12 共立育英会ビル
[教育開始時期] 1986年06月

[行き方] 東京メトロ丸ノ内線・都営大江戸線「本郷三丁目駅」から徒歩7分
東京メトロ千代田線「湯島駅」から徒歩8分、JR「御茶ノ水駅」から徒歩10分

[設置者] 学校法人共立育英会　(種別：学校法人)　[校長/別科長名] 本田一男

[収容定員] 390人　二 部制　[教員数] 30人 (うち専任　8 人)　[宿舎] 有　[料金] (月額) 33,500円～58,400円

[入学資格] 12年以上の学校教育又はそれに準ずる課程を修了している者、その他　[入学選抜方法] 書類審査、面接

[認定コース在籍者数] 291
[その他コース在籍者数] 0
内訳(人): ベトナム(139)、中国(93)、モンゴル(24)、ミャンマー(11)、フィリピン(9)
その他(15)[韓国、台湾、インドネシア、バングラデシュ、マレーシア、アメリカ]

[教材]

初級	『みんなの日本語 初級』 『留学生のための漢字の教科書 初級300』他	初中級	『中級を学ぼう』 『留学生のための漢字の教科書 中級700』他
中級	『学ぼう! にほんご 中上級』 『留学生のための漢字の教科書 上級1000』他	上級	『学ぼう! にほんご 上級』 『留学生のための漢字の教科書』、生教材 他

[基礎科目及び英語の授業] 総合科目、数学コース1

[認定コース]

	目的	期間	時数	週数	入学月	選考料	入学金	授業料	その他	合計(円)
進学日本語課程2年コース	進学	2年	1600	80	4	20,000	0	960,000	420,000	1,400,000
進学日本語課程1年6か月コース	進学	1年6か月	1200	60	10	20,000	0	720,000	315,000	1,055,000

[認定以外のコース] なし

[日本語能力試験] 2018年度受験状況

	N1	N2	N3	N4	N5	合計
受験者数	56	43	49	5	0	153
認定者数	21	22	16	0	0	59

[日本留学試験] 2018年度受験状況

●第1回

日本語受験者	日本語219点以上	文系受験者	文系100点以上	理系受験者	理系100点以上
18	11	7	4	3	2

●第2回

日本語受験者	日本語219点以上	文系受験者	文系100点以上	理系受験者	理系100点以上
29	13	11	5	7	4

[進学実績] 2019年3月までの進学状況　卒業者数 110

大学院	大学	短期大学	高専	専門学校	その他の学校	就職
7	23	0	0	50	0	13

[主な進学先]

千葉大学大学院、東洋大学大学院、日本大学大学院、青山学院大学大学院、静岡大学、静岡県立大学、東洋大学、日本大学、デジタルハリウッド大学
東京国際ビジネスカレッジ、早稲田国際ビジネスカレッジ

[主な就職先]

医療法人南陽会 田村病院、医療法人社団桐和会 川口さくら病院、株式会社 有信、株式会社アウトソーシングテクノロジー、㈱テクノプロ テクノプロ・エンジニアリング社、カデンファミリーサービス関東修理センター、株式会社Ling、新田株式会社 他

●特色1　専任教員によるクラス担任制。

●特色2　日本研修・課外活動あり。

●特色3　奨学金制度あり。

製作:J.TEST事務局 / 語文研究社

告示校

東京都　文京区

さんこうにほんごがっこうとうきょう

SANKO日本語学校東京

SANKO Japanese Language School Tokyo

[TEL] 03-5805-1190　[FAX] 03-5805-1191
[eMAIL] info-sanko-japanese@sanko.ac.jp
[URL] http://www.sanko.ac.jp/japanese/
[SNS] https://www.facebook.com/sanko.japanese/

[住所] 〒113-0033　東京都文京区本郷3-24-17

[教育開始時期] 2016年04月

[行き方] 丸の内線「本郷三丁目駅」から徒歩5分、千代田線「湯島駅」出口3から徒歩6分
JR「御茶ノ水駅」から徒歩10分

[設置者] 学校法人三幸学園　(種別:学校法人)

[校長/別科長名] 増田泰朗

[収容定員] 100人　二 部制　[教員数] 5人(うち専任 3人)　[宿舎] 有　[料金] (月額) 40,000円～

[入学資格] 日本語能力試験N5程度以上

[入学選抜方法] 入学試験(日本語筆記試験、作文、面接)、経費支弁者面接

[認定コース在籍者数] 67

[その他コース在籍者数] 0

内訳(人):
ベトナム(41)、フィリピン(16)
その他(10)[ネパール、台湾、マレーシア、中国 他]

[教材]

初級	『みんなの日本語 初級』	初中級	『テーマ別中級までに学ぶ日本語 初中級ブリッジ教材』
中級	『テーマ別中級から学ぶ日本語』	上級	『学ぼう!にほんご中上級・上級』

[基礎科目及び英語の授業] なし

[認定コース]

	目的	期間	時数	週数	入学月	選考料	入学金	授業料	その他	合計(円)
進学1年コース	進学	1年	800	40	4	20,000	50,000	600,000	90,000	760,000
進学1年6ヶ月コース	進学	1年6か月	1200	60	10	20,000	50,000	900,000	135,000	1,105,000
進学2年コース	進学	2年	1600	80	4	20,000	50,000	1,200,000	180,000	1,450,000

[認定以外のコース] なし

[日本語能力試験] 2018年度受験状況

	N1	N2	N3	N4	N5	合計
受験者数	1	20	80	0	0	101
認定者数	0	6	26	0	0	32

[日本留学試験] 2018年度受験状況

●第1回

日本語受験者	日本語219点以上	文系受験者	文系100点以上	理系受験者	理系100点以上
−	−	−	−	−	−

●第2回

日本語受験者	日本語219点以上	文系受験者	文系100点以上	理系受験者	理系100点以上
1	0	1	0	0	0

[進学実績] 2019年3月までの進学状況　卒業者数 45

大学院	大学	短期大学	高専	専門学校	その他の学校	就職
0	3	0	0	34	0	5

[主な進学先]

東京スイーツ&カフェ専門学校、東京未来大学福祉保健専門学校、その他、観光系、ビジネス・IT系専門学校

[主な就職先]

ホテル業界

●特色1　日本語+αの専門知識・技術を身につけられる。

●特色2　同グループの専門学校・大学・高校に通う日本人学生と交流しながら日本語が学べる。

●特色3　自らの意思を言語によって的確に表現でき、身につけた専門知識と技術を駆使して、将来、広く活躍する力のある人材の育成に注力した教育。

製作:J.TEST事務局 / 語文研究社

東京都　文京区　　告示校

にっちゅうがくいん

日中学院

THE INSTITUTE OF JAPANESE-CHINESE STUDIES

[TEL] 03-3814-3591 [FAX] 03-3814-3590
[eMAIL] info@rizhong.org
[URL] http://www.rizhong.org./
http://www.rizhong.org.cn/
[SNS] QQ: 1815227582、微信: yuan2kou3

[住所] 〒112-0004 東京都文京区後楽1-5-3　[教育開始時期] 1986年04月

[行き方] JR・東京メトロ南北線・有楽町線・東西線「飯田橋駅」徒歩5分、都営大江戸線「飯田橋駅」徒歩1分

[設置者] 公益財団法人日中友好会館 （種別：公益財団法人）　[校長/別科長名] 片寄浩紀

[収容定員] 100人 一 部制　[教員数] 9人 (うち専任 2 人)　[宿舎] 無 [料金] ー

[入学資格] 1, 中国国籍の者 2, 12年の教育課程を終えた者、
3, 日本語能力試験N5以上か150時間以上の日本語学習者
4, 1988年4月1日以降の出生者

[入学選抜方法] 書類審査、面接、筆記試験、作文（中国語による）

[認定コース在籍者数] 54　内訳(人):
中国(54)

[その他コース在籍者数] 0

[教材]

初級	『みんなの日本語 初級』	初中級	ー
中級	『テーマ別 中級から学ぶ日本語』 『ニューアプローチ基礎編』	上級	『ニューアプローチ完成編』 『新完全マスター 文法N1読解N1』『長文総合問題集』

[基礎科目及び英語の授業] なし

[認定コース]

	目的	期間	時数	週数	入学月	選考料	入学金	授業料	その他	合計(円)
1年半進学	進学	1年6か月	1200	40	10	21,000	100,000	915,000	120,000	1,156,000
2年進学	進学	2年	1600	40	4	21,000	100,000	1,220,000	160,000	1,501,000

[認定以外のコース] なし

[日本語能力試験] 2018年度受験状況

	N1	N2	N3	N4	N5	合計
受験者数	10	10	0	0	0	20
認定者数	8	10	0	0	0	18

[日本留学試験] 2018年度受験状況

●第1回

日本語受験者	日本語219点以上	文系受験者	文系100点以上	理系受験者	理系100点以上
9	8	5	5	3	2

●第2回

日本語受験者	日本語219点以上	文系受験者	文系100点以上	理系受験者	理系100点以上
13	12	8	8	5	5

[進学実績] 2019年3月までの進学状況 卒業者数 42

大学院	大学	短期大学	高専	専門学校	その他の学校	就職
5	8	0	0	22	0	3

[主な進学先]

神戸美術大学大学院、国立海洋大学大学院、大正大学大学院、城西大学大学院、早稲田大学、慶応大学、日本大学、東洋大学、国士舘大学、東海大学、

[主な就職先]

ー

●特色1 「話す」「聞く」「読む」「書く」ことを中心に、高度な日本語能力を身につけるよう訓練する。

●特色2 LL設備を使い、正確で生きた実用的な日本語教育を行う。

●特色3 日本をよく知るために日本の事情を学び、定期的に日本人学生との交流・課外活動を行う。

告示校

東京都　文京区

わえんきょういくがくいん

和円教育学院

WAEN EDUCATION INSTITUTE

[TEL] 03-5981-9909　[FAX] 03-5981-9908
[eMAIL] info@waen-school.com
[URL] http://www.waen-school.com
[SNS] QQ:1474304638

[住所] 〒112-0012　東京都文京区大塚3-38-12
[教育開始時期] 2010年10月
[行き方] 地下鉄丸ノ内線「茗荷谷駅」から徒歩5分

[設置者] 株式会社和円商事　(種別：株式会社)
[校長/別科長名] 庄野恵子
[収容定員] 250人　二 部制
[教員数] 19人 (うち専任　6人)
[宿舎] 有　[料金] (月額) 30,000円 ～ 50,000円

[入学資格] 高卒以上の学歴、年齢18歳以上、日本語能力試験N4以上
[入学選抜方法] 面談、書類選考

[認定コース在籍者数] 205
[その他コース在籍者数] 4
内訳(人)：
中国(191)、ベトナム(7)、ネパール(5)、タイ(1)、ウズベキスタン(1)

[教材]

初級	『みんなの日本語 初級』	初中級	『中級へ行こう』『中級を学ぼう』
中級	『ニューアプローチ中級 日本語基礎編』 『中級から学ぶ日本語』	上級	『ニューアプローチ中上級 日本語完成編』 『上級で学ぶ日本語』

[基礎科目及び英語の授業] なし

[認定コース]

	目的	期間	時数	週数	入学月	選考料	入学金	授業料	その他	合計(円)
進学1	進学	2年	1600	80	4	30,000	50,000	1,200,000	100,000	1,380,000
進学2	進学	1年9か月	1400	70	7	30,000	50,000	1,050,000	100,000	1,230,000
進学3	進学	1年6か月	1200	60	10	30,000	50,000	900,000	75,000	1,055,000
進学4	進学	1年3か月	1000	50	1	30,000	50,000	750,000	75,000	905,000

[認定以外のコース] なし

[日本語能力試験]　2018年度受験状況

	N1	N2	N3	N4	N5	合計
受験者数	6	34	23	0	0	63
認定者数	1	6	5	0	0	12

[日本留学試験]　2018年度受験状況

●第1回

日本語受験者	日本語219点以上	文系受験者	文系100点以上	理系受験者	理系100点以上
17	7	3	1	2	0

●第2回

日本語受験者	日本語219点以上	文系受験者	文系100点以上	理系受験者	理系100点以上
0	0	0	0	0	0

[進学実績]　2019年3月までの進学状況　卒業者数　63

大学院	大学	短期大学	高専	専門学校	その他の学校	就職
1	14	0	0	32	0	10

[主な進学先]

拓殖大学、大東文化大学、日本電子専門学校、トヨタ自動車整備、ハリウッド美容専門学校、東放学園、グレッグ外語専門学校　他

[主な就職先]

飲食業、母国での就職

●特色1　初級においては漢字圏、非漢字圏の混合クラスで会話中心の授業。

●特色2　進学においては面接指導など個別にきめ細かく指導する。

●特色3　言葉だけでなく日本の生活習慣や文化等も指導する。

製作：J.TEST事務局 / 語文研究社

東京都　港区　　告示校

あおやまこくさいきょういくがくいん

青山国際教育学院

AOYAMA INTERNATIONAL EDUCATION INSTITUTE

[TEL] 03-3403-3186　[FAX] 03-3403-1815
[eMAIL] info@aoyama-international.com
[URL] https://www.aoyama-international.com/
[SNS] https://www.facebook.com/aoyama.international

[住所] 〒107-0062　東京都港区南青山3-8-40 3F　　[教育開始時期] 1988年07月

[行き方] 東京メトロ銀座線・半蔵門線・千代田線「表参道駅」 A4出口から徒歩5分

[設置者] 青山国際株式会社　(種別：株式会社)　　[校長/別科長名] 村上誠

[収容定員] 600人　二部制　　[教員数] 44人 (うち専任 10人)　　[宿舎] 有　[料金] (月額) 38,000円

[入学資格] 12年教育課程修了以上及びこれと同等レベルの者　　[入学選抜方法] 書類審査、面接、日本語能力

[認定コース在籍者数] 423　　内訳(人)：ベトナム(161)、中国(131)、韓国(41)、タイ(33)、フィリピン(30)
[その他コース在籍者数] 5　　その他(32)[ロシア、ミャンマー、ウズベキスタン、台湾]

[教材]

初級	『みんなの日本語 初級』『できる日本語』	初中級	『日本語総まとめ N3』『中級へ行こう』
中級	『中級から学ぶ日本語』『日本語総まとめ N2』	上級	『学ぼう! にほんご 中上級』『学ぼう！にほんご上級』『上級で学ぶにほんご』

[基礎科目及び英語の授業] 総合科目、数学コース1、数学コース2、物理、化学、生物、英語

[認定コース]

	目的	期間	時数	週数	入学月	選考料	入学金	授業料	その他	合計(円)
大学専門進学課程	進学	2年	1600	80	4	20,000	60,000	1,200,000	240,000	1,520,000
大学専門進学課程	進学	1年9か月	1400	70	7	20,000	60,000	1,050,000	210,000	1,340,000
大学専門進学課程	進学	1年6か月	1200	60	10	20,000	60,000	900,000	180,000	1,160,000
大学専門進学課程	進学	1年3か月	1000	50	1	20,000	60,000	750,000	150,000	980,000
日本語専攻課程	一般	1年	800	40	4,7,10	20,000	60,000	600,000	120,000	800,000
大学院進学課程	一般	1年	800	40	4	20,000	60,000	600,000	120,000	800,000
国立大学進学課程	進学	2年	1600	80	4	20,000	60,000	1,200,000	240,000	1,520,000
ビジネス日本語課程	就業	1年	800	40	4	20,000	60,000	600,000	120,000	800,000

[認定以外のコース] 短期日本語

[日本語能力試験] 2018年度受験状況

	N1	N2	N3	N4	N5	合計
受験者数	91	214	185	14	4	508
認定者数	50	81	48	5	4	188

[日本留学試験] 2018年度受験状況

●第1回

日本語受験者	日本語219点以上	文系受験者	文系100点以上	理系受験者	理系100点以上
54	44	35	12	11	5

●第2回

日本語受験者	日本語219点以上	文系受験者	文系100点以上	理系受験者	理系100点以上
54	43	41	21	13	10

[進学実績] 2019年3月までの進学状況　卒業者数 291

大学院	大学	短期大学	高専	専門学校	その他の学校	就職
20	50	0	0	124	15	41

[主な進学先]

東京大学大学院、東京工業大学大学院、一橋大学大学院、東京藝術大学大学院、大阪大学大学院、慶応義塾大学大学院、事業創造大学院大学、横浜市立大学大学院、お茶の水女子大学、筑波大学、早稲田大学、青山学院大学、東京農業大学、明治大学、法政大学、東洋大学、東京都市大学、日本大学、東海大学、拓殖大学、帝京大学、明海大学、国士館大学、麗澤大学、立命館アジア太平洋大学、桜美林大学、文教大学、日本電子専門学校、日本工学院専門学校、中央工学校、秀林外語専門学校、東京外語専門学校、東放学園映画専門学校、早稲田文理専門学校 他

[主な就職先]

株式会社ヨシワ工業、株式会社エスケーシステム、株式会社クイシステム

●特色1　直接法を用い、日本語的感覚の早急な習得を図る。

●特色2　四技能の総合的な向上とそれによる日本文化への深い理解を目指す。

●特色3　大学受験のための基礎科目の指導も行う。

告示校

東京都　港区

だいきにほんごがくいんとうきょう

ダイキ日本語学院東京

Daiki Japanese Language School Tokyo

[TEL] 03-6809-4080 [FAX] 03-6809-4006
[eMAIL]
[URL] http://www.dai-ki.co.jp/djlst/
[SNS] https://www.facebook.com/DAIKI-Japanese-Language-School-Tokyo-142626456314990/

[住所] 〒108-0014　東京都港区芝5-10-10

[教育開始時期] 2017年10月

[行き方] JR「田町駅」より徒歩5分、都営三田線「三田駅」より徒歩5分

[設置者] 株式会社ダイキエンジニアリング　中村和稔　(種別：株式会社)

[校長/別科長名] 安井友美

[収容定員] 96人　二 部制

[教員数] 12人 (うち専任　6 人)

[宿舎] 有　[料金] (月額)36,000～42,000円

[入学資格] ①外国において12年以上の学校教育（※小学校からの修学）を修了し、成績優秀で学習意欲がある者。②日本の法律や本学院の規則を遵守できる者。③日本での学習および生活にかかるすべての費用を支弁できる者。④日本語能力試験N5を取得している、またはそれに準ずる資格を取得している者。⑤最終学歴の学校を卒業後5年以内の者。

[入学選抜方法] 書類選考、面接、筆記試験

[認定コース在籍者数] 38

[その他コース在籍者数] 0

内訳(人): ベトナム(12)、ネパール(11)、ミャンマー(8)、スリランカ(4)、ペルー(1)
その他(1)[バングラデシュ]

[教材]

初級	『みんなの日本語』	初中級	『ニューアプローチ』
中級	『学ぼう！にほんご』	上級	

[基礎科目及び英語の授業] 無

[認定コース]

	目的	期間	時数	週数	入学月	選考料	入学金	授業料	その他	合計(円)
進学2年コース	進学	2年	1600	80	4	20,000	50,000	1,200,000	160,000	1,430,000
一般1年6か月コース	一般	1年6か月	1200	60	10	20,000	50,000	1,020,000	120,000	1,210,000

[認定以外のコース] なし

[日本語能力試験] 2018年度受験状況

	N1	N2	N3	N4	N5	合計
受験者数	0	7	47	12	0	66
認定者数	0	1	12	3	0	16

[日本留学試験] 2018年度受験状況

●第1回

日本語受験者	日本語219点以上	文系受験者	文系100点以上	理系受験者	理系100点以上
10	0	1	0	2	0

●第2回

日本語受験者	日本語219点以上	文系受験者	文系100点以上	理系受験者	理系100点以上
13	0	0		0	

[進学実績] 2019年3月までの進学状況　卒業者数 13

大学院	大学	短期大学	高専	専門学校	その他の学校	就職
0	1	0	0	12	0	0

[主な進学先]

駿台外語&ビジネス専門学校、外語ビジネス専門学校、朝日医療福祉専門学校、CAD製図専門学校

[主な就職先]

株式会社ダイキエンジニアリング、エバー株式会社、株式会社太陽

●特色1　留学生を「就職」へ導く新しい日本語学校

●特色2　確かな技術を持った留学生は、卒業後「ダイキ」のグループ会社ダイキエンジニアリングで雇用

●特色3　国際社会に通用する人材育成

製作：J.TEST事務局 / 語文研究社

東京都　港区　　告示校

いっぱんざいだんほうじんかざんかいとうあがくいん

一般財団法人霞山会
東亜学院
THE KAZANKAI FOUNDATION THE TOA LANGUAGE INSTITUTE

[TEL] 03-5575-6303　[FAX] 03-5575-6309
[eMAIL] bosyu@kazankai.org
[URL] http://toagakuin.kazankai.org/
[SNS] —

[住所] 〒107-0052　東京都港区赤坂2-17-47　赤坂霞山ビル3F　　[教育開始時期] 1982年04月

[行き方] 東京メトロ千代田線「赤坂駅」5b出口徒歩5分
銀座線・南北線「溜池山王駅」出口12 徒歩7分

[設置者] 一般財団法人霞山会　（種別：一般財団法人(各種学校)）　[校長/別科長名] 阿部純一

[収容定員] 200人　二 部制　[教員数] 20人(うち専任 7人)　[宿舎] 有　[料金] (月額) 52,000円 ～

[入学資格] 12年以上の学校教育課程を修了している18歳以上の中国語圏の者　[入学選抜方法] 書類審査、本人面接、筆記試験

[認定コース在籍者数] 149　内訳(人):
[その他コース在籍者数] 0　中国(149)

[教材]

初級	『みんなの日本語 初級』	初中級	『中級へ行こう』
中級	『みんなの日本語 中級』他	上級	『テーマ別上級で学ぶ日本語』 『時代を読み解く上級日本語』他

[基礎科目及び英語の授業] なし

[認定コース]

	目的	期間	時数	週数	入学月	選考料	入学金	授業料	その他	合計(円)
進学コース1年	進学	1年	820	41	4	20,000	50,000	600,000	50,000	720,000
進学コース1年3か月	進学	1年3か月	1040	52	1	20,000	50,000	750,000	62,500	882,500
進学コース1年6か月	進学	1年6か月	1240	62	10	20,000	50,000	900,000	75,000	1,045,000
進学コース1年9か月	進学	1年9か月	1440	72	7	20,000	50,000	1,050,000	87,500	1,207,500
進学コース2年	進学	2年	1640	82	4	20,000	50,000	1,200,000	100,000	1,370,000

[認定以外のコース] なし

[日本語能力試験] 2018年度受験状況

	N1	N2	N3	N4	N5	合計
受験者数	46	35	1	0	0	82
認定者数	21	23	0	0	0	44

[日本留学試験] 2018年度受験状況

●第1回

日本語受験者	日本語219点以上	文系受験者	文系100点以上	理系受験者	理系100点以上
29	25	15	15	7	4

●第2回

日本語受験者	日本語219点以上	文系受験者	文系100点以上	理系受験者	理系100点以上
7	6	3	3	3	3

[進学実績] 2019年3月までの進学状況　卒業者数 77

大学院	大学	短期大学	高専	専門学校	その他の学校	就職
23	26	0	0	21	0	4

[主な進学先]

東京大学大学院、京都大学大学院、一橋大学大学院、東京工業大学大学院 他

[主な就職先]

富士量子株式会社 他

●特色1　日本語の徹底教育と親身で丁寧な進路指導。

●特色2　日本語に加え、日本社会、歴史、文化など日本事情の教育。

●特色3　国際交流、国際親善に役立つ人材の育成。

告示校

東京都　目黒区

しんせかいごがくいん

新世界語学院

NEWGLOBAL LANGUAGE SCHOOL

[TEL] 03-3770-6071 [FAX] 03-3770-6250
[eMAIL] school@newglobal.co.jp
[URL] http://www.newglobal.co.jp//school/
[SNS] —

[住所] 〒153-0044　東京都目黒区大橋1-7-10

[教育開始時期] 1989年04月

[行き方] 東急「池尻大橋駅」より徒歩10分、場所はHPよりご確認ください。

[設置者] 株式会社新世界語学院（種別：株式会社）

[校長/別科長名] 中坪禎夫

[収容定員] 180人　二 部制

[教員数] 14人（うち専任　3人）

[宿舎] —　[料金] —

[入学資格] —

[入学選抜方法] —

[認定コース在籍者数] 37

[その他コース在籍者数] 0

内訳(人)：
ベトナム(19)、スリランカ(11)、ネパール(6)、インド(1)

[教材]

初級	通常クラス:『みんなの日本語』 介護クラス:オリジナルテキスト	初中級	通常クラス:『中級へ行こう』 介護クラス:オリジナルテキスト
中級	通常クラス:『中級で学ぼう』 介護クラス:オリジナルテキスト	上級	—

[基礎科目及び英語の授業] なし

[認定コース]

	目的	期間	時数	週数	入学月	選考料	入学金	授業料	その他	合計(円)
進学2.0年コース	進学	2年	1600	96	4	33,000	77,000	1,320,000	30,000	1,460,000
進学1.9年コース	進学	1年9か月	1400	84	7	33,000	77,000	1,155,000	30,000	1,295,000
進学1.6年コース	進学	1年6か月	1200	72	10	33,000	77,000	990,000	30,000	1,130,000

[認定以外のコース] なし

[日本語能力試験]　2018年度受験状況

	N1	N2	N3	N4	N5	合計
受験者数	0	21	76	3	0	100
認定者数	0	2	15	1	0	18

[日本留学試験]　2018年度受験状況

●第1回

日本語受験者	日本語219点以上	文系受験者	文系100点以上	理系受験者	理系100点以上
0	0	0	0	0	0

●第2回

日本語受験者	日本語219点以上	文系受験者	文系100点以上	理系受験者	理系100点以上
0	0	0	0	0	0

[進学実績]　2019年3月までの進学状況　卒業者数　67

大学院	大学	短期大学	高専	専門学校	その他の学校	就職
0	1	0	0	55	0	3

[主な進学先]

至誠館大学、グレッグ外語専門学校、東京国際ビジネスカレッジ、富士国際ビジネス専門学校、松山学園福祉専門学校、ヨークグローバルビジネスアカデミー専門学校 他

[主な就職先]

—

●特色1　大学や専門学校への進学を重点に置いたカリキュラム。

●特色2　高い指導能力をもつ有能で熱心な教師集団による効果的な学習指導。

●特色3　適切なカリキュラム編成の実践及び整備と必要教材の充実。

製作：J.TEST事務局 / 語文研究社

東京都　清瀬市　　告示校

とうきょうきょういくぶんかがくいん

東京教育文化学院

Tokyo Education Culture Institute

[TEL] 042-494-7070　[FAX] 042-494-7373
[eMAIL] info@tokyoeci.jp
[URL] http://www.tokyoeci.jp
[SNS]

[住所] 〒204-0022　東京都清瀬市松山1-41-15　　[教育開始時期] 2003年3月
[行き方] 西武池袋線「清瀬駅」から徒歩6分

[設置者] 株式会社東京教育文化センター　(種別：株式会社)　　[校長/別科長名] 朝妻雅代
[収容定員] 145人　二 部制　　[教員数] 11人 (うち専任　4 人)　　[宿舎] 有　[料金] (月額)25,000～30,000円

[入学資格] 当該国において学校教育における12年課程修了者　　[入学選抜方法] 書類審査、面接、試験

[認定コース在籍者数] 91　　内訳(人)：ベトナム(38)、フィリピン(18)、中国(9)、ネパール(9)、インドネシア(5)
[その他コース在籍者数] 0　　その他(12)

[教材]

初級	『みんなの日本語　初級』	初中級	『中級へ行こう』
中級	『中級を学ぼう中級前期・中期』	上級	『上級で学ぶ』

[基礎科目及び英語の授業] 無

[認定コース]

	目的	期間	時数	週数	入学月	選考料	入学金	授業料	その他	合計(円)
進学2年コース	進学	2年	1600	80	4	30,000	30,000	1,300,000	40,000	1,400,000
進学1年9か月コース	進学	1年9か月	1400	70	7	30,000	30,000	1,137,500	35,000	1,232,500
進学1年6か月コース	進学	1年6か月	1200	60	10	30,000	30,000	975,000	30,000	1,065,000
進学1年3か月コース	進学	1年3か月	1000	50	1	30,000	30,000	812,500	25,000	897,500

[認定以外のコース] なし

[日本語能力試験] 2018年度受験状況

	N1	N2	N3	N4	N5	合計
受験者数	2	20	68	27	0	117
認定者数	0	5	10	3	0	18

[日本留学試験] 2018年度受験状況

●第1回

日本語受験者	日本語219点以上	文系受験者	文系100点以上	理系受験者	理系100点以上
5	2	0		0	

●第2回

日本語受験者	日本語219点以上	文系受験者	文系100点以上	理系受験者	理系100点以上
0					

[進学実績] 2019年3月までの進学状況　卒業者数 38

大学院	大学	短期大学	高専	専門学校	その他の学校	就職
0	0	0	0	31	0	6

[主な進学先]

プロスペラ学院ビジネス専門学校、専門学校アートカレッジ神戸、早稲田文理専門学校、CAD製図専門学校、東京国際学園外語専門学校

[主な就職先]

(有)ワークアップ、TAKAエンジニアリング㈱、㈱ハートコーポレーション

●特色1　大学・専門学校等進学のために日本語教育指導、受験対策の実施。

●特色2　留学生の出身文化圏、学習目的別に対応したきめ細かい教育

●特色3　コミュニケーション能力の向上、日本留学試験対策、日本語能力試験対策のニーズに応える

かいちこくさいにほんごがっこう

開智国際日本語学校

Kaichi International School of Japanese

[TEL] 042-673-6802 [FAX] 042-673-6803
[eMAIL] hachioji@kisj.jpn.org
[URL] kaichi-international-school.of.japanese.jimdosite.com
[SNS] facebook.com/開智国際日本語学校

[住所] 〒193-0931 東京都八王子市台町4-44-13 パレドール西八王子2F

[教育開始時期] 2018年4月

[行き方] JR「西八王子駅」南口から線路沿い徒歩3分

[設置者] 学校法人開智学園 (種別：学校法人)

[校長/別科長名] 柿添賢之

[収容定員] 100人 二 部制

[教員数] 5人 (うち専任 3 人)

[宿舎] 有 [料金] (月額) 18,000円～19,000円

[入学資格] 日本以外の国で12年以上の学校教育を受け、中等教育課程を修了している者。日本滞在中の生活費・学費が十分に確保されていること。心身ともに健康で日本留学の目的が明確にある者。日本入国時に18才以上であること。

[入学選抜方法] 書類審査、試験(日本語能力試験N5レベル)、面接

[認定コース在籍者数] 11

[その他コース在籍者数] 0

内訳(人):
ネパール(5)、モンゴル(3)、バングラデシュ(2)、ベトナム(1)

[教材]

初級	『できる日本語』	初中級	『できる日本語』
中級	『中級を学ぼう』	上級	『中級から上級への日本語』

[基礎科目及び英語の授業] なし

[認定コース]

	目的	期間	時数	週数	入学月	選考料	入学金	授業料	その他	合計(円)
進学2年コース	進学	2年	1600	80	4	5,000	30,000	1,200,000	150,000	1,385,000
進学1.5年コース	進学	1年6か月	1200	60	4	5,000	30,000	900,000	150,000	1,085,000
進学1年コース	進学	1年	800	40	4	5,000	30,000	600,000	75,000	710,000

[認定以外のコース] なし

[日本語能力試験] 2018年度受験状況

	N1	N2	N3	N4	N5	合計
受験者数	0	1	15	0	0	16
認定者数	0	0	2	0	0	2

[日本留学試験] 2018年度受験状況

●第1回

日本語受験者	日本語219点以上	文系受験者	文系100点以上	理系受験者	理系100点以上
0	0	0	0	0	0

●第2回

日本語受験者	日本語219点以上	文系受験者	文系100点以上	理系受験者	理系100点以上
0	0	0	0	0	0

[進学実績] 2019年3月までの進学状況 卒業者数 2

大学院	大学	短期大学	高専	専門学校	その他の学校	就職
0	0	0	0	1	0	0

[主な進学先]

保育･介護･ビジネス名古屋専門学校

[主な就職先]

―

●特色1 4技能の育成に加え、学生が主体的に学べる力を育成する。

●特色2 進学、生活に関する個別指導を提供する。

●特色3 文化･交流･現場体験の機会を通じて、日本人と共生する力を養成する。

東京都　八王子市　　告示校

しゅとがいこくごがくいん

首都外国語学院

Syuto Foreign Languages Institute

[TEL] 042-698-4313　[FAX] 042-698-4313
[eMAIL] info_sfli@yahoo.co.jp
[URL] http://www.syutoedu.com
[SNS] Facebook[首都外国語学院]／ twitter[首都外国語学院]

[住所] 〒192-0903　東京都八王子市万町2-1

[教育開始時期] 2019年10月

[行き方] JR中央線・横浜線八王子駅から徒歩6分

[設置者] 首都教育株式会社　(種別：株式会社)
[校長/別科長名] 宮前　縁

[収容定員] 100人　二 部制　[教員数] 6人 (うち専任　2 人)
[宿舎] 有　[料金] (月額)30,000円～50,000円

[入学資格] ①高校又はそれ以上に準ずる課程を修了、修了見込みである者
②日本語能力試験N5相当以上の者
③日本への入国を許可される見込みである者

[入学選抜方法] 書類審査、本人面接、筆記試験

[認定コース在籍者数] 0
[その他コース在籍者数] 0
内訳(人):

[教材]

初級	『みんなの日本語　初級』	初中級	『中級を学ぼう中級前期・中期』
中級	『新・中級から上級への日本語』	上級	『分野別教材・JLPT対策教材』他

[基礎科目及び英語の授業] 無

[認定コース]

	目的	期間	時数	週数	入学月	選考料	入学金	授業料	その他	合計(円)
進学2年コース	進学	2年	1600	80	4	22,000	55,000	1,320,000	33,000	1,430,000
進学1年6か月コース	進学	1年6か月	1200	60	10	22,000	55,000	990,000	33,000	1,100,000

[認定以外のコース] なし

[日本語能力試験] 2018年度受験状況

	N1	N2	N3	N4	N5	合計
受験者数						0
認定者数						0

[日本留学試験] 2018年度受験状況

●第1回

日本語受験者	日本語219点以上	文系受験者	文系100点以上	理系受験者	理系100点以上
0					

●第2回

日本語受験者	日本語219点以上	文系受験者	文系100点以上	理系受験者	理系100点以上
0					

[進学実績] 2019年3月までの進学状況　卒業者数 0

大学院	大学	短期大学	高専	専門学校	その他の学校	就職

[主な進学先]

[主な就職先]

●特色1　大学・大学院進学を目的とする実践的なカリキュラム。

●特色2　多文化共生社会において共に学び合う環境。

●特色3　きめ細かく手厚い進学指導。

告示校

東京都　八王子市

とうきょうこくさいがいごがくいん

東京国際外語学院

TOKYO INTERNATIONAL LANGUAGE ACADEMY

[TEL] 042-686-0618　[FAX] 042-686-0169
[eMAIL] Tokyo-ila@tokyo-ila.jp
[URL] http://tokyo-ila.jp/
[SNS] —

[住所] 〒192-0072　東京都八王子市南町5-8
[教育開始時期] 2017年10月
[行き方] JR「八王子駅」より徒歩8分

[設置者] 株式会社ラピス　(種別:株式会社)
[校長/別科長名] 八木敦子
[収容定員] 100人　二 部制
[教員数] 11人 (うち専任　2 人)
[宿舎] 有　[料金] (月額) 25,000円

[入学資格] 12年以上の学校教育課程を修了し、満18歳以上30歳以下の人。日本語学習時間が150時間以上で、本校の各基準コースの入学資格日本語能力レベル所得もしくは同等以上であること。就学目的及び卒業時までの目標や進路が明確であること。

[入学選抜方法] 書類選考、筆記試験、面接

[認定コース在籍者数] 48
[その他コース在籍者数] 0
内訳(人):
ベトナム(37)、ネパール(10)、タイ(1)

[教材]

初級	『みんなの日本語』	初中級	『中級へ行こう』『スピードマスター』
中級	『中級を学ぼう』『スピードマスター』『場面から学ぶ介護の日本語』『介護の言葉と漢字』	上級	『スピードマスター』『留学生のための論理的な文章の書き方』『場面から学ぶ介護の日本語』『介護の言葉と漢字』

[基礎科目及び英語の授業] 数学コース1、数学コース2、物理、化学

[認定コース]

	目的	期間	時数	週数	入学月	選考料	入学金	授業料	その他	合計(円)
進学2年コース	進学	2年	1600	80	4	21,600	50,000	1,320,000	90,000	1,481,600
進学1年半コース	進学	1年6か月	1200	60	10	21,600	50,000	990,000	85,000	1,146,600
介護2年コース	介護・進学	2年	1600	80	4	21,600	50,000	1,320,000	90,000	1,481,600
介護1年半コース	介護・進学	1年6か月	1200	60	10	21,600	50,000	990,000	85,000	1,146,600

[認定以外のコース] なし

[日本語能力試験]　2018年度受験状況

	N1	N2	N3	N4	N5	合計
受験者数	0	5	14	24	0	43
認定者数	0	2	9	12	0	23

[日本留学試験]　2018年度受験状況

●第1回

日本語受験者	日本語219点以上	文系受験者	文系100点以上	理系受験者	理系100点以上
0	0	0	0	0	0

●第2回

日本語受験者	日本語219点以上	文系受験者	文系100点以上	理系受験者	理系100点以上
1	0	1	0	0	0

[進学実績]　2019年3月までの進学状況　卒業者数　5

大学院	大学	短期大学	高専	専門学校	その他の学校	就職
0	0	0	0	5	0	0

[主な進学先]
国際電子会計専門学校、名古屋福祉専門学校、東京国際福祉専門学校

[主な就職先]
—

●特色1　2017年10月新規開校。大学進学を目指す「進学コース」と、将来介護福祉士を目指す「介護コース」を設置しています。

●特色2　進学コースは日本語能力試験対策及び大学進学対策として、数学・物理の特別授業及び補講など、介護コースは介護専門用語や会話など介護専門学校へ進学するための予備教育も行います。両コースともに担任制による細やかな指導を実施します。

●特色3　学院独自の奨学金制度があります。

製作:J.TEST事務局 / 語文研究社

東京都　八王子市

告示校

とうきょうこくさいこうりゅうがくいん

東京国際交流学院

Tokyo International Exchange College

[TEL] 042-669-4250 [FAX] 042-669-4251
[eMAIL] info@tokyo-japanesels.jp
[URL] http://tokyo-japanesels.jp/
[SNS] https://www.facebook.com/tokyokokusai

[住所] 〒193-0835　東京都八王子市千人町2-3-7
[教育開始時期] 2000年12月
[行き方] JR中央線「西八王子駅」から徒歩3分

[設置者] 東京国際交流株式会社（種別:株式会社）
[校長/別科長名] 葉山青子、松本和代
[収容定員] 840人　二 部制
[教員数] 59人（うち専任 17 人）
[宿舎] 有　[料金]（月額）42,000円 ～ 58,000円

[入学資格] 高等学校卒業見込み、又は卒業以上の学歴を有し、心身共に健康な者で、日本での進学を希望する者。
[入学選抜方法] 現地面接、筆記試験、書類審査

[認定コース在籍者数] 215
[その他コース在籍者数] 0
内訳(人): 中国(128)、ベトナム(48)、タイ(13)、モンゴル(10)、カンボジア(5)
その他(11)[ポルトガル、ペルー、フィリピン、ネパール、エジプト、イギリス]

[教材]

初級	『みんなの日本語』本冊・文型練習帳・標準問題 他	初中級	『中級までに学ぶ日本語』 『日本語総まとめN3 文法』他
中級	『中級から学ぶ日本語』 『日本語総まとめN2 文法』他	上級	『学ぼう！にほんご中上級・上級』 『日本語総まとめN1 文法』他

[基礎科目及び英語の授業] 総合科目、数学コース1

[認定コース]

	目的	期間	時数	週数	入学月	選考料	入学金	授業料	その他	合計(円)
進学コース(2年)	進学	2年	1600	80	4	30,000	54,000	1,282,000	110,000	1,476,000
進学コース(1年9ヶ月)	進学	1年9か月	1400	70	7	30,000	54,000	1,108,000	110,000	1,302,000
進学コース(1年6ヶ月)	進学	1年6か月	1200	60	10	30,000	54,000	934,000	110,000	1,128,000
進学コース(1年3ヶ月)	進学	1年3か月	1000	50	1	30,000	54,000	760,000	110,000	954,000

[認定以外のコース] なし

[日本語能力試験]　2018年度受験状況

	N1	N2	N3	N4	N5	合計
受験者数						
認定者数						

[日本留学試験]　2018年度受験状況

●第1回

日本語受験者	日本語219点以上	文系受験者	文系100点以上	理系受験者	理系100点以上

●第2回

日本語受験者	日本語219点以上	文系受験者	文系100点以上	理系受験者	理系100点以上

[進学実績]　2019年3月までの進学状況　卒業者数

大学院	大学	短期大学	高専	専門学校	その他の学校	就職

[主な進学先]

[主な就職先]

●特色1　20か国以上の学生が在籍している多国籍なクラス授業。

●特色2　超級～初級までレベルに応じた授業を実施。

●特色3　大学院・大学・専門学校等、個別の進学指導の徹底。

告示校

東京都 日野市

がくほうにほんごがっこう

学朋日本語学校

GAKUHOU JAPANESE LANGUAGE INSTITUTE

[TEL] 042-593-2807 [FAX] 042-593-2810
[eMAIL] gakuhounihongo@gmail.com
[URL]
[SNS] http://www.facebook.com/studyjapan.co.jp/

[住所] 〒191-0043 東京都日野市平山5-35-26

[教育開始時期] 2003年10月

[行き方] 京王線「平山城址公園駅」から徒歩4分、JR中央線「豊田駅」から徒歩15分

[設置者] 大澤春雄 (種別:個人)

[校長/別科長名] 大澤春雄

[収容定員] 48人 一 部制 [教員数] 6人(うち専任 3人)

[宿舎] 有 [料金] (月額)20,000~25,000円

[入学資格] 12年課程修了以上で、日本語学習に意欲を持つ者

[入学選抜方法] 書類審査、面接

[認定コース在籍者数] 31

[その他コース在籍者数] 0

内訳(人):
ベトナム(25)、中国(3)、モンゴル(3)

[教材]

初級	『みんなの日本語初級』『スピードマスター』他	初中級	『テーマ別中級までに学ぶ日本語』『日本語総まとめ』『スピードマスター』他
中級	『テーマ別中級で学ぶ日本語』『日本語総まとめ』『スピードマスター』他	上級	『テーマ別上級で学ぶ日本語』『新完全マスター』他

[基礎科目及び英語の授業] 無

[認定コース]

	目的	期間	時数	週数	入学月	選考料	入学金	授業料	その他	合計(円)
進学2年コース	進学	2年	1600	80	4	25,000	50,000	1,250,000	80,000	1,405,000
進学1年6か月コース	進学	1年6か月	1200	60	10	25,000	50,000	937,500	60,000	1,072,500
進学1年コース	進学	1年	800	40	4	25,000	50,000	625,000	40,000	740,000

[認定以外のコース] なし

[日本語能力試験] 2018年度受験状況

	N1	N2	N3	N4	N5	合計
受験者数	0	6	13	1	0	20
認定者数	0	1	6	0	0	7

[日本留学試験] 2018年度受験状況

●第1回

日本語受験者	日本語219点以上	文系受験者	文系100点以上	理系受験者	理系100点以上
0					

●第2回

日本語受験者	日本語219点以上	文系受験者	文系100点以上	理系受験者	理系100点以上
0					

[進学実績] 2019年3月までの進学状況 卒業者数 21

大学院	大学	短期大学	高専	専門学校	その他の学校	就職
		1		12		2

[主な進学先]

[主な就職先]

●特色1 日本語文化に対する理解を深め、主体的・自律的にコミュニケーションを図る能力、技能を身に付ける。

●特色2 4技能をバランス良く伸ばし、個々に合わせた進学指導の充実。

●特色3 誕生会や見学会等をはじめ、思い出に残るアットホームなイベント多数。

東京都　福生市　　告示校

しんにほんがくいん

新日本学院

NEW JAPAN ACADEMY

[TEL] 042-553-6420　[FAX] 042-530-2455
[eMAIL] info@nja.co.jp
[URL] http://www.nja.co.jp
[SNS] https://facebook.com/nja.co.jp

[住所] 〒197-0013　東京都福生市武蔵野台1-3-2

[教育開始時期] 1989年11月

[行き方] JR「東福生駅」から徒歩30秒

[設置者] 株式会社新日本学院 代表取締役 苗東平（種別：株式会社）　[校長/別科長名] 畢煜

[収容定員] 748人　二 部制　[教員数] 55人（うち専任 20 人）　[宿舎] 有　[料金]（月額）30,000円 ～ 45,000円

[入学資格] 留学　[入学選抜方法] 書類審査、本人面接、日本語試験 他

[認定コース在籍者数] 613　[その他コース在籍者数] 0

内訳(人)：ベトナム(320)、中国(255)、マレーシア(20)、台湾(6)、フィリピン(5)
その他(7)[インドネシア、香港、スリランカ、バングラデシュ、カンボジア]

[教材]

初級	『学ぼう! 日本語初級』 『一日15分の漢字練習初級・初中級(上)・(下)』	初中級	『学ぼう! 日本語初中級』 『一日15分の漢字練習中級(上)』
中級	『学ぼう! 日本語中級』 『『一日15分の漢字練習中級(下)』	上級	『学ぼう! にほんご中上級・上級』

[基礎科目及び英語の授業] 総合科目、数学コース1、数学コース2、物理、化学、英語

[認定コース]

	目的	期間	時数	週数	入学月	選考料	入学金	授業料	その他	合計(円)
進学2年	進学	2年	1556	78	4	30,000	50,000	1,300,000	50,000	1,430,000
進学1年9か月	進学	1年9か月	1365	67	7	30,000	50,000	1,150,000	50,000	1,280,000
進学1年6か月	進学	1年6か月	1148	58	10	30,000	50,000	1,000,000	50,000	1,130,000
進学1年3か月	進学	1年3か月	952	48	1	30,000	50,000	850,000	50,000	980,000
一般2年	就労	2年	1566	78	4	30,000	50,000	1,300,000	50,000	1,430,000
一般1年9か月	就労	1年9か月	1336	67	7	30,000	50,000	1,150,000	50,000	1,280,000
一般1年6か月	就労	1年6か月	1148	58	10	30,000	50,000	1,000,000	50,000	1,130,000
一般1年3か月	就労	1年3か月	952	48	1	30,000	50,000	850,000	50,000	980,000

[認定以外のコース] なし

[日本語能力試験]　2018年度受験状況

	N1	N2	N3	N4	N5	合計
受験者数	36	181	269	1	0	487
認定者数	15	47	61	0	0	123

[日本留学試験]　2018年度受験状況

●第1回

日本語受験者	日本語219点以上	文系受験者	文系100点以上	理系受験者	理系100点以上
61	25	27	21	6	4

●第2回

日本語受験者	日本語219点以上	文系受験者	文系100点以上	理系受験者	理系100点以上
45	29	17	13	8	6

[進学実績]　2019年3月までの進学状況　卒業者数　353

大学院	大学	短期大学	高専	専門学校	その他の学校	就職
2	37	0	0	188	0	69

[主な進学先]

慶応大学大学院、京都情報大学院大学、法政大学、日本大学、亜細亜大学、関西学院大学、京都精華大学、立命館大学、聖学院大学、第一工業大学、駿河台大学、秀明大学、帝京大学、東洋大学、尚美学園大学、CAD製図専門学校、トヨタ自動車大学校、国際電子会計専門学校、渋谷外語専門学校、神奈川経済専門学校

[主な就職先]

原田病院、埼玉医科大学病院、中原病院、櫻井病院、日本自動ドア株式会社、株式会社興栄企画、TokyoSaigonCollaboration

●特色1　日本語の「聞く、話す、読む、書く」4技能をバランスよく総合的に育成し、一人一人の力を最大限に発揮させる。

●特色2　学習能力、情報収集力、自己表現力を身につけさせ、自ら目標を実現できる力を養う。異なる文化を理解し、広い視野を持った国際人を育てる。

●特色3　さまざまな活動を通じて地域社会に貢献し、思いやりと規範意識のある人材を育成する。

告示校

東京都　福生市

めいせいこくさいごがくいん

明晴国際語学院

Meisei International Japanese Language School

[TEL] 042-513-0216　[FAX] 042-530-2455
[eMAIL] njabilly@gmail.com
[URL] http://meisei-int.jp/
[SNS] —

[住所] 〒197-0013　東京都福生市武蔵野台1-5-10　[教育開始時期] 2015年10月

[行き方] JR「東福生駅」から徒歩10分

[設置者] 株式会社明晴インターナショナル　(種別：株式会社)　[校長/別科長名] 畢煜

[収容定員] 80人　二 部制　[教員数] 5人 (うち専任 3人)　[宿舎] 有　[料金] (月額) 30,000円～45,000円

[入学資格] 留学　[入学選抜方法] 書類審査、本人面接、日本語試験

[認定コース在籍者数] 73

[その他コース在籍者数] 0

内訳(人)：
中国(3)、ベトナム(69)、マレーシア(1)

[教材]

初級	『学ぼう! にほんご初級』『一日15分の漢字練習初級・初中級上』	初中級	『学ぼう! にほんご初中級』『一日15分の漢字練習初級・初中級下』
中級	『学ぼう! にほんご中級』『一日15分の漢字練習初中級上・中級』	上級	『学ぼう! にほんご中上級・上級』

[基礎科目及び英語の授業] 総合科目、数学コース1、数学コース2、物理、化学、英語

[認定コース]

	目的	期間	時数	週数	入学月	選考料	入学金	授業料	その他	合計(円)
進学2年コース	進学	2年	1566	78	4	30,000	50,000	1,300,000	50,000	1,430,000
進学1年6か月コース	進学	1年6か月	1170	58.5	10	30,000	50,000	1,000,000	50,000	1,130,000
一般2年コース	一般	2年	1560	78	4	30,000	50,000	1,300,000	50,000	1,430,000

[認定以外のコース] なし

[日本語能力試験] 2018年度受験状況

	N1	N2	N3	N4	N5	合計
受験者数	10	33	7	0	0	50
認定者数	6	14	3	0	0	23

[日本留学試験] 2018年度受験状況

●第1回

日本語受験者	日本語219点以上	文系受験者	文系100点以上	理系受験者	理系100点以上
36	12	14	9	3	1

●第2回

日本語受験者	日本語219点以上	文系受験者	文系100点以上	理系受験者	理系100点以上
21	11	4	3	0	0

[進学実績] 2019年3月までの進学状況　卒業者数 45

大学院	大学	短期大学	高専	専門学校	その他の学校	就職
2	14	0	0	21	0	2

[主な進学先]

東洋大学, 立命館大学, 聖学院大学, 北陸先端科学技術大学院大学, 山梨学院大学, 東京家政学院大学, 日本社会事業大学, 尚美学園大学, 西部文理大学, 中央工学校, CAD製図専門学校, 渋谷外語専門学校, 早稲田文理専門学校, 日商簿記三鷹福祉専門学校, 東和IT専門学校, 東京ビジネス外語カレッジ, 新東京歯科技工士学校

[主な就職先]

auショップ、日本語学校

●特色1　日本語の「聞く、話す、読む、書く」4技能をバランスよく総合的に育成し、一人一人の力を最大限に発揮させる。

●特色2　学習能力、情報収集力、自己表現力を身につけさせ、自ら目標を実現できる力を養う。異なる文化を理解し、広い視野を持った国際人を育てる。

●特色3　さまざまな活動を通じて地域社会に貢献し、思いやりと規範意識のある人材を育成する。

東京都　三鷹市

告示校

せんもんがっこうあじああふりかごがくいんにほんごがっか

専門学校
アジア・アフリカ語学院 日本語学科

ASIA-AFRICA LINGUISTIC INSTITUTE(DEPARTMENT OF JAPANESE STUDIES)

[TEL] 0422-48-5515　[FAX] 0422-46-5107
[eMAIL] aaliinfo@aacf.or.jp
[URL] http://www.aacf.or.jp
[SNS] https://www.facebook.com/aacf.or.jp

[住所] 〒181-0004　東京都三鷹市新川5-14-16

[教育開始時期] 1972年04月

[行き方] JR中央線「吉祥寺駅」下車（公園口）小田急バス⑥番⑦番からバス15分

[設置者] 公益財団法人アジア・アフリカ文化財団（種別：公益法人）

[校長/別科長名] 学院長 篠原昭雄

[収容定員] 140人　一 部制　[教員数] 24人（うち専任　4人）　[宿舎] 有　[料金]（月額）33,000円～66,000円

[入学資格] ①国外において、通常の学校教育課程12年以上を修め、かつ当該国において大学入学資格があり、18歳以上の者。②日本の大学学部、大学院、専門学校進学を希望する者。

[入学選抜方法] 書類審査、面接、現地家庭訪問調査

[認定コース在籍者数] 109

[その他コース在籍者数] 0

内訳(人)：
台湾(32)、韓国(29)、ベトナム(27)、中国(20)、ミャンマー(1)

[教材]

初級	『みんなの日本語 』スリーエーネットワーク	初中級	『中級日本語（上）』東京外国語大学
中級	『中級日本語（下）』東京外国語大学	上級	『日本語中級 I 』東海大学留学生センター

[基礎科目及び英語の授業]　総合科目、数学コース1、物理、英語

[認定コース]

	目的	期間	時数	週数	入学月	選考料	入学金	授業料	その他	合計(円)
1年	進学	1年	1200	40	4	20,000	70,000	680,000	10,000	780,000
1年半	進学	1年6か月	1800	60	10	20,000	70,000	1,020,000	15,000	1,125,000
2年	進学	2年	2400	80	4	20,000	70,000	1,340,000	20,000	1,450,000

[認定以外のコース]（在籍者あり）

[日本語能力試験]　2018年度受験状況

	N1	N2	N3	N4	N5	合計
受験者数	22	34	24	2	0	82
認定者数	14	20	15	0	0	49

[日本留学試験]　2018年度受験状況

●第1回

日本語受験者	日本語219点以上	文系受験者	文系100点以上	理系受験者	理系100点以上
24	18	8	8	4	3

●第2回

日本語受験者	日本語219点以上	文系受験者	文系100点以上	理系受験者	理系100点以上
23	22	10	9	7	4

[進学実績]　2019年3月までの進学状況　卒業者数　80

大学院	大学	短期大学	高専	専門学校	その他の学校	就職
2	15	0	0	40	1	11

[主な進学先]

武蔵野美術大学大学院、横浜国立大学、埼玉大学、多摩美術大学、日本電子専門学校、辻製菓専門学校など

[主な就職先]

株式会社イースト、株式会社オンデーズなど

●特色1　年間1000時間の授業を用意し、日本語を集中的に勉強できる。

●特色2　単位制。豊富な選択授業を提供する。

●特色3　学校内にある自治体図書館と学校図書館が利用できる。

製作：J.TEST事務局 / 語文研究社

告示校

東京都 武蔵野市

きちじょうじがいこくごがっこう

吉祥寺外国語学校

KICHIJOJI LANGUAGE SCHOOL

[TEL] 0422-47-7390 [FAX] 0422-41-5897
[eMAIL] info@klschool.com
[URL] http://www.klschool.com
[SNS] Facebook:吉祥寺外国語学校

[住所] 〒180-0003 東京都武蔵野市吉祥寺南町2-3-15-701 [教育開始時期] 1989年08月

[行き方] JR中央線・京王井の頭線「吉祥寺駅」から徒歩1分

[設置者] 有限会社吉祥寺日本語学園 (種別:有限会社) [校長/別科長名] 土屋巌

[収容定員] 140人 二 部制 [教員数] 19人(うち専任 3人) [宿舎] 無 [料金] ―

[入学資格] 12年課程修了以上及びこれと同等レベルの者 [入学選抜方法] 書類審査、本人面接、保証人面接、能力適性試験

[認定コース在籍者数] 44
[その他コース在籍者数] 66

内訳(人):ベトナム(37)、アメリカ(15)、中国(11)、韓国(8)、台湾(6)
その他(33)[日本、香港、カナダ、ネパール、ロシア、イギリス、タイ、フィリピン、インド、インドネシア、パキスタン、フランス、ポルトガル、モンゴル]

[教材]

初級	『みんなの日本語 初級』『Basic Kanji Book 1』	初中級	『新日本語の中級』『Basic Kanji Book 2』
中級	『中級から学ぶ日本語』他	上級	『上級で学ぶ日本語』他

[基礎科目及び英語の授業] なし

[認定コース]

	目的	期間	時数	週数	入学月	選考料	入学金	授業料	その他	合計(円)
1年	一般	1年	800	40	4	25,000	55,000	627,000	20,000	727,000
1年3か月	進学	1年3か月	1000	50	1	25,000	55,000	783,750	25,000	888,750
1年6か月	進学	1年6か月	1200	60	10	25,000	55,000	940,500	30,000	1,050,500
1年9か月	進学	1年9か月	1400	70	7	25,000	55,000	1,097,250	35,000	1,212,250
2年	進学	2年	1600	80	4	25,000	55,000	1,254,000	40,000	1,374,000

[認定以外のコース] ※消費税増税による値上げの予定あり

[日本語能力試験] 2018年度受験状況

	N1	N2	N3	N4	N5	合計
受験者数	7	23	27	1	0	58
認定者数	3	14	16	1	0	34

[日本留学試験] 2018年度受験状況

●第1回

日本語受験者	日本語219点以上	文系受験者	文系100点以上	理系受験者	理系100点以上
0	0	0	0	0	0

●第2回

日本語受験者	日本語219点以上	文系受験者	文系100点以上	理系受験者	理系100点以上
0	0	0	0	0	0

[進学実績] 2019年3月までの進学状況 卒業者数 63

大学院	大学	短期大学	高専	専門学校	その他の学校	就職
0	2	0	0	30	0	11

[主な進学先]

日本工学院専門学校、東京IT会計専門学校、東京デザイナー学院、服部栄養専門学校、専門学校東京テクニカルカレッジ、駿台トラベル&ホテル専門学校、駿台電子情報&ビジネス専門学校、早稲田文理専門学校、東京国際ビジネスカレッジ、専門学校デジタルアーツ東京、東京工科自動車大学校、東京福祉専門学校

[主な就職先]

非公表

●特色1 読み書きに偏らず、会話能力の向上も重視したカリキュラム。

●特色2 アジア・欧米を中心に、学生の国籍は約20カ国に及ぶ。

●特色3 「学校全体が大きい家族のようで、しかもプロフェッショナルな教育」という評価を得ている。

製作:J.TEST事務局 / 語文研究社

神奈川県　横浜市　　告示校

あいしんこくさいがくいん

愛心国際学院

AISHIN INTERNATIONAL LANGUAGE SCHOOL

[TEL] 045-242-0919　[FAX] 045-242-0929
[eMAIL] aishinkokusai@proof.ocn.ne.jp
[URL] aishin-group.com/aishinkokusaigakuin/jp
[SNS] —

[住所] 〒231-0064　神奈川県横浜市中区野毛町1-29-4　　[教育開始時期] 2002年04月

[行き方] JR・横浜市営地下鉄「桜木町駅」から徒歩5分

[設置者] 愛心国際社会交流協会　(種別：特定非営利活動法人)　　[校長/別科長名] 高橋秀作

[収容定員] 140人　二 部制　　[教員数] 28人(うち専任　5 人)　　[宿舎] 有　[料金] (月額) 25,000円

[入学資格] 12年課程修了以上、日本語能力試験N5レベル以上　　[入学選抜方法] 書類選考、筆記試験、面接試験

[認定コース在籍者数] 124
[その他コース在籍者数] 1

内訳(人)：スリランカ(45)、ネパール(39)、ベトナム(29)、中国(7)、モンゴル(4)
その他(1)[インド]

[教材]

初級	『みんなの日本語初級』	初中級	『中級へ行こう』
中級	『中級を学ぼう』	上級	『国境を越えて』

[基礎科目及び英語の授業]　なし

[認定コース]

	目的	期間	時数	週数	入学月	選考料	入学金	授業料	その他	合計(円)
進学課程2年コース	進学	2年	1520	76	4	25,000	60,000	1,032,000	160,000	1,277,000
進学課程1年9ヵ月コース	進学	1年9ヵ月	1330	66.5	7	25,000	60,000	903,000	143,000	1,131,000
進学課程1年6ヵ月コース	進学	1年6か月	1140	57	10	25,000	60,000	774,000	120,000	979,000

[認定以外のコース] 一般コース

[日本語能力試験]　2018年度受験状況

	N1	N2	N3	N4	N5	合計
受験者数	0	12	100	3	0	115
認定者数	0	2	28	0	0	30

[日本留学試験]　2018年度受験状況

●第1回

日本語受験者	日本語219点以上	文系受験者	文系100点以上	理系受験者	理系100点以上
9	1	0	0	1	0

●第2回

日本語受験者	日本語219点以上	文系受験者	文系100点以上	理系受験者	理系100点以上
2	0	1	0	0	0

[進学実績]　2019年3月までの進学状況　卒業者数　53

大学院	大学	短期大学	高専	専門学校	その他の学校	就職
4	2	0	0	45	0	2

[主な進学先]

日本大学大学院、明治大学大学院、東京農工大学、横浜システム工学院専門学校、岩谷学園テクノビジネス横浜保育専門学校、アーツカレッジヨコハマ、読売自動車大学校、東京自動車大学校

[主な就職先]

—

●特色1　NPOが経営母体なので、「国際的人材の育成」という視点で学生を受け入れ、日本語教育を行っている。

●特色2　社会や高等教育機関で通用するコミュニケーション能力を高めるために、学生の自主的な学生活動を重視している。

●特色3　1クラス12人の少人数制をとり、担任が中心となって補習、進路相談など、きめ細かい対応をしている。

告示校

神奈川県　横浜市

あすかがくいん

飛鳥学院

ASUKA GAKUIN LANGUAGE INSTITUTE

[TEL] 045-231-2811　[FAX] 045-231-2827
[eMAIL] asuka@asuka-gakuin.jp
[URL] http://www.asuka-gakuin.jp/
[SNS] https://www.facebook.com/gakuin.asuka/

[住所] 〒231-0066　神奈川県横浜市中区日ノ出町1-36　　[教育開始時期] 1986年09月

[行き方] 京浜急行線「日ノ出町駅」隣

[設置者] 株式会社飛鳥創業　（種別：株式会社）　　[校長/別科長名] 酒井達男

[収容定員] 594人　二 部制　　[教員数] 50人 (うち専任 12 人)　　[宿舎] 有　[料金] (月額) 35,000円 ～ 40,000円

[入学資格] 12年課程修了以上及びこれと同等レベルの者　　[入学選抜方法] 書類審査、本人面接、保証人面接

[認定コース在籍者数] 467
[その他コース在籍者数] 0

内訳(人)：ベトナム(231)、中国(190)、ウズベキスタン(16)、韓国(11)、スリランカ(10)
その他(9)[タイ、タジキスタン]

[教材]

初級	『みんなの日本語 初級』	初中級	–
中級	『みんなの日本語 中級』『中級へ行こう』	上級	『テーマ別上級で学ぶ日本語』

[基礎科目及び英語の授業] なし

[認定コース]

	目的	期間	時数	週数	入学月	選考料	入学金	授業料	その他	合計(円)
進学2年コース	進学	2年	1520	76	4	30,000	70,000	1,140,000	72,860	1,312,860
進学1年9か月コース	進学	1年9か月	1340	67	7	30,000	70,000	997,500	63,740	1,161,240
進学1年6か月コース	進学	1年6か月	1160	58	10	30,000	70,000	855,000	54,620	1,009,620
進学1年3か月コース	進学	1年3か月	960	48	1	30,000	70,000	712,500	45,530	858,030
一般コース	一般	2年	1520	76	4	30,000	70,000	1,140,000	72,860	1,312,860

[認定以外のコース] 短期コース

[日本語能力試験] 2018年度受験状況

	N1	N2	N3	N4	N5	合計
受験者数	52	178	257	5	0	492
認定者数	17	86	94	2	0	199

[日本留学試験] 2018年度受験状況

●第1回

日本語受験者	日本語219点以上	文系受験者	文系100点以上	理系受験者	理系100点以上
86	30	68	22	18	3

●第2回

日本語受験者	日本語219点以上	文系受験者	文系100点以上	理系受験者	理系100点以上
47	29	27	14	9	5

[進学実績] 2019年3月までの進学状況　卒業者数 235

大学院	大学	短期大学	高専	専門学校	その他の学校	就職
4	35	0	0	150	0	17

[主な進学先]

東京大学大学院、明治大学大学院、青山学院大学、武蔵大学、岩谷学園テクノビジネス横浜保育専門学校、横浜システム工学院専門学校

[主な就職先]

北川製菓株式会社、ビートテック株式会社、有限会社ワイズ・ワーク工業

●特色1　日本語による直接法の指導。

●特色2　あらゆるレベルの学生に対応すべく細かく分類されたクラス編成。

●特色3　言語の修得だけでなく、文化、歴史等も広く学習。

製作：J.TEST事務局 / 語文研究社

神奈川県　横浜市　　告示校

よこはまこくさいにほんごがっこう

横浜国際日本語学校

Yokohama International Japanese Language School

[TEL] 045-290-9830　[FAX] 045-290-9831
[eMAIL] info@yijls.com
[URL] http://www.yijls.com
[SNS] –

[住所] 〒221-0842　神奈川県横浜市神奈川区泉町8-5

[教育開始時期] 2010年10月

[行き方] JR・東急東横線・横浜市営地下鉄・京浜急行「横浜駅」から徒歩15分

[設置者] パブリックソフトウエア株式会社　（種別：株式会社）

[校長/別科長名] 野崎まり

[収容定員] 140人　二 部制　[教員数] 19人（うち専任 4人）

[宿舎] 有　[料金]（月額）35,000円 ～

[入学資格] 12年課程修了以上およびこれと同等レベルの者

[入学選抜方法] ①書類選考
②本人及び支弁者面接
③入学選考試験

[認定コース在籍者数] 65
[その他コース在籍者数] 1

内訳(人)：
ベトナム(43)、ネパール(17)、スリランカ(3)、フィリピン(2)、モンゴル(1)

[教材]

初級	『大地』『ストーリーで覚える漢字』	初中級	『中級へ行こう』
中級	『TRY! N3』『TRY! N2』	上級	『TRY! N1』『新完全マスター 語彙N1』

[基礎科目及び英語の授業] なし

[認定コース]

	目的	期間	時数	週数	入学月	選考料	入学金	授業料	その他	合計(円)
進学2年コース	進学	2年	1600	80	4	25,000	60,000	1,160,000	136,000	1,381,000
進学1年9ヶ月コース	進学	1年9か月	1400	70	7	25,000	60,000	1,015,000	119,000	1,219,000
進学1年6ヶ月コース	進学	1年6か月	1200	60	10	25,000	60,000	870,000	102,000	1,057,000

[認定以外のコース] なし

[日本語能力試験]　2018年度受験状況

	N1	N2	N3	N4	N5	合計
受験者数	0	7	58	7	0	72
認定者数	0	3	13	1	0	17

[日本留学試験]　2018年度受験状況

●第1回

日本語受験者	日本語219点以上	文系受験者	文系100点以上	理系受験者	理系100点以上
2	1	0	0	0	0

●第2回

日本語受験者	日本語219点以上	文系受験者	文系100点以上	理系受験者	理系100点以上
3	1	0	0	1	1

[進学実績]　2019年3月までの進学状況　卒業者数　54

大学院	大学	短期大学	高専	専門学校	その他の学校	就職
0	2	0	0	48	0	0

[主な進学先]

帝京大学経済学部経営学科、国士舘大学21世紀アジア学部21世紀アジア学科、あずま工科専門学校、グレッグ外語専門学校、アーツカレッジヨコハマ、横浜システム工学院専門学校、横浜デザイン学院、岩谷学園テクノビジネス横浜保育専門学校、柏木実業専門学校、プロスペラ学院ビジネス専門学校

[主な就職先]

–

●特色1　異文化を受け入れ世界に対応できる人材を育成する。

●特色2　クラス担任制により個々の学習状況や留学生活に対するきめ細かいカウンセリング。

●特色3　受験対策と同時にオーラルコミュニケーション能力の向上も重視した教育。

製作：J.TEST事務局 / 語文研究社

告示校

神奈川県　横浜市

よこはまでざいんがくいん

横浜デザイン学院

YOKOHAMA DESIGN COLLEGE

[TEL] 045-323-0300 [FAX] 045-323-0302
[eMAIL] info@ydc.ac.jp
[URL] http://www.ydc.ac.jp/
[SNS] ―

[住所] 〒220-0051　神奈川県横浜市西区中央1-33-6

[教育開始時期] 2001年10月

[行き方] 京浜急行線「戸部駅」より徒歩1分、相模鉄道線「平沼橋駅」より徒歩5分
横浜市営地下鉄線「高島町駅」より徒歩7分

[設置者] 学校法人石川学園　(種別：学校法人)

[校長/別科長名] 池田俊一

[収容定員] 240人　二部制

[教員数] 35人(うち専任　5人)

[宿舎] 有　[料金] (月額) 35,000円 ～ 51,000円

[入学資格] 12年課程修了以上

[入学選抜方法] 書類審査、本人面接、筆記試験

[認定コース在籍者数] 222

[その他コース在籍者数]

内訳(人)：中国(98)、ベトナム(24)、インドネシア(15)、台湾(8)、イタリア(6)
その他(71)

[教材]

初級	『みんなの日本語 初級』	初中級	『できる日本語』
中級	『ニューアプローチ基礎編』『上級へのとびら』	上級	『上級で学ぶ日本語』

[基礎科目及び英語の授業] 総合科目、数学コース1、数学コース2、物理、化学、英語

[認定コース]

	目的	期間	時数	週数	入学月	選考料	入学金	授業料	その他	合計(円)
進学課程2年コース	進学	2年	1600	80	4	25,000	70,000	1,200,000	160,000	1,455,000
進学課程1.5年コース	進学	1年6か月	1200	60	10	25,000	70,000	900,000	121,000	1,116,000
進学課程1年コース	進学	1年	800	40	4	25,000	70,000	600,000	90,000	785,000

[認定以外のコース] 短期コース(1か月、2か月、3か月コース)

[日本語能力試験] 2018年度受験状況

	N1	N2	N3	N4	N5	合計
受験者数	47	112	54	11	0	224
認定者数	9	47	24	7	0	87

[日本留学試験] 2018年度受験状況

●第1回

日本語受験者	日本語219点以上	文系受験者	文系100点以上	理系受験者	理系100点以上
36	30	15	14	7	3

●第2回

日本語受験者	日本語219点以上	文系受験者	文系100点以上	理系受験者	理系100点以上
18	15	10	9	4	1

[進学実績] 2019年3月までの進学状況　卒業者数　110

大学院	大学	短期大学	高専	専門学校	その他の学校	就職
7	12	0	0	52	2	11

[主な進学先]

女子美術大学、一橋大学大学院、首都大学大学院、東京造形大学、多摩美術大学、立教大学、東京工芸大学、武蔵野美術大学

[主な就職先]

●特色1　大学院、大学、短大などを希望している学生は英語やその他の科目を履修することが可能です。美術大学受験で、スケッチや立体構成など手を使ってためされる技術科目を美術の学校に進学したいと思っている学生が履修することが可能です。

●特色2　高等課程や専門課程に在籍する日本人学生と交流するための多彩な課外活動が学校生活の中に用意されています。

●特色3　マンガ、Webデザイン、ファッションデザインなどの専門課程の授業を受ける機会があります。日本語以外のプログラムが充実しています。

製作：J.TEST事務局 / 語文研究社

神奈川県　小田原市　　告示校

りばてぃおだわらにほんごがっこう

LIBERTY小田原日本語学校

LIBERTY Odawara Japanese Language School

[TEL] 0465-23-4411 [FAX] 0465-23-4412
[eMAIL] info@lib-odawara.jp
[URL] http://www.lib-odawara.jp
[SNS] —

[住所] 〒250-0012 神奈川県小田原市本町3丁目11-23 リバティ東海ビル2F

[教育開始時期] 2016年10月

[行き方] JR「小田原駅」東口を出て、小田原城方面へ徒歩15分

[設置者] 株式会社東海ビルメンテナス　(種別：株式会社)　[校長/別科長名] 倉田雅史（理事長）

[収容定員] 80人 二 部制　[教員数] 6人(うち専任 4人)　[宿舎] 有　[料金] (月額) 18,500円 ～ 55,000円

[入学資格] 1) 外国において12年以上の学校教育を修了
2) 日本語を150時間以上学習、もしくは日本語能力試験N5程度以上

[入学選抜方法] 筆記試験、面接

[認定コース在籍者数] 37
[その他コース在籍者数] 0

内訳(人)：ベトナム(13)、タイ(6)、ネパール(7)、モンゴル(5)、フィリピン(3)
その他(3)[バングラデシュ、ペルー]

[教材]

初級	『みんなの日本語 初級』	初中級	『中級へ行こう』
中級	『中級を学ぼう』	上級	『学ぼう日本語 中上級・上級』

[基礎科目及び英語の授業] なし

[認定コース]

	目的	期間	時数	週数	入学月	選考料	入学金	授業料	その他	合計(円)
進学2年コース	進学	2年	1600	80	4	22,000	55,000	1,320,000	154,000	1,551,000
進学1.5年コース	進学	1年6か月	1200	60	10	22,000	55,000	990,000	121,000	1,188,000

[認定以外のコース] なし

[日本語能力試験] 2018年度受験状況

	N1	N2	N3	N4	N5	合計
受験者数	0	18	30	7	0	55
認定者数	0	6	15	2	0	23

[日本留学試験] 2018年度受験状況

●第1回

日本語受験者	日本語219点以上	文系受験者	文系100点以上	理系受験者	理系100点以上

●第2回

日本語受験者	日本語219点以上	文系受験者	文系100点以上	理系受験者	理系100点以上

[進学実績] 2019年3月までの進学状況 卒業者数 34

大学院	大学	短期大学	高専	専門学校	その他の学校	就職
0	3	0	0	20	0	8

[主な進学先]

至誠館大学、柏木実業専門学校、横浜システム工学院専門学校、東京国際ビジネスカレッジ、大阪コミュニティワーカー専門学校。岩谷学園テクノビジネス横浜保育専門学校 他

[主な就職先]

VNインターナショナル株式会社、株式会社長政、株式会社インターナショナル、H-ONEホンダ(インド) 他

●特色1　日本語能力試験N2、N1合格を目標とし、読む・書く・聴く・話すのバランスの良い日本語教育を行います。

●特色2　進学指導と共に、希望者には就職指導も行い、日本のルール・礼儀・作法も学べます。

●特色3　東京・横浜・富士山にも近く、小田原・箱根という観光地で、日本の新旧文化が学べます。

製作：J.TEST事務局 / 語文研究社

告示校

神奈川県　川崎市

わせだえでゅにほんごがっこうよこはまこう

早稲田EDU日本語学校 横浜校

Waseda Edu Japanese Language School Yokohama

[TEL] 044-246-5573 [FAX] 044-246-5606
[eMAIL] wasedaeduyokohama@gmail.com
[URL] http://www.wasedaedujp.com
[SNS] https://www.facebook.com/yokohama.wasedaedu.1

[住所] 〒210-0023 神奈川県川崎市川崎区小川町10-5

[教育開始時期] 1991年10月

[行き方] JR「川崎駅」中央東口より徒歩10分、京急「川崎駅」中央口より徒歩12分

[設置者] goodplace株式会社 (種別：株式会社)

[校長/別科長名] 草木清

[収容定員] 560人 二 部制

[教員数] 46人 (うち専任 10 人)

[宿舎] 無 [料金] -

[入学資格] ①12年以上の学校教育又はそれに準ずる課程を修了している者。②正当な手続きによって日本国への入国を許可され、又は許可される見込みのある者。③信頼のおける保証人を有する者。

[入学選抜方法] 書類審査、本人面接、能力適性試験

[認定コース在籍者数] 372

[その他コース在籍者数] 0

内訳(人)：中国(170)、ベトナム(161)、インドネシア(21)、モンゴル(15)、スリランカ(2)
その他(3)[韓国、台湾]

[教材]

初級	『みんなの日本語 初級』他	初中級	『中級へ行こう』他
中級	『中級を学ぼう』他	上級	『時代を読み解く』他

[基礎科目及び英語の授業] なし

[認定コース]

	目的	期間	時数	週数	入学月	選考料	入学金	授業料	その他	合計(円)
進学2年コース	進学	2年	1600	80	4	20,000	50,000	1,296,000	64,000	1,430,000
進学1年9か月コース	進学	1年9か月	1400	70	7	20,000	50,000	1,134,000	56,000	1,260,000
進学1年6か月コース	進学	1年6か月	1200	60	10	20,000	50,000	972,000	48,000	1,090,000
進学1年3か月コース	進学	1年3か月	1000	50	1	20,000	50,000	810,000	40,000	920,000

[認定以外のコース] なし

[日本語能力試験] 2018年度受験状況

	N1	N2	N3	N4	N5	合計
受験者数	48	176	201	7	0	432
認定者数	14	57	54	1	0	126

[日本留学試験] 2018年度受験状況

●第1回

日本語受験者	日本語219点以上	文系受験者	文系100点以上	理系受験者	理系100点以上
49	21	26	6	8	0

●第2回

日本語受験者	日本語219点以上	文系受験者	文系100点以上	理系受験者	理系100点以上
26	19	17	4	5	1

[進学実績] 2019年3月までの進学状況 卒業者数 178

大学院	大学	短期大学	高専	専門学校	その他の学校	就職
6	20	1	0	111	0	21

[主な進学先]

首都大学東京大学院、大阪大学大学院、広島大学大学院、大東文化大学大学院、国士舘大学大学院、尚美学園大学大学院、岡山大学、日本大学、駒澤大学、拓殖大学、帝京大学、桜美林大学、明海大学 他

[主な就職先]

箱根料理宿弓庵、株式会社ザ・ギンザ、日本サーモにクス株式会社、株式会社光洋技研、コモス電子株式会社、株式会社東武 他

●特色1 有名大学院への進学実績豊富な、校長による個別指導。

●特色2 豊かな経験と熱意あふれる優秀な教師陣。

●特色3 規模拡大後も続く、学習面・生活面共に手厚いサポート体制。

製作：J.TEST事務局 / 語文研究社

新潟県　新潟市

告示校

こくさいがいごかんこうえあらいんせんもんがっこう

国際外語・観光・エアライン専門学校

College of Foreign Languages Tourism and Airline

[TEL] 025-227-6375 [FAX] 025-227-6336
[eMAIL] kokusai-bu@nsg.gr.jp
[URL] http://www.nsg.gr.jp/air/japanese
[SNS] —

[住所] 〒951-8063 新潟県新潟市中央区古町通3番町560番

[教育開始時期] 1991年11月

[行き方] JR「新潟駅」よりバス5分「古町バス停」より徒歩5分

[設置者] 学校法人国際総合学園（種別:学校法人）

[校長/別科長名] 栗林 直子

[収容定員] 300人 二 部制

[教員数] 17人（うち専任 8人）

[宿舎] 有 [料金]（月額）22,000円～

[入学資格] 12年課程修了以上及び同等以上

[入学選抜方法] 書類審査、志願者面接、保証人面接

[認定コース在籍者数] 118

[その他コース在籍者数] 1

内訳(人): ベトナム(50)、中国(30)、モンゴル(8)、ネパール(4)、スリランカ(4)
その他(23)

[教材]

初級	『できる日本語 初級』	初中級	『できる日本語 初中級』
中級	『できる日本語 中級』	上級	—

[基礎科目及び英語の授業] なし

[認定コース]

	目的	期間	時数	週数	入学月	選考料	入学金	授業料	その他	合計(円)
1.5年コース	一般	1年6か月	1260	63	10	20,000	60,000	870,000	85,000	1,035,000
2年コース	一般	2年	1680	84	4	20,000	60,000	1,160,000	105,000	1,345,000

[認定以外のコース] なし

[日本語能力試験] 2018年度受験状況

	N1	N2	N3	N4	N5	合計
受験者数	21	70	103	55	0	249
認定者数	8	23	40	9	0	80

[日本留学試験] 2018年度受験状況

●第1回

日本語受験者	日本語219点以上	文系受験者	文系100点以上	理系受験者	理系100点以上
3	0	0	0	0	0

●第2回

日本語受験者	日本語219点以上	文系受験者	文系100点以上	理系受験者	理系100点以上
7	1	5	0	2	0

[進学実績] 2019年3月までの進学状況 卒業者数 127

大学院	大学	短期大学	高専	専門学校	その他の学校	就職
5	18	2	0	78	0	7

[主な進学先]

早稲田大学大学院、大阪産業大学大学院、事業創造大学院大学、長岡大学、国際外語・観光・エアライン専門学校、専門学校新潟国際自動車大学校、新潟コンピュータ専門学校、新潟ビジネス専門学校、千葉モード学園、柏木実業専門学校、たちばな学園、

[主な就職先]

ビットA、有限会社ホクヨー、糸魚川ジオパークホテル、東京建設株式会社

●特色1 レベル別クラス編成による効果的な授業。

●特色2 コミュニケーション能力の向上を目指した授業。

●特色3 日本語能力試験（JLPT）対策授業の実施。

告示校

新潟県　新潟市

こくさいちょうりせいかせんもんがっこう

国際調理製菓専門学校

International College of Cooking & Confectionery

[TEL] 025-226-7785　[FAX] 025-226-7786
[eMAIL] kokusai-bu@nsg.gr.jp
[URL] URL:http://air.ac.jp/japanese/
[SNS] https://www.facebook.com/nsgjapanese/

[住所] 〒951-8063　新潟県新潟市中央区古町通6番町976番
[教育開始時期] 2016年4月
[行き方] JR「新潟駅」よりバス5分、「古町バス停」より徒歩1分

[設置者] 学校法人　国際総合学園　(種別：学校法人)
[校長/別科長名] 石田道子
[収容定員] 100人　二 部制
[教員数] 9人 (うち専任　3 人)
[宿舎] 有　[料金] 月額:22,000円～

[入学資格] 12年課程修了以上及び同等以上
[入学選抜方法] 書類審査、志願者面接、保証人面接

[認定コース在籍者数] 63
[その他コース在籍者数] 0
内訳(人): ベトナム(40)、中国(13)、韓国(3)、バングラデシュ(3)、インドネシア(2)
その他(2)[台湾]

[教材]

初級	『できる日本語　初級』	初中級	『できる日本語　初中級』
中級	『できる日本語　中級』	上級	『トピックによる日本語総合演習　上級』

[基礎科目及び英語の授業] 無

[認定コース]

	目的	期間	時数	週数	入学月	選考料	入学金	授業料	その他	合計(円)
日本語科1年6か月コース	一般	1年6か月	1284	66	10	20,000	60,000	870,000	85,000	1,035,000
日本語科2年コース	一般	2年	1712	88	4	20,000	60,000	1,160,000	105,000	1,345,000

[認定以外のコース] なし

[日本語能力試験]　2018年度受験状況

	N1	N2	N3	N4	N5	合計
受験者数	0	18	49	8	0	75
認定者数	0	2	15	1	0	18

[日本留学試験]　2018年度受験状況

●第1回

日本語受験者	日本語219点以上	文系受験者	文系100点以上	理系受験者	理系100点以上
5	2	5	2	1	0

●第2回

日本語受験者	日本語219点以上	文系受験者	文系100点以上	理系受験者	理系100点以上
7	2	5	1	2	1

[進学実績]　2019年3月までの進学状況　卒業者数　31

大学院	大学	短期大学	高専	専門学校	その他の学校	就職
0	5	0	0	17	0	3

[主な進学先]

新潟産業大学、敬和学園大学、国際外語・観光・エアライン専門学校、新潟国際自動車大学校、新潟公務員法律専門学校、新潟ビジネス専門学校、CAD製図専門学校、千葉モードビジネス専門学校等

[主な就職先]

●特色1　レベル別クラス編成による効果的な授業。

●特色2　コミュニケーション能力の向上を目指した授業。

●特色3　日本語能力試験(JLPT)対策授業の実施。

製作:J.TEST事務局 / 語文研究社

富山県　富山市

告示校

とやまこくさいがくいん

富山国際学院

Toyama International Academy

[TEL] 076-441-9360　[FAX] 076-441-9362
[eMAIL] toyamaia@h6.dion.ne.jp
[URL] https://www.toyamaia.com/
[SNS] https://www.facebook.com/富山国際学院-660747630615873/

[住所] 〒930-0097　富山県富山市芝園町2丁目5-13 織田ビル

[教育開始時期] 1994年04月

[行き方] JR「富山駅」南口より徒歩12分

[設置者] 奥村隆信（種別：特定非営利活動法人）

[校長/別科長名] 奥村隆信

[収容定員] 60人　二 部制

[教員数] 13人 (うち専任　3 人)

[宿舎] 無　[料金] -

[入学資格] 18歳以上。12年以上の教育を受けていること

[入学選抜方法] 書類審査、志願者面接

[認定コース在籍者数] 33

[その他コース在籍者数] 0

内訳(人):
ネパール(16)、ベトナム(13)、中国(3)、韓国(1)

[教材]

初級	『できる日本語　初級』	初中級	『できる日本語　初中級』
中級	『できる日本語　中級』	上級	『留学生の日本語』『アカデミックジャパニーズ』

[基礎科目及び英語の授業] 総合科目、数学コース1

[認定コース]

	目的	期間	時数	週数	入学月	選考料	入学金	授業料	その他	合計(円)
進学2年コース	進学	2年	1782	81	4	22,000	66,000	1,188,000	20,000	1,296,000
進学1.5年コース	進学	1年6か月	1366	61	10	22,000	66,000	891,000	15,800	994,800

[認定以外のコース] なし

[日本語能力試験]　2018年度受験状況

	N1	N2	N3	N4	N5	合計
受験者数	5	16	30	25	0	76
認定者数	0	10	9	8	0	27

[日本留学試験]　2018年度受験状況

●第1回

日本語受験者	日本語219点以上	文系受験者	文系100点以上	理系受験者	理系100点以上
25	4	5	1	3	1

●第2回

日本語受験者	日本語219点以上	文系受験者	文系100点以上	理系受験者	理系100点以上
12	2	4	1	3	1

[進学実績]　2019年3月までの進学状況　卒業者数　25

大学院	大学	短期大学	高専	専門学校	その他の学校	就職
0	6	0	0	19	0	0

[主な進学先]

富山大学、富山国際大学、高岡法科大学、エール学園

[主な就職先]

－

●特色1　少人数制のきめ細やかな指導。

●特色2　教師一丸となって行う進路指導。

●特色3　課外活動を通じて地域との交流。

製作：J.TEST事務局 / 語文研究社

告示校

石川県　金沢市

せんもんがっこうありすがくえん

専門学校アリス学園

ALICE INTERNATIONAL COLLEGE

[TEL] 076-280-1001　[FAX] 076-280-1002
[eMAIL] info@alice-japan.net
[URL] http://alice-japan.net/gakuen/
[SNS] Facebook: ALICE International College Study in Japan

[住所] 〒921-8176　石川県金沢市円光寺本町8-50

[教育開始時期] 2004年04月

[行き方] JR「金沢駅」東口から北鉄バス30番31番または33番乗車（約20分）「円光寺」または「伏見台」バス停より徒歩5分

[設置者] 学校法人アリス国際学園　（種別：準学校法人）

[校長/別科長名] 竹澤勝志

[収容定員] 200人　二 部制

[教員数] 16人（うち専任　7人）

[宿舎] 有　[料金]（月額）16,000円 ～ 24,000円

[入学資格] 外国において、学校教育における12年の課程修了（高等学校卒業）した者またはこれと同等以上の学力を有する者

[入学選抜方法] 書類審査、本人面接（必要に応じて筆記試験、保護者面接）

[認定コース在籍者数] 158

[その他コース在籍者数] 0

内訳(人)：ベトナム(61)、ネパール(44)、ミャンマー(14)、フィリピン(9)、カンボジア(8)
その他(22)［中国、モンゴル、バングラデシュ、インドネシア、タイ、韓国、インド］

[教材]

初級	『大地』『できる日本語』他	初中級	『中級へ行こう』『日能試N3対策問題集』他
中級	『中級を学ぼう』『日能試N2対策問題集』他	上級	『上級で学ぶ日本語』『日能試N1対策問題集』他

[基礎科目及び英語の授業] なし

[認定コース]

	目的	期間	時数	週数	入学月	選考料	入学金	授業料	その他	合計(円)
1年半コース	進学	1年6か月	1200	60	10	20,000	90,000	780,000	110,000	1,000,000
2年コース	進学	2年	1600	80	4	20,000	90,000	1,040,000	140,000	1,290,000

[認定以外のコース] なし

[日本語能力試験] 2018年度受験状況

	N1	N2	N3	N4	N5	合計
受験者数	1	17	106	72	0	196
認定者数	0	1	28	23	0	52

[日本留学試験] 2018年度受験状況

●第1回

日本語受験者	日本語219点以上	文系受験者	文系100点以上	理系受験者	理系100点以上
0	0	0	0	0	0

●第2回

日本語受験者	日本語219点以上	文系受験者	文系100点以上	理系受験者	理系100点以上
0	0	0	0	0	0

[進学実績] 2019年3月までの進学状況　卒業者数　70

大学院	大学	短期大学	高専	専門学校	その他の学校	就職
0	2	0	0	60	0	1

[主な進学先]

北陸大学、東京福祉大学、日産自動車大学校、赤門自動車整備大学校、愛甲学院専門学校、中野スクールオブビジネス専門学校、NIKKO外語観光専門学校、NIPPONおもてなし専門学校、東亜経理専門脱稿、コロンビアファッションカレッジ、専門学校アリス学園、アーツカレッジ神戸、柏木実業専門学校、香南学園、千葉モードビジネスビジネス専門学校、保育介護ビジネス名古屋専門学校他

[主な就職先]

英会話教室

●特色1　「JLPT対策」だけでなく、「自ら学ぶ力」を身につけるためのカリキュラム。

●特色2　知識・経験豊かな教員による進学・就職のための一貫したキャリアサポート。

●特色3　在留資格更新手続き・アルバイト・事故や病気などの手厚い無料サポート。

石川県	金沢市

告示校

おおはらぼきほうりつかんこうせんもんがっこうかなざわこうにほんごがっか

大原簿記法律観光専門学校 金沢校 日本語学科

O-hara College of Bookkeeping, Low and Tourism, Kanazawa Campus, Japanese Language Course

[TEL] 076-221-5757 [FAX] 076-221-6078
[eMAIL]
[URL] https://www.o-hara.ac.jp/hokuriku/senmon/kanazawa/
[SNS]

[教育開始時期] 2019年4月

[住所] 〒920-0031 石川県金沢市広岡1丁目1番15号

[行き方] JR「金沢駅」から徒歩4分

[設置者] 学校法人大原学園 (種別：学校法人)

[校長/別科長名] 金子秀安

[収容定員] 80人 二 部制 [教員数] 人 (うち専任 人) [宿舎] 無 [料金]

[入学資格] 本校での学習開始時に18歳以上であること。日本国内あるいは外国において学校教育における12年の課程を修了していること。日本語能力試験N5相当以上の検定試験に合格している、または日本語教育機関で150時間以上の日本語学習暦を有すること。

[入学選抜方法] 書類審査・面接

[認定コース在籍者数]

[その他コース在籍者数]

内訳(人):

[教材]

初級	『みんなの日本語』他	初中級	『TRY!N3文法から伸ばす日本語』他
中級	『TRY!N2文法から伸ばす日本語』他	上級	『テーマ別上級で学ぶ日本語』他

[基礎科目及び英語の授業] 無

[認定コース]

	目的	期間	時数	週数	入学月	選考料	入学金	授業料	その他	合計(円)
日本語学科	進学	2年	1600	40	4	20,000	50,000	1,080,000	120,000	1,270,000

[認定以外のコース] なし

[日本語能力試験] 2018年度受験状況

	N1	N2	N3	N4	N5	合計
受験者数						
認定者数						

[日本留学試験] 2018年度受験状況

●第1回

日本語受験者	日本語219点以上	文系受験者	文系100点以上	理系受験者	理系100点以上

●第2回

日本語受験者	日本語219点以上	文系受験者	文系100点以上	理系受験者	理系100点以上

[進学実績] 2019年3月までの進学状況 卒業者数

大学院	大学	短期大学	高専	専門学校	その他の学校	就職

[主な進学先]

[主な就職先]

●特色1

●特色2

●特色3

製作：J.TEST事務局 / 語文研究社

告示校

石川県　金沢市

せんもんがっこうふぁーすとがくえんかなざわこう

専門学校
ファースト学園 金沢校
First College Kanazawa

[TEL] 076-222-5088 [FAX] 076-261-9881
[eMAIL] g_info@fcti.ac.jp
[URL] http://www.fcti.ac.jp/
[SNS] —

[住所] 〒920-0022　石川県金沢市北安江1丁目6-27

[教育開始時期] 2016年10月

[行き方] JR「金沢駅」から徒歩5分

[設置者] 学校法人ファースト学園（種別：学校法人）

[校長/別科長名] 加藤泰博

[収容定員] 80人　二 部制　[教員数] 4人（うち専任 3人）

[宿舎] 有　[料金]（月額）30,000円～

[入学資格] 1.身体健全者。2.外国において12年以上の学校教育課程を修了した者。3.日本語能力試験N5、J.TEST/F級、NAT-TEST/4級程度以上の能力を有する者。

[入学選抜方法] 筆記試験、面接

[認定コース在籍者数] 0

[その他コース在籍者数] 0

内訳(人)：
—

[教材]

初級	『できる日本語　初級』	初中級	『できる日本語　初中級』
中級	『中級を学ぼう』『TRY! N2』	上級	『日本文化を読む』『TRY! N1』

[基礎科目及び英語の授業]　なし

[認定コース]

	目的	期間	時数	週数	入学月	選考料	入学金	授業料	その他	合計(円)
進学2年コース	進学	2年	1740	72	4	30,000	100,000	1,098,000	230,000	1,458,000
進学1.5年コース	進学	1年6か月	1410	54	10	30,000	100,000	831,000	200,000	1,161,000

[認定以外のコース] なし

[日本語能力試験]　2018年度受験状況

	N1	N2	N3	N4	N5	合計
受験者数	0	2	10	12	0	24
認定者数	0	0	4	4	0	8

[日本留学試験]　2018年度受験状況

●第1回

日本語受験者	日本語219点以上	文系受験者	文系100点以上	理系受験者	理系100点以上
0	0	0	0	0	0

●第2回

日本語受験者	日本語219点以上	文系受験者	文系100点以上	理系受験者	理系100点以上
0	0	0	0	0	0

[進学実績]　2019年3月までの進学状況　卒業者数　10

大学院	大学	短期大学	高専	専門学校	その他の学校	就職
0	1	0	0	9	0	0

[主な進学先]

鈴鹿大学、専門学校ファースト学園金沢校、大阪コミュニティワーカー専門学校、プロスペラ学院、国際観光専門学校、保育・介護・ビジネス名古屋専門学校

[主な就職先]

—

●特色1　初級、中級、上級と完全なレベル別クラス。熟練した講師陣ときめ細やかな生活・進路指導、さらには進学先対策も充実したカリキュラム。

●特色2　文化教養の時間を通して、日本の文化や生活について学べます。古都金沢ならではの体験やアクティビティも豊富。

●特色3　卒業後に本校IT学科への進学も可能。

石川県　加賀市　　告示校

せんもんがっこうありすがくえんかがこう

専門学校 アリス学園 加賀校
ALICE INTERNATIONAL COLLEGE KAGA CAMPUS

[TEL] 0761-76-5211　[FAX] 0761-76-5205
[eMAIL] info@alice-japan.net
[URL] http://alice-japan.net/gakuen/
[SNS] Facebook:ALICE International College Study in Japan(専門学校アリス学園)

[住所] 〒922-0057　石川県加賀市大聖寺八間道65 かが交流プラザさくら4階
[教育開始時期] 2017年04月

[行き方] JR「大聖寺駅」から徒歩10分

[設置者] 学校法人アリス国際学園　(種別:準学校法人)　[校長/別科長名] 竹澤勝志

[収容定員] 80人 二 部制　[教員数] 6人 (うち専任 3人)　[宿舎] 有　[料金] (月額) 21,000円 ～ 24,000円

[入学資格] 外国において、学校教育における12年の課程修了(高等学校卒業)した者またはこれと同等以上の学力を有する者

[入学選抜方法] 書類審査、本人面接、(必要に応じて筆記試験、保護者面接)

[認定コース在籍者数] 47
[その他コース在籍者数] 0
内訳(人): ベトナム(28)、インドネシア(18)、タイ(1)

[教材]

初級	『日本語初級 大地』、『留学生のための漢字の教科書 初級300』、『初級 毎日の聞き取り50日』	初中級	『中級へ行こう』、『留学生のための漢字の教科書 中級700』『JLPT N3対策問題集』他
中級	『中級を学ぼう』、『JLPT N2対策問題集』他	上級	『テーマ別上級から学ぶ』他

[基礎科目及び英語の授業] なし

[認定コース]

	目的	期間	時数	週数	入学月	選考料	入学金	授業料	その他	合計(円)
1年半コース	進学	1年6か月	1200	60	10	20,000	90,000	780,000	110,000	1,000,000
2年コース	進学	2年	1600	80	4	20,000	90,000	1,040,000	140,000	1,290,000

[認定以外のコース] なし

[日本語能力試験] 2018年度受験状況

	N1	N2	N3	N4	N5	合計
受験者数	0	11	63	21	0	95
認定者数	0	3	40	12	0	55

[日本留学試験] 2018年度受験状況

●第1回

日本語受験者	日本語219点以上	文系受験者	文系100点以上	理系受験者	理系100点以上
0	0	0	0	0	0

●第2回

日本語受験者	日本語219点以上	文系受験者	文系100点以上	理系受験者	理系100点以上
0	0	0	0	0	0

[進学実績] 2019年3月までの進学状況　卒業者数 39

大学院	大学	短期大学	高専	専門学校	その他の学校	就職
0	1	1	0	33	2	0

[主な進学先]
専門学校アリス学園 介護福祉学科、専門学校アリス学園 国際ビジネス学科、エール学園他

[主な就職先]
—

●特色1　「JLPT対策」だけでなく、「自ら学ぶ力」を身につけるためのカリキュラム。

●特色2　知識・経験豊かな教員による進学・就職のための一貫したキャリアサポート。

●特色3　在留資格更新手続き・アルバイト・事故や病気などの手厚い無料サポート。

製作:J.TEST事務局 / 語文研究社

告示校

福井県　福井市

ふくいらんげーじあかでみー

福井ランゲージアカデミー

Fukui Language Academy

[TEL] 0776-89-1017 [FAX] 0776-89-1081
[eMAIL] info@fla.ac.jp
[URL] http://www.fla.ac.jp
[SNS] https://ja-jp.facebook.com/fla.gl/

[住所] 〒910-0028　福井県福井市学園3丁目1-21

[教育開始時期] 2017年04月

[行き方] JR「福井駅」から京福バス学園線「福井高校前」下車徒歩2分、越前鉄道「福大前西福井駅」徒歩20分

[設置者] グローバルリンク　(種別:株式会社)

[校長/別科長名] 星亨

[収容定員] 120人　二 部制

[教員数] 11人 (うち専任　4人)

[宿舎] 有　[料金] (月額) 17,000円～22,000円

[入学資格] (1)外国において、12年以上の学校教育またはそれに準ずる過程を修了 (見込み) の者 (2)日本留学中の学費及び生活費を支弁する能力を有すると認められるもの (3)学院長が適当と認めるもので、心身とも健全で日本の法律を遵守し真面目に学習するもの(4)18歳以上の者

[入学選抜方法] 書類選考及び面接

[認定コース在籍者数] 94

[その他コース在籍者数] 0

内訳(人): ネパール(34)、ベトナム(29)、スリランカ(13)、中国(8)、ウズベキスタン(4)
その他(6)[フィリピン、タイ、インド、メキシコ、ブラジル]

[教材]

初級	『できる日本語 初級』	初中級	『できる日本語 初中級』
中級	『できる日本語 中級』	上級	『日本語中級J501』『学ぼう！にほんご中上級』他

[基礎科目及び英語の授業]　総合科目、数学コース1、数学コース2

[認定コース]

	目的	期間	時数	週数	入学月	選考料	入学金	授業料	その他	合計(円)
進学2年コース	進学就職	2年	1520	80	4	21,600	54,000	1,296,000	108,000	1,479,600
進学一年半コース	進学就職	1年6か月	1140	60	10	21,600	54,000	972,000	81,000	1,128,600

[認定以外のコース] 短期コース、科目選択コース、カスタマライズコース

[日本語能力試験]　2018年度受験状況

	N1	N2	N3	N4	N5	合計
受験者数	7	21	50	11	1	90
認定者数	2	11	10	5	1	29

[日本留学試験]　2018年度受験状況

●第1回

日本語受験者	日本語219点以上	文系受験者	文系100点以上	理系受験者	理系100点以上
8	2	4	0	2	0

●第2回

日本語受験者	日本語219点以上	文系受験者	文系100点以上	理系受験者	理系100点以上
2	0	2	0	0	0

[進学実績]　2019年3月までの進学状況　卒業者数　31

大学院	大学	短期大学	高専	専門学校	その他の学校	就職
2	0	0	0	25	0	4

[主な進学先]

静岡県立大学大学院、立命館大学大学院、大原学院福井校、アーツカレッジヨコハマ、名古屋スクールオブビジネス 他

[主な就職先]

株式会社田中地質コンサルタント(福井)、株式会社長田工業所(福井) 他

●特色1　グローバル人材の育成。

●特色2　生活体験の重視。

●特色3　自己成長の支援。

福井県　小浜市　　告示校

あおいけちょうりしせんもんがっこう

青池調理師専門学校

Aoike Culinary and Japanese Language School

[TEL] 0770-52-3481 [FAX] 0770-52-3412
[eMAIL] nihongo@aoike.ac.jp
[URL] http://aoike-chori.com/
[SNS] –

[住所] 〒917-0084 福井県小浜市小浜広峰108
[教育開始時期] 2018年10月
[行き方] JR小浜線「小浜駅」から徒歩16分

[設置者] 学校法人青池学園 (種別：学校法人)
[校長/別科長名] 今井静雄
[収容定員] 100人 二 部制　[教員数] 5人 (うち専任 3人)　[宿舎] 有 [料金] (月額) 22,000円

[入学資格] 12年以上の学校教育を修了している人
日本語能力試験N5相当以上
[入学選抜方法] 書類審査、面接、日本語試験、作文

[認定コース在籍者数] 28
[その他コース在籍者数] 0
内訳(人):
ベトナム(21)、ネパール(7)

[教材]

初級	『みんなの日本語』他	初中級	『みんなの日本語』他
中級	『テーマ別中級から学ぶ日本語』他	上級	『トピックによる日本語総合演習』他

[基礎科目及び英語の授業] なし

[認定コース]

	目的	期間	時数	週数	入学月	選考料	入学金	授業料	その他	合計(円)
2年コース	進学	2年	1600	80	4	20,000	50,000	1,200,000	143,200	1,413,200
1年6か月コース	進学	1年6か月	1200	60	10	20,000	50,000	900,000	107,400	1,077,400

[認定以外のコース] なし

[日本語能力試験] 2018年度受験状況

	N1	N2	N3	N4	N5	合計
受験者数	–	–	–	–	–	–
認定者数	–	–	–	–	–	–

[日本留学試験] 2018年度受験状況

●第1回

日本語受験者	日本語219点以上	文系受験者	文系100点以上	理系受験者	理系100点以上
–	–	–	–	–	–

●第2回

日本語受験者	日本語219点以上	文系受験者	文系100点以上	理系受験者	理系100点以上
–	–	–	–	–	–

[進学実績] 2019年3月までの進学状況 卒業者数 –

大学院	大学	短期大学	高専	専門学校	その他の学校	就職
–	–	–	–	–	–	–

[主な進学先]
※新規校のためデータなし

[主な就職先]
※新規校のためデータなし

●特色1 「読む・聞く・話す・書く」4技能すべてをバランスよく習得できるカリキュラム。

●特色2 専門学校・大学進学後の講義が理解できるレベルの日本語力を身につける。

●特色3 学校内の日本人学生との共通の行事も多く、日々日本人と交流できる。

製作:J.TEST事務局 / 語文研究社

告示校

山梨県　甲府市

ゆにたすにほんごがっこう

ユニタス日本語学校

UNITAS Japanese Language School

[TEL] 055-233-3835 [FAX] 055-233-3828
[eMAIL] japanese@unitas-ej.com
[URL] http://www.unitas-ej.com
[SNS] http://www.facebook.com/unitas.kofu/

[住所] 〒400-0034　山梨県甲府市宝1-20-22

[教育開始時期] 1983年04月

[行き方] JR「甲府駅」から徒歩10分

[設置者] 学校法人ユニタス日本語学校　(種別：学校法人)

[校長/別科長名] 上田一彦

[収容定員] 520人　二 部制　[教員数] 32人 (うち専任 11 人)

[宿舎] 有　[料金] (月額) 13,000円 ～ 44,000円

[入学資格] 本国にて12年以上の教育を受けた者
心身ともに健康な者

[入学選抜方法] 書類選考
出身国により現地面接、筆記試験、オンライン面接等あり

[認定コース在籍者数] 344

[その他コース在籍者数] 106

内訳(人)：中国(161)、ベトナム(86)、韓国(42)、タイ(39)、ロシア(24)
その他(98)[イギリス、ドイツ、ウクライナ、カザフスタン、アメリカ、カナダ、ブラジル、ジャマイカ、インドネシア、シンガポール、フィリピン、インド、香港、台湾、ミャンマー、ネパール、バングラデシュ、ザンビア]

[教材]

初級	『みんなの日本語 初級』他	初中級	『できる日本語初中級』他
中級	『中級日本語上下』他	上級	『学ぼう! にほんご 中上級』『学ぼう! にほんご 上級』他

[基礎科目及び英語の授業] 総合科目、数学コース1、数学コース2、物理、化学、英語

[認定コース]

	目的	期間	時数	週数	入学月	選考料	入学金	授業料	その他	合計(円)
進学2年コース	進学	2年	1600	80	4	20,000	50,000	1,080,000	180,000	1,330,000
進学1.9年コース	進学	1年9か月	1400	70	7	20,000	50,000	945,000	160,000	1,175,000
進学1.6年コース	進学	1年6か月	1200	60	10	20,000	50,000	810,000	140,000	1,020,000
進学1.3年コース	進学	1年3か月	1000	50	1	20,000	50,000	675,000	115,000	860,000
一般2年コース	一般	2年	1600	80	1,4,7,10	20,000	50,000	1,080,000	180,000	1,330,000

[認定以外のコース] 在日外国人コース、短期コース(1～3か月)、プライベートレッスン、企業派遣など

[日本語能力試験]　2018年度受験状況

	N1	N2	N3	N4	N5	合計
受験者数	62	190	166	6	2	426
認定者数	26	84	94	2	1	207

[日本留学試験]　2018年度受験状況

●第1回

日本語受験者	日本語219点以上	文系受験者	文系100点以上	理系受験者	理系100点以上
30	16	20	9	7	4

●第2回

日本語受験者	日本語219点以上	文系受験者	文系100点以上	理系受験者	理系100点以上
26	18	18	7	8	4

[進学実績]　2019年3月までの進学状況　卒業者数　173

大学院	大学	短期大学	高専	専門学校	その他の学校	就職
12	40	3	0	60	0	44

[主な進学先]

神戸大学大学院、東京外国語大学大学院、首都大学東京大学院、愛知教育大学大学院、静岡大学、関西学院大学、芝浦工業大学、帝京大学、大東文化大学、山梨県立大学、山梨学院大学、山梨英和大学 他

[主な就職先]

戸田建設、日本システム技術、ユニバーサルアビエーション、芝パークホテル、アンクシステムズ、WIND-SMILE 他

●特色1　帝京大学グループなので、安心して留学できます。

●特色2　多国籍の学校(2019年7月現在 23か国)。

●特色3　授業料と物価、家賃が安く、静かな環境で勉学に集中できます。

製作：J.TEST事務局 / 語文研究社

長野県　長野市

告示校

あたごにほんごがっこう

あたご日本語学校

ATAGO JAPANESE LANGUAGE SCHOOL

[TEL] 026-217-2420　[FAX] 026-217-2421
[eMAIL] info@ajls.jp
[URL] http://ajls.jp
[SNS] http://www.facebook.com/ajls.jp/

[住所] 〒380-0803　長野県長野市三輪10-4-8

[教育開始時期] 2019年10月

[行き方] 長野電鉄「本郷駅」から徒歩15分

[設置者] アタゴ学園株式会社　(種別：株式会社)

[校長/別科長名] 阿部比呂子

[収容定員] 80人　一 部制

[教員数] 3人 (うち専任 2人)

[宿舎] 有　[料金] (月額) 14,000円 ～15,000円

[入学資格] 高校卒業(見込み含む)

[入学選抜方法] 面接、筆記試験、支弁者面接

[認定コース在籍者数] –

[その他コース在籍者数] –

内訳(人):
–

[教材]

初級	–	初中級	–
中級	–	上級	–

[基礎科目及び英語の授業] なし

[認定コース]

	目的	期間	時数	週数	入学月	選考料	入学金	授業料	その他	合計(円)
2年コース	進学	2年	4h/d	20	4	22,000	33,000	1,267,200	145,200	1,467,400
1年6か月コース	進学	1年6か月	4h/d	20	10	22,000	33,000	950,400	108,900	1,114,300

[認定以外のコース] なし

[日本語能力試験]　2018年度受験状況

	N1	N2	N3	N4	N5	合計
受験者数	–	–	–	–	–	–
認定者数	–	–	–	–	–	–

[日本留学試験]　2018年度受験状況

●第1回

日本語受験者	日本語219点以上	文系受験者	文系100点以上	理系受験者	理系100点以上
–	–	–	–	–	–

●第2回

日本語受験者	日本語219点以上	文系受験者	文系100点以上	理系受験者	理系100点以上
–	–	–	–	–	–

[進学実績]　2019年3月までの進学状況　卒業者数　–

大学院	大学	短期大学	高専	専門学校	その他の学校	就職
–	–	–	–	–	–	–

[主な進学先]

※新規校のためデータなし

[主な就職先]

※新規校のためデータなし

●特色1　–

●特色2　–

●特色3　–

製作：J.TEST事務局 / 語文研究社

告示校

長野県　長野市

ながののにじゅういちにほんごがくいん

長野21日本語学院

NAGANO 21 JAPANESE LANGUAGE SCHOOL

[TEL] 026-283-5435　[FAX] 026-283-5463
[eMAIL] 21j@nitp.or.jp
[URL] https://www.nagano21jp.com
[SNS] ―

[住所] 〒381-2224　長野県長野市川中島町原1318　[教育開始時期] 2002年10月

[行き方] しなの鉄道「今井駅」から徒歩15分

[設置者] 一般財団法人長野県情報財団　(種別：一般財団法人)　[校長/別科長名] 柳澤春生

[収容定員] 100人　二 部制　[教員数] 7人 (うち専任　2人)　[宿舎] 有　[料金] (月額) 15,000円 ～ 25,000円

[入学資格] 12年課程修了以上及び同等レベルの者　[入学選抜方法] 書類審査、本人面接、筆記試験

[認定コース在籍者数] 76
[その他コース在籍者数] 0

内訳(人)：
中国(69)、フィリピン(4)、台湾(2)、韓国(1)

[教材]

初級	『みんなの日本語 初級Ⅰ』	初中級	『みんなの日本語 初級Ⅱ』
中級	『ニューアプローチ 基礎編』	上級	『ニューアプローチ 完成編』

[基礎科目及び英語の授業] なし

[認定コース]

	目的	期間	時数	週数	入学月	選考料	入学金	授業料	その他	合計(円)
進学2年	進学	2年	1600	80	4	20,000	50,000	1,176,000	72,000	1,318,000
進学1年9か月	進学	1年9か月	1400	70	7	20,000	50,000	1,029,000	63,000	1,162,000
進学1年6か月	進学	1年6か月	1200	60	10	20,000	50,000	882,000	54,000	1,006,000
進学1年3か月	進学	1年3か月	1000	50	1	20,000	50,000	735,000	45,000	850,000

[認定以外のコース] なし

[日本語能力試験]　2018年度受験状況

	N1	N2	N3	N4	N5	合計
受験者数	6	50	3	0	1	60
認定者数	4	15	3	0	1	23

[日本留学試験]　2018年度受験状況

●第1回

日本語受験者	日本語219点以上	文系受験者	文系100点以上	理系受験者	理系100点以上
6	2	2	0	2	0

●第2回

日本語受験者	日本語219点以上	文系受験者	文系100点以上	理系受験者	理系100点以上
9	2	1	0	0	0

[進学実績]　2019年3月までの進学状況　卒業者数　35

大学院	大学	短期大学	高専	専門学校	その他の学校	就職
0	1	2	0	29	0	0

[主な進学先]

東海大学、富山福祉短期大学、新潟工業短期大学、信越情報専門学校21ルネサンス学院、長野平青学園、大原簿記情報ビジネス医療専門学校、専門学校トヨタ名古屋自動車大学校、大阪観光ビジネス学院、国際電子会計専門学校、東京観光専門学校、グレッグ外語専門学校、駿台観光アンド外語ビジネス専門学校、東京心理音楽療法福祉専門学校、専門学校中野スクールオブビジネス

[主な就職先]

―

●特色1　小さな学校ならではの一人ひとりへの熱心な指導で、学生の夢の実現に向けて手助けをしています。

●特色2　―

●特色3　―

長野県　長野市　　告示校

ながのへいせいがくえんにほんごがっか

長野平青学園 日本語学科

NAGANO HEISEI GAKUEN JAPANESE LANGUAGE COURSE

[TEL] 026-224-8383　[FAX] 026-224-8451
[eMAIL] info@heisei.ac.jp
[URL] http://www.heisei.ac.jp/nihongoka/
[SNS] https://www.facebook.com/HeiseiJ

[住所] 〒380-0918　長野県長野市アークス1-31

[教育開始時期] 2010年10月

[行き方] JR線「長野駅」からバスで10分

[設置者] 学校法人平青学園　(種別：学校法人)

[校長/別科長名] 鈴木詩郎

[収容定員] 120人　二 部制　[教員数] 7人 (うち専任　4 人)

[宿舎] 有　[料金] (月額) 20,000円 ～ 25,000円

[入学資格] 12年課程修了以上若しくは同等レベルの者

[入学選抜方法] 書類審査、本人及び経費支弁者面接、筆記試験

[認定コース在籍者数] 39

[その他コース在籍者数] 0

内訳(人)：ベトナム(31)、ネパール(7)、モンゴル(1)

[教材]

初級	『みんなの日本語 初級』	初中級	—
中級	『ニューアプローチ中上級　基礎編』	上級	『ニューアプローチ中上級　完成編』

[基礎科目及び英語の授業] なし

[認定コース]

	目的	期間	時数	週数	入学月	選考料	入学金	授業料	その他	合計(円)
進学1.5年	進学	1年6か月	1200	60	10	21,000	50,000	828,000	100,000	999,000
進学2年	進学	2年	1600	80	4	21,000	50,000	1,104,000	108,000	1,283,000

[認定以外のコース] なし

[日本語能力試験]　2018年度受験状況

	N1	N2	N3	N4	N5	合計
受験者数	0	4	19	23	2	48
認定者数	0	0	7	9	0	16

[日本留学試験]　2018年度受験状況

●第1回

日本語受験者	日本語219点以上	文系受験者	文系100点以上	理系受験者	理系100点以上
0	0	0	0	0	0

●第2回

日本語受験者	日本語219点以上	文系受験者	文系100点以上	理系受験者	理系100点以上
0	0	0	0	0	0

[進学実績]　2019年3月までの進学状況　卒業者数　35

大学院	大学	短期大学	高専	専門学校	その他の学校	就職
0	0	0	0	35	0	0

[主な進学先]

長野平青学園、アーツカレッジヨコハマ、国際トラベル・ホテル・ブライダル専門学校、関東福祉専門学校、名古屋経営会計専門学校

[主な就職先]

—

●特色1　「一人ひとりを大切に」をモットーに、日本語教育のみならず、グローバル社会で通用する人材を育てる。

●特色2　最新のパソコンや視聴覚教材、他学科日本人学生との交流など、広く整った学習環境での勉学が可能。

●特色3　地域柄を生かした授業や課外活動を通じて、歴史や文化を体験できる。

製作：J.TEST事務局 / 語文研究社

告示校

長野県　上田市

まなびがいごがくいん

MANABI外語学院

MANABI JAPANESE LANGUAGE INSTITUTE

[TEL] 0268-28-7788 [FAX] 0268-28-7786
[eMAIL] nagano@manabi.co.jp
[URL] http://www.manabi.co.jp/
[SNS] FB:https://www.facebook.com/manabinagano
IG:https://www.instagram.com/manabi_nagano/

[住所] 〒386-0024 長野県上田市大手2-3-1 YCCビル

[教育開始時期] 2004年10月

[行き方] JR「上田駅」から徒歩10分

[設置者] 株式会社YCC・JAPAN (種別：株式会社)

[校長/別科長名] 畑田高志

[収容定員] 240人 二部制

[教員数] 15人(うち専任 7人)

[宿舎] 有 [料金] (月額) 17,000円 ～ 55,300円

[入学資格] ①12年以上の学校教育、又はそれに準ずる課程を修了している方②正当な手続きによって日本への入国を許可され、又は許可される見込みのある方③入学後の生活ができる資金を用意している方、又は入国後の経費支弁者を有する方

[入学選抜方法] 書類審査、筆記試験、本人面接、保証人面接

[認定コース在籍者数] 126

[その他コース在籍者数] 12

内訳(人)：ベトナム(85)、中国(24)、インドネシア(11)、ネパール(6)、タイ(4)
その他(8)[アメリカ・スリランカ・フィリピン・ブラジル・モンゴル・ロシア・香港]

[教材]

初級	『みんなの日本語』他	初中級	『中級へ行こう』他
中級	『ニューアプローチ中級日本語』『ニューアプローチ中上級日本語』他	上級	『テーマ別上級で学ぶ日本語』他

[基礎科目及び英語の授業] 総合科目、数学コース1、数学コース2、物理、化学、生物、英語

[認定コース]

	目的	期間	時数	週数	入学月	選考料	入学金	授業料	その他	合計(円)
進学2年	進学	2年	1560	78	4	22,000	55,000	1,377,200	20,000	1,474,200
進学1年9か月	進学	1年9か月	1365	68	7	22,000	55,000	1,205,050	17,900	1,299,950
進学1年6か月	進学	1年6か月	1170	59	10	22,000	55,000	1,032,900	15,800	1,125,700
進学1年3か月	進学	1年3か月	975	49	1	22,000	55,000	860,750	13,300	951,050

[認定以外のコース] 日本語一般コース、短期コース

[日本語能力試験] 2018年度受験状況

	N1	N2	N3	N4	N5	合計
受験者数	19	81	89	5	2	196
認定者数	5	32	35	2	2	76

[日本留学試験] 2018年度受験状況

●第1回

日本語受験者	日本語219点以上	文系受験者	文系100点以上	理系受験者	理系100点以上
7	2	2	2	1	0

●第2回

日本語受験者	日本語219点以上	文系受験者	文系100点以上	理系受験者	理系100点以上
17	9	12	10	2	1

[進学実績] 2019年3月までの進学状況 卒業者数 78

大学院	大学	短期大学	高専	専門学校	その他の学校	就職
3	9	2	0	59	0	5

[主な進学先]

筑波大学、茨城大学、国士舘大学、東海大学、日本経済大学、名古屋商科大学、大原学園、NIPPONおもてなし専門学校、エール学園、東京マルチメディア専門学校

[主な就職先]

－

●特色1 多様な目的に対応した対策授業(大学院進学、有名大学進学、日本語能力試験、日本留学試験)。

●特色2 iPadを活用した授業。

●特色3 充実したアクティビティとクラブ活動。

長野県　諏訪市

告示校

ながのこくさいぶんかがくいん

長野国際文化学院

Nagano international culture college

[TEL] 0266-53-8155 [FAX] 0266-53-8156
[eMAIL] info@nicc-nagano.jp
[URL] http://www.nicc-nagano.jp/
[SNS] https://ja-jp.facebook.com/ChangYeGuoJiWenHuaXueYuan/

[住所] 〒392-0016 長野県諏訪市豊田445-2

[教育開始時期] 1989年10月

[行き方] JR「上諏訪駅」から徒歩40分（送迎あり）

[設置者] 株式会社エス・アイ・ジェイ　（種別：株式会社）

[校長/別科長名] 藤森順三

[収容定員] 240人　二 部制　[教員数] 18人（うち専任 6人）

[宿舎] 有　[料金]（月額）20,000円 ～ 28,000円

[入学資格] 12年課程修了または、これと同等以上、日本語学習時間150時間以上、N5以上程度の学力

[入学選抜方法] 書類審査、本人面接、能力適性試験、経費支弁者面接

[認定コース在籍者数] 106

[その他コース在籍者数] 0

内訳(人)：ベトナム(37)、中国(34)、インドネシア(14)、フィリピン(12)、スリランカ(4)
その他(5)[台湾、香港、イギリス、タイ、マレーシア]

[教材]

初級	『みんなの日本語 初級』	初中級	―
中級	『ニューアプローチ中級日本語 基礎編』	上級	『ニューアプローチ中級日本語 完成編』

[基礎科目及び英語の授業] なし

[認定コース]

	目的	期間	時数	週数	入学月	選考料	入学金	授業料	その他	合計(円)
進学1年6か月コース	進学	1年6か月	1200	60	10	20,000	50,000	810,000	85,000	965,000
進学1年9か月コース	進学	1年9か月	1400	70	7	20,000	50,000	945,000	102,500	1,117,500
進学2年コース	進学	2年	1600	80	4	20,000	50,000	1,080,000	115,000	1,265,000

[認定以外のコース] なし

[日本語能力試験] 2018年度受験状況

	N1	N2	N3	N4	N5	合計
受験者数	9	62	112	21	0	204
認定者数	2	25	47	9	0	83

[日本留学試験] 2018年度受験状況

●第1回

日本語受験者	日本語219点以上	文系受験者	文系100点以上	理系受験者	理系100点以上
15	3	9	1	4	1

●第2回

日本語受験者	日本語219点以上	文系受験者	文系100点以上	理系受験者	理系100点以上
9	5	6	1	3	1

[進学実績] 2019年3月までの進学状況　卒業者数 88

大学院	大学	短期大学	高専	専門学校	その他の学校	就職
1	3	2	0	51	0	9

[主な進学先]

神戸市外国語大学大学院、秀明大学、神戸医療福祉大学、松本大学、松本短期大学、信越情報専門学校21ルネサンス学院、丸の内ビジネス専門学校、保育・介護・ビジネス名古屋専門学校、ヤマトファッションビジネス専門学校、新潟自動車大学校、日本自動車大学校 他

[主な就職先]

富士見産業株式会社、株式会社ウィルトス、有限会社吉泉館、北村機電株式会社 他

●特色1　安全で安心な学習環境のある学校。

●特色2　入学から卒業まで生活、学習、進学をすべてサポートします。

●特色3　生活支援を全力でバックアップします。

製作：J.TEST事務局 / 語文研究社

告示校

長野県　松本市

まつもとこくさいにほんごがっこう

松本国際日本語学校

Matsumoto International Japanese Language School

[TEL]　0263-88-4085　[FAX]　0263-88-4086
[eMAIL] info@mijs-nagano.jp
[URL]　https://mijs-nagano.jp/
[SNS]　https://www.facebook.com/pg/mijs.nagano.jp

[住所] 〒390-0814　長野県松本市本庄1-14-3
[教育開始時期]　2019年4月
[行き方] JR「松本駅」から徒歩7分

[設置者] 株式会社エス・アイ・ジェイ　（種別：株式会社）
[校長/別科長名] 藤森順三
[収容定員] 100人　二 部制　[教員数]　8人（うち専任　3人）
[宿舎] 有　[料金]（月額）23,000～30,000円

[入学資格]・外国において、日本の学校教育における12年に相当する課程を修了した者、または、これに準ずる学力（修了見込み）を有する者。
・将来明確な進学目標を持ち、勉学に強い熱意を
[入学選抜方法] 書類審査、面接

[認定コース在籍者数]　11
[その他コース在籍者数]　0
内訳(人):
ベトナム(5)、中国(4)、韓国(1)、ネパール(1)

[教材]

初級	『できる日本語』	初中級	『できる日本語』
中級	『できる日本語』	上級	『上級へのとびら』

[基礎科目及び英語の授業]　無

[認定コース]

	目的	期間	時数	週数	入学月	選考料	入学金	授業料	その他	合計(円)
進学2年コース	進学	2年	1600	80	4	20,000	70,000	1,200,000	120,000	1,410,000
進学1年6か月コース	進学	1年6か月	1200	60	9	20,000	70,000	900,000	90,000	1,080,000

[認定以外のコース] なし

[日本語能力試験]　2018年度受験状況

	N1	N2	N3	N4	N5	合計
受験者数						0
認定者数						0

[日本留学試験]　2018年度受験状況

●第1回

日本語受験者	日本語219点以上	文系受験者	文系100点以上	理系受験者	理系100点以上
0					

●第2回

日本語受験者	日本語219点以上	文系受験者	文系100点以上	理系受験者	理系100点以上
0					

[進学実績]　2019年3月までの進学状況　卒業者数　0

大学院	大学	短期大学	高専	専門学校	その他の学校	就職

[主な進学先]

[主な就職先]

●特色1　「話す」「読む」「聞く」「書く」バランスのとれたカリキュラム　文章を読むことも書くこともコミュニケーションである、という考えのもと、教室ではいつもインタラクティブな活動を行っています。いつも賑やかな教室で多国籍のクラスメートや先生と楽しく話しましょう！

●特色2　充実した視聴覚教材　当校教師陣が視聴覚教材を独自に開発しました。各教室には大画面モニターが設置されており、イラストや音声を多く取り込んだスライドを使用し、わかりやすくて楽しい授業を行っています。

●特色3　日本語能力試験/日本留学試験の対策
日本で進学を目指す学生にとって、とても重要な試験です。試験前には受験級別に対策授業や模擬試験を行います。

岐阜県　岐阜市

告示校

えぬでぃじゃぱんあかでみー

N. D. JAPAN ACADEMY

N. D.　JAPAN　ACADEMY

[TEL] 058-262-5037　[FAX] 058-213-2966
[eMAIL] info@ndjapan.sakura.ne.jp
[URL] http://ndjapanschool.com/
[SNS] http://www.facebook.com/NDJAPANACADEMY

[住所] 〒500-8104　岐阜県岐阜市美園町4-22-2

[教育開始時期] 2017年4月

[行き方] 名鉄岐阜駅を北進、神田町5を東へ 名鉄岐阜駅より徒歩10分

[設置者] 株式会社スタイルクリエーション　(種別：株式会社)

[校長/別科長名] 梶浦玄器

[収容定員] 40人　二 部制

[教員数] 4人 (うち専任　3 人)

[宿舎] 有　[料金] (月額)25,000円～

[入学資格] ・外国の正規の学校教育において12年以上の課程を修了した者。
・受験時にJLPT N5相当以上の能力を有する者、もしくは同等の能力を有する者。

[入学選抜方法] 書類選考、筆記試験、面接

[認定コース在籍者数] 14

[その他コース在籍者数] 0

内訳(人):
ベトナム(14)

[教材]

初級	『みんなの日本語　初級Ⅰ』『みんなの日本語　初級Ⅱ』	初中級	
中級	『みんなの日本語　中級Ⅰ』『みんなの日本語　中級Ⅱ』	上級	

[基礎科目及び英語の授業] 無

[認定コース]

	目的	期間	時数	週数	入学月	選考料	入学金	授業料	その他	合計(円)
進学2年コース	進学	2年	1560	78	4	20,000	100,000	1,200,000	90,000	1,410,000

[認定以外のコース] なし

[日本語能力試験]　2018年度受験状況

	N1	N2	N3	N4	N5	合計
受験者数						0
認定者数						0

[日本留学試験]　2018年度受験状況

●第1回

日本語受験者	日本語219点以上	文系受験者	文系100点以上	理系受験者	理系100点以上
0					

●第2回

日本語受験者	日本語219点以上	文系受験者	文系100点以上	理系受験者	理系100点以上
0					

[進学実績]　2019年3月までの進学状況　卒業者数　0

大学院	大学	短期大学	高専	専門学校	その他の学校	就職

[主な進学先]

[主な就職先]

●特色1　日本語レベルと希望進学先に応じた教育の提供。

●特色2　清掃活動を通じ、ルール、マナー、公共心の育成。

●特色3　学費軽減と充実した生活サポートにより、安心して学べる環境の提供。

告示校

岐阜県　岐阜市

さくらとうかいにほんごがっこう

さくら東海日本語学校

SAKURA TOKAI JAPANESE SCHOOL

[TEL] 058-279-5618 [FAX] 058-279-5617
[eMAIL] info@nihongo.tokyo.jp
[URL] https://www.nihongo-tokai.jp/
[SNS]

[住所] 〒501-6135　岐阜県岐阜市茶屋新田2丁目62番地2

[教育開始時期] 2019年4月

[行き方] JR「岐阜駅」よりバス20分、「茶屋新田バス停」徒歩西へ2分

[設置者] テイクオフ 株式会社 (種別：株式会社)

[校長/別科長名] 藤井早苗

[収容定員] 80人 二 部制　[教員数] 3人 (うち専任 3人)　[宿舎] 有 [料金] (月額)25,000円～

[入学資格] ①高校卒業または高校卒業と同等の資格を有する。
② 12年以上の学校教育を修了した方。または、同等の学歴を有する方。
③ 誠実かつ勤勉で日本語の学習意欲のある方。

[入学選抜方法] 本人面接・学力テスト・書類審査

[認定コース在籍者数] 8
[その他コース在籍者数] 0
内訳(人):
ベトナム(6)、ネパール(2)

[教材]

初級	『みんなの日本語 初級』 『1日15分の漢字練習初級～初中級』他	初中級	『みんなの日本語 初級』 『1日15分の漢字練習初級～初中級』他
中級	『テーマ別中級までに学ぶ日本語』 『日本語生中継初中級編』他	上級	『テーマ別上級までに学ぶ日本語』『日本語生中継』他

[基礎科目及び英語の授業] なし

[認定コース]

	目的	期間	時数	週数	入学月	選考料	入学金	授業料	その他	合計(円)
進学2年コース	進学	2年	1600	80	4	22,000	55,000	1,320,000	189,200	1,586,200
進学1年6か月コース	進学	1年6か月	1200	60	10	22,000	55,000	990,000	141,900	1,208,900

[認定以外のコース] なし

[日本語能力試験] 2018年度受験状況

	N1	N2	N3	N4	N5	合計
受験者数						0
認定者数						0

[日本留学試験] 2018年度受験状況

●第1回

日本語受験者	日本語219点以上	文系受験者	文系100点以上	理系受験者	理系100点以上
0					

●第2回

日本語受験者	日本語219点以上	文系受験者	文系100点以上	理系受験者	理系100点以上
0					

[進学実績] 2019年3月までの進学状況　卒業者数 0

大学院	大学	短期大学	高専	専門学校	その他の学校	就職

[主な進学先]

[主な就職先]

●特色1　学生のニーズにあった日本語教育の実施

●特色2　日本の習慣、文化を理解し、日本社会に適応できる人材の育成

●特色3　国際交流を通して、地域社会を活性化できる人材の育成

岐阜県	岐阜市

告示校

とぶこせんもんがっこう

ToBuCo専門学校

ToBuCo Vocational College

[TEL] 058-253-5888 [FAX] 058-251-4188
[eMAIL] tokai110@po.mirai.ne.jp
[URL] http://www.tobuco.ac.jp
[SNS] —

[住所] 〒500-8326 岐阜県岐阜市吹上町1丁目20番地 [教育開始時期] 2010年04月

[行き方] JR「岐阜駅」よりバス（7番乗り場）8分、「本荘バス停」下車徒歩4分

[設置者] 学校法人中部いちい学園 （種別：学校法人） [校長/別科長名] 多治見文雄

[収容定員] 150人 二 部制 [教員数] 10人（うち専任 3人） [宿舎] 有 [料金]（月額）20,000円～

[入学資格] 12年課程修了以上及びこれと同等レベルの者 [入学選抜方法] 書類審査、本人・保証人面接

[認定コース在籍者数] 95 内訳(人)：
[その他コース在籍者数] 0
ベトナム(58)、ネパール(24)、スリランカ(9)、中国(3)、パキスタン(1)

[教材]

初級	『みんなの日本語 初級』、副読本	初中級	『中級へ行こう』
中級	『中級を学ぼう』『いつかどこかで』	上級	『新中級から上級への日本語』

[基礎科目及び英語の授業] なし

[認定コース]

	目的	期間	時数	週数	入学月	選考料	入学金	授業料	その他	合計(円)
日本語進学2年科	進学	2年	1600	80	4	20,000	60,000	1,094,400	93,600	1,268,000
日本語進学1.5年科	進学	1年6か月	1200	60	10	20,000	60,000	820,800	70,200	971,000

[認定以外のコース] なし

[日本語能力試験] 2018年度受験状況

	N1	N2	N3	N4	N5	合計
受験者数	1	17	68	0	0	86
認定者数	0	2	17	0	0	19

[日本留学試験] 2018年度受験状況

●第1回

日本語受験者	日本語219点以上	文系受験者	文系100点以上	理系受験者	理系100点以上
1	0	1	1	0	0

●第2回

日本語受験者	日本語219点以上	文系受験者	文系100点以上	理系受験者	理系100点以上
11	0	0	0	0	0

[進学実績] 2019年3月までの進学状況 卒業者数 62

大学院	大学	短期大学	高専	専門学校	その他の学校	就職
0	2	0	0	55	0	2

[主な進学先]

名鉄自動車専門学校、専門学校エクラ、NIPPONおもてなし専門学校 他

[主な就職先]

東九エレベーター株式会社

●特色1 能力別クラス分けでレベルに合わせた学習が出来ます。

●特色2 日本語能力試験及び日本留学試験に対応したカリキュラムです。

●特色3 パソコンを活用し実用的な日本語を学べます。

製作：J.TEST事務局 / 語文研究社

告示校

岐阜県 岐阜市

ほつまいんたーなしょなるすくーる

ホツマインターナショナルスクール

Hotsuma international school

[TEL] 058-276-3376 [FAX] 058-027-3387
[eMAIL] infojp@hotsuma-group.com
[URL] http://hotsuma-group.com/new/
[SNS] https://www.facebook.com/hotsuma.international.school

[住所] 〒500-8367 岐阜県岐阜市宇佐南4-20-12

[教育開始時期] 2008年10月

[行き方] 名鉄・JR「岐阜駅」から岐阜バス「県庁」または「ふれあい会館」行き、「江添」停留所下車徒歩5分

[設置者] 株式会社ホツマインターナショナルスクール（種別：株式会社）

[校長/別科長名] 水野進

[収容定員] 300人 二 部制　[教員数] 35人（うち専任 8人）

[宿舎] 有 [料金]（月額）23,500円

[入学資格] 12年課程修了以上及びこれと同等レベルの者

[入学選抜方法] 書類審査、本人面接、親族面接、能力適正試験

[認定コース在籍者数] 240

[その他コース在籍者数] 10

内訳(人)：インドネシア(46)、フィリピン(39)、ベトナム(30)、ミャンマー(26)、ネパール(25)
その他(84)[スリランカ、バングラデシュ、パキスタン、インド、タイ、中国、モンゴル、キルギス、マレーシア]

[教材]

初級	『みんなの日本語Ⅰ』他	初中級	『みんなの日本語Ⅱ』『J.BRIDGE』他
中級	『耳から覚える日本語能力試験語彙トレーニングN3』『日本語能力試験問題集N3 読解スピードマスター』他	上級	『耳から覚える日本語能力試験語彙トレーニングN2』『日本語能力試験問題集N2 読解スピードマスター』他

[基礎科目及び英語の授業] なし

[認定コース]

	目的	期間	時数	週数	入学月	選考料	入学金	授業料	その他	合計(円)
進学1年6か月コース	進学	1年6か月	1249	62	10	20,000	80,000	900,000	60,000	1,060,000
進学2年コース	進学	2年	1640	82	4	20,000	80,000	1,200,000	80,000	1,380,000

[認定以外のコース] 短期コース、フリーコース

[日本語能力試験] 2018年度受験状況

	N1	N2	N3	N4	N5	合計
受験者数	4	71	210	79	0	364
認定者数	0	11	52	18	0	81

[日本留学試験] 2018年度受験状況

●第1回

日本語受験者	日本語219点以上	文系受験者	文系100点以上	理系受験者	理系100点以上
33	1	0	0	0	0

●第2回

日本語受験者	日本語219点以上	文系受験者	文系100点以上	理系受験者	理系100点以上
7	1	0	0	0	0

[進学実績] 2019年3月までの進学状況 卒業者数 115

大学院	大学	短期大学	高専	専門学校	その他の学校	就職
0	11	4	0	87	0	13

[主な進学先]

朝日大学、秀明大学、中日本自動車短期大学、トライデントコンピューター専門学校、国際観光専門学校、ユマニテクライフデザイン専門学校、ToBuCo専門学校

[主な就職先]

英語教師、ホテル

●特色1 大学等高等教育機関への進学に必要な日本語力を身につけるための徹底した指導をする。

●特色2 日本社会に適応するための総合的な日本語力を育成する。

●特色3 日本語学習に有効で質の高い情報を提供する。

製作：J.TEST事務局 / 語文研究社

岐阜県　大垣市　　告示校

すばるがくいんおおがきこう

スバル学院 大垣校

SUBARU LANGUAGE SCHOOL, OGAKI

[TEL] 0584-71-7760　[FAX] 0584-71-7761
[eMAIL] info@nihongo-subaru.com
[URL] http://www.nihongo-subaru.com/
[SNS] —

[住所] 〒503-0903　岐阜県大垣市東外側町1丁目4番地

[教育開始時期] 2015年10月

[行き方] JR「大垣駅」南口を出て南へ直進300m行き、新大橋交差点左折すぐ(徒歩5分)

[設置者] 株式会社クリエイト21　(種別：株式会社)

[校長/別科長名] 和田圭子

[収容定員] 150人　二 部制　[教員数] 9人(うち専任 5人)

[宿舎] 有　[料金] (月額) 20,000円 ～ 25,000円

[入学資格] 年齢が18歳以上で中等教育修了又はそれに準ずる資格を有している者

[入学選抜方法] 書類審査、筆記試験、本人面接、経費支弁者面接

[認定コース在籍者数] 65

[その他コース在籍者数] 6

内訳(人)：中国(18)、カンボジア(12)、フィリピン(7)、ベトナム(7)、ミャンマー(6)
その他(21)[インドネシア、スリランカ、ネパール、バングラデシュ、アメリカ合衆国、インド、台湾、韓国]

[教材]

初級	『みんなの日本語 初級』『できる日本語』	初中級	『中級へ行こう』『できる日本語』
中級	『みんなの日本語 中級』『中級から学ぶ日本語』	上級	『上級で学ぶ日本語』

[基礎科目及び英語の授業] なし

[認定コース]

	目的	期間	時数	週数	入学月	選考料	入学金	授業料	その他	合計(円)
日本語一般2年コース	一般	2年	1600	80	4	20,000	50,000	1,200,000	112,000	1,382,000
日本語一般1年6か月コース	一般	1年6か月	1200	60	10	20,000	50,000	900,000	84,000	1,054,000

[認定以外のコース] 日本語短期コース、聴講生コース

[日本語能力試験] 2018年度受験状況

	N1	N2	N3	N4	N5	合計
受験者数	3	20	49	6	0	78
認定者数	0	7	16	4	0	27

[日本留学試験] 2018年度受験状況

●第1回

日本語受験者	日本語219点以上	文系受験者	文系100点以上	理系受験者	理系100点以上
4	0	2	0	1	1

●第2回

日本語受験者	日本語219点以上	文系受験者	文系100点以上	理系受験者	理系100点以上
5	1	3	0	2	1

[進学実績] 2019年3月までの進学状況　卒業者数 47

大学院	大学	短期大学	高専	専門学校	その他の学校	就職
0	4	2	0	31	0	4

[主な進学先]

東京福祉大学、鈴鹿大学、岐阜協立大学、中部学院大学短期大学部、保育・介護・ビジネス名古屋専門学校、ToBuCo専門学校、専門学校エクラ

[主な就職先]

浅井民商店、City Staff

●特色1　進学や就職、日本文化理解など多様なニーズに対応した日本語教育、進路指導を行う。

●特色2　地域住民との交流を通して日本文化理解を深める。

●特色3　一人一人の個性に合わせたきめ細かな指導を行う。

告示校

岐阜県　本巣市

すばるがくいんもとすこう

スバル学院 本巣校

SUBARU LANGUAGE SCHOOL, MOTOSU

[TEL] 058-260-9001 [FAX] 058-260-9003
[eMAIL] info@nihongo-subaru.com
[URL] http://www.nihongo-subaru.com/
[SNS] —

[住所] 〒501-0461 岐阜県本巣市上真桑1963番地

[教育開始時期] 2008年04月

[行き方] 樽見鉄道「北方真桑駅」から徒歩5分

[設置者] 細野武 (種別：個人)

[校長/別科長名] 杉山ふじ子

[収容定員] 160人 二 部制 [教員数] 10人 (うち専任 5人)

[宿舎] 有 [料金] (月額) 20,000円 ～ 25,000円

[入学資格] 12年課程修了以上及びこれと同等レベルの者

[入学選抜方法] 書類審査、本人面接

[認定コース在籍者数] 100

[その他コース在籍者数] 0

内訳(人)：ネパール(27)、ベトナム(20)、フィリピン(16)、ミャンマー(13)、スリランカ(9)
その他(15)[中国、バングラデシュ、ウズベキスタン、ギニア、コートジボワール]

[教材]

初級	『みんなの日本語 初級』	初中級	『中級へ行こう』
中級	『中級から学ぶ日本語』『みんなの日本語 中級』	上級	『上級で学ぶ日本語』

[基礎科目及び英語の授業] なし

[認定コース]

	目的	期間	時数	週数	入学月	選考料	入学金	授業料	その他	合計(円)
日本語進学2年コース	進学	2年	1520	76	4	20,000	51,000	1,160,000	112,000	1,343,000
日本語進学1年9か月コース	進学	1年9か月	1340	67	7	20,000	51,000	1,015,000	98,000	1,184,000
日本語進学1年6か月コース	進学	1年6か月	1140	57	10	20,000	51,000	870,000	84,000	1,025,000

[認定以外のコース] なし

[日本語能力試験] 2018年度受験状況

	N1	N2	N3	N4	N5	合計
受験者数	2	26	76	7	0	111
認定者数	0	3	13	0	0	16

[日本留学試験] 2018年度受験状況

●第1回

日本語受験者	日本語219点以上	文系受験者	文系100点以上	理系受験者	理系100点以上
19	1	1	0		1

●第2回

日本語受験者	日本語219点以上	文系受験者	文系100点以上	理系受験者	理系100点以上
4	1	0	0	0	0

[進学実績] 2019年3月までの進学状況 卒業者数 65

大学院	大学	短期大学	高専	専門学校	その他の学校	就職
1	10	9	0	28	0	12

[主な進学先]

名古屋経済大学、岐阜協立大学、中日本短期大学、足利大学、鈴鹿大学

[主な就職先]

—

●特色1 大学等への進学の為に必要な日本語能力の育成。

●特色2 個人の能力に合わせてきめ細やかな指導。

●特色3 日本文化や生活習慣に触れ、進学後の生活対応力を養う。

静岡県　静岡市　　告示校

こくさいことばがくいんにほんごがっこう

国際ことば学院日本語学校

KOKUSAI KOTOBA GAKUIN JAPANESE LANGUAGE SCHOOL

[TEL] 054-284-8383 [FAX] 054-284-8338
[eMAIL] info@kotoba.ac.jp
[URL] http://www.kotoba.ac.jp/
[SNS] Facebook、LINE

[住所] 〒422-8076 静岡県静岡市駿河区八幡3丁目2-28

[教育開始時期] 1991年10月

[行き方] JR「静岡駅」南口より石田街道を南下、南幹線の交差点を左折、最初の信号を右折、100m

[設置者] 学校法人国際ことば学院 (種別：学校法人)

[校長/別科長名] 野田敏郎

[収容定員] 280人 二 部制 [教員数] 25人 (うち専任 8人)

[宿舎] 有 [料金] (月額) 21,500円 ～ 38,000円

[入学資格] 12年課程修了同等以上、日能試N5同等以上、日本語学習150時間以上

[入学選抜方法] 書類審査、必要に応じて (Web) 面接

[認定コース在籍者数] 169

[その他コース在籍者数] 3

内訳(人)：ミャンマー(72)、インドネシア(34)、ベトナム(29)、ネパール(14)、インド(7)
その他(13)[中国、スリランカ、フィリピン、ウズベキスタン]

[教材]

初級	『新実用 初級Ⅰ』	初中級	『新実用 初級Ⅱ』
中級	『新実用 中級』	上級	『新実用 上級』

[基礎科目及び英語の授業] なし

[認定コース]

	目的	期間	時数	週数	入学月	選考料	入学金	授業料	その他	合計(円)
一般コース	一般	2年	1520	76	4	25,000	60,000	1,080,000	45,000	1,210,000
一般コース	一般	1年9か月	1330	66.5	7	25,000	60,000	945,000	40,000	1,070,000
一般コース	一般	1年6か月	1140	57	10	25,000	60,000	810,000	35,000	930,000

[認定以外のコース] 在日外国人、日本人帰国子女のための日本語短期コース

[日本語能力試験] 2018年度受験状況

	N1	N2	N3	N4	N5	合計
受験者数	38	110	238	16	0	402
認定者数	10	41	79	8	0	138

[日本留学試験] 2018年度受験状況

●第1回

日本語受験者	日本語219点以上	文系受験者	文系100点以上	理系受験者	理系100点以上
155	15	57	5	11	0

●第2回

日本語受験者	日本語219点以上	文系受験者	文系100点以上	理系受験者	理系100点以上
51	23	17	5	4	0

[進学実績] 2019年3月までの進学状況 卒業者数 158

大学院	大学	短期大学	高専	専門学校	その他の学校	就職
2	38	7	0	96	0	1

[主な進学先]

静岡県立大学、静岡英和学院大学、静岡産業大学、四日市大学、国際ことば学院外国語専門学校、静岡インターナショナル・エア・リゾート専門学校、プロスペラ学院ビジネス専門学校、静岡工科自動車大学校

[主な就職先]

－

●特色1 大学進学を目標とする者に、日本語能力試験1級を合格させることを目標とする。

●特色2 直接法による指導・日本語の四技能を完全習得。

●特色3 地域交流を通し、日本での生活を円滑に行えるようにする。

製作：J.TEST事務局 / 語文研究社

告示校

静岡県　掛川市

かけがわにほんごがっこう

掛川日本語学校

Kakegawa Japanese Language School

[TEL] 0537-61-0880 [FAX] 0537-61-0885
[eMAIL] kakegawa.n.g@chuen.co.jp
[URL]
[SNS]

[住所] 〒436-0029　静岡県掛川市南2-3-3

[教育開始時期] 2018年10月

[行き方] JR「掛川駅」下車南に徒歩6分

[設置者] 中遠電子工業株式会社

[校長/別科長名] 藤ヶ谷　秀幸

[収容定員] 100人　二 部制　[教員数]　6人 (うち専任　3 人)

[宿舎] 有　[料金] (月額)13,000～18,000円

[入学資格] 1. 日本国以外の国籍を持つ者　2. 自国において12年以上の学校教育課程を修了、或いはそれに準ずる者　3. 日本語能力試験N5相当以上の能力を有する者で自国において150時間以上の日本語学習を修了しその証明がある者　4. 信頼のおける保証人、経費支弁者を有する者

[入学選抜方法] 1. 書類審査　2. 本人面接または通信媒体を通じた本人との情報交換
3. 在日保証人面接
4. 経費支弁者審査

[認定コース在籍者数] 45

[その他コース在籍者数] 0

内訳(人):
フィリピン(19)、ミャンマー(12)、ベトナム(11)、ネパール(3)

[教材]

初級	『みんなの日本語　初級』	初中級	『中級へ行こう』
中級	『中級を学ぼう　中級前期』	上級	『中級を学ぼう　中級前期』

[基礎科目及び英語の授業]　無

[認定コース]

	目的	期間	時数	週数	入学月	選考料	入学金	授業料	その他	合計(円)
進学2年コース	進学	2年	1600	80	4	20,000	120,000	1,086,000	40,000	1,266,000
一般2年コース	一般	2年	1600	80	10	20,000	120,000	1,086,000	40,000	1,266,000

[認定以外のコース] なし

[日本語能力試験]　2018年度受験状況

	N1	N2	N3	N4	N5	合計
受験者数						
認定者数						

[日本留学試験]　2018年度受験状況

●第1回

日本語受験者	日本語219点以上	文系受験者	文系100点以上	理系受験者	理系100点以上

●第2回

日本語受験者	日本語219点以上	文系受験者	文系100点以上	理系受験者	理系100点以上

[進学実績]　2019年3月までの進学状況　卒業者数

大学院	大学	短期大学	高専	専門学校	その他の学校	就職

[主な進学先]

[主な就職先]

●特色1

●特色2

●特色3

静岡県　沼津市　　告示校

ぐらんじゃーぐろーばるあかでみーぬまづこう

Grandeur Global Academy 沼津校

Grandeur Global Academy NUMAZU

[TEL] 055-923-9999　[FAX] 055-923-9990
[eMAIL] info@grandeur.world
[URL] https://grandeur.world/jp/
[SNS] https://www.facebook.com/GGA-Grandeur-Global-Academy-268917003609960/

[住所] 〒410-0055　静岡県沼津市高島本町4-3

[教育開始時期] 2018年10月

[行き方] JR東海道線「沼津駅」北口よりリコー通りを北進。高島本町交差点を西に入る。

[設置者] Grandeur株式会社　(種別：株式会社)　[校長/別科長名] 西村久美子

[収容定員] 100人　二 部制　[教員数] 13人 (うち専任　5 人)　[宿舎] 有　[料金] (月額) 20,000円～

[入学資格] 18歳以上、12年以上の学校教育修了、JLPTのN5程度以上 (N5相当の試験合格または150時間以上履修)

[入学選抜方法] 書類選考、筆記試験、面接

[認定コース在籍者数] 64　[その他コース在籍者数] 1

内訳(人): ネパール(33)、フィリピン(11)、ベトナム(8)、インドネシア(8)、ミャンマー(4) その他(1)[ヴェネズエラ]

[教材]

初級	『みんなの日本語』	初中級	『中級までに学ぶ日本語』
中級	『中級から学ぶ日本語』	上級	『上級で学ぶ日本語』

[基礎科目及び英語の授業] 総合科目、数学コース1

[認定コース]

	目的	期間	時数	週数	入学月	選考料	入学金	授業料	その他	合計(円)
進学2年コース	進学	2年	1600	80	4	20,000	50,000	1,200,000	155,000	1,425,000
進学1年6か月コース	進学	1年6か月	1200	60	10	20,000	50,000	900,000	118,750	1,088,750

[認定以外のコース] プライベートコース、短期コース、ビジネスコース

[日本語能力試験] 2018年度受験状況

	N1	N2	N3	N4	N5	合計
受験者数						0
認定者数						0

[日本留学試験] 2018年度受験状況

●第1回

日本語受験者	日本語219点以上	文系受験者	文系100点以上	理系受験者	理系100点以上
0					

●第2回

日本語受験者	日本語219点以上	文系受験者	文系100点以上	理系受験者	理系100点以上
0					

[進学実績] 2019年3月までの進学状況　卒業者数　0

大学院	大学	短期大学	高専	専門学校	その他の学校	就職

[主な進学先]

[主な就職先]

●特色1　タブレット × アクティブな学び

●特色2　安心できる生活環境

●特色3　ひとりひとりに寄り添った進路サポート

告示校

静岡県　沼津市

がっこうほうじんしずおかりこうかだいがくぬまづにほんごがくいん

学校法人静岡理工科大学
沼津日本語学院
Numazu Japan Language College

[TEL] 055-939-6590 [FAX] 055-939-6591
[eMAIL] numanichi@hama-jlc.com
[URL] http://www.hama-jlc.com
[SNS] https://www.facebook.com/NumazuJLC

[住所] 〒410-0804　静岡県沼津市西条町17-1
[教育開始時期] 2017年04月
[行き方] JR「沼津駅」から徒歩5分

[設置者] 学校法人静岡理工科大学　(種別:学校法人)
[校長/別科長名] 大石正昭
[収容定員] 100人　二 部制
[教員数] 12人(うち専任 3人)
[宿舎] 有　[料金] (月額) 17,000円～

[入学資格] 学校教育12年課程以上
[入学選抜方法] 書類審査、本人面接、入学選考試験

[認定コース在籍者数] 77
[その他コース在籍者数] 3
内訳(人):
ベトナム(28)、ネパール(27)、スリランカ(19)、ミャンマー(3)、中国(2)
その他(1)[ブラジル]

[教材]

初級	『できる日本語 初級』	初中級	『できる日本語 初中級』
中級	『できる日本語 中級』	上級	『学ぼう！にほんご中上級・上級』

[基礎科目及び英語の授業] 数学コース1、数学コース2、英語

[認定コース]

	目的	期間	時数	週数	入学月	選考料	入学金	授業料	その他	合計(円)
進学2年コース	進学	2年	1600	80	4	22,000	100,000	1,200,000	65,180	1,387,180
進学1年6か月コース	進学	1年6か月	1200	60	10	22,000	100,000	900,000	65,180	1,087,180

[認定以外のコース] 聴講生(日本に在留している方対象)

[日本語能力試験] 2018年度受験状況

	N1	N2	N3	N4	N5	合計
受験者数	0	12	70	23	0	105
認定者数	0	2	30	4	0	36

[日本留学試験] 2018年度受験状況

●第1回

日本語受験者	日本語219点以上	文系受験者	文系100点以上	理系受験者	理系100点以上
0	0	0	0	0	0

●第2回

日本語受験者	日本語219点以上	文系受験者	文系100点以上	理系受験者	理系100点以上
0	0	0	0	0	0

[進学実績] 2019年3月までの進学状況　卒業者数 45

大学院	大学	短期大学	高専	専門学校	その他の学校	就職
0	0	0	0	42	0	3

[主な進学先]
沼津情報・ビジネス専門学校、プロスペラ学院ビジネス専門学校、静岡工科自動車大学校、
静岡インターナショナル・エア・リゾート専門学校、浜松情報専門学校、中央情報経理専門学校

[主な就職先]
ホテル・リステル浜名湖、株式会社VFアグリ・長泉センター、株式会社富士鱗

●特色1　法人グループ内の大学や専門学校への進学が可能。授業料等の割引や特典もあり。

●特色2　大学受験科目は特別講師を招いて指導。国公立・私立大学を目指す学習も可能。

●特色3　同一校舎内にある専門学校と連携し、専門学校の授業を自由に聴講可能。課外活動(フットサル等)も実施。

製作:J.TEST事務局 / 語文研究社

静岡県　浜松市　　告示校

しょうなんにっぽんごがくえんはままつこう

湘南日本語学園 浜松校

Syonan Japanese Academy Hamamatsu Campus

[TEL] 053-449-5150　[FAX] 053-449-5155
[eMAIL] info@syonan-academy.jp
[URL] https://syonan-academy.jp/
[SNS]

[住所] 〒432-8061　静岡県浜松市西区入野町6095－1　　[教育開始時期] 2016年10月

[行き方] JR「浜松駅」より遠鉄バス宇布見・山崎線乗車（約15分）「西彦尾バス停」下車徒歩1分

[設置者] 有限会社　湘南コーポレーション　　[校長/別科長名] 森本　裕康

[収容定員] 150人　二 部制　　[教員数] 14人 (うち専任　6 人)　　[宿舎] 有　[料金] (月額)20,000円～

[入学資格] 12年課程修了以上及びこれと同等レベルの者　　[入学選抜方法] 書類審査、本人面接、入学選考試験

[認定コース在籍者数] 90
[その他コース在籍者数] 0
内訳(人)：
ベトナム(64)、ネパール(20)、フィリピン(4)、インドネシア(2)

[教材]

初級	『できる日本語初級』	初中級	『できる日本語初中級』
中級	『できる日本語中級』	上級	『新中級から上級への日本語』

[基礎科目及び英語の授業]　総合科目、数学コース1、数学コース2

[認定コース]

	目的	期間	時数	週数	入学月	選考料	入学金	授業料	その他	合計(円)
一般2年コース	進学	2年	1600	80	4、10	30,000	50,000	1,160,000	242,000	1,482,000

[認定以外のコース] なし

[日本語能力試験]　2018年度受験状況

	N1	N2	N3	N4	N5	合計
受験者数	1	45	117			
認定者数	0	5	34			

[日本留学試験]　2018年度受験状況

●第1回

日本語受験者	日本語219点以上	文系受験者	文系100点以上	理系受験者	理系100点以上
5	0	5	0	0	

●第2回

日本語受験者	日本語219点以上	文系受験者	文系100点以上	理系受験者	理系100点以上
3	0	2	1	0	

[進学実績]　2019年3月までの進学状況　卒業者数　66

大学院	大学	短期大学	高専	専門学校	その他の学校	就職
	2			64		

[主な進学先]
名古屋経済大学、静岡産業大学、大原学園東京校、神奈川経済専門学校、岩谷学園保育専門学校、静岡工科自動車大学校、富士メカニック専門学校、国際観光専門学校浜松校、専門学校エクラ、名古屋経営会計専門学校、大原簿記専門学校京都校、京都コンピュータ学院、駿台観光&外語ビジネス専門学校、エール学園、製菓・医療九州ビジネス専門学校　など

[主な就職先]

●特色1　経験豊かな教員によるコミュニケーション主体のわかりやすい授業

●特色2　日本語を通し、自身のキャリアプランが描ける教育

●特色3　丁寧かつ親身な学生、進路指導

製作：J.TEST事務局 / 語文研究社

がっこうほうじんしずおかりこうかだいがくはままつにほんごがくいん

学校法人静岡理工科大学 浜松日本語学院
Hamamatsu Japan Language College

[TEL] 053-450-6590 [FAX] 053-450-6591
[eMAIL] office@hama-jlc.com
[URL] http://www.hama-jlc.com
[SNS] http://hamanichi.hamazo.tv/

[住所] 〒430-0929 静岡県浜松市中区中央3-10-31

[教育開始時期] 2011年10月

[行き方] JR「浜松駅」から徒歩8分

[設置者] 学校法人静岡理工科大学 (種別：学校法人) [校長/別科長名] 竹下知宏

[収容定員] 337人 二 部制 [教員数] 29人 (うち専任 9人) [宿舎] 有 [料金] (月額) 15,000円 ～

[入学資格]
・12年課程修了以上
・日本語能力検定N5以上または日本語学習時間150時間以上

[入学選抜方法] 書類審査、面接、基礎学力試験（日本語、数学、作文）

[認定コース在籍者数] 198
[その他コース在籍者数] 25
内訳(人)：ベトナム(91)、中国(51)、ネパール(31)、スリランカ(25)、インドネシア(7)
その他(18)[フィリピン、ブラジル、台湾、韓国、バングラデシュ、インド]

[教材]

初級	『できる日本語 初級』	初中級	『できる日本語 初中級』
中級	『できる日本語 中級』	上級	『学ぼう! にほんご 中上級・上級』

[基礎科目及び英語の授業] 総合科目、数学コース1、数学コース2、物理、英語

[認定コース]

	目的	期間	時数	週数	入学月	選考料	入学金	授業料	その他	合計(円)
進学2年コース	進学	2年	1600	80	4	22,000	100,000	1,200,000	66,060	1,388,060
進学1年6か月コース	進学	1年6か月	1200	60	10	22,000	100,000	900,000	66,060	1,088,060

[認定以外のコース] なし

[日本語能力試験] 2018年度受験状況

	N1	N2	N3	N4	N5	合計
受験者数	22	85	175	23	0	305
認定者数	4	35	60	7	0	106

[日本留学試験] 2018年度受験状況

●第1回

日本語受験者	日本語219点以上	文系受験者	文系100点以上	理系受験者	理系100点以上
28	11	16	6	10	0

●第2回

日本語受験者	日本語219点以上	文系受験者	文系100点以上	理系受験者	理系100点以上
22	9	8	4	7	1

[進学実績] 2019年3月までの進学状況 卒業者数 118

大学院	大学	短期大学	高専	専門学校	その他の学校	就職
2	17	0	0	73	0	2

[主な進学先]
東京医科歯科大学大学院、鈴鹿大学大学院、静岡大学、立命館アジア太平洋大学、明海大学、中京大学、東海大学、名城大学、英和学院大学、静岡産業大学、浜松情報専門学校、静岡インターナショナル・エアリゾート専門学校、静岡工科自動車大学校、静岡デザイン専門学校、浜松デザインカレッジ、HAL東京・保育介護ビジネス、名古屋専門学校、柏木実業専門学校、プロスペラ学院、笹田学園デザインテクノロジー専門学校、成田国際福祉専門学校、国際観光専門学校、グレッグ外語専門学校

[主な就職先]
－

●特色1 日本語で自ら発信する「伝える力」「考える力」「語り合う力」の習得を目指す。

●特色2 人や社会とつながっていく活動を通してコミュニケーション力を身につける。

●特色3 日本語を通し日本の文化・慣習・人間関係を学ぶ。

製作：J.TEST事務局 / 語文研究社

静岡県　袋井市　告示校

しずおかこくさいげんごがくいん

静岡国際言語学院

Shizuoka International Language School

[TEL] 0538-23-7788 [FAX] 0538-23-8048
[eMAIL] sils@ai.tnc.ne.jp
[URL] http://www4.tokai.or.jp/sils/
[SNS] ―

[住所] 〒437-1121　静岡県袋井市諸井2331-1

[教育開始時期] 1989年10月

[行き方] JR東海「袋井駅」から自転車で8分、バス停「柳原停留所」から徒歩3分

[設置者] 学校法人静岡国際言語学院　(種別：学校法人)

[校長/別科長名] 板垣晶行

[収容定員] 180人　二 部制

[教員数] 14人 (うち専任　5 人)

[宿舎] 有　[料金] (月額) 13,000円 ～ 26,000円

[入学資格] 高校卒業以上、150時間以上の日本語学習者、日本語能力試験N5以上

[入学選抜方法] 書類審査、保証人面接

[認定コース在籍者数] 114

[その他コース在籍者数] 0

内訳(人)：ベトナム(72)、ネパール(16)、フィリピン(10)、ミャンマー(7)、インドネシア(6)
その他(3)[中国、カンボジア]

[教材]

初級	『みんなの日本語 初級』	初中級	『中級へ行こう』
中級	『中級から学ぶ日本語』『中級を学ぼう』	上級	『上級で学ぶ日本語』

[基礎科目及び英語の授業] なし

[認定コース]

	目的	期間	時数	週数	入学月	選考料	入学金	授業料	その他	合計(円)
進学2年コース	進学	2年	1600	80	4	20,000	120,000	1,086,000	40,000	1,266,000
一般2年コース	一般	2年	1600	80	10	20,000	120,000	1,086,000	40,000	1,266,000

[認定以外のコース] なし

[日本語能力試験] 2018年度受験状況

	N1	N2	N3	N4	N5	合計
受験者数	10	43	98	1	0	152
認定者数	4	14	50	1	0	69

[日本留学試験] 2018年度受験状況

●第1回

日本語受験者	日本語219点以上	文系受験者	文系100点以上	理系受験者	理系100点以上
26	4	0	0	1	0

●第2回

日本語受験者	日本語219点以上	文系受験者	文系100点以上	理系受験者	理系100点以上
15	4	0	0	0	0

[進学実績] 2019年3月までの進学状況　卒業者数　68

大学院	大学	短期大学	高専	専門学校	その他の学校	就職
0	4	6	0	45	0	4

[主な進学先]

静岡英和学院大学、プロスペラ学院ビジネス専門学校、中遠調理師専門学校、国際ことば学院外国語専門学校、国際観光専門学校

[主な就職先]

㈱マーキュリー、ORJ㈱

●特色1　豊かな自然の中で学べる立地環境。

●特色2　豊かな人間関係を重視する教育方針。

●特色3　優秀なスタッフによる懇切丁寧な進路指導。

ふじさんにほんごがっこう

富士山日本語学校

Mt. Fuji Japanese Language School

[TEL] 0545-30-8680 [FAX] 0545-30-9558
[eMAIL] fujisan@kotoba.ac.jp
[URL] http://fujisan.kotoba.ac.jp/
[SNS] Facebook：ふじさん日本語学校

[住所] 〒416-0944 静岡県富士市横割1丁目6-16

[教育開始時期] 2012年10月

[行き方] JR中央本線「富士駅」より徒歩10分

[設置者] 学校法人国際ことば学院　（種別：準学校法人）

[校長/別科長名] 近藤智恵美

[収容定員] 160人　二 部制

[教員数] 15人（うち専任　4人）

[宿舎] 有　[料金]（月額）20,000円 ～ 22,000円

[入学資格] 本国で日本の高等学校に相当する教育課程を修了している者（12年以上必要）あるいは本学入学時までにその修了が見込まれるもの。

[入学選抜方法] 書類選考、面接

[認定コース在籍者数] 93

[その他コース在籍者数] 11

内訳(人)：ベトナム(52)、インドネシア(17)、ネパール(14)、スリランカ(8)、ミャンマー(4)
その他(9)

[教材]

初級	『新実用日本語』	初中級	『新実用日本語』
中級	『新実用日本語』	上級	『新実用日本語』

[基礎科目及び英語の授業] なし

[認定コース]

	目的	期間	時数	週数	入学月	選考料	入学金	授業料	その他	合計(円)
一般2年コース	一般	2年	1520	-	4	25,000	60,000	1,080,000	45,000	1,210,000
一般1年9か月コース	一般	1年9か月	1330	-	7	25,000	60,000	945,000	40,000	1,070,000
一般1年6か月コース	一般	1年6か月	1140	-	10	25,000	60,000	810,000	35,000	930,000

[認定以外のコース] 日本語実用コース

[日本語能力試験] 2018年度受験状況

	N1	N2	N3	N4	N5	合計
受験者数	1	46	105	28	0	180
認定者数	0	8	32	15	0	55

[日本留学試験] 2018年度受験状況

●第1回

日本語受験者	日本語219点以上	文系受験者	文系100点以上	理系受験者	理系100点以上
60	2	0	0	0	0

●第2回

日本語受験者	日本語219点以上	文系受験者	文系100点以上	理系受験者	理系100点以上
6	0	0	0	0	0

[進学実績] 2019年3月までの進学状況　卒業者数 56

大学院	大学	短期大学	高専	専門学校	その他の学校	就職
0	6	2	0	35	0	7

[主な進学先]

四日市大学、神戸医療福祉大学、静岡英和学院大学、東京国際大学、中日本自動車短期大学、インターナショナルエアリゾート専門学校、ことば学院外国語専門学校、プロスペラ学院ビジネス専門学校、駿台観光&外語ビジネス専門学校、早稲田文理専門学校、東京スクールオブビジネス、富士メカニック専門学校

[主な就職先]

－

●特色1　大学・大学院を目標とするものに、留学試験・日本語能力試験等の対策をきめ細かく対応、サポート。

●特色2　直説法による指導、日本語の四技能を完全習得。

●特色3　地域交流を通じ、日本での生活を円滑に行えるように指導。

製作：J.TEST事務局 / 語文研究社

静岡県　富士宮市

告示校

えーしーしーこくさいこうりゅうがくえん

A.C.C.国際交流学園

A. C. C. INTERNATIONAL CULTURE COLLEGE

[TEL] 0544-24-8828 [FAX] 0544-24-9064
[eMAIL] acc-college@acc-college.jp
[URL] http://www.accjapan.com
[SNS]

[住所] 〒418-0066　静岡県富士宮市大宮町10-9

[教育開始時期] 1991年04月

[行き方] JR東海「富士宮駅」から徒歩約3分

[設置者] 株式会社アドバンスト・カルチャー・センター　(種別：株式会社)

[校長/別科長名] 渡辺佳代子

[収容定員] 320人　二 部制　[教員数] 30人 (うち専任　7 人)　[宿舎] 有　[料金] (月額) 15,000円 ～ 20,000円

[入学資格] 12年課程修了以上、JLPT N5レベル合格、日本語学習歴150時間以上

[入学選抜方法] 書類審査、日本語試験、本人面接
経費支弁者面談

[認定コース在籍者数] 276

[その他コース在籍者数] 7

内訳(人): ベトナム(105)、中国(51)、インドネシア(37)、ミャンマー(27)、ネパール(26)
その他(30)[スリランカ、韓国、モンゴル、フィリピン、台湾]

[教材]

初級	『学ぼう! にほんご初級』	初中級	『学ぼう! にほんご初中級』
中級	『学ぼう! にほんご中級』	上級	『学ぼう! にほんご上級』

[基礎科目及び英語の授業] 総合科目、数学コース1、数学コース2、物理、化学、生物

[認定コース]

	目的	期間	時数	週数	入学月	選考料	入学金	授業料	その他	合計(円)
本科特別進学1年コース	進学	1年	800	40	4	20,000	50,000	540,000	124,200	734,200
本科特別進学1年3か月コース	進学	1年3か月	1000	50	7,1	20,000	50,000	675,000	154,000	899,000
本科進学1年6か月コース	進学	1年6か月	1200	60	10	20,000	50,000	810,000	183,800	1,063,800
本科進学1年9か月コース	進学	1年9か月	1400	70	7	20,000	50,000	945,000	213,600	1,228,600
本科進学2年コース	進学	2年	1600	80	4	20,000	50,000	1,080,000	248,400	1,398,400

[認定以外のコース] 短期コース

[日本語能力試験] 2018年度受験状況

	N1	N2	N3	N4	N5	合計
受験者数	13	52	127	12	2	207
認定者数	6	21	32	5	1	65

[日本留学試験] 2018年度受験状況

●第1回

日本語受験者	日本語219点以上	文系受験者	文系100点以上	理系受験者	理系100点以上
29	11	23	23	6	2

●第2回

日本語受験者	日本語219点以上	文系受験者	文系100点以上	理系受験者	理系100点以上
23	8	17	14	6	2

[進学実績] 2019年3月までの進学状況　卒業者数　119

大学院	大学	短期大学	高専	専門学校	その他の学校	就職
15	19	4	0	62	0	6

[主な進学先]

静岡県立大学大学院、北陸先端科学技術大学院大学、静岡大学大学院、山梨県立大学、静岡英和学院大学、福井県立大学、神奈川大学、静岡工科自動車大学校、横浜デザイン学院、プロスペラ学院ビジネス専門学校

[主な就職先]

東芝機械(株)、ホテル東横

●特色1　コミュニケーション能力の向上。

●特色2　自律学習能力の養成。

●特色3　ー

製作:J.TEST事務局 / 語文研究社

告示校

愛知県　名古屋市

あーむすにほんごがっこう

ARMS日本語学校

ARMS Japanese Language School

[TEL] 052-324-7818 [FAX] 052-324-7822
[eMAIL] nihongo@arms.co.jp
[URL] http://arms.co.jp/jpschool/
[SNS] https://www.facebook.com/nihongo.arms.co.jp/

[住所] 〒460-0026　愛知県名古屋市中区伊勢山2丁目7-23

[教育開始時期] 2010年10月

[行き方] 名鉄・JR・地下鉄「金山総合駅」北口から北に徒歩5分

[設置者] ＡＲＭＳ株式会社　（種別：株式会社）

[校長/別科長名] 和田 明子

[収容定員] 160人　二 部制　[教員数] 15人（うち専任　4人）　[宿舎] 無　[料金]

[入学資格] 1：12年課程修了以上
2：これと同等以上
3：日能試合格者(N5)
4：日本語学習時間150時間以上

[入学選抜方法] 1：書類審査
2：本人面接
3：能力適性試験
4：経費支弁者面接

[認定コース在籍者数] 112

[その他コース在籍者数] 0

内訳(人)：ベトナム(50)、ネパール(49)、スリランカ(9)、インドネシア(2)、中国(1)
その他(1)[メキシコ]

[教材]

初級	『みんなの日本語　初級』	初中級	『中級へ行こう』
中級	『中級を学ぼう　中級前期・中級中期』	上級	『アカデミックジャパニーズ』

[基礎科目及び英語の授業] 無

[認定コース]

	目的	期間	時数	週数	入学月	選考料	入学金	授業料	その他	合計(円)
進学2年コース	進学	2年	1600	84	4	33,000	55,000	1,232,000	88,000	1,408,000
進学1年6か月コース	進学	1年6か月	1200	63	10	33,000	55,000	924,000	66,000	1,078,000

[認定以外のコース] なし

[日本語能力試験]　2018年度受験状況

	N1	N2	N3	N4	N5	合計
受験者数	2	40	101	10	0	153
認定者数	0	8	35	1	0	44

[日本留学試験]　2018年度受験状況

●第1回

日本語受験者	日本語219点以上	文系受験者	文系100点以上	理系受験者	理系100点以上
77	2	64	2	13	0

●第2回

日本語受験者	日本語219点以上	文系受験者	文系100点以上	理系受験者	理系100点以上
62	0	0		0	

[進学実績]　2019年3月までの進学状況　卒業者数　77

大学院	大学	短期大学	高専	専門学校	その他の学校	就職
1	27	0	0	43	0	5

[主な進学先]

南山大学、日本福祉大学、愛知工科大学、名古屋商科大学、名古屋経済大学、星城大学、愛知文教大学、愛知産業大学、四日市大学、鈴鹿大学、愛知ビジネス専門学校、愛知福祉医療専門学校、名鉄自動車専門学校、名古屋経営会計専門学校、ELICビジネス＆公務員専門学校、名古屋デジタル工科専門学校、国際観光専門学校、保育・介護・ビジネス名古屋専門学校、専門学校エクラ

[主な就職先]

GTS協同組合、有限会社オノダ工業

●特色1　個人別のきめ細かい生活指導・在籍管理を行っています。

●特色2　進路指導やカウンセリングにも力を入れています。

●特色3　進学を見据え、試験対策だけでなく、四技能をバランスよく伸ばす授業を行っています。

愛知県　名古屋市　　告示校

あいしーなごや

I.C.NAGOYA

I. C. NAGOYA

[TEL] 052-581-3370　[FAX] 052-581-3373
[eMAIL] info@icn.gr.jp
[URL] http://icn.gr.jp/
[SNS] —

[住所] 〒450-0002　名古屋市中村区名駅3-26-19　名駅永田ビル

[教育開始時期] 1983年04月

[行き方] JR・地下鉄東山線・地下鉄桜通線・近鉄・名鉄「名古屋駅」より徒歩5分

[設置者] 株式会社エヌアイエス　（種別：株式会社）
[校長/別科長名] 鈴木貴之

[収容定員] 300人　二 部制　[教員数] 18人（うち専任　7 人）
[宿舎] 有　[料金]（月額）32,000円 ～ 50,000円

[入学資格] 12年課程修了以上またはこれと同等レベルの者

[入学選抜方法] 書類審査、および必要に応じて本人面接、保証人面接、能力適正試験

[認定コース在籍者数] 167
[その他コース在籍者数] 24

内訳(人)：ベトナム(82)、ネパール(29)、タイ(26)、中国(14)、マレーシア(11)
その他(29)[フィリピン、インドネシア、ミャンマー、韓国、モンゴル、ウズベキスタン、フランス、イラン、インド、トルコ]

[教材]

初級	『文化初級日本語』『ストーリーで覚える漢字300』他	初中級	『中級へ行こう日本語の文型と表現59』『初級日本語文法総まとめポイント20』他
中級	『中級を学ぼう日本語の文型と表現56中級前期『中級を学ぼう日本語の文型と表現82中級中期』『総まとめN2漢字』他	上級	『TRY！日本語能力試験N1』『考える漢字・語彙　上級編』他

[基礎科目及び英語の授業]　総合科目、数学コース1、数学コース2、物理、化学、生物

[認定コース]

	目的	期間	時数	週数	入学月	選考料	入学金	授業料	その他	合計(円)
日本語総合課程2年コース	一般	2年	1536	80	4,10	20,000	60,000	1,360,000	119,800	1,559,800
日本語総合課程1年9か月コース	一般	1年9か月	1344	70	7,1	20,000	60,000	1,190,000	109,100	1,379,100
日本語総合課程1年6か月コース	一般	1年6か月	1152	60	10,4	20,000	60,000	1,020,000	94,100	1,194,100
日本語総合課程1年3か月コース	一般	1年3か月	960	50	1,7	20,000	60,000	850,000	82,400	1,012,400
日本語総合課程1年コース	一般	1年	768	40	4	20,000	60,000	680,000	59,900	819,900

[認定以外のコース] 短期コース
その他（プライベートコース、日本留学試験対策講座、日本語能力試験対策講座、企業・官公庁委託研修）

[日本語能力試験]　2018年度受験状況

	N1	N2	N3	N4	N5	合計
受験者数	17	76	98	3	1	195
認定者数	5	29	53	2	0	89

[日本留学試験]　年度受験状況

●第1回

日本語受験者	日本語219点以上	文系受験者	文系100点以上	理系受験者	理系100点以上
29	6	10	4	10	1

●第2回

日本語受験者	日本語219点以上	文系受験者	文系100点以上	理系受験者	理系100点以上
28	14	9	4	7	3

[進学実績]　2019年3月までの進学状況　卒業者数　127

大学院	大学	短期大学	高専	専門学校	その他の学校	就職
4	24	2	0	50	2	9

[主な進学先]

愛知教育大学、静岡大学、滋賀大学、南山大学、名古屋外国語大学、中京大学、名城大学、愛知大学、中部大学、四日市大学、星城大学、愛知文教大学、福井工業大学、長浜バイオ大学、日本福祉大学、名古屋経営短期大学、中日本自動車短期大学、名古屋デジタル工科専門学校、名古屋デザイナー学院、国際観光専門学校、あいちビジネス専門学校、ELICビジネス＆公務員専門学校、田原市立田原福祉専門学校、慈恵福祉保育専門学校、日本福祉大学中央福祉専門学校 他

[主な就職先]

名古屋ヒルトン株式会社、株式会社朝日エンジニアリング、コスモ電子株式会社

●特色1　多様な学習目的に対応(進学、就職、企業研修等)

●特色2　一人一人の進度に合わせた学習サポート体制。

●特色3　実践力を磨く多彩な校外学習。

製作：J.TEST事務局 / 語文研究社

告示校

愛知県　名古屋市

あいちこうかだいがくがいこくごがっこう

愛知工科大学外国語学校

AICHI UNIVERSITY OF TECHNOLOGY FOREIGN LANGUAGE SCHOOL

[TEL] 052-693-7181　[FAX] 052-822-1151
[eMAIL] jls.nihongo@denpa.jp
[URL] http://nihongo.denpa.jp
[SNS] —

[住所] 〒467-0852　愛知県名古屋市瑞穂区明前町15-23
[教育開始時期] 1993年04月
[行き方] 名鉄・地下鉄「堀田駅」より徒歩10分

[設置者] 学校法人電波学園　(種別：学校法人)
[校長/別科長名] 浅野諭
[収容定員] 120人　一 部制
[教員数] 15人 (うち専任　5人)
[宿舎] 有　[料金] (月額) 25,000円 ～ 40,000円

[入学資格] 12年課程修了以上、及びこれと同等レベルの者。
[入学選抜方法] 書類審査、本人面接、保証人面接

[認定コース在籍者数] 95
[その他コース在籍者数] 0
内訳(人):
中国(36)、ベトナム(29)、インドネシア(16)、ネパール(13)、ブラジル(6)
その他(5)[台湾、モンゴル、スリランカ、ペルー、ナイジェリア]

[教材]

初級	『みんなの日本語 初級』	初中級	『中級へ行こう』『中級を学ぼう 中級前期』
中級	『中級を学ぼう 中級中期』『中級から上級への日本語』	上級	『上級で学ぶ日本語』 『留学生のための時代を読み解く上級日本語』

[基礎科目及び英語の授業]　総合科目、数学コース1、数学コース2、英語

[認定コース]

	目的	期間	時数	週数	入学月	選考料	入学金	授業料	その他	合計(円)
進学2年コース	進学	2年	1750	70	4	20,000	80,000	1,200,000	100,000	1,400,000
進学1.5年コース	進学	1年6か月	1325	53	10	20,000	80,000	900,000	75,000	1,075,000

[認定以外のコース] 短期コース

[日本語能力試験]　2018年度受験状況

	N1	N2	N3	N4	N5	合計
受験者数	16	44	54	0	0	114
認定者数	1	18	17	0	0	36

[日本留学試験]　2018年度受験状況

●第1回

日本語受験者	日本語219点以上	文系受験者	文系100点以上	理系受験者	理系100点以上
9	4	5	2	4	2

●第2回

日本語受験者	日本語219点以上	文系受験者	文系100点以上	理系受験者	理系100点以上
24	2	5	1	6	3

[進学実績]　2019年3月までの進学状況　卒業者数　55

大学院	大学	短期大学	高専	専門学校	その他の学校	就職
2	10	4	0	30	0	5

[主な進学先]

名古屋工業大学大学院、鹿児島大学大学院、関西学院大学、近畿大学、立命館大学、中京大学、愛知大学、名古屋学院大学、愛知工科大学、名古屋工学院専門学校、あいちビジネス専門学校他

[主な就職先]

AIC全日本国際協同組合、小松開発工業(株)他

●特色1　1952年文部科学大臣認可の、『学校法人』が設置した日本語学校である。

●特色2　本校卒業後、学園姉妹校の大学、短期大学、専門学校への進学者に対し、『学園独自の奨学金』制度がある。

●特色3　学校徒歩5分圏内に、男女別学生寮(個室)完備。少人数担任制で、完全生活指導、個別進路指導、日本語以外の科目(数学・英語・総合科目)指導を行う。

製作：J.TEST事務局 / 語文研究社

愛知県　名古屋市

告示校

あいちこくさいがくいん

愛知国際学院

AICHI INTERNATIONAL ACADEMY

[TEL] 052-262-3366　[FAX] 052-262-3369
[eMAIL] school@aiaso.gr.jp
[URL] http://www.aiaso.gr.jp
[SNS] —

[住所] 〒460-0007　愛知県名古屋市中区新栄1-30-3

[教育開始時期] 1990年04月

[行き方] 地下鉄名城線「矢場町駅」3番出口から東方面へ約900M

[設置者] 平成国際教育開発有限会社　（種別：有限会社）

[校長/別科長名] 荘昌憲

[収容定員] 394人　二 部制

[教員数] 28人 (うち専任　7人)

[宿舍] 有　[料金] (月額) 20,000円 ～ 52,000円

[入学資格] 本国において通常の過程による12年以上の学校教育を修了した者、及びそれと同等の学力があると認められる者。原則として高卒者は21歳以下、大卒者は25歳以下とします。

[入学選抜方法] 書類選考、面接、試験

[認定コース在籍者数] 240

[その他コース在籍者数] 0

内訳(人):
中国(123)ベトナム(88)、ネパール(19)、台湾(9)、スリランカ(1)

[教材]

初級	『みんなの日本語　初級』	初中級	『中級へ行こう』
中級	『学ぼう！にほんご 中上級』 『テーマ別中級から学ぶ日本語』	上級	『テーマ別上級で学ぶ日本語』

[基礎科目及び英語の授業] なし

[認定コース]

	目的	期間	時数	週数	入学月	選考料	入学金	授業料	その他	合計(円)
2年進学	進学	2年	1520	54	4	22,000	88,000	1,240,000	60,000	1,410,000
1年6か月進学	進学	1年6か月	1140	40	10	22,000	88,000	930,000	50,000	1,090,000

[認定以外のコース] 短期遊学コース、愛知産業短期大学併修コース

[日本語能力試験]　2018年度受験状況

	N1	N2	N3	N4	N5	合計
受験者数	40	146	34	0	0	220
認定者数	13	60	12	0	0	85

[日本留学試験]　2018年度受験状況

●第1回

日本語受験者	日本語219点以上	文系受験者	文系100点以上	理系受験者	理系100点以上
66	33	18	6	12	3

●第2回

日本語受験者	日本語219点以上	文系受験者	文系100点以上	理系受験者	理系100点以上
22	14	3	1	2	1

[進学実績]　2019年3月までの進学状況　卒業者数　137

大学院	大学	短期大学	高専	専門学校	その他の学校	就職
9	47	0	0	43	0	7

[主な進学先]

名古屋市立大学大学院、愛知工業大学大学院、愛知大学、名城大学、名古屋商科大学、四日市大学、愛知文教大学、日産愛知自動車大学校、名古屋デジタル工科専門学校、名古屋スクールオブビジネス、名古屋観光専門学校

[主な就職先]

—

●特色1　漢字圏・非漢字圏出身者のそれぞれに適した教材を用いた能力別学級編成。

●特色2　教室以外に文化体験教室、音楽室、電子図書室、短期宿泊用のセミナーハウスを完備。

●特色3　担任教師がクラスの一人一人と面談を行い個人の状況を把握、それぞれの志望校への入学実現をめざして、一人一人を大切にした指導。

製作：J.TEST事務局 / 語文研究社

告示校

愛知県　名古屋市

いーえすえるらぼにほんごがくいんなごや

ESLラボ日本語学院名古屋

ESL Lab Japanese Language School, Nagoya

[TEL] 052-485-8924　[FAX] 052-485-8914
[eMAIL] info@esllab.jp
[URL] http://www.jsllab.jp
[SNS] —

[住所] 〒453-0054　愛知県名古屋市中村区鳥居西通2-57-1　[教育開始時期] 2013年04月

[行き方] 名古屋市営地下鉄東山線「中村公園駅」から徒歩10分

[設置者] 有限会社ESLラボ　(種別：有限会社)　[校長/別科長名] 青山光伸

[収容定員] 150人　二 部制　[教員数] 15人 (うち専任　5 人)　[宿舎] 有　[料金] (月額) 25,000円

[入学資格] 18歳以上、12年以上の学校教育を受けた者、またはそれに準ずる課程を修了した者

[入学選抜方法] 書類審査、筆記試験、会話面接（一部スカイプにて対応）

[認定コース在籍者数] 124　内訳(人):
[その他コース在籍者数] 0
ベトナム(67)、ネパール(55)、フィリピン(1)、インドネシア(1)

[教材]

初級	『できる日本語 初級』『みんなの日本語 初級』	初中級	『できる日本語 初中級』『みんなの日本語 初中級』『中級へ行こう』
中級	『みんなの日本語 中級』『中級を学ぼう』『中級から学ぶ日本語』	上級	未確定

[基礎科目及び英語の授業] なし

[認定コース]

	目的	期間	時数	週数	入学月	選考料	入学金	授業料	その他	合計(円)
進学2年コース	進学	2年	1520	76	4	20,000	50,000	1,200,000	120,000	1,390,000
進学1年6ヶ月コース	進学	1年6か月	1140	57	10	20,000	50,000	900,000	90,000	1,060,000

[認定以外のコース] なし

[日本語能力試験]　2018年度受験状況

	N1	N2	N3	N4	N5	合計
受験者数	1	28	83	0	0	112
認定者数	0	5	32	0	0	37

[日本留学試験]　2018年度受験状況

●第1回

日本語受験者	日本語219点以上	文系受験者	文系100点以上	理系受験者	理系100点以上
0	0	0	0	0	0

●第2回

日本語受験者	日本語219点以上	文系受験者	文系100点以上	理系受験者	理系100点以上
0	0	0	0	0	0

[進学実績]　2019年3月までの進学状況　卒業者数　57

大学院	大学	短期大学	高専	専門学校	その他の学校	就職
0	16	3	0	36	2	0

[主な進学先]

中京大学、名古屋経済大学、星城大学、四日市大学、中日本自動車短大、愛知文京大学、日本福祉大学、あいちビジネス専門学校、トライデント専門学校

[主な就職先]

—

●特色1　—

●特色2　—

●特色3　—

製作：J.TEST事務局 / 語文研究社

愛知県　名古屋市　　告示校

いーしーしーにほんごがくいんなごやこう

ECC日本語学院 名古屋校

ECC JAPANESE LANGUAGES INSTITUTE NAGOYA SCHOOL

[TEL] 052-339-2977　[FAX] 052-339-2979
[eMAIL] nihongo@ecc.co.jp
[URL] http://www.ecc-nihongo.com
[SNS] https://www.facebook.com/ECCnihongogakuin

[住所] 〒460-0022　愛知県名古屋市中区金山1-16-16 金山ビル5F　[教育開始時期] 1992年04月

[行き方] JR・名鉄・名古屋市営地下鉄「金山駅」北口から徒歩2分

[設置者] 株式会社ECC　(種別：株式会社)　[校長/別科長名] 唐住啓介

[収容定員] 190人　二 部制　[教員数] 22人 (うち専任 7人)　[宿舎] 無　[料金] -

[入学資格] 母国において12年間以上の学校教育を受けた者、又はこれと同等であると認められる者

[入学選抜方法] 書類審査、面接(日本語能力確認) 一部スカイプで実施

[認定コース在籍者数] 157　[その他コース在籍者数] 97

内訳(人): 中国(82)、台湾(41)、韓国(37)、ベトナム(21)、フィリピン(17) その他(56)[アメリカ、フランス、インドネシア、インド、メキシコ、スペイン、ブラジル、香港]

[教材]

初級	『みんなの日本語 初級Ⅰ』他	初中級	『みんなの日本語 初級Ⅱ』他
中級	『学ぼう! にほんご 中級』他	上級	『学ぼう! にほんご 上級』他

[基礎科目及び英語の授業] 総合科目、数学コース1

[認定コース]

	目的	期間	時数	週数	入学月	選考料	入学金	授業料	その他	合計(円)
日本語総合コース	一般	2年	1600	80	1,4,7,10	21,000	52,000	1,290,000	26,000	1,389,000

[認定以外のコース] プライベートレッスン

[日本語能力試験] 2018年度受験状況

	N1	N2	N3	N4	N5	合計
受験者数	47	63	13	0	0	123
認定者数	21	46	10	0	0	77

[日本留学試験] 2018年度受験状況

●第1回

日本語受験者	日本語219点以上	文系受験者	文系100点以上	理系受験者	理系100点以上
40	23	24	17	9	7

●第2回

日本語受験者	日本語219点以上	文系受験者	文系100点以上	理系受験者	理系100点以上
33	27	15	12	9	6

[進学実績] 2019年3月までの進学状況　卒業者数 84

大学院	大学	短期大学	高専	専門学校	その他の学校	就職
14	30	0	0	20	0	4

[主な進学先]

名古屋市立大学大学院、愛知県立大学大学院、神戸大学大学院、愛知県立芸術大学院、関西大学大学院、名城大学大学院、名城大学、中京大学、愛知大学、関西大学、関西学院大学、近畿大学、京都産業大学、日本大学、洗足大学、中部大学、四日市大学、立命館大学、大阪学院大学、東海大学、花園学園大学、長浜バイオ大学、桜美林大学、名古屋商科大学、愛知産業大学、名古屋産業大学、関東学院大学、星城大学、東亜大学、HAL、モード名古屋、名古屋観光専門学校、日産自動車大学校、NSC 他

[主な就職先]

ケークラフト(広島)、巨山(東京)、中部国際空港内免税店、株式会社サンユー(名古屋)

●特色1　日本語を通じて夢が実現できる日本語学校。

●特色2　学習者の目標の実現をサポートします。進学希望者全員の進学を実現。就職希望者へのサポート、日本語を使った次のキャリアの基礎作り。

●特色3　学習意欲を高める学習環境を提供します。日本人との交流の場を提供します。

製作：J.TEST事務局 / 語文研究社

告示校

愛知県 名古屋市

いくさすにほんごすくーる

IXAS日本語スクール

IXAS Japanese language school

[TEL] 052-898-5150 [FAX] 052-898-5150
[eMAIL] info@ixas-jp.com
[URL] -
[SNS] https://ja-jp.facebook.com/Ixas-Japanese-Language-School-271955786567768/

[住所] 〒468-0014 愛知県名古屋市天白区中平3丁目202番地

[教育開始時期] 2017年04月

[行き方] 地下鉄「平針駅」より徒歩10分

[設置者] 株式会社REBIUS (種別:株式会社)

[校長/別科長名] 石神正子

[収容定員] 80人 二 部制 [教員数] 9人(うち専任 4人)

[宿舎] 有 [料金] (月額) 20,000円 ～ 30,000円

[入学資格] 12年課程修了及びこれと同等レベル

[入学選抜方法] 書類審査及び本人親面接、筆記試験

[認定コース在籍者数] 41

[その他コース在籍者数] 0

内訳(人):

[教材]

初級	『日本語初級 大地』	初中級	—
中級	—	上級	—

[基礎科目及び英語の授業] なし

[認定コース]

	目的	期間	時数	週数	入学月	選考料	入学金	授業料	その他	合計(円)
日本語進学2年	進学	2年	1600	80	4	21,600	54,000	1,231,200	59,400	1,366,200
日本語進学1年6ヶ月	進学	1年6か月	1200	60	10	21,600	54,000	923,400	59,400	1,058,400

[認定以外のコース] なし

[日本語能力試験] 2018年度受験状況

	N1	N2	N3	N4	N5	合計
受験者数	0	5	38	19	0	63
認定者数	0	0	6	2	0	8

[日本留学試験] 2018年度受験状況

●第1回

日本語受験者	日本語219点以上	文系受験者	文系100点以上	理系受験者	理系100点以上
4	0	0	0	0	0

●第2回

日本語受験者	日本語219点以上	文系受験者	文系100点以上	理系受験者	理系100点以上
0	0	0	0	0	0

[進学実績] 2019年3月までの進学状況 卒業者数 30

大学院	大学	短期大学	高専	専門学校	その他の学校	就職
0	1	2	0	26	0	1

[主な進学先]

中京学院大学、中日本自動車短期大学、名鉄自動車専門学校、日産自動車大学校、トヨタ自動車専門大学校、ELICビジネス公務員専門学校

[主な就職先]

母国(ネパール)

●特色1 丁寧・熱心な指導をいたします。

●特色2 国際社会に対応する人材を育成いたします。

●特色3 進学指導のみならず、就職サポートをいたします。

製作:J.TEST事務局 / 語文研究社

愛知県　名古屋市	告示校

えぬえすえーにほんごがっこう

NSA日本語学校

NSA JAPANESE SCHOOL

[TEL] 052-880-2050　[FAX] 052-711-2007
[eMAIL] nihongo@japan-nsa.jp
[URL] http://japan-nsa.jp/
[SNS] https://www.facebook.com/NSA-Japanese-school-NSA 日本語学校-672707219493228/

[住所] 〒464-0086　愛知県名古屋市千種区萱場1-6-7　[教育開始時期] 2015年10月

[行き方] 市バス「古出来町」徒歩3分、JR「大曽根駅」徒歩13分、地下鉄「ナゴヤドーム前矢田駅」徒歩15分

[設置者] 株式会社ニューサイエンスアカデミー（種別:株式会社）　[校長/別科長名] 新美薫

[収容定員] 120人　二 部制　[教員数] 9人（うち専任　4人）　[宿舎] 有　[料金]（月額）22,000円～25,000円

[入学資格] 12年以上の学歴。日本語検定N5程度合格または同等の日本語能力。経費支弁者がいること。学習意欲があり日本語学習目的が明確である者

[入学選抜方法] 面接および筆記試験

[認定コース在籍者数] 78
[その他コース在籍者数] 1
内訳(人): ベトナム(29)、ネパール(18)、フィリピン(12)、インドネシア(10)、スリランカ(5)
その他(5)[ウズベキスタン、台湾、中国]

[教材]

初級	『できる日本語 初級』	初中級	『できる日本語 初中級』
中級	『できる日本語 中級』	上級	『TRY! 日本語能力試験N1』

[基礎科目及び英語の授業] なし

[認定コース]

	目的	期間	時数	週数	入学月	選考料	入学金	授業料	その他	合計(円)
1.5年進学コース	進学	1年6か月	1200	60	10	22,000	55,000	990,000	132,000	1,199,000
2年進学コース	進学	2年	1600	80	4	22,000	55,000	1,320,000	176,000	1,573,000

[認定以外のコース] なし

[日本語能力試験] 2018年度受験状況

	N1	N2	N3	N4	N5	合計
受験者数	2	7	62	9	0	80
認定者数	0	2	15	7	0	24

[日本留学試験] 2018年度受験状況

●第1回

日本語受験者	日本語219点以上	文系受験者	文系100点以上	理系受験者	理系100点以上
6	0	0	0	0	0

●第2回

日本語受験者	日本語219点以上	文系受験者	文系100点以上	理系受験者	理系100点以上
21	0	0	0	0	0

[進学実績] 2019年3月までの進学状況　卒業者数　32

大学院	大学	短期大学	高専	専門学校	その他の学校	就職
0	2	0	0	19	0	9

[主な進学先]

中京学院大学、日本福祉大学、日産自動車大学校、あいちビジネス専門学校

[主な就職先]

トルコ航空、日進工業株式会社、特定技能(宿泊)

●特色1　新しいテキストやパワーポイントを使った授業を行っています。

●特色2　七夕や書き初めなど、日本文化・習慣の特別授業も定期的に行っています。

●特色3　就職・進学に備えて生活指導にも力を入れています。

製作:J.TEST事務局 / 語文研究社

告示校

愛知県　名古屋市

なごやえすけいわいにほんごがっこう

名古屋SKY日本語学校

NAGOYA SKY JAPANESE LANGUAGE SCHOOL

[TEL] 052-252-0120　[FAX] 052-252-0121
[eMAIL] infom@nagoya-sky.co.jp
[URL] http://www.nagoya-sky.co.jp
[SNS] https://www.facebook.com/sky.nagoya

[住所] 〒460-0007　愛知県名古屋市中区新栄1丁目13番22号　[教育開始時期] 2003年4月

[行き方] 地下鉄東山線「新栄町駅」より徒歩10分

[設置者] 名古屋SKY日本語学校有限会社　(種別：有限会社)　[校長/別科長名] 山田茂樹

[収容定員] 262人　二 部制　[教員数] 30人 (うち専任 6人)　[宿舎] 有　[料金] (月額)25,000円～

[入学資格] 12年課程修了以上及びこれと同等レベルの者。日本語能力試験N5相当合格者。十分な経費支弁能力を有している者。

[入学選抜方法] 書類審査、本人及び保護者面接、適性試験

[認定コース在籍者数] 232

[その他コース在籍者数]

内訳(人)：ベトナム(151)、ネパール(57)、スリランカ(10)、インドネシア(6)、中国(2)
その他(6)[パキスタン、バングラデシュ、フィリピン、ウクライナ]

[教材]

初級	『みんなの日本語』他	初中級	『わかって使える日本語』他
中級	『ニューアプローチ中級日本語』他	上級	『ニューアプローチ中上級日本語』他

[基礎科目及び英語の授業] 無

[認定コース]

	目的	期間	時数	週数	入学月	選考料	入学金	授業料	その他	合計(円)
2年進学コース	進学	2年	1520	76	4	20,000	50,000	1,260,000	80,000	1,410,000
1年9か月進学コース	進学	1年9か月	1330	66.5	7	20,000	50,000	1,102,500	70,000	1,242,500
1年6か月進学コース	進学	1年6か月	1140	57	10	20,000	50,000	945,000	60,000	1,075,000
1年3か月進学コース	進学	1年3か月	950	47.5	1	20,000	50,000	787,500	50,000	907,500

[認定以外のコース]

[日本語能力試験] 2018年度受験状況

	N1	N2	N3	N4	N5	合計
受験者数	9	43	153			205
認定者数	2	8	43			53

[日本留学試験] 2018年度受験状況

●第1回

日本語受験者	日本語219点以上	文系受験者	文系100点以上	理系受験者	理系100点以上
20	1	2	0	0	0

●第2回

日本語受験者	日本語219点以上	文系受験者	文系100点以上	理系受験者	理系100点以上
11	5	1	0	0	0

[進学実績] 2019年3月までの進学状況　卒業者数 123

大学院	大学	短期大学	高専	専門学校	その他の学校	就職
4	22	0	0	89	0	0

[主な進学先]

日本福祉大学、星城大学、四日市大学、愛知大学、名古屋経済大学、名古屋デジタル工科専門学校、名古屋経営会計専門学校、国際観光専門学校、日産愛知自動車大学校

[主な就職先]

●特色1　有資格者で教授経験が豊富な先生が教える確かな日本語教育。

●特色2　日本留学試験に対応するカリキュラム

●特色3

製作：J.TEST事務局 / 語文研究社

愛知県　名古屋市　　告示校

なごやこくさいがいごがくいん

名古屋国際外語学院

Nagoya international foreign language school

[TEL] 052-355-9981 [FAX] 052-355-9982
[eMAIL] nifls2012@nifty.com
[URL] http://www.nifls.com
[SNS] Facebook:Nagoya international foreign language school

[住所] 〒455-0003　愛知県名古屋市港区辰巳町30番18号

[教育開始時期] 2012年04月

[行き方] 地下鉄駅「東海通駅」、バス駅「東海通駅」

[設置者] 個人　(種別：株式会社)

[校長/別科長名] 宮里優華

[収容定員] 160人　二 部制　[教員数] 11人(うち専任　4人)　[宿舎] 有　[料金] (月額) 20,000円 ～ 30,000円

[入学資格] 1)12年以上の学歴を有する方
2)最終学歴卒業後、5年以内で18歳以上28歳までの未婚者
3)過去に在留申請歴がない方

[入学選抜方法] 面接、筆記テスト

[認定コース在籍者数] 149　内訳(人):フィリピン(31)、ネパール(27)、中国(25)、ベトナム(21)、スリランカ(18)
その他(27)[インド、インドネシア、ウズベキスタン、タイ、ナイジェリア、バングラディシュ、モンゴル]

[その他コース在籍者数] 0

[教材]

初級	『みんなの日本語 初級Ⅰ、Ⅱ』	初中級	『中級へ行こう』
中級	『中級を学ぼう 中級前期』『中級を学ぼう 中級中期』	上級	『出会い本冊テーマ学習　タスク活動編』

[基礎科目及び英語の授業] なし

[認定コース]

	目的	期間	時数	週数	入学月	選考料	入学金	授業料	その他	合計(円)
進学2年コース	進学	2年	1600	80	4	25,000	50,000	1,080,000	129,000	1,284,000
進学1年9か月コース	進学	1年9か月	1400	70	7	25,000	50,000	945,000	114,000	1,134,000
進学1年6か月コース	進学	1年6か月	1200	60	10	25,000	50,000	810,000	96,000	981,000

[認定以外のコース] 聴講生コース

[日本語能力試験] 2018年度受験状況

	N1	N2	N3	N4	N5	合計
受験者数	16	56	103	37	4	216
認定者数	2	16	28	6	1	53

[日本留学試験] 2018年度受験状況

●第1回

日本語受験者	日本語219点以上	文系受験者	文系100点以上	理系受験者	理系100点以上
26	6	5	3	5	2

●第2回

日本語受験者	日本語219点以上	文系受験者	文系100点以上	理系受験者	理系100点以上
18	5	3	3	2	0

[進学実績] 2019年3月までの進学状況　卒業者数　94

大学院	大学	短期大学	高専	専門学校	その他の学校	就職
4	7	0	0	56	18	9

[主な進学先]

南山大学、名城大学、大阪大学、中京大学、愛知学院大学、名古屋工学院専門学校、あいちビジネス専門学校、国際観光専門学校、エリック専門学校、鯉渕学園農業栄養専門学校

[主な就職先]

中部国際空港、天白製作所、アジアプラントサービス株式会社

●特色1　充実した教育環境

●特色2　多彩な日本文化体験

●特色3　進学の支援の充実

告示校

愛知県　名古屋市

なごやふくとくにほんごがくいん

名古屋福徳日本語学院

NAGOYA FUKUTOKU JAPANESE ACADEMY

[TEL] 052-325-7489　[FAX] 052-325-7490
[eMAIL] info@nfng.jp
[URL] https://www.nfng.jp
[SNS] https://www.facebook.com/FukutokuNihongo/

[住所] 〒460-0006　愛知県名古屋市中区葵2-14-22

[教育開始時期] 2010年04月

[行き方] 地下鉄東山線「千種駅」5番出口・JR中央本線「千種駅」から徒歩5分

[設置者] 福徳教育産業株式会社　(種別：株式会社)

[校長/別科長名] 竇道徳

[収容定員] 300人　二 部制

[教員数] 25人 (うち専任　7 人)

[宿舎] 有　[料金] (月額) 25,000円 ～

[入学資格] 12年課程修了以上及びこれと同等のレベルの者

[入学選抜方法] 書類審査・本人面接・保証人面接・日本語試験

[認定コース在籍者数] 284
[その他コース在籍者数] 10

内訳(人): ベトナム(115)、フィリピン(111)、インドネシア(42)、中国(23)、ウズベキスタン(2)
その他(1)

[教材]

初級	『みんなの日本語 初級』	初中級	『学ぼう! にほんご 初中級』
中級	『学ぼう! にほんご 中級』	上級	『学ぼう! にほんご 中上級・上級』

[基礎科目及び英語の授業] なし

[認定コース]

	目的	期間	時数	週数	入学月	選考料	入学金	授業料	その他	合計(円)
進学2年コース	進学	2年	1536	80	4	20,000	50,000	1,160,000	100,000	1,330,000
進学1.5年コース	進学	1年6か月	1152	60	10	20,000	50,000	870,000	75,000	1,015,000
進学1.9年コース	進学	1年9か月	1334	70	7	20,000	50,000	1,015,000	87,500	1,172,500
進学1.3年コース	進学	1年3か月	960	50	1	20,000	50,000	725,000	62,500	857,500

[認定以外のコース] なし

[日本語能力試験]　2018年度受験状況

	N1	N2	N3	N4	N5	合計
受験者数	4	54	117	1	1	175
認定者数	0	13	17	1	1	30

[日本留学試験]　2018年度受験状況

●第1回

日本語受験者	日本語219点以上	文系受験者	文系100点以上	理系受験者	理系100点以上
49	2	23	2	13	5

●第2回

日本語受験者	日本語219点以上	文系受験者	文系100点以上	理系受験者	理系100点以上
28	3	3	1	1	1

[進学実績]　2019年3月までの進学状況　卒業者数　128

大学院	大学	短期大学	高専	専門学校	その他の学校	就職
5	22	1	0	84	0	1

[主な進学先]

愛知大学、名城大学、中京大学、四日市大学、愛知文教大学、名古屋デジタル工科専門学校、国際観光専門学校名古屋校、あいちビジネス専門学校

[主な就職先]

－

●特色1　少人数・能力別クラス編成・学級担任制度。

●特色2　日本語能力試験・日本留学試験対応。

●特色3　各種行事・国際交流プログラムを通じて日本文化・生活習慣を学習。

製作：J.TEST事務局 / 語文研究社

愛知県　名古屋市

告示校

なごやわいえむしーえーにほんごがくいん

名古屋YMCA日本語学院

Nagoya YMCA Japanese Language School

[TEL] 052-531-0077 [FAX] 052-531-0071
[eMAIL] nihongo@nagoyaymca.org
[URL] nagoyaymca.ac.jp
[SNS] @nagoyaymcanihongogakuin (フェイスブック)

[住所] 〒451-0062　名古屋市西区花の木1-1-18

[教育開始時期] 2018年04月

[行き方] 地下鉄「浅間町(せんげんちょう)駅」より徒歩2分

[設置者] 学校法人名古屋YMCA学園　(種別：学校法人)

[校長/別科長名] 万福寺昭美

[収容定員] 100人　二 部制

[教員数] 14人 (うち専任　3人)

[宿舎] 有　[料金] (月額) 48,500円 ～ 56,000円

[入学資格] 12年の学校教育を受けた者。高校卒業資格がある者。150時間以上の日本語学習またはN5以上。

[入学選抜方法] 書類選考、面接

[認定コース在籍者数] 56

[その他コース在籍者数] 11

内訳(人)：ベトナム(30)、台湾(12)、韓国(9)、ネパール(9)、フィリピン(5)
その他(2)[モンゴル、香港]

[教材]

初級	『大地』	初中級	『中級までに学ぶ日本語』『中級から学ぶ日本語』
中級	『中級から学ぶ日本語』『中級から上級への日本語』	上級	『上級で学ぶ日本語』

[基礎科目及び英語の授業] なし

[認定コース]

	目的	期間	時数	週数	入学月	選考料	入学金	授業料	その他	合計(円)
2年コース	一般	2年	1600	80	4	20,000	80,000	1,160,000	120,000	1,380,000
1年6月コース	一般	1年6か月	1200	60	10	20,000	80,000	870,000	90,000	1,060,000
1年コース	一般	1年	800	40	4	20,000	80,000	580,000	60,000	740,000

[認定以外のコース] なし

[日本語能力試験]　2018年度受験状況

	N1	N2	N3	N4	N5	合計
受験者数	3	2	8	3	0	16
認定者数	2	2	4	3	0	11

[日本留学試験]　2018年度受験状況

●第1回

日本語受験者	日本語219点以上	文系受験者	文系100点以上	理系受験者	理系100点以上
0	0	0	0	0	0

●第2回

日本語受験者	日本語219点以上	文系受験者	文系100点以上	理系受験者	理系100点以上
0	0	0	0	0	0

[進学実績]　2019年3月までの進学状況　卒業者数　1

大学院	大学	短期大学	高専	専門学校	その他の学校	就職
0	0	0	0	0	0	1

[主な進学先]

－

[主な就職先]

母国の日本産業

●特色1　教材による授業の他、スピーチ、ディスカッションなど、実践的な能力を高めるカリキュラム。

●特色2　校外学習が充実しており、大学生との交流や文化体験を通した日本理解を高める。

●特色3　ボランティアとの会話プログラムを取り入れ、日本語使用者としての能力を高める。

製作：J.TEST事務局 / 語文研究社

告示校

愛知県　名古屋市

なごやわいだぶりゅーしーえーがくいんにほんごがっこう

名古屋YWCA学院日本語学校

THE NAGOYA YWCA SCHOOL OF JAPANESE LANGUAGE

[TEL] 052-951-5527　[FAX] 052-951-5672
[eMAIL] nihongo@nagoya-ywca.or.jp
[URL] https://ywca.nagoya/
[SNS] https://www.facebook.com/nagoyaywca.jl/

[住所] 〒460-0004　愛知県名古屋市中区新栄町2-3　[教育開始時期] 1978年04月

[行き方] 地下鉄「栄駅」5番出口より徒歩3分

[設置者] 公益財団法人名古屋YWCA　(種別：公益財団法人)　[校長/別科長名] 川瀬節子

[収容定員] 100人　二 部制　[教員数] 17人(うち専任 2人)　[宿舎] 無　[料金] -

[入学資格] 学校教育12年課程修了以上及びこれと同等レベルの者　[入学選抜方法] 書類審査、保証人面接

[認定コース在籍者数] 30

[その他コース在籍者数] 92

内訳(人)：ネパール(18)、韓国(16)、中国(16)、フィリピン(14)、ブラジル(10)
その他(48)[アメリカ、インド、タイ、日本、ベトナム、アフガニスタン、イギリス、イタリア、インドネスア、ウクライナ、ウズベキスタン、オーストラリア、カナダ、カンボジア、スリランカ、台湾、チェコ、ドイツ、ニュージーランド、パキスタン、バングラディシュ、フランス、ペルー、香港、メキシコ]

[教材]

初級	オリジナルテキスト	初中級	オリジナルテキスト
中級	オリジナルテキスト	上級	オリジナルテキスト

[基礎科目及び英語の授業] なし

[認定コース]

	目的	期間	時数	週数	入学月	選考料	入学金	授業料	その他	合計(円)
本科	進学	1年	800	40	4	10,000	50,000	600,000	98,000	758,000
本科	一般	1年	800	40	10	10,000	50,000	600,000	98,000	758,000

[認定以外のコース] 日本語別科コース(週2回・3か月)夏期集中コース(7月～8月・1か月毎日)
日本語能力試験対策コース(N1・N2・N3)、プライベートレッスン

[日本語能力試験] 2018年度受験状況

	N1	N2	N3	N4	N5	合計
受験者数	2	4	7	0	0	13
認定者数	0	1	6	0	0	7

[日本留学試験] 2018年度受験状況

●第1回

日本語受験者	日本語219点以上	文系受験者	文系100点以上	理系受験者	理系100点以上
0	0	0	0	0	0

●第2回

日本語受験者	日本語219点以上	文系受験者	文系100点以上	理系受験者	理系100点以上
1	0	1	0	0	0

[進学実績] 2019年3月までの進学状況　卒業者数 22

大学院	大学	短期大学	高専	専門学校	その他の学校	就職
1	1	0	0	1	2	1

[主な進学先]

名城大学大学院、星城大学、HAL他

[主な就職先]

－

●特色1　少人数クラスで確かな基礎力と総合的コミュニケーション能力を育成

●特色2　初級から上級までの全てのクラスにおいて独自に開発したオリジナル教材を使用

●特色3　名古屋YWCA独自の給付型奨学金制度あり(一般奨学金9万円/1人×6名・難民奨学金:1年分学費)

製作:J.TEST事務局 / 語文研究社

愛知県　名古屋市　　告示校

ほいくかいごびじねすなごやせんもんがっこう

保育・介護・ビジネス名古屋専門学校

Nagoya College of Child Welfare, Care Worker & Business

[TEL] 052-222-5631　[FAX] 052-218-5838
[eMAIL] nihongo@nagoya-college.ac.jp
[URL] https://www.nagoya-college.ac.jp/
[SNS] https://www.facebook.com/nagoya.college/

[住所] 〒460-0002　愛知県名古屋市中区丸の内2-6-4　[教育開始時期] 1991年10月

[行き方] 地下鉄「丸の内駅」1番出口（舞鶴線）、4番出口（桜通線）徒歩5分

[設置者] 学校法人たちばな学園　（種別：準学校法人）　[校長/別科長名] 中島範（理事長）、長田泰彦（校長）

[収容定員] 120人　二 部制　[教員数] 10人（うち専任 3人）　[宿舎] 無　[料金] ー

[入学資格] ①外国において12年の学校教育を修了し、その国の大学入学資格を有する者。②日本語能力試験N5以上、J. TEST F級以上、又は同等レベルの者。③入学から卒業までの学費、生活費が確実に支弁できる者。

[入学選抜方法] 書類審査、面接、日本語筆記試験（日本語能力試験N5相当）

[認定コース在籍者数] 59

[その他コース在籍者数] 0

内訳(人)：ベトナム(40)、ネパール(16)、カンボジア(3)

[教材]

初級	『みんなの日本語 初級』	初中級	『中級へ行こう』『新完全マスター文法 N3』
中級	『日本語能力試験対策 N2文法総まとめ』	上級	『新完全マスター文法 N1』

[基礎科目及び英語の授業] なし

[認定コース]

	目的	期間	時数	週数	入学月	選考料	入学金	授業料	その他	合計(円)
日本語B学科	進学	2年	1680	84	4	10,000	100,000	1,060,000	190,000	1,360,000
日本語D学科	進学	2年	1680	84	10	10,000	100,000	1,060,000	190,000	1,360,000

[認定以外のコース] なし

[日本語能力試験]　2018年度受験状況

	N1	N2	N3	N4	N5	合計
受験者数	1	13	38	0	0	52
認定者数	0	2	16	0	0	18

[日本留学試験]　2018年度受験状況

●第1回

日本語受験者	日本語219点以上	文系受験者	文系100点以上	理系受験者	理系100点以上
2	0	2	0	0	0

●第2回

日本語受験者	日本語219点以上	文系受験者	文系100点以上	理系受験者	理系100点以上
3	2	0	0	0	0

[進学実績]　2019年3月までの進学状況　卒業者数 25

大学院	大学	短期大学	高専	専門学校	その他の学校	就職
0	2	0	0	20	3	0

[主な進学先]

中京大学、星城大学、愛知日産自動車大学校、名古屋デジタル工科専門学校、保育・介護・ビジネス名古屋専門学校、東京福祉大学(研究生)

[主な就職先]

ー

●特色1　日本留学試験対策や日本語能力試験対策の授業もあります。

●特色2　年に数回、遠足やパーティーなどの行事があります。

●特色3　少人数クラスによる授業と、学生個々に対する進路指導を行っています。

製作：J.TEST事務局 / 語文研究社

告示校

愛知県　犬山市

なごやきょういくがくいん

名古屋教育学院

NAGOYA ACADEMY OF EDUCATION

[TEL] 0568-62-6800 [FAX] 0568-61-6664
[eMAIL] nihongo@fftt.biz
[URL] http://www.fftt.biz/nihongo
[SNS]

[住所] 〒484-0085 愛知県犬山市大字犬山字西古券77-12

[教育開始時期] 2010年04月

[行き方] 名鉄「犬山駅」西口より徒歩5分

[設置者] 有限会社福元産業 (種別：有限会社)

[校長/別科長名] 長谷川すま子

[収容定員] 300人 二 部制　[教員数] 19人 (うち専任 5人)

[宿舎] 有 [料金] (月額) 19,000円 ～ 25,000円

[入学資格] 12年課程修了以上及びこれと同等レベルの者

[入学選抜方法] 書類審査、本人面接、保証人面接、能力適性試験

[認定コース在籍者数] 258

[その他コース在籍者数] 1

内訳(人)：
ベトナム(216)、中国(3)、タイ(1)

[教材]

初級	『みんなの日本語 初級』	初中級	『学ぼう! にほんご初中級』
中級	『学ぼう! にほんご中級』	上級	『学ぼう! にほんご中上級』

[基礎科目及び英語の授業] なし

[認定コース]

	目的	期間	時数	週数	入学月	選考料	入学金	授業料	その他	合計(円)
進学2年コース	進学	2年	1520	76	4	21,000	84,000	1,200,000	120,000	1,425,000
進学1年半コース	進学	1年6か月	1140	57	10	21,000	84,000	900,000	90,000	1,095,000
進学1年3か月コース	進学	1年3か月	950	47.5	1	21,000	84,000	750,000	75,000	930,000
進学1年9か月コース	進学	1年9か月	1330	66.5	7	21,000	84,000	1,050,000	105,000	1,260,000

[認定以外のコース] 聴講生コース

[日本語能力試験] 2018年度受験状況

	N1	N2	N3	N4	N5	合計
受験者数	0	15	25	0	0	40
認定者数	0	39	58	0	0	97

[日本留学試験] 2018年度受験状況

●第1回

日本語受験者	日本語219点以上	文系受験者	文系100点以上	理系受験者	理系100点以上
52	10	25	5	15	9

●第2回

日本語受験者	日本語219点以上	文系受験者	文系100点以上	理系受験者	理系100点以上
10	3	10	2	15	7

[進学実績] 2019年3月までの進学状況　卒業者数 123

大学院	大学	短期大学	高専	専門学校	その他の学校	就職
0	16	2	0	93	0	2

[主な進学先]

名古屋経済大学、日本経済大学、中京学院大学、中部学院大学、保育・介護、ビジネス名古屋専門学校、エール学園

[主な就職先]

－

●特色1　静かで勉学にふさわしい環境である。

●特色2　教師と学生の距離感を短くし、楽しくアットホームな雰囲気を心がけている。

●特色3　学生一人ひとりの希望に沿える進学指導をする。

製作：J.TEST事務局 / 語文研究社

愛知県　岡崎市

告示校

がっこうほうじんはっとりがくえんやまさげんごぶんかがくいん

学校法人服部学園 YAMASA言語文化学院

THE YAMASA INSTITUTE

[TEL] 0564-55-8111　[FAX] 0564-55-8113

[eMAIL] info@yamasa.org

[URL] http://www.yamasa.org

[SNS] https://www.facebook.com/yamasainstitute/

[住所] 〒444-8691　愛知県岡崎市羽根東町1-2-1

[教育開始時期] 1992年04月

[行き方] JR東海道線「岡崎駅」下車または愛知環状線「岡崎駅」下車、東出口方向徒歩7分

[設置者] 学校法人服部学園　(種別：学校法人)

[校長/別科長名] 香村恭子

[収容定員] 120人　一 部制

[教員数] 42人 (うち専任　4人)

[宿舎] 有　[料金] (月額) 24,000円 ～82,000円

[入学資格] 12年課程修了以上またはこれと同等レベル・日本語学習150時間以上 (留学ビザの場合)

[入学選抜方法] 書類審査、本人面接 他

[認定コース在籍者数] 78

[その他コース在籍者数] 70

内訳(人): 台湾(39)、ブラジル(32)、米国(17)、中国(11)、ベトナム(10)
その他(39)[イタリア、オーストラリア、カナダ、韓国、サウジアラビア、スウェーデン、タイ、スペイン、ドイツ、スイス、フランス、シンガポール]

[教材]

初級	『みんなの日本語』	初中級	『ニューアプローチ 基礎編』
中級	『ニューアプローチ 基礎編』『ニューアプローチ 応用編』	上級	『上級で学ぶ日本語』『オリジナル教材』

[基礎科目及び英語の授業] なし

[認定コース]

	目的	期間	時数	週数	入学月	選考料	入学金	授業料	その他	合計(円)
日本語学科Ⅰ	進学就職	2年	1912	80	4	22,000	109,400	1,246,200	430,400	1,808,000
日本語学科Ⅱ	進学就職	1年6か月	1434	60	10	22,000	109,400	943,800	322,800	1,398,000
日本語学科Ⅲ	進学就職	1年	956	40	1,4,7,10	22,000	109,400	641,400	215,200	988,000

[認定以外のコース] プライベートコース・SILAC(会話)コース・JBPP(ビジネス日本語)コース、Miniコース

[日本語能力試験] 2018年度受験状況

	N1	N2	N3	N4	N5	合計
受験者数	15	33	23	8	1	80
認定者数	7	24	19	7	1	58

[日本留学試験] 2018年度受験状況

●第1回

日本語受験者	日本語219点以上	文系受験者	文系100点以上	理系受験者	理系100点以上
1	0	0	0	0	0

●第2回

日本語受験者	日本語219点以上	文系受験者	文系100点以上	理系受験者	理系100点以上
1	1	0	0	0	0

[進学実績] 2019年3月までの進学状況　卒業者数 109

大学院	大学	短期大学	高専	専門学校	その他の学校	就職
2	2	0	0	2	1	10

[主な進学先]

東京工業大学、愛知産業大学、HAL

[主な就職先]

英語教師、設計事務所、貿易会社、タイ航空、JTB

●特色1　技能別クラスで苦手な技能を集中して学ぶことができる。総合クラスで日本人とのインタビュー活動やアウトプットがしっかりできる。多くの選択クラスがあり、レベルにあった自分の好きな授業を選ぶことができる。

●特色2　キャンパス内には、フィットネスジム、クライミングジム、カフェ、FMラジオ局などがあり、多彩な日本語に触れることができる。

●特色3　多国籍の学生が集うことにより、共通語はいつも日本語。集中会話の短期コース(毎週入学可能)と、就職、進学の長期コースがある。

製作：J.TEST事務局 / 語文研究社

告示校

愛知県　春日井市

きょうしんらんげーじあかでみーなごやきたこう

京進ランゲージアカデミー 名古屋北校

Kyoshin Language Academy Nagoya-Kita

[TEL] 0568-37-0262 [FAX] 0568-37-0263
[eMAIL] -
[URL] http://www.kla.ac/
[SNS] Facebook：京進ランゲージアカデミー名古屋北校

[住所] 〒487-0016　愛知県春日井市高蔵寺町北3丁目9番地15

[教育開始時期] 2016年04月

[行き方] JR「高蔵寺駅」から徒歩5分

[設置者] 株式会社京進　（種別：株式会社）

[校長/別科長名] 渡邊正敏

[収容定員] 180人　二 部制　[教員数] 17人（うち専任 5人）

[宿舎] 有　[料金]（月額）25,000円 ～ 30,000円

[入学資格] ①小学校から就学年数が12年以上あること。最終学歴が高校卒業の場合、日本語能力試験N5相当以上の日本語能力を有すること。また150時間以上の日本語学習歴があること。 ②誠実かつ勤勉で学習意欲のある者 ③経費支弁者に十分な支弁能力があること

[入学選抜方法] 書類選考、面接

[認定コース在籍者数] 133

[その他コース在籍者数] 3

内訳(人)：ネパール(49)、ベトナム(28)、スリランカ(22)、ミャンマー(19)、中国(9)
その他(6)[インド、インドネシア]

[教材]

初級	『みんなの日本語』	初中級	『中級へ行こう』
中級	『TRY! N3』『TRY! N2』	上級	『上級で学ぶ日本語』

[基礎科目及び英語の授業] なし

[認定コース]

	目的	期間	時数	週数	入学月	選考料	入学金	授業料	その他	合計(円)
大学進学2年コース	進学	2年	1520	76	4	22,000	55,000	1,452,000	132,000	1,661,000
大学進学1年9ヶ月コース	進学	1年9か月	1330	67	7	22,000	55,000	1,270,500	115,500	1,463,000
大学進学1年6ヶ月コース	進学	1年6か月	1140	57	10	22,000	55,000	1,089,000	99,000	1,265,000
大学進学1年3ヶ月コース	進学	1年3か月	950	48	1	22,000	55,000	907,500	82,500	1,067,000

[認定以外のコース] なし

[日本語能力試験] 2018年度受験状況

	N1	N2	N3	N4	N5	合計
受験者数	0	2	20	0	0	22
認定者数	0	1	3	0	0	4

[日本留学試験] 2018年度受験状況

●第1回

日本語受験者	日本語219点以上	文系受験者	文系100点以上	理系受験者	理系100点以上
1	0	0	0	0	0

●第2回

日本語受験者	日本語219点以上	文系受験者	文系100点以上	理系受験者	理系100点以上
3	0	0	0	0	0

[進学実績] 2019年3月までの進学状況　卒業者数 31

大学院	大学	短期大学	高専	専門学校	その他の学校	就職
0	3	2	26	0	0	0

[主な進学先]

愛知文教大学、中日本自動車短期大学、国際観光専門学校、ELICビジネス＆公務員専門学校

[主な就職先]

－

●特色1　ITを駆使したわかりやすい授業。

●特色2　漢字を様々なツールを使って楽しく学ぶ。

●特色3　N2、N1取得を目指しながらも、自分自身のことや自分の意見を表現することを重視した授業。

製作：J.TEST事務局 / 語文研究社

愛知県 小牧市 | 告示校

あいりす・じゃぱにーずらんげーじすくーる

アイリス・ジャパニーズランゲージスクール

Iris Japanese Language School

[TEL] 0568-71-7888 [FAX] 0568-71-7889
[eMAIL] info@irisjapan.co.jp
[URL] https://irisjapan.co.jp/
[SNS] https://www.facebook.com/Iris-Japanese-Language-School-209581016216254/

[住所] 〒485-0029 愛知県小牧市中央二丁目34番地 ダイコーアネックスビル3階

[教育開始時期] 2017年04月

[行き方] 名鉄小牧線「小牧駅」より徒歩5分

[設置者] 株式会社ニッセイ (種別:株式会社)

[校長/別科長名] 松井直人

[収容定員] 120人 二 部制 [教員数] 9人 (うち専任 5 人)

[宿舎] 有 [料金] (月額) 15,000円 ～

[入学資格] 12年以上の学校教育修了、日本語能力試験N5相当以上、卒業までの学費・生活費を支弁できること、学習意欲のある者

[入学選抜方法] 書類審査、面接(母国語、日本語)、筆記試験

[認定コース在籍者数] 81

[その他コース在籍者数] 0

内訳(人): ベトナム(76)、ネパール(3)、フィリピン(2)

[教材]

初級	『J Bridge』	初中級	『中級へ行こう』
中級	『中級から学ぶ日本語』	上級	『テーマ別上級で学ぶ日本語』

[基礎科目及び英語の授業] なし

[認定コース]

	目的	期間	時数	週数	入学月	選考料	入学金	授業料	その他	合計(円)
一般2年コース	一般	2年	1560	78	4,10	20,000	51,500	1,230,000	132,000	1,433,500

[認定以外のコース] なし

[日本語能力試験] 2018年度受験状況

	N1	N2	N3	N4	N5	合計
受験者数	1	22	86	0	0	109
認定者数	0	6	19	0	0	25

[日本留学試験] 2018年度受験状況

●第1回

日本語受験者	日本語219点以上	文系受験者	文系100点以上	理系受験者	理系100点以上
0	0	0	0	0	0

●第2回

日本語受験者	日本語219点以上	文系受験者	文系100点以上	理系受験者	理系100点以上
5	1	0	0	0	0

[進学実績] 2019年3月までの進学状況 卒業者数 48

大学院	大学	短期大学	高専	専門学校	その他の学校	就職
0	8	0	0	35	0	4

[主な進学先]

名古屋経済大学、保育・介護・ビジネス専門学校、名鉄自動車専門学校、新潟医療福祉カレッジ

[主な就職先]

建築、IT

●特色1 「聞く」「話す」「読む」「書く」の4技能を総合的に高める。

●特色2 経験豊富な講師陣による学習・進路指導。

●特色3 充実した学生サポート。

製作:J.TEST事務局 / 語文研究社

告示校

愛知県　知立市

えいちあんどえーにほんごがっこう

H&A日本語学校

H&A JAPANESE LANGUAGE SCHOOL

[TEL] 0566-95-0517 [FAX] 0566-81-9008
[eMAIL] nihongo2@arms.co.jp
[URL] http://arms.co.jp
[SNS] https://www.facebook.com/nihongo2.arms.co.jp/

[住所] 〒472-0023 愛知県知立市西町西73番地

[教育開始時期] 2019年4月

[行き方] 名鉄名古屋本線「知立駅」から徒歩13分

[設置者] ARMS株式会社 (種別：株式会社)

[校長/別科長名] 竹本禎久

[収容定員] 100人 二 部制 [教員数] 5人 (うち専任 4人)

[宿舎] 有 [料金] (月額)22,000～30,000円

[入学資格] 日本語能力検定N5合格相当レベル以上（1年コースはN3相当レベル以上）、12年以上の学校教育またはそれに準ずる課程を修了していること

[入学選抜方法] 面接、筆記（日本語、数学）

[認定コース在籍者数] 41

[その他コース在籍者数] 0

内訳(人): ネパール(25)、中国(16)、ベトナム(1)

[教材]

初級	『みんなの日本語』	初中級	『中級へ行こう』
中級		上級	『N1対策テキスト』

[基礎科目及び英語の授業] 無

[認定コース]

	目的	期間	時数	週数	入学月	選考料	入学金	授業料	その他	合計(円)
総合2年コース	進学就職	2年	1600	80	4	33,000	55,000	1,232,000	88,000	1,408,000
総合1年6か月コース	進学就職	1年6か月	1200	60	10	33,000	55,000	924,000	66,000	1,078,000
総合1年コース	進学就職	1年	800	40	4	33,000	55,000	616,000	55,000	759,000

[認定以外のコース] なし

[日本語能力試験] 2018年度受験状況

	N1	N2	N3	N4	N5	合計
受験者数						0
認定者数						0

[日本留学試験] 2018年度受験状況

●第1回

日本語受験者	日本語219点以上	文系受験者	文系100点以上	理系受験者	理系100点以上
0					

●第2回

日本語受験者	日本語219点以上	文系受験者	文系100点以上	理系受験者	理系100点以上
0					

[進学実績] 2019年3月までの進学状況 卒業者数 0

大学院	大学	短期大学	高専	専門学校	その他の学校	就職

[主な進学先]

[主な就職先]

●特色1 進学だけでなく、就職を目指せるコースを目指しています。

●特色2

●特色3

製作：J.TEST事務局 / 語文研究社

三重県　四日市市

告示校

いんたーなしょなるにっぽんがっこう

インターナショナル日本学校

International Nippon School

[TEL] 059-356-8155 [FAX] 059-356-8156
[eMAIL] nipponschool@gmail.com
[URL] http://www.nipponschool.jp/
[SNS] ―

[住所] 〒510-0089　三重県四日市市西町5番12号 ウエストレジデンス1F

[教育開始時期] 2017年04月

[行き方] 近鉄「四日市駅」北口より北に徒歩約10分

[設置者] 株式会社斉藤　(種別:株式会社)

[校長/別科長名] 廣瀬和美

[収容定員] 150人　二 部制　[教員数] 7人(うち専任 3人)

[宿舎] 有　[料金] (月額) 18,000円 ～

[入学資格] 12年課程修了以上及びこれと同等レベルの者

[入学選抜方法] 書類審査、本人面接、入学選考試験

[認定コース在籍者数] 53

[その他コース在籍者数] 0

内訳(人):
ネパール(38)、スリランカ(8)、ベトナム(6)、インド(1)

[教材]

初級	『みんなの日本語 初級』『みんなの日本語 初級Ⅱ』	初中級	『みんなの日本語 初中級』『みんなの日本語 中級』
中級	『みんなの日本語 中級』	上級	―

[基礎科目及び英語の授業] なし

[認定コース]

	目的	期間	時数	週数	入学月	選考料	入学金	授業料	その他	合計(円)
進学1年6か月コース	進学	1年6か月	1140	57	10	20,000	80,000	832,500	0	932,500
進学2年コース	進学	2年	1520	76	4	20,000	80,000	1,110,000	0	1,210,000

[認定以外のコース] なし

[日本語能力試験] 2018年度受験状況

	N1	N2	N3	N4	N5	合計
受験者数	1	11	127	10	0	149
認定者数	0	1	17	2	0	20

[日本留学試験] 2018年度受験状況

●第1回

日本語受験者	日本語219点以上	文系受験者	文系100点以上	理系受験者	理系100点以上
14	1	0	0	0	0

●第2回

日本語受験者	日本語219点以上	文系受験者	文系100点以上	理系受験者	理系100点以上
0	0	0	0	0	0

[進学実績] 2019年3月までの進学状況　卒業者数 85

大学院	大学	短期大学	高専	専門学校	その他の学校	就職
0	18	8	0	57	0	0

[主な進学先]

南山大学、四日市大学、鈴鹿大学、高田短期大学、中日本自動車短期大学、名古屋デジタル工科専門学校、国際観光専門学校

[主な就職先]

―

●特色1　大学、専門学校への進学を目的とする教育を提供。

●特色2　経験豊富な教師陣による質の高い授業。

●特色3　学生一人一人が充実した留学生活を送れるように、学生寮、アルバイト、病気等の相談に対応。

製作:J.TEST事務局 / 語文研究社

告示校

三重県　四日市市

よっかいちにほんごがっこう

四日市日本語学校

Yokkaichi Japanese Language School

[TEL] 059-352-1751 [FAX] 059-352-1597
[eMAIL] yjls@cty-net.ne.jp
[URL] http://yjls.jp
[SNS] —

[住所] 〒510-0087　三重県四日市市西新地13-13

[教育開始時期] 1992年04月

[行き方] 近鉄「四日市駅」から徒歩7分程度

[設置者] 株式会社修学社　(種別：株式会社)

[校長/別科長名] 石原正敬

[収容定員] 180人　二 部制

[教員数] 15人 (うち専任　5 人)

[宿舎] 有　[料金] (月額) 20,000円 ～ 30,000円

[入学資格] 最低12年教育歴あり
日本語150時間以上学習歴あり

[入学選抜方法] 書類及び面接

[認定コース在籍者数] 126

[その他コース在籍者数] 18

内訳(人)：
ネパール(78)、ベトナム(37)、中国(14)、台湾(3)、ブラジル(2)
その他(10)[スリランカ、フィリピン、イラン、カンボジア、ペルー、バングラデシュ]

[教材]

初級	『みんなの日本語 初級』	初中級	『ニューアプローチ 基礎編』
中級	『中級から学ぶ日本語』	上級	『ニューアプローチ 完成編』

[基礎科目及び英語の授業] なし

[認定コース]

	目的	期間	時数	週数	入学月	選考料	入学金	授業料	その他	合計(円)
進学Ⅱ	進学	2年	1520	76	4	20,000	80,000	1,200,000	55,000	1,355,000
進学Ⅰ	進学	1年6か月	1140	57	10	20,000	80,000	900,000	45,000	1,045,000

[認定以外のコース] なし

[日本語能力試験]　2018年度受験状況

	N1	N2	N3	N4	N5	合計
受験者数	2	29	127	3	0	161
認定者数	0	4	30	0	0	34

[日本留学試験]　2018年度受験状況

●第1回

日本語受験者	日本語219点以上	文系受験者	文系100点以上	理系受験者	理系100点以上
70	2	0	0	0	0

●第2回

日本語受験者	日本語219点以上	文系受験者	文系100点以上	理系受験者	理系100点以上
2	0	0	1	0	0

[進学実績]　2019年3月までの進学状況　卒業者数　63

大学院	大学	短期大学	高専	専門学校	その他の学校	就職
1	21	2	0	26	13	0

[主な進学先]

名古屋市立大学大学院　愛知大学　星城大学　四日市大学　鈴鹿大学　中日本自動車短期大学　津文化服装専門学校　日産愛知自動車大学　HAL名古屋　国際観光専門学校　名古屋デジタル工科専門学校　四日市福祉専門学校　鈴鹿オフィスワーク医療福祉専門学校　トライデント外国語・ホテル・ブライダル専門学校　四日市情報外語専門学校

[主な就職先]

—

●特色1　きめ細かな進路指導・生活指導の徹底。

●特色2　勉学に適した環境・地域社会との交流の機会作り。

●特色3　独自の指導内容強化による高い進学率。

製作：J.TEST事務局 / 語文研究社

京都府　京都市

告示校

あーくきょうとにほんごがっこう

ARC京都日本語学校

ARC academy Kyoto

[TEL] 075-353-7566　[FAX] 075-353-7567
[eMAIL] kyoto@arc-academy.co.jp
[URL] http://japanese.arc-academy.net/
[SNS] https://www.facebook.com/arckyoto/

[住所] 〒604-0093　京都市中京区弁財天町297番地

[教育開始時期] 2014年04月

[行き方] 京都市営地下鉄「丸太町駅」4番出口から徒歩5分

[設置者] 学校法人国際学友会　（種別：学校法人）

[校長/別科長名] 宮耕

[収容定員] 178人　二 部制　[教員数] 19人（うち専任　9人）

[宿舎] 無　[料金] -

[入学資格] 満18歳以上またはそれに準ずる者。

[入学選抜方法] 書類審査、本人面接、能力適性試験

[認定コース在籍者数] 94

[その他コース在籍者数] 14

内訳(人)：中国(27)、台湾(13)、アメリカ(12)、スペイン(8)、メキシコ(8)
その他(40)[韓国、スウェーデン、イタリア、フランス、香港、ドイツ、オランダ、チリ、イギリス、インドネシア、オーストラリア、オーストリア、カナダ、コスタリカ、コロンビア、ベトナム、ペルー、ホンジュラス、マレーシア、ロシア]

[教材]

初級	『みんなの日本語』他	初中級	『わたしの見つけた日本』他
中級	『学ぼう! にほんご 中級』他	上級	『学ぼう! にほんご 上級』『日本語中級 J-501』他

[基礎科目及び英語の授業] なし

[認定コース]

	目的	期間	時数	週数	入学月	選考料	入学金	授業料	その他	合計(円)
長期日本語コース	一般	2年	1600	80	4,10	30,000	70,000	1,440,000	0	1,540,000

[認定以外のコース] 集中日本語コース、プライベートレッスン

[日本語能力試験] 2018年度受験状況

	N1	N2	N3	N4	N5	合計
受験者数	17	37	15	6	5	80
認定者数	3	24	10	4	3	44

[日本留学試験] 2018年度受験状況

●第1回

日本語受験者	日本語219点以上	文系受験者	文系100点以上	理系受験者	理系100点以上
3	2	3	3	0	0

●第2回

日本語受験者	日本語219点以上	文系受験者	文系100点以上	理系受験者	理系100点以上
7	4	7	4	0	0

[進学実績] 2019年3月までの進学状況　卒業者数 46

大学院	大学	短期大学	高専	専門学校	その他の学校	就職
4	3	0	0	8	0	6

[主な進学先]

大阪大学大学院、大阪産業大学大学院、京都外国語大学大学院、大阪産業大学、京都産業大学、ECC国際外語専門学校、大阪デザイナー専門学校、京都伝統工芸大学校

[主な就職先]

株式会社フェリシモ、マブチ英会話教室epion、ホテルエムズプラス四条大宮

●特色1　コミュニケーション能力の向上を重視した授業。

●特色2　実際の生活で役に立つ実践的な授業。

●特色3　きめ細かい進学・就職サポート。

製作：J.TEST事務局 / 語文研究社

告示校

京都府 京都市

あいえすあいらんげーじすくーるきょうとこう

ISIランゲージスクール 京都校

ISI LANGUAGE SCHOOL KYOTO

[TEL] 075-803-6120 [FAX] 075-803-6130
[eMAIL] isikyoto@isi-global.com
[URL] http://www.isi-education.com/
[SNS] —

[住所] 〒604-8497 京都府京都市中京区西ノ京両町6-6

[教育開始時期] 2013年04月

[行き方] JR山陰本線「円町駅」から徒歩7分

[設置者] 株式会社アイ・エス・アイ (種別:株式会社)

[校長/別科長名] 荻野正昭

[収容定員] 505人 二 部制

[教員数] 48人(うち専任 9人)

[宿舎] 有 [料金] (月額) 40,000円 ～ 70,000円

[入学資格] 当校入学時に12年以上の学校教育またはそれに順ずる課程を修了している方
留学期間中の経費支弁能力がある方
勉学意欲のある方

[入学選抜方法] 書類選考、本人面接、能力適性試験、経費支弁者面接

[認定コース在籍者数] 286

[その他コース在籍者数] 75

内訳(人): 中国(158)、台湾(45)、韓国(31)、イタリア(15)、英国(9)
その他(103)[アメリカ、ベトナム、スペイン、スウェーデン、ネパール、マレーシア、タイ、オーストラリア、メキシコ、フランス、コロンビア、インドネシア、スイス、カナダ、ロシア、チリ、ドイツ]

[教材]

初級	『みんなの日本語 初級Ⅰ』	初中級	『みんなの日本語 初級Ⅱ』
中級	『中級から学ぶ日本語』	上級	『上級で学ぶ日本語』

[基礎科目及び英語の授業] なし

[認定コース]

	目的	期間	時数	週数	入学月	選考料	入学金	授業料	その他	合計(円)
大学進学1年3か月コース	進学	1年3か月	1000	50	1	22,000	55,000	850,000	82,500	1,009,500
大学進学1年半コース	進学	1年6か月	1200	60	10	22,000	55,000	1,020,000	99,000	1,196,000
大学進学1年9か月コース	進学	1年9か月	1400	70	7	22,000	55,000	1,190,000	115,500	1,382,500
大学進学2年コース	進学	2年	1600	80	4	22,000	55,000	1,360,000	132,000	1,569,000

[認定以外のコース] 短期オリジナルコース(4・7・10月コース開始、2週間～)
レベル:初級から中級(N3相当まで)、費用:2週間 65,150円、1か月 106,800円、3か月 235,250円

[日本語能力試験] 2018年度受験状況

	N1	N2	N3	N4	N5	合計
受験者数	29	82	51	16	1	179
認定者数	11	40	017	7	1	76

[日本留学試験] 2018年度受験状況

●第1回

日本語受験者	日本語219点以上	文系受験者	文系100点以上	理系受験者	理系100点以上
23	9	18	8	3	0

●第2回

日本語受験者	日本語219点以上	文系受験者	文系100点以上	理系受験者	理系100点以上
47	36	18	15	12	0

[進学実績] 2019年3月までの進学状況 卒業者数 136

大学院	大学	短期大学	高専	専門学校	その他の学校	就職
10	23	0	0	55	0	11

[主な進学先]

大阪市立大学大学院、関西学院大学大学院、京都造形大学大学院、近畿大学、京都精華大学、大阪観光大学、関西社会福祉専門学校 他

[主な就職先]

リジョイスステイ京都烏丸御池(ホテル)、寺子屋(お土産販売)、グルービーインターナショナルプリスクール(英語学童)、株式会社キィポーション(製造)、株式会社洛(住宅設計) 他

●特色1 京都の中心に位置し、和を感じさせる校舎と最新のICT環境が整った設備で学習できる。

●特色2 ニーズと目的に合わせた選択授業が出来る。

●特色3 進路に向けたサポート体制が充実している。

京都府　京都市　　告示校

かめいがくえんにほんごがっこうきょうとこう

瓶井学園日本語学校 京都校

KAMEIGAKUEN JAPANENE languague school Kyoto school

[TEL] 075-205-5374 [FAX] 075-205-5374
[eMAIL] kanbe@kamei.ac.jp
[URL] http://kamei-nihongo.com/kyoto.html
[SNS] www.facebook.com/kameigakuenkyoto/

[住所] 〒607-8211 京都府京都市山科区勧修寺東栗栖野町83　[教育開始時期] 2019年04月

[行き方] 京都市営地下鉄「椥辻（なぎつじ）駅」より右手に山科区役所、左手になぎ辻病院を見て7、8分歩く。左手にホンダバイク店の見える交差点をホンダの方に曲がり、そのまま坂をくだって5、6分歩く。

[設置者] 学校法人瓶井学園　(種別：学校法人)　[校長/別科長名] 瓶井修

[収容定員] 100人 二 部制　[教員数] 6人 (うち専任 2人)　[宿舎] 有　[料金] (月額) 20,000円 ～

[入学資格] 12年以上の学校教育、又はそれに準ずる課程を修了した者。　[入学選抜方法] 書類審査、面接、能力適性検査。

[認定コース在籍者数] 13
[その他コース在籍者数] 0
内訳(人)：
ベトナム(7)、ネパール(6)

[教材]

初級	『みんなの日本語』	初中級	『中級へ行こう』
中級	『中級から学ぶ』	上級	『上級で学ぶ』

[基礎科目及び英語の授業] なし

[認定コース]

	目的	期間	時数	週数	入学月	選考料	入学金	授業料	その他	合計(円)
進学2年	進学	2年	1800	72	4	20,000	60,000	1,320,000	112,000	1,512,000
進学1年	進学	1年	900	36	4	20,000	60,000	660,000	56,000	796,000
進学1.5年	進学	1年6か月	1350	54	10	20,000	60,000	990,000	84,000	1,154,000

[認定以外のコース] なし

[日本語能力試験] 2018年度受験状況

	N1	N2	N3	N4	N5	合計
受験者数	−	−	−	−	−	−
認定者数	−	−	−	−	−	−

[日本留学試験] 2018年度受験状況

●第1回

日本語受験者	日本語219点以上	文系受験者	文系100点以上	理系受験者	理系100点以上
−	−	−	−	−	−

●第2回

日本語受験者	日本語219点以上	文系受験者	文系100点以上	理系受験者	理系100点以上
−	−	−	−	−	−

[進学実績] 2019年3月までの進学状況　卒業者数 −

大学院	大学	短期大学	高専	専門学校	その他の学校	就職
−	−	−	−	−	−	−

[主な進学先]
※新規校につきデータなし

[主な就職先]
※新規校につきデータなし

●特色1　クラス担任と母語対応職員の連携体制によるきめ細かな対応で受験などの進路指導、学習指導および生活指導を行う。

●特色2　学校法人瓶井学園グループ内の専門学校の多彩な学科、コースの教育環境を活用して進路指導を行う。

●特色3　京都の地にあることを十分生かして伝統文化の体験を積み、日本語、日本文化への理解を深める。

告示校

京都府　京都市

がっこうほうじんいくえいかんかんさいごげんがくいん

学校法人育英館
関西語言学院
Academy of Kansai Language School

[TEL] 075-647-1000 [FAX] 075-647-1217
[eMAIL] guojibu@kansaigogen.ac.jp
[URL] http://www.kansaigogen.ac.jp
[SNS] ―

[住所] 〒612-8401 京都府京都市伏見区深草下川原町39-12　[教育開始時期] 1992年10月
[行き方] 京都市営地下鉄「くいな橋駅」から徒歩7分、京阪電車「伏見稲荷駅」から徒歩8分

[設置者] 学校法人育英館 (種別：準学校法人)　[校長/別科長名] 松尾英孝
[収容定員] 940人 二 部制　[教員数] 52人 (うち専任 16 人)　[宿舎] 有 [料金] (月額) 23,000円 ～ 40,000円

[入学資格] 12年課程修了以上及びこれと同等レベルの者。日本語能力試験N5以上。
[入学選抜方法] 書類審査、本人面接、支弁者面接、能力適性試験

[認定コース在籍者数] 429
[その他コース在籍者数] 0
内訳(人)：
中国(427)、フランス(1)、日本(1)

[教材]

初級	『みんなの日本語 初級』	初中級	―
中級	『ニューアプローチ基礎編』	上級	入試問題・新聞 他

[基礎科目及び英語の授業] 総合科目、数学コース1、数学コース2、物理、化学、生物、英語

[認定コース]

	目的	期間	時数	週数	入学月	選考料	入学金	授業料	その他	合計(円)
進学1年半コース	進学	1年6か月	1200	60	10	30,000	50,000	780,000	300,000	1,160,000
進学2年コース	進学	2年	1600	80	4	30,000	50,000	1,040,000	400,000	1,520,000
進学準備教育1年コース	準備教育	1年	800	40	4	30,000	50,000	520,000	200,000	800,000
進学準備教育1年半コース	準備教育	1年6か月	1200	60	10	30,000	50,000	780,000	300,000	1,160,000

[認定以外のコース] なし

[日本語能力試験] 2018年度受験状況

	N1	N2	N3	N4	N5	合計
受験者数	223	136	12	0	0	371
認定者数	77	65	6	0	0	148

[日本留学試験] 2018年度受験状況

●第1回

日本語受験者	日本語219点以上	文系受験者	文系100点以上	理系受験者	理系100点以上
282	230	128	100	132	102

●第2回

日本語受験者	日本語219点以上	文系受験者	文系100点以上	理系受験者	理系100点以上
482	423	211	171	256	235

[進学実績] 2019年3月までの進学状況　卒業者数 464

大学院	大学	短期大学	高専	専門学校	その他の学校	就職
53	356	0	0	29	0	3

[主な進学先]
東京大学大学院、京都大学大学院、北海道大学大学院、早稲田大学大学院、東京大学、京都大学、大阪大学、名古屋大学、東京工業大学、一橋大学、九州大学、東北大学、北海道大学、慶応義塾大学、早稲田大学、同志社大学 他

[主な就職先]
―

●特色1 国公立・有名私立大学及び大学院への進学のための日本語教育を目標とする。

●特色2 日本留学試験高得点及び日本語能力試験N1合格をめざす。

●特色3 日本の風俗、習慣、文化、歴史等に対する理解を深める。

製作：J.TEST事務局 / 語文研究社

京都府　京都市　　告示校

きょうしんらんげーじあかでみーきょうとちゅうおうこう

京進ランゲージアカデミー 京都中央校

Kyoshin Language Academy Kyoto Chuo School

[TEL] 075-352-0695　[FAX] 075-352-0690
[eMAIL] kla-kyoto@kla.ac
[URL] http://www.kla.ac/jp/kyoto_chuo/
[SNS] https://www.facebook.com/KLA.KyotoChuo/

[住所] 〒600-8439　京都府京都市下京区室町通五条上る坂東屋町272　**[教育開始時期]** 2014年04月

[行き方] 地下鉄烏丸線「五条駅」2番出口から徒歩2分

[設置者] 株式会社京進　（種別：株式会社）　**[校長/別科長名]** 渡邊正敏

[収容定員] 270人　二 部制　**[教員数]** 26人（うち専任　7人）　**[宿舎]** 有　**[料金]**（月額)41,000円～70,000円

[入学資格] 本国で12年の学校教育を修了した方。または同等の学歴を有する方。　**[入学選抜方法]** 書類審査、面接

[認定コース在籍者数] 207
[その他コース在籍者数] 27

内訳(人)：中国(129)、インドネシア(54)、ベトナム(8)、ミャンマー(5)、スウェーデン(4)
その他(34)[アメリカ、カナダ、フランス、イタリア、ドイツ、ルーマニア、チェコ、ドイツ、ニュージーランド、メキシコ、マレーシア、ウガンダ、タイ]

[教材]

初級	『できる日本語』他	初中級	『日本語中級J301』他
中級	『日本語中級J301』『中級から上級への日本語』他	上級	『本がわかる日本語がわかる―ベストセラーの書評エッセイ24―』他

[基礎科目及び英語の授業] 数学コース1、数学コース2、物理

[認定コース]

	目的	期間	時数	週数	入学月	選考料	入学金	授業料	その他	合計(円)
大学進学1年3か月コース	進学	1年3か月	950	48	1	22,000	55,000	907,500	82,500	1,067,000
大学進学1年6か月コース	進学	1年6か月	1140	57	10	22,000	55,000	1,089,000	99,000	1,265,000
大学進学1年9か月コース	進学	1年9か月	1330	67	7	22,000	55,000	1,270,500	115,500	1,463,000
大学進学2年コース	進学	2年	1520	76	4	22,000	55,000	1,452,000	132,000	1,661,000

[認定以外のコース] 短期コース

[日本語能力試験] 2018年度受験状況

	N1	N2	N3	N4	N5	合計
受験者数	64	120	69	6	4	266
認定者数	17	67	30	4	4	122

[日本留学試験] 2018年度受験状況

●第1回

日本語受験者	日本語219点以上	文系受験者	文系100点以上	理系受験者	理系100点以上
55	33	13	7	8	3

●第2回

日本語受験者	日本語219点以上	文系受験者	文系100点以上	理系受験者	理系100点以上
51	30	14	6	10	6

[進学実績] 2019年3月までの進学状況　**卒業者数** 123

大学院	大学	短期大学	高専	専門学校	その他の学校	就職
24	43	1	0	33	0	10

[主な進学先]

京都大学大学院、大阪大学大学院、早稲田大学大学院、明治大学大学院、一橋大学大学院、立命館大学大学院、岩手大学大学院、長崎大学大学院、岡山大学大学院、名古屋大学、立命館大学、同志社大学、龍谷大学、関西学院大学、桜美林大学、近畿大学、成安造形大学、大阪成蹊大学、京都精華大学、京都造形芸術大学

[主な就職先]

資生堂ジャパン株式会社、株式会社京進、株式会社京繊

●特色1　次のステップで生かせる高いコミュニケーション能力の習得を重視しつつ、JLPT対策、日本留学試験対策をはじめ進路面でもひとりひとりきめ細かいサポートを行っています。

●特色2　課外活動、学校行事、日本人との交流を通して協調性や自発性を養い、グローバルな人材の育成にも力を注いでいます。

●特色3　古都京都で日本の伝統文化、伝統行事に触れる機会を多くして、日本への理解を深めていきます。

告示校

京都府 京都市

きょうとこくさいあかでみー

京都国際アカデミー

KYOTO INTERNATIONAL ACADEMY

[TEL] 075-466-4881 [FAX] 075-466-4929
[eMAIL] info@kia-ac.jp
[URL] http://www.kia-ac.jp/
[SNS] Facebook：京都国際アカデミー

[住所] 〒602-8392 京都府京都市上京区御前通今出川上ル2丁目北町627-1

[教育開始時期] 1988年01月

[行き方] 京都市バス 「北野天満宮前」 下車北へ徒歩6分
京都市バス 「衣笠校前」 下車北東へ徒歩6分

[設置者] 株式会社京都アカデミー（種別：株式会社）

[校長/別科長名] 中村徳宣

[収容定員] 532人 二部制 [教員数] 30人（うち専任12人） [宿舎] 有 [料金]（月額）20,000円～48,000円

[入学資格] 12年課程修了以上及びこれと同等レベルの者、日本語能力試験（JLPT）N5以上。

[入学選抜方法] 書類審査、本人面接、能力適性試験、本人の親と面接

[認定コース在籍者数] 334
[その他コース在籍者数] 16

内訳(人)：ベトナム(194)、中国(73)、スリランカ(43)、インドネシア(12)、ロシア(2)
その他(6)[キルギスタン、イラン、ネパール、バングラデシュ]

[教材]

初級	『みんなの日本語』『パーツでおぼえるしょきゅうの漢字』他	初中級	『みんなの日本語Ⅱ』他
中級	『中級から学ぶ日本語』『TRY! N2』他	上級	『中級から学ぶ日本語』 『にほんご単語ドリル（慣用句・四字熟語）』他

[基礎科目及び英語の授業] 総合科目、数学コース1、数学コース2、英語

[認定コース]

	目的	期間	時数	週数	入学月	選考料	入学金	授業料	その他	合計(円)
総合日本語コース	進学	1年	1520	76	1,4,7,10	32,400	54,000	691,200	99,000	876,600
総合日本語コース	進学	2年	3040	152	1,4,7,10	32,400	54,000	1,382,400	99,000	1,567,800

[認定以外のコース] サマーコース（夏期短期留学生）

[日本語能力試験] 2018年度受験状況

	N1	N2	N3	N4	N5	合計
受験者数	62	306	193	0	0	561
認定者数	29	118	107	0	0	254

[日本留学試験] 2018年度受験状況

●第1回

日本語受験者	日本語219点以上	文系受験者	文系100点以上	理系受験者	理系100点以上
209	41	75	32	44	18

●第2回

日本語受験者	日本語219点以上	文系受験者	文系100点以上	理系受験者	理系100点以上
223	29	72	29	35	19

[進学実績] 2019年3月までの進学状況 卒業者数 184

大学院	大学	短期大学	高専	専門学校	その他の学校	就職
7	54	3	0	110	0	10

[主な進学先]

京都大学大学院、同志社大学大学院、立命館大学、龍谷大学、京都造形芸術大学、大阪市立大学、嵯峨美術大学、関西学院大学、流通科学大学、大阪成蹊大学、京都コンピュータ専門学校、他

[主な就職先]

－

●特色1 日本留学試験のための各科目講座併設。

●特色2 教室数を多く設け、学習者のレベルに合わせたクラス編成をしている。

●特色3 中級以上の学習者には、実践的な日本語能力及び大学の試験を実施。

製作：J.TEST事務局 / 語文研究社

京都府	京都市

告示校

こうえきざいだんほうじんきょうとにほんごきょういくせんたーきょうとにほんごがっこう

公益財団法人京都日本語教育センター 京都日本語学校

The Kyoto Center for Japanese Linguistic Studies Kyoto Japanese Language School

[TEL] 075-414-0449 [FAX] 075-441-9055
[eMAIL] office@kjls.or.jp
[URL] http://www.kjls.or.jp/
[SNS] https://www.facebook.com/kyoto.kjls/

[住所] 〒602-0917 京都府京都市上京区一条通新町東入ル東日野殿町394番地2

[教育開始時期] 1950年09月

[行き方] 地下鉄烏丸線「今出川駅」6番出口から徒歩5分

[設置者] 公益財団法人京都日本語教育センター （種別：公益財団法人）

[校長/別科長名] 春原憲一郎

[収容定員] 130人 二 部制

[教員数] 18人（うち専任 3 人）

[宿舎] 有 [料金]（月額）28,000円 ～ 69,000円

[入学資格] 12年課程修了以上及びこれと同等レベルの者

[入学選抜方法] 書類審査、本人面接、保証人面接、能力適性検査

[認定コース在籍者数] 63

[その他コース在籍者数] 72

内訳(人)：台湾(19)、フランス(18)、中国(6)、インドネシア(3)、アメリカ(2)
その他(15)[インド、アルゼンチン、韓国、カナダ、シンガポール等]

[教材]

初級	『みんなの日本語 初級Ⅰ』	初中級	『みんなの日本語 初級Ⅱ』『みんなの日本語 中級Ⅰ』
中級	『日本文化を読む 初中級・中上級』 『どんなときどう使う日本語表現文型200』	上級	『日本文化を読む 上級』 『実用ビジネス日本語』

[基礎科目及び英語の授業] なし

[認定コース]

	目的	期間	時数	週数	入学月	選考料	入学金	授業料	その他	合計(円)
インテンシブ2年コース	一般	2年	1520	76	4	31,900	52,800	1,271,600	148,000	1,504,300
インテンシブ1.5年コース	進学	1年6か月	1140	57	10	31,900	52,800	953,700	111,000	1,149,400

[認定以外のコース] 夏期集中コース、スペシャルコース、イブニングコース

[日本語能力試験] 2018年度受験状況

	N1	N2	N3	N4	N5	合計
受験者数	9	34	6	1	1	57
認定者数	2	20	4	1	1	28

[日本留学試験] 2018年度受験状況

●第1回

日本語受験者	日本語219点以上	文系受験者	文系100点以上	理系受験者	理系100点以上
4	4	2	2	2	2

●第2回

日本語受験者	日本語219点以上	文系受験者	文系100点以上	理系受験者	理系100点以上
2	2	1	1	1	1

[進学実績] 2019年3月までの進学状況 卒業者数 46

大学院	大学	短期大学	高専	専門学校	その他の学校	就職
1	9	0	0	5	0	2

[主な進学先]

京都情報大学院大学、京都造形芸術大学大学院、立命館大学、京都産業大学、近畿大学、京都精華大学、立命館大学、大阪工業大学、武蔵野美術大学、神奈川大学、筑波学院大学、日本理工情報専門学校、辻製菓専門学校

[主な就職先]

（株）井筒八つ橋、Darik（株）

●特色1 小サイズのクラスでコミュニケーションの成立に力を注ぐ。

●特色2 四技能のバランスのよい継続的発展を目指す。

●特色3 学習者のニーズに則した効率のよい指導を行う。

製作：J.TEST事務局 / 語文研究社

告示校

京都府　京都市

きょうとこんぴゅーたがくいんかもがわこうきょうとにほんごけんしゅうせんたー

京都コンピュータ学院鴨川校
京都日本語研修センター

Kyoto Computer Gakuin Kamogawa Campus Kyoto Japanese Language Training Center

[TEL] 075-751-1121　[FAX] 075-751-8839
[eMAIL] kjltc@kcg.ac.jp
[URL] http://www.kjltc.jp/
[SNS] —

[住所] 〒606-8204　京都府京都市左京区田中下柳町11

[教育開始時期] 2001年04月

[行き方] JR「京都駅」より京都市地下鉄「今出川」駅下車し、市バス201・203番「出町柳駅前」下車すぐ
JR「京都駅」より市バス4・17番「出町柳駅前」下車すぐ、京阪電車「出町柳」駅下車南へ徒歩2分

[設置者] 学校法人京都コンピュータ学園（種別:学校法人）

[校長/別科長名] 内藤昭三

[収容定員] 120人　一 部制　[教員数] 6人（うち専任　5人）

[宿舎] 無　[料金] —

[入学資格] 12年課程修了以上及び同等レベルの者

[入学選抜方法] 書類審査、本人面接、保証人面接、能力適性試験

[認定コース在籍者数] 114　内訳(人)：中国(79)、ベトナム(17)、インドネシア(17)、その他(17)

[その他コース在籍者数] 0

[教材]

初級	『みんなの日本語 初級Ⅰ』他	初中級	『みんなの日本語 初級Ⅱ』他
中級	『新完全マスター日本語能力試験 N2文法』他	上級	『新完全マスター日本語能力試験 N1文法』他

[基礎科目及び英語の授業] 総合科目、数学コース1、化学、英語

[認定コース]

	目的	期間	時数	週数	入学月	選考料	入学金	授業料	その他	合計(円)
進学準備1年コース	準備教育	1年	960	40	4	30,000	50,000	720,000	50,000	850,000
進学準備1年半コース	準備教育	1年6か月	1440	60	10	30,000	50,000	1,080,000	75,000	1,235,000

[認定以外のコース] 短期コース

[日本語能力試験] 2018年度受験状況

	N1	N2	N3	N4	N5	合計
受験者数	6	43	9	0	0	58
認定者数	4	37	6	0	0	47

[日本留学試験] 2018年度受験状況

●第1回

日本語受験者	日本語219点以上	文系受験者	文系100点以上	理系受験者	理系100点以上
0	0	0	0	0	0

●第2回

日本語受験者	日本語219点以上	文系受験者	文系100点以上	理系受験者	理系100点以上
0	0	0	0	0	0

[進学実績] 2019年3月までの進学状況　卒業者数 58

大学院	大学	短期大学	高専	専門学校	その他の学校	就職
44	0	0	0	14	0	0

[主な進学先]

京都情報大学院大学、京都コンピュータ学院

[主な就職先]

—

●特色1　学歴12年未満の学生に対する大学入学予備教育機関として文部科学省より指定を受け日本語教育を実施。

●特色2　コンピュータを取り入れた日本語教育を実施。

●特色3　京都ならではの観光や企業など、様々な課外活動を実施。

製作：J.TEST事務局 / 語文研究社

京都府　京都市　　告示校

きょうとみんさいにほんごがっこう

京都民際日本語学校

Kyoto Minsai Japanese Language School

[TEL] 075-316-0190　[FAX] 075-316-0191
[eMAIL] office@kyotominsai.co.jp
[URL] http://www.kyotominsai.co.jp
[SNS] Facebook : Kyoto Minsai Japanese Language School

[住所] 〒615-0881　京都府京都市右京区西京極北大入町69番地　[教育開始時期] 2001年10月

[行き方] 阪急線「西京極駅」より徒歩10分

[設置者] 株式会社京都民際　(種別：株式会社)　[校長/別科長名] 山本正道

[収容定員] 428人　二 部制　[教員数] 42人 (うち専任　8 人)　[宿舎] 有　[料金] (月額) 27,000円 ～ 42,000円

[入学資格] 12年課程修了以上　[入学選抜方法] 面接、書類選考

[認定コース在籍者数] 250
[その他コース在籍者数] 12

内訳(人)：ベトナム(77)、インドネシア(36)、中国(19)、フィリピン(18)、スリランカ(15)
その他(97) [バングラデシュ、ミャンマー、ネパール、台湾、ロシア、韓国、キルギス、タイ、トルコ、アメリカ、イタリア、インド、ウズベキスタン、エジプト、カナダ、シリア、スウェーデン、バーレーン、フランス、マレーシア、メキシコ、香港]

[教材]

初級	『みんなの日本語 初級』	初中級	『中級へ行こう』
中級	『中級から学ぶ日本語』『上級で学ぶ日本語』	上級	『学ぼう! にほんご 上級』

[基礎科目及び英語の授業] 総合科目、数学コース1、数学コース2、英語

[認定コース]

	目的	期間	時数	週数	入学月	選考料	入学金	授業料	その他	合計(円)
進学2年コース	進学	2年	1900	76	4	33,000	55,000	1,320,000	52,800	1,460,800
進学1年9か月コース	進学	1年9か月	1675	67	7	33,000	55,000	1,155,000	46,200	1,289,200
進学1年6か月コース	進学	1年6か月	1425	57	10	33,000	55,000	990,000	39,600	1,117,600
進学1年3か月コース	進学	1年3か月	1200	48	1	33,000	55,000	825,000	33,000	946,000
一般2年コース	一般	2年	1900	76	4,7,10,1	33,000	55,000	1,320,000	52,800	1,460,800

[認定以外のコース] 短期コース

[日本語能力試験]　2018年度受験状況

	N1	N2	N3	N4	N5	合計
受験者数	15	96	169	27	3	310
認定者数	7	43	73	11	3	137

[日本留学試験]　2018年度受験状況

●第1回

日本語受験者	日本語219点以上	文系受験者	文系100点以上	理系受験者	理系100点以上
28	10	7	6	12	1

●第2回

日本語受験者	日本語219点以上	文系受験者	文系100点以上	理系受験者	理系100点以上
20	7	4	2	10	2

[進学実績]　2019年3月までの進学状況　卒業者数　133

大学院	大学	短期大学	高専	専門学校	その他の学校	就職
2	1	1	0	87	0	17

[主な進学先]

(過去3年間の進学先)大阪大学大学院、広島大学大学院、京都工芸繊維大学大学院、早稲田大学大学院、関西大学大学院、同志社大学大学院、神田外国語大学、龍谷大学、神奈川大学、京都外国語大学、ノートルダム女子大学、大阪YMCA国際専門学校、ECC国際外語専門学校、キャットミュージックカレッジ専門学校、HAL大阪 他

[主な就職先]

ホテル、貿易会社、IT企業、製造業、建設業、配管業、不動産業 他

●特色1　外国籍の学生の日本語以外に進路に必要な授業(数学、美術、音楽など)を行う。

●特色2　国際親善、異文化交流、様々な文化授業を通じ、外国人と日本人の相互理解を深める。

●特色3　卒業後の学習と生活に対応できる能力を習得することに重点を置く。

製作：J.TEST事務局 / 語文研究社

告示校

京都府　京都市

じぇいしーえるがいこくごがくいん

JCL外国語学院

JCL FOREIGN LANGUAGE SCHOOL

[TEL] 075-644-1717 [FAX] 075-644-1715
[eMAIL] info@group-jcl.com
[URL] http://www.group-jcl.com
[SNS] We chat : groupjcl

[住所] 〒612-0029　京都府京都市伏見区深草西浦町6-4

[教育開始時期] 2004年10月

[行き方] 京阪電車「藤森駅」から徒歩7分、地下鉄「くいな橋駅」から徒歩10分

[設置者] 株式会社JCL　（種別：株式会社）

[校長/別科長名] 松村勝弘

[収容定員] 556人　二 部制

[教員数] 39人（うち専任 13 人）

[宿舎] 有　[料金]（月額）18,000円 ～ 36,000円

[入学資格] 12年課程修了以上、その他

[入学選抜方法] 書類審査、本人面接、保証人面接、能力適正検査

[認定コース在籍者数] 515

[その他コース在籍者数] 8

内訳(人):
中国(522)、台湾(1)

[教材]

初級	『みんなの日本語 初級』他	初中級	『みんなの日本語　初中級』他
中級	『ニューアプローチ　中級日本語基礎編』 日留試験・日能試験対策用教科書	上級	『ニューアプローチ　中級日本語基礎編』 日留試験・日能試験対策用教科書

[基礎科目及び英語の授業]　総合科目、数学コース1、数学コース2、物理、化学、英語

[認定コース]

	目的	期間	時数	週数	入学月	選考料	入学金	授業料	その他	合計(円)
進学1年3か月コース	進学	1年3か月	980	49	1	31,000	84,000	662,500	319,500	1,097,000
進学1年6か月コース	進学	1年6か月	1180	59	10	31,000	84,000	795,000	426,000	1,336,000
進学1年9か月コース	進学	1年9か月	1360	68	7	31,000	84,000	927,500	426,000	1,468,500
進学2年コース	進学	2年	1560	78	4	31,000	84,000	1,060,000	426,000	1,601,000
一般1年3か月コース	一般	1年3か月	980	49	1	31,000	84,000	662,500	319,500	1,097,000
一般1年6か月コース	一般	1年6か月	1180	59	10	31,000	84,000	795,000	426,000	1,336,000
一般1年9か月コース	一般	1年9か月	1360	68	7	31,000	84,000	927,500	426,000	1,468,500
一般2年コース	一般	2年	1560	78	4	31,000	84,000	1,060,000	426,000	1,601,000

[認定以外のコース] なし

[日本語能力試験]　2018年度受験状況

	N1	N2	N3	N4	N5	合計
受験者数	251	36	0	0	0	287
認定者数	189	35	0	0	0	224

[日本留学試験]　2018年度受験状況

●第1回

日本語受験者	日本語219点以上	文系受験者	文系100点以上	理系受験者	理系100点以上
133	131	46	43	47	46

●第2回

日本語受験者	日本語219点以上	文系受験者	文系100点以上	理系受験者	理系100点以上
120	120	56	66	47	45

[進学実績]　2019年3月までの進学状況　卒業者数　318

大学院	大学	短期大学	高専	専門学校	その他の学校	就職
187	78	0	0	21	0	3

[主な進学先]

東京大学、京都大学、大阪大学、名古屋大学、横浜国立大学、北海道大学、一橋大学、東京工業大学、東京医科歯科大学、筑波大学、神戸大学、九州大学、東北大学、広島大学、早稲田大学、慶應義塾大学、上智大学、同志社大学、立命館大学、関西大学、関西学院大学 他

[主な就職先]

－

●特色1　国公立、有名私立大学、大学院合格を目標とした教育。

●特色2　日本語能力試験N1合格、日本留学試験高得点に向けて日本語能力を養成。

●特色3　英語及び日本留学試験に対応した数学、理科、総合科目も徹底指導。

製作：J.TEST事務局 / 語文研究社

京都府　京都市

告示校

にほんこくさいごがくあかでみーきょうとこう

日本国際語学アカデミー 京都校

JAPAN INTERNATIONAL LANGUAGE ACADEMY - KYOTO

[TEL] 075-284-1192　[FAX] 075-280-6556
[eMAIL] jila@jsb-g.co.jp
[URL] https://j-ila.com/
[SNS] https://www.facebook.com/JapanILA/

[住所] 〒600-8401　京都府京都市下京区燈籠町570番地 東洞院高辻ビル2F

[教育開始時期] 2016年04月

[行き方] 京都市地下鉄「四条」駅、阪急京都線「烏丸」駅から徒歩5分

[設置者] 株式会社ジェイ・エス・ビー　(種別:株式会社)

[校長/別科長名] 岡本圭介

[収容定員] 100人　二 部制　[教員数] 8人 (うち専任 3 人)　[宿舎] 有　[料金] (月額) 27,000円

[入学資格] ①自国において通常の過程による12年の学校教育を修了している者
②自国において大学等の高等教育機関への進学資格となる過程を修了している者

[入学選抜方法] 面接

[認定コース在籍者数] 80

[その他コース在籍者数] 0

内訳(人):
ベトナム(59)、ネパール(15)、スリランカ(5)、中国(1)

[教材]

初級	『できる日本語 初級』他	初中級	『できる日本語 初中級』他
中級	『できる日本語 中級』他	上級	―

[基礎科目及び英語の授業] なし

[認定コース]

	目的	期間	時数	週数	入学月	選考料	入学金	授業料	その他	合計(円)
進学2年	進学	2年	1520	90	4	20,000	80,000	1,200,000	90,000	1,390,000
進学1年6か月コース	進学	1年6か月	1140	68	10	20,000	80,000	900,000	65,000	1,065,000
進学1年コース	進学	1年	760	45	4	20,000	80,000	600,000	45,000	745,000

[認定以外のコース] 短期コース

[日本語能力試験]　2018年度受験状況

	N1	N2	N3	N4	N5	合計
受験者数	3	51	1	0	0	55
認定者数	0	11	0	0	0	11

[日本留学試験]　2018年度受験状況

●第1回

日本語受験者	日本語219点以上	文系受験者	文系100点以上	理系受験者	理系100点以上
37	7	6	4	2	0

●第2回

日本語受験者	日本語219点以上	文系受験者	文系100点以上	理系受験者	理系100点以上
15	6	4	1	5	0

[進学実績]　2019年3月までの進学状況　卒業者数　39

大学院	大学	短期大学	高専	専門学校	その他の学校	就職
0	7	6	0	19	1	1

[主な進学先]

広島修道大学、武蔵野大学、相愛大学、京都ノートルダム女子大学、神戸山手大学、大阪女学院大学、滋賀短期大学、徳島工業短期大学、YIC京都工科大学校、日本工科大学校、エール学園

[主な就職先]

株式会社トラスト・テック

●特色1　学生一人一人のレベルに合わせた日本語教育と進路指導。

●特色2　京都の中心地に位置し、交通の便など周辺環境が非常に便利

●特色3　―

製作:J.TEST事務局 / 語文研究社

告示校

京都府　京都市

にほんごせんたー

日本語センター

NIHONGO CENTER

[TEL] 075-344-3776 [FAX] 075-344-3786
[eMAIL] info@nihongo-center.com
[URL] https://nihongo-center.com
[SNS] http://www.facebook.com/NihongoCenterKyoto

[住所] 〒600-8023 京都府京都市下京区河原町通仏光寺下る富永町356 さくらビル

[教育開始時期] 1979年04月

[行き方] 阪急京都線「河原町駅」、京阪京都線「祇園四条駅」より河原町四条交差点を高島屋沿いに南行徒歩3分

[設置者] 有限会社イングリッシュアカデミー (種別：有限会社)

[校長/別科長名] 栗田英雄

[収容定員] 194人 二 部制

[教員数] 10人 (うち専任 6 人)

[宿舎] 無 [料金] -

[入学資格] 12年課程修了以上、日本語能力試験N5以上、日本語学習時間150時間以上（入管指定国のみ）

[入学選抜方法] 書類審査、本人面接（入管指定国のみ）、skyp面接（レベル確認が必要な場合）

[認定コース在籍者数] 112

[その他コース在籍者数] 15

内訳(人)：インドネシア(22)、フランス(19)、台湾(17)、アメリカ(11)、中国(10)
その他(48)[イギリス、ベトナム、スウェーデン、タイ、フィリピン、スペイン、オランダ、チェコ、ブラジル他]

[教材]

初級	オリジナルテキスト、『GENKI Ⅰ, Ⅱ』『英語でわかる初めての日本語』	初中級	『中級へ行こう』『ひとりでできる初級日本語文法の復習』→『Try N3文法』、作文(オリジナル)読解(オリジナル)→『スピードマスターN3)』
中級	『中級を学ぼう』『TryN3文法』→『N2文法』、読解(スピードマスターN3→N2)、時事作文(コラム、視聴覚生教材)	上級	『Great Japanese(或は日本語生中継中上級)』『TryN2文法』→『N1文法』、読解(スピードマスターN2→N1)、小論文(新聞、視聴覚生教材)

[基礎科目及び英語の授業] なし

[認定コース]

	目的	期間	時数	週数	入学月	選考料	入学金	授業料	その他	合計(円)
日本語集中2年コース	進学、就	2年	1520	76	4	32,400	54,000	1,296,000	86,400	1,468,800
日本語集中1年半コース	進学、就	1年6か月	1140	57	10	32,400	54,000	972,000	64,800	1,123,200

[認定以外のコース] 日本語集中6か月コース、日本語集中3か月コース

[日本語能力試験] 2018年度受験状況

	N1	N2	N3	N4	N5	合計
受験者数	7	21	34	19	1	82
認定者数	5	12	29	13	1	60

[日本留学試験] 2018年度受験状況

●第1回

日本語受験者	日本語219点以上	文系受験者	文系100点以上	理系受験者	理系100点以上
0	0	0	0	0	0

●第2回

日本語受験者	日本語219点以上	文系受験者	文系100点以上	理系受験者	理系100点以上
0	0	0	0	0	0

[進学実績] 2019年3月までの進学状況 卒業者数

大学院	大学	短期大学	高専	専門学校	その他の学校	就職
1	2	0	0	11	2	8

[主な進学先]

同志社大学、立命館大学、早稲田大学、ECC外語専門学校、エール学園、京都コンピューター専門学校、清風情報工科学院

[主な就職先]

三菱ふそう、IT関連企業、外資系ホテル、語学学校、携帯電話関連会社

●特色1 国際色豊かな教育環境。欧米系学生を中心に30数カ国の留学生が学ぶ。

●特色2 日本語による自己表現能力重視の教授ノウハウ(独自開発による)。運用能力が就いていくスピード感が実感できる。

●特色3 日本語学習＋文化体験＋日本人学生交流を意識した多彩な学習プログラム(プロジェクトワーク、ビジターセッション、京都ディスカバープログラム等)

製作：J.TEST事務局 / 語文研究社

京都府　京都市　　告示校

わいあいしいきょうとにほんごがくいん

YIC京都日本語学院

YIC Kyoto Japanese Academy

[TEL] 075-371-9007　[FAX] 075-343-3821
[eMAIL] jp@yic-kyoto.ac.jp
[URL] http://www.yic-kyoto.ac.jp/japanese/
[SNS] https://www.facebook.com/YICKyotoJapaneseAcademy/

[住所] 〒600-8236　京都府京都市下京区油小路通塩小路下る西油小路町27番地

[教育開始時期] 2016年04月

[行き方] 近鉄・地下鉄・JR「京都駅」から徒歩5分

[設置者] 学校法人京都中央学院　(種別:学校法人)

[校長/別科長名] 杉山征人

[収容定員] 150人　二 部制　[教員数] 13人 (うち専任 4人)　[宿舎] 有　[料金] (月額) 24,000円

[入学資格] (1)海外において12年以上の学校教育課程を修了又は同等の学力を有する者 (2)正当な手続きによって日本国への入国を許可又は許可される見込みのある者 (3)日本語能力試験N5相当以上の能力がある者 (4)経費支弁者が留学期間中の学費と生活費を負担することができる者

[入学選抜方法] 書類選考及び面接

[認定コース在籍者数] 82

[その他コース在籍者数] 6

内訳(人): ベトナム(51)、ネパール(13)、フィリピン(7)、ミャンマー(7)、スリランカ(4)
その他(6)[中国、韓国]

[教材]

初級	『みんなの日本語』	初中級	『いつかどこかで』
中級	『中級から学ぶ日本語』	上級	『上級で学ぶ日本語』

[基礎科目及び英語の授業] なし

[認定コース]

	目的	期間	時数	週数	入学月	選考料	入学金	授業料	その他	合計(円)
進学2年	進学	2年	1600	80	4	30,000	50,000	1,200,000	320,000	1,600,000
進学1.5年	進学	1年6か月	1200	60	10	30,000	50,000	900,000	240,000	1,220,000
進学1年	進学	1年	800	40	4	30,000	50,000	600,000	160,000	840,000

[認定以外のコース] 一般枠(短期)

[日本語能力試験] 2018年度受験状況

	N1	N2	N3	N4	N5	合計
受験者数	3	19	68	7	0	96
認定者数	0	4	22	1	0	27

[日本留学試験] 2018年度受験状況

●第1回

日本語受験者	日本語219点以上	文系受験者	文系100点以上	理系受験者	理系100点以上
9	2	0	0	2	0

●第2回

日本語受験者	日本語219点以上	文系受験者	文系100点以上	理系受験者	理系100点以上
10	0	0	0	2	0

[進学実績] 2019年3月までの進学状況　卒業者数 56

大学院	大学	短期大学	高専	専門学校	その他の学校	就職
0	0	0	0	40	0	12

[主な進学先]

関西経理専門学校、大原簿記法律専門学校、〈専〉YIC京都工科自動車大学校、大原医療福祉製菓専門学校梅田校、YIC京都ペット総合専門学校、YICビジネスアート専門学校、YIC看護福祉専門学校、東亜経理専門学校、京都コンピュータ学院

[主な就職先]

フロントマネジメント株式会社、株式会社ヒューマンパワー、カラタニエンジニアリング株式会社、株式会社ベネッセビースタジオ

●特色1　専門学校進学者向けの予備教育。

●特色2　専門学校の日本人学生との活発な交流。

●特色3　YICグループ内専門学校へ進学時入学金150,000円を減免。

製作：J.TEST事務局 / 語文研究社

告示校

大阪府　大阪市

あーくおおさかにほんごがっこう

ARC大阪日本語学校

ARC ACADEMY OSAKA

[TEL] 06-6635-1735　[FAX] 06-6635-1736
[eMAIL] osaka@arc-academy.co.jp
[URL] http://jp.arc-academy.net
[SNS] https://www.facebook.com/arcosaka/

[住所] 〒556-0004　大阪府大阪市浪速区日本橋西1-2-25

[教育開始時期] 2004年10月

[行き方] 南海線「難波駅」南口から徒歩2分

[設置者] 学校法人国際学友会　（種別：学校法人）

[校長/別科長名] 宮耕

[収容定員] 225人　二 部制　[教員数] 25人（うち専任　6人）　[宿舎] 無　[料金] -

[入学資格] 満18歳以上またはそれに準ずる者

[入学選抜方法] 書類審査、本人面接、能力適性試験

[認定コース在籍者数] 161
[その他コース在籍者数] 39

内訳(人)：台湾(42)、中国(25)、ベトナム(17)、フランス(13)、イタリア(13)
その他(47)[インドネシア、スウェーデン、スペイン、アメリカ]

[教材]

初級	『できる日本語 初級』	初中級	『中級から学ぶ日本語』
中級	『中級から学ぶ日本語』	上級	『上級で学ぶ日本語』

[基礎科目及び英語の授業] なし

[認定コース]

	目的	期間	時数	週数	入学月	選考料	入学金	授業料	その他	合計(円)
一般留学コース	一般	2年	1536	80	1,4,7,10	30,000	70,000	1,440,000	0	1,540,000

[認定以外のコース] フルタイムコース、プライベートコース、出張コース

[日本語能力試験] 2018年度受験状況

	N1	N2	N3	N4	N5	合計
受験者数	13	48	25	7	1	94
認定者数	4	23	13	6	1	47

[日本留学試験] 2018年度受験状況

●第1回

日本語受験者	日本語219点以上	文系受験者	文系100点以上	理系受験者	理系100点以上

●第2回

日本語受験者	日本語219点以上	文系受験者	文系100点以上	理系受験者	理系100点以上

[進学実績] 2019年3月までの進学状況　卒業者数 127

大学院	大学	短期大学	高専	専門学校	その他の学校	就職
1	1	0	0	19	3	20

[主な進学先]

名古屋産業大学大学院、岡山大学、大阪デザイナー専門学校、ヒコ・みづのジュエリーカレッジ大阪、HAL大阪、ECCコンピューター専門学校、エール学園、辻調理師専門学校

[主な就職先]

●特色1　コミュニケーションを重視する教授法を採用。

●特色2　6か月～2年間の学習が可能。

●特色3

製作：J.TEST事務局 / 語文研究社

大阪府　大阪市

告示校

あべのにほんごがくいん

阿倍野日本語学院

Abeno Japanese Language School

[TEL] 06-4399-7333 [FAX] 06-4399-7334
[eMAIL] abenojapan@gmail.com / abenojapan.vn@gmail.
[URL] https://abenojapan.com/
[SNS] Abeno Jp

[住所] 〒545-0021　大阪市阿倍野区阪南町4-12-1　TSC阿倍野ビル

[教育開始時期] 2019年10月

[行き方] 地下鉄御堂筋線「西田辺駅」から徒歩5分、阪和線「南田辺駅」から徒歩6分

[設置者] 株式会社TSC　(種別：株式会社)

[校長/別科長名] 重光　加代子

[収容定員] 100人　二 部制

[教員数] 7人 (うち専任　4 人)

[宿舎] 紹介 [料金]

[入学資格] (1)12年以上の学校教育またはそれに準ずる課程を修了している者
(2)年齢が本学入学時に満18歳以上の者
(3)正当な手続きによって入国可能な者
(4)信頼のおける保証人を有する者

[入学選抜方法] 書類選考、面接、日本語テスト

[認定コース在籍者数]

[その他コース在籍者数]

内訳(人):

[教材]

初級	『みんなの日本語 I 』	初中級	『みんなの日本語 II 』『新完全マスター　N4』
中級	『中級から学ぶ日本語』『新完全マスター　N3』『新完全マスター　N2』	上級	『上級で学ぶ日本語』『新完全マスター　N1』

[基礎科目及び英語の授業] 総合科目、数学コース1、数学コース2、物理、化学、生物

[認定コース]

	目的	期間	時数	週数	入学月	選考料	入学金	授業料	その他	合計(円)
進学1年6か月コース	進学	1年6か月	1200	60	10	30,000	50,000	900,000	137,000	1,117,000
進学2年コース	進学	2年	1600	80	4	30,000	50,000	1,200,000	178,000	1,458,000

[認定以外のコース] なし

[日本語能力試験] 2018年度受験状況

	N1	N2	N3	N4	N5	合計
受験者数						0
認定者数						0

[日本留学試験] 2018年度受験状況

●第1回

日本語受験者	日本語219点以上	文系受験者	文系100点以上	理系受験者	理系100点以上
0					

●第2回

日本語受験者	日本語219点以上	文系受験者	文系100点以上	理系受験者	理系100点以上
0					

[進学実績] 2019年3月までの進学状況　卒業者数　0

大学院	大学	短期大学	高専	専門学校	その他の学校	就職

[主な進学先]

[主な就職先]

●特色1　就職や進学のために、卒業までに、日本語能力試験のN1・N2に合格するためのカリキュラムです。各試験の前には「試験対策」の授業時間を多くして、試験に対応します。JLPT 合格者には奨学金を支給します。

●特色2　進学を目指す学生のために、日本留学試験前に、記述、数学、総合科目、理科の集中講義を開講します。(自由選択制)

●特色3　社会見学や課外活動を通じて日本の文化や習慣を体験します。

告示校　　大阪府　大阪市

いーしーしーこくさいがいごせんもんがっこうにほんごがっか

ECC国際外語専門学校 日本語学科

ECC KOKUSAI COLLEGE OF FOREIGN LANGUAGES JAPANESE COURSE

[TEL] 06-6372-1444 [FAX] 06-6372-1544
[eMAIL] nihongo@ecc.ac.jp
[URL] http://japan.ecc.ac.jp/
[SNS] Facebook:ECC国際外語専門学校-日本語学科-

[住所] 〒530-0015 大阪府大阪市北区中崎西1-5-11

[教育開始時期] 1987年10月

[行き方] 地下鉄谷町線「中崎駅」4番出口より徒歩1分

[設置者] 学校法人山口学園 (種別:学校法人)

[校長/別科長名] 学科長 木村泰一

[収容定員] 640人 二部制

[教員数] 108人 (うち専任16人)

[宿舎] 有 [料金] (月額) 25,000円 ～

[入学資格] 18歳以上。12年課程修了以上及びこれと同等レベルの者

[入学選抜方法] 書類審査、本人面接

[認定コース在籍者数] 445

[その他コース在籍者数] 0

内訳(人): 台湾(163)、中国(157)、タイ(43)、ベトナム(27)、韓国(18)
その他(37)

[教材]

初級	『できる日本語』他	初中級	『できる日本語』他
中級	『できる日本語』他	上級	『学ぼう! にほんご』『TRY! N1』他

[基礎科目及び英語の授業] 総合科目、数学コース1、数学コース2、物理、化学、生物、英語

[認定コース]

	目的	期間	時数	週数	入学月	選考料	入学金	授業料	その他	合計(円)
日本語総合コース	一般	2年	1840	72	4,10	20,000	50,000	1,420,000	30,000	1,520,000
日本語総合コース	一般	1年6か月	920	36	4,10	20,000	50,000	1,090,000	22,500	1,182,500
日本語総合コース	一般	1年	1380	54	4,10	20,000	50,000	710,000	15,000	795,000

[認定以外のコース] なし

[日本語能力試験] 2018年度受験状況

	N1	N2	N3	N4	N5	合計
受験者数	79	185	0	0	0	264
認定者数	42	114	0	0	0	156

[日本留学試験] 2018年度受験状況

●第1回

日本語受験者	日本語219点以上	文系受験者	文系100点以上	理系受験者	理系100点以上
68	37	43	12	9	3

●第2回

日本語受験者	日本語219点以上	文系受験者	文系100点以上	理系受験者	理系100点以上
77	54	37	19	8	2

[進学実績] 2019年3月までの進学状況 卒業者数 287

大学院	大学	短期大学	高専	専門学校	その他の学校	就職
16	41	0	0	87	0	24

[主な進学先]

北海道大学大学院、大阪大学大学院、関西大学大学院、立命館大学大学院、京都造形芸術大学大学院、大阪府立大学、筑波大学大学院、同志社大学、関西学院大学、京都府立大学

[主な就職先]

株式会社ECC、大阪信用金庫、新生電子株式会社、カンデオホテルズチェーン、ホテルサンルート、産経旅行

●特色1 インターアクションを中心とした実践的な授業を通して表現・言葉を習得し、日本社会で通用する日本語力を養う。

●特色2 上級クラスより選択科目があり、ニーズに即した日本語が学べます。

●特色3 日本人学生との豊富な交流制度。

大阪府　　大阪市

告示校

うぇるにほんごがくいん

ウェル日本語学院

Well Japanese Language School

[TEL]　06-6751-4120　[FAX]　06-6751-4110
[eMAIL]　well-japanese@wellconsul.co.jp
[URL]　http://www.healthcare-jinzai.or.jp/japanese-school/
[SNS]　—

[住所] 〒554-0013　大阪府大阪市生野区巽中3-20-12（ウェルIMCビル）　[教育開始時期] 2017年04月

[行き方] 大阪メトロ「南巽駅」から徒歩3分

[設置者] 株式会社シティ・プランナー　（種別:株式会社）　[校長/別科長名] 藤原武則

[収容定員] 80人　二 部制　[教員数] 11人（うち専任　6人）　[宿舎] 有　[料金]（月額）12,000円～35,000円

[入学資格] (1)12年以上の学校教育かそれに準じる課程修了 (2)原則18歳以上 (3)コースに応じた日本語履修歴 (4)学費・生活費等の支弁能力 (5)正当な手続きによる入国許可 (6)信頼のおける保証人

[入学選抜方法] 出願書類をもとに審査、面接などを行う。

[認定コース在籍者数]

[その他コース在籍者数]

内訳(人):

[教材]

初級	『みんなの日本語 初級』	初中級	『みんなの日本語 中級Ⅰ』
中級	『みんなの日本語 中級Ⅱ』『新完全マスターN3』	上級	『新完全マスターN2、N1』

[基礎科目及び英語の授業]　なし

[認定コース]

	目的	期間	時数	週数	入学月	選考料	入学金	授業料	その他	合計(円)
総合日本語 2年コース	進学	2年	1600	80	4	20,000	80,000	1,200,000	102,000	1,402,000
総合日本語 1年6ヵ月コース	進学	1年6か月	1200	60	10	20,000	80,000	900,000	81,500	1,081,500

[認定以外のコース] なし

[日本語能力試験]　2018年度受験状況

	N1	N2	N3	N4	N5	合計
受験者数						
認定者数						

[日本留学試験]　2018年度受験状況

●第1回

日本語受験者	日本語219点以上	文系受験者	文系100点以上	理系受験者	理系100点以上

●第2回

日本語受験者	日本語219点以上	文系受験者	文系100点以上	理系受験者	理系100点以上

[進学実績]　2019年3月までの進学状況　卒業者数

大学院	大学	短期大学	高専	専門学校	その他の学校	就職

[主な進学先]

[主な就職先]

●特色1　ウェルは看護、介護に強い！

●特色2　読む・書く・話す・聴く　4技能が身につく！

●特色3　学習環境が整った寮を用意しています。

製作:J.TEST事務局 / 語文研究社

告示校

大阪府 大阪市

えーるがくえんにほんごきょういくがっか

エール学園 日本語教育学科

EHLE INSTITUTE JAPANESE LANGUAGE SCHOOL

[TEL] 06-6647-0018 [FAX] 06-6647-0047
[eMAIL] jls@ehle.ac.jp
[URL] http://www.ehle.ac.jp/jls/
[SNS] https://www.facebook.com/ehlejapanese

[住所] 〒556-0011 大阪府大阪市浪速区難波中3-13-1 [教育開始時期] 1989年04月

[行き方] 地下鉄御堂筋線「難波駅」下車、5番出口方向徒歩5分

[設置者] 学校法人 エール学園 (種別:準学校法人) [校長/別科長名] 萩原大作

[収容定員] 640人 一 部制 [教員数] 57人 (うち専任 13 人) [宿舎] 有 [料金] (月額) 36,000円 ~ 50,000円

[入学資格] 12年課程修了以上、JLPT N5相当以上 [入学選抜方法] 書類審査、本人・経費支弁者面接

[認定コース在籍者数] 426 [その他コース在籍者数] 24

内訳(人): 中国(190)、ベトナム(160)、台湾(47)、インドネシア(23)、韓国(23)
その他(7)[タイ、マレーシア、フィリピン、日本]

[教材]

初級	『みんなの日本語 初級』	初中級	『中級までに学ぶ日本語』『例文で学ぶ漢字と言葉』
中級	『テーマ別 中級から学ぶ日本語』『学ぼう! 日本語中上級』、エールオリジナル文法教材	上級	『総まとめN1 文法』『完全攻略問題集 N1』『新中級から上級への日本語』、エールオリジナル読解教材

[基礎科目及び英語の授業] 総合科目、数学コース1、数学コース2、物理、化学、生物、英語

[認定コース]

	目的	期間	時数	週数	入学月	選考料	入学金	授業料	その他	合計(円)
日本語教育学科	進学	1年	884	34	4	20,000	70,000	720,000	35,000	845,000
日本語教育学科	進学	1年6か月	1326	51	10	20,000	70,000	1,080,000	52,500	1,222,500
日本語教育学科	進学	2年	1768	68	4	20,000	70,000	1,440,000	70,000	1,600,000

[認定以外のコース] 短期初級コース

[日本語能力試験] 2018年度受験状況

	N1	N2	N3	N4	N5	合計
受験者数	52	121	70	1	0	244
認定者数	21	57	25	0	0	103

[日本留学試験] 2018年度受験状況

●第1回

日本語受験者	日本語219点以上	文系受験者	文系100点以上	理系受験者	理系100点以上
81	45	46	19	21	11

●第2回

日本語受験者	日本語219点以上	文系受験者	文系100点以上	理系受験者	理系100点以上
87	64	49	27	20	14

[進学実績] 2019年3月までの進学状況 卒業者数 290

大学院	大学	短期大学	高専	専門学校	その他の学校	就職
19	44	0	0	171	0	8

[主な進学先]

東京大学大学院、大阪大学大学院、九州大学大学院、名古屋大学大学院、お茶の水女子大学大学院、早稲田大学大学院、神戸大学大学院、筑波大学大学院、大阪市立大学大学院、大阪府立大学大学院、大阪大学、東北大学、慶応義塾大学、早稲田大学、大阪府立大学、奈良女子大学、関西学院大学、和歌山大学、立教大学、同志社大学

[主な就職先]

—

●特色1 大学院、国公立大学、私立大学、就職準備等の目的別コースを持ち、進学および就職のサポートが充実。

●特色2 キャリアデザインの授業を通して目的達成の意欲を持たせ、優れた実績を達成。

●特色3 多様な目的、目標を持った学生のために教育内容をグレードアップさせ、日本社会に通用する日本語技能を養成。

大阪府　大阪市

告示校

えびすにほんごがっこう

えびす日本語学校

Ebisu Japanese Language School

[TEL] 06-6147-5294 [FAX] 06-6147-9793
[eMAIL] x690220325@gmail.com
[URL] https://iebisu.com/jp/
[SNS] —

[住所] 〒550-0006　大阪西区江之子島1-8-20

[教育開始時期] 2019年04月

[行き方] 千日前線「阿波座駅」

[設置者] 株式会社福和楽　（種別：株式会社）

[校長/別科長名] 高橋敦子

[収容定員] 80人　二 部制　[教員数] 5人 (うち専任 5人)　[宿舎] 有　[料金] (月額) 20,000円 ～ 30,000円

[入学資格] 国に認証される教育機関で普通教育を12年以上受けられた方

[入学選抜方法] 面接

[認定コース在籍者数] 2

[その他コース在籍者数] 3

内訳(人):
中国(4)、韓国(1)

[教材]

初級	『できる日本語　初級』	初中級	『できる日本語　初中級』
中級	『できる日本語　中級』	上級	『テーマ別　上級で学ぶ日本語』

[基礎科目及び英語の授業] なし

[認定コース]

	目的	期間	時数	週数	入学月	選考料	入学金	授業料	その他	合計(円)
日本語教育進学2年コース	進学	2年	1520	76	4	0	50,000	1,348,000	0	1,398,000
日本語教育進学1年半コース	進学	1年6か月	1140	57	10	0	50,000	1,011,000	0	1,061,000

[認定以外のコース] 短期コース

[日本語能力試験] 2018年度受験状況

	N1	N2	N3	N4	N5	合計
受験者数	—	—	—	—	—	—
認定者数	—	—	—	—	—	—

[日本留学試験] 2018年度受験状況

●第1回

日本語受験者	日本語219点以上	文系受験者	文系100点以上	理系受験者	理系100点以上
—	—	—	—	—	—

●第2回

日本語受験者	日本語219点以上	文系受験者	文系100点以上	理系受験者	理系100点以上
—	—	—	—	—	—

[進学実績] 2019年3月までの進学状況　卒業者数 —

大学院	大学	短期大学	高専	専門学校	その他の学校	就職
—	—	—	—	—	—	—

[主な進学先]

※新規校のためデータなし

[主な就職先]

※新規校のためデータなし

●特色1　日本語能力試験や日本留学試験への対応と実際に使える日本語力習得の両立。

●特色2　卒業後の進学・就職に細やかな指導とアフター。

●特色3　学生教職員のみんなが、あたたかい雰囲気で学べる環境。

製作：J.TEST事務局 / 語文研究社

告示校

大阪府　大阪市

おおさかこくさいきょういくがくいん

大阪国際教育学院

OSAKA INTERNATIONAL LANGUAGE INSTITUTE

[TEL] 06-6463-3956　[FAX] 06-6463-3958
[eMAIL] info@inter-edu.co.jp
[URL] http:/www.inter-edu.co.jp
[SNS]

[住所] 〒554-0012　大阪府大阪市此花区西九条1-29-2　[教育開始時期] 2005年10月
[行き方] JR環状線「西九条駅」から徒歩3分、阪神なんば線「西九条駅」から徒歩3分

[設置者] 中国語文学院株式会社　（種別：株式会社）　[校長/別科長名] 橋本治夏
[収容定員] 326人　二 部制　[教員数] 22人（うち専任 6人）　[宿舎] 有　[料金]（月額）20,000円～36,000円

[入学資格]
・12年課程終了
・JLPTN5合格または150時間以上の日本語学習経験者

[入学選抜方法]
・日本語筆記試験
・面接試験

[認定コース在籍者数] 239
[その他コース在籍者数] 5
内訳(人)：ベトナム(146)、中国(77)、ネパール(10)、台湾(2)、ミャンマー(1)
その他(3)[フィリピン、インドネシア、アメリカ]

[教材]

初級	『みんなの日本語　初級』	初中級	『スピードマスターN3』『パワードリルN3』『ドリル＆ドリルN3』
中級	『スピードマスターN2』『新完全マスターN2』『ドリル＆ドリルN2』	上級	『スピードマスターN1』『新完全マスターN1』『日本語学習者のための読解』

[基礎科目及び英語の授業] 無

[認定コース]

	目的	期間	時数	週数	入学月	選考料	入学金	授業料	その他	合計(円)
一般1年コース	一般	1年	780	39	7,10,1	30,000	80,000	660,000	20,000	790,000
一般2年コース	一般	2年	1560	78	4,10	30,000	80,000	1,320,000	40,000	1,470,000

[認定以外のコース] なし

[日本語能力試験]　2018年度受験状況

	N1	N2	N3	N4	N5	合計
受験者数	35	117	155			307
認定者数	8	23	28			59

[日本留学試験]　2018年度受験状況

●第1回

日本語受験者	日本語219点以上	文系受験者	文系100点以上	理系受験者	理系100点以上
13	4	2	2	6	6

●第2回

日本語受験者	日本語219点以上	文系受験者	文系100点以上	理系受験者	理系100点以上
8	5	2	2	2	2

[進学実績]　2019年3月までの進学状況　卒業者数　180

大学院	大学	短期大学	高専	専門学校	その他の学校	就職
2	12			131		20

[主な進学先]
大阪大学大学院、桃山大学大学院、龍谷大学、東海大学、大阪産業大学、大阪YMCA国際専門学校、エール学園、ECC国際外語専門学校

[主な就職先]
㈱阪急ジョブエール、㈱アイジョブ、医療法人恒昭会、医療法人葵会、神戸博愛病院、NECシステムテクノロジー㈱

●特色1　志望大学及び大学院への進学徹底指導。

●特色2　学校行事、課外活動を通じての日本文化教育。

●特色3　地域との交流を通じての人間性教育。

製作：J.TEST事務局 / 語文研究社

大阪府　大阪市　　告示校

おおさかにほんごあかでみー

大阪日本語アカデミー

OSAKA Japanese Language Academy

[TEL] 06-6707-2227 [FAX] 06-4303-3338
[eMAIL] contact@oja.jp
[URL] http://oja.jp/
[SNS] —

[住所] 〒547-0015 大阪府大阪市平野区長吉長原西2丁目2番12号

[教育開始時期] 2012年02月

[行き方] 大阪市営地下鉄谷町線「出戸駅」4番出口より南へ300m 徒歩3分

[設置者] 有限会社エヌ・ティ・ユー (種別：有限会社)

[校長/別科長名] 新田悟朗

[収容定員] 244人 二 部制　[教員数] 23人 (うち専任 7人)

[宿舎] 有　[料金] (月額) 27,000円～38,000円

[入学資格] 母国での12年課程修了以上及びこれと同等レベルの者

[入学選抜方法] 書類審査、個人面接、保護者面接、入学選考試験

[認定コース在籍者数] 172

[その他コース在籍者数] 0

内訳(人)：ベトナム(85)、ネパール(30)、中国(27)、インドネシア(9)、ミャンマー(7)
その他(14)[パキスタン、ウズベキスタン、インド、他]

[教材]

初級	『できる日本語』『能力試験対策用教科書』	初中級	『できる日本語』『能力試験対策用教科書』
中級	『学ぼう! にほんご』『中級から学ぶ日本語』『能力試験対策本』『留学生試験対策本』	上級	『学ぼう! にほんご』『中級から学ぶ日本語』『能力試験対策本』『留学生試験対策本』

[基礎科目及び英語の授業] なし

[認定コース]

	目的	期間	時数	週数	入学月	選考料	入学金	授業料	その他	合計(円)
進学2年コース	進学	2年	1520	76	4	30,000	50,000	1,336,000	24,000	1,440,000
進学1年9か月コース	進学	1年9か月	1340	67	7	30,000	50,000	1,169,000	21,000	1,270,000
進学1年6か月コース	進学	1年6か月	1140	57	10	30,000	50,000	1,002,000	18,000	1,100,000
進学1年3か月コース	進学	1年3か月	980	48	1	30,000	50,000	835,000	15,000	930,000
進学1年コース	進学	1年	760	38	4	30,000	50,000	668,000	12,000	760,000

[認定以外のコース] なし

[日本語能力試験] 2018年度受験状況

	N1	N2	N3	N4	N5	合計
受験者数	26	73	127	0	0	226
認定者数	6	26	39	0	0	61

[日本留学試験] 2018年度受験状況

●第1回

日本語受験者	日本語219点以上	文系受験者	文系100点以上	理系受験者	理系100点以上
22	8	2	2	3	1

●第2回

日本語受験者	日本語219点以上	文系受験者	文系100点以上	理系受験者	理系100点以上
17	4	6	4	1	0

[進学実績] 2019年3月までの進学状況　卒業者数 76

大学院	大学	短期大学	高専	専門学校	その他の学校	就職
3	14	3	0	33	0	6

[主な進学先]

立命館大学、兵庫県立大学、太成学院大学、大阪観光大学、羽衣国際大学、帝塚大学、日本経済大学、ECC専門学校、エール専門学校、アートカレッジ神戸 他

[主な就職先]

—

●特色1 学生満足度No.1の学校を目指しています。

●特色2 たくさんの教師が在籍。全員N2を目指しています。

●特色3 学校所有の学生寮で、安全かつ安心できる学校生活が送れます。

製作：J.TEST事務局 / 語文研究社

にほんがくせいしえんきこうおおさかにほんごきょういくせんたー

日本学生支援機構 大阪日本語教育センター

Osaka Japanese Language Education Center
Japan Student Services Organization

[TEL] 06-6774-0033　[FAX] 06-6774-0788
[eMAIL] info-oskn@jasso.go.jp
[URL] https://www.jasso.go.jp/ryugaku/study_j/jlec/ojlec/index.html
[SNS] —

[住所] 〒543-0001　大阪府大阪市天王寺区上本町8丁目3番13号

[教育開始時期] 1970年04月

[行き方] 地下鉄谷町線「四天王寺前夕陽ヶ丘駅」1番出口から徒歩7分

[設置者] 独立行政法人日本学生支援機構　（種別：独立行政法人）

[校長/別科長名] 小山国男

[収容定員] 365人　一 部制　[教員数] 47人（うち専任　9人）

[宿舎] 有　[料金]（月額）26,000円

[入学資格] 日本の国籍を持たない者で、後期中等教育課程修了者、日本の高等教育課程への進学希望者

[入学選抜方法] 書類審査、出願者または在日連絡人、経費支弁者に対するインタビュー

[認定コース在籍者数] 146

[その他コース在籍者数] 0

内訳(人)：中国(36)、台湾(17)、ミャンマー(15)、インドネシア(10)、韓国(8)
その他(60)[マレーシア、ラオス、ブラジル、モンゴル、アラブ首長国連邦、カンボジア、ベトナム 他]

[教材]

初級	『留学生のための日本語初級(上)』	初中級	『留学生のための日本語初級(下)』
中級	『留学生のための日本語中上級』	上級	『留学生のための日本語中上級』

[基礎科目及び英語の授業] 総合科目、数学コース1、数学コース2、物理、化学、生物、英語

[認定コース]

	目的	期間	時数	週数	入学月	選考料	入学金	授業料	その他	合計(円)
進学課程1年コース	準備教育	1年	1140	38	4	20,000	80,000	625,000	94,760	819,760
進学課程1年半コース	準備教育	1年6か月	1680	56	10	20,000	100,000	930,000	127,940	1,177,940

[認定以外のコース] 生活日本語コース(春・秋・冬)、夏季短期日本語会話コース

[日本語能力試験]　2018年度受験状況

	N1	N2	N3	N4	N5	合計
受験者数	87	128	34	12	3	246
認定者数	43	74	23	4	2	146

[日本留学試験]　2018年度受験状況

●第1回

日本語受験者	日本語219点以上	文系受験者	文系100点以上	理系受験者	理系100点以上
81	36	30	12	34	14

●第2回

日本語受験者	日本語219点以上	文系受験者	文系100点以上	理系受験者	理系100点以上
91	53	35	20	42	23

[進学実績]　2019年3月までの進学状況　卒業者数　122

大学院	大学	短期大学	高専	専門学校	その他の学校	就職
11	44	0	0	47	2	3

[主な進学先]

大阪大学大学院、慶應義塾大学大学院、同志社大学大学院、鹿児島大学、大阪大学、岡山大学、東京海洋大学、豊橋技術科学大学、立命館大学、早稲田大学、東海大学、近畿大学、神戸電子専門学校、大阪工業技術専門学校、大阪総合デザイン専門学校、辻製菓専門学校

[主な就職先]

—

●特色1　進学課程は文部科学大臣が指定した準備教育課程です。法務省告示をもって定める日本語教育機関です。

●特色2　少人数クラス、担任制で、きめ細かな生活指導及び進学指導を行います。

●特色3　理系、文系、大学院志望など、進学目的に合わせ基礎科目も含む授業を行います。

製作：J.TEST事務局 / 語文研究社

大阪府　大阪市　　告示校

おおさかばいおめでぃかるせんもんがっこうにほんごがっか

学校法人佐藤学園
大阪バイオメディカル専門学校 日本語学科
Sato Gakuen Osaka Bio Medical College Japanese Regular Course

[TEL] 06-6251-8193 [FAX] 06-6251-8104
[eMAIL] japan@obm.ac.jp
[URL] http://www.obm.ac.jp/international/
[SNS] —

[住所] 〒542-0082 大阪府大阪市中央区島之内1丁目14番30号　[教育開始時期] 2014年04月
[行き方] 地下鉄堺筋線、長堀鶴見緑地線「長堀橋駅」7番出口より東へ徒歩1分

[設置者] 学校法人佐藤学園 (種別：学校法人)　[校長/別科長名] 大塚一幸
[収容定員] 160人 二 部制　[教員数] 15人 (うち専任 5人)　[宿舎] 有 [料金] (月額) 29,000円 ～

[入学資格] 12年課程修了以上および同等レベルの者　[入学選抜方法] 書類選考、個人面接

[認定コース在籍者数] 112　内訳(人):
[その他コース在籍者数] 1
ベトナム(80)、台湾(24)、中国(8)

[教材]

初級	『みんなの日本語 初級』	中級	『中級へ行こう』『N3、N4対策問題集』
上級	『中級を学ぼう』『N2、N3対策問題集』	応用	『できる日本語』『ニューアプローチ中上級』『N1、N2対策問題集』

[基礎科目及び英語の授業] 総合科目、数学コース1、数学コース2、物理、化学、生物、英語

[認定コース]

	目的	期間	時数	週数	入学月	選考料	入学金	授業料	その他	合計(円)
進学2年コース	進学	2年	1600	72	4	20,000	60,000	1,140,000	143,000	1,363,000
進学1年6か月コース	進学	1年6か月	1200	54	10	20,000	60,000	855,000	110,000	1,045,000

[認定以外のコース] 日本語短期集中コース

※備考 教材のレベル区分は学校独自のものです。

[日本語能力試験] 2018年度受験状況

	N1	N2	N3	N4	N5	合計
受験者数	10	54	66	0	0	130
認定者数	4	24	35	0	0	63

[日本留学試験] 2018年度受験状況

●第1回

日本語受験者	日本語219点以上	文系受験者	文系100点以上	理系受験者	理系100点以上
15	5	2	1	1	0

●第2回

日本語受験者	日本語219点以上	文系受験者	文系100点以上	理系受験者	理系100点以上
8	1	1	1	1	0

[進学実績] 2019年3月までの進学状況 卒業者数 70

大学院	大学	短期大学	高専	専門学校	その他の学校	就職
1	5	0	0	45	0	7

[主な進学先]
関西大学大学院、大阪女学院大学、羽衣国際大学、相愛大学、岐阜経済大学、ECC国際外語専門学校、大阪ホテル専門学校、駿台観光&外語ビジネス専門学校、専門学校エール学園、修成建設専門学校

[主な就職先]
カンデオホテル、ザ・シンギュラリホテル、オニツカタイガー、株式会社ORJ、有限会社NIL Corporation、つなぐわ国際法務行政書士事務所

●特色1　アットホームな雰囲気で、担任のきめ細やかなサポートのもと、学生一人一人のニーズに合った学習ができます。

●特色2　様々な行事を通して日本人学生との交流を深められ、使える日本語を身につけることができます。

●特色3　日本語学習だけでなく、多くの体験授業で日本文化の習得ができます。

製作：J.TEST事務局 / 語文研究社

告示校

大阪府　大阪市

おおさかはいてくのろじーせんもんがっこう

大阪ハイテクノロジー専門学校

OSAKA COLLEGE OF HIGH-TECHNOROGY

[TEL] 06-6392-8119 [FAX] 06-6392-0848
[eMAIL] jpn@osaka-hightech.ac.jp
[URL] http://www.osaka-hightech.ac.jp
[SNS] Facebook http://www.facebook.com/osakahightech

[住所] 〒532-0003 大阪府大阪市淀川区宮原1-2-43

[教育開始時期] 2004年4月

[行き方] JR「新大阪駅」、地下鉄御堂筋線「新大阪駅」前

[設置者] 学校法人 大阪滋慶学園 (種別：学校法人)

[校長/別科長名] 近藤雅臣

[収容定員] 人 二 部制　[教員数] 6人 (うち専任 3 人)　[宿舎] 無 [料金]

[入学資格] 12年以上課程修了以上、日本語能力試験合格 (N5以上)

[入学選抜方法] 書類審査、本人面接、能力適性試験

[認定コース在籍者数] 8　内訳(人):

[その他コース在籍者数] 0

[教材]

初級	『みんなの日本語』他	初中級	『新完成マスターN3』『学ぼう日本語初中級』他
中級	『新完成マスターN2』『学ぼう日本語中級』他	上級	『新完成マスターN1』他

[基礎科目及び英語の授業] 無

[認定コース]

	目的	期間	時数	週数	入学月	選考料	入学金	授業料	その他	合計(円)
進学1年コース	進学	1年	800	40	4	20,000	100,000	500,000	140,000	760,000
進学1年6か月コース	進学	1年6か月	1200	60	10	20,000	100,000	700,000	155,000	975,000

[認定以外のコース] なし

[日本語能力試験] 2018年度受験状況

	N1	N2	N3	N4	N5	合計
受験者数	12	16	3	7	0	38
認定者数	4	14	3	7	0	28

[日本留学試験] 2018年度受験状況

●第1回

日本語受験者	日本語219点以上	文系受験者	文系100点以上	理系受験者	理系100点以上

●第2回

日本語受験者	日本語219点以上	文系受験者	文系100点以上	理系受験者	理系100点以上
16	13	0		12	0

[進学実績] 2019年3月までの進学状況　卒業者数 16

大学院	大学	短期大学	高専	専門学校	その他の学校	就職
				12		

[主な進学先]

大阪ハイテクノロジー専門学校(臨床士学技工学科)

[主な就職先]

●特色1　日本語のみならず、文化・社会状況を学び、社会人としての技能を身につける。

●特色2　海外提携校との積極的なTwo-Way教育の実施。

●特色3　将来日本で就職するための日本能力の育成。

大阪府　大阪市

告示校

おおさかぶんかこくさいがっこう

大阪文化国際学校（OBKG）

Osaka International School of Culture and Language

[TEL] 06-6882-1435 [FAX] 06-6882-1439
[eMAIL] obkg@japanese.ac.jp
[URL] http://www.japanese.ac.jp
[SNS] —

[住所] 〒530-0035 大阪府大阪市北区同心2-11-12

[教育開始時期] 1985年04月

[行き方] JR環状線「天満駅」、地下鉄御堂筋線「扇町駅」から徒歩5分

[設置者] 学校法人岡学園（種別:準学校法人）

[校長/別科長名] 岡 猛

[収容定員] 500人 二 部制　[教員数] 28人（うち専任 9人）　[宿舎] 有　[料金]（月額）30,000円～44,000円

[入学資格] 12年課程修了以上

[入学選抜方法] 書類選考、現地面接試験

[認定コース在籍者数] 330

[その他コース在籍者数] 12

内訳(人)：インドネシア(217)、中国(59)、フランス(24)、ベトナム(19)、ミャンマー(12)
その他(11)[フィリピン、ロシア、バングラデシュ、スロバキア、スリランカ、パナマ、スイス]

[教材]

初級	『みんなの日本語 初級』	初中級	『中級へ行こう』『学ぼう!にほんご 初中級』
中級	『留学生のための読解トレーニング』『留学生の日本語』	上級	『学ぼう!にほんご 上級』 『ストラテジーを使って学ぶ文章読み方』

[基礎科目及び英語の授業] 総合科目、数学コース1、物理、化学、生物

[認定コース]

	目的	期間	時数	週数	入学月	選考料	入学金	授業料	その他	合計(円)
進学2年	進学	2年	1600	80	4	20,000	80,000	1,200,000	120,000	1,420,000
進学1年9か月	進学	1年9か月	1400	70	7	20,000	80,000	1,050,000	110,000	1,260,000
進学1年6か月	進学	1年6か月	1200	60	10	20,000	80,000	900,000	100,000	1,100,000
進学1年3か月	進学	1年3か月	1000	50	1	20,000	80,000	750,000	90,000	940,000
一般1年	一般	1年	800	40	4	20,000	80,000	600,000	80,000	780,000

[認定以外のコース] 短期2か月、3か月コース

[日本語能力試験] 2018年度受験状況

	N1	N2	N3	N4	N5	合計
受験者数	76	174	84	0	0	334
認定者数	26	89	48	0	0	163

[日本留学試験] 2018年度受験状況

●第1回

日本語受験者	日本語219点以上	文系受験者	文系100点以上	理系受験者	理系100点以上
81	47	20	14	18	13

●第2回

日本語受験者	日本語219点以上	文系受験者	文系100点以上	理系受験者	理系100点以上
61	39	21	15	26	15

[進学実績] 2019年3月までの進学状況　卒業者数 156

大学院	大学	短期大学	高専	専門学校	その他の学校	就職
10	60	1	0	52	0	13

[主な進学先]

立命館大学、京都産業大学、大阪産業大学、大阪工業大学、桃山学院大学、摂南大学、流通科学大学、追手門学院大学、名古屋商科大学、大阪総合デザイン専門学校、修成建設専門学校、ECCコンピュータ専門学校、京都コンピュータ学院

[主な就職先]

ニプロ株式会社、株式会社東横イン、株式会社CHAMPION CORPORATION、株式会社アジアンレジャーサービス

●特色1　1985年開校。長い教育歴。

●特色2　大学院・大学への進学率が高い。

●特色3　日本で就職できる。

告示校

大阪府　大阪市

おおさかわいえむしーえーがくいんにほんごがっか

大阪YMCA学院 日本語学科

OSAKA YMCA Gakuin Japanese Language School

[TEL] 06-6779-8364 [FAX] 06-6779-1833
[eMAIL] info-jp@osakaymca.org
[URL] https://www.osakaymca.ac.jp/nihongo
[SNS] https://ja-jp.facebook.com/osakaymcagakuin

[住所] 〒543-0054　大阪府大阪市天王寺区南河堀町9-52

[教育開始時期] 1990年04月

[行き方] JR「天王寺駅」北口より東へ徒歩5分

[設置者] 学校法人大阪YMCA　(種別：学校法人)

[校長/別科長名] 鈴木えみ

[収容定員] 500人　二 部制

[教員数] 76人 (うち専任 10 人)

[宿舎] 無　[料金] －

[入学資格] 10年課程修了以上

[入学選抜方法] 書類審査、保証人面接、現地面接及び日本語テスト

[認定コース在籍者数] 387

[その他コース在籍者数] 0

内訳(人)：台湾(127)、韓国(49)、ベトナム(46)、中国(45)、マレーシア(32)
その他(88)[インドネシア、タイ、ロシア、フィリピン、ミャンマーメキシコ、アメリカ、イギリス、イラン他]

[教材]

初級	『大地』	初中級	『いつかどこかで』
中級	『中級から学ぶ日本語』	上級	『上級で学ぶ日本語』

[基礎科目及び英語の授業] 総合科目、数学コース1、数学コース2、物理、化学、生物、英語

[認定コース]

	目的	期間	時数	週数	入学月	選考料	入学金	授業料	その他	合計(円)
総合日本語1年コース	準備教育	1年	800	40	4	20,000	100,000	720,000	15,000	855,000
総合日本語1年半コース	準備教育	1年6か月	1200	60	10	20,000	100,000	1,080,000	22,600	1,222,600
総合日本語2年コース	準備教育	2年	1600	80	4	20,000	100,000	1,440,000	30,000	1,590,000
実用日本語2年コース	一般	2年	1520	76	1,4,7,10	20,000	100,000	1,360,000	30,000	1,510,000

[認定以外のコース] 3か月コース、短期日本語集中コース

[日本語能力試験] 2018年度受験状況

	N1	N2	N3	N4	N5	合計
受験者数	48	140	81	8	2	279
認定者数	14	80	55	2	2	153

[日本留学試験] 2018年度受験状況

●第1回

日本語受験者	日本語219点以上	文系受験者	文系100点以上	理系受験者	理系100点以上
13	1	4	0	5	0

●第2回

日本語受験者	日本語219点以上	文系受験者	文系100点以上	理系受験者	理系100点以上
23	7	8	4	6	0

[進学実績] 2019年3月までの進学状況　卒業者数 354

大学院	大学	短期大学	高専	専門学校	その他の学校	就職
1	10	0	0	64	0	24

[主な進学先]

東京外国語大学、京都外国語大学、龍谷大学、大手前大学、福井工業大学、大阪学院大、太成学院大学、大阪YMCA国際専門学校、ECCコンピュータ学院、文化服装学院、大阪モード学園、HAL大阪、OCA大阪デザイン＆IT専門学校、大阪スクールオブミュージック専門学校、トヨタ神戸自動車大学校、大阪デザイナー専門学校、阪神自動車航空鉄道専門学校、神戸電子専門学校、専門学校ヒコ・みづのジュエリーカレッジ大阪、山梨学院大学、四日市大学、大阪観光専門学校、大阪文化服装学院、日本モータースポーツ専門学校、大阪キャリナリー製菓調理専門学校 、大阪情報コンピュータ専門学校 他

[主な就職先]

株式会社ゆかり、アプリワークス株式会社、トッパン・フォームズ・セントラルプロダクツ株式会社、株式会社キリン堂、株式会社キンダーキッズ、国際研修協同組合、株式会社RinoHotelマネジメント、株式会社グローバルプランマネジメント

●特色1　独自に開発・編集した総合教材による一貫したカリキュラムの流れで、高い日本語総合力を養う。

●特色2　クラス担任を中心に、教職員が一体となって、学生のケアを徹底し、留学を成功に導く。

●特色3　YMCAボランティア諸活動を通し、地域及び幅広い人との交流と、共同能力養成を図る。

大阪府　大阪市

告示校

おおさかわいだぶりゅしーえいせんもんがっこう

大阪YWCA専門学校

Osaka YWCA College

[TEL] 06-6361-2955　[FAX] 06-6361-2997
[eMAIL] college@osaka.ywca.or.jp
[URL] http://nihongo.osakaywca.ac.jp/
[SNS] https://www.facebook.com/osakaYWCAcollege

[住所] 〒530-0026　大阪府大阪市北区神山町11-12
[教育開始時期] 1982年04月
[行き方] 地下鉄「扇町駅」、「中崎町駅」、JR「天満駅」から徒歩5分、JR「梅田駅」から徒歩10分

[設置者] 公益財団法人大阪YWCA　(種別:公益財団法人)
[校長/別科長名] 中山羊奈
[収容定員] 77人　一 部制
[教員数] 28人 (うち専任 3人)
[宿舎] 無　[料金] -

[入学資格] 12年課程修了以上及びこれと同等のレベルの者
[入学選抜方法] 書類審査、基礎学力テスト、本人面接、経費支弁者面接

[認定コース在籍者数] 53
[その他コース在籍者数] 46
内訳(人):ベトナム(37)、中国(16)、台湾(11)、ミャンマー(5)、韓国(4)
その他(26)[アメリカ、フィリピン、タイ、インドネシア、モンゴル、モロッコ　他]

[教材]

初級	大阪YWCAオリジナルテキスト 他	初中級	『N3文法スピードマスター』他
中級	『N2文法スピードマスター』『新完全マスター読解N3』他	上級	『日本語総まとめN1文法』他

[基礎科目及び英語の授業] 総合科目、数学コース1、数学コース2、物理、化学、生物、英語

[認定コース]

	目的	期間	時数	週数	入学月	選考料	入学金	授業料	その他	合計(円)
日本語学科	進学	1年	1000	40	4	20,000	80,000	660,000		760,000
日本語学科	進学	1年6か月	1500	60	10	20,000	80,000	990,000		1,090,000
日本語第二学科	進学	1年	1000	40	4	20,000	80,000	660,000		760,000

[認定以外のコース] 日本語モーニングコース、日本語イブニングコース、夏期集中コース、能力試験準備コース、ビジネス日本語コース

[日本語能力試験]　2018年度受験状況

	N1	N2	N3	N4	N5	合計
受験者数	22	48	20	6	0	96
認定者数	13	23	8	3	0	47

[日本留学試験]　2018年度受験状況

●第1回

日本語受験者	日本語219点以上	文系受験者	文系100点以上	理系受験者	理系100点以上
20	9	9	4	2	2

●第2回

日本語受験者	日本語219点以上	文系受験者	文系100点以上	理系受験者	理系100点以上
22	12	8	8	2	0

[進学実績]　2019年3月までの進学状況　卒業者数　46

大学院	大学	短期大学	高専	専門学校	その他の学校	就職
3	4	0	0	31	0	4

[主な進学先]
大阪府立大学大学院、関西大学大学院、近畿大学、流通科学大学、大阪国際大学 他

[主な就職先]
吉田鋼業株式会社、春秋旅行社 他

●特色1　文法積み重ねを重視する文法の授業を中心としている。

●特色2　日本語能力試験・日本留学試験を目標に英語・数学・総合科目・物理・化学・生物の授業も行なっている。

●特色3　留学ビザ取得で、通学定期の発行、奨学金が受けられる。

製作:J.TEST事務局 / 語文研究社

告示校

大阪府　大阪市

かいせいあかでみーにほんごがっこうおおさかうめだこう

開成アカデミー日本語学校 大阪梅田校

Kaisei Academy Japanese Language School Osaka Umeda Campus

[TEL] 06-6136-3364 [FAX] 06-6136-3125
[eMAIL] nihongo@kaisei-group.co.jp
[URL] http://nihongo.kaisei-group.co.jp
[SNS] http://www.facebook.com/1996209927268389/

[住所] 〒530-0013　大阪府大阪市北区茶屋町6-18 開成茶屋町ビル

[教育開始時期] 2017年04月

[行き方] 各線「梅田駅」より徒歩5分～10分

[設置者] 株式会社成学社　(種別:株式会社)

[校長/別科長名] 下出恭之

[収容定員] 140人　二 部制　[教員数] 11人 (うち専任　4 人)

[宿舎] 有　[料金] (月額) 26,000円 ～ 48,000円

[入学資格] ・通常の課程による12年間の中等学校教育を修了していること・学費、生活費を負担する支弁者がおり、それを証明できること・日本語を150時間以上履修、日本語能力N5相当以上であること

[入学選抜方法] 書類選考後、面接

[認定コース在籍者数] 106

[その他コース在籍者数] 0

内訳(人):
ベトナム(90)、中国(13)、フィリピン(2)、モンゴル(1)

[教材]

初級	『みんなの日本語』	初中級	『ニューアプローチ日本語 基礎編』
中級	『ニューアプローチ日本語 完成編』	上級	独自教材

[基礎科目及び英語の授業]　なし

[認定コース]

	目的	期間	時数	週数	入学月	選考料	入学金	授業料	その他	合計(円)
進学2年コース	進学	2年	1600	80	4	20,000	60,000	1,300,000	100,000	1,480,000
進学1.5年コース	進学	1年6か月	1200	60	10	20,000	60,000	975,000	75,000	1,130,000

[認定以外のコース] なし

[日本語能力試験]　2018年度受験状況

	N1	N2	N3	N4	N5	合計
受験者数	5	35	74	0	0	114
認定者数	3	10	30	0	0	43

[日本留学試験]　2018年度受験状況

●第1回

日本語受験者	日本語219点以上	文系受験者	文系100点以上	理系受験者	理系100点以上
7	4	4	2	0	0

●第2回

日本語受験者	日本語219点以上	文系受験者	文系100点以上	理系受験者	理系100点以上
7	5	4	4	0	0

[進学実績]　2019年3月までの進学状況　卒業者数　48

大学院	大学	短期大学	高専	専門学校	その他の学校	就職
5	11	0	0	26	0	0

[主な進学先]

立命館大学大学院、京都精華大学大学院、龍谷大学、日本経済大学、専門学校アートカレッジ神戸、穴吹学園、駿台観光＆外語ビジネス専門学校、他

[主な就職先]

●特色1　高等教育機関(大学院・大学等)進学のための日本語教育。

●特色2　日本留学試験高得点取得、日本語能力試験合格を目指す。

●特色3　日本社会を理解し円満な社会生活を送るための日本文化教育。

大阪府　大阪市

告示校

かんさいがいごせんもんがっこうにちごきょういくぶにほんごがっか

関西外語専門学校 日語教育部日本語学科

KANSAI COLLEGE OF BUSINESS & LANGUAGES DEPARTMENT OF JAPANESE STUDIES

[TEL] 06-6621-8115 [FAX] 06-6623-9164
[eMAIL] nihongo@tg-group.ac.jp
[URL] http://www.tg-group.ac.jp/nihongo/
[SNS] https://www.facebook.com/kansaigaigojapanese

[住所] 〒545-0053 大阪府大阪市阿倍野区松崎町2-9-36

[教育開始時期] 1989年04月

[行き方] JR・地下鉄「天王寺駅」、近鉄「あべの橋駅」東口より徒歩3～5分

[設置者] 学校法人天王寺学館 (種別：学校法人)

[校長/別科長名] 花畑好一

[収容定員] 418人 一 部制

[教員数] 50人 (うち専任 7人)

[宿舎] 有 [料金] (月額) 35,000円 ～ 62,000円

[入学資格] ①12年課程修了及び同等レベル
②入学時点で満18歳以上

[入学選抜方法] 書類審査、本人面接、保証人面接

[認定コース在籍者数] 333

[その他コース在籍者数] 30

内訳(人): 台湾(104)、韓国(68)、中国(46)、ベトナム(25)、香港(23)
その他(67)[アメリカ、マレーシア、タイ、他]

[教材]

初級	オリジナル教材	初中級	オリジナル教材
中級	『文化中級日本語』他	上級	オリジナル教材

[基礎科目及び英語の授業] 総合科目、数学コース1、数学コース2、英語

[認定コース]

	目的	期間	時数	週数	入学月	選考料	入学金	授業料	その他	合計(円)
日本語学科	進学	1年	962	37	4	20,000	80,000	668,000	37,000	805,000
日本語学科	進学	1年6か月	1443	55.5	10	20,000	80,000	1,002,000	56,500	1,158,500
日本語専攻学科	一般	1年	962	37	4	20,000	80,000	668,000	37,000	805,000
日本語総合学科A	一般	2年	1924	74	4	20,000	80,000	1,336,000	74,000	1,510,000
日本語総合学科B	一般	2年	1924	74	10	20,000	80,000	1,336,000	74,000	1,510,000

[認定以外のコース] 短期語学研修コース

[日本語能力試験] 2018年度受験状況

	N1	N2	N3	N4	N5	合計
受験者数	92	239	80	15	4	430
認定者数	35	145	50	8	4	243

[日本留学試験] 2018年度受験状況

●第1回

日本語受験者	日本語219点以上	文系受験者	文系100点以上	理系受験者	理系100点以上
15	9	9	7	1	0

●第2回

日本語受験者	日本語219点以上	文系受験者	文系100点以上	理系受験者	理系100点以上
31	23	17	13	4	2

[進学実績] 2019年3月までの進学状況 卒業者数 233

大学院	大学	短期大学	高専	専門学校	その他の学校	就職
5	18	1	0	71	0	26

[主な進学先]

神戸大学大学院、大阪市立大学大学院、立命館大学大学院、立命館大学、奈良女子大学、大阪市立大学、関西大学、龍谷大学、武蔵野美術大学、関西外語専門学校、辻調理師専門学校、大阪モード学園、修成建設専門学校

[主な就職先]

プーマジャパン、南海、ドンキホーテ

●特色1 専修学校専門課程に依る多様な分野にわたる組織的教育と高い教育水準の維持。

●特色2 年間授業時間数約1,000時間の豊富なカリキュラムと厳選された一流の教授陣。

●特色3 本格的な選択科目制度の導入により「日本留学試験対策」「日本語能力試験対策」はもちろん、多様な学習目的に対応。

告示校

大阪府　大阪市

かんさいこくさいがくいん

関西国際学院

Kansai Kokusai Gakuin

[TEL] 06-6773-0186　[FAX] 06-6773-0188
[eMAIL] kkg@comto.net
[URL] http://kkg.comto.net
[SNS] —

[住所] 〒543-0052　大阪府大阪市天王寺区大道1丁目11番9号　[教育開始時期] 1986年11月

[行き方] JR・地下鉄「天王寺駅」から北へ徒歩10分

[設置者] 有限会社ケイケイジイ　(種別：有限会社)　[校長/別科長名] 太田潔

[収容定員] 180人　二 部制　[教員数] 15人 (うち専任 3人)　[宿舎] 有　[料金] (月額) 25,000円 ～ 45,000円

[入学資格] 本国で12年以上の学校教育を修了している者。
能力試験N5相当を合格または合格見込みの者。

[入学選抜方法] 書類選考、面接

[認定コース在籍者数] 95

[その他コース在籍者数] 5

内訳(人)：
ベトナム(93)、中国(4)、台湾(1)、ネパール(1)、韓国(1)

[教材]

初級	自社教材	初中級	—
中級	『中級から学ぶ日本語』	上級	『上級から学ぶ日本語』

[基礎科目及び英語の授業] なし

[認定コース]

	目的	期間	時数	週数	入学月	選考料	入学金	授業料	その他	合計(円)
進学2年コース	進学	2年	1520	76	4	20,000	50,000	1,200,000	136,000	1,406,000
進学1.5年コース	進学	1年6か月	1140	57	10	20,000	50,000	900,000	102,000	1,072,000
進学1年コース	進学	1年	760	38	4	20,000	50,000	600,000	68,000	738,000

[認定以外のコース] 短期コース

[日本語能力試験]　2018年度受験状況

	N1	N2	N3	N4	N5	合計
受験者数	1	74	21	0	0	96
認定者数	0	14	9	0	0	23

[日本留学試験]　2018年度受験状況

●第1回

日本語受験者	日本語219点以上	文系受験者	文系100点以上	理系受験者	理系100点以上
56	3	0	0	0	0

●第2回

日本語受験者	日本語219点以上	文系受験者	文系100点以上	理系受験者	理系100点以上
0	0	0	0	0	0

[進学実績]　2019年3月までの進学状況　卒業者数

大学院	大学	短期大学	高専	専門学校	その他の学校	就職
1	6	3	0	37	0	7

[主な進学先]

大成学院大学、大阪観光大学、大阪女学院大学、東大阪大学(短期大学部)、流通大学、関西経理専門学校、日本モータースポーツ専門学校、大阪工業技術専門学校、ホンダテクニカルカレッジ関西、駿台観光＆外語ビジネス専門学校、エール学園、ECC国際外語専門学校、トラベルジャーナル学園 他

[主な就職先]

株式会社トラスト・テック、病院

●特色1　30年以上の実績。

●特色2　アットホームな環境。

●特色3　進学指導の充実。

大阪府　大阪市　　告示校

きょうしんらんげーじあかでみーおおさかこう

京進ランゲージアカデミー 大阪校

Kyoshin Language Academy Osaka school

[TEL] 06-6115-6150 [FAX] 06-6115-6152
[eMAIL] kla.osaka@kyoshin.co.jp
[URL] http://www.kla.ac/jp/
[SNS] https://www.facebook.com/kla.osaka/

[住所] 〒558-0004　大阪府大阪市住吉区長居東2丁目2番地19号　[教育開始時期] 2017年04月

[行き方] 地下鉄御堂筋線「長居駅」4番出口より東へ直進 徒歩4分

[設置者] 株式会社京進　(種別:株式会社)　[校長/別科長名] 立木康之

[収容定員] 135人 二 部制　[教員数] 13人 (うち専任 3 人)　[宿舎] 有　[料金] (月額) 35,000円 ～ 60,000円

[入学資格] (1)12年以上の学校教育又はそれに準ずる課程を修了している者 (2)年齢が18歳以上の者 (3)正当な手続きによって日本への入国を許可された又は許可される見込みのある者 (4)信頼のおける保証人を有する者

[入学選抜方法] 書類審査、面接

[認定コース在籍者数] 64　内訳(人): ベトナム(31)、中国(15)、インドネシア(12)、台湾(5)、イタリア(1)
[その他コース在籍者数] 5　その他(5)[インド、ネパール、スリランカ]

[教材]

初級	『NEJ -テーマで学ぶ基礎にほんご-Vol.1』	初中級	『NEJ -テーマで学ぶ基礎にほんご-Vol.2』
中級	『トピックによる日本語総合演習 中級前期・後期』他	上級	『トピックによる日本語総合演習 上級』他

[基礎科目及び英語の授業] なし

[認定コース]

	目的	期間	時数	週数	入学月	選考料	入学金	授業料	その他	合計(円)
一般1年6ヵ月コース	一般	1年6か月	1140	57	10	22,000	55,000	1,089,000	99,000	1,265,000
進学2年コース	進学	2年	1520	76	4	22,000	55,000	1,452,000	132,000	1,661,000
進学1年3ヵ月コース	進学	1年3か月	950	48	1	22,000	55,000	907,500	82,500	1,067,000
進学1年9ヵ月コース	進学	1年9か月	1330	67	7	22,000	55,000	1,270,500	115,500	1,463,000

[認定以外のコース] 短期コース

[日本語能力試験] 2018年度受験状況

	N1	N2	N3	N4	N5	合計
受験者数	13	31	30	0	0	74
認定者数	10	10	10	0	0	30

[日本留学試験] 2018年度受験状況

●第1回

日本語受験者	日本語219点以上	文系受験者	文系100点以上	理系受験者	理系100点以上
6	6	1	1	1	1

●第2回

日本語受験者	日本語219点以上	文系受験者	文系100点以上	理系受験者	理系100点以上
9	3	4	4	1	1

[進学実績] 2019年3月までの進学状況 卒業者数 57

大学院	大学	短期大学	高専	専門学校	その他の学校	就職
1	6	0	0	32	0	5

[主な進学先]
－

[主な就職先]
－

●特色1　「社会で行動できる」日本語使用者の育成を目指し、文型習得だけでなく課題遂行能力向上のためのカリキュラムを組んでいます。

●特色2　－

●特色3　－

製作:J.TEST事務局 / 語文研究社

告示校

大阪府　大阪市

ゆうげんがいしゃくろーばーがくいん

有限会社
クローバー学院
CLOVER LANGUAGE INSTITUTE

[TEL] 06-6533-3072　[FAX] 06-6533-3163
[eMAIL] info@clover-li.co.jp
[URL] http://www.clover-li.co.jp/
[SNS] —

[住所] 〒550-0013　大阪府大阪市西区新町1-2-13 新野ビル4F

[教育開始時期] 1989年01月

[行き方] 大阪メトロ四ツ橋線「四ツ橋駅」1-A出口から北へ徒歩5分

[設置者] 有限会社クローバー学院　（種別：有限会社）

[校長/別科長名] 北村彩子

[収容定員] 232人　二 部制　[教員数] 15人（うち専任　5人）

[宿舎] 無　[料金] -

[入学資格] 12年以上の学校教育（高等学校教育）の課程を修了した者

[入学選抜方法] 書類選考、面接、日本語・会話能力試験 他

[認定コース在籍者数] 142

[その他コース在籍者数] 0

内訳(人)：
中国(97)、ベトナム(44)、モンゴル(1)

[教材]

初級	『みんなの日本語 初級』	初中級	『中級へ行こう』
中級	『中級を学ぼう』	上級	『上級で学ぶ日本語』、生教材 他

[基礎科目及び英語の授業] 数学コース1、数学コース2、物理、化学

[認定コース]

	目的	期間	時数	週数	入学月	選考料	入学金	授業料	その他	合計(円)
大学進学2年コース	進学	2年	1600	80	4	20,000	50,000	1,280,000	60,000	1,410,000
大学進学1年9か月コース	進学	1年9か月	1360	68	7	20,000	50,000	1,120,000	52,500	1,242,500
大学進学1年半コース	進学	1年6か月	1240	62	10	20,000	50,000	960,000	45,000	1,075,000
大学進学1年3か月コース	進学	1年3か月	1040	52	1	20,000	50,000	800,000	45,000	915,000
一般2年コース	一般	2年	1600	80	4	20,000	50,000	1,280,000	60,000	1,410,000

[認定以外のコース] なし

[日本語能力試験] 2018年度受験状況

	N1	N2	N3	N4	N5	合計
受験者数	26	149	33	0	0	208
認定者数	1	44	7	0	0	52

[日本留学試験] 2018年度受験状況

●第1回

日本語受験者	日本語219点以上	文系受験者	文系100点以上	理系受験者	理系100点以上
65	17	9	6	0	0

●第2回

日本語受験者	日本語219点以上	文系受験者	文系100点以上	理系受験者	理系100点以上
28	9	11	6	2	0

[進学実績] 2019年3月までの進学状況　卒業者数 112

大学院	大学	短期大学	高専	専門学校	その他の学校	就職
5	20	6	0	52	0	13

[主な進学先]

関西大学大学院、大阪大学大学院、大阪商業大学大学院、桃山学院大学、大阪国際大学、大阪産業大学、清風情報工科学院、エール学園、ECC国際外語専門学校 他

[主な就職先]

株式会社インジェスター、株式会社神戸、株式会社エディオン、グランウェイ株式会社

●特色1　クラス編成及び授業方法を工夫し、小規模の特性を有効に発揮する。

●特色2　教師も学習者も従来の形式に囚われず、言葉を通じて心の交流を図る事を第一義とする。

●特色3　進路指導に細かく対応し、日本留学試験対策に万全を期す可く配慮している。

製作：J.TEST事務局 / 語文研究社

大阪府　大阪市

告示校

こくさいみらいがくいん

国際未来学院

International Futurity Academy

[TEL] 06-6105-7515 [FAX] 06-6105-7516
[eMAIL] info@kokusaimirai.co.jp
[URL] https://www.kokusaimirai.com
[SNS] https://www.facebook.com/ifa1666

[住所] 〒533-0013　大阪府大阪市東淀川区豊里2丁目16番4号

[教育開始時期] 2017年10月

[行き方] 阪急京都線「上新庄駅」南出口に出て 南に徒歩10分

[設置者] SF国際商事株式会社　(種別:株式会社)

[校長/別科長名] 紀平佳奈子

[収容定員] 100人　二 部制

[教員数] 12人 (うち専任 3 人)

[宿舎] 有　[料金] (月額) 20,000円 ～

[入学資格] 日本語能力試験N5 (同等レベル) 以上、満18歳以上、母国で12年以上の学校教育を受けた者。

[入学選抜方法] 書類選考、現地における面接 筆記試験

[認定コース在籍者数] 74

[その他コース在籍者数] 0

内訳(人): 中国(23)、ベトナム(22)、インドネシア(14)、キルギス(6)、パキスタン(4)
その他(5)[ブータン]

[教材]

初級	『みんなの日本語 初級』	初中級	『中級へ行こう』
中級	『中級から学ぶ日本語』	上級	『上級で学ぶ日本語』

[基礎科目及び英語の授業] なし

[認定コース]

	目的	期間	時数	週数	入学月	選考料	入学金	授業料	その他	合計(円)
進学2年	進学	2年	1560	78	4	20,000	60,000	1,200,000	130,000	1,410,000
進学1.5年	進学	1年6か月	1160	58	10	20,000	60,000	900,000	100,000	1,080,000

[認定以外のコース] 短期コース(3か月、1か月)

[日本語能力試験] 2018年度受験状況

	N1	N2	N3	N4	N5	合計
受験者数	4	26	51	0	0	81
認定者数	2	8	9	0	0	19

[日本留学試験] 2018年度受験状況

●第1回

日本語受験者	日本語219点以上	文系受験者	文系100点以上	理系受験者	理系100点以上
0	0	0	0	0	0

●第2回

日本語受験者	日本語219点以上	文系受験者	文系100点以上	理系受験者	理系100点以上
3	1	0	0	1	1

[進学実績] 2019年3月までの進学状況　卒業者数 72

大学院	大学	短期大学	高専	専門学校	その他の学校	就職
6	2	0	0	27	0	6

[主な進学先]

福井大学大学院、滋賀大学大学院、京都外国語大学大学院、デジタルハリウッド大学院、大阪経済大学大学院、京都情報大学院大学、近畿大学、大阪産業大学、ECC国際外語専門学校、清風情報工科学院、大阪デザイナー専門学校、駿台観光&外語ビジネス専門学校、大阪スクールオブミュージック、専門学校アートカレッジ神戸 他

[主な就職先]

サンシステム株式会社、天成商事株式会社、株式会社ヒーモリ 他

●特色1　日本語能力試験、日本留学試験の対策をきめ細かく対応、サポート。各種学校から大学院までの面接指導など。

●特色2　社会人としてコミュニケーションを重視し、4技能のバランスのとれた授業内容。

●特色3　地域交流を通し、日本での生活を円滑に行えるようにする。

告示校

大阪府　大阪市

じぇいこくさいがくいん

J国際学院

Japanese Communication International School

[TEL] 06-6532-7480 [FAX] 06-6532-7430
[eMAIL] info@jcom-ies.co.jp
[URL] http://jcom-ies.co.jp/
[SNS] Facebook : J国際学院

[住所] 〒550-0012　大阪府大阪市西区立売堀1-1-3　[教育開始時期] 2004年10月

[行き方] 地下鉄四ツ橋線「本町駅」21番出口より徒歩3分

[設置者] 株式会社国際通信社　（種別：株式会社）　[校長/別科長名] 美坂房洋

[収容定員] 560人　二 部制　[教員数] 60人 (うち専任 10 人)　[宿舎] 有　[料金] (月額) 25,000円 ～ 58,000円

[入学資格] ①12年間（高校卒業あるいは同等学歴）以上の学歴を有する者②30歳以下の者　※30歳を超えている場合は、その理由と経歴が必要③日本語学習150時間以上（日本語能力N5級レベル）を修了した者

[入学選抜方法] 書類審査、筆記試験、本人・支弁者面接 他

[認定コース在籍者数] 423

[その他コース在籍者数] 99

内訳(人)：台湾(129)、中国(105)、韓国(85)、ベトナム(71)、フィリピン(34)
その他(98)[インドネシア、香港、モンゴル、ウズベキスタン、スウェーデン、イギリス、シンガポール、タイ 他]

[教材]

初級	『大地』『大地 基礎問題集』『漢字の教科書初級300』	初中級	『TRY! N3』『漢字の教科書中級700』
中級	『TRY! N2』『漢字の教科書中級700』	上級	『新中級から上級への日本語』『TRY! N1』『漢字の教科書上級1000』『読解厳選テーマ10』

[基礎科目及び英語の授業] なし

[認定コース]

	目的	期間	時数	週数	入学月	選考料	入学金	授業料	その他	合計(円)
進学1年コース	進学	1年	800	40	4	30,000	50,000	700,000	20,000	800,000
進学1年6か月コース	進学	1年6か月	1200	60	10	30,000	50,000	1,050,000	30,000	1,160,000
進学2年コース	進学	2年	1600	80	4	30,000	50,000	1,400,000	40,000	1,520,000
一般コース	一般	1年	800	60	4	30,000	50,000	700,000	20,000	800,000

[認定以外のコース] 1～3カ月短期コース、短期遊学コース、夜間短期コース

[日本語能力試験]　2018年度受験状況

	N1	N2	N3	N4	N5	合計
受験者数	90	256	141	18	2	507
認定者数	38	121	75	9	1	244

[日本留学試験]　2018年度受験状況

●第1回

日本語受験者	日本語219点以上	文系受験者	文系100点以上	理系受験者	理系100点以上
25	14	22	8	2	1

●第2回

日本語受験者	日本語219点以上	文系受験者	文系100点以上	理系受験者	理系100点以上
34	24	28	14	6	5

[進学実績]　2019年3月までの進学状況　卒業者数　335

大学院	大学	短期大学	高専	専門学校	その他の学校	就職
13	28	12	0	96	0	54

[主な進学先]
－

[主な就職先]
－

●特色1　学生の目的、進路に合わせたカリキュラム作成、クラス編成を行い、学習到達度を高める。

●特色2　日本語学習のみではなく、日本の文化、習慣、礼節等を理解し、国際感覚豊かな人材を育成する。

●特色3　コミュニケーション能力の習得と向上を重視し、地域社会、諸外国との文化交流をめざす。

製作：J.TEST事務局 / 語文研究社

大阪府　大阪市

告示校

じんとうきょうにほんごがっこうおおさかこう

JIN東京日本語学校 大阪校

JIN TOKYO JAPANESE LANGUAGE SCHOOL OSAKA

[TEL] 06-6770-1900 [FAX] 06-6770-1903
[eMAIL] osaka@jin-japanese.net
[URL] http://www.jin-japanese.com/
[SNS] https://www.facebook.com/JIN-大阪校-1551605261801708/

[住所] 〒543-0026　大阪府大阪市天王寺区東上町8-28　JINビル

[教育開始時期] 2016年04月

[行き方] JR・地下鉄・近鉄「鶴橋駅」より徒歩5分

[設置者] 株式会社TOKINAKA　（種別：株式会社）

[校長/別科長名] 松室正義

[収容定員] 220人　二 部制　[教員数] 30人（うち専任　6人）

[宿舎] 有　[料金]（月額）25,000円 ～ 53,333円

[入学資格] 12年課程修了以上またはこれと同等レベルの者

[入学選抜方法] 書類審査、本人面接、経費支弁者確認、能力適性試験

[認定コース在籍者数] 172

[その他コース在籍者数] 7

内訳(人):
ベトナム(159)、中国(10)、韓国(10)

[教材]

初級	『みんなの日本語 初級』	初中級	『中級へ行こう』
中級	『中級から学ぶ日本語』	上級	『上級で学ぶ日本語』

[基礎科目及び英語の授業] なし

[認定コース]

	目的	期間	時数	週数	入学月	選考料	入学金	授業料	その他	合計(円)
進学2年	進学	2年	1600	80	4	22,000	77,000	1,306,800	22,000	1,427,800
進学1年9ヵ月	進学	1年9ヵ月	1400	70	7	22,000	77,000	1,143,450	22,000	1,264,450
進学1年6ヵ月	進学	1年6ヵ月	1200	60	10	22,000	77,000	980,100	22,000	1,101,100
進学1年3ヵ月	進学	1年3ヵ月	1000	50	1	22,000	77,000	816,750	22,000	937,750

[認定以外のコース] 短期学習コース

[日本語能力試験]　2018年度受験状況

	N1	N2	N3	N4	N5	合計
受験者数	6	11	34	0	0	51
認定者数	2	8	14	0	0	24

[日本留学試験]　2018年度受験状況

●第1回

日本語受験者	日本語219点以上	文系受験者	文系100点以上	理系受験者	理系100点以上
3	0	0	0	0	0

●第2回

日本語受験者	日本語219点以上	文系受験者	文系100点以上	理系受験者	理系100点以上
3	0	0	0	2	2

[進学実績]　2019年3月までの進学状況　卒業者数　24

大学院	大学	短期大学	高専	専門学校	その他の学校	就職
1	1	0	0	19	0	0

[主な進学先]

立命館大学大学院・大阪産業大学・エール学園・大阪ホテル専門学校・ホンダテクニカルカレッジ関西・大阪理工専門学校・大阪ビジュアルアーツ専門学校他

[主な就職先]

－

●特色1　能力別による少人数クラス制。

●特色2　希望者全員の入寮、生活必需品の準備など生活面での完全サポート。

●特色3　数か国語による学生対応、担任制度などにより安心できる学習サポート。

製作:J.TEST事務局 / 語文研究社

告示校

大阪府　大阪市

せいがんにほんごがっこう

せいがん日本語学校

SEIGAN JAPANESE LANGUAGE SCHOOL

[TEL] 06-6606-0238　[FAX] 06-6606-7641
[eMAIL] scjc@earth.ocn.ne.jp , yuka@seigan-nihongo.
[URL] https://seigan-nihongo.com/
[SNS] https://www.facebook.com/seigan.jls

[住所] 〒558-0003　大阪府大阪市住吉区長居3-2-9　[教育開始時期] 2012年10月

[行き方] JR「長居駅」から徒歩30秒、地下鉄「長居駅」から徒歩3分

[設置者] 有限会社ヒデコーポレーション　(種別：有限会社)　[校長/別科長名] 今川日出夫

[収容定員] 100人　二 部制　[教員数] 15人 (うち専任　4 人)　[宿舎] 有　[料金] (月額) 26,000円 ～ 37,000円

[入学資格] 日本語を学ぶ明確な目的がある者　[入学選抜方法] 書類選考、面接

[認定コース在籍者数] 49
[その他コース在籍者数] 1
内訳(人)：韓国(17)、インドネシア(3)、ネパール(3)、ウズベキスタン(3)、イギリス(2)
その他(22)[台湾、マレーシア、ベトナム、スペイン、アメリカ、サウジアラビア、シンガポール、インド、フランス、ドイツ、ノルウェー、スイス、エチオピア、マリ、ガンビア、アルジェリア、ブラジル]

[教材]

初級	『文化初級日本語』『にほんごチャレンジ』	初中級	『中級へ行こう』『短期集中初級日本語文法』
中級	『中級から学ぶ日本語』『上級から学ぶ日本語』『N3文法スピードマスター』『N3語彙スピードマスター』	上級	『留学生のための時代を読み解く上級日本語』『N1文法スピードマスター』『N1語彙スピードマスター』

[基礎科目及び英語の授業] 総合科目

[認定コース]

	目的	期間	時数	週数	入学月	選考料	入学金	授業料	その他	合計(円)
1年コース	一般	1年	800	40	4,10	30,000	50,000	630,000	60,000	770,000
1.5年コース	一般	1年6か月	1200	60	4,10	30,000	50,000	945,000	90,000	1,115,000
2年コース	一般	2年	1600	80	4,10	30,000	50,000	1,260,000	120,000	1,460,000

[認定以外のコース] 短期集中コース

[日本語能力試験]　2018年度受験状況

	N1	N2	N3	N4	N5	合計
受験者数	8	14	8	1	0	31
認定者数	8	9	1	1	0	19

[日本留学試験]　2018年度受験状況

●第1回

日本語受験者	日本語219点以上	文系受験者	文系100点以上	理系受験者	理系100点以上
0	0	0	0	0	0

●第2回

日本語受験者	日本語219点以上	文系受験者	文系100点以上	理系受験者	理系100点以上
1	0	0	0	0	0

[進学実績]　2019年3月までの進学状況　卒業者数　41

大学院	大学	短期大学	高専	専門学校	その他の学校	就職
0	0	0	0	6	0	5

[主な進学先]

ECC国際国際外語専門学校、辻調理専門学校、履正社衣料スポーツ専門学校、大阪デザイナー専門学校

[主な就職先]

—

●特色1　非漢字圏の留学生中心の日本語教育。

●特色2　少人数制のクラス編成(1クラス15名以下)。

●特色3　多国籍の学生が勉強しています。

製作：J.TEST事務局 / 語文研究社

大阪府　大阪市　　告示校

せいふうじょうほうこうかがくいん

清風情報工科学院

SEIFU INSTITUTE OF INFORMATION TECHNOLOGY / i-SEIFU JAPANESE LANGUAGE SCHOOL

[TEL] 06-6657-2369　[FAX] 06-6657-2386
[eMAIL] language@i-seifu.jp
[URL] http://www.i-seifu.com/language/
[SNS] —

[住所] 〒545-0042　大阪府大阪市阿倍野区丸山通1-6-3　　[教育開始時期] 2003年04月

[行き方] 地下鉄谷町線「阿倍野駅」6番出口南へ徒歩6分

[設置者] 学校法人清風明育社清風情報工科学院　(種別：学校法人)　　[校長/別科長名] 平岡憲人

[収容定員] 336人　二 部制　　[教員数] 32人 (うち専任　7人)　　[宿舎] 有　[料金] (6か月) 150,000円 ～

[入学資格] 12年課程修了以上及び同等レベルの者、日本語学習150時間以上 他　　[入学選抜方法] 書類審査、本人面接、保証人面接 他

[認定コース在籍者数] 176
[その他コース在籍者数] 79
内訳(人)：中国(120)、ベトナム(111)、インドネシア(9)、ミャンマー(7)、台湾(3)
その他(5)[インド、バングラデシュ、タイ、カンボジア、スウェーデン]

[教材]

初級	『みんなの日本語 初級』	初中級	『中級へ行こう』
中級	『中級から学ぶ日本語』	上級	『上級読解ワークブック』

[基礎科目及び英語の授業] 総合科目、数学コース1、数学コース2、物理、化学、英語

[認定コース]

	目的	期間	時数	週数	入学月	選考料	入学金	授業料	その他	合計(円)
日本語科2年コース	進学	2年	1600	80	4	20,000	80,000	1,320,000	28,000	1,448,000
日本語科1.5年コース	進学	1年6か月	1200	60	10	20,000	80,000	990,000	21,000	1,111,000

[認定以外のコース] 短期コース

[日本語能力試験] 2018年度受験状況

	N1	N2	N3	N4	N5	合計
受験者数	87	220	65	0	0	372
認定者数	16	84	23	0	0	123

[日本留学試験] 2018年度受験状況

●第1回

日本語受験者	日本語219点以上	文系受験者	文系100点以上	理系受験者	理系100点以上
119	34	24	16	17	5

●第2回

日本語受験者	日本語219点以上	文系受験者	文系100点以上	理系受験者	理系100点以上
66	30	23	14	13	10

[進学実績] 2019年3月までの進学状況　卒業者数　167

大学院	大学	短期大学	高専	専門学校	その他の学校	就職
17	74	2	0	56	0	13

[主な進学先]

大阪府立大学大学院、北陸先端科学技術大学大学院、立命館大学大学院、関西大学大学院、近畿大学大学院、大阪教育大学、群馬大学、広島市立大学、北九州市立大学、立命館大学、関西学院大学、関西大学、大阪経済大学、京都産業大学

[主な就職先]

株式会社サンシステム、株式会社アスパーク、株式会社トリックスター、株式会社ベンセルホテル開発

●特色1　安心、信頼、尊敬に基づく人間教育。

●特色2　二文化二常識に基づく留学生基礎力の強化。

●特色3　進学、就職、ビジネスに役立つ総合教育。

告示校

大阪府 大阪市

にっせいにっぽんごがくえん

日生日本語学園

NISSEI JAPANESE LANGUAGE SCHOOL

[TEL] 06-6747-9797 [FAX] 06-6747-9798
[eMAIL] info@nissei.ac
[URL] http://www.nissei.ac/
[SNS] https;//www.facebook.com/nissei.ac/

[住所] 〒544-0004 大阪府大阪市生野区巽北4-15-26 [教育開始時期] 2007年10月

[行き方] 大阪市営地下鉄千日前線「北巽駅」1番出口より徒歩5分

[設置者] 一般社団法人日生日本語学園 (種別：一般社団法人) [校長/別科長名] 許賢

[収容定員] 440人 二 部制 [教員数] 35人 (うち専任 12 人) [宿舎] 有 [料金] (月額) 25,000円 ～

[入学資格] 12年課程修了以上及びこれと同等レベルの者 [入学選抜方法] 書類選考、筆記試験、本人及び支弁者面接

[認定コース在籍者数] 365 内訳(人): ベトナム(233)、ネパール(89)、インドネシア(23)、スリランカ(10)、フィリピン(4)
[その他コース在籍者数] 0 その他(6)[ミャンマー、タイ、韓国、中国]

[教材]

初級	『みんなの日本語 初級』『できる日本語初級』	初中級	『できる日本語初中級』『中級までに学ぶ日本語』
中級	『ニューアプローチ基礎編』 『中級から学ぶ日本語』	上級	『ニューアプローチ完成編』 『上級で学ぶ日本語』

[基礎科目及び英語の授業] 総合科目、数学コース1、数学コース2

[認定コース]

	目的	期間	時数	週数	入学月	選考料	入学金	授業料	その他	合計(円)
一般2年コース	一般	2年	1600	80	1,4,7,10	33,000	55,000	1,276,000	110,000	1,474,000

[認定以外のコース] なし

[日本語能力試験] 2018年度受験状況

	N1	N2	N3	N4	N5	合計
受験者数	4	170	310	1	0	485
認定者数	2	27	74	1	0	104

[日本留学試験] 2018年度受験状況

●第1回

日本語受験者	日本語219点以上	文系受験者	文系100点以上	理系受験者	理系100点以上
37	2	3	0	4	0

●第2回

日本語受験者	日本語219点以上	文系受験者	文系100点以上	理系受験者	理系100点以上
23	0	0	0	1	0

[進学実績] 2019年3月までの進学状況 卒業者数 214

大学院	大学	短期大学	高専	専門学校	その他の学校	就職
1	14	8	0	179	2	10

[主な進学先]

大阪女学院大学、大成学院大学、四国短期大学、エール学園、ECC国際外語専門学校

[主な就職先]

株式会社くらコーポレーション、亜細亜教育・投資株式会社

●特色1 非漢字圏学習者向けのカリキュラムが充実している。

●特色2 ボランティア活動や学外体験など教室外での体験学習に力を入れている。

●特色3 柔軟なクラス編成で学習者のニーズに応えている。

製作:J.TEST事務局 / 語文研究社

大阪府	大阪市

告示校

にっちゅうごがくせんもんがくいん

日中語学専門学院

Japan-China Language Academy

[TEL] 06-6353-2442 [FAX] 06-6353-0664
[eMAIL] nicchu-jp@jclc.jp
[URL] http://www.jclc.jp/nicchu/index.html
[SNS] https://ja-jp.facebook.com/JCLA.JP

[住所] 〒530-0041 大阪府大阪市北区天神橋3丁目7－7 玉屋ビル4階
[教育開始時期] 1990年04月
[行き方] 地下鉄「南森町駅」5番出口より北へ徒歩5分、JR環状線「天満駅」より南へ徒歩5分

[設置者] 株式会社日中語学センター　(種別：株式会社)
[校長/別科長名] 辻 裕
[収容定員] 216人 二 部制
[教員数] 14人 (うち専任 6人)
[宿舎] 有 [料金] (月額) 36,000円 ～ 38,000円

[入学資格] ・12年以上の学校教育を終了し、18歳以上の者 ・日本語学習歴があり、大学及び専門学校への進学を目的とする者 ・日本の法律及び本学の学則、その他の諸規定を遵守できる者 ・十分な経費支弁能力のある経済保証人を有する者
[入学選抜方法] 書類審査、筆記試験、面接
日本語能力資格

[認定コース在籍者数] 133
[その他コース在籍者数] 0
内訳(人):
中国(98)、ベトナム(35)

[教材]

初級	『みんなの日本語 初級Ⅰ』	初中級	『みんなの日本語 初級Ⅱ』
中級	『中級から学ぶ日本語』	上級	『上級で学ぶ日本語』

[基礎科目及び英語の授業] なし

[認定コース]

	目的	期間	時数	週数	入学月	選考料	入学金	授業料	その他	合計(円)
進学1年3か月コース	進学	1年3か月	1100	55	1	20,000	80,000	825,000	0	925,000
進学1年半コース	進学	1年6か月	1320	66	10	20,000	80,000	990,000	0	1,090,000
進学1年9か月コース	進学	1年9か月	1540	75	7	20,000	80,000	1,155,000	0	1,255,000
進学2年コース	進学	2年	1760	88	4	20,000	80,000	1,320,000	0	1,420,000

[認定以外のコース] なし

[日本語能力試験] 2018年度受験状況

	N1	N2	N3	N4	N5	合計
受験者数	29	80	16	0	0	125
認定者数	4	20	2	0	0	26

[日本留学試験] 2018年度受験状況

●第1回

日本語受験者	日本語219点以上	文系受験者	文系100点以上	理系受験者	理系100点以上
0	0	0	0	0	0

●第2回

日本語受験者	日本語219点以上	文系受験者	文系100点以上	理系受験者	理系100点以上
0	0	0	0	0	0

[進学実績] 2019年3月までの進学状況 卒業者数 91

大学院	大学	短期大学	高専	専門学校	その他の学校	就職
4	16	0	0	38	0	9

[主な進学先]

大阪大学大学院、大阪府立大学大学院、関西大学大学院、立命館大学、関西学院大学、大阪産業大学、関西大学、京都造形芸術大学

[主な就職先]

－

●特色1 個人のレベルに応じて3つのクラスに分け少人数編成で効果的な授業を行っています。

●特色2 経験豊かなベテラン日本人教師によって丁寧な日本語教育を行っています。

●特色3 「読む」「書く」「聞く」「話す」の四技能のバランスのいい語学教育をダイレクトメソッドによって実現しています。

製作：J.TEST事務局 / 語文研究社

告示校

大阪府　大阪市

がっこうほうじんかめいがくえんにほんめでぃかるふくしせんもんがっこう

学校法人瓶井学園 日本メディカル福祉専門学校

Nihon Medical Welfare College

[TEL] 06-6329-6553 [FAX] 06-6321-0861
[eMAIL] info@kamei.ac.jp
[URL] http://kamei-nihongo.com/
[SNS] Facebook 瓶井学園 日本語学科

[住所] 〒533-0015 大阪府大阪市東淀川区大隅1-3-14 [教育開始時期] 2008年10月
[行き方] 阪急京都線「上新庄駅」から徒歩8分、地下鉄今里筋線「だいどう豊里駅」から徒歩5分

[設置者] 学校法人瓶井学園 (種別：学校法人) [校長/別科長名] 瓶井修
[収容定員] 120人 二 部制 [教員数] 12人 (うち専任 4人) [宿舎] 有 [料金] (月額) 15,000円 ～

[入学資格] 12年以上の学校教育又はそれに準ずる課程を修了した者。 [入学選抜方法] 書類審査、面接、能力適性試験

[認定コース在籍者数] 81
[その他コース在籍者数] 0
内訳(人)：ベトナム(45)、中国(31)、タイ(2)、ミャンマー(2)、韓国(1)

[教材]

初級	『みんなの日本語 初級』	初中級	『中級へ行こう』
中級	『中級から学ぶ日本語』	上級	『上級で学ぶ日本語』

[基礎科目及び英語の授業] 総合科目、数学コース1

[認定コース]

	目的	期間	時数	週数	入学月	選考料	入学金	授業料	その他	合計(円)
1年コース	進学	1年	900	36	4	20,000	60,000	660,000	56,000	796,000
2年コース	進学	2年	1800	72	4	20,000	60,000	1,320,000	112,000	1,512,000
1.5年コース	進学	1年6か月	1350	54	10	20,000	60,000	990,000	84,000	1,154,000

[認定以外のコース] なし

[日本語能力試験] 2018年度受験状況

	N1	N2	N3	N4	N5	合計
受験者数	3	41	20	0	0	64
認定者数	1	13	4	0	0	18

[日本留学試験] 2018年度受験状況

●第1回

日本語受験者	日本語219点以上	文系受験者	文系100点以上	理系受験者	理系100点以上
37	3	9	0	2	0

●第2回

日本語受験者	日本語219点以上	文系受験者	文系100点以上	理系受験者	理系100点以上
17	5	8	1	0	0

[進学実績] 2019年3月までの進学状況 卒業者数 60

大学院	大学	短期大学	高専	専門学校	その他の学校	就職
1	11	0	0	35	0	5

[主な進学先]

神戸大学大学院、名古屋工業大学大学院、大阪経済大学大学院、相愛大学、帝塚山大学、追手門学院大学、神戸山手大学、流通科学大学、神戸国際大学、太成学院大学、神戸医療福祉大学、日本経済大学、大阪経済法科大学、明海大学、京都西山短期大学、日本理工情報専門学校、日本コンピュータ専門学校

[主な就職先]

－

●特色1 専門学校の中の日本語学科。2年コースは卒業後「専門士」の称号取得。

●特色2 大学、大学院への進学。年間900時間の授業を通じて、EJU対策も万全。

●特色3 就職への近道。自動車・ロボット・まんが・アニメ・IT・医療・福祉の専門コース充実。

製作：J.TEST事務局 / 語文研究社

大阪府　大阪市

告示校

がっこうほうじんかめいがくえんにほんりこうじょうほうせんもんがっこう

学校法人瓶井学園
日本理工情報専門学校

Nihon Science and Information Technology College

[TEL] 06-6329-6553　[FAX] 06-6321-0861
[eMAIL] info@kamei.ac.jp
[URL] http://kamei-nihongo.com/
[SNS] Facebook 瓶井学園 日本語学科

[教育開始時期] 2003年04月

[住所] 〒533-0015　大阪府大阪市東淀川区大隅1-1-25

[行き方] 阪急京都線「上新庄駅」から徒歩8分、地下鉄今里筋線「だいどう豊里駅」から徒歩5分

[設置者] 学校法人瓶井学園　（種別：学校法人）　[校長/別科長名] 瓶井修

[収容定員] 160人　二 部制　[教員数] 11人（うち専任　4人）　[宿舎] 有　[料金]（月額）15,000円 ～

[入学資格] 12年以上の学校教育又はそれに準ずる課程を修了した者。　[入学選抜方法] 書類審査、面接、能力適性試験

[認定コース在籍者数] 108
[その他コース在籍者数] 0
内訳(人)：
中国(36)、ベトナム(57)、フィリピン(11)、タイ(3)、台湾(1)

[教材]

初級	『みんなの日本語 初級』	初中級	『中級から学ぶ日本語』
中級	『学ぼう！にほんご中上級』	上級	『学ぼう！にほんご上級』

[基礎科目及び英語の授業] 総合科目、数学コース1

[認定コース]

	目的	期間	時数	週数	入学月	選考料	入学金	授業料	その他	合計(円)
1年コース	進学	1年	900	36	4	20,000	60,000	660,000	56,000	796,000
2年コース	進学	2年	1800	72	4	20,000	60,000	1,320,000	112,000	1,512,000
1.5年コース	進学	1年6か月	1350	54	10	20,000	60,000	990,000	84,000	1,154,000

[認定以外のコース] なし

[日本語能力試験] 2018年度受験状況

	N1	N2	N3	N4	N5	合計
受験者数	9	36	13	1	0	59
認定者数	3	10	6	0	0	19

[日本留学試験] 2018年度受験状況

●第1回

日本語受験者	日本語219点以上	文系受験者	文系100点以上	理系受験者	理系100点以上
17	3	2	0	3	1

●第2回

日本語受験者	日本語219点以上	文系受験者	文系100点以上	理系受験者	理系100点以上
3	1	2	0	0	0

[進学実績] 2019年3月までの進学状況　卒業者数　74

大学院	大学	短期大学	高専	専門学校	その他の学校	就職
9	7	0	0	38	0	8

[主な進学先]

京都大学大学院、大阪大学大学院、神戸大学大学院、兵庫県立大学大学院、大阪産業大学大学院、京都学園大学、相愛大学、帝塚山大学、追手門学院大学、神戸山手大学、流通科学大学、太成学院大学、神戸医療福祉大学、日本経済大学、大阪経済法科大学、日本理工情報専門学校、日本コンピュータ専門学校

[主な就職先]

－

●特色1　専門学校の中の日本語学科。2年コースは卒業後「専門士」の称号取得。

●特色2　大学・大学院への進学。年間900時間の授業を通じてEJU対策も万全。

●特色3　就職への近道。自動車・ロボット・まんが・アニメ・IT・医療・福祉の専門コース充実。

製作：J.TEST事務局 / 語文研究社

告示校

大阪府　大阪市

はうでぃにほんごがっこう

ハウディ日本語学校

Howdy Japanese Language School

[TEL] 06-7506-9871 [FAX] 06-7506-9872
[eMAIL] howdy@office.eonet.ne.jp
[URL] https://howdy-jp.com/
[SNS] facebook

[住所] 〒544-0022　大阪府大阪市生野区舎利寺3-15-11

[教育開始時期] 2019年4月

[行き方] JR大和路線「東部市場前駅」から徒歩10分

[設置者] 株式会社ハウディ

[校長/別科長名] 古座岩　達也

[収容定員] 100人　二 部制

[教員数] 4人 (うち専任　3 人)

[宿舎] 有　[料金] (月額)20,000円～

[入学資格] 当校ホームページ参照

[入学選抜方法] 1. 面接
2. N5, N4レベルの筆記試験

[認定コース在籍者数] 23

[その他コース在籍者数] 0

内訳(人):
ベトナム(23)

[教材]

初級	『みんなの日本語』『まるごと』『日本語ロジカルトレーニング』	初中級	『中級へ行こう』『日本語総まとめN3漢字・語彙』『TRY N3』『まるごと』
中級	『中級を学ぼう』『日本語総まとめN2漢字・語彙』『TRY N2』『短期マスター聴解ドリル1』	上級	『テーマ別上級で学ぶ日本語』『日本語総まとめN1漢字・語彙』『TRY N1』『短期マスター聴解ドリル2』

[基礎科目及び英語の授業] 無

[認定コース]

	目的	期間	時数	週数	入学月	選考料	入学金	授業料	その他	合計(円)
進学2年コース	進学	2年	1600	80	4	30,000	50,000	1,300,000	50,000	1,430,000
進学1年6か月コース	進学	1年6か月	1200	60	10	30,000	50,000	975,000	50,000	1,105,000

[認定以外のコース] なし

[日本語能力試験] 2018年度受験状況

	N1	N2	N3	N4	N5	合計
受験者数						0
認定者数						0

[日本留学試験] 2018年度受験状況

●第1回

日本語受験者	日本語219点以上	文系受験者	文系100点以上	理系受験者	理系100点以上
0					

●第2回

日本語受験者	日本語219点以上	文系受験者	文系100点以上	理系受験者	理系100点以上
0					

[進学実績] 2019年3月までの進学状況　卒業者数　0

大学院	大学	短期大学	高専	専門学校	その他の学校	就職

[主な進学先]

[主な就職先]

●特色1

●特色2

●特色3

製作:J.TEST事務局 / 語文研究社

大阪府　大阪市

告示校

ぶんりんがくいんにほんごか

文林学院 日本語科

BUNRINGAKUIN NIHONGOKA

[TEL] 06-6627-2526 [FAX] 06-6622-7399
[eMAIL] bunrin@par.odn.ne.jp
[URL] http://www.nagata-g.co.jp/bunrin/
[SNS] —

[住所] 〒545-0023 大阪府大阪市阿倍野区王子町1-5-20

[教育開始時期] 1992年01月

[行き方] 地下鉄谷町線「阿倍野駅」、阪堺線「松虫駅」

[設置者] 株式会社文林学院 (種別：株式会社)

[校長/別科長名] 岸仲徹

[収容定員] 209人 二 部制

[教員数] 15人 (うち専任 5人)

[宿舎] 有 [料金] (月額) 12,000円 ～

[入学資格] 12年以上の学校教育修了または同等以上レベルの者

[入学選抜方法] 書類審査、本人面接、日本語筆記試験

[認定コース在籍者数] 181

[その他コース在籍者数] 0

内訳(人):
ベトナム(174)、中国(7)

[教材]

初級	『みんなの日本語 初級』	初中級	『中級へ行こう』
中級	『中級を学ぼう』『N2対策』	上級	『新完全マスター』『N1対策』

[基礎科目及び英語の授業] なし

[認定コース]

	目的	期間	時数	週数	入学月	選考料	入学金	授業料	その他	合計(円)
進学2年	進学	2年	1600	80	4	20,000	50,000	1,200,000	40,000	1,310,000
進学1年9ヶ月	進学	1年9か月	1400	70	7	20,000	50,000	1,050,000	35,000	1,155,000
進学1年6ヶ月	進学	1年6か月	1200	60	10	20,000	50,000	900,000	30,000	1,000,000
進学1年	進学	1年	800	40	4	20,000	50,000	600,000	20,000	690,000

[認定以外のコース] なし

[日本語能力試験] 2018年度受験状況

	N1	N2	N3	N4	N5	合計
受験者数	8	102	165	0	0	275
認定者数	1	28	56	0	0	85

[日本留学試験] 2018年度受験状況

●第1回

日本語受験者	日本語219点以上	文系受験者	文系100点以上	理系受験者	理系100点以上
1	1	0	0	0	0

●第2回

日本語受験者	日本語219点以上	文系受験者	文系100点以上	理系受験者	理系100点以上
3	1	0	0	0	0

[進学実績] 2019年3月までの進学状況 卒業者数 99

大学院	大学	短期大学	高専	専門学校	その他の学校	就職
0	7	0	0	75	0	17

[主な進学先]

羽衣国際大学、流通経済大学、神戸医療福祉大学、エール大学、大原学園、駿台観光&外語専門学校、関西社会福祉専門学校、YMCA専門学校、ECC外語専門学校、ホンダテクニカル

[主な就職先]

錦秀会、大阪運輸株式会社

●特色1 担任制によるきめ細かい指導。

●特色2 卒業後の希望の進路保証。

●特色3 日本と母国の懸け橋になる人材の育成。

製作:J.TEST事務局 / 語文研究社

告示校

大阪府　大阪市

がっこうほうじんにしざわがくえんめでぃかるえすてせんもんがっこうにほんごがっか

学校法人西沢学園
メディカルエステ専門学校 日本語学科
Medical Esthetic College Japanese Language Course

[TEL] 06-6314-0261　[FAX] 06-6313-1112
[eMAIL] info@nishizawa.ac.jp
[URL] http://nishizawa-japanese.ne.jp/
[SNS] https://www.facebook.com/Japanese.nishizawa/

[住所] 〒530-0052　大阪府大阪市北区南扇町3-16
[教育開始時期] 2014年10月
[行き方] 地下鉄堺筋線「扇町駅」から徒歩2分、JR線「梅田（大阪）駅」徒歩15分

[設置者] 学校法人西沢学園　（種別：学校法人）
[校長/別科長名] 桑原秀子
[収容定員] 40人　一 部制
[教員数] 4人 (うち専任 3 人)
[宿舎] 無　[料金] -

[入学資格] N5、あるいは150時間以上の日本語学習歴
[入学選抜方法] 書類、本人Interview
保証人Interview

[認定コース在籍者数] 14
[その他コース在籍者数] 0
内訳(人):
ベトナム(14)

[教材]

初級	『みんなの日本語』	初中級	『中級までに学ぶ日本語』
中級	『中級から学ぶ日本語』『JLPT対策本』	上級	—

[基礎科目及び英語の授業] なし

[認定コース]

	目的	期間	時数	週数	入学月	選考料	入学金	授業料	その他	合計(円)
日本語修得コース	進学	1年6か月	1350	57	10	20,000	100,000	800,000	40,000	960,000

[認定以外のコース] なし

[日本語能力試験] 2018年度受験状況

	N1	N2	N3	N4	N5	合計
受験者数	0	0	14	0	0	14
認定者数			–			–

[日本留学試験] 2018年度受験状況

●第1回

日本語受験者	日本語219点以上	文系受験者	文系100点以上	理系受験者	理系100点以上
0	0	0	0	0	0

●第2回

日本語受験者	日本語219点以上	文系受験者	文系100点以上	理系受験者	理系100点以上
0	0	0	0	0	0

[進学実績] 2019年3月までの進学状況　卒業者数 11

大学院	大学	短期大学	高専	専門学校	その他の学校	就職
0	1	0	0	10	0	0

[主な進学先]
神戸医療福祉大学、エール学園、ECC国際外語専門学校、大原医療福祉製菓専門学校、大阪コミュニティワーカー専門学校、関西社会福祉専門学校 他

[主な就職先]
—

●特色1　西沢学園の擁する専門学校4校への優先入学。

●特色2　クラス担任制少人数教育／1.5年でN2合格目標。

●特色3　日本語学習だけでなく、文化面から捉えた日本人の行動様式、習慣などの「日本事情」も！

製作：J.TEST事務局 / 語文研究社

大阪府　大阪市　告示校

めりっくにほんごがっこう

メリック日本語学校

MERIC JAPANESE LANGUAGE SCHOOL

[TEL] 06-6646-0330　[FAX] 06-6646-0320
[eMAIL] jp@meric.co.jp
[URL] http://www.meric.co.jp
[SNS] https://ja-jp.facebook.com/mericschool

[住所] 〒556-0006　大阪府大阪市浪速区日本橋東1-10-6　[教育開始時期] 1992年04月

[行き方] 地下鉄・近鉄「日本橋駅」から南へ徒歩10分、地下鉄「四天王寺前夕陽ヶ丘駅」から西へ徒歩10分
地下鉄・近鉄・南海「難波駅」から南東へ徒歩12分

[設置者] 学校法人メリック学園　(種別：準学校法人)　[校長/別科長名] 立脇博子

[収容定員] 1260人　二 部制　[教員数] 83人 (うち専任 24 人)　[宿舎] 有　[料金] (月額) 30,000円 ～ 50,000円

[入学資格] 12年課程修了以上及びこれと同等レベルの者　[入学選抜方法] 書類審査、本人面接、保証人面接、筆記試験

[認定コース在籍者数] 936
[その他コース在籍者数] 44
内訳(人)：中国(320)、ベトナム(234)、韓国(194)、台湾(162)、香港(19)
その他(51)[フィリピン、インドネシア、ロシア、ウズベキスタン、カメルーン 他]

[教材]

初級	『みんなの日本語 初級』	初中級	『中級へ行こう』
中級	『中級から学ぶ日本語』	上級	『上級で学ぶ日本語』『ニューアプローチ完成編』『学ぼう! にほんご』

[基礎科目及び英語の授業] 総合科目、数学コース1

[認定コース]

	目的	期間	時数	週数	入学月	選考料	入学金	授業料	その他	合計(円)
一般1年コース	一般	1年	800	40	4	30,000	60,000	666,000	20,000	776,000
一般1年3か月コース	一般	1年3か月	1000	50	1	30,000	60,000	832,500	25,000	947,500
一般1年6か月コース	一般	1年6か月	1200	60	10	30,000	60,000	999,000	30,000	1,119,000
一般1年9か月コース	一般	1年9か月	1400	70	7	30,000	60,000	1,165,500	35,000	1,290,500
一般2年コース	一般	2年	1600	80	4	30,000	60,000	1,332,000	40,000	1,462,000
進学1年6か月コース	進学	1年6か月	1200	60	10	30,000	60,000	999,000	30,000	1,119,000
進学2年コース	進学	2年	1600	80	4	30,000	60,000	1,332,000	40,000	1,462,000

[認定以外のコース] 3か月短期研修コース、夏期・冬期集中講座

[日本語能力試験]　2018年度受験状況

	N1	N2	N3	N4	N5	合計
受験者数	75	349	101	0	0	525
認定者数	32	144	45	0	0	221

[日本留学試験]　2018年度受験状況

●第1回

日本語受験者	日本語219点以上	文系受験者	文系100点以上	理系受験者	理系100点以上
90	49	79	16	11	4

●第2回

日本語受験者	日本語219点以上	文系受験者	文系100点以上	理系受験者	理系100点以上
88	58	79	25	9	4

[進学実績]　2019年3月までの進学状況　卒業者数　430

大学院	大学	短期大学	高専	専門学校	その他の学校	就職
27	78	4	0	204	0	82

[主な進学先]

大阪教育大学、追手門学院大学、関西大学、関西学院大学、立命館大学、大阪観光大学、羽衣国際大学、ECC国際外語専門学校、辻調理師製菓専門学校、HAL大阪、大原学園

[主な就職先]

株式会社ダイワロイヤル、株式会社EDION、株式会社共立メンテナンス、株式会社大丸松坂屋百貨店、株式会社花王

●特色1　徹底した日本語能力試験、日本留学試験対策。

●特色2　学生個々の能力や目的、個性を重視した学習指導。

●特色3　茶道、華道、日本舞踊等日本文化の体験。

製作：J.TEST事務局 / 語文研究社

告示校

大阪府　大阪市

もりのみやいりょうがくえんらんげーじすくーる

森ノ宮医療学園ランゲージスクール

Language School of Morinomiya Gakuen

[TEL] 06-4703-3615 [FAX] 06-4703-3616
[eMAIL] nihongo@morinomiya.ac.jp
[URL] https://jls.morinomiya.ac.jp/
[SNS] https://www.facebook.com/morinomiya.language.school/

[住所] 〒558-0034　大阪市住之江区南港北1-28-9

[教育開始時期] 2019年4月

[行き方] 大阪メトロ中央線「コスモスクエア駅」3番出口より徒歩3分

[設置者] 学校法人 森ノ宮医療学園　（種別：学校法人）

[校長/別科長名] 小山　正辰

[収容定員] 100人　二 部制

[教員数] 8人（うち専任　3 人）

[宿舎] 有　[料金]（月額）15,000～35,000円

[入学資格] 12年課程修了以上及びこれと同等の資格を有する者

[入学選抜方法] 書類審査、本人面接、保証人面接、能力適性試験

[認定コース在籍者数] 36

[その他コース在籍者数]

内訳(人)：
ベトナム(20)、ネパール(12)、インドネシア(4)

[教材]

初級	『みんなの日本語初級』	初中級	『日本中級へ行こう』
中級	『中級から学ぶ日本語』	上級	『上級で学ぶ日本語』

[基礎科目及び英語の授業] 無

[認定コース]

	目的	期間	時数	週数	入学月	選考料	入学金	授業料	その他	合計(円)
進学2年コース	進学	2年	1520	76	4	25,000	55,000	1,200,000	180,000	1,460,000
進学1年6か月コース	進学	1年6か月	1140	57	10	25,000	55,000	900,000	135,000	1,115,000
進学1年コース	進学	1年	760	38	4	25,000	55,000	600,000	90,000	770,000

[認定以外のコース] 短期1か月・3か月

[日本語能力試験]　2018年度受験状況

	N1	N2	N3	N4	N5	合計
受験者数						0
認定者数						0

[日本留学試験]　2018年度受験状況

●第1回

日本語受験者	日本語219点以上	文系受験者	文系100点以上	理系受験者	理系100点以上
0					

●第2回

日本語受験者	日本語219点以上	文系受験者	文系100点以上	理系受験者	理系100点以上
0					

[進学実績]　2019年3月までの進学状況　卒業者数　0

大学院	大学	短期大学	高専	専門学校	その他の学校	就職

[主な進学先]

[主な就職先]

●特色1　レベル別に分かれた授業と補講体制

●特色2　国際色豊かな仲間とのグループディスカッションおよび卒業後の進路を描くキャリアデザイン

●特色3　日本の医療、福祉に触れる授業

製作：J.TEST事務局 / 語文研究社

大阪府　大阪市

告示校

るーぷいんたーなしょなるにほんごがっこう

ループインターナショナル日本語学校

Loop International Japanese Landuage School

[TEL] 06-6394-7777 [FAX] 06-6394-7779
[eMAIL] loop_japanese@yahoo.co.jp
[URL] http://loop-ijlschool.com/
[SNS]

[住所] 〒532-0002 大阪府大阪市淀川区東三国2丁目32-17ループ大阪

[教育開始時期] 2018年4月

[行き方] 大阪メトロ御堂筋線「東三国駅」より徒歩5分

[設置者] 株式会社ループ管財 (種別：株式会社)

[校長/別科長名] 堅田哲也

[収容定員] 100人 二 部制　[教員数] 12人 (うち専任 2人)　[宿舎] 有　[料金] (月額) 21,000～30,000円

[入学資格] ①学校教育における12年以上の課程を修了した者。
②日本語能力試験N5、または同等の能力がある者。

[入学選抜方法] 入学選考試験、書類選考、個人面接。

[認定コース在籍者数] 69

[その他コース在籍者数] 0

内訳(人)：
ベトナム(37)、ネパール(29)、モンゴル(2)、韓国(1)

[教材]

初級	『みんなの日本語初級』	初中級	『学ぼう！にほんご初中級』『解読厳選テーマ25初中級』
中級	『学ぼう！にほんご中級』『解読厳選テーマ10中級』	上級	『学ぼう！にほんご中上級』『解読厳選テーマ10中上級』

[基礎科目及び英語の授業] 数学コース1、数学コース2、物理、化学、

[認定コース]

	目的	期間	時数	週数	入学月	選考料	入学金	授業料	その他	合計(円)
進学2年コース	進学	2年	1520	76	4	20,000	50,000	1,320,000	200,000	1,590,000
進学1年6か月コース	進学	1年6か月	1140	57	10	20,000	50,000	990,000	200,000	1,260,000

[認定以外のコース] なし

[日本語能力試験] 2018年度受験状況

	N1	N2	N3	N4	N5	合計
受験者数		1	23			24
認定者数		1	7			8

[日本留学試験] 2018年度受験状況

●第1回

日本語受験者	日本語219点以上	文系受験者	文系100点以上	理系受験者	理系100点以上
0					

●第2回

日本語受験者	日本語219点以上	文系受験者	文系100点以上	理系受験者	理系100点以上
0					

[進学実績] 2019年3月までの進学状況　卒業者数 0

大学院	大学	短期大学	高専	専門学校	その他の学校	就職

[主な進学先]

[主な就職先]

●特色1

●特色2

●特色3

告示校

大阪府　大阪市

わんぱーぱすこくさいがくいん

ワン・パーパス国際学院

One Purpose International Academy

[TEL] 06-6921-0055　[FAX] 06-6921-4747
[eMAIL] info@one-purpose.co.jp
[URL] リニューアル中
[SNS] https://www.facebook.com/one.purpose130

[住所] 〒534-0002　大阪府大阪市都島区大東町3-6-18　[教育開始時期] 2003年10月

[行き方] JRおおさか東線「城北公園通駅」より徒歩8分
JR「大阪駅」より大阪シティバス34号系統(守口車庫前行)に乗車、「大東町バス停」で下車 徒歩10分

[設置者] ワン・パーパス有限会社　(種別：有限会社)　[校長/別科長名] 田中位三夫

[収容定員] 178人　二 部制　[教員数] 16人 (うち専任 4人)　[宿舎] 有　[料金] (月額) 30,000円～

[入学資格] 入学時、18歳以上。母国で12年以上の学校教育またはそれに準ずる課程を修了している者。日本語能力N5以上。

[入学選抜方法] 書類審査、面接、能力適正試験

[認定コース在籍者数] 117
[その他コース在籍者数] 4

内訳(人)：ベトナム(93)、スリランカ(9)、バングラデシュ(5)、ネパール(4)、パキスタン(3)
その他(3)[ミャンマー、キルギス、ウズベキスタン]

[教材]

初級	『みんなの日本語』	初中級	『中級へ行こう』
中級	『中級を学ぼう中級前期中期』	上級	『日本語上級読解』

[基礎科目及び英語の授業] なし

[認定コース]

	目的	期間	時数	週数	入学月	選考料	入学金	授業料	その他	合計(円)
大学進学2年コース	進学	2年	1560	78	4	20,000	60,000	1,200,000	100,000	1,380,000
大学進学1年半コース	進学	1年6か月	1200	60	10	20,000	60,000	900,000	75,000	1,055,000
大学進学1年9か月コース	進学	1年9か月	1360	68	7	20,000	60,000	1,050,000	87,500	1,217,500
大学進学1年3か月コース	進学	1年3か月	980	49	1	20,000	60,000	750,000	62,500	892,500

[認定以外のコース] 短期コース

[日本語能力試験] 2018年度受験状況

	N1	N2	N3	N4	N5	合計
受験者数	0	16	80	0	0	96
認定者数	0	5	19	0	0	24

[日本留学試験] 2018年度受験状況

●第1回

日本語受験者	日本語219点以上	文系受験者	文系100点以上	理系受験者	理系100点以上
0	0	0	0	0	0

●第2回

日本語受験者	日本語219点以上	文系受験者	文系100点以上	理系受験者	理系100点以上
0	0	0	0	0	0

[進学実績] 2019年3月までの進学状況　卒業者数 61

大学院	大学	短期大学	高専	専門学校	その他の学校	就職
0	1	0	0	41	0	4

[主な進学先]
大阪産業大学、神戸流通科学大学、ECC国際外語専門学校、駿台観光&外語ビジネス専門学校 他

[主な就職先]
－

●特色1　クラス担任制により個々の学習状況や留学生活に対するきめ細かいサポート。

●特色2　アットホームな雰囲気で、学生と先生の距離が近い。

●特色3　1年間の学校行事を通して、日本文化の習得ができる。

製作：J.TEST事務局 / 語文研究社

大阪府　堺市

告示校

おおさかにほんごがくいん

大阪日本語学院

OSAKA JAPANESE LANGUAGE SCHOOL

[TEL] 072-251-2139　[FAX] 072-251-9084
[eMAIL] info@osaka-jls.net
[URL] http://osaka-jls.net/
[SNS] Facebook：Osaka Nihongo Gakuin

[住所] 〒591-8008　大阪府堺市北区東浅香山町2丁目74-26　[教育開始時期] 2003年10月

[行き方] JR阪和線「浅香駅」から徒歩5分、地下鉄「北花田駅」から徒歩15分

[設置者] 有限会社ステッププラニング　(種別：有限会社)　[校長/別科長名] 細本輝茂

[収容定員] 420人　二 部制　[教員数] 35人 (うち専任　9人)　[宿舎] 有　[料金] (月額) 20,000円 ～ 32,000円

[入学資格] 12年課程修了及びこれと同等レベルの者　[入学選抜方法] 面接、日本語、英語、数学

[認定コース在籍者数] 358
[その他コース在籍者数] 0
内訳(人)：ベトナム(214)、フィリピン(97)、中国(32)、インドネシア(8)、ミャンマー(5)
その他(2)[ウズベキスタン]

[教材]

初級	『みんなの日本語 初級』	初中級	『中級へ行こう』
中級	『みんなの日本語 中級』	上級	『ニューアプローチ完成編』

[基礎科目及び英語の授業] なし

[認定コース]

	目的	期間	時数	週数	入学月	選考料	入学金	授業料	その他	合計(円)
進学2年コース	進学	2年	1520	76	4	20,000	60,000	1,200,000	176,000	1,456,000
進学1年9ヵ月コース	進学	1年9か月	1340	67	7	20,000	60,000	1,050,000	154,000	1,284,000
進学1年6ヵ月コース	進学	1年6か月	1140	57	10	20,000	60,000	900,000	132,000	1,112,000
進学1年3ヵ月コース	進学	1年3か月	960	48	1	20,000	60,000	750,000	50,000	880,000

[認定以外のコース] なし

[日本語能力試験]　2018年度受験状況

	N1	N2	N3	N4	N5	合計
受験者数	6	82	283	0	0	371
認定者数	2	30	58	0	0	90

[日本留学試験]　2018年度受験状況

●第1回

日本語受験者	日本語219点以上	文系受験者	文系100点以上	理系受験者	理系100点以上
31	3	0	0	0	0

●第2回

日本語受験者	日本語219点以上	文系受験者	文系100点以上	理系受験者	理系100点以上
14	4	0	0	0	0

[進学実績]　2019年3月までの進学状況　卒業者数　200

大学院	大学	短期大学	高専	専門学校	その他の学校	就職
0	18	0	0	145	0	18

[主な進学先]

大阪女学院　大阪産業大学　大阪観光大学　神戸医療福祉大学　相愛大学　帝塚山大学　太成学院大学　日本経済大学　東大阪大学　桃山学院大学

[主な就職先]

医療法人西中病院　株式会社イデア　株式会社サンシステム　株式会社スーパーコート　株式会社テイル　株式会社ISOI　川下機工株式会社　フジッコ株式会社　山口精工株式会社

●特色1　大学進学を目的とし、日本語能力試験及び日本留学試験の徹底指導を行う。

●特色2　日本人との交流会・校外学習などを通じて日本文化・社会への理解を深める。

●特色3　ひとりひとりの個性を重視したきめ細かな指導を行っている。

製作：J.TEST事務局 / 語文研究社

告示校

大阪府　富田林市

じぇいぶいしーあかでみー

JVCアカデミー

JVC Academy

[TEL] 0721-25-5335 [FAX] 0721-53-5336
[eMAIL] info@jvca-osaka.jp
[URL] http://www.jvca-osaka.jp/
[SNS] https://www.facebook.com/158587044804998/

[住所] 〒584-0092　大阪府富田林市昭和町1-2-39-2

[教育開始時期] 2018年10月

[行き方] 近鉄「富田林駅」北出口より徒歩8分

[設置者] 株式会社ＪＶＣＡ

[校長/別科長名] 平林京子

[収容定員] 100人　二 部制

[教員数] 13人（うち専任　4人）

[宿舎] 有　[料金]（月額）21,700～29,300円

[入学資格] 日本語能力試験N5相当以上

[入学選抜方法] 面接・書類選考

[認定コース在籍者数] 78

[その他コース在籍者数] 0

内訳(人)：
ベトナム(73)、ネパール(4)、中国(1)

[教材]

初級	『みんなの日本語』他	初中級	『中級に行こう』他
中級	『中級を学ぼう（中級前期、中期）』他	上級	『テーマ別上級で学ぶ日本語』他

[基礎科目及び英語の授業] なし

[認定コース]

	目的	期間	時数	週数	入学月	選考料	入学金	授業料	その他	合計(円)
進学2年コース	進学	2年	1520	76	4	30,000	50,000	1,300,000	50,000	1,430,000
進学1年6か月コース	進学	1年6か月	1140	57	10	30,000	50,000	975,000	37,000	1,092,000

[認定以外のコース] なし

[日本語能力試験] 2018年度受験状況

	N1	N2	N3	N4	N5	合計
受験者数						
認定者数						

[日本留学試験] 2018年度受験状況

●第1回

日本語受験者	日本語219点以上	文系受験者	文系100点以上	理系受験者	理系100点以上

●第2回

日本語受験者	日本語219点以上	文系受験者	文系100点以上	理系受験者	理系100点以上

[進学実績] 2019年3月までの進学状況　卒業者数　0

大学院	大学	短期大学	高専	専門学校	その他の学校	就職

[主な進学先]

2018年10月開校のため進学・就職者なし

[主な就職先]

●特色1　大学・大学院・専門学校に向け、EJU・JLPT対策を含め適切な進学指導を行う

●特色2　大学卒の学歴を持つ就職希望の学生にはJLPT対策を行い、適切な就職指導を行う

●特色3　日本文化と共にある生きた日本語力とコミュニケーション力を身に着けさせる

製作：J.TEST事務局 / 語文研究社

大阪府　富田林市

告示校

ほつまいんたーなしょなるすくーるおおさかこう

ホツマインターナショナルスクール 大阪校

HOTSUMA INTERNATIONAL OSAKA SCHOOL

[TEL] 0721-69-7666 [FAX] 0721-69-7668
[eMAIL] infojp@hotsuma-group.com
[URL] http://hotsuma-group.com/new/
[SNS] https://www.facebook.com/hotsuma.international.osaka.school/

[住所] 〒584-0036　大阪府富田林市甲田2-18-4

[教育開始時期] 2017年10月

[行き方] 近鉄長野線「川西駅」から徒歩1分

[設置者] 株式会社ホツマインターナショナル　(種別:株式会社)

[校長/別科長名] 白木寛和

[収容定員] 100人　二 部制

[教員数] 9人 (うち専任 5人)

[宿舎] 有　[料金] (月額) 25,000円

[入学資格] 12年課程修了以上及びこれと同等レベルの者

[入学選抜方法] 書類審査、本人面接、親族面接、能力適正試験

[認定コース在籍者数] 73

[その他コース在籍者数] 0

内訳(人): インドネシア(17)、フィリピン(13)、ベトナム(11)、インド(11)、ウズベキスタン(4)
その他(17)[スリランカ、バングラデシュ、ミャンマー、パキスタン、ネパール、モンゴル]

[教材]

初級	『みんなの日本語 Ⅰ』	初中級	『みんなの日本語 Ⅱ』『J.BRIDGE』他
中級	『耳から覚える日本語能力試験語彙トレーニングN3』『N3読解スピードマスター』『留学生のための初級にほんご会話』他	上級	『耳から覚える日本語能力試験語彙トレーニングN2』『N2読解スピードマスター』他

[基礎科目及び英語の授業] なし

[認定コース]

	目的	期間	時数	週数	入学月	選考料	入学金	授業料	その他	合計(円)
進学1年半コース	進学	1年6か月	1240	62	10	20,000	80,000	990,000	60,000	1,150,000
進学2年コース	進学	2年	1640	82	4	20,000	80,000	1,320,000	80,000	1,500,000

[認定以外のコース] 短期コース、フリーコース

[日本語能力試験] 2018年度受験状況

	N1	N2	N3	N4	N5	合計
受験者数	1	6	43	20	0	70
認定者数	0	0	10	6	0	16

[日本留学試験] 2018年度受験状況

●第1回

日本語受験者	日本語219点以上	文系受験者	文系100点以上	理系受験者	理系100点以上
0	0	0	0	0	0

●第2回

日本語受験者	日本語219点以上	文系受験者	文系100点以上	理系受験者	理系100点以上
0	0	0	0	0	0

[進学実績] 2019年3月までの進学状況　卒業者数 13

大学院	大学	短期大学	高専	専門学校	その他の学校	就職
0	0	0	0	13	0	0

[主な進学先]

ECC国際外語専門学校、ECCコンピュータ専門学校、日産京都自動車大学校、駿台観光&外語ビジネス専門学校、OCA大阪デザイン&IT専門学校、関西社会福祉専門学校

[主な就職先]

－

●特色1　大学等高等教育機関への進学に必要な日本語力を身につけるための徹底した指導をする。

●特色2　日本社会に適応するための総合的な日本語力を育成する。

●特色3　日本語学習に有効で質の高い情報を提供する。

製作:J.TEST事務局 / 語文研究社

告示校

大阪府　羽曳野市

あおやまほーぷあかでみー

Aoyama Hope Academy

Aoyama Hope Academy

[TEL] 072-931-3339　[FAX] 072-952-3800
[eMAIL] aoyama-hope-academy@aoyama-med.gr.jp
[URL] -
[SNS] https://www.facebook.com/Aoyama-Hope-Academy-1798735490376032/

[住所] 〒583-0872　大阪府羽曳野市はびきの3丁目10-25　[教育開始時期] 2017年04月

[行き方] 近鉄南大阪線「藤井寺駅」または「古市駅」より近鉄バスと徒歩にて約15分

[設置者] 社会福祉法人慈恵園福祉会　(種別:社会福祉法人)　[校長/別科長名] 田中やよい

[収容定員] 100人　二 部制　[教員数] 9人 (うち専任　6 人)　[宿舎] 有　[料金] (月額) 約12,000円

[入学資格] 12年課程修了以上の者及びこれと同等とみなされる者　[入学選抜方法] 筆記、面接試験

[認定コース在籍者数] 20　内訳(人):
ベトナム(20)

[その他コース在籍者数] 0

[教材]

初級	『できる日本語』	初中級	―
中級	『中級から学ぶ日本語』	上級	『新中級から上級への日本語』

[基礎科目及び英語の授業] なし

[認定コース]

	目的	期間	時数	週数	入学月	選考料	入学金	授業料	その他	合計(円)
進学1年コース	進学	1年	800	40	4	20,000	100,000	600,000	105,000	825,000
進学1.5年コース	進学	1年6か月	1200	60	10	20,000	100,000	900,000	135,000	1,155,000

[認定以外のコース] なし

[日本語能力試験] 2018年度受験状況

	N1	N2	N3	N4	N5	合計
受験者数	0	0	0	0	0	0
認定者数	0	0	0	0	0	0

[日本留学試験] 2018年度受験状況

●第1回

日本語受験者	日本語219点以上	文系受験者	文系100点以上	理系受験者	理系100点以上
0	0	0	0	0	0

●第2回

日本語受験者	日本語219点以上	文系受験者	文系100点以上	理系受験者	理系100点以上
0	0	0	0	0	0

[進学実績] 2019年3月までの進学状況　卒業者数　55

大学院	大学	短期大学	高専	専門学校	その他の学校	就職
0	0	0	0	50	0	0

[主な進学先]

大阪コミュニティワーカー専門学校、大阪保健福祉専門学校、姫路福祉保育専門学校、ハーベスト医療福祉専門学校

[主な就職先]

-

●特色1　介護の高度人材育成の視点に立った、職業人教育を行うこと。

●特色2　受動的ではなく、主体的な学びを行う学習者の育成を行うこと。

●特色3　教科書主体のスパイラル教育を行うこと。

製作:J.TEST事務局 / 語文研究社

大阪府　東大阪市

告示校

ひがしおおさかみらいにほんごがっこう

東大阪みらい日本語学校

HIGASHI OSAKA MIRAI Japanese Language School

[TEL] 06-6722-5111　[FAX] 06-6722-5115
[eMAIL] info@mirai.osaka.jp
[URL] http://www.mirai.osaka.jp/
[SNS] facebook

[住所] 〒577-0832　大阪府東大阪市長瀬町1-9-12

[教育開始時期] 2018年4月

[行き方] 近鉄「長瀬駅」から徒歩2分

[設置者] 合同会社シンアイ教育システム　（種別：合同会社）

[校長/別科長名] 富井真由子

[収容定員] 100人　二 部制　[教員数] 13人（うち専任　2人）

[宿舎] 有　[料金]（月額）25,000円

[入学資格] 12年課程修了及びそれと同等以上の者

[入学選抜方法] 面接、能力適性試験（筆記試験）、書類審査

[認定コース在籍者数] 60

[その他コース在籍者数] 0

内訳(人)：
ベトナム(60)

[教材]

初級		初中級	
中級		上級	

[基礎科目及び英語の授業] なし

[認定コース]

	目的	期間	時数	週数	入学月	選考料	入学金	授業料	その他	合計(円)
4月入学コース	進学	2年			4	30,000	100,000	1,200,000	120,000	1,450,000
7月入学コース	進学	1年9ヵ月			7	30,000	100,000	1,050,000	105,000	1,285,000

[認定以外のコース] なし

[日本語能力試験] 2018年度受験状況

	N1	N2	N3	N4	N5	合計
受験者数	0	0	0	0	0	0
認定者数	0	0	0	0	0	0

[日本留学試験] 2018年度受験状況

●第1回

日本語受験者	日本語219点以上	文系受験者	文系100点以上	理系受験者	理系100点以上
0	0	0	0	0	0

●第2回

日本語受験者	日本語219点以上	文系受験者	文系100点以上	理系受験者	理系100点以上
0	0	0	0	0	0

[進学実績] 2019年3月までの進学状況　卒業者数　0

大学院	大学	短期大学	高専	専門学校	その他の学校	就職
0	0	0	0	0	0	0

[主な進学先]

※新規校のためデータなし

[主な就職先]

※新規校のためデータなし

●特色1　担任制によるきめ細やかな進路指導。

●特色2　経験豊富な講師陣による熱心な授業。

●特色3　会話レッスン重視でコミュニケーション能力向上。

製作：J.TEST事務局 / 語文研究社

告示校

兵庫県 神戸市

あじあがくいん

アジア学院

ASIAN ACADEMY

[TEL] 078-766-8039 [FAX] 078-766-8009
[eMAIL] asianac@kobe.zaq.jp
[URL] http://www.asianac.com
[SNS] —

[住所] 〒652-0894 兵庫県神戸市兵庫区入江通3-1-14 [教育開始時期] 2001年10月
[行き方] JR「兵庫駅」南へ徒歩4分

[設置者] 川口徳之 (種別：個人) [校長/別科長名] 川口徳之
[収容定員] 160人 二 部制 [教員数] 12人 (うち専任 3人) [宿舎] 有 [料金] (月額) 30,500円 ～

[入学資格] 高校卒業または卒業見込(普通教育12年修了または修了見込)以上で日本語学習時間150時間以上

[入学選抜方法] 筆記試験（数学・英語・日本語）、作文（母語）、面接（日本語と母語）、経費支弁者との面接（母語）

[認定コース在籍者数] 56
[その他コース在籍者数] 0
内訳(人):
ベトナム(56)

[教材]

初級	『みんなの日本語 初級』	初中級	『中級へ行こう』
中級	『TRY N3』『日本語総まとめ N3漢字』	上級	『TRY N2』『日本語総まとめ N2漢字』『留学試験聴読解』

[基礎科目及び英語の授業] なし

[認定コース]

	目的	期間	時数	週数	入学月	選考料	入学金	授業料	その他	合計(円)
進学2年	進学	2年	1520	70	4	30,000	50,000	1,200,000	80,000	1,360,000
進学1.9年	進学	1年9か月	1340	61	7	30,000	50,000	1,050,000	70,000	1,200,000
進学1.5年	進学	1年6か月	1140	52	10	30,000	50,000	900,000	60,000	1,040,000
進学1.3年	進学	1年3か月	960	44	1	30,000	50,000	750,000	50,000	880,000

[認定以外のコース] なし

[日本語能力試験] 2018年度受験状況

	N1	N2	N3	N4	N5	合計
受験者数	0	31	128	0	0	159
認定者数	0	1	17	0	0	18

[日本留学試験] 2018年度受験状況

●第1回

日本語受験者	日本語219点以上	文系受験者	文系100点以上	理系受験者	理系100点以上
0	0	0	0	0	0

●第2回

日本語受験者	日本語219点以上	文系受験者	文系100点以上	理系受験者	理系100点以上
8	0	0	0	0	0

[進学実績] 2019年3月までの進学状況 卒業者数 45

大学院	大学	短期大学	高専	専門学校	その他の学校	就職
0	1	0	0	41	0	0

[主な進学先]

日本経済大学、愛甲学院専門学校、大原簿記専門学校、東亜経理専門学校、東京国際ビジネスカレッジ、日中文化芸術専門学校

[主な就職先]

保育、介護、ビジネス名古屋専門学校、セントメリー外語専門学校

●特色1 能力別クラス編成。a

●特色2 充実した生活支援。

●特色3 厳しさの中に優しさが感じられる指導。

製作：J.TEST事務局 / 語文研究社

兵庫県　神戸市　|　告示校

ありすとがいごがくいん

アリスト外語学院

ARIST FOREIGN LANGUAGE SCHOOL

[TEL] 078-578-8882 [FAX] 078-578-8883
[eMAIL] postmaster@arist-f.com
[URL] http://www.arist-f.com
[SNS] —

[住所] 〒652-0815 兵庫県神戸市兵庫区三川口町3-5-24
[教育開始時期] 2002年10月
[行き方] JR神戸線「兵庫駅」から東へ徒歩7分

[設置者] 有限会社アリスト（種別:有限会社）
[校長/別科長名] 崖 高延
[収容定員] 160人 二 部制
[教員数] 17人（うち専任 4人）
[宿舎] 有 [料金]（月額）15,000円～

[入学資格] N5レベル以上
[入学選抜方法] 面接及び日本語テスト

[認定コース在籍者数] 125
[その他コース在籍者数] 0
内訳(人):
ベトナム(123)、中国(2)

[教材]

初級	『みんなの日本語 初級』	初中級	『中級までに学ぶ日本語』
中級	『みんなの日本語 中級』	上級	『ニューアプローチ』

[基礎科目及び英語の授業] なし

[認定コース]

	目的	期間	時数	週数	入学月	選考料	入学金	授業料	その他	合計(円)
進学2年コース	進学	2年	1600	80	4	30,000	50,000	1,200,000	70,000	1,350,000
進学1年9か月コース	進学	1年9か月	1400	70	7	30,000	50,000	1,050,000	61,200	1,191,200
進学1年6か月コース	進学	1年6か月	1200	60	10	30,000	50,000	900,000	52,500	1,032,500
進学1年3か月コース	進学	1年3か月	1000	50	1	30,000	50,000	750,000	43,700	873,700

[認定以外のコース] なし

[日本語能力試験] 2018年度受験状況

	N1	N2	N3	N4	N5	合計
受験者数	3	15	35	45	0	98
認定者数	1	6	20	30	0	57

[日本留学試験] 2018年度受験状況

●第1回

日本語受験者	日本語219点以上	文系受験者	文系100点以上	理系受験者	理系100点以上
5	2	4	2	2	1

●第2回

日本語受験者	日本語219点以上	文系受験者	文系100点以上	理系受験者	理系100点以上
4	2	3	2	1	1

[進学実績] 2019年3月までの進学状況 卒業者数 62

大学院	大学	短期大学	高専	専門学校	その他の学校	就職
2	10	0	0	45	0	5

[主な進学先]
神戸流通科学大学、神戸山手大学、東亜経理専門学校 他

[主な就職先]
IT関連企業

●特色1 経験豊かな講師。

●特色2 きめ細やかな教育。

●特色3 季節毎の課外活動。

製作:J.TEST事務局 / 語文研究社

告示校

兵庫県　神戸市

かすがにほんごがくいん

春日日本語学院

Kasuga Japanese Language Academy

[TEL] 078-222-0077　[FAX] 078-222-0877
[eMAIL] info@kasuga-kobe.jp
[URL] http://www.kasuga-kobe.jp
[SNS] —

[住所] 〒651-0063　兵庫県神戸市中央区宮本通5-7-10

[教育開始時期] 2005年04月

[行き方] 阪急電鉄神戸線「春日野道駅」より北東へ徒歩8分、JR神戸線「灘駅」より徒歩12分

[設置者] 福良株式会社　(種別：株式会社)

[校長/別科長名] 大町政男

[収容定員] 171人　二 部制　[教員数] 20人 (うち専任　3 人)　[宿舎] 有　[料金] (月額) 20,000円

[入学資格] 1. 12年以上の学校教育修了者
2. 日本語学習150時間以上かつ日本語検定試験N5レベル以上合格者
3. 高等教育機関への進学希望者

[入学選抜方法] 面接、書類選考

[認定コース在籍者数] 102

[その他コース在籍者数] 6

内訳(人)：ベトナム(93)、中国(7)、バングラデシュ(3)、ウズベキスタン(2)、インドネシア(1)
その他(2)

[教材]

初級	『みんなの日本語』	初中級	『ニューアプローチ中級日本語基礎編』
中級	『ニューアプローチ中級日本語基礎編』	上級	『ニューアプローチ中上級日本語完成編』

[基礎科目及び英語の授業] なし

[認定コース]

	目的	期間	時数	週数	入学月	選考料	入学金	授業料	その他	合計(円)
進学2年コース	進学	2年	1580	79	4	30,000	51,000	1,200,000	138,000	1,419,000
進学1年9か月コース	進学	1年9か月	1360	68	7	30,000	51,000	1,050,000	123,000	1,254,000
進学1年6か月コース	進学	1年6か月	1200	60	10	30,000	51,000	900,000	108,000	1,089,000
進学1年3か月コース	進学	1年3か月	960	48	1	30,000	51,000	750,000	93,000	924,000

[認定以外のコース] 短期コース、聴講コース

[日本語能力試験] 2018年度受験状況

	N1	N2	N3	N4	N5	合計
受験者数	0	32	90	0	0	122
認定者数	0	7	25	0	0	32

[日本留学試験] 2018年度受験状況

●第1回

日本語受験者	日本語219点以上	文系受験者	文系100点以上	理系受験者	理系100点以上
48	0	1	1	3	0

●第2回

日本語受験者	日本語219点以上	文系受験者	文系100点以上	理系受験者	理系100点以上
0	0	0	0	0	0

[進学実績] 2019年3月までの進学状況　卒業者数　51

大学院	大学	短期大学	高専	専門学校	その他の学校	就職
0	12	0	0	36	0	0

[主な進学先]

神戸医療福祉大学、神戸国際大学、神戸山手大学、流通科学大学、エール学園、ECC国際外語専門学校、大原学園、東京国際ビジネスカレッジ

[主な就職先]

—

●特色1　国際的に幅広く活動し、実社会に貢献できる人材の育成。

●特色2　日本国内でしか得られない貴重な体験学習。

●特色3　担任制で、進学指導(大学受験のためのカリキュラム、小論文指導、面接指導も充実)、生活指導、それぞれの学生にあった個別指導。

製作：J.TEST事務局 / 語文研究社

兵庫県　神戸市

告示校

きょうしんらんげーじあかでみーこうべこう

京進ランゲージアカデミー 神戸校

Kyoshin Language Academy Kobe School

[TEL] 078-262-1362 [FAX] 078-262-1368
[eMAIL] contact-kla@kla.ac
[URL] http://www.kla.ac/jp/school/kobe/
[SNS] facebook:https://www.facebook.com/kyoshinkobe/

[住所] 〒657-0058 兵庫県神戸市灘区将軍通4-1-3

[教育開始時期] 2009年04月

[行き方] JR六甲道駅・阪神大石駅・阪急六甲駅・阪急「王子公園駅」から徒歩15分

[設置者] 株式会社京進 (種別：株式会社)

[校長/別科長名] 三宅浩史

[収容定員] 210人 二 部制　[教員数] 22人 (うち専任 5人)　[宿舎] 有　[料金] (月額) 25,000円 ～ 58,000円

[入学資格] 12年課程修了以上又はそれに準ずる課程を修了した者

[入学選抜方法] 書類審査、本人面接、保証人面接、能力適正試験

[認定コース在籍者数] 105
[その他コース在籍者数] 1

内訳(人)：
ベトナム(68)、中国(27)、インド(6)、ミャンマー(3)、スリランカ(2)

[教材]

初級	『みんなの日本語 初級』	初中級	『中級へ行こう』
中級	『中級を学ぼう』	上級	試験対策・生教材 他

[基礎科目及び英語の授業] なし

[認定コース]

	目的	期間	時数	週数	入学月	選考料	入学金	授業料	その他	合計(円)
進学Ⅰ	進学	2年	1600	80	4	22,000	55,000	1,452,000	132,000	1,661,000
進学Ⅱ	進学	1年9か月	1400	70	7	22,000	55,000	1,270,500	115,500	1,463,000
進学Ⅲ	進学	1年6か月	1200	60	10	22,000	55,000	1,089,000	99,000	1,265,000

[認定以外のコース] なし

[日本語能力試験] 2018年度受験状況

	N1	N2	N3	N4	N5	合計
受験者数	5	18	103	1	0	127
認定者数	4	5	17	0	0	26

[日本留学試験] 2018年度受験状況

●第1回

日本語受験者	日本語219点以上	文系受験者	文系100点以上	理系受験者	理系100点以上
0	0	0	0	0	0

●第2回

日本語受験者	日本語219点以上	文系受験者	文系100点以上	理系受験者	理系100点以上
1	1	1	0	1	0

[進学実績] 2019年3月までの進学状況　卒業者数 73

大学院	大学	短期大学	高専	専門学校	その他の学校	就職
1	2	3	0	48	1	5

[主な進学先]

徳島大学、徳島工業短期大学、四国大学短期大学部、筑波学院大学、京都府立大学、神戸国際ビジネスカレッジ神戸校

[主な就職先]

ECC国際外語専門学校、辻調理師専門学校、アートカレッジ神戸、愛甲学院専門学校、株式会社AOJ、ALCHEMY、株式会社ちなみ

●特色1　日本の高等教育を受けるに足る日本語運用能力の育成を目標とする。

●特色2　地域との交流を通じて、積極的に異文化コミュニケーションの機会を持つ。

●特色3　課外授業として、防災・震災関連施設の見学や体験者の話を聴く。

製作：J.TEST事務局 / 語文研究社

けいあいじぇいごがくいんみなみこう

KIJ語学院 南校

Kobe International Japanese Language Academy, South

[TEL] 078-682-0155 [FAX] 078-682-0255
[eMAIL] kobe2015@kijla.com
[URL] http://www.kij123.com/Jp
[SNS]

[住所] 〒652-0822 兵庫県神戸市兵庫区西出町33-5

[教育開始時期] 2015年10月

[行き方] JR「神戸駅」より2号線沿い西へ徒歩約7分

[設置者] 隆中貿易有限会社 (種別：有限会社)

[校長/別科長名] 大谷雅子

[収容定員] 100人 二 部制　[教員数] 9人 (うち専任 3人)

[宿舎] 有 [料金] (月額)18,000～25,000円

[入学資格] 12年課程修了以上及び同等レベルの者、日本語能力試験N5以上

[入学選抜方法] 書類審査、筆記試験、本人面接、保証人面接

[認定コース在籍者数] 62

[その他コース在籍者数] 0

内訳(人):
ベトナム(55)、ブータン(5)、エジプト(2)

[教材]

初級	『みんなの日本語』『トピック25』『みんなの日本語漢字』	初中級	『中級へ行こう』『完全マスターN3(文法・漢字)』『総まとめN3(語句・聴解)』
中級	『学ぼう日本語中級』『完全マスターN3・N2(文法・読解)』『総まとめN2(聴解・漢字)』	上級	『学ぼう日本語中上級』『完全マスターN2(文法・読解)』『総まとめN2(聴解・漢字)』

[基礎科目及び英語の授業] 無

[認定コース]

	目的	期間	時数	週数	入学月	選考料	入学金	授業料	その他	合計(円)
進学2年コース	進学	2年	1520	76	4	20,000	50,000	1,200,000	164,960	1,434,960
進学1年6か月コース	進学	1年6か月	1140	57	10	20,000	50,000	900,000	127,470	1,097,470

[認定以外のコース] なし

[日本語能力試験] 2018年度受験状況

	N1	N2	N3	N4	N5	合計
受験者数	1	6	68	0	0	75
認定者数	0	4	16	0	0	20

[日本留学試験] 2018年度受験状況

●第1回

日本語受験者	日本語219点以上	文系受験者	文系100点以上	理系受験者	理系100点以上
0					

●第2回

日本語受験者	日本語219点以上	文系受験者	文系100点以上	理系受験者	理系100点以上
0					

[進学実績] 2019年3月までの進学状況 卒業者数 43

大学院	大学	短期大学	高専	専門学校	その他の学校	就職
	6			25		4

[主な進学先]

神戸国際大学、日本経済大学、神戸山手大学、東京ビジネスカレッジ神戸校、東亜経理専門学校、愛甲専門学校、CAD製図専門学校、西沢学園、東北電子専門学校

[主な就職先]

●特色1　優秀な成績を修め及び出席率の高い学生に校内奨学金を授与している。

●特色2　生活指導部門と連絡を密に取り、教務部門と両方で学生をサポートしている。

●特色3　本人と相談の上、授業についていけない学生の補習を行っている。

製作：J.TEST事務局 / 語文研究社

兵庫県	神戸市

告示校

こうべすみよしこくさいにほんごがっこう

神戸住吉国際日本語学校

Kobe Sumiyoshi International Japanese Language School

[TEL] 078-822-6620 [FAX] 078-822-6621
[eMAIL] sumiyoshi@s-i-s-kobe.com
[URL] http://www.s-i-s-kobe.com
[SNS] https://www.facebook.com/Kobesumiyoshi/

[住所] 〒658-0053 兵庫県神戸市東灘区住吉宮町2丁目21番8号

[教育開始時期] 2002年04月

[行き方] JR「住吉駅」から徒歩7分、阪神「住吉駅」から徒歩5分

[設置者] 株式会社神戸住吉国際日本語学校 (種別：株式会社)

[校長/別科長名] 阪上廣

[収容定員] 120人 二 部制 [教員数] 17人 (うち専任 3 人)

[宿舎] 有 [料金] (月額) 15,000円 ～ 23,000円

[入学資格] 高校卒業以上、日本語能力N5以上

[入学選抜方法] 現地面接、日本語テスト

[認定コース在籍者数] 97
[その他コース在籍者数] 0

内訳(人)：ベトナム(72)、ミャンマー(9)、スリランカ(4)、インドネシア(4)、バングラデシュ(4)
その他(4)[台湾、中国、ベネズエラ、カメルーン]

[教材]

初級	『みんなの日本語 初級』 『留学生のための漢字の教科書』他	初中級	『みんなの日本語 初級』 『留学生のための漢字の教科書』他
中級	『学ぼう! にほんご 中級』『完全マスターN3』他	上級	『学ぼう! にほんご 上級』他

[基礎科目及び英語の授業] 総合科目

[認定コース]

	目的	期間	時数	週数	入学月	選考料	入学金	授業料	その他	合計(円)
進学コース	進学	1年3か月	1020	51	1	20,000	50,000	825,000	25,000	920,000
進学コース	進学	2年	1620	81	4	20,000	50,000	1,320,000	40,000	1,430,000
進学コース	進学	1年9か月	1420	71	7	20,000	50,000	1,155,000	35,000	1,260,000
進学コース	進学	1年6か月	1200	60	10	20,000	50,000	990,000	30,000	1,090,000

[認定以外のコース] なし

[日本語能力試験] 2018年度受験状況

	N1	N2	N3	N4	N5	合計
受験者数	16	38	57	0	0	111
認定者数	7	20	20	0	0	47

[日本留学試験] 2018年度受験状況

●第1回

日本語受験者	日本語219点以上	文系受験者	文系100点以上	理系受験者	理系100点以上
1	1	1	1	0	0

●第2回

日本語受験者	日本語219点以上	文系受験者	文系100点以上	理系受験者	理系100点以上
1	0	0	0	1	0

[進学実績] 2019年3月までの進学状況 卒業者数 66

大学院	大学	短期大学	高専	専門学校	その他の学校	就職
0	7	1	0	53	0	4

[主な進学先]

日本経済大学、東大阪大学、東京ビジネスカレッジ神戸校、愛甲学院専門学校、専門学校アートカレッジ神戸、東亜経理専門学校、ECC国際外語専門学校、阪神自動車航空鉄道専門学校

[主な就職先]

IT関係、製造業、人材会社、医薬品製造

●特色1 国籍が混ざるのでカリキュラムは期毎に見直し教育を行う。

●特色2 授業以外での会話も教育として重視。

●特色3 専属進学指導者の教師によって進路指導が充実して行われる。

製作：J.TEST事務局 / 語文研究社

告示校

兵庫県　神戸市

こうべでんしせんもんがっこうにほんごがっか

神戸電子専門学校 日本語学科

KOBE INSTITUTE OF COMPUTING-COLLEGE OF COMPUTING JAPANESE LANGUAGE DEPARTMENT

[TEL] 078-265-5265 [FAX] 078-291-5866
[eMAIL] abroadr@kobedenshi.ac.jp
[URL] http://www.kobedenshi.ac.jp
[SNS] –

[住所] 〒650-0003 兵庫県神戸市中央区山本通1-6-35

[教育開始時期] 2007年04月

[行き方] JR・阪急・阪神・ポートライナー・市営地下鉄「三宮駅」、新幹線「新神戸駅」から徒歩8分

[設置者] 学校法人コンピュータ総合学園　（種別：学校法人）

[校長/別科長名] 福岡壯治

[収容定員] 200人 二 部制　[教員数] 13人（うち専任 5人）

[宿舎] 有 [料金]（月額）32,000円 ～ 40,000円

[入学資格] 12年課程修了以上及びこれと同等レベルの者

[入学選抜方法] 書類審査、本人面接、保証人面接、能力適性試験（日本語、英語等）

[認定コース在籍者数] 108

[その他コース在籍者数] 0

内訳(人)：ベトナム(56)、中国(35)、台湾(8)、韓国(5)、モンゴル(3)
その他(1)[香港]

[教材]

初級	『みんなの日本語』	初中級	『ニューアプローチ基礎編』
中級	『中級から学ぶ日本語』	上級	『上級で学ぶ日本語』『ニューアプローチ完成編』

[基礎科目及び英語の授業] 総合科目、数学コース1、数学コース2、物理、化学、生物

[認定コース]

	目的	期間	時数	週数	入学月	選考料	入学金	授業料	その他	合計(円)
進学1年6か月コース	進学	1年6か月	1275	60	10	30,000	50,000	930,000	75,000	1,085,000
進学1年9か月コース	進学	1年9か月	1588	70	7	30,000	50,000	1,100,000	90,000	1,270,000
進学2年コース	進学	2年	1700	80	4	30,000	50,000	1,240,000	100,000	1,420,000

[認定以外のコース] なし

[日本語能力試験] 2018年度受験状況

	N1	N2	N3	N4	N5	合計
受験者数	41	101	36	0	0	178
認定者数	13	39	12	0	0	64

[日本留学試験] 2018年度受験状況

●第1回

日本語受験者	日本語219点以上	文系受験者	文系100点以上	理系受験者	理系100点以上
56	21	1	1	4	0

●第2回

日本語受験者	日本語219点以上	文系受験者	文系100点以上	理系受験者	理系100点以上
21	10	2	2	2	0

[進学実績] 2019年3月までの進学状況　卒業者数 77

大学院	大学	短期大学	高専	専門学校	その他の学校	就職
3	6	0	0	54	0	6

[主な進学先]

九州大学大学院、神戸情報大学院大学、京都精華大学、神戸山手大学、下関市立大学、神戸電子専門学校、トヨタ神戸自動車大学校

[主な就職先]

星野リゾート、互光建物管理株式会社

●特色1　留学生活に必要なコミュニケーション能力の養成に主眼お置いた教育内容。

●特色2　学科内や学校全体の行事など豊富な行事、活動を通して日本の文化、社会に触れる。

●特色3　「内部進学」－神戸電子専門学校への進学と「外部進学」－大学院、大学、専門学校への進学・留試基礎科目対策講座の2本を柱とした進学指導。

兵庫県　神戸市　　告示校

こうべとうようにほんごがくいん

神戸東洋日本語学院

KOBE TOYO JAPANESE COLLEGE

[TEL] 078-333-1127 [FAX] 078-333-1158
[eMAIL] info@jp-college.com
[URL] http://www.jp-college.com
[SNS] –

[住所] 〒650-0012 神戸市中央区北長狭通4丁目5番7号 [教育開始時期] 2004年04月

[行き方] JR神戸線・阪神本線「元町駅」より徒歩3分、地下鉄西神・山手線「県庁前」より徒歩3分

[設置者] 神戸東洋医療学院 (種別:一般社団法人) [校長/別科長名] 高砂佳世

[収容定員] 520人 二 部制 [教員数] 55人(うち専任 9人) [宿舎] 有 [料金] (月額) 27,000円~40,000円

[入学資格] ・諸外国において、学校教育における課程12年の終了した者またはこれに準ずる者で文部大臣の指定した者
・満18歳以上であること

[入学選抜方法] 書類審査、本人面接、能力適性試験、その他

[認定コース在籍者数] 353
[その他コース在籍者数] 2
内訳(人): 中国(289)、ベトナム(63)、スイス(1)

[教材]

初級	『みんなの日本語Ⅰ』	初中級	『みんなの日本語Ⅱ』
中級	『テーマ別中級から学ぶ日本語』	上級	『テーマ別上級で学ぶ日本語』

[基礎科目及び英語の授業] 総合科目、数学コース1、数学コース2、物理、化学、英語

[認定コース]

	目的	期間	時数	週数	入学月	選考料	入学金	授業料	その他	合計(円)
春コースⅠ	進学	1年	760	38	4	30,000	50,000	590,000	50,000	720,000
春コースⅡ	進学	2年	1520	76	4	30,000	50,000	1,180,000	100,000	1,360,000
夏コースⅠ	進学	1年	760	38	7	30,000	50,000	590,000	50,000	720,000
夏コースⅡ	進学	1年9か月	1320	66	7	30,000	50,000	1,033,000	88,000	1,201,000
秋コースⅠ	進学	1年	760	38	10	30,000	50,000	590,000	50,000	720,000
秋コースⅡ	進学	1年6か月	1140	57	10	30,000	50,000	885,000	75,000	1,040,000
冬コースⅠ	進学	1年	760	38	1	30,000	50,000	590,000	50,000	720,000
冬コースⅡ	進学	1年3か月	940	47	1	30,000	50,000	738,000	63,000	881,000

[認定以外のコース] 短期コース、日本語能力試験対策、留学試験対策、英語、総合科目、数学1、2、理科(化学、物理)

[日本語能力試験] 2018年度受験状況

	N1	N2	N3	N4	N5	合計
受験者数	59	107	50	0	0	216
認定者数	40	79	16	0	0	135

[日本留学試験] 2018年度受験状況

●第1回

日本語受験者	日本語219点以上	文系受験者	文系100点以上	理系受験者	理系100点以上
31	21	13	5	7	2

●第2回

日本語受験者	日本語219点以上	文系受験者	文系100点以上	理系受験者	理系100点以上
38	27	16	5	8	4

[進学実績] 2019年3月までの進学状況 卒業者数 255

大学院	大学	短期大学	高専	専門学校	その他の学校	就職
31	58	1	0	108	0	11

[主な進学先]

東京大学大学院、北海道大学大学院、神戸大学大学院、神戸市外国語大学大学院、大阪府立大学大学院、秋田大学、大阪市立大学、愛知大学、追手門学院大学、神戸学院、トヨタ神戸自動車大学校、京都コンピューター学院、駿台観光&ビジネス専門学校

[主な就職先]

株式会社サマンサタバサジャパンリミテッド、株式会社フレアー、JUSETZマーケティング株式会社、国際航空旅客サービス株式会社

●特色1 公的試験対策授業の充実:日本語能力試験・留学試験などの公的試験対策を通常授業内+選択授業で行っています。日本語能力試験の合格率は、N1/80%以上、N2/90%以上と、全国平均を大きく上回っています。

●特色2 一人ひとりに合わせた進学指導:専門学校から大学院まで、きめ細やかな進学指導を行っています。出願や志望理由書の指導はもちろん、大学院の専門的な研究計画書の書き方指導や、各学校の面接指導も、学生一人ひとりのニーズに合わせて行っています。

●特色3 中国からの入学希望者が増えており、学生数は増加しています。よりよい学習環境を提供するために、2018年に校舎を移転しました。

製作:J.TEST事務局 / 語文研究社

告示校

兵庫県　神戸市

こうべわーるどがくいん

神戸ワールド学院

Kobe World Academy

[TEL] 078-576-1208 [FAX] 078-576-1147
[eMAIL] world824@yahoo.co.jp
[URL] http://www.kwa6.com/
[SNS] Wechat:kobeworld1208
Facebook:kobeworldgakuin

[住所] 〒652-0801 兵庫県神戸市兵庫区中道通2丁目4番20号

[教育開始時期] 2003年04月

[行き方] 阪急電鉄・阪神電鉄・神戸高速新開地駅、地下鉄「湊川駅」から徒歩5分

[設置者] 福建商事株式会社　(種別：株式会社)

[校長/別科長名] 蔡勝昌

[収容定員] 280人　二 部制　[教員数] 30人 (うち専任 5人)

[宿舎] 有　[料金] (月額) 23,000円 ～ 30,000円

[入学資格] 12年課程修了以上及びこれと同等レベルの者

[入学選抜方法] 書類審査、本人面接、保証人・支弁者面接、能力適性試験

[認定コース在籍者数] 197

[その他コース在籍者数] 0

内訳(人):
ベトナム(137)、中国(55)、台湾(4)、ネパール(1)

[教材]

初級	『みんなの日本語 初級』	初中級	『中級へ行こう』『学ぼう日本語』
中級	『中級から学ぶ日本語』	上級	『上級で学ぶ日本語』

[基礎科目及び英語の授業] なし

[認定コース]

	目的	期間	時数	週数	入学月	選考料	入学金	授業料	その他	合計(円)
進学2年コース	進学	2年	1520	76	4	30,000	50,000	1,200,000	128,000	1,408,000
進学コース1年9か月	進学	1年9か月	1330	66.5	7	30,000	50,000	1,050,000	112,000	1,242,000
進学コース1年6か月	進学	1年6か月	1140	57	10	30,000	50,000	900,000	96,000	1,076,000
進学コース1年3か月	進学	1年3か月	950	47.5	1	30,000	50,000	750,000	80,000	910,000

[認定以外のコース] なし

[日本語能力試験] 2018年度受験状況

	N1	N2	N3	N4	N5	合計
受験者数	10	32	45	0	0	87
認定者数	6	20	35	0	0	61

[日本留学試験] 2018年度受験状況

●第1回

日本語受験者	日本語219点以上	文系受験者	文系100点以上	理系受験者	理系100点以上
83	21	12	7	2	1

●第2回

日本語受験者	日本語219点以上	文系受験者	文系100点以上	理系受験者	理系100点以上
36	19	12	6	4	2

[進学実績] 2019年3月までの進学状況　卒業者数 93

大学院	大学	短期大学	高専	専門学校	その他の学校	就職
0	33	0	0	56	0	4

[主な進学先]

神戸大学大学院、和歌山大学大学院、関西学院大学、関西大学、流通科学大学、神戸学院大学、山手大学、追手門大学、龍谷大学、東京国際ビジネス専門学校、エール学園、東亜経理専門学校

[主な就職先]

－

●特色1　四技能をはじめとした日本語の基礎的能力の養成を行う。

●特色2　正しい生きた日本語を身につけ、自己の目標達成に必要な学習指導をする。

●特色3　日本語学習だけではなく、日本の文化や産業など日本社会への理解を深める。

製作：J.TEST事務局 / 語文研究社

兵庫県　　神戸市

告示校

こうべわいえむしーえーがくいんせんもんがっこうにほんごがっか

神戸YMCA学院専門学校 日本語学科

KOBE YMCA College, Japanese Department

[TEL] 078-241-7204　[FAX] 078-241-3619
[eMAIL] japanese@kobeymca.org
[URL] https://www.kobeymca.ac.jp/japanese/vocational_school
[SNS] https://www.facebook.com/KOBEYMCAJapanese/

[住所] 〒650-0001　兵庫県神戸市中央区加納町2-7-11　　[教育開始時期] 1950年10月

[行き方] JR・阪急・阪神・神戸市営地下鉄「三宮駅」から北へ徒歩10分

[設置者] 公益財団法人神戸YMCA　(種別：公益財団法人)　　[校長/別科長名] 松田道子

[収容定員] 240人　一 部制　　[教員数] 30人 (うち専任　4人)　　[宿舎] 無　[料金] -

[入学資格] 12年過程修了以上及びこれと同等レベルの者、経済支弁状況が明確であること

[入学選抜方法] 書類選考、本人面接、能力適性試験、経費支弁者面接

[認定コース在籍者数] 131
[その他コース在籍者数] 0

内訳(人): 中国(62)、台湾(27)、韓国(13)、ミャンマー(12)、ベトナム(10)
その他(7)[アメリカ、シンガポール、ネパール、タイ、フィリピン、モンゴル、日本]

[教材]

初級	『みんなの日本語 初級』	初中級	オリジナル教材、『中級から学ぶ日本語』
中級	『中級から学ぶ日本語』『ニューアプローチ 中級編』	上級	『上級で学ぶ日本語』『ニューアプローチ 上級編』他

[基礎科目及び英語の授業] 総合科目、数学コース1、数学コース2

[認定コース]

	目的	期間	時数	週数	入学月	選考料	入学金	授業料	その他	合計(円)
春期初級コース	進学	1年	988	38	4	20,000	100,000	730,000	0	850,000
春期中上級コース	進学	1年	988	38	4	20,000	100,000	730,000	0	850,000
秋期初級コース	進学	1年6か月	1482	57	10	20,000	100,000	1,095,000	0	1,215,000
秋期中上級コース	進学	1年6か月	1482	57	10	20,000	100,000	1,095,000	0	1,215,000
2年コース	進学	2年	1976	76	4	20,000	100,000	1,460,000	0	1,580,000

[認定以外のコース] なし

[日本語能力試験]　2018年度受験状況

	N1	N2	N3	N4	N5	合計
受験者数	26	72	22	0	1	121
認定者数	12	36	17	0	1	66

[日本留学試験]　2018年度受験状況

●第1回

日本語受験者	日本語219点以上	文系受験者	文系100点以上	理系受験者	理系100点以上
20	14	9	7	5	2

●第2回

日本語受験者	日本語219点以上	文系受験者	文系100点以上	理系受験者	理系100点以上
19	14	8	6	5	3

[進学実績]　2019年3月までの進学状況　卒業者数　75

大学院	大学	短期大学	高専	専門学校	その他の学校	就職
1	14	0	0	15	2	13

[主な進学先]

大阪大学大学院、神戸大学、神戸学院大学、兵庫県立大学、大阪市立大学、関西学院大学、立命館大学、同志社大学、関西大学、近畿大学、京都産業大学、流通経済大学、神戸YMCA学院専門学校ホテル学科、エール学園 他

[主な就職先]

関西国際伊空港、株式会社旅行綜研、モラブ阪神工業株式会社 他

●特色1　各人の目標に向けて、読む・書く・聞く・話すの4技能にわたる日本語能力を養成します。

●特色2　大学・大学院への進学、就職等、目標に合った指導で必要な能力を伸ばす授業を提供します。

●特色3　少人数制(1クラス15名以下)、そして担任制できめ細かい指導を行います。

製作：J.TEST事務局 / 語文研究社

告示校

兵庫県　神戸市

こくさいごがくがくいん

国際語学学院

Interculture Language Academy

[TEL] 078-576-6129 [FAX] 078-576-6107
[eMAIL] int-cul@mte.biglobe.ne.jp
[URL] http://www5d.biglobe.ne.jp/~ila
[SNS] —

[住所] 〒653-0011　兵庫県神戸市長田区3番町5丁目5番　[教育開始時期] 1988年01月

[行き方] 高速「長田駅」から徒歩1分、地下鉄「長田駅」から徒歩1分

[設置者] 株式会社インターカルチャー　（種別：株式会社）　[校長/別科長名] 安木三郎

[収容定員] 348人　二 部制　[教員数] 34人（うち専任　9人）　[宿舎] 有　[料金]（月額）16,000円 ～ 66,000円

[入学資格] 12年課程修了以上及びこれと同等レベルの者

[入学選抜方法] 書類審査、本人面接、支弁者面接、学校推薦、筆記試験

[認定コース在籍者数] 163

[その他コース在籍者数] 31

内訳(人)：ベトナム(78)、中国(30)、インドネシア(13)、タイ(8)、ロシア(7)
その他(27)[イタリア、ニュージーランド、香港、韓国、モンゴル、マレーシア、ミャンマー、ウクライナ、フィリピン等]

[教材]

初級	『みんなの日本語』『完全マスターシリーズN4，N5』	初中級	『中級を学ぼう』『学ぼう日本語初中級』『完全マスターシリーズN3』
中級	『学ぼう！日本語中級』『学ぼう！日本語中上級』『完全マスターシリーズN2』	上級	『上級読解』『日本文化を読む』『国境を越えて』『完全マスターシリーズN1』

[基礎科目及び英語の授業] 総合科目、数学コース1、数学コース2、物理、化学、生物、英語

[認定コース]

	目的	期間	時数	週数	入学月	選考料	入学金	授業料	その他	合計(円)
進学2年	進学	2年	1600	80	4	21,600	86,400	1,438,600	23,800	1,570,400
進学1年半	進学	1年6か月	1200	60	10	21,600	86,400	1,114,050	17,850	1,239,900
進学1年9か月	進学	1年9か月	1400	70	7	21,600	86,400	1,276,325	20,825	1,405,150
進学1年3か月	進学	1年3か月	1000	50	1	21,600	86,400	951,775	14,875	1,074,650

[認定以外のコース] グループレッスン、プライベートレッスン、短期集中コース、夏季コース

[日本語能力試験]　2018年度受験状況

	N1	N2	N3	N4	N5	合計
受験者数	48	167	155	21	0	391
認定者数	16	46	53	6	0	121

[日本留学試験]　2018年度受験状況

●第1回

日本語受験者	日本語219点以上	文系受験者	文系100点以上	理系受験者	理系100点以上
66	12	10	10	9	9

●第2回

日本語受験者	日本語219点以上	文系受験者	文系100点以上	理系受験者	理系100点以上
18	9	7	6	4	4

[進学実績]　2019年3月までの進学状況　卒業者数　195

大学院	大学	短期大学	高専	専門学校	その他の学校	就職
12	44	4	0	50	65	20

[主な進学先]

兵庫県立大学院、神戸大学大学院、大阪市大大学院、筑波大学大学院、関西学院大学大学院、流通科学大学大学院、愛媛大学、兵庫県立大学、関西大学、立命館大学、龍谷大学、流通科学大学、甲南大学 等

[主な就職先]

(株)ジェム、(株)酒心館、(株)リン、(株)昭和製所、(株)MICWARE、(株)ビッグバレーインターナショナル、(株)WIND-SMILE 等

●特色1　20か国以上の学生が学ぶ多国籍校。

●特色2　経験豊富な優秀な教師陣。

●特色3　大学・大学院・専門学校等への高い進学率、認定ビジネスコース等多様なネーズに対応。

製作：J.TEST事務局 / 語文研究社

兵庫県　神戸市

告示校

こみゅにかがくいん

コミュニカ学院

COMMUNICA INSTITUTE

[TEL] 078-333-7720　[FAX] 078-333-8570
[eMAIL] office@communica-institute.org
[URL] http://www.communica-institute.org
[SNS] https://www.facebook.com/COMMUNICAINSTITUTE/

[住所] 〒650-0031　兵庫県神戸市中央区東町116-2

[教育開始時期] 1988年12月

[行き方] JR・阪急・阪神・神戸市営地下鉄「三宮」駅から南へ徒歩7分

[設置者] 株式会社コミュニカ　(種別：株式会社)

[校長/別科長名] 奥田純子

[収容定員] 152人　二 部制

[教員数] 19人 (うち専任　6 人)

[宿舎] 有　[料金] (月額) 25,000円 ～ 72,000円

[入学資格] 12年課程修了以上及びこれと同等レベルの者、本国での大学受験・国際バカロレア有資格者

[入学選抜方法] 書類審査、本人面接、経費支弁者面接

[認定コース在籍者数] 114

[その他コース在籍者数] 18

内訳(人)：台湾(31)、韓国(19)、イタリア(13)、香港(8)、スペイン(6)
その他(55)[アメリカ、アンティグア・バーブーダ、イギリス、イスラエル、ウクライナ、エジプト、オーストラリア、オマーン、ケニア、スイス、セネガル、ドイツ、ナイジェリア、ノルウェー、ペルー、ポルトガル、メキシコ、ヨルダン、ロシア、中国、イラン、インドネシア、パキスタン、フィリピン、マレーシア]

[教材]

初級	『日本語コミュニケーション』『初級文法総まとめポイント20』『NEJ』他	初中級	『読む力 初中級』『日本語文法トレーニング』『TRY!』他
中級	『読む力 中級』『小論文への12のステップ』『留学生のためのアカデミックジャパニーズ 中上級』他	上級	『読む力 中上級』『耳から覚える文法トレーニング』『留学生のためのアカデミックジャパニーズ 上級』他

[基礎科目及び英語の授業] なし

[認定コース]

	目的	期間	時数	週数	入学月	選考料	入学金	授業料	その他	合計(円)
大学進学2年コース	進学	2年	1568	80	4	30,000	60,000	1,440,000	90,000	1,620,000
大学進学1年9か月コース	進学	1年9か月	1372	70	7	30,000	60,000	1,260,000	78,750	1,428,750
大学進学1年6か月コース	進学	1年6か月	1176	60	10	30,000	60,000	1,080,000	67,500	1,237,500
大学進学1年3か月コース	進学	1年3か月	980	50	1	30,000	60,000	900,000	56,250	1,046,250
一般A 1年コース	一般	1年	784	40	7	30,000	60,000	720,000	45,000	855,000
一般B 1年コース	一般	1年	784	40	10	30,000	60,000	720,000	45,000	855,000
一般C 1年コース	一般	1年	784	40	1	30,000	60,000	720,000	45,000	855,000

[認定以外のコース] インテンシブ60コマコース、インテンシブ120コマコース、インテンシブ180コマコース、インテンシブ360コマコース、ビジネス日本語・ビジネスマナー短期コース

[日本語能力試験]　2018年度受験状況

	N1	N2	N3	N4	N5	合計
受験者数	33	48	33	7	3	124
認定者数	12	25	20	4	2	63

[日本留学試験]　2018年度受験状況

●第1回

日本語受験者	日本語219点以上	文系受験者	文系100点以上	理系受験者	理系100点以上
13	6	5	2	2	0

●第2回

日本語受験者	日本語219点以上	文系受験者	文系100点以上	理系受験者	理系100点以上
15	9	4	1	2	1

[進学実績]　2019年3月までの進学状況　卒業者数　49

大学院	大学	短期大学	高専	専門学校	その他の学校	就職
3	10	0	0	16	0	8

[主な進学先]

兵庫県立大学大学院、神戸芸術工科大学大学院、関西大学大学院、、兵庫県立大学、関西学院大学、関西大学、流通科学大学、神戸国際大学、神戸学院大学、大手前大学、大阪学院大学、大阪空港大学、埼玉工業大学、大阪YMCA国際専門学校、大阪アニメーションカレッジ専門学校、大阪デザイナー専門学校、新大阪歯科技工士専門学校、神戸電子専門学校、専門学校アートカレッジ神戸、大阪調理製菓専門学校、辻調理製菓専門学校、神戸国際調理製菓専門学校　等

[主な就職先]

COACH、ラミーコーポレーション、KIDSDUO、リトルスプラウト、株式会社ワークスアプリケーションズ、株式会社サンシステム、ルスツリゾート、華城商事、ピアソン、こぐま幼稚園、株式会社フリープラス、STAR BRAINS,Inc、パンエイシア事業協同組合、株式会社PPFパートナーズ、岡安ゴム株式会社、株式会社VALLEY HILL、株式会社コスモネット、株式会社リブ・マックス　等

●特色1　異文化教育としての日本語教育を行う。

●特色2　学習者オートノミーの育成により、自ら学ぶ力を育てる。

●特色3　「わかちあい」を教育理念とし、「汝自身を知れ」「汝自らまさに知るべし」を教育の指針とする。

製作：J.TEST事務局 / 語文研究社

告示校

兵庫県　神戸市

すばるがいごがくいん

スバル外語学院

SUBARU LANGUAGE INSTITUTE

[TEL] 078-381-8926　[FAX] 078-381-8927
[eMAIL] tanabe@subaru-li.org
[URL] http://www.subaru-li.org
[SNS] —

[住所] 〒653-0002　兵庫県神戸市長田区六番町1-6-16　[教育開始時期] 2016年10月

[行き方] 神戸市営地下鉄「上沢駅」徒歩2分、神戸高速線「大開駅」徒歩8分

[設置者] 株式会社SMILE SEED　(種別:株式会社)　[校長/別科長名] 田邊邦代

[収容定員] 140人　二 部制　[教員数] 12人 (うち専任　3 人)　[宿舎] 有　[料金] (月額) 20,000円 ～ 25,000円

[入学資格] 18才以上(高校卒以上)の者。進学を目的とした学習意欲のある者。積極的に日本文化・習慣を学ぼうとする者。

[入学選抜方法] 日本語学力試験、学力試験(英語、数学など)、面接(インターネット、現地面接)

[認定コース在籍者数] 64

[その他コース在籍者数] 0

内訳(人): ベトナム(61)、中国(3)

[教材]

初級	『みんなの日本語』「まるごと日本語のことばと文化』	初中級	『まるごと日本語のことばと文化』「学ぼう日本語』『中級へ行こう』N3・N4レベルのテキスト類
中級	『まるごと日本語のことばと文化』『学ぼう日本語』『中級を学ぼう』N2レベルのテキスト類	上級	『中級から上級への日本語』『学ぼう!日本語上級』N1レベルのテキスト類

[基礎科目及び英語の授業] なし(今後開講検討中)

[認定コース]

	目的	期間	時数	週数	入学月	選考料	入学金	授業料	その他	合計(円)
進学Ⅰコース	進学	1年6か月	1200	60	10	20,000	50,000	900,000	90,000	1,060,000
進学Ⅱコース	進学	2年	1600	80	4	20,000	50,000	1,200,000	120,000	1,390,000

[認定以外のコース] 短期コース 3ヵ月(2か月、1か月)

[日本語能力試験]　2018年度受験状況

	N1	N2	N3	N4	N5	合計
受験者数	10	5	44	0	0	59
認定者数	8	0	6	0	0	14

[日本留学試験]　2018年度受験状況

●第1回

日本語受験者	日本語219点以上	文系受験者	文系100点以上	理系受験者	理系100点以上
6	6	1	1	4	4

●第2回

日本語受験者	日本語219点以上	文系受験者	文系100点以上	理系受験者	理系100点以上
3	3	1	1	2	2

[進学実績]　2019年3月までの進学状況　卒業者数　36

大学院	大学	短期大学	高専	専門学校	その他の学校	就職
1	1	0	0	26	0	0

[主な進学先]

東京大学大学院、北海道大学大学院、上智大学大学院、関西学院大学、流通科学大学、神戸山手大学、神戸松蔭女子学院大学、東京国際専門学校、愛甲専門学校、東亜経理専門学校 他

[主な就職先]

—

●特色1　学生が安心して学習に集中できるよう各種奨学金制度を設置している。

●特色2　経験豊富な講師をそろえ、学習面・進学面をしっかりとサポートしている。

●特色3　日本の文化・習慣に対する知識を高めるため課外活動、地域との交流にも力を入れている。

兵庫県　神戸市

告示校

はんしんじどうしゃこうくうてつどうせんもんがっこうにほんごべっか

阪神自動車航空鉄道専門学校 日本語別科

Hanshin Institute of Technology Japanese Language Course

[TEL] 078-621-5111 [FAX] 078-621-5112
[eMAIL] hyogo@hits.ac.jp
[URL] http://www.hits.ac.jp
[SNS] facebook

[住所] 〒653-0861 兵庫県神戸市長田区林山町27-1

[教育開始時期] 2013年10月

[行き方] 阪神電車「高速長田」駅・神戸市営地下鉄「長田」駅より、神戸市バス17系統「林山町」より徒歩10分

[設置者] 学校法人兵庫科学技術学園　(種別：学校法人)

[校長/別科長名] 鞍野貴幸

[収容定員] 80人 二 部制

[教員数] 13人(うち専任 3人)

[宿舎] 無 [料金] *留学生宿舎を紹介

[入学資格] 正規の学校教育における１２年以上の課程を修了し、入学時点で満１８歳以上の方。日本語学習歴（日本語教育機関で150時間以上）があり、かつ定められた日本語能力資格を取得していること。日本語を学び、日本での進学を希望する者。最終学歴校を卒業して概ね５年未満であることが望ましい。

[入学選抜方法] 書類選考、面接

[認定コース在籍者数] 48

[その他コース在籍者数] 0

内訳(人)：
ベトナム(42)、ネパール(6)

[教材]

初級	『みんなの日本語 初級Ⅰ、Ⅱ』	初中級	『みんなの日本語 中級Ⅰ、Ⅱ』
中級	『テーマ別中級から学ぶ日本語』	上級	『テーマ別上級で学ぶ日本語』

[基礎科目及び英語の授業] なし

[認定コース]

	目的	期間	時数	週数	入学月	選考料	入学金	授業料	その他	合計(円)
2年コース	進学	2年	1600	74	4	20,000	60,000	1,296,000	85,000	1,461,000
1年6か月コース	進学	1年6か月	1200	57	10	20,000	60,000	972,000	66,000	1,118,000

[認定以外のコース] なし

[日本語能力試験] 2018年度受験状況

	N1	N2	N3	N4	N5	合計
受験者数						
認定者数						

[日本留学試験] 2018年度受験状況

●第1回

日本語受験者	日本語219点以上	文系受験者	文系100点以上	理系受験者	理系100点以上

●第2回

日本語受験者	日本語219点以上	文系受験者	文系100点以上	理系受験者	理系100点以上

[進学実績] 2019年3月までの進学状況 卒業者数 0

大学院	大学	短期大学	高専	専門学校	その他の学校	就職

[主な進学先]

[主な就職先]

●特色1 本校専門課程(自動車整備工学科・二輪整備工学科)を目指した一貫教育。

●特色2 専門課程在学生及び地域の交流を推進し、日本社会への理解を深める。

●特色3 会話・コミュニケーション能力を重視し、レベル別の指導を行う。

製作:J.TEST事務局 / 語文研究社

告示校

兵庫県　尼崎市

あじあんいんたーなしょなるせんたー

アジアンインターナショナルセンター

ASIAN INTERNATIONAL CENTER

[TEL] 06-6499-8334 [FAX] 06-6499-7176
[eMAIL] info@ickejp.org
[URL] http://aic.asian-foundation.org
[SNS] ―

[住所] 〒661-0977 兵庫県尼崎市久々知1-9-8　[教育開始時期] 2002年10月

[行き方] JR「塚口駅」下車北出口より徒歩15分、JR「尼崎駅」11番と12番のバス近松公園バス停

[設置者] 一般財団法人アジア国際交流奨学財団（種別：財団法人）　[校長/別科長名] 近藤洋生

[収容定員] 232人 二 部制　[教員数] 14人（うち専任 9人）　[宿舎] 有 [料金]（月額）22,000円～23,000円

[入学資格] 留学　[入学選抜方法] 書類審査、本人面接（日本語、母国語）、筆記試験（日本語）、保証人面会

[認定コース在籍者数] 97
[その他コース在籍者数] 0
内訳(人)：ベトナム(88)、フィリピン(4)、ミャンマー(3)、ネパール(1)、中国(1)

[教材]

初級	『みんなの日本語 初級』『初級日本語総まとめポイント20』	初中級	『中級へ行こう』『日本語総まとめシリーズN3』『新完全マスターN3』
中級	『中級を学ぼう』『日本語総まとめシリーズN2』『新完全マスターN2』	上級	『日本語総まとめシリーズN1』『新日本語留学試験実践問題集』

[基礎科目及び英語の授業] 総合科目、数学コース1、数学コース2、物理、化学、英語

[認定コース]

	目的	期間	時数	週数	入学月	選考料	入学金	授業料	その他	合計(円)
1年3ヵ月コース	進学	1年3か月	1000	50	1	30,000	50,000	750,000	122,000	952,000
1年6ヵ月コース	進学	1年6か月	1200	60	10	30,000	50,000	900,000	122,000	1,102,000
1年9ヵ月コース	進学	1年9か月	1400	70	7	30,000	50,000	1,050,000	122,000	1,252,000
2年コース	進学	2年	1600	80	4	30,000	50,000	1,200,000	122,000	1,402,000

[認定以外のコース] なし

[日本語能力試験] 2018年度受験状況

	N1	N2	N3	N4	N5	合計
受験者数	8	16	91	0	0	115
認定者数	2	9	60	0	0	71

[日本留学試験] 2018年度受験状況

●第1回

日本語受験者	日本語219点以上	文系受験者	文系100点以上	理系受験者	理系100点以上
30	12	2	2	7	7

●第2回

日本語受験者	日本語219点以上	文系受験者	文系100点以上	理系受験者	理系100点以上
18	2	1	1	7	7

[進学実績] 2019年3月までの進学状況　卒業者数 87

大学院	大学	短期大学	高専	専門学校	その他の学校	就職
3	39	1	0	31	0	4

[主な進学先]

筑波大学大学院、同志社大学大学院、大阪光学院大学院、福井県立大学、和歌山大学。デジタルハリウッド大学、神戸国際大学、神戸山手大学、関西国際大学、中央工科学校、清風情報工科学院

[主な就職先]

―

●特色1　日本語を通じてグローバルな視野で物事を判断できる人材の育成。

●特色2　日々の生活指導とカウンセリングが充実。

●特色3　留学試験や大学院試験など日本語以外の進路指導も実施。

製作：J.TEST事務局 / 語文研究社

兵庫県　伊丹市　　告示校

かんさいこくさいきょういくがくいん

関西国際教育学院

Kansai International Education Institute

[TEL] 072-777-4448　[FAX] 072-777-4449
[eMAIL] kkhs@circus.ocn.ne.jp
[URL] http://www.kiei-edu.jp/
[SNS] —

[住所] 〒664-0858　兵庫県伊丹市西台2-1-10　　[教育開始時期] 2015年04月

[行き方] 阪急「伊丹駅」から徒歩約5分

[設置者] 株式会社かけはし国際教育　(種別:株式会社)　　[校長/別科長名] 岡みすぐ

[収容定員] 90人　二 部制　[教員数] 14人 (うち専任 3 人)　[宿舎] 有　[料金] (月額) 25,000円 ～ 35,000円

[入学資格] 学校教育における12年の課程を修了した者。日本語能力試験(N5相当以上)、J. TEST(F級相当以上)

[入学選抜方法] 面接、日本語筆記試験、書類選考

[認定コース在籍者数] 61
[その他コース在籍者数] 0
内訳(人): 中国(32)、ベトナム(29)

[教材]

初級	『みんなの日本語 初級』	初中級	『みんなの日本語 中級』
中級	『新中級から上級への日本語』	上級	『テーマ別 上級で学ぶ日本語』

[基礎科目及び英語の授業] 総合科目、数学コース1、数学コース2、物理、化学、生物、英語

[認定コース]

	目的	期間	時数	週数	入学月	選考料	入学金	授業料	その他	合計(円)
2年コース	進学	2年	1520	76	4	30,000	50,000	1,320,000	100,000	1,500,000
1年コース	進学	1年6か月	1140	57	10	30,000	50,000	990,000	90,000	1,160,000

[認定以外のコース] なし

[日本語能力試験] 2018年度受験状況

	N1	N2	N3	N4	N5	合計
受験者数	17	9	14	0	0	40
認定者数	7	3	2	0	0	12

[日本留学試験] 2018年度受験状況

●第1回

日本語受験者	日本語219点以上	文系受験者	文系100点以上	理系受験者	理系100点以上
6	4	4	3	1	1

●第2回

日本語受験者	日本語219点以上	文系受験者	文系100点以上	理系受験者	理系100点以上
6	3	2	2	1	1

[進学実績] 2019年3月までの進学状況　卒業者数 14

大学院	大学	短期大学	高専	専門学校	その他の学校	就職
3	7	0	0	1	1	2

[主な進学先]

大阪大学大学院、関西大学大学院、関西学院大学、京都産業大学、武蔵野大学、流通科学大学、大阪観光大学、日本経済大学

[主な就職先]

—

●特色1　少人数・日本語能力できめ細やかな指導を行う。

●特色2　日本語能力試験、留学生試験に対応したカリキュラムがある。

●特色3　豊富な課外活動がある。

製作:J.TEST事務局 / 語文研究社

告示校

兵庫県 西宮市

こうべこくさいごげんがくいん

神戸国際語言学院

Kobe International Language School

[TEL] 0798-22-7135 [FAX] 0798-22-2719

[eMAIL] office@kobe-kg.jp

[URL] http://www.kobe-kg.jp/jp/

[SNS] Facebook: 神戸国際語言学院

[住所] 〒662-0914 兵庫県西宮市本町6-21

[教育開始時期] 2011年10月

[行き方] 阪神電車「西宮駅」より南へ徒歩5分

[設置者] 株式会社三民興産 (種別:株式会社)

[校長/別科長名] 山本里美

[収容定員] 177人 二 部制 [教員数] 18人(うち専任 7人)

[宿舎] 有 [料金] (月額) 33,000円 ~ 37,000円

[入学資格] 学校教育12年以上、日本語能力試験N5またはNAT-TEST5級以上

[入学選抜方法] 書類審査、面接(現地面接及びSkype面接)、家庭訪問、電話調査 他

[認定コース在籍者数] 156

[その他コース在籍者数] 5

内訳(人): ベトナム(89)、中国(40)、バングラデシュ(13)、インド(4)、ミャンマー(3)
その他(6)[カメルーン、フィリピン、インドネシア]

[教材]

初級	『みんなの日本語』他	初中級	『日本語総まとめ N3』他
中級	『日本語総まとめ N2』他	上級	『日本語総まとめ N1』他

[基礎科目及び英語の授業] なし

[認定コース]

	目的	期間	時数	週数	入学月	選考料	入学金	授業料	その他	合計(円)
進学1年6か月コース	進学	1年6か月	1140	57	10	20,000	60,000	960,000	68,000	1,108,000
進学1年9か月コース	進学	1年9か月	1340	67	7	20,000	60,000	1,120,000	73,000	1,273,000
進学2年コース	進学	2年	1520	76	4	20,000	60,000	1,280,000	76,000	1,436,000

[認定以外のコース] 在日外国人さくらコース

[日本語能力試験] 2018年度受験状況

	N1	N2	N3	N4	N5	合計
受験者数	10	65	101	0	0	176
認定者数	4	14	68	0	0	46

[日本留学試験] 2018年度受験状況

●第1回

日本語受験者	日本語219点以上	文系受験者	文系100点以上	理系受験者	理系100点以上
11	2	1	1	4	2

●第2回

日本語受験者	日本語219点以上	文系受験者	文系100点以上	理系受験者	理系100点以上
0					

[進学実績] 2019年3月までの進学状況 卒業者数 68

大学院	大学	短期大学	高専	専門学校	その他の学校	就職
2	13	2	0	30	0	9

[主な進学先]

立命館大学、神戸市外国語大学、京都産業大学、大手前大学、神戸山手大学、日本経済大学、四国大学、大阪成蹊大学

[主な就職先]

技術サービス業

●特色1 クラス担任制で、試験豊富な講師陣による基礎から積み上げる懇切丁寧な指導。

●特色2 進学、就職に必要な4技能(聞く、話す、読む、書く)をバランスよく学び、習得する。

●特色3 高等教育機関進学のための日本語能力試験対策指導と日本留学試験対策指導。

告示校

そうちこくさいがくいん

創智国際学院

Sochi International Academy

[TEL] 079-227-7239　[FAX] 079-227-7289
[eMAIL] info@sochi-nihongo.com
[URL] http://sochi-nihongo.com/
[SNS] —

[住所] 〒671-0241　兵庫県姫路市四郷町山脇142-1　　[教育開始時期] 2016年04月

[行き方] JR「御着駅」西側踏切を西へ徒歩約10分

[設置者] 一般社団法人国際人財・技術交流推進協会（種別：一般社団法人）　[校長/別科長名] 平山裕康

[収容定員] 120人　二 部制　[教員数] 12人（うち専任　3人）　[宿舎] 有　[料金]（月額）17,000円 ～

[入学資格] 12年間の学校教育を修了した方。
N5以上の日本語力を有する方。

[入学選抜方法] 書類選考及び面接

[認定コース在籍者数] 71
[その他コース在籍者数]

内訳(人)：
ベトナム(50)、インドネシア(14)、中国(5)、スリランカ(1)、スロバキア(1)

[教材]

初級	『みんなの日本語 初級』	初中級	『中級へ行こう』
中級	『みんなの日本語 中級』	上級	—

[基礎科目及び英語の授業] なし

[認定コース]

	目的	期間	時数	週数	入学月	選考料	入学金	授業料	その他	合計(円)
日本語Aコース	進学	2年	1600	80	4	30,000	60,000	1,200,000	140,000	1,430,000
日本語Bコース	進学	1年6か月	1200	60	10	30,000	60,000	900,000	105,000	1,095,000

[認定以外のコース] なし

[日本語能力試験] 2018年度受験状況

	N1	N2	N3	N4	N5	合計
受験者数	7	31	97	5	0	140
認定者数	2	5	33	0	0	40

[日本留学試験] 2018年度受験状況

●第1回

日本語受験者	日本語219点以上	文系受験者	文系100点以上	理系受験者	理系100点以上

●第2回

日本語受験者	日本語219点以上	文系受験者	文系100点以上	理系受験者	理系100点以上
9	2				

[進学実績] 2019年3月までの進学状況　卒業者数　57

大学院	大学	短期大学	高専	専門学校	その他の学校	就職
	9	1		30		13

[主な進学先]

神戸山手大学、姫路獨協大学、徳島工業短期大学、姫路福祉保育専門学校、プロスペラ学院、ビジネス専門学校、ICT専門学校、日本ITビジネスカレッジ等

[主な就職先]

(株)トラスト・テック、総合自動車(株)、まねき食品(株)、ホテルクレール日笠等

●特色1　レベル別クラス編成。進学、就職を目指すための総合力を養う。

●特色2　国際交流の機会、日本文化に触れる機会を提供。

●特色3　入学時から常に進学や就職を見据えた指導。

製作：J.TEST事務局 / 語文研究社

告示校

兵庫県　姫路市

にほんこうかだいがっこうにほんごがっか

日本工科大学校 日本語学科

Japan Engineering College

[TEL] 079-246-5888 [FAX] 079-246-5889
[eMAIL] studyatjec@seigaku.ac.jp
[URL] http://www.seigaku.ac.jp/
[SNS] https://www.facebook.com/nihonkoka/

[住所] 〒672-8001 兵庫県姫路市兼田383-22

[教育開始時期] 2012年10月

[行き方] JR「姫路駅」からバスで15分、山陽電鉄「妻鹿駅」から徒歩12分

[設置者] 学校法人誠和学院 (種別：学校法人)

[校長/別科長名] 片山俊行

[収容定員] 200人 二 部制

[教員数] 13人 (うち専任 4人)

[宿舎] 有 [料金] (月額) 15,000円 ～ 25,000円

[入学資格]
・12年課程修了以上及びこれと同等レベルの者
・日本語能力試験N5以上の能力を持つ者または同等の能力の者

[入学選抜方法] 書類審査、本人面接

[認定コース在籍者数] 110

[その他コース在籍者数] 0

内訳(人)：
ベトナム(97)、ミャンマー(9)、中国(3)、フィリピン(1)

[教材]

初級	『日本語初級 大地』『できる日本語 初級』他	初中級	『TRY! 文法から伸ばす日本語』『日本語総まとめ 漢字』他
中級	『TRY! 文法から伸ばす日本語』『日本語総まとめ 漢字』他	上級	『TRY! 文法から伸ばす日本語』『新完全マスター漢字』他

[基礎科目及び英語の授業] なし

[認定コース]

	目的	期間	時数	週数	入学月	選考料	入学金	授業料	その他	合計(円)
進学Aコース	進学	2年	1600	80	4	20,000	50,000	1,200,000	110,000	1,380,000
進学Bコース	進学	1年6か月	1200	60	10	20,000	50,000	900,000	90,000	1,060,000

[認定以外のコース] なし

[日本語能力試験] 2018年度受験状況

	N1	N2	N3	N4	N5	合計
受験者数	4	44	104	143	0	295
認定者数	0	17	54	75	0	146

[日本留学試験] 2018年度受験状況

●第1回

日本語受験者	日本語219点以上	文系受験者	文系100点以上	理系受験者	理系100点以上
10	0	2	0	2	0

●第2回

日本語受験者	日本語219点以上	文系受験者	文系100点以上	理系受験者	理系100点以上
20	2	6	1	0	0

[進学実績] 2019年3月までの進学状況 卒業者数 79

大学院	大学	短期大学	高専	専門学校	その他の学校	就職
0	9	0	0	50	0	12

[主な進学先]

神戸学院大学、流通科学大学、姫路獨協大学、本校専門課程進学、東亜経理専門学校、大阪コミュニティワーカー専門学校、愛甲学院専門学校、四日市情報外語専門学校、エール学園、大原学園

[主な就職先]

㈱マツヤマ、㈱アグリセールス、㈱LEXIMCO

●特色1 レベルに応じたきめ細やかなクラス編成と経験豊富な講師陣による授業。

●特色2 個々の目標・特性に応じた進路指導。

●特色3 大学、専門学校進学(当校内部進学含)を念頭においたハイレベルな日本語教育。

奈良県　奈良市

告示校

ならがいごがくいん

奈良外語学院

Nara Foreign Language School

[TEL] 0742-26-3971 [FAX] 0742-26-3986
[eMAIL] info@tatsumi-gakuen.ac.jp
[URL] http://www.tatsumi-gakuen.ac.jp
[SNS] –

[住所] 〒630-8113 奈良県奈良市法蓮町7-2

[教育開始時期] 2015年04月

[行き方] 近鉄「奈良駅」より徒歩約8分、JR「奈良駅」より徒歩約15分
加茂駅・高の原駅・西大寺駅行きバス「佐保橋」前

[設置者] 学校法人 辰巳学園 （種別：学校法人）

[校長/別科長名] 辰巳友昭

[収容定員] 60人 一 部制

[教員数] 6人 (うち専任 4人)

[宿舎] 無 [料金] –

[入学資格] 外国において15年以上の学校教育を修了した者。大卒以上の看護学院を卒業し、看護師国家試験に合格した者。

[入学選抜方法] 書類審査、面接

[認定コース在籍者数] 32

[その他コース在籍者数] 0

内訳(人):

[教材]

初級	『スピードマスター N3』	初中級	『できる日本語 初中級』
中級	『日本語総まとめ N2』	上級	『完全マスター N1』

[基礎科目及び英語の授業] なし

[認定コース]

	目的	期間	時数	週数	入学月	選考料	入学金	授業料	その他	合計(円)
一般1.9年コース	N1合格	1年9か月	1400	70	7	20,000	100,000	1,050,000	140,000	1,310,000
一般1.5年コース	N1合格	1年6か月	1200	60	10	20,000	100,000	900,000	120,000	1,140,000
一般2年コース	N1合格	2年	1600	80	4	20,000	100,000	1,200,000	160,000	1,480,000

[認定以外のコース] 日本語学習短期コース

[日本語能力試験] 2018年度受験状況

	N1	N2	N3	N4	N5	合計
受験者数	3	0	0	0	0	3
認定者数	3	0	0	0	0	3

[日本留学試験] 2018年度受験状況

●第1回

日本語受験者	日本語219点以上	文系受験者	文系100点以上	理系受験者	理系100点以上
0	0	0	0	0	0

●第2回

日本語受験者	日本語219点以上	文系受験者	文系100点以上	理系受験者	理系100点以上
0	0	0	0	0	0

[進学実績] 2019年3月までの進学状況 卒業者数 3

大学院	大学	短期大学	高専	専門学校	その他の学校	就職
0	0	0	0	1	0	2

[主な進学先]

–

[主な就職先]

病院(看護師)

●特色1 異文化への理解を深め、広い視野を持たせる。

●特色2 職業人に必要とされるエチケット・マナー・社会常識を身につけさせる。

●特色3 多様化する時代の要請に応えうる実用性の高い日本語を習得させる。

製作:J.TEST事務局 / 語文研究社

告示校

奈良県　奈良市

ならそうごうびじねすせんもんがっこう

奈良総合ビジネス専門学校

NARA GENERAL BUSINESS TECHNICAL COLLEGE

[TEL] 0742-25-5335 [FAX] 0742-25-5336
[eMAIL] nihongo@nagai.ac.jp
[URL] http://www.nagai.ac.jp/
[SNS] Facebook:奈良総合ビジネス専門学校・日本語学科

[住所] 〒630-8247　奈良県奈良市油阪町421番地

[教育開始時期] 2008年10月

[行き方] 近鉄電車「奈良駅」から徒歩2分、JR西日本「奈良駅」から徒歩8分

[設置者] 学校法人永井学園　(種別：学校法人)

[校長/別科長名] 永井宏昌

[収容定員] 140人　二 部制　[教員数] 12人 (うち専任　2 人)　[宿舎] 無　[料金] -

[入学資格] 12年課程修了以上及びこれと同等レベルの者

[入学選抜方法] 書類審査、本人面接、保護者面接、能力適性試験

[認定コース在籍者数] 83

[その他コース在籍者数] 0

内訳(人)：ベトナム(29)、スリランカ(20)、インドネシア(14)、ミャンマー(11)、中国(6)
その他(3)[バングラデシュ、台湾]

[教材]

初級	『大地』	初中級	『中級までに学ぶ日本語』
中級	『中級から学ぶ日本語』	上級	『上級で学ぶ日本語』

[基礎科目及び英語の授業] なし

[認定コース]

	目的	期間	時数	週数	入学月	選考料	入学金	授業料	その他	合計(円)
大学進学2年コース	進学	2年	1600	80	4	20,000	80,000	1,200,000	178,880	1,478,880
大学進学1.5年コース	進学	1年6か月	1200	60	10	20,000	80,000	900,000	134,160	1,134,160

[認定以外のコース] なし

[日本語能力試験]　2018年度受験状況

	N1	N2	N3	N4	N5	合計
受験者数	3	22	75	0	0	100
認定者数	0	5	23	0	0	28

[日本留学試験]　2018年度受験状況

●第1回

日本語受験者	日本語219点以上	文系受験者	文系100点以上	理系受験者	理系100点以上
21	6	0	0	5	1

●第2回

日本語受験者	日本語219点以上	文系受験者	文系100点以上	理系受験者	理系100点以上
1	1	0	0	0	0

[進学実績]　2019年3月までの進学状況　卒業者数　49

大学院	大学	短期大学	高専	専門学校	その他の学校	就職
0	3	4	0	35	0	0

[主な進学先]

天理大学、芦屋大学、白鳳短期大学

[主な就職先]

－

●特色1　大学院・大学・専門学校進学を目的としたカリキュラム。

●特色2　少人数クラス編成。一人一人きめ細かく指導。

●特色3　日本文化・日本社会の体験授業。

製作：J.TEST事務局 / 語文研究社

奈良県　桜井市	告示校

やまとまほろばにほんごがっこう

大和まほろば日本語学校

YAMATO MAHOROBA JAPANESE LANGUAGE SCHOOL

[TEL] 0744-44-2424　[FAX] 0744-47-2430
[eMAIL] yamato@kotoba.ac.jp
[URL] http://yamato.kotoba.ac.jp/
[SNS] facebook:Yamato Mahoroba Japanese Language School

[住所] 〒633-0053　奈良県桜井市谷10-1

[教育開始時期] 2017年10月

[行き方] JR桜井線・近鉄線「桜井駅」から徒歩7分

[設置者] 学校法人国際ことば学院　(種別：学校法人)

[校長/別科長名] 佐藤広規

[収容定員] 80人　二 部制　[教員数] 7人 (うち専任　2 人)

[宿舎] 有　[料金] (月額) 11,500円 ～23,000円

[入学資格] 12年課程修了同等以上。
日能試N5同等以上、または日本語学習150時間以上。

[入学選抜方法] 面接、書類審査

[認定コース在籍者数] 24

[その他コース在籍者数] 0

内訳(人): ベトナム(9)、ネパール(4)、インドネシア(4)、ラオス(3)、フィリピン(2)
その他(2)[中国、ドイツ]

[教材]

初級	『みんなの日本語　初級』	初中級	『中級へ行こう』
中級	『中級を学ぼう』	上級	―

[基礎科目及び英語の授業] なし

[認定コース]

	目的	期間	時数	週数	入学月	選考料	入学金	授業料	その他	合計(円)
一般2年コース	一般	2年	1520	-	4	25,000	60,000	1,080,000	45,000	1,210,000
一般1年6ヵ月コース	一般	1年6ヵ月	1140	-	10	25,000	60,000	810,000	35,000	930,000

[認定以外のコース] 日本語短期コース

[日本語能力試験] 2018年度受験状況

	N1	N2	N3	N4	N5	合計
受験者数	0	1	4	0	0	5
認定者数	0	0	2	0	0	2

[日本留学試験] 2018年度受験状況

●第1回

日本語受験者	日本語219点以上	文系受験者	文系100点以上	理系受験者	理系100点以上
0	0	0	0	0	0

●第2回

日本語受験者	日本語219点以上	文系受験者	文系100点以上	理系受験者	理系100点以上
0	0	0	0	0	0

[進学実績] 2019年3月までの進学状況　卒業者数　2

大学院	大学	短期大学	高専	専門学校	その他の学校	就職
0	0	0	0	1	1	0

[主な進学先]
―

[主な就職先]
―

●特色1　進学を目標とする者に、進学指導・サポートを徹底的に行う。

●特色2　コミュニケーション力の向上と能力試験対策をバランスよく取り入れたカリキュラム。

●特色3　住まいから健康に及ぶ生活サポート、課外活動や地域交流を通して、日本での生活を安心・安全かつ円満に行えるようにする指導。

製作:J.TEST事務局 / 語文研究社

告示校

和歌山県　和歌山市

わかやまわいえむしーえいこくさいふくしせんもんがっこうにほんごか

和歌山YMCA国際福祉専門学校 日本語科

WAKAYAMA YMCA COLLEGE JAPANESE LANGUAGE COURSES

[TEL] 073-473-3338 [FAX] 073-473-2666
[eMAIL] japanese@wakayamaymca.org
[URL] http://www.wakayamaymca.ac.jp/japanese/wp/
[SNS] https://www.facebook.com/Japanese.WakayamaYmca/

[住所] 〒640-8323　和歌山県和歌山市太田1丁目12番13号　[教育開始時期] 2002年04月

[行き方] JR「和歌山駅」東口より南東へ徒歩2分

[設置者] 学校法人和歌山キリスト教青年会　(種別：準学校法人)　[校長/別科長名] 加志勉

[収容定員] 120人　二 部制　[教員数] 12人 (うち専任　4 人)　[宿舎] 有　[料金] (月額) 17,000円 ～ 40,000円

[入学資格] 学校教育において12年以上の教育を受けていること　[入学選抜方法] 書類選考、面接、入学試験実施の場合有

[認定コース在籍者数] 74
[その他コース在籍者数] 6
内訳(人)：ベトナム(33)、中国(16)、台湾(10)、フィリピン(8)、インド(3)
その他(4)[韓国、ネパール、アメリカ、日本]

[教材]

初級	『みんなの日本語 初級Ⅰ』	初中級	『みんなの日本語 初級Ⅱ』
中級	『中級から学ぶ日本語』『TRY! N3』『TRY! N2』『日本語総まとめN2』語彙	上級	『時代を読み解く上級日本語』『TRY! N1』『日本語総まとめN1』語彙

[基礎科目及び英語の授業] 総合科目、数学コース1、数学コース2、物理、化学、生物、英語

[認定コース]

	目的	期間	時数	週数	入学月	選考料	入学金	授業料	その他	合計(円)
一般2年コース	一般	2年	1728	86.4	4	20,000	100,000	1,160,000	40,000	1,320,000
一般1年6ヵ月コース	一般	1年6か月	1296	64.8	10	20,000	100,000	870,000	30,000	1,020,000
一般1年コース	一般	1年	864	43.2	4	20,000	100,000	580,000	20,000	720,000

[認定以外のコース] 短期コース、冬期集中コース

[日本語能力試験]　2018年度受験状況

	N1	N2	N3	N4	N5	合計
受験者数	14	60	43	1	0	118
認定者数	3	24	24	1	0	52

[日本留学試験]　2018年度受験状況

●第1回

日本語受験者	日本語219点以上	文系受験者	文系100点以上	理系受験者	理系100点以上
13	6	4	2	0	0

●第2回

日本語受験者	日本語219点以上	文系受験者	文系100点以上	理系受験者	理系100点以上
31	8	3	2	0	0

[進学実績]　2019年3月までの進学状況　卒業者数　53

大学院	大学	短期大学	高専	専門学校	その他の学校	就職
5	4	0	0	34	0	3

[主な進学先]

首都大学東京大学院、京都外国語大学大学院、近畿大学、辻製菓専門学校、HAL大阪、和歌山YMCA国際福祉専門学校(介護福祉科)

[主な就職先]

株式会社かいげつ、合同会社JCM、りんくうフレッシュ株式会社

●特色1　「聴く」「話す」「読む」「書く」の全てにわたる日本語能力の養成と、日本文化の理解を目的としています。

●特色2　個人の必要に応じ、進学や就職の指導を行います。

●特色3　ボランティア組織による生活支援、ホームステイ、日本語会話練習チューター制があり、学生をサポートします。

製作：J.TEST事務局 / 語文研究社

鳥取県　米子市　　告示校

よなごこくさいびじねすかれっじ

米子国際ビジネスカレッジ

Yonago international business college

[TEL] 0859-21-0505　[FAX] 0859-21-0548
[eMAIL] yonago_ibc@chic.ocn.ne.jp
[URL] https://yonagokokusai.jp/
[SNS] —

[住所] 〒683-0053　鳥取県米子市明治町178　　[教育開始時期] 2017年04月

[行き方] JR「米子駅」から徒歩4分

[設置者] 株式会社アイゼン　(種別:株式会社)　　[校長/別科長名] 藪田文祥

[収容定員] 95人　一 部制　　[教員数] 5人(うち専任　3人)　　[宿舎] 有　[料金] (月額) 25,000円 ～ 30,000円

[入学資格] N5程度学習日本語能力　　[入学選抜方法] 面接

[認定コース在籍者数] 81
[その他コース在籍者数] 9

内訳(人):
ベトナム(60)、ネパール(26)、中国(2)、台湾(1)、バングラデシュ(1)

[教材]

初級	『みんなの日本語』『絵入り日本語作成入門』	初中級	『みんなの日本語』『日本語総まとめN4(読解・聴解)』『漢字(みんなの日本語Ⅱ)』
中級	『中級へ行こう』	上級	『会話中上級』『まるごとマスターN2』『漢字中級700』『TRY N2』

[基礎科目及び英語の授業] 総合科目

[認定コース]

	目的	期間	時数	週数	入学月	選考料	入学金	授業料	その他	合計(円)
2年コース	進学	2年	1520	20	4	20,000	100,000	1,000,000	80,000	1,200,000
1.5年コース	進学	1年6か月	1140	20	4	20,000	100,000	750,000	60,000	930,000

[認定以外のコース] 国際コミュニケーション学科

[日本語能力試験] 2018年度受験状況

	N1	N2	N3	N4	N5	合計
受験者数	0	2	17	0	0	0
認定者数	0	1	4	0	0	0

[日本留学試験] 2018年度受験状況

●第1回

日本語受験者	日本語219点以上	文系受験者	文系100点以上	理系受験者	理系100点以上
0	0	0	0	0	0

●第2回

日本語受験者	日本語219点以上	文系受験者	文系100点以上	理系受験者	理系100点以上
0	0	0	0	0	0

[進学実績] 2019年3月までの進学状況　卒業者数 28

大学院	大学	短期大学	高専	専門学校	その他の学校	就職
0	1	0	0	15	9	2

[主な進学先]

東亜経理専門学校神戸駅前校

[主な就職先]

—

●特色1　日本語能力試験、日本留学試験、小論文や面接対策を行い、志望大学合格を目指す。

●特色2　日本人の考え方、日本の文化等を理解し、自分の意見などを発表できる能力を身につける。

●特色3　四技能(読む・聞く・話す・書く)をバランスよく強化する。

告示校

島根県　松江市

せんもんがっこうまつえそうごうびじねすかれっじ

専門学校
松江総合ビジネスカレッジ

Matsue Sogo Business College

[TEL] 0852-26-8000 [FAX] 0852-26-8500
[eMAIL] nyugaku@sctg.ac.jp
[URL] https://www.sctg.ac.jp/
[SNS] https://www.facebook.com/duhocbijisen/

[住所] 〒690-0001 島根県松江市東朝日町74

[教育開始時期] 2015年10月

[行き方] JR「松江駅」から徒歩5分

[設置者] 学校法人坪内学園 (種別：学校法人)

[校長/別科長名] 坪内浩一

[収容定員] 60人 一 部制

[教員数] 5人 (うち専任 4 人)

[宿舎] 有 [料金] (月額) 15,000円～21,500円

[入学資格] 学校教育12年以上の課程修了。150時間以上の日本語学習歴。日本語学科は日本語能力試験N4以上、介護学科・IT学科は日本語能力試験JLPT N2以上取得していること。

[入学選抜方法] 筆記試験、面接試験

[認定コース在籍者数] 37
[その他コース在籍者数] 21

内訳(人):
ベトナム(58)

[教材]

初級	『できる日本語 初級』	初中級	『できる日本語 初中級』
中級	『中級から学ぶ日本語』	上級	『生きた素材で学ぶ 新中級から上級への日本語』

[基礎科目及び英語の授業] なし

[認定コース]

	目的	期間	時数	週数	入学月	選考料	入学金	授業料	その他	合計(円)
1.5年コース	進学	1年6か月	1263	54	10	30,000	50,000	1,000,000	67,000	1,147,000
2年コース	進学	2年	1684	72	4	30,000	50,000	1,300,000	71,000	1,451,000

[認定以外のコース] 介護福祉学科、 IT学科

[日本語能力試験] 2018年度受験状況

	N1	N2	N3	N4	N5	合計
受験者数	0	13	43	0	0	56
認定者数	0	3	16	0	0	19

[日本留学試験] 2018年度受験状況

●第1回

日本語受験者	日本語219点以上	文系受験者	文系100点以上	理系受験者	理系100点以上
0	0	0	0	0	0

●第2回

日本語受験者	日本語219点以上	文系受験者	文系100点以上	理系受験者	理系100点以上
0	0	0	0	0	0

[進学実績] 2019年3月までの進学状況 卒業者数 18

大学院	大学	短期大学	高専	専門学校	その他の学校	就職
0	1	0	0	12	0	1

[主な進学先]

専門学校松江総合ビジネスカレッジ、山陰中央専門大学校

[主な就職先]

専門学校松江総合ビジネスカレッジ

●特色1 日本語能力試験対策を徹底して行い、N2取得を目指します。

●特色2 日本文化の体験、地域との交流など、多彩な授業を実施します。

●特色3 学生一人ひとりが自分に合った進路選択ができるよう、充実した進路指導を実施します。

岡山県　岡山市

告示校

おかやまがいごがくいん

岡山外語学院

Okayama Institute of Languages

[TEL] 086-231-5211 [FAX] 086-225-4020
[eMAIL] info@okg-jp.com
[URL] http://www.okg-jp.com
[SNS] https://www.facebook.com/JapaneseLanguageSchool/

[住所] 〒700-0841 岡山県岡山市北区舟橋町2-10

[教育開始時期] 1992年10月

[行き方] JR「岡山駅」より、路面電車(清輝橋行き)「東中央町」から徒歩5分

[設置者] 学校法人アジアの風 (種別：学校法人)

[校長/別科長名] 山中孝志

[収容定員] 400人 二 部制

[教員数] 39人 (うち専任 10 人)

[宿舎] 有 [料金] (月額) 23,000円 ～ 25,000円

[入学資格] 12年課程修了以上またはこれと同等以上、日本語能力試験N5相当または日本語学習時間150時間以上

[入学選抜方法] 書類審査、本人面接、能力適性試験

[認定コース在籍者数] 246

[その他コース在籍者数] 26

内訳(人)：中国(125)、ベトナム(72)、インドネシア(23)、スリランカ(13)、ミャンマー(9)
その他(30)[ネパール、タイ、インド、フィリピン、韓国、台湾、ロシア、ナイジェリア、アメリカ]

[教材]

初級	『文化初級日本語』	初中級	『中級へ行こう』『中級を学ぼう 中級前期』
中級	『テーマ別 中級から学ぶ日本語』 『イラストでわかる日本語表現中級』	上級	『N1 文法総まとめ』

[基礎科目及び英語の授業] 総合科目、数学コース1、数学コース2、物理、化学、生物、英語

[認定コース]

	目的	期間	時数	週数	入学月	選考料	入学金	授業料	その他	合計(円)
進学1年コース	進学	1年	800	40	4	20,000	50,000	600,000	50,000	720,000
進学1年6か月コース	進学	1年6か月	1200	60	10	20,000	50,000	900,000	75,000	1,045,000
進学2年コース	進学	2年	1600	80	4	20,000	50,000	1,200,000	100,000	1,370,000

[認定以外のコース] 国際人材支援科、日本語教師養成講座

[日本語能力試験] 2018年度受験状況

	N1	N2	N3	N4	N5	合計
受験者数	49	117	134	9	0	309
認定者数	23	48	56	3	0	130

[日本留学試験] 2018年度受験状況

●第1回

日本語受験者	日本語219点以上	文系受験者	文系100点以上	理系受験者	理系100点以上
51	29	30	16	13	7

●第2回

日本語受験者	日本語219点以上	文系受験者	文系100点以上	理系受験者	理系100点以上
72	44	40	19	22	11

[進学実績] 2019年3月までの進学状況 卒業者数 186

大学院	大学	短期大学	高専	専門学校	その他の学校	就職
6	53	3	0	84	6	7

[主な進学先]

横浜国立大学大学院、九州工業大学大学院、岡山大学大学院、愛媛大学大学院、近畿大学大学院、岡山大学、秋田大学、香川大学、北見工業大学、北九州市立大学、滋賀県立大学、静岡県立大学、広島県立大学、龍谷大学、山陽学園大学、神戸国際大学、科学流通大学、帝京大学

[主な就職先]

備前発条株式会社

●特色1 進学・帰国後の就職など多様なニーズに対応するとともに、話す・聞く・読む・書くの4技能において高度かつ実用的な日本語能力を習得できるカリキュラム。

●特色2 日本語能力試験N1合格と日本留学試験対策、及び大学進学等のための細かなカウンセリング・進路指導など支援体制が充実している。

●特色3 日本文化や風俗習慣を理解するために文化活動も積極的に取り入れている。

告示校

岡山県　岡山市

おかやまかがくぎじゅつせんもんがっこうにほんごがっか

岡山科学技術専門学校 日本語学科

Okayama Institute of Science and Technology

[TEL] 086-255-7171 [FAX] 086-255-7093
[eMAIL] kagisen-jp@mail.oist.ac.jp
[URL] https://www.oist.ac.jp/
[SNS] —

[住所] 〒700-0032　岡山県岡山市北区昭和町8番10号

[教育開始時期] 2010年11月

[行き方] JR山陽本線「岡山駅」から徒歩7分

[設置者] 岡山科学技術学園（種別:学校法人）

[校長/別科長名] 大月秀之

[収容定員] 240人　二 部制

[教員数] 15人（うち専任　8 人）

[宿舎] 有　[料金]（月額）28,000円

[入学資格]
- 12年課程修了以上またはこれと同等以上
- 日本語学習時間150時間以上
- 本校入学時18歳以上

[入学選抜方法] 書類審査、筆記試験、面接試験

[認定コース在籍者数] 163

[その他コース在籍者数] 0

内訳(人):

[教材]

初級	『大地』	初中級	『TRY! 文法から伸ばす日本語 N4』『日本語総まとめ N3語彙』
中級	『TRY! 文法から伸ばす日本語 N3・N2』『日本語総まとめ N2語彙』	上級	『TRY! 文法から伸ばす日本語 N1』

[基礎科目及び英語の授業] なし

[認定コース]

	目的	期間	時数	週数	入学月	選考料	入学金	授業料	その他	合計(円)
進学2年コース	進学	2年	1600	80	4	20,000	100,000	1,240,000	120,000	1,480,000
進学1年6ヵ月コース	進学	1年6か月	1200	60	10	20,000	100,000	930,000	120,000	1,170,000

[認定以外のコース] なし

[日本語能力試験] 2018年度受験状況

	N1	N2	N3	N4	N5	合計
受験者数	5	46	140	41	0	232
認定者数	0	12	47	9	0	68

[日本留学試験] 2018年度受験状況

●第1回

日本語受験者	日本語219点以上	文系受験者	文系100点以上	理系受験者	理系100点以上
0	0	0	0	0	0

●第2回

日本語受験者	日本語219点以上	文系受験者	文系100点以上	理系受験者	理系100点以上
0	0	0	0	0	0

[進学実績] 2019年3月までの進学状況　卒業者数 100

大学院	大学	短期大学	高専	専門学校	その他の学校	就職
0	6	1	0	90	0	3

[主な進学先]

岡山大学、山陽学園大学、岡山科学技術専門学校(工業専門課程)、岡山商科大学専門学校

[主な就職先]

—

●特色1　日本での就職を視野に入れた生活指導、進路指導、同校工業専門過程との連携。

●特色2　実践的な会話力、コミュニケーション能力の育成と漢字力の強化に力を入れている。

●特色3　レベル別クラス編成、それぞれのクラスに合った指導体制、指導方針によるクラス運営。

岡山県　岡山市

告示校

せんもんがっこうおかやまびじねすかれっじ

専門学校
岡山ビジネスカレッジ
OKAYAMA BUSINESS COLLEGE

[TEL] 086-801-5007 [FAX] 086-801-5008
[eMAIL] nihongo@obcnet.ac.jp
[URL] https://www.obcnet.ac.jp/jp
[SNS] QQ: 1366351061、Wechat: obc we chat
Facebook: obc Vietnam

[教育開始時期] 2002年04月

[住所] 〒700-0022　岡山県岡山市北区岩田町2-11

[行き方] JR岡山駅東口から北に徒歩約5分。岩田町交差点を右折し、ファミリーマートを目印に左折。

[設置者] 学校法人貝畑学園　(種別：準学校法人)　[校長/別科長名] 西崎誠

[収容定員] 280人　二 部制　[教員数] 26人 (うち専任 6人)　[宿舎] 有　[料金] (月額) 17,000円 ～

[入学資格] 日本語学習歴150時間以上、外国において学校教育における12年の課程を修了した者

[入学選抜方法] 現地での面接、筆記試験

[認定コース在籍者数] 195

[その他コース在籍者数] 37

内訳(人):
中国(130)、ベトナム(94)、ネパール(6)、モンゴル(1)、ウズベキスタン(1)

[教材]

初級	『みんなの日本語 初級』	初中級	『ニューアプローチ基礎編』『新完全マスターN3・N2』文法
中級	『ニューアプローチ基礎編』『新完全マスターN2』文法	上級	『ニューアプローチ完成編』『完全マスターN2・N1』文法

[基礎科目及び英語の授業] 総合科目、数学コース1、数学コース2、物理、化学、生物、英語

[認定コース]

	目的	期間	時数	週数	入学月	選考料	入学金	授業料	その他	合計(円)
進学2年コース	進学	2年	1600	80	4	20,000	50,000	1,260,000	30,000	1,360,000
進学1.5年コース	進学	1年6か月	1200	60	10	20,000	50,000	945,000	30,000	1,045,000

[認定以外のコース] 国際文化学科、英語コミュニケーション学科、介護福祉学科

[日本語能力試験]　2018年度受験状況

	N1	N2	N3	N4	N5	合計
受験者数	18	82	89	3	0	192
認定者数	6	47	34	1	0	88

[日本留学試験]　2018年度受験状況

●第1回

日本語受験者	日本語219点以上	文系受験者	文系100点以上	理系受験者	理系100点以上
59	28	14	6	13	11

●第2回

日本語受験者	日本語219点以上	文系受験者	文系100点以上	理系受験者	理系100点以上
50	28	15	10	16	10

[進学実績]　2019年3月までの進学状況　卒業者数　92

大学院	大学	短期大学	高専	専門学校	その他の学校	就職
8	25	0	0	53	0	3

[主な進学先]
北海道大学大学院、茨城大学大学院、大阪大学大学院、九州大学大学院、広島大学大学院、筑波大学大学院、岡山大学、香川大学、長崎大学、島根大学

[主な就職先]
－

●特色1　大学等へ進学するための日本語能力の養成とともに、基礎科目、日本の生活習慣やマナー教育等を行います。

●特色2　運動会や学園祭で他の専門課程を学ぶ日本人学生と交流ができます。

●特色3　自習室、学生ホール等を完備しており、快適な環境で学習できます。

製作：J.TEST事務局 / 語文研究社

告示校

岡山県　岡山市

おさふねにほんごがくいん

長船日本語学院

OSAFUNE JAPANESE LANGUAGE SCHOOL

[TEL] 086-236-0881 [FAX] 086-236-0882
[eMAIL] info@osafune.info
[URL] http://www.osafune.info
[SNS] ―

[住所] 〒700-0818　岡山県岡山市北区蕃山町3-10　[教育開始時期] 1990年04月

[行き方] JR「岡山駅」東口から徒歩15分

[設置者] 宗教法人天理教長船分教会　（種別：宗教法人）　[校長/別科長名] 船岳一郎

[収容定員] 225人　一 部制　[教員数] 22人（うち専任　5人）　[宿舎] 有　[料金]（月額）35,000円 ～ 38,000円

[入学資格] 自国において正当な教育施設で、通常課程による12年間以上の学校教育を修了した者 等　[入学選抜方法] 現地面接、書類審査 他

[認定コース在籍者数] 123　内訳(人)：ベトナム(92)、ミャンマー(3)、カンボジア(3)、中国(2)、台湾(1)
[その他コース在籍者数] 0　その他(2)[ラオス、日本]

[教材]

初級	『みんなの日本語 初級』	初中級	『中級へ行こう』
中級	『テーマ別 中級から学ぶ日本語』	上級	『上級で学ぶ日本語』

[基礎科目及び英語の授業] なし

[認定コース]

	目的	期間	時数	週数	入学月	選考料	入学金	授業料	その他	合計(円)
アドバンスドコース	進学等	2年	1520	76	4	22,000	77,000	1,056,000	196,500	1,351,500
スタンダードコース	進学等	1年9か月	1330	66.5	7	22,000	77,000	924,000	186,500	1,209,500
ベーシックコース	進学等	1年6か月	1140	57	10	22,000	77,000	792,000	172,500	1,063,500

[認定以外のコース] なし

[日本語能力試験]　2018年度受験状況

	N1	N2	N3	N4	N5	合計
受験者数	1	21	112	4	0	138
認定者数	0	6	32	0	0	38

[日本留学試験]　2018年度受験状況

●第1回

日本語受験者	日本語219点以上	文系受験者	文系100点以上	理系受験者	理系100点以上
17	1	1	0	0	0

●第2回

日本語受験者	日本語219点以上	文系受験者	文系100点以上	理系受験者	理系100点以上
1	0	1	0	0	0

[進学実績]　2019年3月までの進学状況　卒業者数　98

大学院	大学	短期大学	高専	専門学校	その他の学校	就職
0	5	7	0	67	0	3

[主な進学先]

四日市大学、流通科学大学、山陽学園大学、白鳳短期大学、四国大学短期大学部、倉敷ファッションカレッジ、岡山科学技術専門学校、岡山商科大学専門学校

[主な就職先]

―

●特色1　大学、専門学校への進学に備えた能力を身につける。

●特色2　日本の文化、風俗、習慣を学ぶ。

●特色3　課外授業を通して、国際交流を深めていく。

製作：J.TEST事務局 / 語文研究社

岡山県　　倉敷市	告示校

くらしきがいごがくいん

倉敷外語学院

KURASHIKI LANGUAGE ACADEMY

[TEL] 086-441-4948　[FAX] 086-441-4949
[eMAIL] kla.appli@kurashikigaigo.jp
[URL] http://kurashikigaigo.jp/
[SNS] https://www.facebook.com/languageacademy.kurashiki

[住所] 〒710-0055　岡山県倉敷市阿知3丁目10-33

[教育開始時期] 2011年10月

[行き方] JR「倉敷駅」より西へ徒歩5分

[設置者] 株式会社ラピス（種別：株式会社）

[校長/別科長名] 大山正史

[収容定員] 180人　二 部制　[教員数] 15人（うち専任　5 人）

[宿舎] 有　[料金]（月額）20,000円

[入学資格] 12年以上の学校教育課程を修了し、満18歳以上30歳以下の人。日本語学習時間が150時間以上で、日本語能力試験N5もしくは同等以上であること。就学目的及び卒業時までの目標や進路が明確であること。

[入学選抜方法] 書類審査、筆記試験、面接

[認定コース在籍者数] 149

[その他コース在籍者数] 0

内訳(人)：
ネパール(73)、ベトナム(65)、スリランカ(7)、フィリピン(3)、中国(1)

[教材]

初級	『みんなの日本語』	初中級	『みんなの日本語』『中級へ行こう』
中級	『中級を学ぼう』『日本語総まとめN3』 『新完全マスターN3&N2』	上級	『新完全マスターN2・N1』『日本語総まとめN2&N1』

[基礎科目及び英語の授業] なし

[認定コース]

	目的	期間	時数	週数	入学月	選考料	入学金	授業料	その他	合計(円)
進学2年コース	進学	2年	1600	80	4	21,000	50,000	1,200,000	80,000	1,351,000
進学1年半コース	進学	1年6か月	1200	60	10	21,000	50,000	900,000	75,000	1,046,000

[認定以外のコース] なし

[日本語能力試験] 2018年度受験状況

	N1	N2	N3	N4	N5	合計
受験者数	2	10	66	51	1	130
認定者数	0	5	19	4	1	29

[日本留学試験] 2018年度受験状況

●第1回

日本語受験者	日本語219点以上	文系受験者	文系100点以上	理系受験者	理系100点以上
0	0	0	0	0	0

●第2回

日本語受験者	日本語219点以上	文系受験者	文系100点以上	理系受験者	理系100点以上
0	0	0	0	0	0

[進学実績] 2019年3月までの進学状況　卒業者数　62

大学院	大学	短期大学	高専	専門学校	その他の学校	就職
1	2	0	0	58	0	1

[主な進学先]

神戸科学技術大学大学院、岡山商科大学専門学校、サンシャイン専門学校、岡山情報ビジネス学院、岡山科学技術専門学校、東京福祉大学専門学校、成田国際福祉専門学校、広島国際ビジネスカレッジ、トヨタ自動車大学校、大阪観光大学、大阪観光ビジネス、四国大学、東京マルチメディア専門学校、日本ITビジネス専門学校、岡山ビジネスカレッジ、倉敷ファッション専門学校、保育・介護・ビジネス名古屋専門学校、大阪デザイン総合学校、京都コンピュータ学院

[主な就職先]

倉敷外語学院

●特色1　日本語能力別のクラス編成及び習熟度に合わせた指導。

●特色2　日本語能力試験対策及び大学進学対策として数学・物理の特別授業及び補講など、担任制による細やかな指導を実施。

●特色3　学院独自の奨学金制度有。

製作：J.TEST事務局 / 語文研究社

告示校

広島県　広島市

あいじーえるいりょうふくしせんもんがっこう

IGL医療福祉専門学校

IGL Medical and Welfare College

[TEL] 082-849-5001 [FAX] 082-849-5115
[eMAIL] igl-iryofuku-info@igl.or.jp
[URL] http://igl.ac.jp/int/
[SNS] https://www.facebook.com/igl.iryofukushi.ryugakusei/

[住所] 〒731-3164　広島県広島市安佐南区伴東1丁目12-18

[教育開始時期] 2009年10月

[行き方] アストラムライン（広島高速交通）「長楽寺駅」から広島広域公園方面に徒歩7分

[設置者] 学校法人IGL学園　（種別：学校法人）

[校長/別科長名] 本廣淳範

[収容定員] 240人　二 部制　[教員数] 23人（うち専任　6人）

[宿舎] 有　[料金]（月額）23,500円 ～ 26,000円

[入学資格] 12年課程修了以上及びこれと同等レベルの者

[入学選抜方法] 書類審査、本人面接、経費支弁者面接、筆記試験

[認定コース在籍者数] 154

[その他コース在籍者数] 0

内訳(人)：
ベトナム(148)、中国(5)、台湾(1)

[教材]

初級	『できる日本語 初級』	初中級	『できる日本語 初中級』
中級	『できる日本語 中級』	上級	『新中級から上級への日本語』

[基礎科目及び英語の授業] 総合科目、数学コース1、数学コース2、物理、化学、生物

[認定コース]

	目的	期間	時数	週数	入学月	選考料	入学金	授業料	その他	合計(円)
進学2年コース	進学	2年	1600	80	4	20,000	100,000	1,080,000	149,400	1,349,400
進学1年6か月コース	進学	1年6か月	1200	60	10	20,000	100,000	810,000	112,000	1,042,000

[認定以外のコース] なし

[日本語能力試験] 2018年度受験状況

	N1	N2	N3	N4	N5	合計
受験者数	6	36	110	0	0	152
認定者数	0	12	34	0	0	46

[日本留学試験] 2018年度受験状況

●第1回

日本語受験者	日本語219点以上	文系受験者	文系100点以上	理系受験者	理系100点以上
11	1	4	1	2	1

●第2回

日本語受験者	日本語219点以上	文系受験者	文系100点以上	理系受験者	理系100点以上
9	2	5	4	2	0

[進学実績] 2019年3月までの進学状況　卒業者数　73

大学院	大学	短期大学	高専	専門学校	その他の学校	就職
0	9	3	0	52	1	1

[主な進学先]

山梨学院大学、日本福祉大学、広島国際学院大学、広島国際学院大学自動車短期大学部、IGL医療福祉専門学校（内部進学）、専門学校広島国際ビジネスカレッジ、ひかり服装専門学校

[主な就職先]

アキスチール株式会社

●特色1　PC、数学などの一般科目の充実と進学の徹底指導。

●特色2　全校生徒との学内行事を通じた文化教育。

●特色3　日本人学生とのランチ交流会、バディ制度を通じた交流。

製作：J.TEST事務局 / 語文研究社

広島県　広島市

告示校

にほんうぇるねすすぽーつせんもんがっこうひろしまこう

日本ウェルネススポーツ専門学校 広島校

Japan Wellness Sports College Hiroshima

[TEL] 082-892-3015 [FAX] 082-892-3018
[eMAIL] taiken@hiroshima.email.ne.jp
[URL] http://www.taiken.ac.jp/ryugaku/
[SNS] https://www.facebook.com/taikenhiroshima

[住所] 〒739-0321 広島県広島市安芸区中野2-21-26-8

[教育開始時期] 2011年04月

[行き方] JR山陽本線安芸中野駅」から徒歩3分 駅前の広島信用金庫脇の道をまっすぐ

[設置者] 学校法人タイケン学園 (種別：学校法人)

[校長/別科長名] 土屋 理恵

[収容定員] 100人 二 部制

[教員数] 14人(うち専任 4人)

[宿舎] 有 [料金] (月額) 15,000円

[入学資格] ①本国で12年以上の学校教育課程を修了していること、または本国で大学入学資格を有すること②日本語能力試験N5合格、またはそれと同等以上の日本語力を有すること③入学時の年齢が18歳以上で、最終学歴卒業から5年以内の方

[入学選抜方法] 面接、口述試験、書き取り試験

[認定コース在籍者数] 42

[その他コース在籍者数] 51

内訳(人): ベトナム(86)、ネパール(2)、中国(2)、インド(1)、バングラデシュ(1)
その他(1)

[教材]

初級	『学ぼう！日本語 初級』『どんどんつながる漢字練習帳』『毎日の聞き取り50日』他	初中級	『中級へ行こう』『読解厳選テーマ25+10初中級』他
中級	『中級を学ぼう 中級前期・中級中期』『小論文への12のステップ』他	上級	『学ぼう！日本語上級』『新完全マスター』シリーズ 他

[基礎科目及び英語の授業] なし

[認定コース]

	目的	期間	時数	週数	入学月	選考料	入学金	授業料	その他	合計(円)
進学1年コース 第1部	進学	1年	760	20	4	20,000	50,000	560,000	60,000	690,000
進学1年コース 第2部	進学	1年	760	20	4	0	0	560,000	60,000	620,000
進学1年6か月コース	進学	1年6か月	1140	20	10	20,000	50,000	840,000	90,000	1,000,000

[認定以外のコース] ウェルネスIT科

[日本語能力試験] 2018年度受験状況

	N1	N2	N3	N4	N5	合計
受験者数	0	9	41	1	0	51
認定者数	0	0	11	1	0	12

[日本留学試験] 2018年度受験状況

●第1回

日本語受験者	日本語219点以上	文系受験者	文系100点以上	理系受験者	理系100点以上
0	0	0	0	0	0

●第2回

日本語受験者	日本語219点以上	文系受験者	文系100点以上	理系受験者	理系100点以上
2	1	1	1	1	1

[進学実績] 2019年3月までの進学状況 卒業者数 58

大学院	大学	短期大学	高専	専門学校	その他の学校	就職
0	1	3	0	47	0	2

[主な進学先]

本校日本語科進学1年第Ⅱ部、本校ウェルネスIT科、国際学院大学、国際学院大学自動車短期大学部、トリニティカレッジ、福山国際外語学院

[主な就職先]

株式会社 本気、ヒューマンサポートジャパン

●特色1 アットホームな雰囲気の中で「聞く」「話す」「読む」「書く」の4技能をバランスよく身につけます。

●特色2 日本語を学びながら、国際感覚や自分の国を外から見る目を養います。

●特色3 併設校の日本人高校生や地域の方々とのイベント・交流を通して生きた日本語、そして広島弁に触れます。

製作：J.TEST事務局 / 語文研究社

告示校

広島県　広島市

ひろしまわいえむしーえいせんもんがっこう

広島YMCA専門学校

HIROSHIMA YMCA COLLEGE

[TEL] 082-223-1292　[FAX] 082-227-3876
[eMAIL] hyj@hiroshimaymca.org
[URL] http://www.hymca.jp/jp/
[SNS] https://www.facebook.com/HiroshimaYMCAnihongocourse

[住所] 〒730-8523　広島県広島市中区八丁堀7-11　[教育開始時期] 1989年04月

[行き方] JR「広島駅」から徒歩20分、市内電車「立町」電停から徒歩3分

[設置者] 学校法人広島YMCA学園（種別：学校法人）　[校長/別科長名] 安森讓

[収容定員] 300人　一部制　[教員数] 37人（うち専任　7人）　[宿舎] 無　[料金] －

[入学資格] 12年課程修了以上/日本語学習時間150時間以上　[入学選抜方法] 書類審査、面接

[認定コース在籍者数] 214　[その他コース在籍者数] 13

内訳(人)：中国(140)、ベトナム(42)、台湾(13)、韓国(9)、タイ(8)
その他(15)[インド、インドネシア、ネパール、マレーシア、フランス、他]

[教材]

初級	『初級日本語』	初中級	『中級へ行こう』
中級	『中級を学ぼう』	上級	『上級で学ぶ日本語』

[基礎科目及び英語の授業]　総合科目、数学コース1、数学コース2、英語

[認定コース]

	目的	期間	時数	週数	入学月	選考料	入学金	授業料	その他	合計(円)
1年課程	進学	1年	900	30	4	20,000	100,000	600,000	42,500	762,500
1.5年課程	進学	1年6か月	1350	45	10	20,000	100,000	900,000	61,500	1,081,500
2年課程	進学	2年	1800	60	4	20,000	100,000	1,200,000	80,000	1,400,000

[認定以外のコース] グローバルコミュニケーションコース、大学院進学コース

[日本語能力試験]　2018年度受験状況

	N1	N2	N3	N4	N5	合計
受験者数	50	146	33	0	0	229
認定者数	19	55	10	0	0	84

[日本留学試験]　2018年度受験状況

●第1回

日本語受験者	日本語219点以上	文系受験者	文系100点以上	理系受験者	理系100点以上
55	20	39	8	16	0

●第2回

日本語受験者	日本語219点以上	文系受験者	文系100点以上	理系受験者	理系100点以上
83	38	57	6	26	3

[進学実績]　2019年3月までの進学状況　卒業者数　109

大学院	大学	短期大学	高専	専門学校	その他の学校	就職
14	47	4	0	25	0	7

[主な進学先]

広島大学大学院、九州大学大学院、広島市立大学大学院、県立広島大学、広島経済大学、広島国際学院大学、広島国際大学、広島修道大学、広島女学院大学、比治山大学、広島工業大学専門学校

[主な就職先]

製造業、IT等

●特色1　PCを使った聴解授業、漢字語彙授業、少人数の会話クラス等効率的で楽しい授業を行っている。

●特色2　進学や語学留学など目的に応じて日本語能力試験対策、日本留学試験対策の授業を選べる。

●特色3　希望者にボランティアチューターを紹介する制度があり、放課後に会話の練習ができる。

製作：J.TEST事務局 / 語文研究社

広島県　東広島市　　告示校

えいちえるえーにほんごがっこう

HLA日本語学校

HLA Japanese Language School

[TEL] 082-437-3322 [FAX] 082-437-3323
[eMAIL] info@hla.co.jp
[URL] http://www.hlaj201904.com/
[SNS] http://www.facebook.com HLA日本語学校

[住所] 〒739-0025 広島県東広島市西条中央7-17-8

[教育開始時期] 2019年4月

[行き方] JR山陽本線「西条駅」下車市街循環バス青ルートに乗り「西条中央七丁目」下車徒歩3分

[設置者] 株式会社シティガス広島 (種別：株式会社)

[校長/別科長名] 間瀬尹久

[収容定員] 100人 二 部制　[教員数] 7人(うち専任 4人)

[宿舎] 有 [料金] (月額)10,000～20,000円

[入学資格] 高校卒業以上(12年以上)の教育を受けていて、日本の大学などへの進学を考えている人、JLPTN5以上の人が望ましい

[入学選抜方法] 面接試験、筆記試験(日本語・数学)

[認定コース在籍者数] 28

[その他コース在籍者数] 0

内訳(人)：
ネパール(14)、ベトナム(8)、中国(4)、スリランカ(2)

[教材]

初級	『みんなの日本語』	初中級	『中級へ行こう』
中級	『中級で学ぼう(前期)』『中級で学ぼう(中期)』	上級	『上級で学ぶ日本語』

[基礎科目及び英語の授業] 無

[認定コース]

	目的	期間	時数	週数	入学月	選考料	入学金	授業料	その他	合計(円)
進学2年コース	進学	2年	1660	83	4	20,000	70,000	1,110,000	130,000	1,330,000
進学1年6か月コース	進学	1年6か月	1240	62	10	20,000	70,000	832,500	97,500	1,020,000

[認定以外のコース] なし

[日本語能力試験] 2018年度受験状況

	N1	N2	N3	N4	N5	合計
受験者数						
認定者数						

[日本留学試験] 2018年度受験状況

●第1回

日本語受験者	日本語219点以上	文系受験者	文系100点以上	理系受験者	理系100点以上

●第2回

日本語受験者	日本語219点以上	文系受験者	文系100点以上	理系受験者	理系100点以上

[進学実績] 2019年3月までの進学状況 卒業者数 0

大学院	大学	短期大学	高専	専門学校	その他の学校	就職

[主な進学先]

[主な就職先]

●特色1 広い視野と実践力を有し、広い視野を持ち国際感覚豊かな人材を育成する。

●特色2 入国後半年は全寮制とし、学習中心の生活リズムを確立し生活環境を整える。

●特色3 地域の活動に積極的に加わることで、ボランティア精神を育成する。

製作：J.TEST事務局／語文研究社

告示校

広島県　福山市

あなぶきいりょうふくしせんもんがっこうにほんごがっか

穴吹医療福祉専門学校 日本語学科

Anabuki Medical & Welfare College JAPANESE COURSE

[TEL] 084-973-3448 [FAX] 084-921-8848
[eMAIL] fukuyama-nihon-go@anabuki.ac.jp
[URL] http://www.anabuki.ac.jp/college/ajf/
[SNS] https://www.facebook.com/Anabukijapaneseinfukuyama

[住所] 〒720-0801 広島県福山市入船町2-2-3

[教育開始時期] 2017年04月

[行き方] JR「福山駅」より徒歩15分

[設置者] 学校法人穴吹学園 (種別:準学校法人)

[校長/別科長名] 福島圭吾

[収容定員] 100人 二 部制 [教員数] 9人(うち専任 2人)

[宿舎] 有 [料金] (月額) 15,000円 ～

[入学資格]
・12年課程修了 (入学時までに修了見込) 以上の者
・日本語能力試験合格者 (N5以上)、または同等の者
・心身ともに健康で、日本国の法令を遵守する者

[入学選抜方法] 書類審査、本人面接、保証人面接、能力適性試験

[認定コース在籍者数] 62
[その他コース在籍者数] 0

内訳(人):
ベトナム(40)、ネパール(22)

[教材]

初級	『まるごと日本のことばと文化』初級1・初級2・初中級・中級1	初中級	『まるごと日本のことばと文化』初中級
中級	『まるごと日本のことばと文化』中級1	上級	—

[基礎科目及び英語の授業] なし

[認定コース]

	目的	期間	時数	週数	入学月	選考料	入学金	授業料	その他	合計(円)
日本語学科2年	進学	2年	1600	80	4	20,000	70,000	1,100,000	150,000	1,340,000
日本語学科1年6か月	進学	1年6か月	1200	60	10	20,000	70,000	825,000	112,500	1,027,500

[認定以外のコース] なし

[日本語能力試験] 2018年度受験状況

	N1	N2	N3	N4	N5	合計
受験者数	0	14	17	0	0	31
認定者数	0	6	8	0	0	14

[日本留学試験] 2018年度受験状況

●第1回

日本語受験者	日本語219点以上	文系受験者	文系100点以上	理系受験者	理系100点以上
0	0	0	0	0	0

●第2回

日本語受験者	日本語219点以上	文系受験者	文系100点以上	理系受験者	理系100点以上
0	0	0	0	0	0

[進学実績] 2019年3月までの進学状況 卒業者数 15

大学院	大学	短期大学	高専	専門学校	その他の学校	就職
0	1	1	0	12	0	1

[主な進学先]
穴吹学園 他

[主な就職先]
株式会社アペックスインターナショナル

●特色1 クラス担任制度に基づく学習者の進度・適性に合わせた徹底指導。

●特色2 穴吹カレッジグループの日本人学生との交流もでき、日本文化に触れやすい環境。

●特色3 穴吹カレッジの各専門学校へ進学の際、入学金・授業料減免等の特典。

広島県　福山市

告示校

ひろしまあかでみー

広島アカデミー

HIROSIMA　ACADEMY

[TEL]　084-932-7888　[FAX]　084-932-7868
[eMAIL]　haj-info@net-se.co.jp
[URL]　http://www.net-se.co.jp/haj/
[SNS]　－

[住所] 〒720-2254　広島県福山市城見町二丁目2番8号

[教育開始時期] 2010年10月

[行き方] JR「福山駅」より徒歩5分

[設置者] 学校法人　教文学園（種別：学校法人）

[校長/別科長名] 兼田悦子

[収容定員] 300人　二部制　[教員数] 17人（うち専任11人）　[宿舎] 有　[料金]（月額)8,000～13,000円

[入学資格]
・教育課程12年以上修了
・満18才以上
・大学等の教育機関への進学資格となる中等教育課程を修了

[入学選抜方法] 筆記試験・面接

[認定コース在籍者数] 175

[その他コース在籍者数] 0

内訳(人)：
ベトナム(136)、ネパール(21)、ミャンマー(12)、インドネシア(3)、バングラデシュ(3)

[教材]

初級	『みんなの日本語』	初中級	『みんなの日本語』『中級へ行こう』
中級	『中級を学ぼう』	上級	『日本語総まとめ』

[基礎科目及び英語の授業] なし

[認定コース]

	目的	期間	時数	週数	入学月	選考料	入学金	授業料	その他	合計(円)
進学2年コース	進学	2年	1600	80	10,4	20,000	100,000	1,000,000	80,000	1,200,000
進学1.5年コース	進学	1年6か月	1200	60	10,4	20,000	100,000	780,000	80,000	980,000

[認定以外のコース] なし

[日本語能力試験]　2018年度受験状況

	N1	N2	N3	N4	N5	合計
受験者数	0	2	66	1	0	68
認定者数	0	0	13	0	0	13

[日本留学試験]　2018年度受験状況

●第1回

日本語受験者	日本語219点以上	文系受験者	文系100点以上	理系受験者	理系100点以上
0	0	0	0	0	0

●第2回

日本語受験者	日本語219点以上	文系受験者	文系100点以上	理系受験者	理系100点以上
0	0	0	0	0	0

[進学実績]　2019年3月までの進学状況　卒業者数　93

大学院	大学	短期大学	高専	専門学校	その他の学校	就職
0	10	0	0	78	3	0

[主な進学先]

広島国際学院大学、日産京都自動車大学校、広島国際学院大学自動車短期大学校、教文外語専門学校、東亜経理専門学校

[主な就職先]

－

●特色1　経験豊富で優秀な講師陣による、わかりやすく親身な授業を実践。

●特色2　大学等への進学を目指す学生への学習指導、サポート体制が万全。

●特色3　－

告示校

広島県　福山市

せんもんがっこうひろしまこくさいびじねすかれっじ

専門学校
広島国際ビジネスカレッジ
HIROSHIMA INTERNATIONAL BUSINESS COLLEGE

[TEL] 084-922-7667　[FAX] 084-922-7668
[eMAIL] nihongo@hibc.jp
[URL] http://www.hibc.jp
[SNS] —

[住所] 〒720-0812　広島県福山市霞町1-2-3　[教育開始時期] 2004年04月

[行き方] JR「福山駅」より徒歩5分

[設置者] 金城愛　(種別：個人)　[校長/別科長名] 金城峰

[収容定員] 260人　二 部制　[教員数] 16人 (うち専任　6 人)　[宿舎] 有　[料金] (月額) 25,000円

[入学資格] 12年課程修了及び同等以上、日本語学習時間150時間以上

[入学選抜方法] 書類審査、日本語能力テスト、面接他

[認定コース在籍者数] 192
[その他コース在籍者数] 0
内訳(人)：ベトナム(102)、中国(42)、ネパール(27)、バングラデシュ(19)、ケニア(1)
その他(1)[タイ]

[教材]

初級	『みんなの日本語 初級Ⅰ』	初中級	『みんなの日本語 初級Ⅱ』
中級	『耳から覚えるシリーズN3』	上級	『耳から覚えるシリーズN2』

[基礎科目及び英語の授業] なし

[認定コース]

	目的	期間	時数	週数	入学月	選考料	入学金	授業料	その他	合計(円)
進学2年コース	進学	2年	1600	80	4	20,000	100,000	1,000,000	80,000	1,200,000
進学1.5年コース	進学	1年6か月	1200	60	10	20,000	100,000	780,000	80,000	980,000
進学1年コース	進学	1年	800	40	4	20,000	100,000	500,000	40,000	660,000

[認定以外のコース] なし

[日本語能力試験]　2018年度受験状況

	N1	N2	N3	N4	N5	合計
受験者数	5	23	57	0	0	85
認定者数	1	7	13	0	0	21

[日本留学試験]　2018年度受験状況

●第1回

日本語受験者	日本語219点以上	文系受験者	文系100点以上	理系受験者	理系100点以上
5	1	0	0	2	1

●第2回

日本語受験者	日本語219点以上	文系受験者	文系100点以上	理系受験者	理系100点以上
5	2	0	0	2	1

[進学実績]　2019年3月までの進学状況　卒業者数

大学院	大学	短期大学	高専	専門学校	その他の学校	就職
0	6	0	0	93	0	0

[主な進学先]
福山大学、大阪観光大学

[主な就職先]
—

●特色1　日本留学試験、日本語能力試験、小論文や面接対策を行い、志望大学合格をめざす。

●特色2　日本の大学院・大学に進学した後に必要となる能力をつける。

●特色3　日本人の考え方、日本の文化等を理解し、自分の意見などを発表できる能力をつける。

製作：J.TEST事務局 / 語文研究社

広島県　福山市　　告示校

せんもんがっこうふくやまこくさいがいごがくいん

専門学校
福山国際外語学院
Fukuyama International Academy of Languages

[TEL] 084-983-2660　[FAX] 084-983-2631
[eMAIL] info@fuwai.jp
[URL] www.fuwai.jp
[SNS]

[住所] 〒720-0818　広島県福山市西桜町1-1-23
[教育開始時期] 2011年3月
[行き方] JR山陽本線「福山駅」東へ徒歩12分

[設置者] 野村直　(種別：個人立)
[校長/別科長名] 井浦伊知郎
[収容定員] 220人　二 部制
[教員数] 16人 (うち専任　6 人)
[宿舎] 有　[料金] (月額) 18,000円～

[入学資格] 日本語能力試験N5相当の日本語能力
[入学選抜方法] 書類審査と現地面接

[認定コース在籍者数] 176
[その他コース在籍者数] 0
内訳(人): ベトナム(136)、ネパール(13)、中国(12)、バングラデシュ(9)、スリランカ(5)
その他(1)[タイ]

[教材]

初級	『みんなの日本語』	初中級	『中級を学ぼう』
中級	『中級へ行こう(中級前期)』『新完全マスターN3文法』	上級	『中級へ行こう(中級中期)』

[基礎科目及び英語の授業] 無

[認定コース]

	目的	期間	時数	週数	入学月	選考料	入学金	授業料	その他	合計(円)
進学2年コース	進学	2年	1660	83	4	20,000	100,000	1,000,000	180,000	1,300,000
進学1年6か月コース	進学	1年6か月	1245	62	10	20,000	100,000	775,000	173,000	1,068,000

[認定以外のコース] なし

[日本語能力試験]　2018年度受験状況

	N1	N2	N3	N4	N5	合計
受験者数	12	64	182	0	0	258
認定者数	2	6	27	0	0	35

[日本留学試験]　2018年度受験状況

●第1回

日本語受験者	日本語219点以上	文系受験者	文系100点以上	理系受験者	理系100点以上
1	1	1		0	

●第2回

日本語受験者	日本語219点以上	文系受験者	文系100点以上	理系受験者	理系100点以上
5	2	5		0	

[進学実績]　2019年3月までの進学状況　卒業者数　58

大学院	大学	短期大学	高専	専門学校	その他の学校	就職
	4			43		5

[主な進学先]

関西国際大学、福山大学、広島国際学院大学自動車短大、横浜テクノオート専門学校、中央アートスクール、ファッションビジネスアカデミー、ホンダテクニカルカレッジ関西、ファッションビジネスカレッジ東京

[主な就職先]

株式会社やまみ、株式会社ビッグアーム、有限会社広南、

●特色1

●特色2

●特色3

製作：J.TEST事務局 / 語文研究社

告示校

広島県　福山市

ふくやまわいえむしーえーこくさいびじねすせんもんがっこう

福山YMCA国際ビジネス専門学校

Fukuyama YMCA International Business College

[TEL] 084-926-2211　[FAX] 084-927-1246
[eMAIL] nihongo@hiroshimaymca.org
[URL] http://www.hymca.jp/fukuyama/nihongo/
[SNS] —

[住所] 〒720-8522　広島県福山市西町2-8-15　[教育開始時期] 1990年10月
[行き方] JR線「福山駅」北口より西へ徒歩5分

[設置者] 学校法人広島YMCA学園　(種別：学校法人)　[校長/別科長名] 安森譲
[収容定員] 150人　一 部制　[教員数] 13人 (うち専任　4 人)　[宿舎] 無　[料金] -

[入学資格] ①正規の学校教育における12年以上の課程を修了していること。②日本語教育施設等で150時間以上の日本語学歴のあることが望ましい。③緊急連絡人が福山近辺にいることが望ましい。

[入学選抜方法] 書類審査、保証人面接、申請者面接

[認定コース在籍者数] 53
[その他コース在籍者数] 0
内訳(人)：ベトナム(24)、中国(19)、タイ(3)、ネパール(3)、フィリピン(2)
その他(1)[台湾]

[教材]

初級	『みんなの日本語 初級』『聴解タスク25』『やさしい作文』『初級で読めるトピック25』他	初中級	『みんなの日本語 初級』『中級を学ぼう』留試・作文・能試用テキスト
中級	『中級を学ぼう』小論文対策用テキスト、留試・能試用テキスト	上級	生教材、小論文対策用テキスト、留試・能試用テキスト

[基礎科目及び英語の授業] 総合科目、数学コース1、数学コース2、英語

[認定コース]

	目的	期間	時数	週数	入学月	選考料	入学金	授業料	その他	合計(円)
進学2年課程	進学	2年	1540	77	4	20,000	120,000	1,144,000	30,000	1,314,000
進学1.5年課程	進学	1年6か月	1080	54	10	20,000	120,000	858,000	25,000	1,023,000
進学1年課程	進学	1年	780	39	4	20,000	120,000	572,000	15,000	727,000

[認定以外のコース] なし

[日本語能力試験] 2018年度受験状況

	N1	N2	N3	N4	N5	合計
受験者数	35	31	16	0	0	82
認定者数	14	18	9	0	0	41

[日本留学試験] 2018年度受験状況

●第1回

日本語受験者	日本語219点以上	文系受験者	文系100点以上	理系受験者	理系100点以上
18	12	13	9	5	2

●第2回

日本語受験者	日本語219点以上	文系受験者	文系100点以上	理系受験者	理系100点以上
24	18	18	10	6	2

[進学実績] 2019年3月までの進学状況　卒業者数 40

大学院	大学	短期大学	高専	専門学校	その他の学校	就職
2	9	1	0	15	0	5

[主な進学先]
湘南工科大学、大阪青山短期大学、埼玉大学、福山大学、信州大学、広島経済大学、香川大学、流通大学、大阪YMCA、ECC国際外国語専門学校、岡山ビジネスカレッジ、広島国際ビジネスカレッジ

[主な就職先]
グローバルプラザ協同組合、柿原工業株式会社、有限会社石石匠、陽月堂株式会社、有限会社大東鉄工

●特色1　経験豊富で優秀な講師陣が懇切丁寧に指導します。

●特色2　大学進学の対策として、総合科目、数学、物理、英語、パソコンの授業を行っています。

●特色3　年間を通して、様々な課外活動を実施しています。他科目の日本人学生や地域の人々との交流の機会もたくさんあります。

製作：J.TEST事務局 / 語文研究社

広島県　福山市　　告示校

みろくのさとこくさいぶんかがくいんにほんごがっこう

弥勒の里国際文化学院 日本語学校

MIROKU-NO-SATO Japanese Language School of International Culture Institute

[TEL] 084-988-0822　[FAX] 084-988-0881
[eMAIL] mirojpl@gol.com
[URL] http://www.miroku-jis.com
[SNS] —

[住所] 〒720-0402　広島県福山市沼隈町中山南22-3　[教育開始時期] 1990年10月
[行き方] JR「福山駅」南口より鞆鉄道バス（30分）「みろくの里東口」下車徒歩10分

[設置者] 宗教法人神勝寺（種別:宗教法人）　[校長/別科長名] 中村普子
[収容定員] 140人　一 部制　[教員数] 15人（うち専任　6人）　[宿舎] 有　[料金]（月額）7,500円～10,000円

[入学資格] 12年課程修了以上　[入学選抜方法] 書類審査、本人面接、日本語及び基礎科目試験

[認定コース在籍者数] 74　内訳(人):
[その他コース在籍者数] 0

[教材]

初級	『みんなの日本語 初級』	初中級	『中級へ行こう』『中級を学ぼう中級前期』
中級	『中級を学ぼう中級後期』	上級	『N2試験対策に関する本』 生教材

[基礎科目及び英語の授業] 総合科目、数学コース1、数学コース2、物理、化学、生物、英語

[認定コース]

	目的	期間	時数	週数	入学月	選考料	入学金	授業料	その他	合計(円)
日本語学科進学2年コース	進学	2年	1600	80	4	20,000	50,000	1,200,000	100,000	1,370,000
日本語学科進学1.5年コース	進学	1年6か月	1200	60	10	20,000	50,000	900,000	75,000	1,045,000
進学教養学科1年コース	進学	1年	760	38	4	20,000	50,000	500,000	50,000	620,000

[認定以外のコース] なし

[日本語能力試験] 2018年度受験状況

	N1	N2	N3	N4	N5	合計
受験者数	5	18	25	41	0	89
認定者数	0	8	19	26	0	53

[日本留学試験] 2018年度受験状況

●第1回

日本語受験者	日本語219点以上	文系受験者	文系100点以上	理系受験者	理系100点以上
0	0	0	0	0	0

●第2回

日本語受験者	日本語219点以上	文系受験者	文系100点以上	理系受験者	理系100点以上
0	0	0	0	0	0

[進学実績] 2019年3月までの進学状況　卒業者数　28

大学院	大学	短期大学	高専	専門学校	その他の学校	就職
1	6	3	0	14	0	2

[主な進学先]
神戸情報大学院大学、日本福祉大学、四日市大学、神戸医療福祉大学、広島国際学院大学、香川短期大学、中国短期大学、中央農業大学校、トリニティカレッジ広島医療福祉専門学校

[主な就職先]
—

●特色1　全寮制、専任教員クラス担任制によるきめ細かい学習・生活・進路指導。

●特色2　四技能バランスの取れた日本語力養成と、各種試験対策クラス、大学院進学クラス、数学・英語等基礎科目クラスの開講。

●特色3　日本料理、茶道、華道、座禅、能等の伝統文化体験、工場見学、小中学校交流会等地域交流による日本理解推進。

製作：J.TEST事務局 / 語文研究社

告示校

山口県　山口市

はあとにほんごがっこう

はあと日本語学校

HEART JAPANESE LANGUAGE SCHOOL

[TEL] 083-925-2450 [FAX] 083-925-2452
[eMAIL] heart-japanese-kyomu@seirankai.or.jp
[URL]
[SNS] https://www.facebook.com/heart.nihongo

[住所] 〒753-0813　山口県山口市吉敷中東1丁目2番6号

[教育開始時期] 2018年4月

[行き方] JR「湯田温泉駅」より徒歩30分

[設置者] 有限会社みずほ企画　(種別：有限会社)

[校長/別科長名] 森竹 妙華

[収容定員] 80人 二 部制　[教員数] 5人 (うち専任 2人)

[宿舎] 有 [料金] (月額) 15,000～20,000円

[入学資格] ①高校卒業または高校卒業と同等の資格を有する方。
②12年以上の学校教育を修了した方。または、同等の学歴を有する方。

[入学選抜方法] 書類審査及び面接

[認定コース在籍者数] 14
[その他コース在籍者数] 0

内訳(人)：
ベトナム(12)、ネパール(2)

[教材]

初級		初中級	
中級		上級	

[基礎科目及び英語の授業]

[認定コース]

	目的	期間	時数	週数	入学月	選考料	入学金	授業料	その他	合計(円)
一般2年コース	一般	2年			4、10	22,000	33,000	633,600	96,970	785,570

[認定以外のコース] なし

[日本語能力試験]　2018年度受験状況

	N1	N2	N3	N4	N5	合計
受験者数	0	2	38	0	0	40
認定者数	0	0	8	0	0	8

[日本留学試験]　2018年度受験状況

●第1回

日本語受験者	日本語219点以上	文系受験者	文系100点以上	理系受験者	理系100点以上
0					

●第2回

日本語受験者	日本語219点以上	文系受験者	文系100点以上	理系受験者	理系100点以上
0					

[進学実績]　2019年3月までの進学状況　卒業者数 27

大学院	大学	短期大学	高専	専門学校	その他の学校	就職
				26		

[主な進学先]

下関福祉専門学校、神戸リハビリテーション福祉専門学校、ヒューマンウェルフェア広島専門学校、都城コアカレッジ、学校法人たちばな学園、専門学校高崎福祉医療カレッジ、新潟医療福祉カレッジ、専門学校長岡 こども福祉カレッジ

[主な就職先]

●特色1

●特色2

●特色3

製作：J.TEST事務局 / 語文研究社

山口県　下関市

告示校

せんもんがっこうさくらこくさいげんごがくいん

専門学校
さくら国際言語学院
Sakura International Language College

[TEL] 083-235-7389　[FAX] 083-242-5044
[eMAIL] sakura@sakura.ac.jp
[URL] http://www.sakura.ac.jp
[SNS] ―

[住所] 〒750-0025　山口県下関市竹崎町3-5-19
[教育開始時期] 2005年04月
[行き方] JR九州「下関駅」西口から徒歩3分

[設置者] 学校法人さくら国際学園　(種別：準学校法人)
[校長/別科長名] 下橋由美(校長)
[収容定員] 200人　二 部制　[教員数] 15人(うち専任　5人)　[宿舎] 有　[料金] (月額) 10,000円 ～ 15,000円

[入学資格] ①12年以上の学校教育修了者、またはこれと同等以上。②日本語学習時間150時間以上。
[入学選抜方法] ①書類選考 ②個人面接 ③経費支弁者面接

[認定コース在籍者数] 148
[その他コース在籍者数] 0
内訳(人): ベトナム(73)、ネパール(35)、スリランカ(30)、インド(6)、中国(3)
その他(1)[ミャンマー]

[教材]

初級	『日本語初級大地①、②』	初中級	『中級へ行こう(第2版)』
中級	『中級を学ぼう 中級前期(第2版)』 『中級から学ぶ日本語(改訂版)』	上級	『上級で学ぶ日本語』

[基礎科目及び英語の授業] なし

[認定コース]

	目的	期間	時数	週数	入学月	選考料	入学金	授業料	その他	合計(円)
進学コースA	進学	2年	1600	80	4	10,000	50,000	1,300,000	20,000	1,380,000
進学コースB	進学	1年9か月	1400	70	7	10,000	50,000	1,137,500	20,000	1,217,500
進学コースC	進学	1年6か月	1200	60	10	10,000	50,000	975,000	20,000	1,055,000

[認定以外のコース] なし

[日本語能力試験] 2018年度受験状況

	N1	N2	N3	N4	N5	合計
受験者数	0	17	106	1	0	124
認定者数	0	5	9	0	0	14

[日本留学試験] 2018年度受験状況

●第1回

日本語受験者	日本語219点以上	文系受験者	文系100点以上	理系受験者	理系100点以上
4	1	1	1	0	3

●第2回

日本語受験者	日本語219点以上	文系受験者	文系100点以上	理系受験者	理系100点以上
3	3	2	1	1	0

[進学実績] 2019年3月までの進学状況　卒業者数　90

大学院	大学	短期大学	高専	専門学校	その他の学校	就職
0	8	3	0	75	2	1

[主な進学先]
南山大学、九州産業大学、梅光学院大学、東亜大学、折尾愛真短期大学、日産愛媛自動車大学校、大原自動車工科大学校、東京国際ビジネスカレッジ福岡校、NIPPONおもてなし専門学校

[主な就職先]
―

●特色1　日本語能力試験対応授業が充実している。

●特色2　個人の能力アップのための懇切丁寧な担任制指導。

●特色3　―

製作：J.TEST事務局／語文研究社

告示校

山口県　周南市

とくやまそうごうびじねすせんもんがっこう

徳山総合ビジネス専門学校

Tokuyama Sogo Business College

[TEL] 0834-32-7502　[FAX] 0834-32-7588
[eMAIL] tokubi@h9.dion.ne.jp
[URL] http://www.h3.dion.ne.jp/~tokubi
[SNS] —

[住所] 〒745-0036　山口県周南市本町2丁目13番地

[教育開始時期] 2003年10月

[行き方] JR「徳山駅」から徒歩6分

[設置者] 景山秀美　(種別:個人)

[校長/別科長名] 景山秀美

[収容定員] 180人　一 部制　[教員数] 11人 (うち専任　6 人)

[宿舎] 有　[料金] (月額) 16,000円～26,800円

[入学資格] ①正規の学校教育における12年以上の課程を修了していること②日本語教育施設等で150時間以上の教育歴のあること③日本語能力試験N5以上合格、または相当する日本語能力を有する者

[入学選抜方法] 書類審査、本人面接、筆記試験

[認定コース在籍者数] 128

[その他コース在籍者数] 0

内訳(人):
ベトナム(112)、バングラデシュ(6)、ネパール(9)、中国(1)

[教材]

初級	『みんなの日本語 初級Ⅰ』	初中級	『中級へ行こう』
中級	『中級から学ぶ日本語』	上級	『上級で学ぶ日本語』

[基礎科目及び英語の授業] なし

[認定コース]

	目的	期間	時数	週数	入学月	選考料	入学金	授業料	その他	合計(円)
2年コース	進学	2年	1700	85	4	20,000	80,000	720,000	309,000	1,129,000
1.5年コース	進学	1年6か月	1220	61	10	20,000	80,000	540,000	240,500	880,500

[認定以外のコース] なし

[日本語能力試験] 2018年度受験状況

	N1	N2	N3	N4	N5	合計
受験者数	2	3	32	1	0	39
認定者数	1	2	7	1	0	10

[日本留学試験] 2018年度受験状況

●第1回

日本語受験者	日本語219点以上	文系受験者	文系100点以上	理系受験者	理系100点以上
1	1	1	1	0	0

●第2回

日本語受験者	日本語219点以上	文系受験者	文系100点以上	理系受験者	理系100点以上
1	1	1	1	0	0

[進学実績] 2019年3月までの進学状況　卒業者数　74

大学院	大学	短期大学	高専	専門学校	その他の学校	就職
0	3	0	0	69	0	1

[主な進学先]

下関市立大学、第一工業大学、日本経済大学、日産京都自動車大学校

[主な就職先]

周南高原病院

●特色1　日本語学科卒業後、当校上位課程の情報経理科(1年)、情報経理専攻科(2年制、専門士付与)、総合ビジネス学科(4年制、高度専門士付与)に進学可能。

●特色2　2017年3月新校舎(3号館)、新宿舎(みなとドミトリー)完成。2018年9月セミナーハウス完成。

●特色3　国際交流イベントなど地域の人々との交流にも力を入れている。

製作:J.TEST事務局 / 語文研究社

愛媛県　松山市　告示校

がっこうほうじんかわはらがくえんかわはらでんしびじねすせんもんがっこう

学校法人河原学園
河原電子ビジネス専門学校

Kawahara Gakuen Educational Foundation Kawahara E-Business College

[TEL] 089-934-8555　[FAX] 089-934-8659
[eMAIL] znihongo@kawahara.ac.jp
[URL] https://www.kawahara.ac.jp/lp/japan_j/
[SNS] https://www.facebook.com/Kawahara.japanese/

[教育開始時期] 2000年10月

[住所] 〒790-0014　愛媛県松山市柳井町3-3-31

[行き方] 伊予鉄道「松山市駅」より徒歩5分

[設置者] 河原成紀（種別：学校法人）　[校長/別科長名] 森岡宏

[収容定員] 180人　二 部制　[教員数] 9人（うち専任 6人）　[宿舎] 有　[料金]（月額）15,000円～23,000円

[入学資格] 日本語学習150時間以上、あるいは日本語能力試験N5　[入学選抜方法] 書類・面接試験

[認定コース在籍者数] 20
[その他コース在籍者数] 0
内訳(人)：ベトナム(6)、ネパール(6)、中国(4)
その他(4)[フィリピン、台湾、ミャンマー、モロッコ]

[教材]

初級	『みんなの日本語』	初中級	『TRY日本語能力試験N4』
中級	『TRY日本語能力試験N3、N2』	上級	『TRY日本語能力試験N1』

[基礎科目及び英語の授業] なし

[認定コース]

	目的	期間	時数	週数	入学月	選考料	入学金	授業料	その他	合計(円)
進学コース	進学	1年	800	40	4	20,000	80,000	400,000	200,000	700,000
進学コース	進学	1年6か月	1200	60	10	20,000	80,000	600,000	300,000	1,000,000
進学コース	進学	2年	1600	80	4	20,000	80,000	800,000	400,000	1,300,000

[認定以外のコース] なし

[日本語能力試験] 2018年度受験状況

	N1	N2	N3	N4	N5	合計
受験者数	5	18	90	16	0	129
認定者数	1	6	11	4	0	22

[日本留学試験] 2018年度受験状況

●第1回

日本語受験者	日本語219点以上	文系受験者	文系100点以上	理系受験者	理系100点以上
13	0	2	1	0	0

●第2回

日本語受験者	日本語219点以上	文系受験者	文系100点以上	理系受験者	理系100点以上
11	3	2	0	2	0

[進学実績] 2019年3月までの進学状況　卒業者数 55

大学院	大学	短期大学	高専	専門学校	その他の学校	就職
0	2	0	0	48	2	1

[主な進学先]

松山大学、河原電子ビジネス専門学校、河原医療福祉専門学校、NIPPONおもてなし専門学校、プロスペラ学院ビジネス専門学校、ヤマトファッションビジネス専門学校 他

[主な就職先]

株式会社サムソン

●特色1　日本の大学、専門学校への進学を目的とします。学園内への内部進学も可能！

●特色2　日本人と一緒に参加するイベントがたくさんあり、交流が盛んです。

●特色3　日本語運用力を重視したカリキュラムで、使える日本語を身に付けます！

製作：J.TEST事務局 / 語文研究社

告示校

愛媛県　新居浜市

はぴねすがいごがくいん

はぴねす外語学院

Happiness Foreign Language School

[TEL] 0897-35-3005 [FAX] 0897-35-3004
[eMAIL] hfls@hapinesu.com
[URL] http://www.hapinesu-fls.com
[SNS] –

[住所] 〒792-0025 愛媛県新居浜市一宮町2-2-16

[教育開始時期] 2016年04月

[行き方] JR「新居浜駅」から瀬戸内バス「西高入口」より下車1分

[設置者] はぴねす福祉会（種別：社会福祉法人）

[校長/別科長名] 池西まなみ

[収容定員] 70人 二部制　[教員数] 7人（うち専任 5人）

[宿舎] 有　[料金]（月額）12,000円～16,000円

[入学資格] 12年課程修了以上及びこれと同等レベルの者、日本語能力試験N5取得以上または、日本語学習150時間以上の者

[入学選抜方法] 書類審査、面接試験

[認定コース在籍者数] 51

[その他コース在籍者数] 0

内訳(人)：インドネシア(34)、台湾(11)、スリランカ(2)、モンゴル(2)、中国(1)
その他(1)

[教材]

初級	『みんなの日本語 初級』『初級で読めるトピック』『理解タスク25』『やさしい作文』他	初中級	『みんなの日本語 中級Ⅰ』『中級へ行こう』『TRY! N3』『日本語総まとめ N3』他
中級	『みんなの日本語 中級Ⅱ』『TRY! N2』『日本語総まとめ N2』他	上級	『上級で学ぶ日本語』『TRY! N1』『日本語総まとめ』『漢字マスター N1』他

[基礎科目及び英語の授業] なし

[認定コース]

	目的	期間	時数	週数	入学月	選考料	入学金	授業料	その他	合計(円)
進学コース	進学	2年	1520	76	4	20,000	60,000	864,000	224,000	1,168,000
進学コース	進学	1年6か月	1140	57	10	20,000	60,000	648,000	168,000	896,000

[認定以外のコース] なし

[日本語能力試験] 2018年度受験状況

	N1	N2	N3	N4	N5	合計
受験者数	3	12	29	20	0	65
認定者数	2	5	17	14	0	38

[日本留学試験] 2018年度受験状況

●第1回

日本語受験者	日本語219点以上	文系受験者	文系100点以上	理系受験者	理系100点以上
0	0	0	0	0	0

●第2回

日本語受験者	日本語219点以上	文系受験者	文系100点以上	理系受験者	理系100点以上
0	0	0	0	0	0

[進学実績] 2019年3月までの進学状況　卒業者数 23

大学院	大学	短期大学	高専	専門学校	その他の学校	就職
0	0	0	0	1	0	0

[主な進学先]

四日市福祉専門学校

[主な就職先]

●特色1 7か国以上の多国籍の学習者が学ぶ小さな日本語学校だが、日本文化だけでなく、多国の文化習慣など日常生活をはじめ様々な面で学べる魅力がある。

●特色2 レベル別クラス分けより担任が学習者の留学目的達成に責任を持ち支援する。

●特色3 日本語能力試験合格率70% 四技能を鍛え、生きた日本語が身につく授業を提供する。

福岡県	福岡市

告示校

あそうがいごかんこうあんどせいかせんもんがっこう

麻生外語観光＆製菓専門学校

ASO FOREIGN LANGUAGE TOURISM AND PATISSER COLLEGE

[TEL] 092-415-2024 [FAX] 092-415-2318
[eMAIL] nihongo@asojuku.ac.jp
[URL] http://www.asojuku.ac.jp/japanesecourse/
[SNS] https://www.facebook.com/asojukujp/

[住所] 〒812-0004 福岡県福岡市博多区博多駅南1-14-17

[教育開始時期] 1992年04月

[行き方] JR九州「博多駅」下車筑紫口より徒歩10分

[設置者] 学校法人麻生塾 (種別：準学校法人)

[校長/別科長名] 竹口伸一郎

[収容定員] 120人 一 部制 [教員数] 18人 (うち専任 2 人) [宿舎] 有 [料金] (月額) 26,500円 ～

[入学資格] ①日本語能力N5以上②12年以上の教育を受けたもの

[入学選抜方法] 出願書類審査、筆記・面接試験、保証人面接

[認定コース在籍者数] 64
[その他コース在籍者数] 0

内訳(人): 台湾(29)、中国(13)、タイ(7)、ベトナム(5)、韓国(1)
その他(14)[フランス、インドネシア、フィリピン、香港]

[教材]

初級	『みんなの日本語 初級』	初中級	『中級へ行こう』
中級	『中級を学ぼう』	上級	『上級で学ぶ日本語』

[基礎科目及び英語の授業] 数学コース1、数学コース2

[認定コース]

	目的	期間	時数	週数	入学月	選考料	入学金	授業料	その他	合計(円)
日本語科	進学	1年	850	35	4	30,000	50,000	560,000	140,000	780,000
日本語科	進学	1年6か月	1300	53	10	30,000	50,000	840,000	180,000	1,100,000

[認定以外のコース] なし

[日本語能力試験] 2018年度受験状況

	N1	N2	N3	N4	N5	合計
受験者数	18	37	22	0	0	77
認定者数	6	25	15	0	0	46

[日本留学試験] 2018年度受験状況

●第1回

日本語受験者	日本語219点以上	文系受験者	文系100点以上	理系受験者	理系100点以上
0	0	0	0	0	0

●第2回

日本語受験者	日本語219点以上	文系受験者	文系100点以上	理系受験者	理系100点以上
0	0	0	0	0	0

[進学実績] 2019年3月までの進学状況 卒業者数 47

大学院	大学	短期大学	高専	専門学校	その他の学校	就職
2	1	0	0	20	0	7

[主な進学先]

京都情報大学院大学、中村学園大学、麻生外語観光＆製菓専門学校、麻生建築＆デザイン専門学校、ASOポップカルチャー専門学校、専門学校麻生工科自動車大学校 他

[主な就職先]

株式会社トレジャーハント

●特色1 学校設備の充実(図書室・実習室・学生食堂)

●特色2 他の学科に在籍する日本人学生との交流が活発。

●特色3 麻生専門学校グループ学校内進学制度(入学選考料・入学金免除)

製作：J.TEST事務局 / 語文研究社

せんもんがっこうあそうこうかじどうしゃだいがっこう

専門学校
麻生工科自動車大学校

ASO COLLEGE OF AUTOMOTIVE ENGINEERING AND TECHNOLOGY

[TEL] 092-415-2024　[FAX] 092-415-2318
[eMAIL] nihongo@asojuku.ac.jp
[URL] http://www.asojuku.ac.jp/japanesecourse/
[SNS] https://www.facebook.com/asojuku.jp/

[住所] 〒812-0007　福岡県福岡市博多区東比恵2-8-28

[教育開始時期] 2008年04月

[行き方] 地下鉄「東比恵駅」から徒歩5分

[設置者] 学校法人麻生塾　(種別：準学校法人)

[校長/別科長名] 野見山秀樹

[収容定員] 80人　一 部制

[教員数] 12人 (うち専任　2 人)

[宿舎] 有　[料金] (月額) 26,500円

[入学資格] ①日本語能力N5以上②12年以上の教育を受けたもの

[入学選抜方法] 出願書類審査、筆記・面接試験、保証人面接

[認定コース在籍者数] 21

[その他コース在籍者数] 0

内訳(人):
中国(21)

[教材]

初級	『みんなの日本語 初級』	初中級	『中級へ行こう』
中級	『中級を学ぼう』	上級	『上級で学ぶ日本語』

[基礎科目及び英語の授業] 数学コース1、数学コース2

[認定コース]

	目的	期間	時数	週数	入学月	選考料	入学金	授業料	その他	合計(円)
日本語科	進学	1年6か月	1275	54	10	30,000	50,000	840,000	180,000	1,100,000

[認定以外のコース] なし

[日本語能力試験] 2018年度受験状況

	N1	N2	N3	N4	N5	合計
受験者数	8	12	15	0	0	35
認定者数	3	7	3	0	0	13

[日本留学試験] 2018年度受験状況

●第1回

日本語受験者	日本語219点以上	文系受験者	文系100点以上	理系受験者	理系100点以上
4	2	3	3	1	1

●第2回

日本語受験者	日本語219点以上	文系受験者	文系100点以上	理系受験者	理系100点以上
6	6	4	4	1	1

[進学実績] 2019年3月までの進学状況　卒業者数 11

大学院	大学	短期大学	高専	専門学校	その他の学校	就職
0	0	1	0	8	0	0

[主な進学先]

麻生情報ビジネス専門学校、麻生建築&デザイン専門学校、専門学校麻生工科自動車大学校、麻生医療福祉専門学校福岡校 他

[主な就職先]

—

●特色1　日本語を学ぶとともに茶道や書道等日本の文化も学べる。

●特色2　コンピュータを自由に使える環境。

●特色3　他の学科に在籍する日本人との交流が学内で可能。

福岡県	福岡市

告示校

あそうじょうほうびじねすせんもんがっこう

麻生情報ビジネス専門学校

ASO BUSINESS COMPUTER FUKUOKA COLLEGE

[TEL] 092-415-2024 [FAX] 092-415-2318
[eMAIL] nihongo@asojuku.ac.jp
[URL] http://www.asojuku.ac.jp/japanesecourse/
[SNS] https://www.facebook.com/asojukujp/

[住所] 〒812-0016 福岡県福岡市博多区博多駅南2-12-32

[教育開始時期] 2008年10月

[行き方] JR「博多駅」筑紫口より徒歩10分

[設置者] 学校法人麻生塾 (種別：準学校法人)

[校長/別科長名] 竹口伸一郎

[収容定員] 100人 一 部制 [教員数] 13人(うち専任 2人)

[宿舎] 有 [料金] (月額) 26,000円

[入学資格] ①日本語能力N5以上②12年以上の教育を受けたもの

[入学選抜方法] 出願書類審査、筆記・面接試験、保証人面接

[認定コース在籍者数] 32

[その他コース在籍者数] 0

内訳(人)：台湾(16)、ベトナム(5)、タイ(4)、中国(2)
その他(5)[フランス]

[教材]

初級	『みんなの日本語 初級』	初中級	『中級へ行こう』
中級	『中級を学ぼう』	上級	『上級で学ぶ日本語』

[基礎科目及び英語の授業] 数学コース1、数学コース2

[認定コース]

	目的	期間	時数	週数	入学月	選考料	入学金	授業料	その他	合計(円)
日本語科	進学	2年	1700	74	4	30,000	50,000	1,120,000	210,000	1,410,000

[認定以外のコース] なし

[日本語能力試験] 2018年度受験状況

	N1	N2	N3	N4	N5	合計
受験者数	21	61	34	1	0	117
認定者数	3	35	17	1	0	56

[日本留学試験] 2018年度受験状況

●第1回

日本語受験者	日本語219点以上	文系受験者	文系100点以上	理系受験者	理系100点以上
2	0	1	0	1	0

●第2回

日本語受験者	日本語219点以上	文系受験者	文系100点以上	理系受験者	理系100点以上
9	3	8	0	1	0

[進学実績] 2019年3月までの進学状況 卒業者数 44

大学院	大学	短期大学	高専	専門学校	その他の学校	就職
1	3	1	0	28	0	7

[主な進学先]

アジア太平洋立命館大学、九州共立大学、久留米大学、崇城大学、麻生外語観光＆製菓専門学校、麻生建築＆デザイン専門学校、ASOポップカルチャー専門学校、専門学校麻生工科自動車大学校 他

[主な就職先]

湯布院らんぷの宿、旅行綜研、ヒラテ技研 他

●特色1 学校設備の充実(図書館・実習室・学生食堂)

●特色2 他の学科に在籍する日本人との交流が活発。

●特色3 麻生専門学校グループ学校内進学制度(入学選考料・入学金免除)。

製作：J.TEST事務局 / 語文研究社

告示校

福岡県 福岡市

いろはにほんごがっこう

いろは日本語学校

IROHA JAPANESE LANGUAGE SCHOOL

[TEL] 092-477-2393 [FAX] 092-477-2339
[eMAIL] fjls@fukuokaschool.com
[URL] http://www.fukuokaschool.com
[SNS] https://www.facebook.com/iroha.fjls/

[住所] 〒812-0013 福岡県福岡市博多区博多駅東1-1-33 はかた近代ビル8F
[教育開始時期] 2015年04月
[行き方] JR「博多駅」より徒歩3分

[設置者] 株式会社福岡日本語学校 (種別:株式会社)
[校長/別科長名] 永田大樹
[収容定員] 150人 二 部制
[教員数] 17人 (うち専任 4人)
[宿舎] 有 [料金] (月額) 25,000円 ～
[入学資格] 12年課程修了以上及びこれと同等レベルの者
[入学選抜方法] 書類審査、面接、能力適性試験

[認定コース在籍者数] 110
[その他コース在籍者数] 10
内訳(人):中国(35)、韓国(25)、ベトナム(25)、ネパール(8)、インド(8)
その他(9)[アメリカ、フィリピン、スペイン、チュニジア、ロシア、エジプト、スリランカ、フランス、カナダ]

[教材]

初級	『みんなの日本語 初級』	初中級	『中級へ行こう』
中級	『中級から学ぶ日本語』	上級	『上級で学ぶ日本語』『学ぼう日本語』

[基礎科目及び英語の授業] なし

[認定コース]

	目的	期間	時数	週数	入学月	選考料	入学金	授業料	その他	合計(円)
進学2年コース	進学	2年	1520	80	4	30,000	60,000	1,248,000	104,000	1,442,000
進学1年9か月コース	進学	1年9か月	1330	70	7	30,000	60,000	1,092,000	98,000	1,280,000
進学1年6か月コース	進学	1年6か月	1140	60	10	30,000	60,000	936,000	92,000	1,118,000
進学1年3か月コース	進学	1年3か月	950	50	1	30,000	60,000	780,000	86,000	956,000

[認定以外のコース] 短期3か月コース

[日本語能力試験] 2018年度受験状況

	N1	N2	N3	N4	N5	合計
受験者数	13	42	47	9	1	112
認定者数	6	22	18	5	1	52

[日本留学試験] 2018年度受験状況

●第1回

日本語受験者	日本語219点以上	文系受験者	文系100点以上	理系受験者	理系100点以上
11	4	9	2	2	2

●第2回

日本語受験者	日本語219点以上	文系受験者	文系100点以上	理系受験者	理系100点以上
4	1	0	0	1	0

[進学実績] 2019年3月までの進学状況 卒業者数 36

大学院	大学	短期大学	高専	専門学校	その他の学校	就職
1	5	2	0	20	0	5

[主な進学先]
横浜国立大学、九州大学、京都外国語大学、福岡大学、西南学院大学、九州産業大学、香蘭女子短期大学、福岡外語専門学校、中村学園、東京国際ビジネスカレッジ、麻生専門学校、コンピューター教育学院等

[主な就職先]
—

●特色1 定期テストの成績優秀者等を表彰し、学習者の意欲を高める。

●特色2 熱意ある教師陣が四技能を総合的に伸ばし、実践力を養う指導を行う。

●特色3 社会見学、スポーツ大会等を通して、日本文化、伝統を紹介するとともに教師と学生の親睦を深める。

製作:J.TEST事務局 / 語文研究社

福岡県　福岡市

告示校

おおはらほいくいりょうふくしせんもんがっこうふくおかこう

大原保育医療福祉専門学校 福岡校

OHARA SCHOOL OF CHILDCARE MEDIKAL AND WELFARE FUKUOKA CAMPUS

[TEL] 092-271-2942　[FAX] 092-282-3620
[eMAIL] fukuoka_email@mail.o-hara.ac.jp
[URL] https://fukuoka.o-hara.ac/
[SNS] –

[住所] 〒812-0026　福岡県福岡市博多区上川端町13-19

[教育開始時期] 2019年04月

[行き方] 地下鉄空港線「中洲川端駅」7番出口より徒歩1分

[設置者] 学校法人大原学園　(種別：学校法人)

[校長/別科長名] 三好康弘

[収容定員] 40人　二 部制　[教員数] 5人(うち専任 5人)　[宿舎] 無　[料金] –

[入学資格] ・母国の正規の教育課程に於いて高校（後期中等教育）の卒業資格を有する方で、かつ、12年間以上の学校教育を修了し、日本の高等教育機関への入学の資格を有する方又はこれに準ずる方 他

[入学選抜方法] 筆記及び面接による試験、並びに書類審査

[認定コース在籍者数] 16

[その他コース在籍者数] 16

内訳(人)：ミャンマー(15)、ベトナム(6)、ネパール(3)、スリランカ(2)、フィリピン(2)
その他(4)[モンゴル、中国、韓国]

[教材]

初級	『漢字の教科書300』	初中級	『テーマ別中級までに学ぶ日本語』 『N3語彙スピードマスター』他
中級	『どんなときどう使う日本語表現文型500』 『N2聴解必修パターン』他	上級	–

[基礎科目及び英語の授業] なし

[認定コース]

	目的	期間	時数	週数	入学月	選考料	入学金	授業料	その他	合計(円)
日本語1年制学科	進学	1年	800	40	4	20,000	60,000	560,000	50,000	690,000

[認定以外のコース] 介護福祉学科

[日本語能力試験] 2018年度受験状況

	N1	N2	N3	N4	N5	合計
受験者数	–	–	–	–	–	–
認定者数	–	–	–	–	–	–

[日本留学試験] 2018年度受験状況

●第1回

日本語受験者	日本語219点以上	文系受験者	文系100点以上	理系受験者	理系100点以上
–	–	–	–	–	–

●第2回

日本語受験者	日本語219点以上	文系受験者	文系100点以上	理系受験者	理系100点以上
–	–	–	–	–	–

[進学実績] 2019年3月までの進学状況　卒業者数 –

大学院	大学	短期大学	高専	専門学校	その他の学校	就職
–	–	–	–	–	–	–

[主な進学先]

–

[主な就職先]

–

●特色1 –

●特色2 –

●特色3 –

製作：J.TEST事務局 / 語文研究社

告示校

福岡県　福岡市

きゅうしゅうにちごがくいん

九州日語学院

KYUSHU NICHIGO GAKUIN

[TEL] 092-551-8587 [FAX] 092-541-0860
[eMAIL] jzry@gaea.ocn.ne.jp
[URL] http://www.k-nichigo.jp
[SNS] Facebook：九州日語学院

[住所] 〒815-0031 福岡県福岡市南区清水2丁目13番35号

[教育開始時期] 2003年10月

[行き方] 西鉄「高宮駅」から徒歩10分

[設置者] 九州日語学院有限会社 (種別：有限会社)

[校長/別科長名] 石田圭介

[収容定員] 120人 二 部制

[教員数] 7人 (うち専任 5人)

[宿舎] 有 [料金] (月額) 15,000円 ～ 25,000円

[入学資格] 学歴12年以上

[入学選抜方法] 本人面接、選考試験

[認定コース在籍者数] 106

[その他コース在籍者数] 1

内訳(人)：ベトナム(81)、中国(26)

[教材]

初級	『みんなの日本語 初級』	初中級	『みんなの日本語 中級』
中級	『ニューアプローチ 中級日本語 基礎編』	上級	『上級で学ぶ日本語』

[基礎科目及び英語の授業] なし

[認定コース]

	目的	期間	時数	週数	入学月	選考料	入学金	授業料	その他	合計(円)
進学2年コース	進学	2年	1520	76	4	20,000	60,000	1,200,000	120,000	1,400,000
進学1年6か月コース	進学	1年6か月	1140	57	10	20,000	60,000	900,000	90,000	1,070,000

[認定以外のコース] なし

[日本語能力試験] 2018年度受験状況

	N1	N2	N3	N4	N5	合計
受験者数	1	39	65	0	0	105
認定者数	0	15	24	0	0	39

[日本留学試験] 2018年度受験状況

●第1回

日本語受験者	日本語219点以上	文系受験者	文系100点以上	理系受験者	理系100点以上
28	7	26	6	2	2

●第2回

日本語受験者	日本語219点以上	文系受験者	文系100点以上	理系受験者	理系100点以上
14	8	11	2	3	1

[進学実績] 2019年3月までの進学状況 卒業者数 61

大学院	大学	短期大学	高専	専門学校	その他の学校	就職
0	16	2	0	39	0	0

[主な進学先]

近畿大学、東海大学、福岡大学、佐賀大学、九州産業大学、中国国際ホテル専門学校、コンピュータ教育学院

[主な就職先]

－

●特色1 小規模ならではのきめ細やかな教育と生活指導。

●特色2 学生一人一人が夢の実現に向けて逞しく挑戦し続ける意欲の育成。

●特色3 日本文化や習慣を通して日本を理解する態度の育成。

製作：J.TEST事務局 / 語文研究社

福岡県　福岡市

告示校

げんきにほんごぶんかがっこう

元気日本語文化学校

Genki Japanese and Culture School

[TEL] 092-472-0123 [FAX] 092-472-0124
[eMAIL] info@genkijacs.com
[URL] http://www.genkijacs.com/
[SNS] —

[住所] 〒812-0013 福岡県福岡市博多区博多駅東1-16-23 元気ビル

[教育開始時期] 2016年04月

[行き方] JR「博多駅」から徒歩7分

[設置者] 株式会社Genki Global （種別：株式会社）

[校長/別科長名] 石井幸孝

[収容定員] 90人 二 部制　[教員数] 11人（うち専任 5人）

[宿舎] 有　[料金]（月額）42,000円 ～ 56,000円

[入学資格] 日本語能力検定試験N5または相当レベルの者。12年以上の教育を受けた者。勉学に打ち込める経済的能力がある者。

[入学選抜方法] 出願書類審査、オンラインテスト、インタビューテスト

[認定コース在籍者数] 54

[その他コース在籍者数] 60

内訳(人):

[教材]

初級	『初級日本語 げんき』	初中級	『中級へ行こう』
中級	『中級を学ぼう』	上級	『上級で学ぶ日本語』

[基礎科目及び英語の授業] なし

[認定コース]

	目的	期間	時数	週数	入学月	選考料	入学金	授業料	その他	合計(円)
一般 一年コース	生活	1年	800	40	1,4,7,10	0	21,500	968,500	0	990,000

[認定以外のコース] 日本文化コース、ポップカルチャーコース、集中会話コース、アクティビティコース 他

[日本語能力試験] 2018年度受験状況

	N1	N2	N3	N4	N5	合計
受験者数		8	6			14
認定者数		7	6			13

[日本留学試験] 2018年度受験状況

●第1回

日本語受験者	日本語219点以上	文系受験者	文系100点以上	理系受験者	理系100点以上
0					

●第2回

日本語受験者	日本語219点以上	文系受験者	文系100点以上	理系受験者	理系100点以上
0					

[進学実績] 2019年3月までの進学状況　卒業者数 16

大学院	大学	短期大学	高専	専門学校	その他の学校	就職
					2	2

[主な進学先]

アニメ系専門学校

[主な就職先]

広告代理店

●特色1　日本語を学ぶとともに、古来の日本文化やポップカルチャークラスも受講できる。

●特色2　レベルに合わせたきめ細やかな指導。1クラス定員8名の少人数制。

●特色3　講義形式ではなく、学習者の発話を引き出す授業スタイル。日本人との交流が毎週2日できる環境。

製作：J.TEST事務局 / 語文研究社

告示校

福岡県　福岡市

じーえーじーにほんごがくいん

GAG日本語学院

GAG Japanese Language Institute

[TEL] 092-260-9692　[FAX] 092-260-9693
[eMAIL] info@gag-japan.co.jp
[URL] http://www.gag-japan.co.jp
[SNS] －

[住所] 〒812-0015　福岡県福岡市博多区山王2-11-2

[教育開始時期] 2015年04月

[行き方] 西鉄バス「山王1丁目駅」から徒歩3分

[設置者] GAG Japan 株式会社　(種別：株式会社)

[校長/別科長名] 山下由美

[収容定員] 225人　二 部制　[教員数] 20人 (うち専任　5 人)

[宿舎] 有　[料金] (月額) 25,000円～

[入学資格] 12年の教育課程を修了した者

[入学選抜方法] 書類審査、面接、筆記試験

[認定コース在籍者数] 158

[その他コース在籍者数] 4

内訳(人):
ベトナム(119)、ネパール(34)、ミャンマー(4)、モンゴル(1)

[教材]

初級	『みんなの日本語』『できる日本語』	初中級	『中級へ行こう』
中級	『中級を学ぼう』	上級	『上級で学ぶ日本語』

[基礎科目及び英語の授業] 数学コース1、数学コース2

[認定コース]

	目的	期間	時数	週数	入学月	選考料	入学金	授業料	その他	合計(円)
進学2年コース	進学	2年	1520	76	4	30,000	50,000	1,240,000	120,000	1,440,000
進学1年9か月コース	進学	1年9か月	1330	67	7	30,000	50,000	1,085,000	105,000	1,270,000
進学1年6か月コース	進学	1年6か月	1140	57	10	30,000	50,000	930,000	90,000	1,100,000

[認定以外のコース] 技能実習生コース・短期生コース

[日本語能力試験]　2018年度受験状況

	N1	N2	N3	N4	N5	合計
受験者数	1	40	140	1	0	182
認定者数	0	8	52	1	0	61

[日本留学試験]　2018年度受験状況

●第1回

日本語受験者	日本語219点以上	文系受験者	文系100点以上	理系受験者	理系100点以上
31	0	8	3	3	0

●第2回

日本語受験者	日本語219点以上	文系受験者	文系100点以上	理系受験者	理系100点以上
1	0	1	0	0	0

[進学実績]　2019年3月までの進学状況　卒業者数　105

大学院	大学	短期大学	高専	専門学校	その他の学校	就職
0	12	1		92		0

[主な進学先]

福岡女学院大学、九州情報大学、崇城大学、宮崎国際大学、香蘭女子短期大学、福岡外語専門学校、麻生専門学校、西日本アカデミー航空専門学校、大村文化学園

[主な就職先]

●特色1　大学や専門学校進学に必要な日本語力を習得することを目標とし、四技能を偏りなく伸ばす指導を行います。

●特色2　日本のルールやマナーを理解し、日本で自立した生活が送れるよう、指導致します。

●特色3　教師一同、教育者としての自覚を持ち、誠実に学生指導に当たります。

製作：J.TEST事務局 / 語文研究社

福岡県　福岡市

告示校

にしにほんこくさいきょういくがくいん

西日本国際教育学院

NISHINIHON INTERNATIONAL EDUCATION INSTITUTE

[TEL] 092-541-8450　[FAX] 092-553-0336
[eMAIL] mtgotoiawase@miyatagakuen.ac.jp
[URL] http://miyatagakuen.ac.jp
[SNS] –

[住所] 〒815-0032　福岡県福岡市南区塩原4丁目17番17号

[教育開始時期] 1993年07月

[行き方] 西鉄「大橋駅」から徒歩5分

[設置者] 学校法人宮田学園　（種別：学校法人）

[校長/別科長名] 宮田智栄

[収容定員] 926人　二 部制　[教員数] 48人 (うち専任 16 人)　[宿舎] 有　[料金] (月額) 20,000円 ～

[入学資格] 12年課程修了以上、日本語能力試験N5相当以上の者、日本語学習時間150時間以上 ※ただし進学1年3か月コース・1年コースは日本語能力試験N4相当以上の者、日本語学習時間300時間以上

[入学選抜方法] 書類審査、本人・支弁者面接、能力適性試験（日本語）

[認定コース在籍者数] 703

[その他コース在籍者数] 0

内訳(人)：ネパール(380)、ベトナム(279)、ミャンマー(25)、中国(14)、スリランカ(5)

[教材]

初級	『みんなの日本語 初級』	初中級	『中級へ行こう』
中級	『中級を学ぼう(中級前期・中級中期)』	上級	『上級で学ぶ日本語』

[基礎科目及び英語の授業] 総合科目

[認定コース]

	目的	期間	時数	週数	入学月	選考料	入学金	授業料	その他	合計(円)
進学Ⅰコース	進学	2年	1520	76	4	30,000	70,000	1,320,000	132,000	1,552,000
進学Ⅱコース	進学	1年9か月	1330	67	7	30,000	70,000	1,155,000	115,500	1,370,500
進学Ⅲコース	進学	1年6か月	1140	57	10	30,000	70,000	990,000	99,000	1,189,000
進学Ⅳコース	進学	1年3か月	950	48	1	30,000	70,000	825,000	82,500	1,007,500
進学Ⅴコース	進学	1年	760	38	4	30,000	70,000	660,000	66,000	826,000

[認定以外のコース] 短期語学コース、短期研修コース

[日本語能力試験] 2018年度受験状況

	N1	N2	N3	N4	N5	合計
受験者数	3	120	489	0	0	622
認定者数	1	17	73	0	0	91

[日本留学試験] 2018年度受験状況

●第1回

日本語受験者	日本語219点以上	文系受験者	文系100点以上	理系受験者	理系100点以上
28	2	28	4	3	0

●第2回

日本語受験者	日本語219点以上	文系受験者	文系100点以上	理系受験者	理系100点以上
73	9	6	1	2	0

[進学実績] 2019年3月までの進学状況　卒業者数 355

大学院	大学	短期大学	高専	専門学校	その他の学校	就職
0	16	0	0	320	0	3

[主な進学先]

立命館アジア太平洋大学、桃山学院大学、九州情報大学、九州国際大学、日本経済大学、国際貢献専門大学校、西日本アカデミー航空専門学校、エール学園、九州工科自動車専門学校、国際アニメーション専門学校、西鉄自動車整備専門学校、保育介護ビジネス名古屋専門学校、中村調理製菓専門学校、日本ペット&アニマル専門学校、他

[主な就職先]

–

●特色1　能力別少人数のクラス編成と経験豊富な教師陣による効率的な日本語教育。

●特色2　日本文化と日本諸事情についての学習及び実用日本語会話と漢字の修得。

●特色3　大学・短大等における学習・研究の準備のための総合的日本語能力の修得。

製作：J.TEST事務局 / 語文研究社

告示校

福岡県　福岡市

ふくおかこくさいがくいん

福岡国際学院

Fukuoka international academy

[TEL] 092-441-1032 [FAX] 092-441-1028
[eMAIL] Info@f-i-a.jp
[URL] http://www.f-i-a.jp/
[SNS] https://ja-jp.facebook.com/fukuoka.international.academy/

[住所] 〒812-0043　福岡県福岡市博多区堅粕4丁目4-3　[教育開始時期] 1996年10月

[行き方] JR「博多駅」から徒歩15分

[設置者] エフ・エイ・エス株式会社（種別:株式会社）　[校長/別科長名] 古賀　さと子

[収容定員] 310人　二 部制　[教員数] 23人（うち専任　8人）　[宿舎] 有　[料金]（月額）20,000円

[入学資格] ①12年以上の学校教育修了者②本人もしくは親族等による来日のための経費支弁能力があると証明できる者③学校成績が優秀かつ品行方正であり、日本語学習意欲が高い者

[入学選抜方法] 書類審査、面接試験

[認定コース在籍者数] 196
[その他コース在籍者数] 4

内訳(人)：ベトナム(109)、ネパール(85)、中国(3)、韓国(3)

[教材]

初級	『できる日本語 初級』『漢字たまご 初級』	初中級	『できる日本語 初中級』『漢字たまご 初中級』
中級	『できる日本語 中級』	上級	『学ぼう！にほんご』

[基礎科目及び英語の授業] なし

[認定コース]

	目的	期間	時数	週数	入学月	選考料	入学金	授業料	その他	合計(円)
進学2年	進学	2年	1600	80	4	30,000	30,000	1,240,000	168,000	1,468,000
進学1年9か月	進学	1年9か月	1400	70	7	30,000	30,000	1,085,000	144,000	1,289,000
進学1年6か月	進学	1年6か月	1200	60	10	30,000	30,000	930,000	128,000	1,118,000

[認定以外のコース] なし

[日本語能力試験] 2018年度受験状況

	N1	N2	N3	N4	N5	合計
受験者数	2	45	237	22	0	306
認定者数	1	16	68	10	0	95

[日本留学試験] 2018年度受験状況

●第1回

日本語受験者	日本語219点以上	文系受験者	文系100点以上	理系受験者	理系100点以上
36	1	14	0	6	0

●第2回

日本語受験者	日本語219点以上	文系受験者	文系100点以上	理系受験者	理系100点以上
21	3	8	0	2	1

[進学実績] 2019年3月までの進学状況　卒業者数 148

大学院	大学	短期大学	高専	専門学校	その他の学校	就職
0	17	8	0	119	0	0

[主な進学先]

九州産業大学、中村学園大学、国際医療福祉大学、日本経済大学、秀明大学、香蘭女子短期大学、福岡外語専門学校、麻生工科自動車大学校、大原簿記情報専門学校

[主な就職先]

－

●特色1　確実に身につく教育。

●特色2　礼節、マナーを身につける指導。

●特色3　丁寧な進学指導。

製作:J.TEST事務局 / 語文研究社

福岡県　福岡市　　告示校

ふくおかこくどけんせつせんもんがっこう

福岡国土建設専門学校

FUKUOKA KOKUDO-KENSETSU TECHNICAL COLLEGE

[TEL] 092-501-3261　[FAX] 092-502-0210
[eMAIL] kokusen@mocha.ocn.ne.jp
[URL] http://www.kokusen.ac.jp
[SNS] —

[教育開始時期] 2009年04月

[住所] 〒812-0887　福岡県福岡市博多区三筑2丁目7-8

[行き方] JR「南福岡駅」・「笹原駅」より徒歩10分、西鉄「雑餉隈駅」より徒歩10分

[設置者] 嶋田学園　(種別：学校法人)

[校長/別科長名] 三角雅則

[収容定員] 140人　二 部制　[教員数] 15人 (うち専任 3 人)　[宿舎] 有　[料金] (6か月) 175,500円

[入学資格]
・自国の学校教育により12年間の正規課程を修了している者（見込含む）
・基礎的な日本語能力保有者 他

[入学選抜方法] 試験(日本語)、面接、書類審査

[認定コース在籍者数] 81　内訳(人):

[その他コース在籍者数] 0

[教材]

初級	『みんなの日本語 初級』	初中級	『中級までに学ぶ日本語』
中級	『中級から学ぶ日本語』	上級	特定の教材なし

[基礎科目及び英語の授業] なし

[認定コース]

	目的	期間	時数	週数	入学月	選考料	入学金	授業料	その他	合計(円)
大学等進学1年コース	進学	1年	800	40	4	20,000	70,000	580,000	50,000	720,000
大学進学1年半コース	進学	1年6か月	1200	60	10	20,000	70,000	870,000	75,000	1,035,000
大学進学2年コース	進学	2年	1600	80	4	20,000	70,000	1,160,000	90,000	1,340,000

[認定以外のコース] なし

[日本語能力試験]　2018年度受験状況

	N1	N2	N3	N4	N5	合計
受験者数	0	13	145	12	0	170
認定者数	0	3	34	2	0	39

[日本留学試験]　2018年度受験状況

●第1回

日本語受験者	日本語219点以上	文系受験者	文系100点以上	理系受験者	理系100点以上
0					

●第2回

日本語受験者	日本語219点以上	文系受験者	文系100点以上	理系受験者	理系100点以上
14	0	14	0	0	0

[進学実績]　2019年3月までの進学状況　卒業者数　73

大学院	大学	短期大学	高専	専門学校	その他の学校	就職
	4	1		61		

[主な進学先]

福岡国土建設専門学校、福岡国際コミュニケーション、コンピューター教育学院

[主な就職先]

●特色1　学生一人一人に対してのきめ細かい指導。

●特色2　—

●特色3　—

告示校

福岡県　福岡市

ふくおかにほんごがっこう

福岡日本語学校

FUKUOKA JAPANESE LANGUAGE SCHOOL

[TEL] 092-710-1212　[FAX] 092-710-1211
[eMAIL] fjls@fukuokaschool.com
[URL] http://fukuokaschool.com
[SNS] https://www.facebook.com/fjls.fuk/

[住所] 〒815-0031　福岡県福岡市南区清水2-13-5　[教育開始時期] 2004年04月
[行き方] JR線「竹下駅」から徒歩10分、西鉄バス「美野島南公園前」から徒歩3分

[設置者] 株式会社福岡日本語学校　(種別：株式会社)　[校長/別科長名] 永田大樹
[収容定員] 280人　二 部制　[教員数] 17人 (うち専任　7人)　[宿舎] 有　[料金] (月額) 25,000円 ～

[入学資格] 12年課程修了以上及びこれと同等レベルの者　[入学選抜方法] 書類審査、面接、能力適性試験

[認定コース在籍者数] 179
[その他コース在籍者数] 0
内訳(人): ベトナム(113)、ネパール(43)、スリランカ(13)、インド(4)、中国(4)
その他(2)[台湾、フィリピン]

[教材]

初級	『できる日本語　初級』	初中級	『できる日本語　初中級』
中級	『できる日本語　中級』	上級	『アカデミック　ジャパニーズ』

[基礎科目及び英語の授業] 総合科目、数学コース1

[認定コース]

	目的	期間	時数	週数	入学月	選考料	入学金	授業料	その他	合計(円)
進学Aコース	進学	2年	1600	80	4	30,000	60,000	1,248,000	104,000	1,442,000
進学Bコース	進学	1年9か月	1400	70	7	30,000	60,000	1,092,000	98,000	1,280,000
進学Cコース	進学	1年6か月	1200	60	10	30,000	60,000	936,000	92,000	1,118,000
進学Dコース	進学	1年3か月	1000	50	1	30,000	60,000	780,000	86,000	956,000

[認定以外のコース] 短期3か月コース

[日本語能力試験]　2018年度受験状況

	N1	N2	N3	N4	N5	合計
受験者数	9	56	164	2	0	231
認定者数	1	22	49	0	0	52

[日本留学試験]　2018年度受験状況

●第1回

日本語受験者	日本語219点以上	文系受験者	文系100点以上	理系受験者	理系100点以上
37	2	30	0	7	0

●第2回

日本語受験者	日本語219点以上	文系受験者	文系100点以上	理系受験者	理系100点以上
65	6	58	1	7	0

[進学実績]　2019年3月までの進学状況　卒業者数 125

大学院	大学	短期大学	高専	専門学校	その他の学校	就職
0	13	8	0	104	0	2

[主な進学先]
九州産業大学、神戸医療福祉大学、足利大学、日本経済大学、静岡英和学院大学、香蘭女子短期大学、福岡外語専門学校、大村美容ファッション専門学校、コンピュータ教育学院、九州英数学館、大村美容ファッション専門学校、東京国際ビジネスカレッジ、麻生情報ビジネス専門学校、大原簿記情報専門学校等

[主な就職先]
－

●特色1　定期テストの成績優秀者等を表彰し、学習者の意欲を高める。

●特色2　熱意ある教師陣が四技能を総合的に伸ばし、実践力を養う指導を行う。

●特色3　社会見学、スポーツ大会等を通して、日本文化、伝統を紹介するとともに教師と学生の親睦を深める。

製作：J.TEST事務局 / 語文研究社

福岡県　福岡市　　告示校

ふくおかわいえむしーえーこくさいほてるふくしせんもんがっこうにほんごか

福岡YMCA国際ホテル・福祉専門学校 日本語科

Fukuoka YMCA International College, Japanese Department

[TEL] 092-831-1771　[FAX] 092-822-8701
[eMAIL] f-j-college@fukuokaymca.org
[URL] http://www.fukuoka-ymca.or.jp/japanese/
[SNS] Facabook:fukuokaymcacollege

[住所] 〒814-0133　福岡県福岡市城南区七隈1-1-10

[教育開始時期] 2008年10月

[行き方] 地下鉄七隈線「茶山駅」から徒歩10分、西鉄バス「荒江団地バス停」より徒歩5分

[設置者] 学校法人　福岡YMCA学園　（種別：学校法人）

[校長/別科長名] 大塚永幸

[収容定員] 100人　部制　[教員数] 17人（うち専任 3人）　[宿舎] 無　[料金]

[入学資格] ①外国において12年間の学校教育の課程を修了された方
②出願時に日本語教育機関等で150時間以上の日本語学習歴がある方、又は日本語能力試験N5（旧4級）或いはJ-TEST・F級以上のレベルである方

[入学選抜方法] 書類審査、面接

[認定コース在籍者数] 74
[その他コース在籍者数]

内訳(人)：ベトナム(25)、韓国(19)、香港(6)、台湾(5)、中国(4)
その他(15)[スリランカ、ネパール、スペイン、アメリカ、マカオ、ロシア、トルコ、ドイツ、アルゼンチン]

[教材]

初級	『みんなの日本語』他	初中級	『中級までに学ぶ日本語』他
中級	『中級から学ぶ日本語』他	上級	『上級で学ぶ日本語』他

[基礎科目及び英語の授業] 総合科目、数学コース1、数学コース2、物理、化学、生物

[認定コース]

	目的	期間	時数	週数	入学月	選考料	入学金	授業料	その他	合計(円)
進学2年コース	進学	2年	1552	84	4	20,000	80,000	1,408,000	0	1,508,000
進学1年6か月コース	進学	1年6か月	1164	63	10	20,000	80,000	1,056,000	0	1,156,000

[認定以外のコース] なし

[日本語能力試験] 2018年度受験状況

	N1	N2	N3	N4	N5	合計
受験者数	6	39	37	1	0	83
認定者数	4	21	20	1	0	46

[日本留学試験] 2018年度受験状況

●第1回

日本語受験者	日本語219点以上	文系受験者	文系100点以上	理系受験者	理系100点以上
14	11	6	0	6	2

●第2回

日本語受験者	日本語219点以上	文系受験者	文系100点以上	理系受験者	理系100点以上
17	15	10	2	6	3

[進学実績] 2019年3月までの進学状況　卒業者数 56

大学院	大学	短期大学	高専	専門学校	その他の学校	就職
3	11	1	0	30	0	3

[主な進学先]

九州大学大学院、西南学院大学大学院、福岡大学大学院、九州産業大学大学院、静岡県立大学、福岡大学、中村学園大学、九州産業大学、熊本学園大学、崇城大学、九州産業大学造形短期大学部、麻生観光＆製菓専門学校、専門学校第一自動車大学校、福岡介護福祉専門学校

[主な就職先]

●特色1　読む・書く・話す・聞くの4技能をバランス良く発達させる

●特色2　クラス担当を中心に、教職員一帯で学生ケアを行い大学等への進学を目指す

●特色3　YMCAのボランティア活動を通して、多文化交流共生を身につける

製作：J.TEST事務局 / 語文研究社

告示校

福岡県 福岡市

ふくおかわいえむしーえーにほんごがっこう

福岡YMCA日本語学校

Fukuoka YMCA Japanese Language School

[TEL] 092-781-7410 [FAX] 092-712-4223
[eMAIL] f-nihongo@fukuokaymca.org
[URL] http://www.fukuoka-ymca.or.jp/japanese/
[SNS] Facebook：fukuokaymcatenjin

[住所] 〒810-0001 福岡県福岡市中央区天神3-4-7 天神旭ビル2F
[教育開始時期] 1982年04月
[行き方] 地下鉄「天神駅」西1出口から西に徒歩2分

[設置者] 公益財団法人福岡YMCA （種別：公益財団法人）
[校長/別科長名] 大塚永幸
[収容定員] 90人 二 部制 [教員数] 18人（うち専任 3人）
[宿舎] 無 [料金] ―

[入学資格] 12年課程修了以上及びこれと同等レベルの者
[入学選抜方法] 書類審査、本人及び保証人面接、能力適性試験

[認定コース在籍者数] 61
[その他コース在籍者数] 10
内訳(人)：
韓国(31)、台湾(16)、中国(6)、香港(6)、ベトナム(4)
その他(8)[タイ、イタリア、ウクライナ、フランス、フィリピン、ロシア]

[教材]

初級	『みんなの日本語 初級』	初中級	『中級から学ぶ日本語』
中級	『新中級から上級への日本語』他	上級	『留学生のための時代を読み解く上級日本語』他

[基礎科目及び英語の授業] なし

[認定コース]

	目的	期間	時数	週数	入学月	選考料	入学金	授業料	その他	合計(円)
日本語科コース	一般	2年	1520	76	4	20,000	80,000	1,200,000	140,000	1,440,000
日本語科コース	一般	1年6か月	1140	57	10	20,000	80,000	900,000	105,000	1,105,000

[認定以外のコース] レギュラークラス

[日本語能力試験] 2018年度受験状況

	N1	N2	N3	N4	N5	合計
受験者数	18	39	5	0	0	62
認定者数	8	23	5	0	0	36

[日本留学試験] 2018年度受験状況

●第1回

日本語受験者	日本語219点以上	文系受験者	文系100点以上	理系受験者	理系100点以上
0	0	0	0	0	0

●第2回

日本語受験者	日本語219点以上	文系受験者	文系100点以上	理系受験者	理系100点以上
0	0	0	0	0	0

[進学実績] 2019年3月までの進学状況 卒業者数 96

大学院	大学	短期大学	高専	専門学校	その他の学校	就職
0	1	0	0	6	0	10

[主な進学先]
大阪YMCA国際専門学校、福岡キャリナリー製菓調理専門学校、麻生情報ビジネス専門学校、福岡ECO動物海洋専門学校、九州観光専門学校、梅光学院大学、日本カトリック神学校

[主な就職先]
アイティアクセス株式会社、株式会社エンタピグローバル、株式会社Santa Mineral、システムソフト・アルファー株式会社、株式会社Alexande&Sun、鷲ヶ岳スキー場、全日本武道具センター、株式会社日本旅行、ハオ中国語アカデミー、株式会社ベルシステム24 他

●特色1 読む・書く・話す・聞くの4つの機能をバランス良く発達させる。

●特色2 1クラス15名の少人数できめ細かい指導。チューターによる実践会話の充実。

●特色3 学生のニーズに合わせたカリキュラムや授業編成。

福岡県　福岡市

告示校

ふじいんたーなしょなるあかでみー

富士インターナショナルアカデミー

Fuji International Academy

[TEL] 092-271-6661　[FAX] 092-271-6662
[eMAIL] info@fuji-ac.jp
[URL] http://fuji-ac.jp
[SNS] —

[住所] 〒812-0032　福岡県福岡市博多区石城町13-18

[教育開始時期] 2010年02月

[行き方] 西鉄バス88番系統「臨港警察署北口」下車徒歩1分

[設置者] 株式会社グロウェル商会　(種別：株式会社)

[校長/別科長名] 高多理吉

[収容定員] 240人　二 部制

[教員数] 20人 (うち専任　5 人)

[宿舎] 有　[料金] (月額) 18,000円 ～ 23,000円

[入学資格] 高等学校卒業以上

[入学選抜方法] 適性テスト、面接

[認定コース在籍者数] 160

[その他コース在籍者数]

内訳(人):
ベトナム(64)、ネパール(56)、中国(37)、韓国(1)、インド(1)

[教材]

初級	『みんなの日本語 初級』	初中級	『中級へ行こう』
中級	『中級を学ぼう』	上級	『学ぼう!にほんご中上級』

[基礎科目及び英語の授業] なし

[認定コース]

	目的	期間	時数	週数	入学月	選考料	入学金	授業料	その他	合計(円)
進学コース2年	進学	2年	1620	81	4	30,000	50,000	1,200,000	180,000	1,460,000
進学コース1年9か月	進学	1年9か月	1420	71	7	30,000	50,000	1,050,000	160,000	1,290,000
進学コース1年6か月	進学	1年6か月	1220	61	10	30,000	50,000	900,000	145,000	1,125,000
進学コース1年3か月	進学	1年3か月	1020	51	1	30,000	50,000	750,000	130,000	960,000

[認定以外のコース] なし

[日本語能力試験]　2018年度受験状況

	N1	N2	N3	N4	N5	合計
受験者数	3	52	111	0	0	166
認定者数	0	7	26	0	0	33

[日本留学試験]　2018年度受験状況

●第1回

日本語受験者	日本語219点以上	文系受験者	文系100点以上	理系受験者	理系100点以上
94	4	13	4	6	0

●第2回

日本語受験者	日本語219点以上	文系受験者	文系100点以上	理系受験者	理系100点以上
19	1	4	2	6	0

[進学実績]　2019年3月までの進学状況　卒業者数　95

大学院	大学	短期大学	高専	専門学校	その他の学校	就職
0	15	2	0	74	0	0

[主な進学先]

九州産業大学、日本経済大学、九州国際大学、帝京大学、西日本短期大学、香蘭短期大学、コンピュータ教育学院、福岡外語専門学校、大村文化

[主な就職先]

●特色1　設備の整った学生寮が同じ敷地内にある。

●特色2　大学進学に重点をおいた教育で徹底指導。

●特色3　後援会があり、学費免除、奨学金など授業と生活を全面的にサポート。

製作：J.TEST事務局 / 語文研究社

告示校

福岡県　糸島市

にほんぶんかごがくいん

日本文化語学院

JAPAN INSTITUTE OF JAPANESE LANGUAGE AND CULTURE

[TEL] 092-324-1002　[FAX] 092-324-4506
[eMAIL] jilcnihon@gmail.com
[URL] http://jilc.info/
[SNS] —

[住所] 〒819-1116　福岡県糸島市前原中央3-12-29　[教育開始時期] 1992年05月
[行き方] JR「筑前前原駅」北口から徒歩7分

[設置者] 学校法人糸島中央学園（種別：学校法人）　[校長/別科長名] 松元龍泰
[収容定員] 180人　二 部制　[教員数] 20人（うち専任　5 人）　[宿舎] 有　[料金]（月額）25,000円～30,000円
[入学資格] 12年課程修了以上　[入学選抜方法] 書類審査、本人面接、能力適性試験

[認定コース在籍者数] 113
[その他コース在籍者数] 0
内訳(人)：
ネパール(68)、ベトナム(31)、中国(6)、スリランカ(6)、フィリピン(2)

[教材]

初級	『みんなの日本語 初級』	初中級	『文法が弱いあなたへ』
中級	『みんなの日本語 中級』『中級を学ぼう』 『できる日本語中級』	上級	『中級から学ぶ日本語』

[基礎科目及び英語の授業] なし

[認定コース]

	目的	期間	時数	週数	入学月	選考料	入学金	授業料	その他	合計(円)
日本語一般2年コース	進学	2年	1560	78	4	30,000	100,000	960,000	280,000	1,370,000
日本語一般1年半コース	進学	1年6か月	1170	59	10	30,000	100,000	720,000	210,000	1,060,000

[認定以外のコース] なし

[日本語能力試験]　2018年度受験状況

	N1	N2	N3	N4	N5	合計
受験者数	5	29	87	5	0	126
認定者数	1	9	43	1	0	54

[日本留学試験]　2018年度受験状況

●第1回

日本語受験者	日本語219点以上	文系受験者	文系100点以上	理系受験者	理系100点以上
97	10	7	2	8	2

●第2回

日本語受験者	日本語219点以上	文系受験者	文系100点以上	理系受験者	理系100点以上
2	2	2	2	0	0

[進学実績]　2019年3月までの進学状況　卒業者数　92

大学院	大学	短期大学	高専	専門学校	その他の学校	就職
1	3	4	0	79	0	0

[主な進学先]
九州大学大学院、九州産業大学、中村学園大学、西日本短期大学、香蘭女子短期大学、大村美容ファッション専門学校、専門学校大原自動車工科大学校、東京国際ビジネスカレッジ

[主な就職先]
—

●特色1　大学等高等教育機関への進学教育。

●特色2　アカデミック・ジャパニーズの育成。

●特色3　標準発音の習得。

製作：J.TEST事務局 / 語文研究社

福岡県　北九州市

告示校

きたきゅうしゅうわいえむしーえーがくいん

北九州YMCA学院

Kitakyushu YMCA College

[TEL] 093-531-5750 [FAX] 093-531-1589
[eMAIL] zhang@kitakyushuymca.org
[URL] http://www.k-ymca.or.jp/
[SNS] —

[住所] 〒802-0004 福岡県北九州市小倉北区鍛冶町2-3-9

[教育開始時期] 1979年04月

[行き方] JR「小倉駅」より徒歩8分

[設置者] 学校法人北九州YMCA学園 (種別：学校法人)

[校長/別科長名] 福山武志

[収容定員] 600人 二 部制

[教員数] 34人 (うち専任 9人)

[宿舎] 無 [料金] ―

[入学資格] 12年課程修了以上、これと同等以上、日本語学習時間150時間以上

[入学選抜方法] 書類審査、本人面接、経費支弁者面接

[認定コース在籍者数] 300

[その他コース在籍者数] 0

内訳(人)：台湾(114)、ベトナム(109)、ネパール(33)、韓国(11)、モンゴル(7)
その他(26)[フィリピン、タイ、マレーシア、インド、インドネシア、ポーランド、アメリカ]

[教材]

初級	『みんなの日本語 初級Ⅰ』	初中級	『みんなの日本語 初級Ⅱ』
中級	『学ぼう! 日本語 初中級・中級』	上級	『学ぼう! 日本語 中上級・上級』

[基礎科目及び英語の授業] なし

[認定コース]

	目的	期間	時数	週数	入学月	選考料	入学金	授業料	その他	合計(円)
進学2年コース	進学	2年	1520	20	4	30,000	50,000	1,120,000	120,000	1,320,000
進学1.5年コース	進学	1年6か月	1140	20	10	30,000	50,000	840,000	90,000	1,010,000
進学1年コース	進学	1年	760	20	4	30,000	50,000	560,000	60,000	700,000

[認定以外のコース] なし

[日本語能力試験] 2018年度受験状況

	N1	N2	N3	N4	N5	合計
受験者数	22	156	0	0	0	178
認定者数	5	27	0	0	0	32

[日本留学試験] 2018年度受験状況

●第1回

日本語受験者	日本語219点以上	文系受験者	文系100点以上	理系受験者	理系100点以上
37	11	16	16	4	4

●第2回

日本語受験者	日本語219点以上	文系受験者	文系100点以上	理系受験者	理系100点以上
30	13	25	25	3	3

[進学実績] 2019年3月までの進学状況 卒業者数 213

大学院	大学	短期大学	高専	専門学校	その他の学校	就職
4	43	5	0	116	2	14

[主な進学先]

愛知工業大学大学院、広島大学大学院、九州大学、同志社大学、慶応義塾大学、東京外国語大学、東京海洋大学、九州工業大学、福岡教育大学、北九州市立大学 他

[主な就職先]

販売・事務・IT関連・通訳翻訳・営業職・ホテル・製造関連・工業関連

●特色1 日本の大学・大学院に進学するために十分な日本語力と日本での生活に困らない日本語力を習得することを目的としています。

●特色2 教師、地域の人々からの指導と支援によって一人一人の学生が充実した留学生活を送り、希望の進路へ進むことを目指しています。日本のマナー講習やアルバイト研修、アルバイト紹介支援を丁寧に行っています。

●特色3 日本で就職を希望する学生を対象にしたキャリアサポートセンターがあります。学生へ仕事を紹介し、就職のサポートを行います。留学生は無料で利用ができます。

製作：J.TEST事務局 / 語文研究社

告示校

福岡県　久留米市

せんしゅうがっこうくるめぜみなーる

専修学校 久留米ゼミナール

KURUME SEMINAR SPECIALIZED TRAINING COLLEGE

[TEL] 0942-36-6660 [FAX] 0942-35-1065
[eMAIL] nihongo_jimu@kusemi.ac.jp
[URL] http://www.kusemi.ac.jp/nihongo
[SNS] https://www.facebook.com/KurumeseminarJapaneselanguagecourse

[住所] 〒830-0033 福岡県久留米市天神町2-55

[教育開始時期] 2002年10月

[行き方] 天神大牟田線「西鉄久留米駅」から徒歩5分

[設置者] 学校法人久留米ゼミナール　(種別：準学校法人)

[校長/別科長名] 今井正雄

[収容定員] 300人　二 部制

[教員数] 21人 (うち専任 8人)

[宿舎] 有　[料金] (月額) 9,000円 ～ 15,000円

[入学資格] ①12年以上の教育課程修了または同等レベルの者
②日本語能力試験N5レベルまたは150時間以上の学習歴のある者
③経費支弁能力のある者

[入学選抜方法] 現地筆記試験、本人・経費支弁者面接、書類審査

[認定コース在籍者数] 140

[その他コース在籍者数] –

内訳(人)：ベトナム(77)、ネパール(37)、中国(18)、韓国(2)、インド(2)
その他(4)[スリランカ、マレーシア、台湾]

[教材]

初級	『みんなの日本語 初級』	初中級	『中級へ行こう』
中級	『テーマ別中級から学ぶ日本語』	上級	『テーマ別上級で学ぶ日本語』

[基礎科目及び英語の授業] なし

[認定コース]

	目的	期間	時数	週数	入学月	選考料	入学金	授業料	その他	合計(円)
日本語総合2年コース	一般	2年	1600	80	4	0	80,000	1,200,000	120,000	1,400,000
日本語総合1.5年コース	一般	1年6か月	1200	60	10	0	80,000	900,000	90,000	1,070,000
日本語総合1年コース	一般	1年	800	40	4	0	80,000	600,000	60,000	740,000

[認定以外のコース] なし

[日本語能力試験] 2018年度受験状況

	N1	N2	N3	N4	N5	合計
受験者数	26	95	208	0	0	329
認定者数	6	39	68	0	0	113

[日本留学試験] 2018年度受験状況

●第1回

日本語受験者	日本語219点以上	文系受験者	文系100点以上	理系受験者	理系100点以上
127	16	68	16	27	3

●第2回

日本語受験者	日本語219点以上	文系受験者	文系100点以上	理系受験者	理系100点以上
116	22	42	9	10	2

[進学実績] 2019年3月までの進学状況　卒業者数 127

大学院	大学	短期大学	高専	専門学校	その他の学校	就職
2	48	1	0	52	22	2

[主な進学先]

筑波大学大学院、高知大学、名古屋経済大学、九州産業大学、久留米大学、久留米工業大学、日本経済大学、日本電子専門学校、西鉄国際ビジネスカレッジ、共生館国際福祉医療カレッジ、久留米ゼミナール

[主な就職先]

–

●特色1　日本語の四技能をバランスよく習得させ、日本での高等教育機関進学に必要な能力を身に付ける。

●特色2　日本語と同様に日本文化・日本事情についても学び、日本社会で適応できる力を身に付ける。

●特色3　将来のなりたい自分を見据えたキャリア教育、進路指導を適切に実施し、同時に学習意欲の向上を図る。

製作：J.TEST事務局 / 語文研究社

きょうしんらんげーじあかでみーふくおかこう

京進ランゲージアカデミー 福岡校

Kyoshin Language Academy Fukuoka

[TEL] 092-934-3727　[FAX] 092-934-3720
[eMAIL] https://www.kla.ac/jp/contact/
[URL] http://www.kla.ac/jp/fukuoka/
[SNS] https://www.facebook.com/KLA.Fukuoka/

[住所] 〒811-2104　福岡県糟屋郡宇美町大字井野31-11

[教育開始時期] 2017年04月

[行き方] JR「宇美駅」から徒歩15分

[設置者] 株式会社京進　(種別:株式会社)

[校長/別科長名] 渡邉節子

[収容定員] 60人　一 部制　[教員数] 8人(うち専任 3人)

[宿舎] 有　[料金] (月額) 20,000円～35,000円

[入学資格] 12年以上の学校教育課程を修了、又はそれと同等の学力を有する者。

[入学選抜方法] 書類選考、面接、日本語試験

[認定コース在籍者数] 26

[その他コース在籍者数] 0

内訳(人): ベトナム(13)、ネパール(10)、インド(3)

[教材]

初級	『みんなの日本語初級』『できる日本語初級』	初中級	『中級へ行こう』『できる日本語初中級』
中級	『テーマ別中級から学ぶ日本語』『できる日本語中級』『中級を学ぼう』	上級	『テーマ別上級から学ぶ日本語』『日本への招待』

[基礎科目及び英語の授業] なし

[認定コース]

	目的	期間	時数	週数	入学月	選考料	入学金	授業料	その他	合計(円)
進学2年コース	進学	2年	1520	76	4	22,000	55,000	1,452,000	132,000	1,661,000
進学1年半コース	進学	1年6か月	1140	57	10	22,000	55,000	1,089,000	99,000	1,265,000

[認定以外のコース] なし

[日本語能力試験]　2018年度受験状況

	N1	N2	N3	N4	N5	合計
受験者数	0	1	44	0	0	45
認定者数	0	0	5	0	0	5

[日本留学試験]　2018年度受験状況

●第1回

日本語受験者	日本語219点以上	文系受験者	文系100点以上	理系受験者	理系100点以上
0	0	0	0	0	0

●第2回

日本語受験者	日本語219点以上	文系受験者	文系100点以上	理系受験者	理系100点以上
1	0	0	0	0	0

[進学実績]　2019年3月までの進学状況　卒業者数　23

大学院	大学	短期大学	高専	専門学校	その他の学校	就職
0	4	4	0	13	0	2

[主な進学先]

日本経済大学、四国大学短期大学3年コース、福岡外語専門学校 他

[主な就職先]

－

●特色1　全寮制、小規模ならではのきめ細やかな学習面・生活面のサポート。

●特色2　一人ひとりを大切に、自主性を育てる自立型学習の実施。

●特色3　学校行事・課外活動・地域主催の交流会参加などで、「生きた日本語」と「協調性」を習得。

製作:J.TEST事務局 / 語文研究社

告示校

福岡県　糟屋郡

がっこうほうじんつるいしがくえんさくらにほんごがくいん

学校法人鶴石学園
さくら日本語学院

Educational Corporation TsuruisiGakuen Japanese Language Academy

[TEL] 092-940-6877　[FAX] 092-940-6872
[eMAIL] japan@j-sakura.net
[URL] http://www.j-sakura.net
[SNS]

[住所] 〒811-0121　福岡県粕屋郡新宮町美咲2-17-12
[教育開始時期] 2010年10月
[行き方] JR鹿児島本線「福工大駅」から徒歩約5分

[設置者] 学校法人鶴石学園　(種別：学校法人)
[校長/別科長名] 吉村淳一
[収容定員] 496人　二 部制
[教員数] 29人(うち専任 9人)
[宿舎] 有　[料金] (月額)18,000円～

[入学資格]
・18歳以上で、12年以上の学校教育を修了した者
・日本語能力は出入国検査管理局が定める能力試験に合格した者
・日本において学費・生活費などの滞在経費を支援する者がいること　・その他については学校に問い合わせのこと

[入学選抜方法] 書類選考、試験、面接

[認定コース在籍者数] 279
[その他コース在籍者数] 0
内訳(人)：ベトナム(116)、ネパール(101)、インド(32)、中国(8)、バングラデシュ(5)
その他(7)[インドネシア、フィリピン、スリランカ、モンゴル、台湾、セネガル]

[教材]

初級	『みんなの日本語』	初中級	『中級へ行こう』
中級	『中級から学ぶ日本語』	上級	『留学生の日本語』『上級で学ぶ日本語』

[基礎科目及び英語の授業] 無

[認定コース]

	目的	期間	時数	週数	入学月	選考料	入学金	授業料	その他	合計(円)
進学Aコース	進学	2年	1600	80	4	30,000	80,000	1,200,000	200,000	1,510,000
進学Bコース	進学	1年9か月	1400	70	7	30,000	80,000	1,050,000	185,000	1,345,000
進学Cコース	進学	1年6か月	1200	60	10	30,000	80,000	900,000	170,000	1,180,000
進学Dコース	進学	1年3か月	1000	50	1	30,000	80,000	750,000	155,000	1,015,000

[認定以外のコース] なし

[日本語能力試験] 2018年度受験状況

	N1	N2	N3	N4	N5	合計
受験者数	69	229	348	0	0	646
認定者数	2	11	198	0	0	311

[日本留学試験] 2018年度受験状況

●第1回

日本語受験者	日本語219点以上	文系受験者	文系100点以上	理系受験者	理系100点以上
229	16	40	8	20	2

●第2回

日本語受験者	日本語219点以上	文系受験者	文系100点以上	理系受験者	理系100点以上
313	25	16	1	3	0

[進学実績] 2019年3月までの進学状況　卒業者数 307

大学院	大学	短期大学	高専	専門学校	その他の学校	就職
0	76	8	0	164	3	13

[主な進学先]
福岡大学、九州産業大学、梅光学院大学、敬愛大学、明海大学、上武大学、日本経済大学、九州情報大学、九州産業大学、造形短期大学部、香蘭女子短期大学、折尾愛真短期大学、佐賀女子短期大学等、各専門学校等

[主な就職先]
㈱テンポイント、㈱ボンドジョブ、(有)石川工業、(有)宇和島食品等

●特色1　21世紀を迎える現代社会は国際化が進行しています。国際競争を備えた優秀な人材を育てます。

●特色2　学生が自主的に学ぶ意欲や関心を尊重し、能力を最大限に伸ばしていきます。

●特色3　世界各国の多様な文化を理解しながら、真の国際教育を目指します。

製作：J.TEST事務局 / 語文研究社

長崎県　長崎市　　告示校

ながさきいりょうこどもせんもんがっこう

長崎医療こども専門学校

NAGASAKI MEDICAL CHILD COLLEGE

[TEL] 095-820-5569　[FAX] 095-820-4556
[eMAIL] japan@nibc.ac.jp
[URL] http://nibc.ac.jp/Japanese
[SNS] https://www.facebook.com/nmcc2018/

[住所] 〒850-0057　長崎県長崎市大黒町2番3号

[教育開始時期] 1998年10月

[行き方] 路面電車「長崎駅前電停」から徒歩1分

[設置者] 学校法人平成国際学園　(種別：学校法人)

[校長/別科長名] 松添邦廣

[収容定員] 400人　二 部制　[教員数]　人 (うち専任　人)

[宿舎] 有　[料金] (月額) 15,000円 ～

[入学資格] ①12年課程修了以上及びこれと同等のレベル②入学時満18歳以上③日本語学習時間が150時間以上者④本校を卒業後、日本の大学院、大学、短大、専門学校への進学を希望する⑤学費及び生活費を支払う能力がある⑥日本の法律及び本校の校則を遵守できる

[入学選抜方法] 書類審査、面接

[認定コース在籍者数] 142
[その他コース在籍者数] 114

内訳(人)：ベトナム(157)、ネパール(70)、中国(12)、スリランカ(3)、インドネシア(3)
その他(7)[ミクロネシア、台湾、フィリピン、アメリカ、キルギス、モンゴル]

[教材]

初級	『みんなの日本語 初級』『ストーリーで覚える漢字300』	初中級	『中級へ行こう』『ストーリーで覚える漢字301～500』
中級	『TRY! N3』『TRY! N2』『1日15分の漢字練習 上』	上級	『新完全マスター 文法N1』『学ぼう！日本語中級』『1日15分の漢字練習 下』

[基礎科目及び英語の授業] なし

[認定コース]

	目的	期間	時数	週数	入学月	選考料	入学金	授業料	その他	合計(円)
進学1.5年コース	進学	1年6ヵ月	1184	59.2	10	25,000	10,000	900,000	135,000	1,070,000
進学2年コース	進学	2年	1600	80	4	25,000	10,000	1,200,000	180,000	1,415,000

[認定以外のコース] 国際ビジネス科、介護基礎科

[日本語能力試験]　2018年度受験状況

	N1	N2	N3	N4	N5	合計
受験者数	0	1	81	9	0	91
認定者数	0	0	20	5	0	25

[日本留学試験]　2018年度受験状況

●第1回

日本語受験者	日本語219点以上	文系受験者	文系100点以上	理系受験者	理系100点以上
0	0	0	0	0	0

●第2回

日本語受験者	日本語219点以上	文系受験者	文系100点以上	理系受験者	理系100点以上
0	0	0	0	0	0

[進学実績]　2019年3月までの進学状況　卒業者数　66

大学院	大学	短期大学	高専	専門学校	その他の学校	就職
0	13	0	0	52	0	0

[主な進学先]

長崎ウェスレヤン大学、長崎医療こども専門学校

[主な就職先]

—

●特色1　大学、短大、専門学校など、学生それぞれの希望にそった進学指導を行います。

●特色2　行事も多く、日本語学習だけでなく、多くの日本の文化に触れることができます。

●特色3　上級学校(専門課程)もあり、進学に有利です。

製作：J.TEST事務局 / 語文研究社

告示校

長崎県　長崎市

めとろあいてぃーびじねすかれっじ

専門学校
メトロITビジネスカレッジ
METRO IT BUSINESS COLLEGE

[TEL] 095-811-1166　[FAX] 095-811-1144
[eMAIL] info@metro.ac.jp
[URL] http://metro-ls.com/
[SNS]

[住所] 〒850-0862　長崎県長崎市出島町5番3号　[教育開始時期] 2016年4月
[行き方] JR「長崎駅」より路面電車「崇福寺」行きにて「出島」下車すぐ

[設置者] 株式会社メトロコンピュータサービス　(種別：株式会社)　[校長/別科長名] 小濱　孝行
[収容定員] 60人　二 部制　[教員数] 6人(うち専任　5人)　[宿舎] 有　[料金]

[入学資格] 12年以上の学校教育修了／18歳以上／N5級相当以上　など　[入学選抜方法] 面接試験（現地・スカイプ）

[認定コース在籍者数] 19
[その他コース在籍者数] 0
内訳(人)：
ベトナム(17)、ネパール(1)、ミャンマー(1)

[教材]

初級	『みんなの日本語　初級』	初中級	『中級へ行こう』
中級	『中級を学ぼう』	上級	『中級を学ぼう』

[基礎科目及び英語の授業] 無

[認定コース]

	目的	期間	時数	週数	入学月	選考料	入学金	授業料	その他	合計(円)
日本語科2年コース	進学	2年			4	10,000	50,000	1,100,000	190,000	1,350,000
日本語1年6か月コース	進学	1年6か月			10	10,000	50,000	825,000	145,000	1,030,000
日本語1年コース	進学	1年			4	10,000	50,000	550,000	95,000	705,000

[認定以外のコース] なし

[日本語能力試験]　2018年度受験状況

	N1	N2	N3	N4	N5	合計
受験者数	4	15	46	3	0	68
認定者数	0	4	21	0	0	25

[日本留学試験]　2018年度受験状況

●第1回

日本語受験者	日本語219点以上	文系受験者	文系100点以上	理系受験者	理系100点以上
0					

●第2回

日本語受験者	日本語219点以上	文系受験者	文系100点以上	理系受験者	理系100点以上
2	2	0		1	1

[進学実績]　2019年3月までの進学状況　卒業者数　28

大学院	大学	短期大学	高専	専門学校	その他の学校	就職
0	6	0	0	20	0	

[主な進学先]
長崎ウエスレヤン大学、長崎総合科学大学、活水女子大学、日本経済大学、エール学園、メトロITビジネスカレッジ(グローバルITエンジニア科)

[主な就職先]

●特色1　経験豊富な講師陣による細かい指導と、精度の高い授業を提供

●特色2　学生の希望や条件に合わせた、専任の職員によるきめ細かな対応

●特色3　卒業後は、同じ学校内のコンピュータ専門学科(留学生対象学科あり)にて、更に技術を身につけることが可能

製作：J.TEST事務局／語文研究社

長崎県　佐世保市

告示校

こころいりょうふくしせんもんがっこうさせぼこう

こころ医療福祉専門学校 佐世保校

Kokoro Medical & Welfare Professional College Sasebo Campus

[TEL] 0956-59-6888　[FAX] 0956-59-6887
[eMAIL] goto@kokoro.ac.jp
[URL] http://www.japanese.ac/index.html
[SNS] https://www.facebook.com/Kokoro.College.Sasebo/

[住所] 〒857-0862　長崎県佐世保市白南風町13-5

[教育開始時期] 2015年10月

[行き方] JR「佐世保駅」より徒歩8分

[設置者] 学校法人岩永学園　（種別：学校法人）

[校長/別科長名] 廣瀬典治

[収容定員] 120人　二 部制

[教員数] 9人 (うち専任　5 人)

[宿舎] 有　[料金] (月額) 15,000円 ～

[入学資格] 外国において12年間の学校教育を受けていること

[入学選抜方法] 入学選考試験、書類選考、個人面接

[認定コース在籍者数] 53

[その他コース在籍者数] 0

内訳(人)：
ネパール(31)、ベトナム(16)、スリランカ(5)、フィリピン(1)

[教材]

初級	『初級 日本語』『大地』	初中級	『中級へ行こう』
中級	『中級を学ぼう 中級前期中期』	上級	―

[基礎科目及び英語の授業] なし

[認定コース]

	目的	期間	時数	週数	入学月	選考料	入学金	授業料	その他	合計(円)
日本語科 1年コース	就職	1年	800	40	10	30,000	100,000	600,000	60,000	790,000
日本語科 1.5年コース	進学	1年6ヶ月	1200	60	10	30,000	100,000	900,000	90,000	1,120,000
日本語科 2年コース	進学	2年	1720	80	4	30,000	100,000	1,200,000	120,000	1,450,000

[認定以外のコース] なし

[日本語能力試験] 2018年度受験状況

	N1	N2	N3	N4	N5	合計
受験者数	1	20	102	0	0	123
認定者数	0	5	15	0	0	20

[日本留学試験] 2018年度受験状況

●第1回

日本語受験者	日本語219点以上	文系受験者	文系100点以上	理系受験者	理系100点以上
0	0	0	0	0	0

●第2回

日本語受験者	日本語219点以上	文系受験者	文系100点以上	理系受験者	理系100点以上
0	0	0	0	0	0

[進学実績] 2019年3月までの進学状況　卒業者数 46

大学院	大学	短期大学	高専	専門学校	その他の学校	就職
0	3	1	0	39	0	0

[主な進学先]

ウエスレヤン大学、長崎短期大学、こころ医療福祉専門学校、西日本アカデミー航空専門学校、長崎医療こども専門学校、国際トラベル・ホテル・ブライダル専門学校、東京福祉保育専門学校、NIPPONおもてなし専門学校、国際アニメーション専門学校、大原昴自動車大学校、新潟国際自動車大学校、宮崎情報ビジネス医療専門学校 他

[主な就職先]

―

●特色1　日本語能力試験N2合格に向けた指導の徹底。

●特色2　日本語教育を通して、世界に通用する人格の形成。

●特色3　学生に寄り添った進路指導。

製作：J.TEST事務局 / 語文研究社

告示校

長崎県　佐世保市

ながさきにほんごがくいん

長崎日本語学院

Nagasaki Japanese Language school

[TEL] 0956-59-3910　[FAX] 0956-59-3911
[eMAIL] nng@nagasaki-mg.com
[URL] http://nagasaki-mg.com
[SNS] https://www.facebook.com/654184261326975/

[住所] 〒859-3236　長崎県佐世保市南風崎町253-2　[教育開始時期] 2013年04月

[行き方] JR大村線「ハウステンボス駅」より徒歩10分

[設置者] 南風崎MGレヂデンス株式会社（種別：株式会社）　[校長/別科長名] 田渕幸親

[収容定員] 100人　二 部制　[教員数] 9人（うち専任 8人）　[宿舎] 有　[料金]（月額）18,000円～25,000円

[入学資格] 12年の学校教育課程を修了した者、日本語能力試験N5以上又は日本語学習歴150時間以上　[入学選抜方法] 書類審査、面接、筆記試験

[認定コース在籍者数] 58　内訳(人):
[その他コース在籍者数] 0
ベトナム(31)、ネパール(27)

[教材]

初級	『みんなの日本語』	初中級	『中級へ行こう』
中級	『中級から学ぶ日本語』	上級	『上級で学ぶ日本語』

[基礎科目及び英語の授業] なし

[認定コース]

	目的	期間	時数	週数	入学月	選考料	入学金	授業料	その他	合計(円)
進学2年コース	進学	2年	1600	80	4	20,000	80,000	1,300,000	160,000	1,560,000
進学1年6ヶ月コース	進学	1年6か月	1200	60	10	20,000	80,000	975,000	120,000	1,195,000
進学1年コース	進学	1年	800	40	4	20,000	80,000	650,000	80,000	830,000

[認定以外のコース] なし

[日本語能力試験] 2018年度受験状況

	N1	N2	N3	N4	N5	合計
受験者数	0	12	47	74	29	162
認定者数	0	4	22	38	26	90

[日本留学試験] 2018年度受験状況

●第1回

日本語受験者	日本語219点以上	文系受験者	文系100点以上	理系受験者	理系100点以上
0	0	0	0	0	0

●第2回

日本語受験者	日本語219点以上	文系受験者	文系100点以上	理系受験者	理系100点以上
4	0	2	0	2	0

[進学実績] 2019年3月までの進学状況　卒業者数 46

大学院	大学	短期大学	高専	専門学校	その他の学校	就職
0	11	6	0	28	0	0

[主な進学先]

長崎国際大学・日本経済大学・長崎ウエスレヤン大学・長崎短期大学・九州文化学園調理師専門学校・NIPPONおもてなし専門学校・西日本アカデミー航空専門学校・保育・介護・ビジネス名古屋専門学校

[主な就職先]

－

●特色1　全寮制だから初めての日本の生活でも安心。

●特色2　大学や短期大学との提携による交流や進路指導の充実。

●特色3　JLPT合格者への報奨金制度。

製作：J.TEST事務局 / 語文研究社

長崎県　　島原市	告示校

こころかれっじじゃぱん

Kokoro College Japan

Kokoro College Japan

[TEL] 0957-65-5561　[FAX] 0957-65-5560
[eMAIL]
[URL] http://www.japanese.kokoro.ac.jp
[SNS] http://www.facebook.com/kokorocollageJapan.shimabara

[住所] 〒855-0864　長崎県島原市秩父が浦町丁2669-22
[教育開始時期] 2016年10月
[行き方] 島原鉄道線「島原港駅」より徒歩20分

[設置者] 学校法人　岩永学園　（種別：学校法人）
[校長/別科長名] 板木清
[収容定員] 80人　二 部制　[教員数] 7人 (うち専任　3 人)
[宿舎] 有　[料金] (月額) 15,000円～

[入学資格] 外国において12年間の学校教育をうけていること
[入学選抜方法] 入学選考試験、書類選考、個人面接

[認定コース在籍者数] 63
[その他コース在籍者数] 0
内訳(人):
ネパール(49)、フィリピン(11)、ベトナム(3)

[教材]

初級	『初級　日本語』『大地』	初中級	『中級へ行こう』
中級	『中級を学ぼう』	上級	

[基礎科目及び英語の授業] 無

[認定コース]

	目的	期間	時数	週数	入学月	選考料	入学金	授業料	その他	合計(円)
日本語科　1.5年コース	進学	1年6か月	1140	57	10	30,000	100,000	900,000	90,000	1,120,000
日本語科　2年コース	進学	2年	1520	76	4	30,000	100,000	1,200,000	120,000	1,450,000

[認定以外のコース] なし

[日本語能力試験]　2018年度受験状況

	N1	N2	N3	N4	N5	合計
受験者数						
認定者数						

[日本留学試験]　　年度受験状況

●第1回

日本語受験者	日本語219点以上	文系受験者	文系100点以上	理系受験者	理系100点以上

●第2回

日本語受験者	日本語219点以上	文系受験者	文系100点以上	理系受験者	理系100点以上

[進学実績]　2019年3月までの進学状況　卒業者数　29

大学院	大学	短期大学	高専	専門学校	その他の学校	就職
				28		

[主な進学先]

こころ医療福祉専門学校、こころ医療福祉専門学校壱岐校、明生情報ビジネス専門学校、東京福祉保育専門学校、NIPPONおもてなし専門学校、福岡外語専門学校、国際アニメーション専門学校、国際トラベル・ホテルブライダル専門学校、花壇自動車大学校、西日本アカデミー航空専門学校、日本モータースポーツ専門学校、京都コンピュータ学院、他

[主な就職先]

●特色1　日本語能力試験N2合格に向けた指導の徹底。

●特色2　日本語教育を通して、日本文化を理解し、社会に貢献できる人材の育成。

●特色3　学生に寄り添った進路指導。

製作：J.TEST事務局 / 語文研究社

告示校

熊本県　熊本市

くまもとこうぎょうせんもんがっこうにほんごか

熊本工業専門学校 日本語科

KUMAMOTO TECHNICAL COLLEGE JAPANESE COURSE

[TEL] 096-380-8645　[FAX] 096-380-8646
[eMAIL] info@kumakosen.jp
[URL] http://www.kumakosen.jp
[SNS] —

[住所] 〒861-8038　熊本県熊本市東区長嶺東5丁目1番1号　[教育開始時期] 2000年04月
[行き方] 熊本市バス「託麻南小前」、九州産交バス「熊本工業専門学校前」下車

[設置者] 学校法人開新学園　(種別：学校法人)　[校長/別科長名] 江藤正行
[収容定員] 80人 一部制　[教員数] 8人 (うち専任 2人)　[宿舎] 有 [料金] (月額) 10,000円 ～ 30,000円

[入学資格] 12年課程修了以上及びこれと同等レベル
日本語学習時間160時間以上

[入学選抜方法] 書類審査、日本語試験、面接、その他

[認定コース在籍者数] 39
[その他コース在籍者数] 0
内訳(人):
ベトナム(32)、ネパール(7)

[教材]

初級	『みんなの日本語 初級』	初中級	『みんなの日本語 中級』
中級	『中級を学ぼう』	上級	—

[基礎科目及び英語の授業] 総合科目

[認定コース]

	目的	期間	時数	週数	入学月	選考料	入学金	授業料	その他	合計(円)
進学2年コース	進学	2年	1600	80	4	15,000	100,000	1,060,000	120,000	1,295,000

[認定以外のコース] なし

[日本語能力試験] 2018年度受験状況

	N1	N2	N3	N4	N5	合計
受験者数	2	16	41	0	0	59
認定者数	2	5	14	0	0	21

[日本留学試験] 2018年度受験状況

●第1回

日本語受験者	日本語219点以上	文系受験者	文系100点以上	理系受験者	理系100点以上
2	1	1	0	1	0

●第2回

日本語受験者	日本語219点以上	文系受験者	文系100点以上	理系受験者	理系100点以上
3	1	2	1	1	0

[進学実績] 2019年3月までの進学状況　卒業者数 25

大学院	大学	短期大学	高専	専門学校	その他の学校	就職
0	3	0	0	21	0	0

[主な進学先]
上武大学、神戸医療福祉大学、太成学院大学、エール学園、東京ビジネスカレッジ福岡校、麻生情報ビジネスカレッジ専門学校、熊本工業専門学校

[主な就職先]
—

●特色1　クラス担任制をとっており、日本語習得のためにきめ細やかな指導を行う。

●特色2　多くの学校行事を取り入れ、学生の日本理解に努める。

●特色3　広い敷地と施設の中で伸び伸びと勉強できる。

製作：J.TEST事務局 / 語文研究社

熊本県　熊本市　　告示校

くまもとわいえむしーえーがくいんにほんごか

熊本YMCA学院 日本語科

Kumamoto YMCA college Japanese Language Department

[TEL] 096-382-6661　[FAX] 096-382-7928
[eMAIL] nihongo@kumamoto-ymca.org
[URL] http://www.kumamoto-ymca.or.jp/party/8/
[SNS] Facebook：熊本YMCA日本語学校

[住所] 〒862-0924　熊本県熊本市中央区帯山2-1-11　　[教育開始時期] 1989年04月

[行き方] JR九州「東海学園大前」から徒歩15分

[設置者] 学校法人熊本YMCA学園　（種別：学校法人）　[校長/別科長名] 校長　尾道一幸

[収容定員] 140人　一 部制　[教員数] 12人（うち専任　3人）　[宿舎] 無　[料金] -

[入学資格] 12年課程修了以上及びこれと同等レベルの者。150時間以上の日本語学習修了者。　[入学選抜方法] 書類審査、本人面接

[認定コース在籍者数] 63
[その他コース在籍者数] 19
内訳(人)：中国(22)、ベトナム(13)、ネパール(8)、フィリピン(6)、韓国(4)
その他(10)[台湾、フランス、モンゴル、バングラデシュ、ウクライナ、タイ]

[教材]

初級	『みんなの日本語 初級Ⅰ』	初中級	『みんなの日本語 初級Ⅱ』
中級	『TRY! N3』『日本語総まとめ N3』	上級	『TRY! N1・N2』『日本語総まとめ N2・N1』

[基礎科目及び英語の授業] 英語

[認定コース]

	目的	期間	時数	週数	入学月	選考料	入学金	授業料	その他	合計(円)
進学1年半コース	進学	1年6か月	1350	54	10	20,000	80,000	900,000	60,000	1,060,000
進学2年コース	進学	2年	1800	72	4	20,000	80,000	1,200,000	120,000	1,420,000

[認定以外のコース] 3か月短期コース、夏期冬期集中コース

[日本語能力試験]　2018年度受験状況

	N1	N2	N3	N4	N5	合計
受験者数	7	54	58	1	0	120
認定者数	2	19	20	0	0	41

[日本留学試験]　2018年度受験状況

●第1回

日本語受験者	日本語219点以上	文系受験者	文系100点以上	理系受験者	理系100点以上
19	6	7	2	6	4

●第2回

日本語受験者	日本語219点以上	文系受験者	文系100点以上	理系受験者	理系100点以上
19	9	12	4	5	3

[進学実績]　2019年3月までの進学状況　卒業者数　51

大学院	大学	短期大学	高専	専門学校	その他の学校	就職
2	7	0	0	28	0	2

[主な進学先]

熊本学園大学、崇城大学、熊本YMCA学院、九州中央リハビリテーション学院、熊本工業専門学校

[主な就職先]

－

●特色1　少人数制による徹底した指導体制。

●特色2　ボランティアとの会話練習システム。

●特色3　多彩な学校行事及びボランティア行事。

告示校

熊本県　熊本市

がっこうほうじんことうがくえんせんもんがっこうことうかれっじ

学校法人湖東学園 専門学校 湖東カレッジ
Coto College

[TEL] 096-365-4577　[FAX] 096-365-4559
[eMAIL] nihongoka@coto.ac.jp
[URL] http://www.coto.ac.jp
[SNS] ―

[住所] 〒862-0909　熊本県熊本市東区湖東1丁目12番26号　[教育開始時期] 2001年08月
[行き方] JR「熊本駅」より市電「神水市民病院前」電停下車徒歩10分

[設置者] 学校法人湖東学園　(種別：学校法人)　[校長/別科長名] 福山壽子
[収容定員] 60人　二 部制　[教員数] 9人 (うち専任　9人)　[宿舎] 有　[料金] (月額) 18,000円 ～

[入学資格] N5レベル相当、国で150時間以上の日本語学習　[入学選抜方法] 日本語学力試験、面接

[認定コース在籍者数] 38　[その他コース在籍者数] 0
内訳(人)：ネパール(28)、中国(7)、ベトナム(3)

[教材]

初級	『学ぼう！にほんご　初級Ⅰ』	初中級	『学ぼう！にほんご　初中級』
中級	『学ぼう！にほんご　中級』日本留学試験/日本語能力試験対策(生教材)	上級	『学ぼう！にほんご　上級』

[基礎科目及び英語の授業] 総合科目

[認定コース]

	目的	期間	時数	週数	入学月	選考料	入学金	授業料	その他	合計(円)
進学1年コース	進学	1年	800	40	4	20,000	50,000	600,000	50,000	720,000
進学1.5年コース	進学	1.5年	1200	60	10	20,000	50,000	900,000	70,000	1,040,000
進学2年コース	進学	2年	1600	80	4	20,000	50,000	1,200,000	80,000	1,350,000

[認定以外のコース] なし

[日本語能力試験] 2018年度受験状況

	N1	N2	N3	N4	N5	合計
受験者数	6	24	44	0	0	74
認定者数	2	4	10	0	0	16

[日本留学試験] 2018年度受験状況

●第1回

日本語受験者	日本語219点以上	文系受験者	文系100点以上	理系受験者	理系100点以上
5	5	4	1	1	1

●第2回

日本語受験者	日本語219点以上	文系受験者	文系100点以上	理系受験者	理系100点以上
5	5	4	0	1	1

[進学実績] 2019年3月までの進学状況　卒業者数 34

大学院	大学	短期大学	高専	専門学校	その他の学校	就職
0	7	0	0	23	4	0

[主な進学先]
名桜大学、山口県立大学、拓殖大学、聖学院大学、鈴鹿大学、中京学院大学、専門学校湖東カレッジ、九州工科自動車専門学校、専門学校アートカレッジ神戸、宮崎情報ビジネス医療専門学校、NIPPONおもてなし専門学校、大阪YMCA国際専門学校、千葉モードビジネス専門学校

[主な就職先]
―

●特色1　本学の他学科、及び大学受験に必用な日本語の学習。

●特色2　本学の他学科の日本人学生との交流を通して日本文化、生活に触れることができる。

●特色3　少人数クラスの家族的な雰囲気で学習できる。

大分県 大分市	告示校

あすかにほんごがっこう

明日香日本語学校

Asuka Japanese Language School

[TEL] 097-544-9114 [FAX] 097-544-9107
[eMAIL] nihongo@asuka.ac.jp
[URL] http://www.asuka.ac.jp/nihongo/
[SNS] —

[教育開始時期] 1992年10月

[住所] 〒870-0823 大分県大分市東大道1-4-22

[行き方] JR日豊本線「大分駅」上野の森口より徒歩2分

[設置者] 学校法人明日香学園 (種別：学校法人)

[校長/別科長名] 港洋行

[収容定員] 200人 二 部制 [教員数] 12人 (うち専任 7人)

[宿舎] 有 [料金] (月額) 23,000円

[入学資格] 12年以上の学校教育の課程を修了したか、それに準ずる18歳以上の者で、信頼のおける保証人を有する者

[入学選抜方法] 入学試験（ア、書類選考、イ、学科試験、ウ、面接試験、エ、小論文）の実施

[認定コース在籍者数] 98

[その他コース在籍者数] 0

内訳(人): ネパール(83)、ベトナム(10)、スリランカ(3)、中国(1)、インドネシア(1)

[教材]

初級	『できる日本語初級』	初中級	『できる日本語初中級』
中級	『日本語総まとめN3文法』『TRY!日本語能力試験N2文法』	上級	『TRY!日本語能力試験N1文法』

[基礎科目及び英語の授業] なし

[認定コース]

	目的	期間	時数	週数	入学月	選考料	入学金	授業料	その他	合計(円)
一般日本語コース	一般	2年	1600	80	4	20,000	60,000	1,180,000	151,000	1,411,000
一般日本語コース	一般	1年9か月	1400	70	7	20,000	60,000	1,032,500	133,500	1,246,000
一般日本語コース	一般	1年6か月	1200	60	10	20,000	60,000	885,000	116,000	1,081,000

[認定以外のコース] なし

[日本語能力試験] 2018年度受験状況

	N1	N2	N3	N4	N5	合計
受験者数	1	7	52	69	0	129
認定者数	0	2	25	31	0	58

[日本留学試験] 2018年度受験状況

●第1回

日本語受験者	日本語219点以上	文系受験者	文系100点以上	理系受験者	理系100点以上
0	0	0	0	0	0

●第2回

日本語受験者	日本語219点以上	文系受験者	文系100点以上	理系受験者	理系100点以上
0	0	0	0	0	0

[進学実績] 2019年3月までの進学状況 卒業者数 72

大学院	大学	短期大学	高専	専門学校	その他の学校	就職
0	0	0	0	69	0	0

[主な進学先]

明日香国際ブライダル＆ホテル観光専門学校、保育・介護・ビジネス名古屋専門学校、田北ビジネス専門学校。大原自動車専門学校大分校、千葉モードビジネス専門学校、千葉日建工科専門学校、柏木実業専門学校、エール学園

[主な就職先]

●特色1 中級以降は、日本語能力検定試験対策と発表活動の両輪で授業を進めている。

●特色2 総合の教科書を使用せず、スピーチや発表を取り入れて、自分の決めたテーマで自分の伝えたいことを伝え、他者の声に耳を傾け、ディスカッションする授業を行っている。

●特色3 日本語の知識だけでなく、言葉を通して自分の考えや他者の考えと向き合う教育を行っている。

製作：J.TEST事務局 / 語文研究社

告示校

宮崎県　宮崎市

みやざきじょうほうびじねすせんもんがっこう

宮崎情報ビジネス医療専門学校

MIYAZAKI INFORMATION BUSINESS MEDICAL COLLEGE

[TEL] 0985-25-4257 [FAX] 0985-25-4365
[eMAIL] msg-nihongo@msg.ac.jp
[URL] http://www.miyajobi.ac.jp/
[SNS] Facebook:宮崎情報ビジネス医療専門学校

[住所] 〒880-0801　宮崎県宮崎市老松1-3-7

[教育開始時期] 2011年04月

[行き方] JR九州「宮崎駅」西口から南へ徒歩5分

[設置者] 学校法人宮崎総合学院　（種別：学校法人）

[校長/別科長名] 栗山重隆

[収容定員] 225人　二 部制

[教員数] 17人 (うち専任　6人)

[宿舎] 有　[料金] (月額) 15,000円 ～ 20,000円

[入学資格] 12年以上の学校教育又はそれに準ずる課程を修了している者。18歳以上の者等

[入学選抜方法] 面接、書類選考、筆記試験等

[認定コース在籍者数] 139

[その他コース在籍者数] 0

内訳(人):
ネパール(64)、ベトナム(46)、中国(15)、インド(5)
その他(9)[韓国、モンゴル、フィリピン、スリランカ、トルコ、メキシコ]

[教材]

初級	『できる日本語初級』	初中級	『できる日本語初中級』
中級	『中級まで学ぶ日本語』『中級から学ぶ日本語』	上級	『上級から学ぶ日本語』

[基礎科目及び英語の授業] なし

[認定コース]

	目的	期間	時数	週数	入学月	選考料	入学金	授業料	その他	合計(円)
1年コース	進学	1年	850	36	4	20,000	40,000	540,000	100,000	700,000
1.5年コース	進学	1年6か月	1300	54	10	20,000	40,000	810,000	130,000	1,000,000
2.0年コース	進学	2年	1700	72	4	20,000	40,000	1,080,000	200,000	1,340,000

[認定以外のコース] なし

[日本語能力試験]　2018年度受験状況

	N1	N2	N3	N4	N5	合計
受験者数	23	51	80	105	49	308
認定者数	2	17	40	74	47	180

[日本留学試験]　2018年度受験状況

●第1回

日本語受験者	日本語219点以上	文系受験者	文系100点以上	理系受験者	理系100点以上
2	2	2	2	0	0

●第2回

日本語受験者	日本語219点以上	文系受験者	文系100点以上	理系受験者	理系100点以上
1	1	0	0	1	0

[進学実績]　2019年3月までの進学状況　卒業者数　100

大学院	大学	短期大学	高専	専門学校	その他の学校	就職
0	4	0	0	88	0	5

[主な進学先]

宮崎大学、福岡女学院大学

[主な就職先]

鹿児島製茶株式会社、㈱教育情報サービス(KJS)、えびの電子工業㈱、学校法人九州総合学院

●特色1　担任制による進路指導及びレベル別にクラスを構成し日本語教育を実施。

●特色2　国際交流を目的とする地域イベントへの積極的参加。

●特色3　市内中心部にあり、交通便もよくとても住みやすい環境。

鹿児島県　鹿児島市　　告示校

かごしまきゃりあでざいんせんもんがっこう

鹿児島キャリアデザイン専門学校

Kagoshima Career Design College

[TEL] 099-267-2411 [FAX] 099-260-1681
[eMAIL] career.jp@harada-gakuen.ac.jp
[URL] http://www.harada-gakuen.ac.jp/career
[SNS] Facebook:鹿児島キャリアデザイン専門学校日本語科

[教育開始時期] 2015年04月

[住所] 〒891-0141　鹿児島県鹿児島市谷山中央2-4173

[行き方] JR「谷山駅」から徒歩6分 、市電「谷山電停」から徒歩8分

[設置者] 学校法人原田学園　(種別：学校法人)

[校長/別科長名] 東祐二

[収容定員] 30人　一 部制　[教員数] 8人 (うち専任 2人)

[宿舎] 有　[料金] (月額) 16,000円 ～

[入学資格] 18歳以上、12年以上の学校教育またはそれに準ずる課程修了、経費支弁能力がある者、N5相等の日本語能力、入学後1年間日本語学科専用の寮に住むことを承諾できる者(※光熱水費は実費が必要) 他

[入学選抜方法] 書類審査、筆記試験（日本語）、本人・保護者面接

[認定コース在籍者数] 8

[その他コース在籍者数] 0

内訳(人):
ネパール(7)、ベトナム(1)

[教材]

初級	『まるごと 入門』『まるごと 初級』	初中級	『まるごと 初中級』
中級	『中級を学ぼう』	上級	『上級で学ぼう』

[基礎科目及び英語の授業] なし

[認定コース]

	目的	期間	時数	週数	入学月	選考料	入学金	授業料	その他	合計(円)
一般コース	一般	2年	1600	72	4	20,000	80,000	1,100,000	150,000	1,350,000

[認定以外のコース] なし

[日本語能力試験] 2018年度受験状況

	N1	N2	N3	N4	N5	合計
受験者数	0	2	5	4	0	11
認定者数	0	1	2	2	0	5

[日本留学試験] 2018年度受験状況

●第1回

日本語受験者	日本語219点以上	文系受験者	文系100点以上	理系受験者	理系100点以上
0	0	0	0	0	0

●第2回

日本語受験者	日本語219点以上	文系受験者	文系100点以上	理系受験者	理系100点以上
0	0	0	0	0	0

[進学実績] 2019年3月までの進学状況　卒業者数 5

大学院	大学	短期大学	高専	専門学校	その他の学校	就職
0	0	0	0	4	0	1

[主な進学先]

学校法人原田学園、鹿児島キャリアデザイン専門学校、学校法人Adachi学園九州観光専門学校、学校法人たちばな学園、保育・介護・ビジネス名古屋専門学校

[主な就職先]

霧島公園観光有限会社、旅行人山荘

●特色1 学習面だけでなく、経済面・生活面・精神面もサポート。

●特色2 資格指導にも力を入れています。

●特色3 日本語だけでなく日本文化も学びます(着付けや茶道など)。

製作:J.TEST事務局 / 語文研究社

告示校

鹿児島県　鹿児島市

かごしまじょうほうびじねすこうむいんせんもんがっこう

鹿児島情報ビジネス公務員専門学校

Kagoshima College of Computer Business And Public Service

[TEL] 099-239-9522 [FAX] 099-223-6139
[eMAIL] kbcc.japanese@gmail.com
[URL] http://www.kbcc.ac.jp
[SNS] https://www.facebook.com/1554348011297354/

[住所] 〒892-0842　鹿児島県鹿児島市東千石町19-32

[教育開始時期] 2017年10月

[行き方] 市電「天文館」より徒歩5分

[設置者] 学校法人九州総合学院　(種別:学校法人)

[校長/別科長名] 熊谷朋子

[収容定員] 100人　二 部制　[教員数] 8人 (うち専任 4人)

[宿舎] 有　[料金] (月額) 15,000円 ～

[入学資格] ・12年以上の学校教育またはそれに準ずる課程を修了している者　・年齢が18歳以上の者　・正当な手続きによって日本国への入国を許可され、又は許可される見込みのある者

[入学選抜方法] 書類選考、筆記試験、面接

[認定コース在籍者数] 62

[その他コース在籍者数] 0

内訳(人):
ネパール(39)、ベトナム(19)、スリランカ(2)、韓国(2)

[教材]

初級	『できる日本語 初級』	初中級	『できる日本語 初中級』
中級	『できる日本語 中級』	上級	―

[基礎科目及び英語の授業] 数学コース1、数学コース2、化学、生物

[認定コース]

	目的	期間	時数	週数	入学月	選考料	入学金	授業料	その他	合計(円)
進学1年コース	進学	1年	800	40	4	20,000	40,000	540,000	100,000	700,000
進学1年6か月コース	進学	1年6か月	1200	60	10	20,000	40,000	810,000	130,000	1,000,000
進学2年コース	進学	2年	1600	80	4	20,000	40,000	1,080,000	200,000	1,340,000

[認定以外のコース] なし

[日本語能力試験] 2018年度受験状況

	N1	N2	N3	N4	N5	合計
受験者数	0	0	26	10	0	36
認定者数	0	0	4	2	0	6

[日本留学試験] 2018年度受験状況

●第1回

日本語受験者	日本語219点以上	文系受験者	文系100点以上	理系受験者	理系100点以上
0	0	0	0	0	0

●第2回

日本語受験者	日本語219点以上	文系受験者	文系100点以上	理系受験者	理系100点以上
0	0	0	0	0	0

[進学実績] 2019年3月までの進学状況　卒業者数 20

大学院	大学	短期大学	高専	専門学校	その他の学校	就職
0	2	0	0	18	0	0

[主な進学先]

鈴鹿大学, 秀明大学, 九州工科自動車専門学校, プロスペラ学院ビジネス専門学校

[主な就職先]

―

●特色1　留学生一人ひとりの個性や適性に応じ、教育面から生活面に渡る手厚いサポートを実践します。

●特色2　課外活動や専門課程に在籍している日本人学生との交流を通じ、日本の文化や習慣を学びます。

●特色3　鹿児島市の中心部に位置し、便利で生活しやすい環境です。

製作:J.TEST事務局 / 語文研究社

鹿児島県　鹿児島市

告示校

きゅうしゅうにほんごがっこう

九州日本語学校

Kyushu Japanese Language School

[TEL] 099-222-6616 [FAX] 099-222-6615
[eMAIL] Kyushu.nihongo@gmail.com
[URL] http://kyushunihongo.weebly.com
[SNS] https://www.facebook.com/九州日本語学校-874715545883458/

[教育開始時期] 2002年04月

[住所] 〒892-0818 鹿児島県鹿児島市上本町14-7

[行き方] JR日豊線「鹿児島駅」から徒歩5分

[設置者] 有限会社九州日本語学校（種別:有限会社）

[校長/別科長名] 有村耕一

[収容定員] 150人 二 部制　[教員数] 11人（うち専任 5人）

[宿舎] 有 [料金]（月額）16,500円～33,000円

[入学資格] 日本語能力試験N5以上

[入学選抜方法] 書類審査、現地面接、筆記試験

[認定コース在籍者数] 112
[その他コース在籍者数] 4

内訳(人): ベトナム(72)、ネパール(13)、中国(12)、フィリピン(11)、ミャンマー(5)
その他(3)[韓国、スリランカ、オーストラリア]

[教材]

初級	『学ぼうにほんご 初級』	初中級	『学ぼうにほんご 初中級』
中級	『学ぼうにほんご 中級』	上級	『学ぼうにほんご 上級』

[基礎科目及び英語の授業] 総合科目、数学コース1、数学コース2、物理、化学、生物

[認定コース]

	目的	期間	時数	週数	入学月	選考料	入学金	授業料	その他	合計(円)
進学課程1年6か月コース	進学	1年6か月	1100	55	10	20,000	80,000	750,000	180,000	1,030,000
進学課程1年9か月コース	進学	1年9か月	1200	60	7	20,000	80,000	875,000	217,700	1,192,700
進学課程2年コース	進学	2年	1500	75	4	20,000	80,000	1,000,000	240,000	1,340,000

[認定以外のコース] なし

[日本語能力試験] 2018年度受験状況

	N1	N2	N3	N4	N5	合計
受験者数	18	62	82	0	0	162
認定者数	6	22	50	0	0	78

[日本留学試験] 2018年度受験状況

●第1回

日本語受験者	日本語219点以上	文系受験者	文系100点以上	理系受験者	理系100点以上
10	3	7	1	1	0

●第2回

日本語受験者	日本語219点以上	文系受験者	文系100点以上	理系受験者	理系100点以上
5	3	2	2	1	0

[進学実績] 2019年3月までの進学状況 卒業者数 65

大学院	大学	短期大学	高専	専門学校	その他の学校	就職
1	12	6	0	26	0	14

[主な進学先]

鹿児島大学、名古屋市立大学、立命館大学、東洋大学、鹿児島国際大学、第一工業大学、鹿児島女子短期大学、鹿児島情報ビジネス公務員専門学校、国際アニメーション専門学校、専門学校エール学園、千葉モードビジネス専門学校

[主な就職先]

FPTジャパンホールディングス、南薩食鳥株式会社、レクストン鹿児島

●特色1 鹿児島の市街地の中心からすぐ近く。アルバイトも豊富。

●特色2 学校から徒歩3分以内に寮を完備。先輩もいるので、生活も勉強も安心。

●特色3 完全レベル別授業。習熟度、日本語能力試験受験級によってクラス分けした授業。

製作:J.TEST事務局 / 語文研究社

告示校

鹿児島県 いちき串木野市

かみむらがくえんせんしゅうがっこうにほんごがっか

神村学園専修学校 日本語学科

KAMIMURA GAKUEN COLLEGE JAPANESE LANGUAGE COURSE

[TEL] 0996-21-2105 [FAX] 0996-21-2112
[eMAIL] nihongo1956@kamimura.ac.jp
[URL] http://www.kamimura.ac.jp
[SNS] Facebook:KamimuraGakuenJapaneseCourse

[住所]〒896-8686 鹿児島県いちき串木野市別府4460

[教育開始時期] 2010年10月

[行き方] JR「神村学園前駅」から徒歩5分

[設置者] 学校法人神村学園 (種別:学校法人)

[校長/別科長名] 校長 神村慎二

[収容定員] 80人 一部制

[教員数] 8人(うち専任 6人)

[宿舎] 有 [料金] (月額) 16,800円 ~ 23,400円

[入学資格] 1.12年以上の学校教育を修了した者
2.日本語能力レベルN5または150時間以上の日本語学習歴を有する者

[入学選抜方法] 書類審査、日本語能力、面接

[認定コース在籍者数] 38

[その他コース在籍者数] 15

内訳(人):
ベトナム(18)、ネパール(16)、台湾(16)、インドネシア(2)、中国(1)

[教材]

初級	『みんなの日本語Ⅰ』	初中級	『みんなの日本語Ⅱ』
中級	『テーマ別中級から学ぶ日本語』『学ぼう!にほんご 中級』	上級	『学ぼう!にほんご 中上級』 『日本語能力試験対策N1漢字語彙』

[基礎科目及び英語の授業] 総合科目、数学コース1、数学コース2、英語

[認定コース]

	目的	期間	時数	週数	入学月	選考料	入学金	授業料	その他	合計(円)
進学1年半	進学	1年6か月	1200	60	10	20,000	80,000	825,000	93,000	1,018,000
進学2年	進学	2年	1600	80	4	20,000	80,000	1,100,000	120,000	1,320,000

[認定以外のコース] 短期コース

[日本語能力試験] 2018年度受験状況

	N1	N2	N3	N4	N5	合計
受験者数	17	36	21	17	0	91
認定者数	1	19	11	7	0	38

[日本留学試験] 2018年度受験状況

●第1回

日本語受験者	日本語219点以上	文系受験者	文系100点以上	理系受験者	理系100点以上
15	5	9	6	6	2

●第2回

日本語受験者	日本語219点以上	文系受験者	文系100点以上	理系受験者	理系100点以上
15	10	9	7	6	4

[進学実績] 2019年3月までの進学状況 卒業者数 36

大学院	大学	短期大学	高専	専門学校	その他の学校	就職
0	12	2	0	21	0	1

[主な進学先]

北海道大学、鹿児島大学、長崎県立大学、九州産業大学、四日市大学、広島経済大学、第一工業大学、他
香蘭女子短期大学、鹿児島女子短期大学、日本電子専門学校、横浜システム工学院専門学校、大阪YMCA国際専門学校、広島工業大学専門学校 他

[主な就職先]

有限会社みその

●特色1 学園内に附属幼稚園、初等部、中等部、高等部、専修学校があり、多彩な交流活動が行なわれます。

●特色2 日本留学試験対策講座(総合科目、数学、理科)選択受講可。

●特色3 学園内に学生寮があり、安心、安全。

製作:J.TEST事務局 / 語文研究社

沖縄県　那覇市　告示校

がっこうほうじんふじがくえんせんもんがっこうあいてぃかれっじおきなわ

学校法人フジ学園 専門学校 ITカレッジ沖縄
IT College Okinawa

[TEL] 098-833-6175　[FAX] 098-833-6714
[eMAIL] pr@it-college.ac.jp
[URL] http://www.it-college.ac.jp/
[SNS] https://www.facebook.com/itcollegestudents/

[住所] 〒900-0022　沖縄県那覇市樋川1-1-77
[教育開始時期] 2014年04月
[行き方] 「那覇高校前バス停」より徒歩2分、ゆいレール「県庁前駅」より徒歩15分

[設置者] 学校法人フジ学園　(種別:学校法人)
[校長/別科長名] 奥戸類
[収容定員] 40人　一 部制
[教員数] 10人 (うち専任 6人)
[宿舎] 有 [料金] (月額) 25,000円 ～ 30,000円

[入学資格]
・学校教育における12年以上の課程を修了している者
・日本語学習歴150時間以上受講している者、またはN5以上を取得している者

[入学選抜方法] 書類審査、本人面接、日本語能力テスト

[認定コース在籍者数] 21
[その他コース在籍者数] 85
内訳(人): ネパール(44)、ベトナム(34)、ミャンマー(16)、バングラデシュ(4)、フィリピン(2)
その他(6)[韓国、スリランカ、インドネシア、ハンガリー、中国]

[教材]

初級	『できる日本語　初級』	初中級	『できる日本語　初中級』
中級	『中級を学ぼう　中級前期』	上級	『中級を学ぼう　中級中期』

[基礎科目及び英語の授業] なし

[認定コース]

	目的	期間	時数	週数	入学月	選考料	入学金	授業料	その他	合計(円)
日本語ビジネス	進学	2年	1700	20	4	20,000	25,000	1,260,000	155,000	1,460,000

[認定以外のコース] グローバルビジネスコース

[日本語能力試験] 2018年度受験状況

	N1	N2	N3	N4	N5	合計
受験者数	0	0	0	11	0	11
認定者数	0	0	0	3	0	3

[日本留学試験] 2018年度受験状況

●第1回

日本語受験者	日本語219点以上	文系受験者	文系100点以上	理系受験者	理系100点以上
0	0	0	0	0	0

●第2回

日本語受験者	日本語219点以上	文系受験者	文系100点以上	理系受験者	理系100点以上
0	0	0	0	0	0

[進学実績] 2019年3月までの進学状況　卒業者数　1

大学院	大学	短期大学	高専	専門学校	その他の学校	就職
0	0	0	0	1	0	0

[主な進学先]
沖縄ビジネス外語学院

[主な就職先]
－

●特色1　日本語教育経験豊富な教師陣。

●特色2　日本人学生と積極的な交流を行い、日本語力の向上を目指す。

●特色3　マンツーマンで就職および進学指導を実施。

製作:J.TEST事務局 / 語文研究社

告示校

沖縄県　那覇市

がっこうほうじんなんせいがくえんさいてくかれっじなはにほんごか

学校法人南星学園
サイ・テク・カレッジ那覇 日本語科

Gakkohojin Nanseigakuen Sci.Tec.College Naha

[TEL] 098-865-2800 [FAX] 098-869-1550
[eMAIL] gaku@stc-naha.ac.jp
[URL] http://www.stc-naha.ac.jp
[SNS]

[住所] 〒900-0005 沖縄県那覇市天久2-1-13

[教育開始時期] 2013年10月

[行き方] バス「上之屋停留」から徒歩3分（上之屋交差点よりサンエー那覇メインプレイス向け50m）

[設置者] 学校法人南星学園 （種別：学校法人）

[校長/別科長名] 神元 正勝

[収容定員] 80人 二 部制

[教員数] 8人 (うち専任 6 人)

[宿舎] 有 [料金] (月額)25,000円～

[入学資格] 18歳以上、日本語学習150時間以上

[入学選抜方法] 筆記及び面接

[認定コース在籍者数] 41

[その他コース在籍者数] 0

内訳(人):
インドネシア(31)、ネパール(10)

[教材]

初級	『みんなの日本語初級Ⅰ』	初中級	『みんなの日本語初級Ⅱ』
中級	『みんなの日本語中級』	上級	—

[基礎科目及び英語の授業] 無

[認定コース]

	目的	期間	時数	週数	入学月	選考料	入学金	授業料	その他	合計(円)
進学1年コース	進学	1年	760	38	4	10,000	100,000	500,000	90,000	700,000
進学1年6か月コース	進学	1年6か月	1140	57	10	10,000	100,000	750,000	145,000	1,005,000

[認定以外のコース] なし

[日本語能力試験] 2018年度受験状況

	N1	N2	N3	N4	N5	合計
受験者数	0	0	12	17	10	39
認定者数	0	0	6	6	5	17

[日本留学試験] 2018年度受験状況

●第1回

日本語受験者	日本語219点以上	文系受験者	文系100点以上	理系受験者	理系100点以上
0					

●第2回

日本語受験者	日本語219点以上	文系受験者	文系100点以上	理系受験者	理系100点以上
0					

[進学実績] 2019年3月までの進学状況 卒業者数 41

大学院	大学	短期大学	高専	専門学校	その他の学校	就職
				31	1	0

[主な進学先]

サイテクカレッジ那覇/宮崎情報ビジネス医療専門学校

[主な就職先]

●特色1 専門課程も併設されており、日本人学生との交流が盛んである

●特色2 課外活動を通して、日本文化や沖縄文化が体験できる

●特色3 日本語科から専門課程まで一貫した進学・就職・日常生活等のサポートを受けることができる。

製作：J.TEST事務局 / 語文研究社

告示校

すてっぷわーるどにほんごがくいん

ステップワールド日本語学院

STEP WORLD JAPANESE SCHOOL

[TEL] 098-860-5353 [FAX] 098-860-5350
[eMAIL] info@k-stworld.com
[URL] http://www.k-stworld.com/
[SNS] —

[住所] 〒900-0011 沖縄県那覇市上之屋1-10-2

[教育開始時期] 2011年10月

[行き方] ゆいレール「美栄橋駅」より徒歩15分

[設置者] 株式会社ケイ・サポート (種別：株式会社)

[校長/別科長名] 仲筋一夫

[収容定員] 150人 二 部制

[教員数] 11人 (うち専任 5人)

[宿舎] 有 [料金] (月額) 22,500円 ～

[入学資格] 12年課程修了以上及びこれと同等レベルの者

[入学選抜方法] 書類選考、筆記試験、面接

[認定コース在籍者数] 160

[その他コース在籍者数] 0

内訳(人): ネパール(116)、フィリピン(19)、インドネシア(18)、中国(5)
その他(2)[ベトナム、モンゴル]

[教材]

初級	『みんなの日本語 初級』	初中級	『中級へ行こう』
中級	『中級を学ぼう』	上級	『学ぼう! にほんご』

[基礎科目及び英語の授業] なし

[認定コース]

	目的	期間	時数	週数	入学月	選考料	入学金	授業料	その他	合計(円)
進学2年コース	進学	2年	1600	80	4	20,000	120,000	1,200,000	180,000	1,520,000
進学1年9か月コース	進学	1年9か月	1400	70	7	20,000	120,000	1,050,000	155,000	1,345,000
進学1年6か月コース	進学	1年6か月	1200	60	10	20,000	120,000	900,000	135,000	1,175,000

[認定以外のコース] なし

[日本語能力試験] 2018年度受験状況

	N1	N2	N3	N4	N5	合計
受験者数	0	2	39	44	0	85
認定者数	0	1	4	3	0	8

[日本留学試験] 2018年度受験状況

●第1回

日本語受験者	日本語219点以上	文系受験者	文系100点以上	理系受験者	理系100点以上
0	0	0	0	0	0

●第2回

日本語受験者	日本語219点以上	文系受験者	文系100点以上	理系受験者	理系100点以上
0	0	0	0	0	0

[進学実績] 2019年3月までの進学状況 卒業者数 57

大学院	大学	短期大学	高専	専門学校	その他の学校	就職
0	0	0	0	55	0	0

[主な進学先]

沖縄外語専門学校、沖縄サイテク専門学校、沖縄IT専門学校、ライブジュニア専門学校、大和ファッション専門学校、おもてなし専門学校、大阪観光ビジネス専門学校、駿台観光＆ビジネス専門学校、愛甲学院専門学校

[主な就職先]

—

●特色1 きめ細かな指導。

●特色2 生活に役立つ日本語教育の実施。

●特色3 日本語の試験対策。

製作:J.TEST事務局 / 語文研究社

告示校

沖縄県　那覇市

にちあがいごがくいん

日亜外語学院

NICHIA FOREIGN LANGUAGE ACADEMY

[TEL] 098-833-8666　[FAX] 098-836-6800
[eMAIL] nichia@orange.zero.jp
[URL] http://orange.zero.jp/nichia
[SNS] —

[住所] 〒902-0062　沖縄県那覇市松川1-1-1

[教育開始時期] 1997年10月

[行き方] ゆいレール「安里(あさと)駅」下車後、三原向け徒歩5分

[設置者] 有限会社國場商行　(種別：有限会社)

[校長/別科長名] 与那嶺紀子

[収容定員] 180人　二 部制　[教員数] 13人 (うち専任　4 人)

[宿舎] 有　[料金] (月額) 20,000円

[入学資格] 12年課程修了以上及びこれと同等レベルの者

[入学選抜方法] 書類審査、本人面接、能力性試験

[認定コース在籍者数] 119

[その他コース在籍者数] 0

内訳(人)：
ネパール(80)、ベトナム(16)、インドネシア(14)、台湾(4)、ミャンマー(5)

[教材]

初級	『みんなの日本語初級』	初中級	—
中級	『みんなの日本語中級』	上級	『みんなの日本語上級』

[基礎科目及び英語の授業] なし

[認定コース]

	目的	期間	時数	週数	入学月	選考料	入学金	授業料	その他	合計(円)
進学コースA 1年コース	進学	1年	760	38	4	30,000	100,000	600,000	166,500	896,500
進学コースB 1年半コース	進学	1年6か月	1140	57	10	30,000	100,000	750,000	234,000	1,114,000
進学コースC 2年コース	進学	2年	1520	76	4	30,000	100,000	930,000	303,000	1,363,000

[認定以外のコース] なし

[日本語能力試験]　2018年度受験状況

	N1	N2	N3	N4	N5	合計
受験者数	0	1	20	37	0	58
認定者数	0	0	6	11	0	17

[日本留学試験]　2018年度受験状況

●第1回

日本語受験者	日本語219点以上	文系受験者	文系100点以上	理系受験者	理系100点以上
0	0	0	0	0	0

●第2回

日本語受験者	日本語219点以上	文系受験者	文系100点以上	理系受験者	理系100点以上
0	0	0	0	0	0

[進学実績]　2019年3月までの進学状況　卒業者数　42

大学院	大学	短期大学	高専	専門学校	その他の学校	就職
0	11	0	0	31	0	0

[主な進学先]

琉球大学、ITカレッジ沖縄、ライフジュニアカレッジ

[主な就職先]

—

●特色1　話す・聞く・読む・書くの四技能を段階的に学習し、日本語で思考する能力を身につけ、実用的かつ美しい日本語を目指す。

●特色2　スピーチ、テーマディスカッションの演習を取り入れた日本語学習を行います。

●特色3　—

沖縄県　那覇市	告示校

がっこうほうじんごれすあかでみいにほんぶんかけいざいがくいん

学校法人ゴレスアカデミー
日本文化経済学院

Japan Institute of Culture & Economics

[TEL] 098-869-8686　[FAX] 098-865-3230
[eMAIL] gores@gores.ac.jp
[URL] http://www.gores.ac.jp
[SNS] https://www.facebook.com/jice.okinawa

[住所] 〒900-0036　沖縄県那覇市西2丁目12番14号

[教育開始時期] 1998年10月

[行き方] ゆいレール「旭橋駅」から徒歩約10分

[設置者] 学校法人ゴレスアカデミー　（種別：学校法人）

[校長/別科長名] 瀬底あけみ

[収容定員] 340人　二 部制　[教員数] 22人（うち専任　6人）　[宿舎] 有　[料金]（月額）25,500円 ～

[入学資格] 12年課程修了以上及びこれと同等レベルの者、150時間以上の日本語学習をした者、経費支弁が十分にできる者

[入学選抜方法] 書類審査、日本語力テスト、面接

[認定コース在籍者数] 226

[その他コース在籍者数] 0

内訳(人)：
ネパール(209)、ベトナム(14)、中国(3)

[教材]

初級	『みんなの日本語 初級』	初中級	『中級へ行こう』
中級	『中級を学ぼう』	上級	『中級から上級への日本語』

[基礎科目及び英語の授業] なし

[認定コース]

	目的	期間	時数	週数	入学月	選考料	入学金	授業料	その他	合計(円)
一般2年コース	一般	2年	1520	76	4	25,000	75,000	1,400,000	120,000	1,620,000
一般1年9ヵ月コース	一般	1年9ヵ月	1330	66.5	7	25,000	75,000	1,225,000	105,000	1,430,000
一般1年6ヵ月コース	一般	1年6ヵ月	1140	57	10	25,000	75,000	1,050,000	90,000	1,240,000
一般1年3ヵ月コース9	一般	1年3ヵ月	950	47.5	1	25,000	75,000	875,000	75,000	1,050,000

[認定以外のコース] なし

[日本語能力試験]　2018年度受験状況

	N1	N2	N3	N4	N5	合計
受験者数	0	0	106	14	0	120
認定者数	0	0	31	5	0	36

[日本留学試験]　2018年度受験状況

●第1回

日本語受験者	日本語219点以上	文系受験者	文系100点以上	理系受験者	理系100点以上
0	0	0	0	0	0

●第2回

日本語受験者	日本語219点以上	文系受験者	文系100点以上	理系受験者	理系100点以上
0	0	0	0	0	0

[進学実績]　2019年3月までの進学状況　卒業者数　102

大学院	大学	短期大学	高専	専門学校	その他の学校	就職
0	2	0	0	100	0	0

[主な進学先]

神戸国際大学、富士国際ビジネス専門学校、明生情報ビジネス専門学校

[主な就職先]

－

●特色1　学生の声に耳を傾け、ともに学ぶ、情熱あふれる講師陣。

●特色2　きめ細かな指導とICTを活用した快適な学習環境。

●特色3　学生のニーズに応える、実践的な使える日本語の授業。

製作：J.TEST事務局／語文研究社

告示校

沖縄県　うるま市

とうようげんごぶんかがくいん

東洋言語文化学院

Asian Language & Culture College

[TEL] 098-972-4888　[FAX] 098-989-4697
[eMAIL] info@toyo-alcc.com
[URL] http://japanese.toyo-alcc.com
[SNS] https://www.facebook.com/東洋言語文化学院-369947433149933/

[住所] 〒904-2215　沖縄県うるま市みどり町5丁目3-25

[教育開始時期] 2010年08月

[行き方] 沖縄バス「安慶名」バス停から徒歩5分

[設置者] 株式会社新学　（種別：株式会社）

[校長/別科長名] 山田浩子

[収容定員] 140人　二 部制　[教員数] 9人（うち専任　4人）

[宿舎] 有　[料金]（月額）21,000円 ～ 22,000円

[入学資格] 12年課程修了以上、正当な手続きによって日本国への入国を許可又は許可される見込みのある者、日本での学費・生活費を本人又は経費支弁者が支弁できる者。

[入学選抜方法] 書類審査、日本語テスト、面接

[認定コース在籍者数] 79

[その他コース在籍者数] 2

内訳(人)：ネパール(75)、中国(2)、ベトナム(1)、インドネシア(1)、ウズベキスタン(1)
その他(1)[韓国]

[教材]

初級	『みんなの日本語』	初中級	『中級へ行こう』
中級	『できる日本語中級』	上級	『中級から上級への日本語』

[基礎科目及び英語の授業]　なし

[認定コース]

	目的	期間	時数	週数	入学月	選考料	入学金	授業料	その他	合計(円)
進学1年コース	進学	1年	760	38	4	22,000	50,000	660,000	30,000	762,000
進学1年3か月コース	進学	1年3か月	570	48	1	22,000	50,000	825,000	30,000	927,000
進学1年半コース	進学	1年6か月	1140	57	10	22,000	50,000	990,000	30,000	1,092,000
進学1年9か月コース	進学	1年9か月	1330	67	7	22,000	50,000	1,155,000	30,000	1,257,000
進学2年コース	進学	2年	1520	76	4	22,000	50,000	1,320,000	30,000	1,422,000

[認定以外のコース] 地域在住者向けコース

[日本語能力試験]　2018年度受験状況

	N1	N2	N3	N4	N5	合計
受験者数	0	2	30	35	2	59
認定者数	0	0	9	9	2	20

[日本留学試験]　2018年度受験状況

●第1回

日本語受験者	日本語219点以上	文系受験者	文系100点以上	理系受験者	理系100点以上
0	0	0	0	0	0

●第2回

日本語受験者	日本語219点以上	文系受験者	文系100点以上	理系受験者	理系100点以上
1	0	0	0	0	0

[進学実績]　2019年3月までの進学状況　卒業者数　39

大学院	大学	短期大学	高専	専門学校	その他の学校	就職
0	1	0	0	37	0	0

[主な進学先]

穴吹工科カレッジ、NIPPONおもてなし専門学校、四日市情報外語専門学校、専門学校ライフジュニアカレッジ、沖縄ビジネス外語学院、保育・介護・ビジネス名古屋専門学校

[主な就職先]

－

●特色1　徹底した個人指導とカウンセリングによるきめ細かい指導。

●特色2　日本文化、また沖縄文化の理解を図るための多彩な課外活動の開催。

●特色3　地域住民との国際交流会の開催。

製作：J.TEST事務局 / 語文研究社

沖縄県　宜野湾市

告示校

いぶんかかんこみゅにけーしょんせんたーふぞくにほんごがっこう

異文化間コミュニケーションセンター附属 日本語学校

Cross Cultural Communication Center Annexed Japanese School

[TEL] 098-893-6467　[FAX] 098-893-8553
[eMAIL] info@e-cccc.com
[URL] http://www.e-cccc.com
[SNS] Facebook:@ccccajs

[住所] 〒901-2212　沖縄県宜野湾市長田4-13-8

[教育開始時期] 1991年07月

[行き方] 「志真志」バス停より徒歩2分

[設置者] 株式会社OWLS　（種別：株式会社）

[校長/別科長名] 平山良明

[収容定員] 48人　二 部制　[教員数] 5人（うち専任 3 人）

[宿舎] 有　[料金]（月額）26,000円 ～

[入学資格] 12年課程修了以上、日本語の基礎をすでに学習した者、その他

[入学選抜方法] 書類審査、面接

[認定コース在籍者数] 37

[その他コース在籍者数] 4

内訳(人)：ネパール(26)、香港(5)、台湾(3)、韓国(2)、ウズベキスタン(1)
その他(4)[中国、タイ]

[教材]

初級	『みんなの日本語　初級』本冊・翻訳・文法解説・漢字練習帳	初中級	『日本語総まとめシリーズ　N4』
中級	『日本語総まとめシリーズ　N3』『上級へのとびら』	上級	『日本語総まとめシリーズ　N1・N2』レベルに合わせた独自教材

[基礎科目及び英語の授業] なし

[認定コース]

	目的	期間	時数	週数	入学月	選考料	入学金	授業料	その他	合計(円)
大学進学Aコース	進学	1年	800	40	4	33,000	110,000	660,000	88,000	891,000
大学進学Bコース	進学	1年9か月	1400	70	7	33,000	110,000	1,155,000	88,000	1,386,000
日本語一般コース	一般	1年	800	40	10	33,000	110,000	660,000	88,000	891,000

[認定以外のコース] 一般向け短期コース、プライベートコース

[日本語能力試験]　2018年度受験状況

	N1	N2	N3	N4	N5	合計
受験者数	0	2	9	7	0	18
認定者数	0	2	5	3	0	10

[日本留学試験]　2018年度受験状況

●第1回

日本語受験者	日本語219点以上	文系受験者	文系100点以上	理系受験者	理系100点以上
0	0	0	0	0	0

●第2回

日本語受験者	日本語219点以上	文系受験者	文系100点以上	理系受験者	理系100点以上
0	0	0	0	0	0

[進学実績]　2019年3月までの進学状況　卒業者数　23

大学院	大学	短期大学	高専	専門学校	その他の学校	就職
0	1	0	0	9	5	3

[主な進学先]

名桜大学、沖縄国際大学、エール学園、NIPPONおもてなし専門学校

[主な就職先]

県内病院、県内企業

●特色1　日本語基礎の既習者を対象に、主として専門学校大学等に進学するための日本語力を養成。

●特色2　多様なフィールドトリップ等による日本文化・沖縄文化の紹介。

●特色3　少人数制による徹底指導及び地域との交流を通して実践的な日本語を学ぶ。

未収録の告示校　（準備教育課程設置校を含む）

今回、本書に詳細なデータを収録できませんでしたが、他にも以下の学校があります。

北海道	
札幌国際日本語学院	札幌市中央区南6条西26-2-7
日本福祉学院	札幌市豊平区月寒西2条5-1-2
東川日本語学校	上川郡東川町北町1-1-1
北海道アスクゲート日本語学校 札幌本校	札幌市豊平区豊平3条3-1-24
北海道HSL日本語学校	恵庭市戸磯201-15
北海道ハイテクノロジー専門学校	恵庭市恵み野北2-12-1
岩手県	
上野法律ビジネス専門学校	盛岡市材木町12-15
宮城県	
青葉外国語学院	仙台市青葉区八幡2-16-25
環球日本語学習院	仙台市青葉区土樋1-1-15
仙台国際日本語学校	仙台市青葉区花京院1-3-1
東北多文化アカデミー	仙台市青葉区米ヶ袋1-1-14
東洋国際文化アカデミー	仙台市青葉区宮町1-4-18
未来の杜学園 日本語科	仙台市青葉区中央4-3-12
福島県	
福島医療専門学校 日本語学科	郡山市並木3-3-21
茨城県	
京進ランゲージアカデミー 水戸校	水戸市城南1-5-41
国際アカデミー日本語学院 取手校	取手市白山3-2-29
常南国際学院	つくば市榎戸433-2
つくば外語学院	土浦市中央1-1-26
つくばスマイル	取手市戸頭1142-1
東海学院文化教養専門学校	取手市井野台1-22-14
利根国際学院	北相馬郡利根町布川字下柳宿3563-11
日立さくら日本語学校	日立市鹿島町1-7-6
みらい日本語学校	水戸市元吉田町1029-7
栃木県	
足利コミュニティーカレッジ	足利市家富町2330
アティスインターナショナルアカデミー	宇都宮市東宿郷1-4-7
小山国際日本語学校	小山市城山町2-5-5
開倫塾日本語学校	足利市旭町847-12
好学院	栃木市大町1-15
国際テクニカルデザイン・自動車専門学校	小山市三峯1-10-21
ジャパン・スクール・オブ・ビジネス	塩谷郡高根沢町平田2010-3
とちの木日本語学院	日光市鬼怒川温泉大原1407-3
東日本国際アカデミー	足利市福居町412-2
マロニエ日本語学院	宇都宮市中河原町4-12
YUME日本語学院	宇都宮市一条3-6

群馬県	
アッコラ日本語学院	前橋市千代田町3-5-13
山幸日本語学校	邑楽郡板倉町岩田222-1
中央情報大学校	高崎市栄町13-2
NIPPON文化学院	前橋市表町1-7-6
NIPPONへいわ学院	前橋市表町1-7-6
前橋医療福祉専門学校	前橋市石関町122-6
前橋国際日本語学校	前橋市表町2-10-19
埼玉県	
アイザック東京国際アカデミー	越谷市南越谷2-4-6
上尾国際教育センター(AIEC)	上尾市上町2-4-14
旭日本語学院	入間市扇台3-1-4
浦和国際学院 埼玉校	蕨市塚越7-18-7
浦和国際教育センター	さいたま市浦和区前地3-16-7
永興日本語学園 飯能校	飯能市仲町12-9
国際情報経済専門学校 日本語本科	川越市的場2797-30
国際ブリッジ学院	川越市寿町1-2273-7
埼玉国際学園	熊谷市桜木町2-101
埼玉日本語学校	さいたま市大宮区土手町1-58-1
SAKURA INTERNATIONAL JAPANESE ACADEMY	熊谷市本町1-214
成幸日本語学校	川越市新宿町3-21-1
中央情報専門学校	新座市東北2-33-10
東京大宮日本語学校	さいたま市見沼区東大宮4-25-10
東京グローブ言語学院	川越市砂939-1
東洋アカデミー日本語学院	川口市栄町3-10-3
はなさく言語学校	さいたま市大宮区天沼町2-828-1
比企アカデミー日本語学校	東松山市神明町2-2-2
深谷国際外語学院	深谷市稲荷町1-17-16
平成国際教育学院	坂戸市日の出町9-1
本郷国際学院	川口市3-34-2
聖鳩国際カレッジ	川口市南鳩ケ谷7-7-6
山手日本語学校	川越市脇田本町11-10
若葉国際教育学院	坂戸市三光町2-11
千葉県	
IB日本語学校	四街道市鹿渡815-1
アクティブ日本語学院	千葉市美浜区幸町2-19-35
インターナショナルスクール船橋	船橋市湊町2-1-7
うすい日本語学院	佐倉市王子台4-4-4
エーアイディ国際学院	千葉市中央区新宿1-5-23
SMIビジネスカレッジ	船橋市湊町2-1-6
亀田医療技術専門学校 日本語学科	鴨川市東町1343-4
KEN日本語学院	松戸市新松戸4-48
国際協力日本語学院	香取郡多古町喜多井野154-2
佐原学園	香取市佐原605
新富国際語学院	千葉市花見川区南花園2-5-19
千葉国際学院	柏市加賀3-18-12

つばさインターナショナル・アカデミー	君津市久保2-5-19
東京JLA外国語学校	船橋市南本町13-10
習志野外語学院	習志野市大久保4-1-8
成田国際学院	富里市日吉台1-23-7
成田日本語学校	成田市橋賀台1-44-2
日興日本語学院	船橋市日の出2-5-7
日創千葉松戸日本語学院	松戸市小金15-5
日本企業協力(JCC)日本語学校	市原市五井2339
能達国際アカデミー	我孫子市布佐1-13-13
幕張日本語学校	千葉市花見川区幕張本郷2-5-13
松戸国際学院	松戸市日暮1-1-6
明生情報ビジネス専門学校 日本語科	松戸市新松戸1-131
めいと日本語学院	松戸市馬橋2857
YOMA日本語学院	我孫子市柴崎台4-4-14
東京都	
アークアカデミー 新宿校	新宿区西新宿7-18-16
アイアム・インターナショナル日本語学校	墨田区両国1-18-6
ICLC東京日本語学校	大田区大森本町1-9-17
青山スクールオブジャパニーズ	渋谷区富ケ谷1-5-5
赤門会日本語学校 日暮里校	荒川区西日暮里2-54-4
赤門会日本語学校 本校	荒川区東日暮里6-39-12
浅草国際学院	台東区西浅草3-29-19
アン・ランゲージ・スクール 成増校	板橋区成増3-10-4
アン・ランゲージ・スクール 練馬校	練馬区春日町6-1-10
アン・ランゲージ・スクール 光ヶ丘校	板橋区成増1-8-9
イーストウエスト日本語学校	中野区中央2-36-9
インターナショナルスクールオブビジネス	豊島区巣鴨3-8-1
INTERMIX-TOKYO日本語学校	足立区千住1-3-6
ヴィクトリア学院	渋谷区代々木3-8-4
ウエストコースト語学院	大田区東嶺町35-13
浦和国際学院 東京校	板橋区東坂下2-4-13
ALCC東京学院	足立区西竹ノ塚1-7-5
エヴァグリーンランゲージスクール	目黒区祐天寺1-21-18
STG国際学院	江東区佐賀1-11-11
江戸カルチャーセンター	港区赤坂7-10-9
江戸川国際学院	江戸川区篠崎町7-14-21
FPT日本語学校	荒川区東日暮里4-3-5
LIC国際学院	台東区北上野2-25-9
奥多摩日本語学校	西多摩郡奥多摩町川井594
銀座ワールドアカデミー	中央区入船2-5-6
九段日本文化研究所日本語学院	千代田区三崎町2-7-10
KISJ 国分寺	国分寺市南町3-14-3
京王言語学院	八王子市横山町12-4
高円寺国際学院	杉並区高円寺南2-53-4
興和日本語学院	大田区山王3-45-28
国際アカデミー日本語学院	豊島区池袋3-28-1

國際英才学苑	墨田区緑3-4-2
国際人文外国語学院	中野区南台3-26-13
国際善隣学院	新宿区高田馬場3-22-1
コスモス外語学院	板橋区舟渡2-8-4
さくらパンゲア語学院	墨田区吾妻橋1-2-4
サンシャインランゲージスクール	豊島区池袋1-7-18
JSL日本アカデミー 東京校	台東区浅草橋3-8-5
ジェット日本語学校	北区滝野川7-8-9
自修学館日本語学校	江戸川区瑞江2-1-22
システム桐葉外語	新宿区市谷田町3-11
新宿御苑学院	新宿区新宿2-3-13
新宿国際交流学院	新宿区百人町1-22-25
新宿日本語学校	新宿区高田馬場2-9-7
新宿富士山国際語学院	新宿区上落合2-1-10
千駄ヶ谷外語学院	豊島区駒込1-13-11
千駄ヶ谷日本語学校	新宿区下落合1-1-6
千駄ヶ谷日本語教育研究所付属日本語学校	新宿区中落合1-1-29
玉川国際学院	台東区浅草橋5-15-10
玉川国際学院文化部	台東区浅草橋5-15-10
帝京平成大学附属日本語学校	豊島区東池袋4-26-10
東京朝日アカデミー	板橋区板橋2-31-2
東京インターナショナル外語学院	台東区浅草橋1-31-10
東京上野日本語学院	台東区上野5-11-2
東京外語学園日本語学校	北区浮間3-19-21
東京外国語学院	新宿区新小川町5-18
東京神田日本語学校	千代田区神田北乗物町1-5
東京ギャラクシー日本語学校	中央区新川1-15-13
東京教育専門学院 多摩川校	大田区千鳥3-9-6
東京グローバル日本語学校	日野市程久保8-4-2
東京工学院日本語学校	渋谷区千駄ヶ谷5-30-16
東京工科大学附属日本語学校	大田区西蒲田5-23-22
東京語学学校	豊島区東池袋2-22-9
東京国際朝日学院	台東区東上野3-12-11
東京国際朝日学院 北上野校	台東区北上野2-14-9
東京国際交流学院 池袋校	豊島区南大塚3-19-7
東京国際知識学院	北区王子3-17-2
東京国際日本語学院	新宿区新宿2-13-6
東京国際文化学院 新宿校	新宿区百人町2-1-52
東京こころ日本語学校	板橋区常盤台3-25-2
Tokyo Sakura International School	千代田区岩本町1-6-3
東京桜橋外語学院	墨田区向島2-7-6
東京三立学院	杉並区上高井戸1-3-14
東京JLA外国語学校 早稲田校	新宿区西早稲田1-11-6
東京シゲン・アカデミー	多摩市関戸3-4-1
東京芝浦外語学院	港区海岸3-1-12
Tokyo Japanese Academy	品川区二葉 1-12-17

東京上智国際語学院	墨田区京島1-20-1
東京城北日本語学院	足立区竹ノ塚5-6-18
東京巣鴨国際学院	北区滝野川3-16-10
東京千代田日本語学校	千代田区神田紺屋町13
東京都市日本語学校	荒川区東日暮里4-1-2
東京トランスナショナル日本語学校	大田区大森北1-16-6
東京中野日本語学院	中野区弥生町1-27-3
東京日本語センター	港区芝公園3-5-4
東京日本橋外語学院	中央区入船2-5-6
東京日野国際学院	日野市日野本町1-6-4
東京平井日本語学校	江戸川区平井6-2-25
東京平田日本語学院	福生市福生906-2
東京富士語学院	墨田区向島2-18-5
東京ベイサイド日本語学校	江戸川区平井3-23-24
東京HOPE日本語国際学院	府中市栄町3-12-11
東京四木教育学院	葛飾区四つ木2-8-1
東京代々木日本語学校	青梅市河辺町5-10-8
東京リバーサイド学園	台東区花川戸2-2-5
東方国際学院	江戸川区東葛西5-15-2
東和国際学院	八王子市日吉町13-32
東和新日本語学校	足立区東和4-23-8
西東京国際カレッジ	東村山市栄町1-23-6
日東国際学院	町田市相原町432-1
日東国際学院 八王子校	八王子市八木町2-18
日本外国語専門学校 日本語科	豊島区目白5-18-17
日本国際文化教育学院 東京校	台東区浅草3-28-5
にんじんランゲージスクール	文京区千駄木5-49-1
のぞみ日本語学校	港区新橋5-23-10
バンタンプロフェッショナルランゲージスクール	渋谷区恵比寿南1-9-14
BJL国際日本語学校	台東区台東2-29-10
東新宿日本語学院	新宿区新宿7-18-7
ヒューマンアカデミー日本語学校 東京校	新宿区高田馬場3-18-13
広尾ジャパニーズセンター	港区南麻布5-5-7
富士日本語学校	板橋区板橋2-10-6
HESED外国語学校 世田谷校	世田谷区上馬4-11-20
ホサナ日本語学院 東京校	福生市熊川1443-5
ミッドリーム日本語学校	新宿区百人町2-7-11
名校教育日本語学校	台東区東上野5-15-2
明治ランゲージスクール	新宿区高田馬場2-5-24
名進日本語学校	文京区音羽1-8-8
UJS Language Institute	港区六本木3-3-29
友ランゲージアカデミー	新宿区大久保2-16-25
ヨシダ日本語学院	新宿区西早稲田1-23-14
早稲田EDU日本語学校	新宿区市谷砂土原町2-7
早稲田外語専門学校	新宿区高田馬場1-23-9
早稲田言語学院	新宿区早稲田鶴巻町543

早稲田進学館	北区中里2-27-1
和陽日本語学院	世田谷区北沢1-34-17
神奈川県	
IPA国際教育学院	横浜市西区桜木町4-15-7
アジア国際語学センター	横浜市中区寿町1-1-11
アリス日本語学校 横浜校	横浜市中区根岸町3-176-2
大原簿記情報ビジネス専門学校 横浜校	横浜市神奈川区反町1-8-14
外語ビジネス専門学校	川崎市川崎区駅前本町22-9
翰林日本語学院	横浜市青葉区榎が丘5-3
国際総合健康専門学校 日本語科	伊勢原市善波1160-1
KOYO国際学院	横浜市金沢区福浦1-5-1
相模国際学院	相模原市南区旭町8-22
ソフィアインターナショナルアカデミー	横浜市中区千歳町1-11
テクノビジネス横浜保育専門学校	横浜市西区平沼1-38-19
大和外語学院	大和市中央3-5-9
横浜医療専門学校	横浜市神奈川区金港町9-12
横浜国際教育学院	横浜市西区宮崎町43
横浜国際語学院	横浜市南区吉野町3-7-6
横浜みらい日本語学院	横浜市南区六ッ川1-873
横浜YMCA学院専門学校	横浜市中区常盤町1-7
ロゴス国際学院	川崎市中原区中丸子356
YMCA健康福祉専門学校	厚木市中町4-16-19
YMCA国際ビジネス専門学校	川崎市多摩区登戸3032-2
早稲田言語学院横浜校	横浜市神奈川区浦島町359-1
新潟県	
国際日本語カレッジ	新潟市東区幸栄2-7-7
佐渡国際教育学院	佐渡市吾潟1839-1
日本アニメ・マンガ専門学校 日本語科	新潟市中央区古町通5-町602-1
富山県	
富山情報ビジネス専門学校	射水市三ケ576
長野県	
長野ビジネス外語カレッジ	上田市中央3-5-18
丸の内ビジネス専門学校	松本市城西1-3-30
岐阜県	
INC日本語学院	羽島市小熊町島1-97
リバティインターナショナルスクール	羽島市福寿町平方5-14
静岡県	
LLES語学院	浜松市中区下池川町15-10
オイスカ開発教育専門学校	浜松市西区和地町5815
静岡インターナショナルスクール	静岡市葵区瀬名3-47-3
静岡日本語教育センター	静岡市葵区横田町11-6
TLS袋井	袋井市上山梨1579-1
富士さくら日本語学校	沼津市高島町15-12
愛知県	
あいちコトノハ学院	岩倉市稲荷町羽根14-10
ASAHI文化学院	名古屋市中川区山王3-10-9

アセアン日本語学校	名古屋市中区千代田4-12-31
アドバンスアカデミー	名古屋市東区豊前町2-68-1
岡崎日本語学校	岡崎市康生通西1-1
上山学院日本語学校	名古屋市中区栄4-16-29
コウブンインターナショナル	新城市大野字上貝津７
セントラルジャパン日本語学校	名古屋市中区錦1-6-36
豊橋日本語学校	豊橋市八町通1-18
名古屋AIUEO国際学園	名古屋市熱田区三番町22-12
名古屋経営会計専門学校日本語科	名古屋市千種区仲田2-17-5
名古屋国際学院	名古屋市名東区明が丘55
名古屋国際日本語学校	名古屋市昭和区狭間町3-6
日生日本語学園 名古屋校	名古屋市東区出来町3-19-1
ノースリバー日本語スクール	名古屋市中村区畑江通2-8-3
ホツマインターナショナルスクール 名古屋校	名古屋市中村区黄金通7-31-1
USEC INTERNATIONAL SCHOOL	海部郡蟹江町舟入2－191
三重県	
鈴鹿日本語学院	鈴鹿市郡山町字西高山2001-15
三重日本語学校	津市中央3-31
ユマニテクライフデザイン専門学校	四日市市浜田町12-16
京都府	
活学書院	京都市中京区壬生辻町11-1
京都あすかアカデミア	京都市山科区勧修寺瀬戸河原町8
京都言語文化学院	京都市伏見区深草山村町1018
京都秋月学園	京都市伏見区両替町4-304
京都ピアノ技術専門学校	京都市伏見区深草鞍ヶ谷45-5
京都文化日本語学校	京都市左京区北白川上終町24
京都励学国際学院	京都市伏見区上板橋町513
京都YMCA国際福祉専門学校 日本語科	京都市中京区三条通柳馬場東入
洛北日本語学院	京都市左京区山端壱町田町8-34
大阪府	
アース外語学院	堺市北区金岡町2274-4
アジアハウス附属海風日本語学舎	大阪市生野区中川西1-5-7
芦屋国際学院 大阪校	大阪市天王寺区寺田町1-7-1
AKK文化学院	大阪市浪速区桜川4-9-27
大阪外語学院	大阪市中央区北久宝寺町2-6-14
大阪観光ビジネス日本語学院	大阪市西成区出城2-2-18
大阪観光ビジネス日本語学校 生野校	大阪市生野区巽西3-16-18
大阪国際アカデミー	大阪市西成区萩之茶屋2-8-5
大阪総合福祉専門学校	大阪市北区本庄東1-8-19
大阪フロンティア日本語学校	堺市堺区海山町1-1-2
大阪みなみ日本語学校	大阪市平野区喜連5-2-38
大阪YMCA国際専門学校	大阪市西区土佐堀1-5-6
大原外語観光&ブライダルビューティー専門学校	大阪市浪速区元町2-4-26
大原簿記法律専門学校 難波校	大阪市浪速区難波中1-6-2
近畿日本語学院	大阪市西成区出城1-2-15
さざなみ国際学院 大阪校	大阪市東成区中道3-15-24

SANWA外国語学院	大阪市平野区平野馬場2-3-31
JAC教育学院	大阪市東成区大今里南1-1-19
シンアイ語学専門学院	大阪市生野区小路東1-2-26
新亜国際語言学院	堺市堺区榎元町1-1-6
新大阪外国語学院	大阪市東淀川区東中島4-11-6
ダイワアカデミー	堺市堺区熊野町西3-2-6
中央工学校OSAKA 日本語科	豊中市寺内1-1-43
阪奈中央リハビリテーション専門学校	四條畷市田原台6-4-43
ヒューマンアカデミー日本語学校 大阪校	大阪市中央区北久宝寺町2-5-9
ファースト・スタディ日本語学校 大阪泉大津校	泉大津市旭町22-45
ファースト・スタディ日本語学校 大阪本校	大阪市中央区玉造1-21-8
BASIC日本語学院	大阪市大正区三軒家東5-2-3
平成医療学園専門学校 日本語学科	大阪市北区中津6-10-15
南大阪国際語学学校	藤井寺市藤ヶ丘2-6
游知国際日本語学院	守口市藤田町5-36-4
兵庫県	
ECC日本語学院 神戸校	神戸市中央区琴ノ緒町5-5-6
AISJ日本語学校	芦屋市潮見町7-8
AMA日本カレッジ	尼崎市杭瀬本町1-16-3
SBC姫路日本語学院	姫路市南条425
開成アカデミー日本語学校 兵庫川西校	川西市栄町3-1
神楽日本語学園	神戸市長田区神楽町2-3-1
KIJ語学院	神戸市兵庫区浜崎通3-7
神戸外語教育学院	神戸市長田区六番町5-6-1
神戸新長田日本語学院	神戸市長田区腕塚町9-7
神戸日語学院	尼崎市南塚口町1-20-17
佐用日本語学校	佐用郡佐用町久崎50
JPGA日本グローバルアカデミー	淡路市仁井54-2
秀明神戸国際学院	神戸市灘区水道筋5-1-8
テクニカルカレッジ神戸 日本語学科	神戸市中央区三宮町2-11-1
東京国際ビジネスカレッジ 神戸校	神戸市中央区磯辺通4-1-6
富藤外国語学院	神戸市中央区北長狭通4-4-18
日本語学院みらい	神戸市三宮町2-11-1
奈良県	
エイム奈良国際アカデミー	橿原市新賀町155-2
天理教語学院 日本語科	天理市守目堂町186
大和国際日本語学院	大和高田市本郷町4-10
和歌山県	
和歌山外国語専門学校	和歌山市駿河町21
鳥取県	
智林日本語学校	八頭郡智頭町智頭795-1
鳥取城北日本語学校	鳥取市古海37-4
米子日本語学校	米子市二本木316-1
島根県	
トリニティカレッジ出雲医療福祉専門学校	出雲市西新町3-23-1

岡山県	
岡山学芸館外国語学校	岡山市東区西大寺上1-19-19
広島県	
エース語学学院	尾道市栗原町9770-5
ヒューマンウェルフェア広島専門学校 日本語学科	広島市東区牛田新町3-15-38
広島福祉専門学校	安芸郡海田町大正町2-27
三原国際外語学院 日本語科	三原市宮沖5-8-15
山口県	
ウグイス	山口市阿知須102-7
さくら国際言語教育学院	萩市大字椿東3000-10
徳島県	
穴吹情報公務員カレッジ	徳島市徳島町2-20
香川県	
穴吹ビジネスカレッジ	高松市錦町1-11-1
高知県	
国際デザイン・ビューティカレッジ	高知市旭町2-22-58
福岡県	
愛和外語学院	福岡市東区馬出1-15-37
アジア国際外語学院	福岡市中央区長浜1-3-1
アジア日本語学院	福岡市南区長住4-2-29
えにし日本語学校	福岡市東区二又瀬新町9-31
FLA学院	福岡市博多区美野島3-1-35
大原自動車工科大学校	北九州市八幡東区宮の町1-1-1
北九州日本文化学院	北九州市小倉北区南丘1-22-2
九州医療スポーツ専門学校 日本語科	北九州市小倉北区東篠崎1-9-8
九州英数学舘国際言語学院 日本語学科	福岡市中央区舞鶴1-5-30
九州外国語学院	福岡市博多区中呉服町2-1
九州言語教育学院	福岡市中央区六本松3-7-10
九州国際教育学院	福岡市博多区博多駅東1-1-33
九州デザイナー学院	福岡市博多区博多駅前3-8-24
杏林国際語学院	小郡市小郡812-1
くるめ国際交流学院	久留米市東町516-1
春暉国際学院	大野城市御笠川3-2-10
日本アジア国際教育センター	宗像市田久1-3-28
日本教育学院	福岡市東区香椎駅前2-1-15
日本語学学校	北九州市八幡西区岸の浦1-13-70
日本国際語学アカデミー 福岡校	福岡市南区清水3-20-30
NILS	小郡市小郡760-5
NILS Annex	春日市下白水南3-57
東アジア日本語学校	福岡市博多区博多駅東1-14-8
福岡外語専門学校	福岡市東区馬出1-8-27
富士山外国語学院	糟屋郡新宮町三代736-3
佐賀県	
弘堂国際学園	鳥栖市田代外町577
日本文化教育学院	鳥栖市今泉町2495
ヒューマンアカデミー日本語学校 佐賀校	佐賀市松原2-2-27

長崎県	
あさひ日本語学校	長崎市赤迫2-11-38
こころ医療福祉専門学校	長崎市上銭座町11-8
熊本県	
九州測量専門学校 日本語科	熊本市北区龍田7-36-80
熊本外語専門学校	熊本市中央区辛島町8-14
東方国際日本語学校	熊本市中央区国府本町6-3
宮崎県	
豊栄インターナショナル日本語アカデミー	都城市栄町22-5-1
鹿児島県	
カケハシインターナショナルスクール 奄美校	奄美市名瀬小浜町4-28
沖縄県	
沖縄JCS学院	那覇市久米2-11-13
国際言語文化センター附属日本語学校	那覇市田原1-4-1
SAELU学院	那覇市泊2-4-4
JSL日本アカデミー	浦添市仲西1-1-1
尚学院国際ビジネスアカデミー	那覇市泊2-17-4
ライフジュニア日本語学院	那覇市寄宮1-8-50

2019-20年　日本語教育機関総覧

2019年12月27日　初版発行
＜検印廃止＞

著　者　日本語検定協会／J.TEST事務局
発行者　秋田　点
発　行　株式会社語文研究社
〒136-0071　東京都江東区亀戸1-52-18　日高ビル8F
電話　03-5875-1231　　FAX　03-5875-1232

販　売　弘正堂図書販売株式会社
〒101-0051　東京都千代田区神田神保町1-39
電話　03-3291-2351　　FAX　03-3291-2356

印　刷　株式会社大幸